JN412092

국가연구개발혁신법

이재훈

박영사

머리말

우리나라의 연구개발 투자는 세계적 수준에 도달하였음에도 불구하고, 그에 상응하는 질적 성과가 충분히 축적되지 못하고 있다는 평가는 오랫동안 반복되었다. 이른바 'Korea R&D Paradox'로 불리는 이러한 문제의 원인은 연구자의 역량이나 의지의 한계라기보다는, 그 이면에 연구 현장을 둘러싼 제도와 행정 환경의 구조적 제약이 자리하고 있다는 지적이 지속적으로 제기되어 왔다. 특히 연구개발과제 관리를 규율하는 법령과 행정규칙이 부처별·사업별로 분산되고 중첩되면서, 연구자가 연구 자체보다 행정 절차와 규정 해석에 더 많은 시간과 에너지를 투입해야 할 지경이라는 볼멘소리는 연구 현장에서 꾸준히 제기되어 온 대표적인 문제 사례 중 하나이다.

이러한 문제의식 속에서 국가연구개발제도의 근본적 전환을 요구하는 목소리는 점차 개별 제도의 개선을 넘어, 연구개발 법체계 전반에 대한 혁신 요구로 수렴되었다. 단편적인 지침 개정이나 행정 절차의 완화만으로는 연구개발 체계 혁신에 관한 연구 현장의 체감도를 높이기 어렵다는 인식이 확산하며, 연구자 중심의 원칙과 공통 기준을 명확히 하는 상위 법률의 제정이 필요하다는 공감대가 형성되었다. 이러한 흐름의 결과로 2020년 「국가연구개발혁신법」이 제정되었고, 2021년 1월 1일부터 시행 중이다.

「국가연구개발혁신법」은 단순히 하나의 새로운 법률이 추가된 것이 아니라, 연구개발을 바라보는 관점과 운영 방식을 근본적으로 재정립하고자 한 시도라는 점에서 중요한 의미를 지닌다. 이 법은 연구자 자율성의 확대, 연구 행정 부담의 구조적 경감, 국가연구개발사업 내 연구개발과제에 적용되는 공통 기준의 확립이라는 세 가지 축을 중심으로 국가 연구개발 관리 체계를 재구성하였다. 특히 그동안 법률과 행정규칙 사이에서 관행적으로 운영되어 오던 다수의 연구개발 관리 요소들을 법률 체계 안으로 편입함으로써, 연구 현장을 규율하는 기준의 예측 가능성과 안정성을 제고하고자 하였다.

이 법은 그동안 분산되어 운영되어 오던 다수의 연구개발 관리 요소들을 하나의 법체계 안으로 포괄적으로 편입한 결과, 서로 다른 정책과 제도가 이른바 옴니버스식으로 폭넓게 구성되어 있다는 특징을 지닌다. 사실상 연구 현장에서 실제로 제도를 적용하고 집행하는 연구자와 연구지원 인력은 각자의 전문 분야나 담당 영역에 관한 규정과 절차에 대해서는 높은 이해도를 갖고 있음에도, 국가연구개발제도를 관통하는 전체적인 구조와 체계를 한눈에 파악하기는 여전히 쉽지 않은 상황에 놓여 있었다. 법학적 관점에서 보더라도 「국가연구개발혁신법」은 행정법의 영역에 속한다고 평가할 수 있으나, 과학기술법이라는 독립된 학문 분야가 아직 충분히 정립되지 않은 현실을 고려할 때, 이 법은 변호사를 비롯한 다수의 법률 전문가에게도 다소 생소한 규범으로 인식되고 있다. 그 결과 연구개발과제 관리와 직접적으로 연관된 법률임에도 불구하고, 그 체계와 작동 방식에 대한 종합적인 이해는 간단하지 않은 실정이다.

이러한 실정에도 불구하고 「국가연구개발혁신법」은 우리나라 전체 예산의 상당한 비중을 차지하는 정부 연구개발 예산의 기획과 집행, 관리 전반에 관여하는 핵심 법률이라는 사실은 변하지 않는다. 연구자의 연구 수행 방식은 물론, 연구지원 체계, 전문기관의 역할, 행정제도의 운영 방식에 이르기까지 광범위한 영역에 실질적인 영향을 미친다는 점에서 그 중요성은 결코 가볍게 평가될 수 없다. 물론 「국가연구개발혁신법」이 곧바로 연구 현장의 모든 문제를 해결해 주는 만능 해법은 아니다. 법률이 정립한 원칙과 구조가 실제 현장에서 실효성을 갖기 위해서는 하위 법령과 행정규칙의 정합성 확보, 전문기관과 연구개발기관의 책임 있는 운영, 그리고 무엇보다 제도의 취지를 존중하는 행정 문화의 정착이 필요하다. 연구 현장과의 밀접도를 높이기 위한 지속적인 점검과 보완 역시 필수적이다.

이 책은 「국가연구개발혁신법」의 제정 배경과 제도적 구조를 체계적으로 살펴보고, 나아가 이 법이 지향하는 연구개발 생태계의 방향을 종합적으로 조망하고자 한다. 연구자, 연구행정 실무자, 정책 담당자, 그리고 국가 연구개발 제도에 관심을 가진 독자들이 이 법이 무엇을 변화시키고자 하였는지, 그리고 향후 어떠한 과제를 남기고 있는지를 차분히 이해할 수 있도록 설명하는 것이 이 책의 목적이다. 이를 통해 「국가연구개발혁신법」이 단순한 규제의 집합이 아니라, 연구자가 연구에 몰입할 수 있는 환경을 조성하고 도전과 혁신을 가능하게 하는 제도적 토대임을 이해하는 데 이 책이 하나의 길잡이가 되기를 기대한다.

나아가 이 책은 「국가연구개발혁신법」을 단순히 조문별로 해설하는 데 그치지 않고, 이 법이 등장하게 된 정책적·제도적 배경과 함께, 연구개발과제 관리를 둘러싼 법적 쟁점들을 구조적으로 분석하였다. 「국가연구개발혁신법」이 현행 국가연구개발사업 체계에서 어떠한 작용을 하고 있는지, 그리고 앞으로 어떠한 방향으로 해석·운용되어야 하는지를 검토한다. 특히 연구개발을 '지원의 대상'이자 동시에 '법적 규율의 대상'으로 보는 이중적 시각이 어떻게 조화될 수 있는지에 대한 고민을 이 책 전반에 걸쳐 제시하고자 한다. 궁극적으로 이 책은 「국가연구개발혁신법」을 하나의 완결된 규범으로서 설명하는 동시에, 그 한계와 쟁점을 드러내는 비판적 분석을 지향한다. 연구자, 연구행정 실무자, 정책 담당자, 그리고 국가연구개발제도에 관심을 가진 독자들이 「국가연구개발혁신법」을 보다 입체적으로 이해하고, 향후 제도 개선과 해석 논의에 참여하는 데 기초 자료로 활용할 수 있기를 바란다.

이 책의 집필에 이르기까지의 과정에는 저자 개인의 이력과 더불어, 함께 고민하고 일해 온 많은 분들의 도움이 있었다. 저자는 과학기술에 누구보다 진심이었고 연구자로서의 꿈을 품고 있던 시절, 연구개발과제를 수행하며 현장을 직접 접할 기회를 가지기도 했었다. 연구자로서의 역할은 물론 연구행정 실무자의 업무를 함께 경험한 시간은 비록 길지는 않았으나, 이후의 진로를 선택하는 데 있어 중요한 기점이 되었다. 로스쿨이라는 새로운 환경으로 옮겨 법학의 길을 걷게 되었지만, 한때 연구를 직접 수행했었다는 자부심은 지금까지도 마음 한편에 변함없이 자리하고 있다. 이후 변호사로 활동하면서도 과학기술, 연구개발, 지식재산 분야와 관련된 자문 업무를 수행할 기회를 계속해서 얻게 되었고, 이를 통해 연구개발 제도 전반에 대한 관심을 이어갈 수 있었다. 연구 현장과 제도, 그리고 법을 연결하는 이러한 경험들은 이 책을 구상하고 집필하는 데 있어 중요한 자양분이 되었다. 특히 한국과학기술기획평가원(KISTEP)에서의 근무 경험은 저자가 과학기술 분야에 특화된 광범한 학문적·실무적 토대를 형성하는 데 중요한 역할을 하였다. 「국가연구개발혁신법」이라는 단일 법률을 중심으로 책을 집필할 수 있었던 것은 KISTEP을 비롯하여 정부 부처, 과학기술분야 출연연구기관, 그리고 유관 정책 기관에서 헌신적으로 활동해 온 여러 전문가들과 함께 일할 수 있었기에 가능했다고 생각한다. 또한 국가과학기술연구회(NST) 감사위원회 설치를 계기로 초대 상임감사위원으로서 연구개발 감사 체계를 구축하는 과정에 참여할 수 있었던 경험 또한 개인적으로 큰 영광이자 값진

배움의 시간이었다.

아울러 법학 분야에서는 아직 생소한 '과학기술법' 내지 '연구개발법'이라는 영역을 교육과정으로 편성하고, 이를 통해 학생들을 가르칠 수 있도록 기회를 제공한 성신여자대학교의 혁신적인 인식과 제도적 뒷받침이 없었다면 집필은 쉽지 않았을 일이라 생각한다. 「국가연구개발혁신법」 강의를 진행하며 학생들과 함께 제도의 구조와 의미를 고민한 경험이 이 책을 쓸 수 있는 용기를 주었다.

집필을 결심하고 책 표지에 사용할 작품을 의뢰했을 때, 서윤정 작가님이 제안을 흔쾌히 수락해 주셨다. 「국가연구개발혁신법」이 여러 제도와 정책이 결합된 하나의 '전개도'와 같다는 인식에서 출발하여, 그 전개도를 통해 독자 스스로가 입체적인 구조를 완성해 나가기를 바라는 저자의 의도와 이 법의 다채로운 성격이 작품을 통해 잘 표현되었다.

그리고 이 책의 출간을 위해 연구실을 직접 찾아와 격려와 조언을 아끼지 않으신 박영사 김한유 과장님께 깊이 감사드린다. 원고의 완성도를 높이기 위해 세심한 편집을 맡아 주신 나세현 담당자님을 비롯한 박영사 편집부 여러분의 전문성과 노고에 힘입어, 이 책이 독자들에게 보다 정제된 형태로 다가갈 수 있을 것이라고 생각한다. 또한 이 책을 완성하는 전 과정에서 곁에서 묵묵히 격려하고 지원해 준 아내에게, 고마움과 미안함을 함께 전한다.

국가연구개발의 '혁신'은 법 조문에 담긴 선언만으로 실현될 수 있는 것이 아니다. 그것은 이 법을 어떻게 이해하고, 어떻게 적용하며, 어떠한 가치 위에서 운용하느냐에 달려 있다. 이 책이 그러한 논의를 시작하는 하나의 출발점이 되기를 기대한다.

2026. 2.
1020호 연구실에서
이재훈

차 례

제1장 「국가연구개발혁신법」의 의의

제4장 「국가연구개발혁신법」상 정부의 책무

제7장 연구개발과제의 선정 및 협약

제8장 연구개발비

제9장 연구개발과제평가단

제11장 기술료

제12장 연구개발정보와 통합정보시스템

제14장 국제공동연구

제15장 연구지원과 국가연구개발행정제도

제17장 제재처분

제18장 제재처분평가단과 제재처분 사전통지

제19장 제재처분 재검토 제도

제20장 제재처분의 사후관리 제도

제21장 성실 수행 제도

제 1 장

「국가연구개발혁신법」의 의의

「국가연구개발혁신법」

제1조(목적) 이 법은 국가연구개발사업의 추진 체제를 혁신하고 자율적이고 책임 있는 연구 환경을 조성함으로써 국가혁신역량을 제고하고 국민경제의 발전과 국민의 삶의 질 향상에 이바지함을 목적으로 한다.

제1절 ▌「국가연구개발혁신법」의 의미

1. 「국가연구개발혁신법」을 이해하는 관점

(1) 연구개발혁신을 위한 제도의 법제화

「국가연구개발혁신법」은 그 제명(題名)만으로도 비교적 직관적인 인상을 주는 법률이다. 제명 자체가 국가의 연구개발 체계를 혁신하기 위한 법임을 명시적으로 드러내고 있기 때문이다. 그러나 정부의 국가연구개발사업 체계에 대한 기초적 이해가 부족한 경우, 이러한 제명의 직관성과는 달리, 해당 법이 실제로 어떠한 사항을 규율하고 있는지를 명확히 파악하기란 여간 쉽지 않다. 국가의 연구개발 혁신이라는 거대한 목표를 단일 법률의 제정만으로 달성할 수 있는지에 대한 문제 제기는 차치하더라도, 실제 법조문을 직접 살펴보면 일반 국민이 접근하기에는 다소 난해하며, 연구자·연구지원 인력·정책 담당자 등 특정 전문가 집단만을 대상으로 한 법처럼 읽히기도 한다.

물론 연구개발 분야의 전문가라 하더라도, 해당 법률의 내용을 곧바로 파악할 수 있어야 한다는 의미는 아니다. 변호사조차도 이 분야의 업무 경험이 없다면, 법률의 개념을 충분히 이해하지 못한 상태에서 조문을 호기롭게 해석해 보려 해도 쉽게 접근하기 어려울 수 있기 때문이다. 그만큼 「국가연구개발혁신법」은 일반적이고 직관적인 연구개발 혁신에 관한 정보를 제공하거나 소개하기보다는, 기존에 존재하는 정책과 함께 해당 정책 수행이 이루어지는 과정 즉, 연구개발 혁신을 위한 다양한 제도를 법제화한 성격이 더 두드러지는 법률이라고 할 수 있다.

(2) 「국가연구개발혁신법」을 위한 접근

우선 「국가연구개발혁신법」의 목적 조항을 검토할 필요가 있다. 「국가연구개발혁신법」 제1조는 "이 법은 국가연구개발사업의 추진 체계를 혁신하고 자율적이며 책임 있는 연구환경을 조성함으로써 국가혁신역량을 제고하고, 국민경제의 발전 및 국민의 삶의 질 향상에 이바지함을 목적으로 한다."고 규정하고 있다. 즉, 본 조항은 국가연구개발의 제도적 구조를 근본적으로 개편하는 것과 동시에, 연구 현장에서의 자율성과 책임성을 확립하는 것을 입법 목적의 양대 축으로 설정하고 있다. 이러한 목적 설정을 통하여 입법자는 국가연구개발 체계의 효율적 운영과 건전한 연구 문화의 조성을 통해 국가혁신역량을 강화하고, 그 결과로 국민경제의 발전과 삶의 질 향상이라는 궁극적 공익 실현을 지향하고 있음을 명확히 하고 있다.

「국가연구개발혁신법」의 목적 조항이 다소 쉽게 읽히지 않을 수 있다. '국가연구개발사업의 추진 체계'가 무엇인가? 사실 상당히 난해한데, 아마 대부분 비슷하게 느낄 것이다. 구체적인 설명이 없기 때문이다. 목적 조항뿐만 아니라 이후 나오는 조항에서도 이에 대한 언급은 없다. 일반적으로 국가연구개발사업의 추진 체계란 국가 차원의 연구개발이 어떤 구조와 절차에 따라 기획되고 예산이 배분되며 과제가 수행되고 그 성과가 평가·활용되는지를 아우르는 전체 운영 시스템을 의미한다. 이는 단순히 하나의 연구개발기관이 연구개발비를 집행하는 수준이 아니라, 국가가 연구개발을 조직적으로 추진하도록 설계한 거버넌스 구조를 설명하는 개념이라고 할 수 있다. 각 중앙행정기관이 다양한 국가연구개발사업을 수행하는 역할을 맡는다. 그리고 국가연구개발사업이 단발적이거나 부처 단위로 분절되는 것을 방지하고, 중복투자 조정, 전략적 투자 방향 설정, 성과 평가와 사업화 지원 등 전 과정을 체계적으로 관리하도록 「국가과학기술자문회의법」 제2조에 따른 국가과학기술자문회의(이하 "국가과학기술자문회의"라 한다)[1]와 함께 과학기술정보통신부가 국가연구개발사업 추진 체계를 총괄하도록 구성되어 있다. 즉, 국가연구개발사업의 추진 체계란 국가가 과학기술 정책을 실질적으로 집행하기 위해 마련한 국가연구개발사업의 기획·예산·관리·평가의 일련의 프로세스와 그 과정을 이끌어 나가는 정부 부처의 역할과 책임을 총체적으로 규정한 개념이라고 볼 수 있다.

그런데 「국가연구개발혁신법」은 '국가연구개발사업'의 추진 체계를 혁신하는 다양한 제도를 법제화한 것이 아니다. 「국가연구개발혁신법」은 국가연구개발사업 추진 체계가 구체화된 이후, 개별 국가연구개발사업을 구성하는 수많은 '연구개발과제'의 추진 체계를 혁신하는 법이다. 얼핏 보면 두 표현에 차이가 없어 보이기도 한다. 실제로 연구 현장에서는 '연구개발과제'와 '국가연구개발사업'을 엄밀히 구분하기보다, 이를 통칭하여 '국가연구개발사업'(혹은 '연구개발사업', '정부연구개발사업')이라는 표현으로 사용하는 경우가 많다. 이러한 용례는 실무나 정책 논의의 맥락에서는 의미 전달에 큰 문제가 없지만, 법률 용어로 인식될 경우에는 개념의 구분이 명확해야 한다. 이후에 설명하겠지만 양자를 구분해 냄으로써 얻는 실익은 절대 작지 않다.

그러나 연구자와 실무자들이 오랫동안 사용해 온 관행이 법률의 문언에도 반영되면서, '국가연구개발사업'과 '연구개발과제'라는 용어가 혼용되는 현상이 나타났다. 결과적으로 「국가연구개발혁신법」을 처음 접하는 사람은 이 두 개념이 교차되어 사용되는 구조 속에서 내용이 복잡하게 느껴질 수 있다. 그렇다고 해서 법 체계에 오류나 하자가 있

1 「국가과학기술자문회의법」 제1조(목적) 이 법은 과학기술의 혁신 등을 위하여 「대한민국헌법」 제127조 제3항에 따라 국가과학기술자문회의를 설치하고, 그 조직 및 기능 등에 관하여 필요한 사항을 규정함을 목적으로 한다.
제3조(구성) ② 과학기술자문회의의 의장은 대통령이 되고, 부의장은 제3항 제1호에 해당하는 위원 중에서 의장이 지명한다.

다고 볼 것은 아니다. 이러한 부분은 연구개발 현장에서 형성된 언어적 관행이 법률로 옮겨오는 과정에서 발생한 불가피한 현상으로 이해할 필요가 있다. 아이러니하게도 「국가연구개발혁신법」에서조차도 '국가연구개발사업'과 '연구개발과제'라는 표현이 혼동되어 사용되는 부분들이 적지 않다. 이에 국가연구개발사업 관련 논문이나 보고서에서뿐만 아니라 심지어 이러한 문제를 지적하는 내용을 담고 있는 이 책에서도 이러한 혼동은 일부 불가피했다.

따라서 법 체계를 살펴볼 때 「국가연구개발혁신법」이 연구자의 연구개발 활동을 위한 법이라는 점은 언뜻 이해될 수 있으나, 혼동되는 부분에 지나치게 깊이 빠져들면, 법률이 구체적으로 어떠한 사항을 규정하고 있는지 세부적으로 파악하기는 난해할 가능성이 크다. 이에 관련 용어에 대한 인식을 조금 더 유연하게 가진 상태에서 「국가연구개발혁신법」에 접근한다면 해당 법률의 구조와 취지를 한층 더 수월하게 이해할 수 있을 것이다. 특히 「국가연구개발혁신법」은 '연구개발과제'에 관한 사항만을 규정하고 있음에도, 이 법조차 그 표현에 있어 '연구개발과제'와 더불어 '국가연구개발사업'이라는 용어를 혼용하고 있다는 점을 기억할 필요가 있다.

2. 「국가연구개발혁신법」의 입법 배경

우리나라의 연구개발 추진 체계가 안고 있는 구조적 문제의 상당 부분은 노후화되고 복잡한 국가연구개발관리 법규 체계에서 비롯된다. 특히, 기존의 연구개발관리 규범은 급변하는 연구환경과 시대적 요구를 반영하지 못한 채 오랜 기간 유지되어 왔다. 대표적으로 2001년에 제정된 구(舊)「국가연구개발사업의 관리 등에 관한 규정」[2]은 당시 200여 개의 국가연구개발사업과 1만 6천여 개 수준의 연구개발과제를 관리하기 위한 목적으로 마련된 것으로, 법률이 아닌 「과학기술기본법」의 시행령 형태로 존재하였다. 그러나 이후 정부 연구개발예산이 2000년 3조 7,500억 원에서 2017년 19조 4천억 원으로 확대되고, 국가연구개발사업과 과제 수 또한 각각 550개, 6만 1천여 개로 급증하는 등 연구

---

2 2001. 12. 19.자로 제정되었고 2021. 1. 1.자로 폐지되었다. 2021. 1. 1.자로 「국가연구개발혁신법」이 시행되었다. 「국가연구개발사업의 관리 등에 관한 규정」은 '국연사', '국연사규정', '공동관리규정' 등으로 다양한 축약형으로 불렸다. 이하 구(舊)「국가연구개발사업의 관리 등에 관한 규정」으로 기술한다.

개발 규모와 복잡성이 비약적으로 확대되었음에도, 관련 규범은 20년 가까이 근본적인 개정 없이 존치되었다.

이와 같은 상황에서 각 중앙행정기관은 여전히 개별 부처 단위로 상이한 연구개발과제 관리 규정을 운영하였고, 2001년 이전에는 이미 100여 개가 넘는 세부 규정들이 존재할 정도로 법규 체계가 분산되어 있었다. 구(舊)「국가연구개발사업의 관리 등에 관한 규정」이 제정된 이후에도 이러한 복잡한 구조는 완전히 해소되지 않았으며, 대통령령이라는 형식적 위상만으로 개별 부처의 행정규칙을 통일하기는 어려웠다. 연구개발을 총괄하는 부처가 일정한 가이드라인을 제시하거나 개정 권고를 할 수는 있었으나, 실질적 구속력을 갖추지 못한 결과 연구 현장에서는 여전히 제도적 불일치와 행정적 비효율이 지속되었다.

이처럼 분산된 규범 체계는 연구자에게 과도한 행정 부담을 초래하고, 연구의 자율성과 창의성을 저해하는 주요 원인으로 작용하였다. 부처별 관리 규정이 상이하여 동일한 연구 활동임에도 적용 기준이 달라지고, 단기 성과 중심의 관리와 통제가 강화되면서 장기적·도전적 연구의 추진이 어려워지는 결과를 낳았다. 이러한 문제의식 속에서, 국가 전체의 연구개발과제를 포괄하는 공통의 원칙과 기준을 확립하고, 시대 변화에 부합하는 통합적 관리 체계를 마련할 필요성이 대두되었다.

「국가연구개발혁신법」의 제정은 바로 이러한 한계를 극복하기 위한 입법적 대안이라 할 수 있다. 「국가연구개발혁신법」은 중앙행정기관마다 상이하게 운영되던 국가연구개발사업 내 연구개발과제 관련 규정을 하나의 법률 체계로 통합·정비함으로써, 연구자가 보다 자율적이고 책임 있는 환경에서 연구개발 활동을 수행할 수 있도록 제도적 기반을 마련한 것이다.

다만, 앞서 설명한 국가연구개발사업과 연구개발과제의 개념적 구분뿐만 아니라, 부처별 규정 통합의 의미 등은 연구개발 정책 분야에 익숙하지 않은 이들에게는 다소 생소할 수 있다. 따라서 「국가연구개발혁신법」의 구체적인 내용을 이해하기 위해서는 먼저 국가연구개발사업과 연구개발과제 사이의 구조적 관계, 그리고 기존 관리 체계의 변천을 충분히 이해할 필요가 있다. 이러한 이해가 선행될 때 비로소 「국가연구개발혁신법」이 지향하는 연구개발 생태계 혁신의 의미와 법제적 함의를 온전히 파악할 수 있을 것이다.

제2절 ‖ 연구개발(Research and Development, R&D)

1. 연구개발의 의미

우선 연구개발이란 무엇일까? 연구와 개발은 흔히 함께 사용되어 '연구개발(Research and Development, R&D)'이라는 하나의 개념으로 통칭되지만, 실제로는 그 성격과 목표에서 중요한 차이가 있으면서도 두 개념은 서로 긴밀하게 연결되어 있다. 먼저 연구는 새로운 지식과 원리를 탐구하는 과정이다. 주된 목적은 아직 밝혀지지 않은 사실을 규명하거나 기존의 지식을 확장하는 데 있으며, 그 성격상 기초적·불확실성·장기적이라는 성격을 띤다. 연구는 크게 기초연구와 응용연구로 나눌 수 있는데, 기초연구는 과학적 호기심이나 학문적 필요에 따라 자연현상을 규명하는 활동이며, 응용연구는 기초연구에서 나온 원리와 지식을 바탕으로 특정 문제 해결에 적용할 수 있는 방향으로 탐구하는 활동이다. 예컨대 물리학에서 전자의 성질을 밝히는 것은 기초연구에 해당하고, 이를 바탕으로 반도체 소재의 특성을 설계하는 것은 응용연구에 해당한다. 연구의 성과는 반드시 즉각적인 실용적 결과를 내지 않더라도, 장기적으로 학문과 기술의 기반을 형성한다는 점에서 중요한 의미가 있다.

반면, 개발은 연구에서 축적된 지식이나 원리를 실제로 구현하여 새로운 제품, 공정, 서비스, 기술로 구체화하는 과정이다. 개발은 연구보다 실용·응용적 성격이 강하며, 시장성과 경제적 가치를 지향하는 경우가 많다. 개발 활동은 프로토타입 제작, 시제품 검증, 상용화 단계로 이어지며, 궁극적으로는 연구 성과를 사회·산업 현장에서 활용할 수 있도록 하는 가교역할을 한다. 예를 들어, 반도체 소재의 전기적 특성을 연구한 결과를 토대로 새로운 메모리 칩을 설계하고 대량 생산하는 과정은 개발에 해당한다. 이처럼 연구와 개발은 목표와 과정에서 차이를 보인다. 연구는 '새로운 지식을 발견하는 것'에 초점을 맞추고, 개발은 '그 지식을 바탕으로 실질적인 산출물을 만들어내는 것'에 방점을 둔다.

연구가 지식의 축적과 원리의 탐구라면, 개발은 이를 바탕으로 사회적·경제적 가치를 창출하는 단계라 할 수 있다. 그러나 연구와 개발은 분리된 것이 아니라 연속적 관계를 형성한다. 연구가 없다면 개발의 기반이 부족해지고, 개발이 없다면 연구의 성과가 사회에 확산되지 못한다. 실제로 연구와 개발은 순환적인 구조를 이루어, 개발 과정에서 제기된 새로운 문제는 다시 연구의 주제가 되며, 연구에서 나온 성과는 또다시 개발을 통해 구체화된다. 따라서 연구와 개발은 서로 대립적 개념이 아니라 상호 보완적인 파트너에 가까운 개념이라 할 수 있다.

2. 연구개발과 과학기술

그렇다면 연구개발과 과학기술(Science & Technology, S&T)의 관계는 무엇일까? 연구개발과 과학기술은 현대 사회에서 밀접하게 연결된 개념이고, 흔히 두 용어가 혼용되거나 동일한 의미로 받아들여지기도 하지만 기능, 목적에서 서로 다른 층위를 지닌다. 과학기술은 인간이 자연과 사회 현상을 이해하고 이를 바탕으로 새로운 도구와 체계를 만들어내는 지식의 총체와 그 활용을 가리킨다. 과학은 본질적으로 자연과 사회의 원리와 법칙을 탐구하는 학문적 활동이고, 기술은 그러한 과학적 지식을 바탕으로 인간 생활에 유용한 수단과 방법을 창출하는 실천적 활동이다. 즉 과학기술은 이론과 실천을 포괄하는 거대한 지식 체계와 그 적용이라 할 수 있다. 고대의 수학과 천문학, 근대의 물리학과 화학, 현대의 인공지능과 바이오 기술 모두 과학기술의 범주에 속한다. 따라서 과학기술은 인류 문명을 발전시키는 가장 근본적인 동력이자, 학문과 산업을 연결하는 기반이다.

각 개념을 구체적으로 살펴보면, 과학기술은 보편적이고 집합적이라 할 수 있다. 이미 확립된 지식과 이론, 사회가 활용하는 기술을 모두 포함하며, 특정 국가나 개인의 소유라기보다는 인류 전체의 자산으로 표현된다. 반면 연구개발은 특정 연구개발기관, 연구자, 기업이 인력, 재원 등을 투입해 수행하는 구체적 활동으로, 범위가 제한적이고 시의성·목적성이 뚜렷하다. 결국 목표의 측면에서도 차이가 있는데, 과학기술은 궁극적으로 인류의 지적 성장과 삶의 질 향상을 목표로 한다. 예컨대 물리학의 상대성 이론이나 양자역학은 당장 실용적 성과를 겨냥한 것이 아니었지만, 인류의 지식 체계를 혁신적으로 확장했다. 반면 연구개발은 보다 구체적이고 직접적인 목표를 가진다. 새로운 의약품 개발, 반도체 차세대 소자의 설계, 기후변화 대응 기술 등은 모두 명확한 성과와 결과를 지향한다. 따라서 연구개발은 과학기술이라는 큰 울타리 안에서의 성과 지향적 하위 활동이라 할 수 있다.

결국 연구개발은 과학적 탐구와 기술적 혁신을 결합하여 새로운 지식과 기술을 창출하고, 이를 바탕으로 사회·경제적 가치를 실현하는 일련의 활동을 의미한다. 다시 말해,

연구개발은 단순히 새로운 사실을 밝히는 학문적 탐구에 그치지 않고, 실질적으로 이를 산업, 사회, 문화 전반에 적용하여 인류의 생활을 개선하고 국가 경쟁력을 높이는 기능을 지닌다. 따라서 연구개발은 기초과학 연구와 기술개발, 응용과 상용화를 모두 포괄하는 넓은 개념으로 이해된다. 연구개발과 과학기술 두 개념은 철저히 구분되기보다는 상호 보완적 관계를 형성한다. 과학기술은 연구개발의 토대이자 성과가 누적되는 지식의 장이며, 연구개발은 과학기술을 발전시키는 구체적 실천이다. 연구개발이 활발하게 이루어져야 과학기술이 진보하고, 과학기술이 발전해야 연구개발의 범위와 가능성이 확대된다. 실제로 과학기술이 성숙한 사회일수록 연구개발 투자와 활동도 활발하며, 연구개발 성과가 다시 과학기술 수준을 높이는 선순환 구조가 형성된다.

3. 국가연구개발과 민간연구개발

연구개발은 그 주체와 재원 구조에 따라 크게 국가연구개발과 민간연구개발로 구분된다. 두 영역은 상호 보완적인 관계를 형성하면서도, 그 목적과 기능, 운영 방식에 있어 본질적인 차이를 지닌다. 이러한 이원적 구조에 대한 분석은 단순한 유형 구분을 넘어, 우리나라 연구개발 생태계가 어떠한 제도적 기반 위에서 형성되고 발전해 왔는지를 다층적으로 이해하는 데 필수적인 접근이라 할 수 있다.

우선 국가연구개발은 정부가 공익적·전략적 필요에 따라 재정을 투입하여 추진하는 연구개발 활동으로, 국가경쟁력 강화, 국민의 삶의 질 제고, 공공안전 확보, 미래산업 기반 조성 등과 같은 공공 목적을 지향한다. 정부예산으로 운영되기 때문에 단기적인 수익성보다는 장기적인 전략성, 공익성, 그리고 기초성이 중시된다. 기초과학 연구, 원천기술 개발, 방위산업 기술, 환경·에너지 연구, 감염병 대응 및 기후변화와 같은 사회문제 해결형 연구 등이 이에 해당한다. 즉, 국가연구개발은 시장 실패 영역에서 정부가 위험을 분담하고, 민간이 접근하기 어려운 분야의 연구를 선도함으로써 장기적으로 사회 전체의 기술 기반을 확충하는 기능을 수행한다.

반면 민간연구개발은 기업이 자사의 경쟁력 확보와 이윤 창출을 목적으로 자체 자금을 투자하여 수행하는 활동이다. 민간연구개발의 핵심 목표는 시장 수요 대응과 상업화이며, 기업은 단기간 내 제품화·사업화 가능성이 높은 분야에 집중 투자한다. 반도체, 디스플레이, 배터리, 자동차, 통신장비 등에서 우리 기업이 세계적 경쟁력을 확보한 것은 이러한 민간 주도 연구개발의 성과라 할 수 있다. 참고로 정부예산이 투입된 연구개발은 기업이 수행하더라도, 그 재원이 공공 재정인 이상 이를 민간연구개발로 보지는 않는다.

이러한 구분은 재원 구조와 투자 비중에서도 명확히 나타난다. 우리나라는 1980년대까지만 해도 국가 주도의 연구개발 비중이 상대적으로 높았으나, 1990년대 이후 대기업을 중심으로 한 민간 투자가 급격히 확대되면서 연구개발의 주체별 구도가 국가 주도에서 민간 주도로 변화하였다. 현재 전체 연구개발 지출의 약 75~80%를 민간이, 20~25%를 정부가 담당하고 있어, 우리나라의 연구개발 체제가 사실상 민간기업 중심적 구조로 전환되었음을 보여준다. 그럼에도 불구하고 국내총생산(Gross Domestic Product, GDP)[3](이하 "국내총생산(GDP)"이라 한다) 대비 연구개발 투자 비율은 약 4.5% 내외로 세계 최고 수준을 유지하고 있으며, 이는 정부가 주도하는 국가연구개발 부문 또한 일정한 경쟁력과 지속성을 확보하고 있음을 방증한다.

연구개발의 성과 도출까지의 일반적인 소요 시간 또한 상이하다. 국가연구개발은 장기적이고 위험 부담이 큰 분야를 담당하기 때문에 단기적 성과가 가시화되기 어렵지만, 이러한 투사가 민간의 응용·개발 단계로 이어지는 토대를 제공한다. 반면 민간연구개발은 시장성과 직접 연결되어 빠른 성과를 창출하나, 기초·원천 연구와 같은 비시장 영역에 대한 투자 유인은 상대적으로 약하다. 성과평가 거버넌스 측면에서도 차이가 존재한다. 국가연구개발은 과학기술정보통신부, 산업통상부, 보건복지부, 기후에너지환경부[4],

---

3 국내총생산(GDP)는 일정 기간(보통 1년) 동안 한 국가 안에서 생산된 모든 최종재와 서비스의 총액을 의미한다. 한국의 국내총생산(GDP) 대비 연구개발 투자 비율은 경제협력개발기구(OECD) 주요 국가들 가운데 높은 수준이다. 2023년 기준 한국은 5.0%로 미국의 3.4%, 일본의 3.4%, 독일의 3.1%보다 높다. 하지만 이는 절대적 투자 금액을 비교한 것이 아니라 국내총생산(GDP) 대비 상대적 연구개발 투자 금액을 비교한 것이기 때문에 비율 자체만으로 한국에서 더 많은 연구개발 투자가 이루어지고 있음을 의미하지는 않는다.

4 기후위기 및 인공지능 대전환 등 행정환경의 변화에 능동적으로 대응할 수 있도록 정부 조직 체계를 재설계하면서 2025. 10. 1.자로 「정부조직법」이 개정되어, 환경부가 기후에너지환경부로 개편되고, 기존 산업통상자원부의 에너지(원자력발전 수출 부문 제외) 사무를 기후에너지환경부로 이관하여 환경, 기후변화 및 에너지 정책을 유기적·통합적으로 추진하도록 하며, 에너지 사무 이관 사항을 반영하여 산업통상자원부를 산업통상부로 하는 개편이 이루어졌다. 따라서 기존 정부 조직 내에서의 부처별 연구개발 투자 비율을 비교할 때는 조직 변화를 주의해서 살펴봐야 한다.

중소벤처기업부 등 중앙행정기관이 기획·집행하고, 사업평가, 과제평가 등의 공적 절차를 거쳐 성과를 관리한다. 이는 공공 재정의 투명성과 책무성을 확보하기 위한 것이다. 반면 민간연구개발은 기업 내부의 전략적 판단에 따라 자율적으로 수행되며, 성과평가는 투자 대비 수익성 또는 시장 점유율의 변화와 직결된다.

다만 최근에는 두 영역 간의 경계가 점차 완화되고 있다. 정부는 단순히 기초연구나 원천기술 개발에 그치지 않고, 민간의 혁신 활동을 촉진하는 방향으로 국가연구개발의 구조를 재편하고 있다. 인공지능[5], 합성생물학[6], 탄소중립[7], 우주 등 미래 전략기술 분야에서 정부가 초기 리스크를 분담하고, 민간이 상용화를 주도하는 공공과 민간 협력형 연구개발 모델이 확산되고 있는 것이 그 예이다. 동시에 민간기업 역시 정부, 출연연구기관[8], 대학 등과의 협력 연구를 통해 공동 혁신 생태계를 형성하고 있다.

---

5 「인공지능 발전과 신뢰 기반 조성 등에 관한 기본법」 제2조(정의) 이 법에서 사용하는 용어의 뜻은 다음과 같다.

1. "인공지능"이란 학습, 추론, 지각, 판단, 언어의 이해 등 인간이 가진 지적 능력을 전자적 방법으로 구현한 것을 말한다.
2. "인공지능시스템"이란 다양한 수준의 자율성과 적응성을 가지고 주어진 목표를 위하여 실제 및 가상환경에 영향을 미치는 예측, 추천, 결정 등의 결과물을 추론하는 인공지능 기반 시스템을 말한다.
3. "인공지능기술"이란 인공지능을 구현하기 위하여 필요한 하드웨어·소프트웨어 기술 또는 그 활용 기술을 말한다.

6 「합성생물학 육성법」 제2조(정의) 이 법에서 사용하는 용어의 뜻은 다음과 같다.

1. "합성생물학"이란 생명체의 구성요소와 시스템을 공학적 방법으로 설계·제작·활용하는 생명공학 분야의 학문 및 기술을 말한다.
2. "바이오파운드리"란 합성생물학의 설계·제작·시험·학습에 관한 일련의 과정을 표준화·고속화·자동화한 바이오연구 지원시설을 말한다.

참고로 우리나라는 세계 최초로 「합성생물학 육성법」을 2025. 4. 22.자로 제정하였으며, 해당 법률은 2026. 4. 23.자 시행이다.

7 「기후위기 대응을 위한 탄소중립·녹색성장 기본법」 제2조(정의) 이 법에서 사용하는 용어의 뜻은 다음과 같다.

3. "탄소중립"이란 대기 중에 배출·방출 또는 누출되는 온실가스의 양에서 온실가스 흡수의 양을 상쇄한 순배출량이 영(零)이 되는 상태를 말한다.
4. "탄소중립 사회"란 화석연료에 대한 의존도를 낮추거나 없애고 기후위기 적응 및 정의로운 전환을 위한 재정·기술·제도 등의 기반을 구축함으로써 탄소중립을 원활히 달성하고 그 과정에서 발생하는 피해와 부작용을 예방 및 최소화할 수 있도록 하는 사회를 말한다.

8 공공성이 있는 연구기관을 통칭하는 표현으로 흔히 '출연연구기관'이라는 용어가 사용된다. 이는 정부

국가연구개발은 공익성과 장기성을 기반으로 사회 전체의 기술 인프라를 구축하는 토대이며, 민간연구개발은 시장성과 응용성을 중심으로 이를 산업적 성과로 전환하는 추진력이라 할 수 있다. 양자는 경쟁적 관계가 아니라 상호 보완적 관계로서, 균형과 협력이 조화될 때 국가혁신 역량이 극대화된다. 결국 정부와 민간이 각자의 역할 분담을 명확히 하면서도, 유기적 연계를 통해 지속 가능한 혁신 생태계를 구축하는 것이 우리나라 연구개발 혁신의 핵심 과제라고도 볼 수 있다.

가 직접 설립하거나 주요 재원을 출연하여 운영하는 연구기관을 의미하며, 국가적 차원의 연구개발을 수행하는 핵심 공공 연구조직을 주로 지칭한다. 다만 법률적인 용어로서 「과학기술분야 정부출연연구기관 등의 설립·운영 및 육성에 관한 법률」에 따른 과학기술 분야 정부출연연구기관, 줄여서 과기정출연이나 정출연으로 부르는 과학기술 분야의 국가연구개발을 위해 설립된 기관, 「정부출연연구기관 등의 설립·운영 및 육성에 관한 법률」에 따른 정부출연연구기관이 있으나, 일상적 표현으로서의 출연연구기관, 즉 출연연은 이보다 더 넓은 범위를 포괄하는 경향이 있다. 예컨대 중앙행정기관이 설립한 특정 연구원, 지방자치단체가 출연한 연구기관, 산업·경제·문화 분야의 정책연구기관 등도 넓은 의미에서 출연연으로 불리기도 한다. 이러한 표현의 확장은 연구기관이 정부 재정에 기반하여 공공 목적의 연구를 수행한다는 공통된 속성에서 비롯된 것이며, 연구개발 체계 내에서 공공적 역할을 담당한다는 점을 강조하는 데서 기인한다. 다만, 법률 체계상 각 기관의 법적 지위, 설립 근거, 운영 규정은 다를 수 있으므로 '출연연구기관'이라는 용어를 사용할 때에는 맥락에 따라 협의 또는 광의의 의미로 쓰이고 있음에 유의할 필요가 있다.

제3절 ‖ 국가연구개발사업과 연구개발과제

「국가연구개발혁신법」

제2조(정의) 이 법에서 사용하는 용어의 뜻은 다음과 같다.
1. "국가연구개발사업"이란 중앙행정기관이 법령에 근거하여 연구개발을 위하여 예산 또는 기금으로 지원하는 사업을 말한다.
2. "연구개발과제"란 국가연구개발사업을 추진하기 위하여 소관 중앙행정기관의 장이 정하는 과제를 말한다.

1. 국가연구개발사업의 의의

(1) 국가연구개발사업의 연혁

국가연구개발사업은 무엇일까? 우리나라 국가연구개발사업의 시작은 1960년대 후반에서 1970년대 초반으로 거슬러 올라간다. 광복 이후 산업 기반이 취약하고 과학기술 역량이 미비하던 시기에, 정부는 경제개발계획을 추진하면서 과학기술을 국가 발전의 핵심 동력으로 삼아야 한다는 인식을 가지게 되었다. 대한민국의 경제개발계획은 1960년대부터 본격적으로 수립·시행된 국가 차원의 종합적 경제성장 전략이다. 1960년대 초반까지만 해도 한국은 전쟁의 피해로 인해 산업 기반이 취약하고 1인당 국민소득이 매우 낮은 상태였으며, 자립적 성장을 위한 체계적 전략이 부재했다.

이에 정부는 1962년 「제1차 경제개발 5개년 계획」을 시작으로, 산업 구조 고도화와 수출 중심 성장을 목표로 한 일련의 중장기 계획들을 수립하였다. 제1차 계획(1962~1966)은 사회간접자본 확충과 경공업 육성을 중심으로 이루어졌으며, 이를 통해 경제성장의 기초 체력이 마련되었다. 이어 「제2차 경제개발 5개년 계획」(1967~1971)에서는 본격적인 수출 산업 육성과 공업화 기반 조성이 추진되었다. 제3차 계획(1972~1976)과 제4차 계획(1977~1981) 시기에는 중화학공업화 전략이 중심 과제로 채택되어 철강, 기계, 조선, 전자, 화학 산업 등이 집중적으로 육성되었고, 이는 한국 경제가 고도성장 국면에 진입하는 발판이 되었다. 이러한 경제개발계획은 단순한 산업 육성 정책이 아니라, 금융, 교육, 과학기술, 무역 정책을 포괄하는 종합적인 국가 전략이었다. 정부는 계획을 통해 목표를 설정하고 재원을 배분하며, 산업별 우선순위를 조정하였다. 특히 과학기술 정책도 경제개발계획과 긴밀히 연계되어, 1960년대 후반부터는 과학기술처 신설과 연구개발 제도 구축이 병행되었다. 즉, 경제개발계획은 단순히 경제성장 정책이 아니라, 국가연구개발사업의 제도적 출발점과 맞닿아 있다고 볼 수 있다. 물론, 당시 과학기술은 독립적인 정책 분야라기보다는 경제발전 목표를 달성하기 위한 수단이었다.

제1차 계획에서는 과학기술이라는 용어가 강조되지 않았고, 산업 인력 양성, 기술 도입, 교육 체계 강화 등 과학기술 발전을 위한 간접적 조치들이 포함되었다. 제2차 계획 시점인 1967년에 과학기술 행정을 전담하는 부처인 과학기술처가 신설되었다. 배경을 살펴보면, 1962년부터 시행된 경제개발 5개년계획은 산업화와 수출 확대를 국가적 과제로 삼으면서 과학기술의 역할을 강조했다. 당시 우리나라는 기술 수준이 낮아 대부분의 핵심 산업기술을 해외에서 도입해야 했고, 단순 조립이나 가공에 머무는 경우가 많았다. 이러한 기술 의존에서 벗어나 독자적인 기술을 확보하지 않으면 장기적인 경제성장은 불가능하다는 인식이 확산되었다. 이를 해결하기 위해 1967년 과학기술처가 신설되었고, 국가 차원의 과학기술정책이 본격적으로 추진되기 시작했다. 그리고 같은 해 제정된 「과학기술진흥법」을 통해 국가 차원의 과학기술 진흥 정책이 법적으로 뒷받침되기 시작했다. 물론, 여전히 과학기술 관련 중장기 계획은 경제개발계획에 종속된 형태로 존재했다. 예컨대 제2차 계획에서는 과학기술 인력 양성 및 연구개발 기반 조성이 명시적으로 포함되었고, 제3차 계획에서는 중화학공업 육성과 연계하여 첨단 기술 확보와 연구개발 투자의 필요성이 강조되었다. 이 시기 과학기술은 경제개발계획의 세부 항목으로 자리 잡으며, 국가 경제성장의 보조적 도구로 활용되었다.

실질적으로도 우리나라에서 국가연구개발사업이 본격적으로 시작된 것은 1960년대 말에서 1970년대 초로 볼 수 있다. 그 이전에도 개별 부처나 국책연구소 차원에서 제한적인 연구개발 지원이 있었으나, '국가 차원의 체계적 연구개발사업'이라는 이름으로 추진된 것은 1973년 출범한 국가기술개발사업이 사실상 시초로 평가된다. 제3차 계획과 연계하여 과학기술처가 주도한 것이 바로 국가기술개발사업이다. 이 사업은 정부가 예산을 투입하여 공공연구기관, 대학, 기업이 필요 기술을 개발하도록 지원하는 최초의 범부처적 연구개발 프로그램이었다. 주요 목표는 산업화에 긴급히 필요한 핵심 기술을 국산화하고, 해외 의존을 줄여 국가경쟁력을 확보하는 것이었다. 초기 과제는 전자부품, 기계, 석유화학, 자동차 부품 등 중화학공업과 직결된 분야에 집중되었다. 이 과정은 단순히 개별 연구 지원을 넘어, 국가가 직접 연구개발을 계획하고 예산을 편성하며 성과를 관리하는 '국가연구개발사업' 체계를 제도적으로 출범시킨 사건이었다. 이후 국방과학연구소를 통한 무기 체계 개발, 한국원자력연구소를 중심으로 한 원자력 기술개발 등이 국가연구개발사업의 또 다른 축으로 이어지며, 범위와 성격이 확대되었다.

(2) 국가연구개발사업에 대한 기존의 정의 부재

앞선 연혁으로 살펴본 국가연구개발사업은 단순히 새로운 기술이나 제도를 만들어내는 행위를 넘어, 기존의 질서와 방식을 근본적으로 변화시키려는 노력을 의미한다고 볼 수 있다. 말 그대로 연구개발에는 혁신성이 내포되어 있는 것으로, 기존에 당연하게 받아들여지던 한계나 비효율성을 극복하고, 더 나은 방향으로 나아가기 위한 기술적인 전환을 의미한다. 국가연구개발사업은 정부의 예산을 투입하여 '연구개발을 통해 국민의 삶의 질과 사회의 구조를 실질적으로 개선하는 과정'에 가깝다.

하지만 「국가연구개발혁신법」 제정 이전까지 어떠한 법률에서도 국가연구개발사업의 개념을 명시적으로 정의한 근거 규정이 존재하지 않았다. 「과학기술기본법」을 비롯한 당시의 관련 법령 어디에서도 국가연구개발사업의 개념적 범위가 규정되어 있지 않았다. 비록 2005년에 제정된 「국가연구개발사업 등의 성과평가 및 성과관리에 관한 법률」이 '연구개발사업'을 정의하고 있었으나, 이는 국가연구개발사업을 직접 정의한 것이 아니라 간접적으로 언급한 수준에 그쳤다. 해당 법률은 국가연구개발사업을 "중앙행정기관이 과학기술 분야 연구개발을 위하여 예산 또는 기금으로 지원하는 사업으로서 「과학기술기본법」 제11조에 따른 국가연구개발사업"으로 규정하였다. 그러나 정작 인용된 「과학기술기본법」 제11조는 국가연구개발사업을 정의하지 않고, 단지 "관계 중앙행정기관의 장은 과학기술기본계획에 따라 소관 분야의 국가연구개발사업을 추진하여야 한다."는 실행 명령만을 규정하고 있었다. 사실 「과학기술기본법」은 과학기술 분야 전체의 철학과 방향을 주로 언급하기 위하여 제정된 터라, 별도의 정의 조항이 존재하지 않는다. 이에 「과학기술기본법」을 통해 국가연구개발 관련 주요 용어의 법적 의미를 체계적으로 정립하기도 어려운 상황이었다. 1973년 이후 과학기술처뿐만 아니라 개별 부처에서 다양한 분야별로 '정부가 예산을 투입하여 정부 차원의 체계적인 연구개발'을 위해 예산을 확정 짓고 실제 연구개발을 위해 예산을 투입하고 있었지만 정작 이 국가연구개발사업의 그 법적 실체나 범위에 대한 규정은 부재한 상태였다. 그 결과 일반 국민은 물론, 행정기관 내부에서도 국가연구개발사업의 범위를 명확히 인식하기 어려웠다.

(3) 국가연구개발사업의 의미

국가는 국민경제의 발전과 국민의 삶의 질 향상을 위하여 다양한 정책 영역에 예산을 투입하고 이를 여러 형태로 집행한다. 각 중앙행정기관은 「정부조직법」에 따라 정해진 소관 업무 범위 내에서 정책을 수립하고 이를 수행하기 위하여 예산을 활용하는데, 그 방식은 직접 집행뿐만 아니라 보조금, 출연, 투자 등 여러 형태로 나타난다. 이 가운데 특정 정책 목적의 달성을 위해 연구개발을 필요로 하는 경우, 해당 예산은 국가연구개발사업의 형태로 집행된다. 즉, 각 부처는 소관 분야의 기술적 문제를 해결하거나 과학기술적 수단을 통해 국민경제와 삶의 질 향상에 기여할 필요가 있을 때 국가연구개발사업을 추진하게 된다.

예컨대, 미세먼지로 인한 국민 건강 피해가 심각해지는 상황에서 보건복지부가 실내 미세먼지 저감 장치의 개발이 필요하다고 판단할 수 있다. 또는 질병관리청이 전 세계적 감염병 확산에 대비하여 새로운 백신 연구를 추진할 필요성을 제기할 수도 있다. 이 경우 해당 기관은 연구개발 계획을 수립하여 예산 당국에 제안하고, 이를 근거로 연구개발 예산을 확보한다. 이러한 예산 확보는 각각의 부처가 소관 법령에 근거하여 자신들의 정책적 역할과 연구개발의 필요성을 논증함으로써 이루어지며, 확보된 예산을 통해 수행되는 활동이 곧 국가연구개발사업이다. 이와 같이 국가연구개발사업은 원칙적으로 중앙행정기관이 주체가 되어 수행하는 공적 연구개발 활동이라 할 수 있다. 또 다른 예로, 국토교통부는 교통 인프라를 소관하는 부처로서 고속도로 건설에 필요한 예산을 집행할 수 있으나, 이는 건설사업예산으로서 국가연구개발사업에 해당하지 않는다. 그러나 고속도로 건설 과정에서 소음을 줄이는 새로운 아스팔트 재질의 개발과 같은 기술적 과제가 발생할 수 있다. 이와 같은 연구는 민간이 단기 수익성 측면에서 접근하기 어려운 영역으로, 정부의 재정 지원 없이는 수행되기 어렵다. 따라서 국토교통부는 공공의 편익을 위해 해당 기술개발을 국가연구개발사업으로 추진할 수 있으며, 이를 통해 국민의 생활환경 개선과 산업기술의 고도화를 동시에 달성할 수 있다.

국가연구개발사업은 정부가 공익적 목적을 달성하기 위하여 연구개발이라는 수단을 활용하여 예산을 집행하는 정책적 행위로 정의될 수 있다. 이는 단순한 예산 집행이 아니라, 각 중앙행정기관이 소관 분야의 기술혁신을 촉진하고 사회적·경제적 파급효과를 창출하기 위한 법적·제도적 장치로서 기능한다.

또한 국가연구개발사업은 국가가 주도적으로 과학기술 발전과 산업 경쟁력 제고를 위하여 연구개발 활동을 기획·지원·관리하는 장치를 의미한다. 이는 민간의 개별적 연구개발 활동과 달리, 국가 차원에서 장기적 전략과 정책 목표를 설정하고, 공공재원과 행정적 지원을 통해 추진된다는 점에서 차별성을 가진다. 즉 국가연구개발사업은 국가가 과학기술 혁신을 통해 사회적 난제를 해결하고, 경제적·산업적 성과를 창출하며, 동시에 국민의 삶의 질을 향상시키기 위해 마련한 공적 연구개발 체계라 할 수 있다. 첫째, 정부의 연구개발은 공공성을 본질적 가치로 삼는다. 예를 들어 기초과학 연구나 기후변화 대응 기술, 방역·보건 연구, 국방 분야 연구개발 등은 단기간에 상업적 이익을 창출하기 어렵지만 사회 전체의 안전과 복지에 필수적이다. 민간이 투자하기 어려운 영역에서 정부는 국민의 세금을 기반으로 연구를 지원하여 국가적 과제를 해결한다. 둘째, 정부 연구개발은 장기적·전략적 성격을 지닌다. 민간은 단기적인 시장성과를 중시하는 반면, 국가는 수십 년 이상을 내다보는 원천기술 확보와 미래산업 기반 조성에 집중한다. 인공지능, 양자기술, 우주탐사, 첨단소재 연구 등은 초기에는 수익성이 불투명하지만, 장기적으로 국가경쟁력의 근간이 되므로 정부 차원의 지속적인 투자가 필요하다. 셋째, 정부의 연구개발은 균형 발전과 포용성을 지향한다. 민간기업은 수익성이 높은 분야에만 집중하는 경향이 있지만, 국가는 사회 전반의 균형 있는 발전을 위해 소외 분야나 지역, 중소기업, 신진연구자에게도 기회를 제공한다. 이를 통해 연구개발 생태계의 저변을 넓히고 인재를 육성하는 것이 정부 연구개발의 중요한 방향이다. 넷째, 정부 연구개발은 국가 안보와 주권 확보라는 목표도 지닌다. 에너지, 식량, 방위산업, 원자력 등 국가 존립과 직결되는 분야는 외국 의존을 최소화하고 자립 역량을 강화해야 한다. 이는 단순한 기술 문제가 아니라 국가 안보와 직결되므로, 정부 연구개발의 전략적 우선순위로 자리 잡는다. 다섯째,

정부는 연구개발을 통해 민간 혁신을 촉진하는 마중물 역할을 수행한다. 정부가 원천기술과 기반 인프라를 마련하면, 이를 토대로 민간이 상용화와 사업화를 추진한다. 즉 정부 연구개발은 민간의 한계를 보완하는 동시에, 민간의 창의적 활동을 촉진하는 '플랫폼'이 된다. 정부의 연구개발은 단기 수익을 좇는 민간 연구개발과 달리, 장기적 안목에서 국가적 전략 목표를 달성하고 공익적 가치를 창출하며, 민간이 도달하기 어려운 영역을 보완하는 데 본질적 방향성을 둔다.

2. 정부연구개발예산

대한민국의 정부연구개발예산은 국가연구개발사업의 발전과 함께 꾸준히 확대되어 왔다. 참고로 국가연구개발사업이라는 표현을 일반적으로 사용하는데, 예산에 대해서는 국가연구개발예산보다는 정부연구개발예산이나 정부R&D예산이라는 표현이 흔히 사용된다. 재미있는 사실은 우리나라 법령에는 국가연구개발예산이나 정부연구개발예산이라는 표현은 존재하지 않고, 연구개발예산이나, 국가연구개발사업의 예산이라는 표현을 사용하고 있다.

아무래도 정부연구개발예산이라는 표현이 현장에서 많이 사용되는 이유는 예산의 편성과 집행 주체가 '국가'라는 추상적 개념이 아니라, 구체적으로 중앙정부이기 때문이다. 「대한민국헌법」과 「국가재정법」에 따라 예산은 정부가 편성하고 국회가 심의·확정한다. 따라서 실제 연구개발예산은 정부예산의 일환으로 책정되며, 정부 각 부처가 소관 분야에 따라 집행하는 구조를 갖는다. 이런 맥락에서 '정부연구개발예산'이라는 표현은 행정·재정적 실체를 더 정확하게 반영할 수 있다. 실제로 정부연구개발예산은 매년 정부 전체 예산안에 포함되어 국회 심의 과정을 거치게 되는데, 통계나 정부 정책 문서에서 '정부연구개발예산'이라는 표현이 많이 사용되고 있다. 따라서 '국가연구개발예산'이라는 표현은 이론적으로 가능하더라도, 재정 운용 체계상 실질적 주체가 정부임을 명확히 드러내는 '정부연구개발예산'이라는 용어가 더 타당하고 보편적으로 쓰이는 것이다.

오늘날 우리나라는 국내총생산(GDP) 대비 연구개발 투자 비율에서 세계 최상위권에 오를 만큼 과학기술에 막대한 재정을 투입하는 나라로 평가되지만, 그 출발은 결코 창대하지 않았다. 정부 차원의 공식적인 연구개발예산은 1960년대 후반, 과학기술처가 설치된 1967년 무렵부터 본격적으로 확인된다. 당시 기록에 따르면 1967년 정부연구개발예산은 약 57억 원에 불과했다. 이는 전체 국가 예산에서 차지하는 비중이 극히 미미한 수준이었지만, 독립된 부처를 통해 과학기술 분야를 체계적으로 지원하기 시작했다는 점에서 역사적 의의가 크다. 당시 한국 사회는 원조와 차관에 크게 의존하고 있었기 때문에, 자주적인 연구개발 재정이 마련되었다는 사실 자체가 새로운 전환점이었다.

1970년대는 경제개발 5개년 계획과 긴밀하게 연결된 시기였다. 제3차 경제개발 5개년계획(1972~1976)은 중화학공업화를 핵심 전략으로 삼았고, 이에 따라 정부연구개발예산도 해당 분야에 집중적으로 투입되었다. 1977년에는 정부연구개발예산이 1,000억 원을 돌파하며 양적 성장을 이루었다. 이 예산은 철강, 석유화학, 기계, 조선, 전자 등 중화학공업 분야 연구개발에 주로 사용되었다. 또한 1970년대 후반에는 원자력 기술 확보와 국방과학기술 개발에도 투자가 확대되었는데, 이는 당시 한국이 에너지 안보와 자주국방이라는 국가적 과제를 해결하기 위해 과학기술 역량을 필수적으로 키워야 한다고 인식했기 때문이다. 결국 1970년대는 국가연구개발사업이 본격적으로 산업화 전략과 맞물려 확대된 시기라 할 수 있다.

1980년대에 들어서면서 정부연구개발예산은 '조 단위' 시대로 접어들었다. 1981년 약 3,000억 원 수준이었던 예산은 1987년에 약 1조 원을 돌파했다. 이 시기는 세계적으로 기술 경쟁이 격화되던 시기였다. 선진국들은 반도체, 컴퓨터, 통신, 생명과학 등 첨단산업을 선점하기 위해 국가적 차원에서 대규모 연구개발 투자를 진행하고 있었다. 한국 정부도 이러한 국제적 흐름에 발맞추어 기술집약적 산업 구조로의 전환을 추진하였고, 연구개발예산은 이러한 정책을 뒷받침하는 핵심 재정 수단이었다. 특히 반도체와 정보통신 분야에 대한 전략적 투자는 이후 한국 경제가 글로벌시장에서 경쟁우위를 확보하는 데 중요한 발판이 되었다. 이 시기 연구개발 투자의 확대는 단순한 금액 증대를 넘어, 한국 경제의 성장 패러다임을 '추격형 산업화'에서 '기술혁신 주도형 성장'으로 바꾸는 기초를 마련했다고 평가할 수 있다.

1990년대에는 정부연구개발예산의 증가세가 더욱 가속화되었다. 1995년에는 정부연구개발예산이 약 3조 원을 돌파하였다. 이는 1980년대 중반과 비교해 10년 만에 세 배 이상 증가한 수치였다. 1990년대 후반 들어 과학기술의 위상은 한층 높아졌다. 1999년 「과학기술기본법」이 제정되면서 국가연구개발사업의 관리와 운영을 위한 법적·제도적 근거가 마련되었고, 연구개발예산도 단순한 확대에서 벗어나 보다 전략적이고 체계적인 방식으로 운용되기 시작했다. 기초과학, 원천기술, 정보통신 분야가 이 시기 대표적으로 지원을 받은 영역이었다. 또한 연구개발 성과의 평가와 관리가 제도적으로 정착되면서 예산 투입의 효율성에 대한 사회적 관심도 높아졌다.

2000년대에 들어서면서 정부연구개발예산은 두 자릿수 성장세를 기록하며 비약적으로 확대되었다. 2005년에는 예산이 8조 원을 넘어섰고, 2009년에는 11조 원을 돌파했다. 이 시기 한국은 경제협력개발기구(Organization for Economic Cooperation and Development, OECD)[9](이하 "경제협력개발기구(OECD)"라 한다) 국가 중에서도 국내총생산(GDP) 대비 연구개발 투자 비율이 가장 높은 수준에 올랐다. 정부예산뿐만 아니라 민간기업의 투자도 병행되면서, 한국은 세계적으로 손꼽히는 연구개발 투자 국가로 자리매김했다. 정부 차원에서는 차세대 성장동력 발굴을 위해 바이오, 나노, 우주, 환경, 에너지 등 다양한 첨단 분야에 예산을 배분했고, 대학과 공공연구기관, 기업 간의 산학연협력 구조도 강화되었다.

2010년대에 들어 정부연구개발예산은 명실상부하게 세계적인 규모로 성장하였다. 2015년에는 약 18조 원이 편성되었고, 2019년에는 사상 처음으로 20조 원을 넘어 20조 3,997억 원에 달했다. 이는 1967년 57억 원 수준에서 출발한 이후 불과 반세기 만에 3,500배 이상 증가한 규모이다. 이 시기는 단순한 예산 확대뿐만 아니라, 연구자의 행정부담 완화와 연구 환경 개선에 대한 사회적 요구가 높아졌던 시기이기도 하다. 실제로 국가연구개발사업이 복잡한 규정과 행정 절차에 얽매이면서 연구자들이 행정업무에 과도한 시간을 소비한다는 문제가 제기되었고, 이에 따라 연구개발예산을 단순히 늘리는 것뿐 아니라, 효율적으로 집행하고 관리하는 제도 개선이 중요한 과제로 부상하였다.

2020년대 들어서도 정부연구개발예산은 계속 확대되고 있다. 2026년 기준으로 정부연구개발예산은 약 35.5조 원[10]에 이른다. 최근 예산은 기후변화 대응, 에너지 전환,

9 경제협력개발기구(OECD)는 선진국을 중심으로 한 국제기구로서, 회원국의 경제·사회 정책을 비교·분석하고 정책 권고를 제공함으로써 지속 가능한 경제성장, 고용 확대, 사회적 형평, 삶의 질 향상을 도모한다. 이를 위해 통계와 지표를 표준화하여 제공하고, 거버넌스·교육·조세·환경 등 다양한 분야에서 국제 협력을 촉진한다.

10 2023년에는 약 30.7조 원의 연구개발예산이 편성되어, 정부연구개발예산이 최초 30조 원대를 돌파하였다. 이후 2024년에는 약 26.5조 원(비(非)연구개발예산항목으로 이관된 부분 제외)으로 연구개발예산

감염병 대응, 인공지능과 디지털 기술, 우주개발 등 국가 전략과 미래 사회문제 해결에 집중되고 있다. 특히 코로나19 팬데믹은 보건·의료 분야 연구개발의 중요성을 각인시켰고, 이에 따라 백신·치료제 개발, 바이오헬스 산업 육성에 대한 정부 투자도 크게 늘었다. 동시에 인공지능, 빅데이터, 반도체와 같은 디지털 신산업에 대한 전략적 투자가 강화되면서, 정부연구개발예산은 국가의 미래 경쟁력 확보를 위한 핵심 자원으로 기능하고 있다.

세부적인 수치는 어떨까? 2024년 12월에 발간된 '2023년 국가연구개발사업 조사·분석·보고서'에 따르면 2023년도 우리나라 정부연구개발예산의 총 집행액은 30조 5,731억 원으로, 전년도인 2022년 28조 6,782억 원에 비해 약 6.6% 증가하였다. 당초 정부는 31조 778억 원 규모의 투자계획을 수립하였는데, 이는 예산 28조 6,349억 원과 기금 2조 4,429억 원을 합산한 수치이다. 다만 집행 과정에서 예산 미배정, 불용 등으로 약 5,047억 원이 미집행되어 최종 집행액은 30조 5,731억 원으로 확정되었다. 최근 5년간(2019~2023년) 국가연구개발사업 집행액의 증가율을 살펴보면, 연평균 10.3% 수준으로 나타났다. 이는 같은 기간 정부 총지출 규모의 연평균 증가율(약 8%)보다 1.3배 높은 수치이다. 실제로 2023년도 전체 정부예산은 638조 7,277억 원 규모였는데, 이 가운데 국가연구개발사업이 차지하는 비중은 꾸준히 확대되는 추세라 할 수 있다. 부처별 집행 현황을 보면, 과학기술정보통신부가 9조 4,145억 원으로 전체의 30.8%를 차지해 가장 큰 비중을 보였고, 뒤이어 산업통상자원부[11]가 5조 4,576억 원(17.9%), 방위사업청이 4조 5,992억 원(15%), 교육부가 2조 8,199억 원(9.2%), 중소벤처기업부가 1조 8,224억 원(6.0%)을 집행하였다. 이들 다섯 개 부처의 집행액은 총 24조 1,136억 원으로, 전체의 약 78.9%를 차지하였다. 우리나라 국가연구개발사업이 특정 부처 중심으로 집중되어 집행되고 있음을 보여주는 동시에, 국가연구개발 정책의 우선순위가 과학기술, 산업, 방위, 교육, 중소기업 혁신 지원 등에 두텁게 배분되어 있음을 알 수 있다.

이 대폭 감액되기도 하였다. 이후, 2025년 약 29.6조 원으로 다시 연구개발예산이 2023년도 수준으로 복원되었고, 2026년도 예산은 약 35.5조 원으로 역대 최대치를 기록하였다.

11 「정부조직법」 개정으로 2026년 현재는 산업통상부이며, 자원 관련 사항은 환경부와 통합되어 기후에너지환경부로 이관되었으므로 부처별 정부연구개발예산 추이는 2026년부터 달라질 수 있다.

3. 연구개발과제

(1) 연구개발과제의 의미

국가연구개발사업을 수행하는 주체는 누구인가? 연구자인가? 연구개발기관인 대학이나 출연연구기관인가? 국가연구개발사업의 수행 주체는 원칙적으로 중앙행정기관 즉 부처이다. 앞서 설명한 대로, 개별 부처별로 예산 당국에 사업 기획을 통한 예산을 요구하여 예산을 확보한 것이므로, 국가연구개발사업은 바로 해당 예산을 확보한 해당 부처가 수행하는 것이다.

그렇다면 실제로 국가연구개발사업을 정부 부처의 공무원이 직접 수행할 수 있는가라는 의문이 제기된다. 원칙적으로 불가능하지는 않다. 실제로 식품의약품안전처, 농촌진흥청, 국가유산청 등 일부 정부 부처에서는 소속 공무원 신분의 연구원이 직접 연구개발을 수행하는 사례가 존재한다. 다만 이는 도리어 예외적인 형태에 속한다. 이러한 기관들은 본질적으로 정책의 기획과 집행, 평가를 담당하는 행정기관이지만, 업무 특성상 연구개발 기능이 불가분하게 결합되어 있기 때문에 부처 내부에 연구조직을 두고 이를 직접 운영하는 것이다. 예컨대, 농촌진흥청의 국립농업과학원이나 식품의약품안전처의 식품의약품안전평가원 등이 그 대표적인 예라 할 수 있다.

그러나 대부분의 중앙행정기관은 직접적인 연구 수행보다는 정책적 기획과 재정적 지원의 역할을 담당한다. 다시 말해, 국가연구개발사업은 정부가 직접 연구를 수행하기 위한 제도가 아니라, 각 부처가 공익적 필요에 따라 연구개발의 방향을 설정하고 이에 필요한 재원을 확보·배분함으로써 관련 대학, 공공연구기관이나 민간 주체가 연구를 수행하도록 지원하는 체계이다.

예를 들어, 보건복지부가 미세먼지 저감 기술개발을, 질병관리청이 새로운 백신 연구를, 국토교통부가 저소음 아스팔트 개발을 각각 추진하기로 하여 정부예산을 확보했다고 가정하자. 보건복지부가 '미세먼지 저감 국가연구개발사업'으로 100억 원, 질병관리청이 '신규 백신 개발 국가연구개발사업'으로 30억 원, 국토교통부가 '저소음 아스팔트 연구개발사업'으로 20억 원을 배정받는 경우가 이에 해당한다.

보건복지부의 경우, 미세먼지 저감이라는 사업 목적을 달성하기 위해서는 미세먼지의 특성 규명, 흡입·여과 기술개발, 포집 및 폐기 기술 연구 등 여러 세부 연구가 필요할 것이다. 이러한 세부 연구 단위가 바로 '연구개발과제'이며, 정부는 국가연구개발사업의 기획 단계에서 이를 구체화하여 예산을 배분한다. 예컨대 전체 100억 원의 예산을 10개의 연구개발과제로 세분화하여, 미세먼지의 물리·화학적 특성을 규명하는 과제에 10억 원, 흡입 기술개발 과제에 20억 원을 각각 배정하는 방식이다.

따라서 국가연구개발사업은 정부가 연구개발의 정책적 목표를 설정하고 재정적 지원을 제공하는 상위 개념이며, 연구개발과제는 그 사업을 구성하는 구체적 실행 단위로서, 실제 연구 수행의 현장에서 실체화되는 법적·행정적 단위라 할 수 있다. 국가연구개발사업은 연구개발과제로 나뉘고 소관 부처는 해당 과제를 수행할 연구개발기관 및 연구책임자를 선정하여 연구개발비를 지원하게 된다.

(2) 연구개발과제 관리와 「국가연구개발혁신법」

연구개발은 우리나라의 경제 및 산업 성장, 나아가 국가경쟁력 제고의 핵심 동력으로 기능해 왔다. 천연자원이 부족한 우리나라는 정부 주도의 연구개발 투자를 통해 반도체, 디스플레이, 통신 등 첨단 기술 분야에서 세계적 경쟁력을 확보하며, 글로벌 10위권의 경제 강국으로 도약하였다.

2025년도 기준 국가연구개발사업 예산은 약 29.6조 원에 달하며, 이는 전체 정부예산의 약 5% 수준으로 세계적으로도 높은 비중에 속한다. 이러한 수치는 정부가 과학기술과 연구개발을 국가 전략의 핵심 축으로 인식하고 있음을 방증한다. 현재 개별 부처별 국가연구개발사업은 약 500개를 상회하고, 이를 세분화한 연구개발과제는 약 80,000개에 이르는 등, 우리나라의 연구개발 체계는 규모와 복잡성 면에서 매우 방대하다.

이처럼 다층적인 국가연구개발사업 체계에서, 세부 단위인 연구개발과제의 관리 주체는 해당 국가연구개발사업을 수행하는 각 중앙행정기관이다. 이에 따라 각 부처는 소관 국가연구개발사업의 특성과 연구 현장의 여건을 반영하여 자체적인 연구개발과제 관리 규정을 마련·운영해 왔다. 이는 행정적 필요에 따른 합리적 조치로서, 부처별 세부 관리 규정의 존재 자체가 문제라고 보기는 어렵다. 다만, 각 부처가 독자적으로 운영하는 관리 체계가 장기적으로는 국가 전체의 연구개발 제도의 일관성과 효율성을 저해할 우려가 있다는 점이 제기되어 왔다.

「국가연구개발혁신법」은 바로 이러한 문제의식에서 출발하였다. 「국가연구개발혁신법」은 개별 부처의 세부 관리 규정을 폐지하거나 대체하는 법률이 아니라, 이를 상위 법제적 틀 안에서 통합적으로 조정하고, 연구개발과제 관리의 패러다임을 연구자 중심의 자율적 생태계로 전환하기 위한 법률적 기반을 제공한다. 즉, 기존의 예산 관리적 관점에서 연구개발을 단순히 재정 집행의 대상으로 보는 접근을 넘어, 연구개발이 지식 창출과 혁신의 핵심 과정으로 기능하도록 제도적 방향성을 설정한 것이다.

제4절 ‖ 「대한민국헌법」상의 국가연구개발

1. 과학기술 중심의 「대한민국헌법」 개정 연혁

「대한민국헌법」(이하 "헌법"이라 한다) 속 과학기술 관련 규정은 시대적 상황과 국가 발전 전략에 따라 달리 규정되어 왔다. 건국 초기인 1948년 제정된 제헌헌법과 이후 1952년 제1차 개헌, 1954년 제2차 개헌, 1960년 6월 15일의 제3차 개헌, 같은 해 11월 29일의 제4차 개헌까지는 모두 과학이나 기술에 관한 조항을 포함하지 않았다. 당시 한국은 전쟁 직후 원조 의존기에 있었고, 과학기술 진흥이나 관련 정책에 대한 국가적 인식이 부족했기 때문이다. 따라서 이 시기 헌법에는 과학기술 관련 의무나 정책적 방향이 명시되지 않았다.

그러나 1962년 제5차 개헌 헌법에서는 처음으로 과학 진흥이 헌법 조문에 등장하였다. 헌법 제118조에 따르면 국민경제의 발전과 과학 진흥에 관한 중요한 정책을 수립할 때 대통령령을 제정하기에 앞서 이에 관한 자문을 하기 위해 '경제·과학심의회'를 두도록 규정하였다. 구체적으로 헌법 제118조 제1항에서는 경제·과학심의회의 설치 목적을, 제2항에서는 대통령이 이를 주재함을, 제3항에서는 조직과 직무 범위를 법률로 정한다는 내용을 담았다. 다만 이때 과학 진흥은 국가의 의무로 직접적으로 명시된 것이 아니라, 경제정책과 관련한 자문기구의 설치 필요성을 규정하는 정도에 그쳤다. 결국 과학 진흥은 국민경제 발전을 위한 수단으로 이해되었고, 헌법 속에서는 과학을 중심이 아닌 보조적 개념으로 다루었다.

1972년 제7차 개헌 헌법에서는 변화가 있었다. 헌법 제123조 제1항은 "국민경제의 발전과 이를 위한 과학기술은 창달·진흥되어야 한다."고 명시하여 국가가 과학기술의 창달과 진흥을 직접적으로 수행할 의무를 헌법에 반영하였다. 이는 당시 국내적으로 기술 자립 기반을 마련하려는 정책 기조를 반영한 것으로, 과학기술 정책이 한층 강화되던 시기였다. 제2항에서는 대통령이 필요한 경우 자문기구를 둘 수 있다고 규정하여, 이전 개헌에서 자문기구 설치가 의무적으로 규정되었던 것과 달리 임의 규정으로 바뀌었다.

1980년 제8차 개헌에서는 과학기술과 국민경제의 관계 설정이 달라졌다. 헌법 제128조 제1항은 "국가는 국민경제의 발전에 노력하고 과학기술을 창달·진흥하여야 한다.”고 규정하여, 과학기술과 경제를 더 이상 목적과 수단의 관계로 보지 않고 병렬적으로 기술하였다. 즉, 과학기술 진흥 자체가 국민경제 발전과 동등하게 국가의 헌법적 책무로 자리 잡은 것이다. 이는 1980년대 들어 기술 주도적 성장 정책을 본격적으로 추진하며 세계 시장 진출을 확대하려 했던 국가 전략과 연결된다. 같은 조 제2항에서는 새로운 내용으로 ‘국가는 국가표준제도를 확립한다.’고 명시하여, 과학기술 기반의 산업 발전을 뒷받침하는 국가 표준 체계의 중요성을 헌법에 반영하였다. 제3항은 대통령 자문기구에 관한 조항으로, 설치를 의무가 아닌 선택으로 규정하였다.

1987년 제9차 개헌, 즉 현행 헌법에서는 다시 과학기술과 경제의 관계가 목적과 수단의 구조로 회귀하였다. 헌법 제127조 제1항은 “국가는 과학기술의 혁신과 정보 및 인력의 개발을 통하여 국민경제의 발전에 노력하여야 한다.”고 규정하여, 과학기술 혁신이 국민경제 발전을 위한 수단으로서 명확히 자리매김하였다. 제2항과 제3항은 제8차 개헌에서와 동일하게 각각 국가표준제도의 확립과 대통령 자문기구 설치 규정을 유지하였다. 다만 대통령 자문기구 설치는 여전히 임의 규정으로 남아, 헌법상 필수적 기구로까지는 규정되지 않았다.

이처럼 우리나라 헌법 속 과학기술 관련 조항은 시대별로 의미가 달라졌다. 1960년대 초반까지는 아예 규정이 없었으나, 1962년 제5차 개헌에서 경제정책 자문기구 형태로 처음 등장하였다. 1972년에는 국가의 과학기술 창달·진흥 의무가 명시되며 정책적 중요성이 높아졌고, 1980년에는 과학기술이 국민경제와 병렬적 관계로 격상되었다. 이후 1987년 현행 헌법에서는 과학기술과 국민경제를 다시 과학기술 혁신을 통한 국민경제 발전이라는 목적·수단 관계로 규정하면서, 현대적 의미에서의 과학기술 혁신과 인력개발, 정보화 시대를 반영하는 조항으로 발전하였다.

결국 과학기술기본계획이나 국가연구개발사업을 뒷받침하는 법적·정책적 토대는 헌법 조항의 이러한 변화를 거치며 제도적으로 정착해 왔다고 할 수 있다.

표 1 헌법상 과학기술 관련 조문 변천

<table>
<tr><th>헌법
시행일</th><th>장(章)
조(條)</th><th>내용</th></tr>
<tr><td>헌법 제6호
(제3공화국 헌법)
1963.12.17.
(5차 개정)</td><td rowspan="2">제4장 경제
제118조</td><td rowspan="2">① 국민경제의 발전과 이를 위한 과학진흥에 관련되는 중요한 정책수립에 관하여 국무회의의 심의에 앞서 대통령의 자문에 응하기 위하여 경제·과학심의회의를 둔다.
② 경제·과학심의회의는 대통령이 주재한다.
③ 경제·과학심의회의의 조직·직무범위 기타 필요한 사항은 법률로 정한다.</td></tr>
<tr><td>헌법 제7호
(3선 개헌 헌법)
1969.10.21.
(6차 개정)</td></tr>
<tr><td>헌법 제8호
(유신헌법)
1972.12.17.
(7차 개정)</td><td>제11장 경제
제123조</td><td>① 국민경제의 발전과 이를 위한 과학기술은 창달·진흥되어야 한다.
② 대통령은 경제·과학기술의 창달·진흥을 위하여 필요한 자문기구를 둘 수 있다.</td></tr>
<tr><td>헌법 제9호
(제5공화국 헌법)
1980.10.27.
(8차 개정)</td><td>제9장 경제
제128조</td><td>① 국가는 국민경제의 발전에 노력하고 과학기술을 창달·진흥하여야 한다.
② 국가는 국가표준제도를 확립한다.
③ 대통령은 제1항의 목적을 달성하기 위하여 필요한 자문기구를 둘 수 있다.</td></tr>
<tr><td>헌법 제10호
(현행 제6공화국 헌법)
1988.02.25.
(9차 개정)</td><td>제9장 경제
제127조</td><td>① 국가는 과학기술의 혁신과 정보 및 인력의 개발을 통하여 국민경제의 발전에 노력하여야 한다.
② 국가는 국가표준제도를 확립한다.
③ 대통령은 제1항의 목적을 달성하기 위하여 필요한 자문기구를 둘 수 있다.</td></tr>
</table>

2. 헌법과 과학기술

(1) 헌법 제127조 제1항

「대한민국헌법」

제127조 ① 국가는 과학기술의 혁신과 정보 및 인력의 개발을 통하여 국민경제의 발전에 노력하여야 한다.

1987년 제9차 개정헌법, 즉 현행 헌법은 다시 한번 과학기술과 국민경제의 관계를 '목적과 수단'의 구조로 규정하였다. 헌법 제127조 제1항은 "국가는 과학기술의 혁신과 정보 및 인력의 개발을 통하여 국민경제의 발전에 노력하여야 한다."고 명시함으로써, 과학기술 혁신과 정보·인력의 개발이 궁극적으로 국민경제 발전을 위한 수단임을 분명히 했다. 이는 1980년대 들어 세계적으로 첨단 기술 개발 경쟁이 급격히 가속화되면서, 과학기술이 국가경쟁력의 결정적 요인으로 부상한 국제적 상황을 반영한 결과였다. 당시 주요 선진국들은 반도체, 정보통신, 생명공학 등 미래 산업을 선점하기 위해 치열하게 경쟁하였고, 동시에 자국의 기술을 보호하기 위해 기술 보호주의 정책을 강화하였다. 이러한 세계적 흐름 속에서 한국에서 역시 자주적인 기술 확보와 우수 과학기술 인력 양성이 국가적 핵심 과제로 자리매김하였다.

헌법이 언급한 '과학기술의 혁신과 정보 및 인력의 개발'은 단순히 기술 발전의 선언을 넘어, 다양한 정책적 개념을 포함한다. 먼저 '정보'는 「지능정보화 기본법」 제2조에 따라 "광(光) 또는 전자적 방식으로 처리되는 부호, 문자, 음성, 음향 및 영상 등으로 표현된 모든 종류의 자료 또는 지식"으로 정의된다. 과학기술 차원에서의 '정보'는 보다 넓은 의미로 사용되며, 명확한 통일적 정의가 존재하지는 않지만, 여러 개별 법률을 통해 그 성격을 유추할 수 있다. 예를 들어 「과학기술기본법」은 정부가 과학기술 및 국가연구개발사업 관련 지식·정보의 생산, 유통, 관리 및 활용을 촉진하는 시책을 수립·추진해야 한다고 규정하고 있고, 「방위사업법」은 국방과학기술과 관련된 정보를 체계적으로 종합·관리해야 한다고 명시한다. 이를 종합하면, 과학기술정보는 단순한 데이터의 집합을 넘어, 사회적·윤리적 가치를 존중하며 자유롭고 개방적인 과학기술 사회 속에서 지속적으로 발전해야 할 지식 체계라는 이념적 의미를 내포하고 있다.

다음으로 '과학기술인력'은 헌법상 직접적인 정의가 부재하고, 국내 법령에서도 명확한 규정이 부족하다. 다만 2004년 제정된 「국가과학기술 경쟁력 강화를 위한 이공계지원 특별법」이 '이공계 인력'이라는 개념을 법적으로 정의하면서 과학기술인력 개념의 토대를 제공했다. 「국가과학기술 경쟁력 강화를 위한 이공계지원 특별법」에 따르면 이공계 인력이란 이학·공학 및 관련 융합 분야를 전공하고 전문대학 이상의 교육기관에서 학위를 취득하거나, 「국가기술자격법」에 의한 산업기사 이상의 자격을 보유한 사람을 의미한다. 즉, 과학기술인력은 국가 과학기술 경쟁력 강화의 핵심 자원으로 간주되며, 제도적으로 지원·육성해야 할 대상임이 명확해졌다. 또한 국제적으로는 경제협력개발기구(OECD) 등이 과학기술인력을 과학기술 분야의 고등교육을 이수한 자 또는 해당 직무 분야에 종사하는 자로 정의하여, 인력의 범위를 보다 광범위하게 설정하고 있다.

표 2 과학기술인력의 국제 기준 비교

구분	대한민국	OECD	UNESCO	미국
명칭	이공계인력	Human Resources in Science and Technology(HRST)	Science and Technology Personnel(STP)	Science and Engineering (S&E) Workforce
기준	교육 및 기술 자격	교육 및 직종	교육 및 경력	교육 및 직종
교육 수준	전문대졸 이상 기술자격자 제한 없음	전문대졸 이상	고졸 이상	대졸 이상
전공 분야	이학, 공학, 학제 간 융합 분야	이학, 공학, 의학, 농학, 사회과학, 인문학	이학, 공학, 의학, 농학, 사회과학, 인문학	이학, 공학, 의학, 농학, 사회과학
직종	규정 없음	범위 제한	범위 제한	범위 제한

(2) 헌법 제127조 제2항

「대한민국헌법」

제127조 ② 국가는 국가표준제도를 확립한다.

헌법 제127조 제2항은 개헌 이전과 동일하게 국가표준제도의 확립을 국가의 필수적인 책무로 규정하고 있다. 국가표준제도는 단순한 기술적 조치가 아니라, 국가가 과학기술과 산업의 기반을 체계적으로 뒷받침하기 위한 근본적인 장치라는 점에서 헌법적 수준에서 강조된 것이다. 이러한 규정을 실현하기 위하여 「국가표준기본법」, 「산업표준화법」 등 관련 법률이 제정·운영되어 왔다.

「국가표준기본법」 제3조는 국가표준을 "국가사회의 모든 분야에서 정확성, 합리성 및 국제성을 높이기 위하여 국가적으로 공인된 과학적·기술적 공공기준"이라고 정의하고 있다. 여기에는 측정표준, 참조표준, 성문표준 등 법률이 규정하는 다양한 형태의 표준이 포함된다. 즉, 국가표준은 국가적으로 공인된 과학적 기준으로서, 측정과 평가, 기술 교류의 공통 언어 역할을 담당한다. 한편, 국가표준제도는 보다 넓은 의미에서, 국가가 과학·기술 분야에 관해 용어, 규격, 검사 방법 등 사회 전반에 적용되는 기준을 정하여 공정성과 통일성을 확보하고자 하는 제도를 뜻한다. 이는 과학기술이 발전하고 산업이 복잡화될수록 필수적인 기반이 된다.

국가표준제도의 중요성은 산업화와 정보화의 진전 속에서 더욱 강조된다. 과학기술의 혁신과 산업 구조의 고도화, 그리고 정보화 사회의 촉진은 모두 정밀하고 국제적으로 호환 가능한 표준 체계 없이는 달성될 수 없다. 표준이 확립되어야 연구개발의 성과가 산업 현장에 원활히 적용될 수 있고, 국가 간 기술 교류와 무역에서도 국제적 신뢰를 확보할 수 있다. 따라서 헌법이 국가표준제도를 국가의 책무로 명시한 것은, 표준이 단순한 기술적 규격이 아니라 국가경쟁력과 직결된 전략적 자산임을 보여준다.

결국 국가표준제도의 확립은 과학기술 혁신을 촉진하고, 산업 전반의 효율성을 제고하며, 국제사회에서의 기술적 신뢰를 구축하는 핵심 요소이다. 이는 우리나라가 세계적 기술 경쟁 속에서 자주적이고 안정적인 성장 기반을 마련하기 위한 헌법적·제도적 장치로 이해할 수 있다.

(3) 헌법 제127조 제3항

「대한민국헌법」

제127조 ③ 대통령은 제1항의 목적을 달성하기 위하여 필요한 자문기구를 둘 수 있다.

「국가과학기술자문회의법」

제1조(목적) 이 법은 과학기술의 혁신 등을 위하여 헌법 제127조 제3항에 따라 국가과학기술자문회의를 설치하고, 그 조직 및 기능 등에 관하여 필요한 사항을 규정함을 목적으로 한다.

헌법은 과학기술 발전을 위한 대통령 자문기구 설치를 명시하고 있으나, 이는 개헌 이전과 동일하게 임의적 설치 기구로 규정되어 있다. 다시 말해, 헌법에서 자문기구의 설치를 강제하지 않으므로, 해당 기구는 헌법상 필수 기관이 아니며 대통령의 필요에 따라 구성 여부가 결정된다. 따라서 과학기술 관련 자문기구는 헌법에 근거하되, 그 자체가 헌법기관으로 해석되지는 않는다. 실제로 헌법 조항에는 기구의 명칭이 특정되지 않았고, 단지 대통령이 과학기술 진흥을 위해 자문기구를 둘 수 있다는 수준에서만 규정되어 있기 때문이다.

현재 이러한 헌법 규정을 구체화한 법률이 바로 「국가과학기술자문회의법」이다. 「국가과학기술자문회의법」 제1조는 "이 법은 과학기술의 혁신 등을 위하여 헌법 제127조 제3항에 따라 국가과학기술자문회의를 설치하고, 그 조직 및 기능 등에 관하여 필요한 사항을 규정함을 목적으로 한다."고 명시하고 있다. 즉, 국가과학기술자문회의는 헌법상의 임의 규정에 따라 법률로 구체화된 대통령 자문기구라 할 수 있다.

국가과학기술자문회의의 주요 기능은 대통령의 자문에 응하는 것이다. 구체적으로 「국가과학기술자문회의법」 제2조에 따르면 국가과학기술의 혁신과 정보 및 인력 개발을 위한 발전 전략 및 주요 정책 방향에 관한 사항, 국가 과학기술 분야의 제도 개선 및 정책에 관한 사항, 그 밖에 대통령이 과학기술 발전을 위하여 필요하다고 인정하여 국가과학기술자문회의에 부치는 사항 등을 다룬다. 다시 말해, 국가과학기술자문회의는 과학기술 정책의 최상위 수준에서 대통령이 정책적 결정을 내리기 전 참고할 수 있는 전문적 의견을 제공하는 기구이다.

그러나 그 법적 성격은 어디까지나 자문에 국한된다. 헌법과 법률은 국가과학기술자문회의의 권고를 강제력이 있는 행정명령이나 규범으로 규정하지 않고 있으며, 최종적인 정책 결정은 대통령과 정부가 담당한다. 이는 국가과학기술자문회의가 헌법상 필수 기구가 아닌 임의적 기구로서, 정책의 전문성을 강화하되 최종 책임은 민주적 정당성을 가진 행정부가 지도록 하는 균형적 장치라 할 수 있다.

따라서 국가과학기술자문회의는 헌법상 근거를 두고 법률에 의해 설치된 대통령 자문기구로서, 과학기술 혁신 전략과 정책 방향을 제시하는 역할을 담당하지만, 그 존재가 헌법기관으로까지 승격되지는 않는다. 이는 헌법이 과학기술을 국가 발전의 핵심 요소로 규정하면서도, 자문기구의 설치 여부와 형태는 탄력적으로 운영할 수 있도록 한 제도적 특징을 보여준다.

3. 헌법상의 연구개발

헌법은 제정 이후 여러 차례 개정을 거치면서 과학기술의 중요성을 점차 반영해 왔다. 그러나 헌법 조문 어디에도 '연구개발'이라는 표현은 등장하지 않는다. 과학기술은 명시적으로 언급되지만, 연구개발이라는 용어가 빠져 있는 것은 단순한 우연이 아니라, 헌법 제정과 개정이 이루어지던 시기의 사회적 환경, 과학기술정책의 위상, 그리고 헌법 언어의 성격과 관련이 깊다.

먼저 1948년 제정 헌법에서 1960년대 초반까지의 개헌 헌법들은 과학이나 기술조차도 언급하지 않았다. 당시 한국은 전쟁 직후 원조 의존기에 있었고, 국가적 과제는 생존과 경제 재건이었다. 과학기술 진흥이나 연구개발의 개념은 정책 우선순위에서 크게 부각되지 않았다. 이러한 상황에서 연구개발을 헌법에 명시하는 것은 사실상 고려되지 않았던 것이다.

1962년 제5차 개헌 헌법이 되어서야 과학기술 관련 조항이 처음으로 도입되었다. 그러나 그 내용은 "국민경제의 발전과 이를 위한 과학진흥에 관한 중요한 정책을 수립하기 위하여 경제·과학심의회를 둔다."라는 자문기구 설치에 관한 규정이었다. 즉, 과학진흥을 국민경제 발전의 수단으로 삼는다는 의미는 포함되었으나, 연구개발이라는 구체적 용어는 등장하지 않았다. 이는 당시 국가적 시선에서 과학기술은 단순히 경제성장을 지원하는 일반적 개념으로 이해되었지, 오늘날처럼 체계적 연구개발 프로세스를 지칭하는 전문 용어로 자리 잡지 못했기 때문이다.

1970년대와 1980년대 개헌에서도 과학기술은 헌법상 위상이 점차 높아졌다. 1972년 헌법은 "국민경제의 발전과 이를 위한 과학기술은 창달·진흥되어야 한다."고 규정하며, 국가의 과학기술 진흥 의무를 보다 명확히 했다. 1980년 헌법에서는 "국가는 국민경제의 발전에 노력하고 과학기술을 창달·진흥하여야 한다."고 명문화해 과학기술과 경제발전을 병렬적으로 규정했다. 그러나 이때도 연구개발이라는 단어는 쓰이지 않았다.

그 이유는 연구개발이라는 개념이 헌법이 다루는 언어로서는 다소 기술적이고 구체적이었기 때문이다. 헌법은 국민의 권리·의무, 국가조직, 기본 질서와 같은 큰 틀의 원칙을 제시하는 성격을 가지며, 상대적으로 세부적이고 행정적인 개념은 법률이나 정책 수준에서 다루는 것이 적절하다고 여겨졌다. 연구개발은 1960~70년대 경제개발계획 속에서 정책 용어로 자리 잡았지만, 헌법 조문으로 채택되기에는 지나치게 행정적이고 세부적이라는 한계가 있었다. 헌법에 과학기술은 보편적 원리로 등장하지만, 연구개발은 구체적 정책 수단에 해당하기 때문에 법률과 대통령령에서 주로 사용되었던 것이다.

또 하나의 이유는 연구개발이라는 용어 자체가 한국 사회에서 정착한 시기가 비교적 늦었다는 점이다. 오늘날 흔히 쓰는 R&D라는 개념은 20세기 중반 이후 미국 등 선진국에서 정책 용어로 보급된 것이고, 한국에서는 1960년대 후반 과학기술처 신설과 국가기술개발사업 출범을 계기로 과학기술이라는 용어가 본격적으로 자리 잡았다. 다시 말해, 헌법에 과학기술 관련 조항이 도입된 1960~70년대에는 '연구개발'이란 표현이 아직 널리 쓰이지 않았고, 대신 '과학기술 진흥'이나 '기술 창달'이라는 추상적 용어가 쓰이는 것이 일반적이었다.

1987년 현행 헌법도 같은 맥락이다. 제127조 제1항은 "국가는 과학기술의 혁신과 정보 및 인력의 개발을 통하여 국민경제의 발전에 노력하여야 한다."고 규정한다. 여기서 연구개발의 개념은 '과학기술의 혁신'이라는 표현 속에 함축되어 있다고 볼 수 있다. 즉, 헌법은 과학기술 혁신이라는 추상적이고 포괄적인 언어를 택하여 국민경제 발전과 연결시켰고, 연구개발은 이를 실현하는 구체적 수단으로 하위 법률과 정책 속에서 다루도록 남겨 둔 것이다.

헌법에 연구개발이라는 용어가 직접 사용되지 않은 이유는 세 가지로 설명할 수 있다. 첫째, 연구개발이라는 개념이 한국 사회에 정책 용어로 정착된 것이 상대적으로 늦었고, 헌법 제정·개정 당시에는 과학기술 진흥이라는 일반적 개념이 더 익숙했다. 둘째, 헌법은 추상적이고 보편적인 원리를 다루는 문서이기 때문에, 세부적 정책 수단인 연구개발은 법률과 정책에 맡겨진 것이다. 셋째, 국가가 과학기술을 어떻게 진흥할 것인지는 시대적 상황에 따라 변화해야 하므로, 헌법은 '과학기술 창달·진흥'이라는 포괄적 표현만 두고, 연구개발에 관한 구체적 사항은 탄력적으로 운영할 수 있도록 한 것이다.

물론, 헌법이 연구개발을 직접 언급하지 않았다고 해서 연구개발의 중요성이 낮다는 의미는 아니다. 오히려 헌법은 과학기술을 국가 경제 발전의 핵심 수단으로 자리매김시킴으로써, 그 구체적 실현 방법으로 연구개발이 법률과 정책 차원에서 적극 추진될 수 있는 토대를 마련한 것이라 할 수 있다. 오늘날 「국가연구개발혁신법」이 연구개발 전반을 구체적으로 규율하고 있는 것은 헌법의 이러한 추상적 원리 위에서 가능해진 것이다. 이처럼 헌법에서 제시한 과학기술 혁신, 정보, 인력 개발의 조합은 단순히 기술 발전을 지향하는 문구가 아니라, 국가 경제와 사회 전반의 발전을 견인하기 위한 구체적 수단으로 이해된다. 1980년대 이후 한국이 기술 자립을 통한 산업경쟁력 확보와 글로벌시장 진출을 동시에 추진하게 된 것도 이러한 헌법적 기조와 궤를 같이한다. 즉, 과학기술과 정보, 그리고 인력은 서로 유기적으로 맞물려 국민경제 발전을 뒷받침하는 핵심 요소로 자리 잡았으며, 오늘날에도 국가 정책 전반에서 그 중요성이 이어지고 있다.

제 2 장

연구개발기관과 전문기관

제1절 ▌ 연구개발기관

「국가연구개발혁신법」

제2조(정의) 이 법에서 사용하는 용어의 뜻은 다음과 같다.

3. "연구개발기관"이란 다음 각 목의 기관·단체 중 국가연구개발사업을 수행하는 기관·단체를 말한다.
   가. 국가 또는 지방자치단체가 직접 설치하여 운영하는 연구기관
   나. 「고등교육법」 제2조에 따른 학교(이하 "대학"이라 한다)
   다. 「정부출연연구기관 등의 설립·운영 및 육성에 관한 법률」 제2조에 따른 정부출연연구기관
   라. 「과학기술분야 정부출연연구기관 등의 설립·운영 및 육성에 관한 법률」 제2조에 따른 과학기술분야 정부출연연구기관
   마. 「지방자치단체출연 연구원의 설립 및 운영에 관한 법률」 제2조에 따른 지방자치단체출연 연구원
   바. 「특정연구기관 육성법」 제2조에 따른 특정연구기관
   사. 「상법」 제169조에 따른 회사
   아. 그 밖에 대통령령으로 정하는 기관·단체

1. 국가 또는 지방자치단체가 직접 설치하여 운영하는 연구기관

(1) 개요

해당 내용은 '직접 설치'한다는 부분에 방점이 있다. 가령, 한국과학기술연구원은 「과학기술분야 정부출연연구기관 등의 설립·운영 및 육성에 관한 법률」에 따른 과학기술분야 정부출연연구기관으로서, 별도 근거 법률에 따라 설립된 연구개발기관이며, 국가가 '직접 설치'하는 연구개발기관에 해당하지 않는다.

(2) 국가가 직접 설치하여 운영하는 연구기관

국가는 행정부뿐만 아니라, 입법부, 사법부 등을 모두 포함하는 개념으로 이해할 수 있으나, 우선 행정부를 중심으로 살펴보면, 「정부조직법」에 따르면 중앙행정기관은 「정부조직법」에 따라 설치된 부·처·청 등을 의미한다. 예를 들어 농림축산식품부는 「정부조직법」 제37조 제3항에 따라 농촌진흥에 관한 사무를 관장하기 위하여 농림축산식품부장관 소속으로 농촌진흥청을 두게 된다. 그리고 「농촌진흥청과 그 소속기관 직제」에 따라 국립농업과학원은 농업환경, 농촌자원, 생물자원, 농산물 안전성, 농업용 에너지 및 생산 자동화, 농업관련 유용 유전자 개발, 유전자 변형 생물체의 안전성, 농업유전자원 이용·관리 등에 관한 시험·연구와 원원잠종[1]의 생산과 보급에 관한 다양한 업무를 수행하게 된다. 또한 국립식량과학원은 식량작물·사료작물·풋거름작물·바이오에너지작물 등의 품종개량, 재배법 개선, 생산 환경, 식품자원 개발, 한식 세계화, 전통식품 산업화 및 품질보전에 관한 시험·연구와 기술 지원에 관한 다양한 업무를 수행하게 된다. 「농촌진흥청과 그 소속기관 직제」에 따르면 농촌진흥청장 소속으로 국립농업과학원, 국립식량과학원, 농촌인적자원개발센터를 소속기관으로 두고 있고, 이들은 국가가 직접 설치하여 운영하는 연구기관으로서 「국가연구개발혁신법」상의 연구개발기관에 포함된다.

중앙행정기관별로 「정부조직법」이 아닌 하위 직제 규정에 이와 같이 개별적으로 연구기관 설치를 규정하기 때문에 실무적으로 정부가 직접 설치하여 운영하는 연구기관을 한

---

1 원원잠종(原原蠶種)은 양잠(누에 사육)에서 사용되는 누에알의 최상위 등급으로, 품종 개발 후 가장 우수한 누에알만 선별해 생산하는 고급 잠종이다.

눈에 명확히 파악하기는 쉽지 않다. 일일이 하위 직제 규정을 찾아보지 않으면 어떤 기관이 중앙행정기관의 직제 규정을 근거로 하는 소속기관인지 찾기 어렵기 때문이다.

뿐만 아니라 현실적으로 국가가 직접 설치하여 운영하는 연구기관을 파악하기 어려운 이유는 해당 연구기관들은 원칙적으로 타 부처의 연구개발과제를 수행하지 않기 때문이다. 이들은 개별 부처의 직제 규정 등을 근거로 하여 설치되는 행정부의 내부 조직, 즉 국가의 내부 조직이다. 해당 부처의 관장 사무를 지원하기 위하여 설치된 것이므로 타 중앙행정기관의 국가연구개발사업 내 연구개발과제를 수행할 가능성은 없다.

(3) 타 부처의 연구개발과제를 수행할 수 있는지 여부

그렇다면 현실적으로 국가가 직접 설치하여 운영하는 연구기관이 타 중앙행정기관의 국가연구개발사업 내 연구개발과제 수행이 가능할까? 불가능하다고 봐야 할 것이다. 가령, 보건복지부 소속으로 질병관리청이 있으며, 질병관리청의 직제 규정에 따라 설치된 국립보건연구원이 과학기술정보통신부의 국가연구개발사업 내 연구개발과제를 수행할 수 있는지의 문제이다. 과학기술정보통신부의 국가연구개발사업 수행을 위한 연구개발과제의 수행 주체로 국립보건연구원이 지원했다고 가정하자. 국립보건연구원은 질병관리청 소속으로 두고 있는 소속기관인바, 국립보건연구원이 선정된다면 과학기술정보통신부의 정부연구개발예산의 일부를 질병관리청에서 수행하는 상황이 된다. 왜냐하면 국립보건연구원은 별도의 법인격을 갖지 않고, 소속기관으로서 중앙행정기관인 국가 조직의 일부로 편제되어 있기 때문이다.

위 사례에서 국립보건연구원이 선정된다는 가정에 따르면, 부처별 예산 구분이 무용해지는 결과를 낳게 된다. 이러한 결과를 방지하기 위해 소속기관은 해당 소속기관의 사무로서의 연구개발과제 수행에만 업무가 국한되어야 하며, 소속기관의 주무 부처인 해당 중앙행정기관에서 연구개발예산 전부를 지원하여 운영하는 것이 필요한 것이다.

소속기관 중에 별도의 법인격이 있는 경우가 있을까? 이와 관련하여 책임운영기관에 대해 살펴볼 필요가 있다. 중앙행정기관 내부 조직으로서의 소속기관 중에서 「책임운영기관의 설치·운영에 관한 법률」에 따른 책임운영기관으로 지정된 기관들이 있다. 보건복지부의 경우에는 국립정신건강센터, 국립나주병원, 국립부곡병원, 국립춘천병원, 국립

공주병원, 국립재활원이 바로 책임운영기관으로서 소속기관으로 명시되어 있다. 책임운영기관은 정부가 수행하는 사무 중 공공성을 유지하면서도 경쟁 원리에 따라 운영하는 것이 바람직하거나 전문성이 있어 성과관리를 강화할 필요가 있는 사무에 대하여 책임운영기관의 장에게 행정 및 재정상의 자율성을 부여하고 그 운영 성과에 대하여 책임을 지도록 하는 행정기관이다. 책임운영기관인 소속기관의 조직·예산·회계 등에 관해서는 책임운영기관이 아닌 소속기관과는 달리 「책임운영기관의 설치·운영에 관한 법률」을 통해 별도로 독립적으로 정할 수 있다. 그러나 그렇다고 해서 책임운영기관에 별도 법인격이 부여되는 것은 아니다. 앞서 일반적인 중앙행정기관의 소속기관과 연구개발기관으로서의 지위는 크게 다르지 않다. 책임운영기관인 소속기관도 역시 중앙행정기관의 내부 조직이므로, 타 부처의 국가연구개발사업 내 연구개발과제를 수행하는 것은 현실적으로 불가능하다고 해석해야 한다.

해당 사항은 「국가연구개발혁신법」 제3조 제1호에 따라 중앙행정기관(그 소속기관을 포함한다)이 소관 업무를 위하여 직접 수행하는 사업이 「국가연구개발혁신법」 제9조부터 제18조의 규정을 적용하지 않는 것과 연결된다. 중앙행정기관이나 해당 소속기관이 소관 업무를 위하여 직접 수행하는 사업(정확히는 연구개발과제)에서는 '직접 수행'에 방점이 있다. 중앙행정기관이나 해당 소속기관이 직접 수행하는 연구개발과제는 해당 국가연구개발사업 내 예산이어서 해당 부처 내에서 해당 예산을 직접 활용하여 연구개발을 진행하는 것이므로, 이에 대해 제3의 연구개발기관이 소위 '간접' 수행하는 것이 아니기 때문에 이에 대해서는 개별 중앙행정기관이 연구개발 관리 규정을 직접 운용하여 관리하라는 취지이다.

국가의 범위에 행정부만 포함되는 것은 아니다. 따라서 입법부나 사법부가 직접 설치하여 운영하는 연구기관이 「국가연구개발혁신법」상의 연구개발기관으로서 연구개발과제를 수행하는 경우에는 행정부와 행정부 내 소속기관에 관한 사항과 동일하게 이해할 수 있다.

(4) 지방자치단체가 직접 설치하여 운영하는 연구기관

지방자치단체는 「지방자치법」상의 지방자치단체의 정의를 우선 생각해 볼 수 있는데, 지방자치단체는 1. 특별시, 광역시, 특별자치시, 도, 특별자치도인 광역자치단체와 2.

시, 군, 구인 기초자치단체로 구분할 수 있다. 「국가연구개발혁신법」에서는 광역자치단체와 기초자치단체를 구분하지 않고 지방자치단체가 직접 설치하여 운영하는 연구기관으로만 명시하고 있으므로, 우선 지방자치단체라는 개념에는 기초자치단체도 포함된다.

앞서 설명한 내용을 토대로 보면, 지방자치단체가 직접 설치하여 운영하는 연구기관도 법인격이 없는 내부 조직에 불과하다. 해당 내용을 오해하여, 서울특별시의 서울연구원이나 경기도의 경기연구원을 '지방자치단체가 직접 설치하여 운영하는 연구기관'으로 해석하는 경우가 있다. 그러나 서울연구원이나 경기연구원은 「지방자치단체출연 연구원의 설립 및 운영에 관한 법률」 제2조에 따른 지방자치단체출연 연구원에 해당하여 「국가연구개발혁신법」 제2조 제3호 마목에 따른 연구개발기관으로 분류가 가능하다. 정리하자면 서울연구원이나 경기연구원은 별도 법인격이 있다.

한편 「지방자치법」 제3조 제1항에 따르면 지방자치단체는 법인으로 한다. 지방자치단체를 '법인으로 한다'는 의미는 지방자치단체가 단순히 행정구역적 단위가 아니라, 법적으로 독립된 권리와 의무의 주체로서 인정된다는 의미이다. 즉, 기업이 법인격을 가지듯이, 지방자치단체도 국가로부터 독립된 일정한 자치권을 가지며, 법적 권리능력과 행위능력을 갖춘 주체로 기능한다.

2. 「고등교육법」 제2조에 따른 학교

「고등교육법」 제2조에 따른 학교는 대학, 산업대학, 교육대학, 전문대학, 방송대학·통신대학·방송통신대학 및 사이버대학, 기술대학, 각종학교로서 「고등교육법」에서의 학교 분류의 차이일 뿐, 일반적으로 대학은 연구개발과제를 수행하는 연구개발기관이 될 수 있다.

여기서는 「고등교육법」 제2조에 따른 학교가 별도 법인으로서 연구개발기관이 될 수 있다는 것인데 실무적으로 대학이 직접 연구개발기관으로서 지원하는 경우보다는 대학 내 산학연협력에 관한 업무를 관장하는 조직으로서 별도 법인으로 설치된 산학협력단이 연구개발기관으로서 연구개발과제를 수행하는 경우가 일반적이다. 이 경우 산학협력단을 「고등교육법」 제2조에 따른 학교로 해석할 수 있을지가 문제가 된다.

「산업교육진흥 및 산학연협력촉진에 관한 법률」은 산업교육을 진흥하고 산학연협력을 촉진하여 교육과 연구의 연계를 기반으로 산업사회의 요구에 따르는 창의적인 산업 인력을 양성하며, 효율적인 연구개발체제를 구축하고, 나아가 산업발전에 필요한 새로운 지식·기술을 개발·보급·확산·사업화함으로써 지역사회와 국가의 발전에 이바지하는 것이 목적인 법률이다. 그리고 산업교육기관으로는 「고등교육법」 제2조에 따른 학교뿐만 아니라, 산업수요에 연계된 교육 또는 특정 분야 인재양성을 목적으로 하는 학교로서의 고등학교·고등기술학교, 직업 또는 진로와 직업교육 과정을 운영하는 특수학교 등도 포함하고 있다. 「산업교육진흥 및 산학연협력촉진에 관한 법률」에 따른 산학연협력은 「고등교육법」 제2조에 따른 학교를 포함한 산업교육기관이 국가, 지방자치단체, 연구기관 등과 상호 협력하여 행하는 인력 양성, 연구개발, 사업화 등을 모두 통칭하는데, 「국가연구개발혁신법」에 따른 연구개발과제를 수행하는 것이 해당 사항에 명확히 대응된다고 보기는 어렵다. 특히, 「산업교육진흥 및 산학연협력촉진에 관한 법률」에 따라 산학협력단은 별도의 법인이기 때문에 이를 대학과 동일하게 해석하지 않아야 한다는 의견도 있을 수 있다.

하지만 대학에서 수행하는 연구개발과제는 규모와 성격이 갈수록 다양해지고 또 복잡해지고 있다. 연구개발과제의 수행은 단순한 연구 수행을 넘어 연구개발과제 협약서의 체결, 연구개발비의 지출 관리, 연구개발성과의 지식재산권 확보 및 이전, 연구윤리 관리, 연구자와 외부 기관 간의 법적 분쟁 대응까지 포함하는 폭넓은 절차를 요구한다. 이러한 과정을 교수 개인이나 학과 단위에서 직접 처리하기에는 전문성과 회계 투명성, 법적 안정성이 모두 부족하다. 바로 이 점에서 「산업교육진흥 및 산학연협력촉진에 관한 법률」에 근거한 산학협력단의 설치 취지가 드러난다. 산학협력단은 대학이 설치·운영하는 기구로서, 별도의 법인 형태를 취하지만, 해당 대학의 고유한 산학연협력과 관련된 제반 업무를 전담하도록 규정되어 있다. 연구개발과제 수행 역시 산학연협력의 핵심적인 형태이므로, 연구개발과제와 관련된 모든 법률행위와 회계행위를 산학협력단이 처리하도록 하는 것이다. 산학협력단의 명칭에는 해당 학교명을 표시해야 하는 이유도 바로 이런 연유이다. 연구개발과제 협약을 산학협력단의 단장이 체결하면 이는 대학의 계약에 관한 권한을 위임받은 것으로 볼 수 있으므로, 결국 산학협력단은 단순한 보조기관이 아니라, 연구개발과제 수행의 실질적 주체이자 전담 행정기구로서, 대학과 동일시 할 수 있다고 본다. 실질적으로 대학의 연구개발 활동이 산학협력단을 거치지 않고는 정상적으로 운영될 수 없다는 현실, 법적·제도적 규율, 정부 지원 체계의 운영 방식 등을 종합할 때, 산학협력단이 대학으로부터 연구개발과제 수행과 관련된 모든 업무를 사실상 위임받았다고 해석하는 것이 타당하다.

3.「정부출연연구기관 등의 설립·운영 및 육성에 관한 법률」 제2조에 따른 정부출연연구기관

「정부출연연구기관 등의 설립·운영 및 육성에 관한 법률」

제2조(정의) 이 법에서 "정부출연연구기관"이란 정부가 출연하고 연구를 주된 목적으로 하는 기관을 말한다.

제8조(연구기관의 설립) ① 이 법에 따라 설립되는 연구기관은 별표와 같다.

정부출연연구기관 등의 설립·운영 및 육성에 관한 법률 [별표] 이 법에 따라 설립되는 연구기관(제8조 제1항 관련)	
기관명	
1. 한국개발연구원	13. 한국직업능력연구원
2. 한국조세재정연구원	14. 한국해양수산개발원
3. 대외경제정책연구원	15. 한국법제연구원
4. 통일연구원	16. 한국여성정책연구원
5. 한국형사·법무정책연구원	17. 한국청소년정책연구원
6. 한국행정연구원	18. 한국교통연구원
7. 한국교육과정평가원	19. 한국환경연구원
8. 산업연구원	20. 한국교육개발원
9. 에너지경제연구원	21. 한국농촌경제연구원
10. 정보통신정책연구원	22. 국토연구원
11. 한국보건사회연구원	23. 과학기술정책연구원
12. 한국노동연구원	24. 건축공간연구원

(1) 개요

「정부출연연구기관 등의 설립·운영 및 육성에 관한 법률」 제2조는 '정부출연연구기관'의 범위와 성격을 규정함으로써, 국가가 필요로 하는 공공 연구 역량을 안정적으로 확보하고 이를 통해 과학기술 및 정책 연구의 기반을 마련하려는 제도적 취지를 담고 있다. 「정부출연연구기관 등의 설립·운영 및 육성에 관한 법률」에 따른 정부출연연구기관은 정부가 직접 설립하거나 재원을 출연하여 설립한 기관으로서, 국가 과학기술의 진흥, 산업 경쟁력 강화, 사회·경제적 현안 해결 등을 위해 장기적이고 전략적인 연구개발을 수행하는 것을 주된 임무로 하고 있다. 이러한 기관은 일반 민간 연구기관과 달리 국가 전체의 연구개발 정책과 긴밀히 맞물려 움직이며, 공공적 목적 달성을 위해 특정 연구 분야를 중심으로 전문성을 축적해 왔다.

정부출연연구기관의 운영은 기본적으로 공공성과 자율성의 균형 위에 놓여 있다. 국가적 필요에 대응하는 연구를 수행해야 한다는 점에서 공공성이 강하게 요구되지만, 동시에 연구의 전문성과 창의성을 보장하기 위해서는 과학적 판단과 장기적 방향 설정에서 일정한 자율성이 필수적이다. 이러한 이유로 정부출연연구기관은 정부의 정책 방향과 연계된 중장기 연구를 수행하면서도, 연구개발 활동 자체는 기관의 전문성과 연구자의 판단에 기초하여 이루어지는 구조를 갖추고 있다. 또한 정부의 출연금으로 운영되는 만큼 예산의 편성·집행, 기관 운영, 연구개발 성과 등 전반적인 과정에서 투명성과 책임성이 강조되고 있으며, 이를 위해 기관평가, 연구성과평가, 경영평가 등 다양한 관리·감독 장치가 법령에 따라 마련되어 있다.

(2) 「정부출연연구기관 등의 설립·운영 및 육성에 관한 법률」 제2조에 따른 정부출연연구기관과 「국가연구개발혁신법」

「정부출연연구기관 등의 설립·운영 및 육성에 관한 법률」은 국무조정실 소관 법률로서 과학기술 분야를 제외한 정부출연연구기관은 같은 법에 따라서만 설립할 수 있으며, 국무총리가 감독관청이 된다.

그런데 「국가연구개발혁신법」은 국가연구개발사업을 '중앙행정기관이 법령에 근거하여 연구개발을 위하여 예산 또는 기금으로 지원하는 사업'이라고 정의하고 있다. 그런데 '중앙행정기관'에 대한 별도의 정의를 두지 않고 있고, 「정부조직법」은 '중앙행정기관'을 '이 법에 따라 설치된 부·처·청과 각 호의 행정기관'이라고만 규정하면서도 '국무조정실'을 그 각 호에 포함시키지 않고 있다.

이와 같이 「정부조직법」 제2조는 중앙행정기관을 부·처·청과 특정 위원회 등으로 열거하고 있으나, 이는 형식적 개념을 규정한 것에 불과하며 실질적 기능 범위를 모두 포괄하는 규정이라고 보기 어렵다. 이에 비하여 대통령령인 「행정기관의 조직과 정원에 관한 통칙」에서는 중앙행정기관을 '국가의 행정사무를 담당하고 관할권이 전국에 미치는 기관'으로 규정하고 있다. 이러한 실질적 정의에 비추어 보면, 국무조정실은 국무총리를 보좌하여 정책 조정, 정부업무평가, 규제개혁 등 국가사무를 수행하고 있으며, 그 기능과 권한의 범위도 전국적 성격을 갖는다. 따라서 국무조정실은 「정부조직법」상의 열거 여부와 관계없이 실질적 의미의 중앙행정기관으로 평가될 수 있다.

법제처의 해석례[2]에서도, 중앙행정기관 개념을 형식적으로만 해석할 경우 개별 법령의 입법취지를 제대로 달성할 수 없다는 점을 강조하고 있다. 「정보통신망 이용촉진 및 정보보호 등에 관한 법률」 제44조의7 제3항에서의 관계 중앙행정기관의 장에 국가정보원이 포함된다고 인정하면서, 형식적 열거에 포함되지 않은 기관이라도 실질적 기능과 입법취지를 고려하여 '중앙행정기관'에 포함시킬 수 있다고 본다. 국무조정실 역시 국가정보원과 동일하게 전국적 관할권을 갖는 국가기관으로서, 「국가연구개발혁신법」의 목적을 고려할 때 중앙행정기관에 해당한다는 해석이 가능하다.

2 법제처 법령해석(07-0156), "중앙행정기관의 실질적인 의미는 전혀 밝힘이 없이 단순히 그 종류를 열거하고 있다는 점에서 형식적 의미의 중앙행정기관을 정의한 것이라 할 것이므로, 이와 별도로 중앙행정기관의 개념을 그 법적 성격에 따라 실질적으로 정의할 수 있다고 할 것이다. 즉 이때의 실질적 의미의 중앙행정기관은 지방행정기관에 대한 개념으로서의 중앙행정기관, 즉 국가의 행정사무를 담당하는 기관으로서 그 관할권의 범위가 전국에 미치는 행정기관이라고 정의할 수 있으며, 「정부조직법」의 시행을 위한 법령이라고 할 수 있는 「행정기관의 조직과 정원에 관한 통칙」 제2조 제1호 본문에서도 이러한 실질적 의미의 중앙행정기관의 개념을 명문화하고 있다. 각 개별법상 중앙행정기관의 개념을 해석함에 있어서도 원칙적으로는 「정부조직법」상의 중앙행정기관에 관한 규정이 기준이 되어야 할 것이나, 각 개별법상 규정이 행정기관의 설치나 그 직무범위의 설정과 관계없는 다른 목적으로 중앙행정기관에 대하여 규정하고 있는 경우 등에는 「정부조직법」상의 중앙행정기관의 개념을 그대로 적용해서는 당해 개별법의 입법취지의 달성을 어렵게 하는 경우가 있을 수 있으며, 이러한 경우에는 「정부조직법」상의 중앙행정기관의 개념과 중앙행정기관의 실질적인 개념을 아울러 고려하고 당해 개별법이 중앙행정기관을 규정하고 있는 입법취지 등을 종합적으로 고려하여 그 입법취지가 달성될 수 있는 방향으로 합목적적으로 해석하여야 할 것이다."

4. 「과학기술분야 정부출연연구기관 등의 설립 · 운영 및 육성에 관한 법률」 제2조에 따른 과학기술분야 정부출연연구기관

「과학기술분야 정부출연연구기관 등의 설립·운영 및 육성에 관한 법률」

제2조(정의) 이 법에서 "과학기술분야 정부출연연구기관"이란 정부가 출연하고 과학기술분야의 연구를 주된 목적으로 하는 기관을 말한다.

제8조(연구기관의 설립) ① 이 법에 따라 설립되는 연구기관은 별표와 같다.

과학기술분야 정부출연연구기관 등의 설립 · 운영 및 육성에 관한 법률 [별표] 이 법에 따라 설립되는 연구기관(제8조 제1항 관련)	
기관명	
1. 한국과학기술연구원	12. 한국식품연구원
2. 한국기초과학지원연구원	13. 삭제 〈2011.12.31〉
3. 삭제 〈2024. 1. 26.〉	14. 한국지질자원연구원
4. 한국생명공학연구원	15. 한국기계연구원
5. 한국과학기술정보연구원	16. 삭제 〈2024. 1. 26.〉
6. 한국한의학연구원	17. 한국에너지기술연구원
7. 한국생산기술연구원	18. 한국전기연구원
8. 한국전자통신연구원	19. 한국화학연구원
9. 한국건설기술연구원	20. 한국원자력연구원
10. 한국철도기술연구원	21. 한국재료연구원
11. 한국표준과학연구원	22. 한국핵융합에너지연구원

(1) 개요

「과학기술분야 정부출연연구기관 등의 설립·운영 및 육성에 관한 법률」은 해당 분야 우리나라 국가 연구개발 체계의 중추적 역할을 수행하는 기관들을 과학기술 분야 정부출연연구기관으로 규정하고 있다. 해당 법률은 국가가 공익적 목적을 위해 설립하고 지속적으로 지원하는 과학기술 분야 정부출연연구기관들의 법적 지위와 역할을 명확히 하고, 국가 과학기술 정책의 실질적 집행기구로서의 기능을 제도적으로 자리 잡게 하는 데 목적이 있다.

과학기술 분야 정부출연연구기관은 기본적으로 정부가 출연하여 설립한 공공연구기관으로서, 국가 과학기술의 기반 조성 및 미래 전략기술 확보를 목적으로 하는 장기적·공익적 연구를 수행한다. 이들 기관이 수행하는 연구 분야는 기초과학·원천기술·대형연구시설 운영 등 민간 기업이 감당하기 어려운 중장기 연구 영역이 대부분이며, 국가기술경쟁력 확보, 산업혁신 촉진, 국민 삶의 질 향상 등 국가적 파급효과가 큰 연구가 이들 연구개발기관의 핵심적 임무이다.

(2) 과학기술 분야 정부출연연구기관의 「공공기관의 운영에 관한 법률」상 공공기관 제외

과학기술 분야 정부출연연구기관은 정부가 설립하고 국가 예산으로 운영되며, 국가전략기술 확보·원천기술 창출·중장기 연구개발 기반 구축 등 민간이 수행하기 어려운 공공 연구를 담당한다는 점에서 중요한 공적 기능을 지닌다. 그러나 이러한 공공성에도 불구하고, 과학기술 분야 정부출연연구기관은 「공공기관의 운영에 관한 법률」상의 공공기관 범위에서 제외되었고, 이 조치는 과학기술 연구 환경 개선과 연구 자율성 제고라는 정책적 목표와 밀접한 관련이 있다.

우선, 공공기관 해제의 제도적 배경을 살펴보면, 과거 과학기술 분야 정부출연연구기관들이 공공기관으로 지정되었을 때 적용받는 주요 규범들은 공공기관 경영평가, 인력·예산 통제, 조직 운영의 사전 규제 등이었다. 이러한 규범들은 일반 공기업이나 준정부기관의 효율적 재무 운용과 공공 서비스 투명성을 확보하기 위한 통제 체계로 설계되어 있다. 그러나 연구개발을 수행하는 기관에 동일한 잣대를 적용하는 것은 구조적 문제를 야기하였다. 연구개발은 장기적 관점에서 지속된 투자가 필요하며, 인력 확보와 연구환경 조성에서 유연성이 필수적임에도 불구하고, 공공기관 지정은 인력 충원 제한, 예산 집행 지연, 기관장 의사 결정 제한 등 연구 현장의 특성을 고려하지 못한 경직적 구조를 초래하였다. 특히 경영평가 중심의 공공기관 통제는 연구성과의 질적 가치보다는 단기적 양적 지표를 우선하게 만들어 연구개발기관의 본래 목적과 충돌하는 사례도 발생하였다.

이러한 한계에 대응하여 정부는 과학기술 분야 정부출연연구기관의 공공기관 지정이 연구 자율성·창의성·기동성을 저해한다는 판단 아래, 과학기술 분야 정부출연연구기관을 공공기관 지정에서 해제하였다. 「공공기관의 운영에 관한 법률」상 공공기관에서 해제되었다고 하여 공공성을 상실하는 것은 아니며, 과학기술 분야 정부출연연구기관은 여전히 정부가 출연한 공공연구기관으로서 법률상 국가 연구개발 체계 안에서 고유한 연구개발 기능을 수행한다. 「공공기관의 운영에 관한 법률」에 따른 공공기관에서 제외되어, 해당 법률에 따른 재정·조직·경영 관련 규제가 적용되지 않을 뿐이며, 「국가연구개발혁신법」에 따른 연구개발과제 수행에 있어서는 달라진 점은 없다.

5. 「지방자치단체출연 연구원의 설립 및 운영에 관한 법률」 제2조에 따른 지방자치단체출연 연구원

「지방자치단체출연 연구원의 설립 및 운영에 관한 법률」

제2조(정의) 이 법에서 "지방자치단체출연 연구원"이란 지방자치단체 등이 출연(出捐)·보조하고, 연구를 주된 목적으로 수행하는 연구원을 말한다.

(1) 개요

'지방자치단체출연 연구원'이란 지방자치단체 등이 출연(出捐)·보조하고, 연구를 주된 목적으로 수행하는 연구원을 말한다. 서울연구원, 대전연구원, 부산연구원, 인천연구원, 광주연구원 등이 이에 해당한다.

「지방자치단체출연 연구원의 설립 및 운영에 관한 법률」은 지방정부가 공공 정책을 과학적·전문적으로 수립·평가할 수 있는 연구 기반을 확충하기 위한 제도적 장치로서, 국가 연구기관 및 중앙정부 중심의 연구개발 체계에서 지방정부가 독자적으로 활용할 수 있는 정책 연구 기능을 안정적으로 보장하기 위한 근거 규정이다. 지방정부가 지역 단위의 정책 대상·지역 특성을 반영한 전문 연구기관을 설립할 수 있도록 하는 법적 토대이며, 지방자치의 실질화를 위한 핵심 기반 기능을 수행한다.

지방자치단체출연 연구원은 지방정부가 일정 재원을 출연하여 설립한 기관으로서, 지방정부의 정책 수립, 지역사회 연구, 지역 산업·경제 분석 등을 수행한다는 점에서 공공 연구기관으로 분류된다. 이들은 일반적인 민간 연구조직과 달리 공익성·정책성·지역성·지속성을 특징으로 하며, 지방자치단체에 대한 정책 자문과 연구 지원이라는 공공적 임무를 가진다. 지방자치단체출연 연구원의 목적은 단순히 학술적 연구에 머무르지 않고, 지방정부의 정책결정 과정에 필요한 실증 자료, 정책대안, 과학적 분석을 제공하는 데 있다. 즉, 지방자치단체출연 연구원이 생산하는 지식이 곧 지방정부의 행정 및 정책과 직결되는 구조이므로, 지방자치단체출연 연구원은 '정책지식 생산기관'으로서의 성격을 본질적으로 가진다.

지방자치단체가 재원을 출연하고 설립 근거를 마련함으로써, 연구원은 법적·제도적으로 지방정부의 공공기관으로 기능하게 된다. 이는 지방자치단체출연 연구원이 단순한 민간투자연구소 또는 용역형 연구기관과 구분되는 근거가 되며, 지방정부의 정책 목적 달성을 위한 보조기관으로서 법적으로도 확고한 위치를 확보한다. 또한 지방자치단체출연 연구원은 공공의 목적 수행을 위해 일정한 준정부적 기능을 수행하므로, 공공기관운영, 정보공개, 연구윤리 등과 관련하여 다양한 법령을 적용받거나 준용하게 된다.

(2) 지방자치단체출연 연구원과 「국가연구개발혁신법」

지방자치단체가 자체적으로 추진하는 연구개발사업은 「국가연구개발혁신법」에서 규정하는 국가연구개발사업에 해당하지 않으므로, 그 자체만으로는 「국가연구개발혁신법」의 적용 대상이 되지 않는다. 따라서 지방자치단체 출연 연구원이 지방자치단체의 예산으로 수행되는 연구개발사업에 참여하는 경우에는, 「국가연구개발혁신법」이 아니라 해당 지방자치단체가 마련한 자체 연구개발 관리 규정에 따라 과제를 운영하면 된다.

그러나 지방자치단체 출연 연구원이 수행하는 연구개발과제가 지방자치단체 예산이 아니라 중앙정부가 지원하는 국가연구개발사업에 포함된 경우에는 상황이 달라진다. 이 경우 해당 연구원은 「국가연구개발혁신법」이 정한 연구개발과제의 관리·평가·집행 체계에 따라야 하며, 연구개발비 관리, 성과평가, 연구윤리 등 모든 절차가 국가연구개발사업 기준에 의해 통일적으로 적용된다.

지방자치단체출연 연구원은 수행하는 연구개발과제가 어떤 재원에 기반하는지에 따라 적용되는 관리 법제가 구분되며, 지방자치단체 재원에 의한 과제는 지방자치단체 내 규정에, 국가재원에 의한 과제는 「국가연구개발혁신법」 체계에 따라 관리된다고 정리할 수 있다. 물론, 지방자치단체가 운영하는 연구개발사업 및 연구개발과제의 관리 규정들은 「국가연구개발혁신법」이 제정·시행된 이후 그 영향을 상당 부분 받아왔다. 최근에는 많은 지방자치단체가 자체 연구개발과제 관리 규정을 마련할 때 「국가연구개발혁신법」의 체계와 기준을 참고하거나 사실상 이를 준용하는 방식을 채택하고 있으며, 이에 따라 지방자치단체 차원의 연구개발 관리 제도 역시 국가 차원의 표준화된 연구개발 관리 체계와 유사한 구조로 정비되는 흐름[3]이 나타나고 있다.

6. 「특정연구기관 육성법」 제2조에 따른 특정연구기관

「특정연구기관 육성법」

제2조(특정연구기관) 이 법에 따라 정부의 보호·육성을 받을 수 있는 연구기관은 특별법에 따라 설립된 연구기관과 재단법인인 연구기관으로서 대통령령으로 지정하는 연구기관(이하 "특정연구기관"이라 한다)으로 한다.

「특정연구기관 육성법 시행령」

제3조(연구기관의 지정) 법 제2조에서 "대통령령으로 정하는 연구기관"이란 다음 각 호의 연구기관을 말한다.

1. 「한국과학기술원법」에 따른 한국과학기술원
2. 「광주과학기술원법」에 따른 광주과학기술원
3. 「대구경북과학기술원법」에 따른 대구경북과학기술원
   3의2. 「울산과학기술원법」에 따른 울산과학기술원
4. 「한국원자력안전기술원법」에 따른 한국원자력안전기술원
5. 「방사선 및 방사성동위원소 이용진흥법」 제13조2에 따른 한국원자력의학원
6. 「원자력안전법」 제6조에 따른 한국원자력통제기술원
7. 「한국연구재단법」에 따른 한국연구재단
8. 「과학기술기본법」에 따른 한국과학기술기획평가원 및 한국과학창의재단
9. 「산업기술혁신 촉진법」에 따른 한국산업기술진흥원, 한국산업기술기획평가원, 한국세라믹기술원 및 한국산업기술시험원
10. 「정보통신산업 진흥법」에 따른 정보통신산업진흥원
11. 「국제과학비즈니스벨트 조성 및 지원에 관한 특별법」 제14조에 따른 기초과학연구원

[전문개정 2011.12.13]

---

3 그렇다고 해서 지방자치단체의 연구개발과제 관리가 「국가연구개발혁신법」의 적용 범위에 당연히 포함되는 것은 아니다. 지방자치단체가 자체 예산으로 추진하는 연구개발과제는 법률상 국가연구개발사업으로 보지 않으므로, 「국가연구개발혁신법」의 관리·평가·집행 체계가 직접적으로 적용되는 것은 아니다.

「특정연구기관 육성법」은 국가 과학기술 발전을 위해 설립된 주요 연구기관들의 법적 지위와 운영 근거를 명확히 하고, 이들 기관이 국가 연구개발의 중추적 역할을 수행할 수 있도록 체계적으로 지원하기 위해 제정되었다. 1970년대 이후 한국은 산업화와 과학기술 기반 구축을 병행하며, 정부 주도의 연구기관들이 핵심 기술 개발을 주도해 왔다. 그러나 당시에는 각 연구기관이 개별 법령이나 행정지침에 근거하여 운영되었기 때문에, 그 법적 위상과 기능, 재정 지원 체계가 일관되지 못했다. 이에 따라 정부는 이들 기관을 통합적으로 관리·육성하기 위한 법적 근거를 마련하고, 과학기술정책의 효율적 추진 체계를 확립하기 위해 「특정연구기관 육성법」을 제정하였다. 이 법의 제정 취지는 단순히 연구기관의 설립 근거를 마련하는 데 그치지 않고, 국가의 전략적 연구개발 역량을 체계적으로 강화하는 데 있다. 특정연구기관들은 국가가 전액 또는 대부분의 재원을 출연하여 설립한 비영리 연구기관으로, 국가 과학기술정책의 방향에 따라 중·장기 연구를 수행하며, 산업계·학계·공공부문을 연결하는 과학기술 인프라의 핵심축으로 기능한다. 「특정연구기관 육성법」은 이러한 기관들의 설립 목적, 기능, 조직 운영, 재정 지원, 감독 등에 관한 기본 틀을 정함으로써, 각 기관이 독립성과 공공성을 조화롭게 유지하면서도 국가 과학기술정책의 일관된 수행 체계 안에서 운영될 수 있도록 하였다. 특정연구기관들은 주로 산업기술, 기초과학, 에너지, 소재, 전자, 기계, 정보통신 등 국가 전략 분야의 기술개발을 담당한다. 이들은 단기적 상용화 연구보다는 장기적이고 공익적인 연구개발에 집중하며, 민간이 감당하기 어려운 고위험·대규모 연구를 수행한다는 점에서 국가 연구개발의 '공공 연구 기반'을 담당한다. 또한 연구인력 양성, 기술이전 및 산업 지원, 정책자문, 국제공동연구 등 다층적인 역할을 수행하며, 국가 과학기술 경쟁력 향상에 기여하고 있다.

참고로, 한국과학기술원(KAIST)[4], 광주과학기술원(GIST)[5], 대구경북과학기술원(DGIST)[6], 울산과학기술원(UNIST)[7]은 법률상 일반적인 의미의 대학이 아니라, 개별 법률에 의해 설립된 특수법인 형태의 과학기술특성화 연구교육기관이다.

특정연구기관으로서 「국가연구개발혁신법」의 연구개발기관으로서의 지위와 함께 제2

4 「한국과학기술원법」에 따른 한국과학기술원

5 「광주과학기술원법」에 따른 광주과학기술원

6 「대구경북과학기술원법」에 따른 대구경북과학기술원

7 「울산과학기술원법」에 따른 울산과학기술원

절에서 소개할 전문기관으로 지정된 기관도 있다. 「한국연구재단법」 제2조에 따른 한국연구재단, 「산업기술혁신 촉진법」 제39조에 따른 한국산업기술기획평가원이 이에 해당한다.

7. 「상법」 제169조에 따른 회사

「상법」

제169조(회사의 의의) 이 법에서 "회사"란 상행위나 그 밖의 영리를 목적으로 하여 설립한 법인을 말한다.

「상법」 제169조는 회사를 '상행위나 그 밖의 영리를 목적으로 하여 설립된 법인'으로 정의하고 있다. 이에 따르면 회사는 본질적으로 영리를 목적으로 하는 단체이며, 이러한 영리성은 회사의 존재와 활동을 나타내는 핵심적인 요소에 해당한다. 회사의 영리성은 반드시 현실적인 이익의 발생을 전제로 하는 것은 아니고, 영리, 즉 이윤을 추구하려는 의사가 존재하면 족하다. 따라서 일시적으로 적자가 발생하였다고 하더라도 회사의 영리성 자체가 부정되는 것은 아니다. 다만 이윤추구의 의사는 외부에서 객관적으로 인식될 수 있어야 하고, 일회성이 아니라 계속성을 갖추어야 한다.

한편 '회사란 상행위나 그 밖의 영리를 목적으로 설립한 법인'이라는 규정 문언에서 알 수 있듯이, 회사는 단순한 영리 활동 주체가 아니라 영리단체로서의 성격을 가진다. 여기서 말하는 회사의 영리성은 단순히 영리사업을 경영한다는 점만으로는 충분하지 않고, 나아가 영업 활동을 통해 취득한 이익을 그 구성원인 사원에게 배분하는 것을 궁극적인 목적으로 한다는 점을 의미한다.

법인성은 회사의 본질적 요소라고 보기는 어렵지만, 「상법」 제169조는 모든 종류의 회사에 대하여 일률적으로 법인격을 부여하고 있다. 이는 회사의 대외적 법률관계를 단순화하고, 업무집행사원이 회사를 대표하여 회사 명의로 거래행위를 할 수 있도록 하기 위한 것이다. 회사가 법인격을 취득함으로써 그 구성원과 분리된 독립된 권리·의무 주체가 되고, 이에 따라 권리와 의무의 귀속, 대표권의 행사 및 그 외부적 표시 등 법률관계가 명확해진다.

8. 「중소기업기본법」 제2조에 따른 중소기업 등

(1) 「중소기업기본법」 제2조에 따른 중소기업

「국가연구개발혁신법 시행령」

제2조(연구개발기관) ① 「국가연구개발혁신법」(이하 "법"이라 한다) 제2조 제3호 아목에서 "대통령령으로 정하는 기관·단체"란 다음 각 호의 기관·단체를 말한다. 〈개정 2024. 2. 6.〉

1. 「중소기업기본법」 제2조에 따른 중소기업

「중소기업기본법」

제2조(중소기업자의 범위) ① 중소기업을 육성하기 위한 시책(이하 "중소기업시책"이라 한다)의 대상이 되는 중소기업자는 다음 각 호의 어느 하나에 해당하는 기업 또는 조합 등(이하 "중소기업"이라 한다)을 영위하는 자로 한다. 다만, 「독점규제 및 공정거래에 관한 법률」 제31조 제1항에 따른 공시대상기업집단에 속하는 회사 또는 같은 법 제33조에 따라 공시대상기업집단의 소속회사로 편입·통지된 것으로 보는 회사는 제외한다.

1. 다음 각 목의 요건을 모두 갖추고 영리를 목적으로 사업을 하는 기업
   가. 업종별로 매출액 또는 자산총액 등이 대통령령으로 정하는 기준에 맞을 것
   나. 지분 소유나 출자 관계 등 소유와 경영의 실질적인 독립성이 대통령령으로 정하는 기준에 맞을 것
2. 「사회적기업 육성법」 제2조 제1호에 따른 사회적기업 중에서 대통령령으로 정하는 사회적기업
3. 「협동조합 기본법」 제2조에 따른 협동조합, 협동조합연합회, 사회적협동조합, 사회적협동조합연합회, 이종(異種)협동조합연합회(이 법 제2조 제1항 각 호에 따른 중소기업을 회원으로 하는 경우로 한정한다) 중 대통령령으로 정하는 자
4. 「소비자생활협동조합법」 제2조에 따른 조합, 연합회, 전국연합회 중 대통령령으로 정하는 자
5. 「중소기업협동조합법」 제3조에 따른 협동조합, 사업협동조합, 협동조합연합회 중 대통령령으로 정하는 자

② 중소기업은 대통령령으로 정하는 구분 기준에 따라 소기업(小企業)과 중기업(中企業)으로 구분한다.

「국가연구개발혁신법 시행령」 제2조 제1항에서는 중소기업, 비영리법인 등을 규정하고 있는바, 다음은 대표적으로 국가연구개발사업 비중이 큰 중소기업에 관한 설명이다. 중소기업이란 중소기업을 육성하기 위한 시책의 대상이 되는 기업 또는 조합 등을 말하며, 「중소기업기본법」에 따라 일정한 요건을 충족하는 기업을 의미한다. 다만, 「독점규제 및 공정거래에 관한 법률」 제31조 제1항에 따른 공시대상기업집단에 속하는 회사[8]와 같은 법 제33조에 따라 공시대상기업집단의 소속 회사로 편입되거나 편입된 것으로 통지된 회사[9]는 중소기업의 범위에서 제외된다.

첫째, 중소기업은 「중소기업기본법」 제2조 제1항 제1호에 따른 규모 기준과 독립성 기준을 모두 충족하고, 영리를 목적으로 사업을 영위하는 기업을 포함한다. 이러한 기업은 일반적인 의미의 영리기업으로서 중소기업시책의 기본적인 적용 대상이 된다.

둘째, 「사회적기업 육성법」 제2조 제1호에 따른 사회적기업 중에서도 영리를 주된 목적으로 하지 아니하는 사회적기업으로서, 규모 기준과 독립성 기준을 모두 충족하는 기업은 중소기업에 해당한다. 이 경우 사회적기업이란 취약계층에게 사회서비스 또는 일자리를 제공하거나 지역사회에 공헌함으로써 지역주민의 삶의 질을 향상시키는 등 사회적 목적을 추구하면서 재화 및 서비스의 생산·판매 등 영업 활동을 수행하고, 사회적기업의 인증 요건을 갖추어 고용노동부장관의 인정을 받은 기업을 말한다.

셋째, 「협동조합 기본법」 제2조에 따른 협동조합, 협동조합연합회, 사회적협동조합, 사회적협동조합연합회 및 이종협동조합연합회 중에서, 「중소기업기본법」 제2조 제1항

---

8 「독점규제 및 공정거래에 관한 법률」 제31조(상호출자제한기업집단 등의 지정 등) ① 공정거래위원회는 대통령령으로 정하는 바에 따라 산정한 자산총액이 5조원 이상인 기업집단을 대통령령으로 정하는 바에 따라 공시대상기업집단으로 지정하고, 지정된 공시대상기업집단 중 자산총액이 국내총생산액의 1천분의 5에 해당하는 금액 이상인 기업집단을 대통령령으로 정하는 바에 따라 상호출자제한기업집단으로 지정한다. 이 경우 공정거래위원회는 지정된 기업집단에 속하는 국내 회사와 그 회사를 지배하는 동일인의 특수관계인인 공익법인에 지정 사실을 대통령령으로 정하는 바에 따라 통지하여야 한다.

9 「독점규제 및 공정거래에 관한 법률」 제33조(계열회사의 편입·통지일의 의제) 공정거래위원회는 제31조 제4항 또는 제32조 제3항에 따른 요청을 받은 자가 정당한 이유 없이 자료제출을 거부하거나 거짓의 자료를 제출함으로써 공시대상기업집단의 국내 계열회사 또는 공시대상기업집단의 국내 계열회사를 지배하는 동일인의 특수관계인으로 편입되어야 함에도 불구하고 편입되지 아니한 경우에는 공시대상기업집단에 속하여야 할 사유가 발생한 날 등을 고려하여 대통령령으로 정하는 날에 그 공시대상기업집단의 국내 계열회사 또는 특수관계인으로 편입·통지된 것으로 본다.

각 호에 따른 중소기업을 회원으로 하는 경우에 한하여, 「중소기업기본법 시행령」 제3조 제2항 각 호의 요건을 모두 충족하는 조합은 중소기업에 포함된다.

넷째, 「소비자생활협동조합법」 제2조에 따른 조합, 연합회 및 전국연합회 중에서도 「중소기업기본법 시행령」 제3조 제2항의 요건을 모두 충족하는 경우에는 중소기업으로 인정된다.

다섯째, 「중소기업협동조합법」 제3조에 따른 협동조합, 사업협동조합 및 협동조합연합회 역시 「중소기업기본법 시행령」 제3조 제2항의 요건을 모두 충족하는 경우 중소기업의 범위에 포함된다.

한편, 「중소기업기본법」상 중소기업은 중소기업시책의 대상이 되는 중소기업자가 영위하는 기업 또는 조합 등을 의미하는 것으로 정의되어 있어, 개념 설정 방식에 있어 다소 독특한 구조를 취하고 있다. 이에 따라 「중소기업기본법」상의 중소기업은 「상법」상의 회사 개념에 한정되지 않으며, 「상법」 제169조에서 정한 회사에 해당하지 않는 개인사업자 형태의 사업체도 그 범위에 포함된다고 본다. 「국가연구개발혁신법」에서 연구개발기관으로서 '「상법」 제169조에 따른 회사'를 두고 있음에도 불구하고 「국가연구개발혁신법 시행령」에서 별도로 '「중소기업기본법」 제2조에 따른 중소기업'을 정하고 있는 이유이기도 하다.

(2) 「민법」 또는 다른 법률에 따라 설립된 비영리법인

「국가연구개발혁신법 시행령」

제2조(연구개발기관) ① 「국가연구개발혁신법」 제2조 제3호 아목에서 "대통령령으로 정하는 기관·단체"란 다음 각 호의 기관·단체를 말한다.

2. 「민법」 또는 다른 법률에 따라 설립된 비영리법인

「민법」

제32조(비영리법인의 설립과 허가) 학술, 종교, 자선, 기예, 사교 기타 영리아닌 사업을 목적으로 하는 사단 또는 재단은 주무관청의 허가를 얻어 이를 법인으로 할 수 있다.

영리를 목적으로 하지 않는 사단 또는 재단으로서 주무관청의 허가를 받아 설립된 법인은 「민법」 제32조에 따라 비영리법인에 해당한다. 비영리법인은 그 목적이 영리 추구에 있지 아니하고, 학술·종교·자선·사교 기타 공익적 또는 비영리적 활동을 수행하기 위하여 설립되는 법인이라는 점에서 영리법인과 구별된다.

「민법」에 의하여 설립되는 비영리법인의 유형으로는 사단법인과 재단법인이 있다. 사단법인은 일정한 목적을 위하여 결합한 사람의 단체에 법인격이 부여된 형태이고, 재단법인은 특정 목적을 위하여 출연된 재산을 기초로 성립하는 법인 형태이다. 이들 법인은 모두 「민법」 제32조에 근거하여 주무관청의 허가를 요건으로 설립되며, 「민법」이 정하는 일반적인 법인 규율의 적용을 받는다.

한편, 「민법」 외의 개별 법률에 근거하여 설립되는 비영리법인도 존재한다. 이러한 법인은 개별 법률에서 설립 요건, 조직, 운영, 감독 등에 관한 사항을 직접 규정하고 있으며, 민법의 규정은 해당 법률에 특별한 규정이 없는 경우에 한하여 보충적으로 적용된다. 그 대표적인 예로는 「의료법」에 따른 의료법인, 「사회복지사업법」에 따른 사회복지법인 등이 있다.

이와 같이 비영리법인은 설립 근거 법률에 따라 민법상 비영리법인과 개별법상 비영리법인으로 구분할 수 있으며, 양자는 모두 영리를 목적으로 하지 않는다는 공통점을 가지나, 설립 절차와 운영·감독 방식에 있어서는 각각의 근거 법률에 따라 차이를 보인다. 이러한 구분은 비영리법인의 법적 성격과 적용 법령을 해석함에 있어 중요한 기준으로 기능한다.

(3) 외국에서 외국 법령에 따라 설립된 외국법인

「국가연구개발혁신법 시행령」

제2조(연구개발기관) ① 「국가연구개발혁신법」 제2조 제3호 아목에서 "대통령령으로 정하는 기관·단체"란 다음 각 호의 기관·단체를 말한다.

3. 외국에서 외국 법령에 따라 설립된 외국법인(국내 연구개발기관과 연구개발과제를 공동으로 수행하는 경우로 한정한다)

'외국에서 외국 법령에 따라 설립된 외국법인'이란, 대한민국 영역 밖의 국가에서 해당 국가의 법령에 근거하여 설립되어 법인격을 취득한 법인을 의미한다. 이는 법인의 설립 준거법과 설립지가 모두 외국에 있음을 전제로 하는 개념이다.

우선, '외국에서'란 법인의 설립행위가 대한민국이 아닌 외국의 영토 내에서 이루어졌음을 의미한다. 이는 단순히 본점이나 주사무소가 외국에 소재한다는 사정만으로는 부족하고, 법인 성립의 법률적 요건이 외국에서 충족되었음을 전제로 한다.

다음으로, '외국 법령에 따라 설립된'이란 해당 법인이 대한민국의 「민법」이나 「상법」 등 국내법이 아니라, 외국의 회사법·민법·특별법 등 외국의 실정법을 설립 근거로 하여 성립하였음을 의미한다. 따라서 설립 요건, 법인격 부여, 내부 조직, 권리·의무의 범위 등은 원칙적으로 해당 외국 법령에 따라 규율된다.

이와 같은 외국법인은 대한민국 법 체계상 국내법인과 구별되는 개념으로 이해되며, 국내에서 권리능력이나 법률행위를 하는 경우에는 국제사법 및 관련 개별 법령에 따라 그 법인격과 행위능력이 인정된다. 일반적으로 외국법인의 성립 및 내부 관계는 설립 준거법에 따르고, 대한민국 내에서의 활동에 관하여는 대한민국의 강행법규가 적용된다.

한편, '외국법인'이라는 개념은 영리법인과 비영리법인을 불문하고 포괄적으로 사용될 수 있다. 즉, 외국 회사, 외국 재단법인, 외국 비영리단체 등도 모두 외국 법령에 따라 설립되었다면 외국법인에 해당할 수 있다. 다만, 특정 법령에서 외국법인의 범위를 영리법인으로 한정하거나, 비영리 외국법인을 명시적으로 포함 또는 제외하는 경우에는 해당 규정의 문언과 입법 목적에 따라 해석하여야 한다.

「국가연구개발혁신법 시행령」 제2조 제1항 제3호의 "국내 연구개발기관과 연구개발과제를 공동으로 수행하는 경우로 한정한다."는 요건에 관하여는 〈제14장 국제공동연구〉에서 별도로 논의한다.

제2절 ▌전문기관

「국가연구개발혁신법」

제2조(정의) 이 법에서 사용하는 용어의 뜻은 다음과 같다.

4. "전문기관"이란 중앙행정기관의 국가연구개발사업의 추진을 위하여 제9조부터 제19조까지, 제21조, 제31조 제3항, 제33조 제1항, 제34조 제2항에 따른 업무의 전부 또는 일부를 대행하는 기관으로서 제22조에 따라 지정된 기관을 말한다.

제22조(전문기관의 지정 등)

① 중앙행정기관의 장은 소관 국가연구개발사업의 효율적인 추진을 위하여 제9조부터 제19조까지, 제21조, 제31조 제3항, 제33조 제1항, 제34조 제2항에 따른 업무의 전부 또는 일부를 대행하는 기관을 전문기관으로 지정할 수 있다.

② 전문기관은 다음 각 호의 어느 하나에 해당하는 기관 중에서 지정한다.

1. 다른 법률에 따라 설립된 기관 중 국가연구개발사업의 기획·관리·평가 등을 지원하는 기관으로서 대통령령으로 정하는 기관
2. 「공공기관의 운영에 관한 법률」에 따른 공공기관
3. 그 밖에 「민법」 등 다른 법률에 따라 설립된 비영리법인 중 대통령령으로 정하는 기준에 부합하는 기관

③ 중앙행정기관의 장은 전문기관에 대하여 업무 대행에 사용되는 비용의 전부 또는 일부를 예산의 범위에서 출연 또는 보조할 수 있다.

④ 중앙행정기관의 장은 제1항에 따라 대행하게 한 업무에 관하여 해당 전문기관을 지휘·감독한다.

⑤ 중앙행정기관의 장은 전문기관의 대행 업무 수행에 대하여 평가를 실시할 수 있으며, 그 결과에 따라 전문기관의 지정 해제, 추가 지원 등 필요한 조치를 할 수 있다. 다만, 제2항 제1호에 해당하는 전문기관은 지정 해제 대상에서 제외한다.

⑥ 중앙행정기관의 장은 제1항에 따라 전문기관을 지정하거나 제5항에 따라 전문기관 지정을 해제한 때에는 과학기술정보통신부장관에게 그 사실을 통보하여야 한다.

제23조(전문기관 지정·운영에 관한 실태조사 등)

① 과학기술정보통신부장관은 대통령령으로 정하는 바에 따라 관계 중앙행정기관의 장과 협의하여 전문기관 지정·운영에 관한 실태조사 및 분석을 실시할 수 있다.

② 과학기술정보통신부장관은 「국가과학기술자문회의법」에 따른 국가과학기술자문회의(이하 "국가과학기술자문회의"라 한다)의 심의를 거쳐 소관 중앙행정기관의 장에게 전문기관의

지정 또는 지정 해제, 운영 효율화 등을 요구할 수 있다. 다만, 제22조 제2항 제1호에 해당하는 전문기관은 지정 해제 요구 대상에서 제외한다.
③ 제2항에 따른 요구를 받은 중앙행정기관의 장은 특별한 사유가 없으면 그 요구에 따라야 한다.
④ 과학기술정보통신부장관은 관계 중앙행정기관의 장과 전문기관에 제1항에 따른 실태조사 및 분석에 필요한 자료의 제출을 요청할 수 있다. 이 경우 해당 기관의 장은 특별한 사유가 없으면 그 요청에 따라야 한다.
⑤ 제1항에 따른 전문기관 지정·운영에 관한 실태조사 및 분석의 기준·대상은 대통령령으로 정한다.

1. 전문기관의 의의

전문기관은 「국가연구개발혁신법」 제2조 제4호에 따라 중앙행정기관의 연구개발과제 추진을 위하여 「국가연구개발혁신법」 제9조부터 제19조까지, 제21조, 제31조 제3항, 제33조 제1항, 제34조 제2항에 따른 업무의 전부 또는 일부를 대행하는 기관으로, 「국가연구개발혁신법」 제22조에 따라 지정된 기관이다.

전문기관은 연구개발과제의 공정한 선정, 연구개발과제의 효율적인 관리 및 연구개발성과 확산을 지원하기 위하여 설립된 기관으로, 한국의 과학기술 연구개발 체계에서 매우 중요한 기능을 수행한다. 정부연구개발예산이 매년 증가하고 수만 개의 과제가 동시에 운영되는 현실에서, 개별 중앙행정기관인 정부 부처가 연구 관리를 전문적으로 책임지기 어렵고, 또한 연구개발기관이나 연구자에게 연구개발비 관리 권한을 전적으로 맡기는 것은 한계가 있다. 이러한 맥락에서 전문기관은 연구개발비 집행의 합리성, 연구개발과제 선정의 공정성, 연구개발성과 관리의 체계성을 확보하는 중간 지원 조직으로 기능한다고 할 수 있다.

「국가연구개발혁신법」 제22조 제1항에 따라 중앙행정기관의 장은 소관 연구개발과제의 효율적인 추진을 위하여 제9조부터 제19조까지, 제21조, 제31조 제3항, 제33조 제1항, 제34조 제2항에 따른 업무의 전부 또는 일부를 대행하는 기관을 전문기관으로 지정할 수 있다.

전문기관은 「국가연구개발혁신법」 제정 이전에는 구(舊)「국가연구개발사업의 관리 등에 관한 규정」에서 정의하고 있었다. 과거 전문기관은 「과학기술기본법」 제11조 제4항에 따라 중앙행정기관의 장이 소관 국가연구개발사업에 관한 기획·관리·평가 및 활용 등의 업무를 대행하도록 하기 위하여 설립하거나 지정한 기관으로 정의했다. 「과학기술기본법」은 우리나라 과학기술 전체의 체계를 두고 국가 전반의 과학기술발전을 위한 기반을 조성하여 과학기술을 혁신하고자 하는 기본 이념에 대한 사항을 두는 법인에도, 「국가연구개발혁신법」 제정 이전에는 연구개발과제와 관련하여 실무적으로 필요한 사항을 규율할 법률이 없었기 때문에 이질적임에도 불구하고 「과학기술기본법」에 연구개발과제 관련 사항이 포함되어 있었다. 다만, 해당 사항들이 「과학기술기본법」상의 전체적인 조항들과 정합성이 맞지 않기 때문에 꼭 법률에 그 근거를 두어야 하는 필요 최소한도의 사항만 「과학기술기본법」에 명시되고 대부분의 사항은 별도의 위임 또는 위임도 없이 및 구(舊)「국가연구개발사업의 관리 등에 관한 규정」에 마련되었었다.

국가연구개발사업을 수행하는 주체는 중앙행정기관이다. 중앙행정기관은 과학기술기본계획에 따라 맡은 분야의 국가연구개발사업과 그 시책을 세워 추진하여야 한다. 그리고 국가연구개발사업이 투명하고 공정하게 추진되고 효율적으로 관리가 되기 위해서는 국가연구개발사업을 현실적으로 구성하고 있는 연구개발과제의 공고, 과제 선정, 협약, 평가, 활용 등에 관한 사항을 정해야 하는데, 바로 이러한 사항을 정하고 있는 것이 과거에는 구(舊)「국가연구개발사업의 관리 등에 관한 규정」이었다.

한편, 이러한 업무를 중앙행정기관에서 직접 수행하기는 현실적으로 불가능하다. 개별 연구개발과제는 해당 분야에 전문성이 필요할 뿐만 아니라, 상당히 중장기적으로 연구개발과제가 진행되기 때문에 단기간에 연구개발성과를 내기는 어렵다. 부처 공무원의 경우 대개 여러 가지의 소관 업무로 인해 해당 국가연구개발사업을 담당하고 이에 대한 연구개발과제를 세부적으로 관리하기에는 전문성이 부족하다. 또한 3년, 5년, 때로는 10년씩 연구개발과제가 진행되기 때문에 해당 담당 공무원은 인사이동으로 교체되는 일이 발생할 수밖에 없다. 따라서 지속적으로 소관 연구개발과제를 체계적으로 관리하기 위해서는 전문성을 갖추고, 또한 긴 호흡으로 연구개발과제 진행을 관리할 수 있는 전문기관의 존재가 불가피하다.

이와 같이 「과학기술기본법」에 꼭 포함되어야 할 사항이 바로 전문기관에 관한 사항이었다. 이에 과거 「과학기술기본법」에 따르면 중앙행정기관의 장은 소관 국가연구개발사업의 효율적 추진을 위하여 필요하다고 인정하는 경우에는 소관 법령으로 정하는 기관 또는 단체에 국가연구개발사업의 과제 기획·관리·평가 및 활용 등에 관한 업무를 대행하게 할 수 있다고 규정하였다. 다만, 이 경우 중앙행정기관의 장이 대행하게 하는 업무 범위가 상당히 광범위하다는 부분이 지적되었다. 실무적으로도 전문기관이 사실상 연구개발과제에 관한 모든 업무를 대행하는 경우에는 여러 가지 문제점이 발생할 수 있다.

중앙행정기관은 법률에 근거하여 국가 정책을 수립하고 국민 전체를 대상으로 하는 집행 업무를 수행하는 조직이다. 따라서 그 권한과 책임은 헌법적 정당성과 민주적 통제를 근간으로 한다. 그러나 현실적으로 행정 수요가 폭증하고 복잡성이 증가함에 따라, 중앙행정기관은 자신들의 권한 중 상당 부분을 전문기관에 맡기는 경향을 보여 왔다. 그러나 전문기관에 대한 과도한 업무 의존은 여러 측면에서 문제점을 나타낼 수 있다.

첫째, 민주적 정당성과 책임성의 약화 문제가 발생할 수 있다. 중앙행정기관은 국회와 국민에 대해 직접 책임을 지는 주체이다. 그러나 전문기관은 그 자체로 국가연구개발사업을 수행할 수 있는 주체로서의 정당성은 가지고 있지 않다. 국정감사 등을 통해 국회의 통제, 개별 중앙행정기관의 평가 등을 통해 관련 업무가 관리되고는 있으나, 본래 중앙행정기관이 행사해야 할 권한을 전문기관이 사실상 전담하게 되면, 국민의 세금을 기반으로 하는 국가연구개발사업의 체계가 약화되고, 권한 행사에 대한 법적 책임의 소재가 불분명해질 수 있다. 실제 이러한 법적 책임 소재가 불분명하여 대법원에서 전문기관이 국가연구개발사업 관련 제재처분에 관한 소송 당사자가 될 수 없다고 지적하기도 하였다.

둘째, 정책 일관성과 조정 기능의 약화가 발생할 수 있다. 중앙행정기관은 부처 간, 또는 정부 전체 차원에서 정책을 조정하는 위치에 있다. 그러나 실제 연구개발과제 관리에 관한 업무 집행 권한을 전문기관이 광범위하게 수행하게 되면, 중앙행정기관의 산하기관으로서의 전문기관은 해당 분야의 관리 영역에 한정된 시각으로 연구개발과제를 관리하게 된다. 특히 우리나라는 전문기관이 분야별로 구분되어 있기 때문에, 통합적 거버넌스를 저해하고 칸막이 행정을 심화시키는 결과를 낳을 수 있다.

셋째, 책임 회피와 행정권한 형해화의 위험이 존재한다. 중앙행정기관이 전문기관에 업무를 전적으로 맡기면, 스스로는 정책 기획이나 기본 방향 제시에만 머무르고 실질적 집행·관리 기능에서 손을 떼게 된다. 이러한 상황에서는 정책 목표와 현장 집행 사이의 괴리가 커지고, 전문기관의 집행 과정에서 발생하는 문제에 대해 중앙행정기관이 '전문기관의 책임'이라고 하면서 이를 회피할 수 있다. 결과적으로 국민 입장에서는 행정기관이 책임을 지지 않는 구조가 형성되어, 행정에 대한 신뢰가 약화될 수 있다.

넷째, 전문기관의 과도한 권한 집중과 사유화 위험이 있다. 전문기관은 대체로 재단법인의 형태를 띠고, 비교적 독립적인 운영 구조를 갖는다. 중앙행정기관의 권한을 전문기관에서 지나치게 많이 수행하게 되면, 전문기관이 사실상 정부처럼 기능하며, 공공기관임에도 불구하고 내부 논리에 따라 권한을 행사할 위험도 발생할 수 있다. 전문기관은 행정적 전문성을 갖고 있으나 동시에 이해관계자와 밀접하게 연결된 경우가 많아, 특정 산업계나 연구계의 이해를 대변할 수 있다. 이 경우 공익적 관점보다는 이해관계자 중심의 권한 행사가 이루어질 수 있으며, 이는 정책의 객관성과 중립성을 저해한다.

이와 같이 중앙행정기관의 업무를 전문기관이 지나치게 포괄적으로 대행하는 구조는 단순한 효율성 확보를 넘어 민주적 책임, 법적 정당성, 정책 일관성, 국민 권익 보호 등 행정의 근본 가치와 직결되는 문제를 야기한다는 지적에 따라, 전문기관은 보조적·집행적 기능에 집중하고, 중앙행정기관은 정책적 판단과 책임의 최종 주체로서 기능을 강화해야 한다는 논리가 「국가연구개발혁신법」 제정에 영향을 미쳤다.

전문기관의 업무는 반드시 법률에서 구체적으로 한정하고, 동시에 중앙행정기관이 수행해야 할 업무는 전문기관의 업무 범위로 기술하지 않음으로써 중앙행정기관으로서의 역할도 충실하게 하자는 취지가 반영되었다.

이에 「국가연구개발혁신법」에서 전문기관이 대행할 수 있는 업무 범위를 명확히 나열한 것이다.

〈전문기관이 중앙행정기관의 업무 권한을 대행할 수 있는 범위(「국가연구개발혁신법」 제22조)〉

제9조 (예고 및 공모 등)

제10조 (연구개발과제 및 수행 연구개발기관의 선정)

제11조 (연구개발과제 협약 등)

제12조 (연구개발과제의 수행 및 관리)

제13조 (연구개발비의 지급 및 사용 등)

제14조 (연구개발과제의 평가 등) [변경]

제15조 (특별평가를 통한 연구개발과제의 변경 및 중단)

제16조 (연구개발성과의 소유·관리)

第17조 (연구개발성과의 활용)

第18조 (기술료의 징수 및 사용)

第19조 (연구개발정보의 처리 등)

第21조 (국가연구개발사업 등의 보안)

第31조(국가연구개발사업 관련 부정행위의 금지) 제3항

第33조(제재처분의 절차 및 재검토 요청 등) 제1항

第34조(제재처분의 사후관리) 제2항

2. 대행과 위임

전문기관은 중앙행정기관 업무의 전부 또는 일부를 대행하는 기관이다. 전문기관은 중앙행정기관의 연구개발과제 전반에 걸친 업무를 대행하도록 규정하고 있는데, 업무의 대행과 업무의 위임에는 차이가 있다.

위임과 대행은 계약 관계에서 자주 등장하는 개념이지만, 그 법적 성격과 효과에는 중요한 차이가 존재한다. 겉으로 보기에는 둘 다 어떤 권한이나 업무를 다른 주체가 처리하는 것을 의미하는 듯 보이지만, 실제로는 권한의 귀속, 법률 효과의 주체, 책임의 귀착점에서 본질적인 차이가 있다.

먼저 위임은 권한을 가진 자가 자신의 권한의 일부를 다른 자에게 이전하여 행사할 수 있도록 하는 행위이다. 「민법」상 위임계약에서 흔히 쓰이듯, 본인이 상대방에게 사무처리를 맡기면 수임인은 위임계약 범위 내에서 일정한 법률행위를 할 수 있다. 이때 수임인은 충실 의무와 선관주의 의무의 주체가 된다. 한편, 행정기관의 장이 다른 행정기관이나 하급자에게 권한을 위임하는 경우, 법률상 권한 그 자체가 수임자에게 이전되어 그 명의로 행사되며, 그 결과 발생하는 법적 효과 또한 수임자 명의로 확정된다. 따라서 위임의 경우는 위임인의 권한의 일부가 수임인에게 옮겨간다는 특징을 갖는다.

반면 대행은 권한의 주체가 여전히 본인에게 존속하면서 단지 그 권한의 행사만을 다른 자가 본인을 대신하여 집행하는 개념이다. 대행은 권한을 가진 자가 직접 업무를 수행하지 않고 타인으로 하여금 일정한 행위를 하게 하는 것이지만, 법률 효과는 본인에게 직접 귀속된다. 예를 들어 대통령이 국무총리에게 국정 운영의 일부를 대행하도록 하는 경우, 국무총리가 서명이나 의사결정을 하더라도 그것은 대통령의 이름으로 집행되는

것이고 최종적인 책임도 대통령에게 있다. 따라서 대행의 경우에는 권한 그 자체가 넘어가는 것이 아니라 행사 방식만 대리되는 것이고, 법적 효과의 귀속 주체는 변하지 않는다. 이러한 점에서 위임과 대행은 겉보기에는 비슷하지만, 법적 효과의 귀속 주체가 누구인가 하는 점에서 극명한 차이를 보인다.

이 차이는 책임 귀속 문제와도 직결된다. 위임의 경우에는 권한이 위임받은 자에게 완전히 넘어가므로, 수임자가 권한을 잘못 행사하면 그 책임은 원칙적으로 수임자에게 귀속된다. 물론 위임자가 위임 과정에서 부적절하게 권한을 배분하거나 감독을 소홀히 했다면 일정 부분 책임을 질 수 있으나, 기본적으로는 수임자의 자기 책임하에 권한이 행사된다. 이에 반해 대행의 경우에는 권한이 대행하게 한 자 본인에게 계속 남아 있으므로, 대행자가 업무 처리 과정에서 잘못을 저질러도 궁극적인 법적 책임은 본인에게 귀속된다. 다만 대행자가 본인의 지시를 일탈하거나 위법한 행위를 한 경우에는 대행자 책임도 문제될 수 있다. 그러나 원칙적으로는 권한을 대행하게 한 권한 보유자 본인이 최종 책임을 지는 구조이다.

참고로 행정법 체계에서 흔히 예로 드는 것은 '권한의 위임'과 '권한의 대리'의 구분이다. 법령에서 장관이 일정한 사항을 차관이나 산하기관장에게 위임하는 경우, 그 권한은 법률상 수임자에게 이전되어 수임자 명의로 문서가 발급되고 행정처분이 내려진다. 이에 반해 대리는 장관의 권한을 그대로 유지한 채 단지 서명이나 집행만 차관이 대신하는 것으로, 문서의 명의도 장관 명의로 발행된다. 이처럼 실무에서의 구분은 문서의 발신 명의와 책임 귀속에서 명확히 드러난다. 따라서 위임은 권한의 법적 이전, 대행은 권한 행사 방식의 대리라는 점으로 요약할 수 있다.

위임과 대행의 차이는 조직 운영과 책임 구조 설계에 중요한 시사점을 준다. 만약 권한을 위임한다면, 위임자는 스스로 수임자에 대한 통제 범위를 줄이고 수임자가 독자적으로 책임을 지는 체계가 형성된다. 이는 권한 분산과 책임 명확화에 유리하다. 그러나 위임에 치중하게 되면 자칫 통일성 있는 정책 집행이 어려워질 수 있고, 위임자가 책임을 회피할 여지가 생기기도 한다. 반대로 대행은 권한의 귀속이 변하지 않기 때문에 통일성과 일관성을 유지할 수 있으나, 대행자가 실질적으로 많은 업무를 수행하더라도 법적 권한자가 아니라는 점에서 한계가 있다. 법적 책임이 대행자가 아닌 본인에게 귀속되므로, 본인에게 부담이 과도하게 집중될 수 있다.

제 3 장

「국가연구개발혁신법」의 위상

「국가연구개발혁신법」

제4조(다른 법률과의 관계) 이 법은 국가연구개발사업의 추진에 관하여 다른 법률에 우선하여 적용한다. (중략)

제8조(국가연구개발사업 추진에 관한 사무의 관장) ① 과학기술정보통신부장관은 국가연구개발사업의 추진에 관한 사무를 총괄하고, 중앙행정기관의 장은 소관 국가연구개발사업의 추진에 관한 사무를 관장한다.
② 중앙행정기관의 장은 소관 국가연구개발사업의 추진에 필요한 법령 및 법령에서 위임한 사항과 그 시행에 관한 사항을 정한 훈령, 고시, 지침 등(이하 "법령등"이라 한다)을 제정·개정·폐지하려는 때에는 과학기술정보통신부장관과 협의하여야 한다.

제1절 ▌「국가연구개발혁신법」 우선 적용 원칙

1. 의의

「국가연구개발혁신법」을 국가연구개발사업의 추진에 관하여 다른 법률에 우선 적용한다고 하나, 구체적으로는 각 중앙행정기관의 장이 국가연구개발사업이 확정되고, 이후 국가연구개발사업을 추진하기 위하여 정하는 과제, 즉 연구개발과제의 실무 추진 사항에 대해 다른 법률에 우선 적용한다는 취지이다.

「국가연구개발혁신법」은 연구개발과제 전반에 공통적으로 적용되는 일반법적 성격을 지니고 있다. 이는 국가 차원에서 추진되는 연구개발 활동에 대해 가장 기본적이고 포괄적인 법적 틀을 제공한다는 점에서 의의가 크다. 한편, 연구개발과제의 추진 과정에서 다른 개별 법률과 충돌하거나 해석상의 불일치가 발생할 경우, 「국가연구개발혁신법」이 최우선적으로 적용되도록 규정되어 있다. 다시 말해, 연구개발과제와 관련된 여러 제도가 상호 간섭하거나 중복될 수 있는 상황에서 「국가연구개발혁신법」은 일종의 상위 기준법으로 기능하면서 전체 체계를 정합적으로 조정하는 역할을 담당한다.

2. 일반법과 특별법

일반법과 특별법의 관계는 법 체계의 기본적인 구조를 이해하는 데 있어 핵심적인 요소라 할 수 있다. 일반법은 '보통법'이라고도 불리며, 특별법에 비해 더 광범위한 사람·장소·사안에 적용되는 법을 의미한다. 반면 특별법은 일반법보다 좁은 범위의 사람이나 장소, 혹은 특정한 사항에 국한되어 적용된다. 예를 들어, 국민 전체를 대상으로 하는 「형법」이나 「형사소송법」은 일반법에 해당하는 반면, 19세 미만 소년에 대한 형벌과 과형절차를 별도로 규정하는 「소년법」은 「형법」과 「형사소송법」에 대한 특별법으로 기능한다. 장소적 범위에서도 마찬가지이다. 예를 들어 「도로교통법」은 전국 모든 도로에서 일반적으로 적용되는 일반법이라 할 수 있다. 그러나 특정 지역, 즉 군사기지 주변이나 공항 구역 등 제한된 구역에서만 별도로 적용되는 「군사기지 및 군사시설 보호법」이나 「공항시설법」의 일부 규정들은 「도로교통법」에 대한 특별법의 성격을 가진다. 이처럼 전국에 적용되는 일반 규범이 존재하지만, 특정 장소에 국한되어 강화된 규율이나 특수한 절차를 정하는 법률은 특별법으로 기능한다. 사안의 측면에서는 일상생활 전반을 규율하는 「민법」이 일반법의 성격을 지니는 반면, 상거래에만 한정적으로 적용되는 「상법」은 특별법에 속한다. 따라서 전통적으로 특별법은 일반법에 우선하고, 특별법의 규정이 없을 경우에 한하여 일반법이 보충적으로 적용되는 것이 원칙이다.

3. 특별한 일반법의 기능

이처럼 일반법과 특별법의 관계는 일반적으로 '특별법 우선의 원칙'으로 설명된다. 그러나 「국가연구개발혁신법」의 경우에는 이와는 다른 예외적 성격을 갖는다. 「국가연구개발혁신법」은 모든 연구개발과제에 적용되는 일반법으로 제정되었지만, 단순히 보충적인 지위에 머무르지 않고, 오히려 다른 개별 법률과 충돌하거나 해석상의 불일치가 있을 때 최우선적으로 적용되도록 규정되어 있다. 이는 곧 「국가연구개발혁신법」이 일반법임에도 불구하고 특별법을 제치고 상위적 효력을 발휘하는, 독특한 법적 위상을 지니고 있음을 의미한다. 다시 말해, 연구개발과제라는 영역에 있어서는 「국가연구개발혁신법」이 사실상 '특별한 일반법'으로서 기능하는 것이다.

이러한 입법 구조가 도입된 배경에는 연구개발과제 운영 과정에서 나타난 심각한 제도적 혼란이 자리하고 있다. 과거에는 부처별로, 「산업기술혁신 촉진법」, 「국토교통과학기술 육성법」, 「중소기업기술혁신 촉진법」 등 각기 다른 법률을 근거로 연구개발과제를 추진하면서, 공고 기간, 협약 방식, 제재처분 절차 규정 등이 상이하게 적용되는 경우가 많았다. 동일한 연구개발비 집행 위반이 발생했을 때도 소관 부처에 따라 제재의 종류와 절차가 달라 연구개발기관과 연구자의 혼란이 커졌다. 연구자들은 같은 연구개발과제임에도 불구하고 어느 부처 연구개발과제에 참여하느냐에 따라 전혀 다른 기준을 따라야 했고, 이는 불필요한 행정 부담과 제도적 비효율성을 초래하였다.

이와 같은 문제를 근본적으로 해소하기 위해 「국가연구개발혁신법」은 '우선적용 조항'을 두었다. 즉, 다른 법률 규정이 국가연구개발혁신법과 상충하거나 해석의 불일치가 있는 경우에는 「국가연구개발혁신법」을 최우선적으로 적용하도록 한 것이다. 예컨대 연구개발 수행 과정에서 제재 처분의 기준이나 업무 대행 범위를 둘러싼 법률 간 차이가 존재할 경우에도 「국가연구개발혁신법」이 최종적 판단 기준이 된다. 이를 통해 국가연구개발사업 내 연구개발과제 관리 방식이 부처별로 분절되지 않고 일관성 있게 운영될 수 있다.

법체계론적으로 보면 이는 특별법 우선 원칙의 예외를 명문으로 인정한 셈이다. 별도의 개별 부처의 특별법이 존재하더라도 「국가연구개발혁신법」이 우선 적용되므로, 연구개발과제 관리 분야에서는 「국가연구개발혁신법」이 실질적인 '최상위 기준법'이 된다.

이는 단순한 법기술적 장치가 아니라, 연구개발과제의 일관성과 신뢰성을 확보하기 위한 입법정책적 결정이라고 할 수 있다. 특히 국가연구개발사업은 막대한 재정이 투입되고 국민적 책임성이 요구되는 영역이므로, 이를 실제 수행하는 과정에 있는 연구개발과제에 관한 관리에 대해 통일성과 예측 가능성을 담보하는 것이 무엇보다 중요하다. 「국가연구개발혁신법」의 우선적용 조항은 바로 이러한 요구에 부응하는 장치다.

연구개발기관과 연구자 입장에서도 「국가연구개발혁신법」의 우선 적용 원칙은 큰 의미를 갖는다. 이제는 개별 법률의 조항을 일일이 대조하며 충돌 가능성을 따질 필요 없이, 「국가연구개발혁신법」을 최종 기준으로 삼으면 된다. 이는 법적 안정성을 높이고 불필요한 행정 절차를 줄여 연구 현장의 효율성을 제고한다. 정부 측면에서도 「국가연구개발혁신법」은 정책 집행의 일관성을 보장하고 부처 간 충돌을 조정하는 역할을 수행한다. 결과적으로 연구자와 정부 모두가 명확한 기준을 공유하게 되며, 이는 국가 전체 연구개발 역량의 강화로 이어질 수 있다.

4. 「국가연구개발혁신법」의 특수성

물론 특별한 일반법이라는 구조에는 논란의 소지가 있을 수 있다. 특별법 우선 원칙은 오랜 기간 법 체계에서 인정되어 온 기본적 법리이기 때문이다. 그러나 국가연구개발사업이라는 영역은 특수한 성격을 갖는다. 국민 세금이 투입되는 국가연구개발사업이 부처별로 상이한 기준에 따라 운영된다면, 국민적 신뢰를 확보하기 어렵고, 연구자들에게도 불공정한 환경이 될 수 있다. 이러한 점에서 「국가연구개발혁신법」의 우선적용 조항은 특별법 우선 원칙의 일반적 법리를 예외적으로 수정한 것으로, 국가적 필요성과 정책적 합리성에 의해 그 합의사항이 법률로서 도출된 것이다.

「국가연구개발혁신법」의 이러한 특별한 일반법의 시행이 가능한 것은 해당 법률 구조를 다시 살펴보면 이해하기가 쉽다. 앞서 설명한 바와 같이, 「국가연구개발혁신법」은 일반법적 성격을 가지면서도 다른 개별 법률에 우선하여 적용되는 이른바 '특별한 일반법'으로 자리매김하고 있다. 이러한 위상은 국가연구개발사업의 일관성과 통일성을 보장하기 위한 제도적 장치이지만, 실제 법률 조문을 살펴보더라도 규정 대부분의 주체가 중앙행정기관으로 되어 있다. 이는 곧 국가 차원에서 연구개발사업을 기획하고 관리하는 데 있어 중앙행정기관에 상당한 권한과 책임, 그리고 재량권이 부여되어 있음을 의미한다.

재량이란 행정기관이 법률의 일정한 범위 내에서 자율적으로 판단하고 결정하는 것을 의미한다. 법률에서 모든 절차와 기준을 일률적으로 정해놓는다면 현실에서 발생하는 다양한 상황을 유연하게 처리하기 어렵기 때문에, 행정기관에 일정 수준의 선택권을 허용하는 것이다. 국가연구개발사업의 경우, 부처별로 연구 분야의 특성과 정책 목표가 다르기 때문에 개별 상황에 맞게 사업을 설계하고 운영할 필요가 있다. 따라서 「국가연구개발혁신법」은 큰 틀에서 공통 기준과 철학을 제시하되, 구체적 집행 단계에서는 중앙행정기관이 재량을 행사할 수 있는 여지를 두고 있다.

참고로 재량의 행사는 바로 재량권에서 비롯된다. 재량권은 재량을 행사할 수 있도록 법률이 부처에 부여한 권한, 즉 법적 근거를 의미한다. 권한은 법률적 성격을 띠며, 추상적·제도적으로 규정된 범위를 가리킨다. 따라서 재량권은 법이 미리 설정해 둔 일정한 한계와 범위 속에서만 인정되며, 무제한적 권력은 아니다. 예를 들어, 「국가연구개발혁신법」에서 중앙행정기관이 협약 체결 방식이나 제재 처분 수위에 대해 판단할 수 있도록 정해둔 부분은 재량권 부여의 범위를 뜻한다. 이와 같이 재량권은 법률상 권한으로서 제도적으로 보장되는 것이며, 재량은 그러한 권한을 실제 사건에서 구체적으로 행사하는 행위라는 점에서 구별된다. 재량은 행정작용의 구체적 상황에서 행정기관이 여러 가지 가능한 처리 방식 중 하나를 선택하는 자유로운 판단 그 자체를 의미한다. 다시 말해 재량은 행정청이 현실적으로 행사하는 행위 또는 결정 과정에 초점이 맞추어진 개념이다. 예를 들어, 「국가연구개발혁신법」은 중앙행정기관의 장이 연구개발과제를 수행할 연구개발기관을 선정하는 경우, 해당 선정 과정에서 평가해야 할 사항을 연구개발과제의 창의성 및 수행 계획의 충실성, 연구자 또는 소속 기관·단체의 연구개발 역량 등으로 나열하고 있다. 재량권을 부여하고 있는 것이다. 그런데 각 중앙행정기관의 장은 연구개발과제의 목적·성격을 고려하여 연구개발과제의 학술적·기술적·사회적·경제적·지역적 파급효과 및 연구개발성과의 활용 가능성이나 해당 국가연구개발사업 근거 법령 및 국가연구개발사업 추진계획과의 부합성을 선정 요건에 포함시킬 수도 있고 포함시키지 않을 수도 있다. 이와 같은 선택이 바로 재량의 행사이다.

위와 같은 구조는 「국가연구개발혁신법」이 국가연구개발사업의 추진, 즉 연구개발과제 관리에 관해 각 부처가 가진 권한을 어느 정도 인정하는 균형적 장치라고 할 수 있다.

「국가연구개발혁신법」은 전체 국가연구개발사업의 관리 체계로서 연구개발과제의 전체적인 세부 사항을 총괄한다. 동시에 개별 부처가 수행하는 사업의 특수성을 감안하여 독립적인 정책 집행 권한, 즉 재량을 인정함으로써 실제 집행 단계에서의 유연성을 보장한다. 이는 연구자가 국가 차원에서 공통적으로 적용되는 원칙 아래 자유롭게 연구할 수 있도록 기반을 마련하는 한편, 각 부처가 고유한 정책적 목표에 맞게 국가연구개발사업을 추진할 수 있도록 하는 균형점을 찾으려는 제도적 시도라 할 수 있다.

제2절 ▌「국가연구개발혁신법」과 다른 법률과의 관계

「국가연구개발혁신법」

제4조(다른 법률과의 관계)
이 법은 국가연구개발사업의 추진에 관하여 다른 법률에 우선하여 적용한다. 다만, 국가연구개발사업 중 다른 법률에 따라 직접 설립된 기관의 기본사업(정관에 따른 설립목적을 달성하기 위하여 정부가 직접 출연한 예산으로 수행하는 연구개발사업을 말한다)의 경우에 제9조부터 제12조까지, 제14조 및 제15조에서 규정하고 있는 사항을 다른 법률에서 따로 정하는 경우에는 그 법률을 적용한다. [개정 2022.1.6] [[시행일 2022.3.1]]
1. 삭제 [2022.1.6] [[시행일 2022.3.1]]
2. 삭제 [2022.1.6] [[시행일 2022.3.1]]
3. 삭제 [2022.1.6] [[시행일 2022.3.1]]

1. 개요

개별 부처에서 연구개발과제 관련 절차 등을 「국가연구개발혁신법」 제정 이전부터 운영하고 있었다 하더라도 연구개발과제 추진에 관해 「국가연구개발혁신법」이 다른 법률에 우선하여 적용한다. 다만, 국가연구개발사업 중 다른 법률에 따라 직접 설립된 기관의 기본사업(정관에 따른 설립목적을 달성하기 위하여 정부가 직접 출연한 예산으로 수행하는 연구개발사업을 말한다)의 경우에 제9조부터 제12조까지, 제14조 및 제15조에서 규정하고 있는 사항을 다른 법률에서 따로 정하는 경우에는 그 법률을 적용한다(「국가연구개발혁신법」 제4조).

「국가연구개발혁신법」 제4조 단서는 국가연구개발사업의 적용 범위를 정함에 있어, 다른 법률에 따라 직접 설립된 기관이 수행하는 기본사업에 대한 예외 규정을 두고 있다. 여기서 기본사업이란 해당 기관의 정관에 명시된 설립 목적을 달성하기 위하여 정부가 직접 출연한 예산으로 수행하는 국가연구개발사업을 의미한다. 즉, 정부가 출연하여 설립한 특정 기관이 법률에 근거해 고유 목적사업을 수행하는 경우, 그 사업은 원칙적으로 「국가연구개발혁신법」의 적용 대상이 되지만, 일정한 요건을 충족할 경우에는 해당 기관의 설립 근거법 등 특별법을 우선 적용할 수 있도록 한 것이다.

이는 국가연구개발사업의 통일성과 법적 일관성을 확보하는 동시에, 각 기관의 설립 목적과 기능적 특수성을 존중하기 위한 장치로 이해할 수 있다. 다시 말해, 정부출연연구기관, 특정연구기관, 공공연구기관 등과 같이 개별 법률에 의해 설립된 기관들은 각기 다른 정책 목적을 지니고 있으며, 이들이 수행하는 기본사업은 일반적인 국가연구개발사업과는 다른 제도적 맥락을 가진다. 따라서 모든 기관의 국가연구개발사업에 일률적으로 「국가연구개발혁신법」을 적용할 경우, 기관별 특성이나 법령상 자율성이 훼손될 우려가 있다. 이러한 문제를 방지하기 위해, 제4조 단서는 예외적으로 개별 법률에 「국가연구개발혁신법」에 상응하는 규정이 존재하는 경우에는 「국가연구개발혁신법」이 아닌 그 개별 법률을 우선 적용하도록 하고 있다.

반대로, 다른 법률에 「국가연구개발혁신법」과 대응되는 조항이 존재하지 않거나 관련 절차가 명시되지 않은 경우에는, 「국가연구개발혁신법」이 적용된다. 예를 들어, 「국제과학비즈니스벨트 조성 및 지원에 관한 특별법」 제14조에 따라 설립된 기초과학연구원이나 「한국해양과학기술원법」에 따라 설립된 한국해양과학기술원 등과 같이 설립 근거법에 국가연구개발사업의 협약, 평가, 환수 등에 관한 구체적 절차가 명시되어 있지 않았다면, 해당 기관의 기본사업은 「국가연구개발혁신법」 제9조부터 제12조, 제14조부터 제15조의 규정을 적용[1·2·3]하게 된다. 이와 같이 「국가연구개발혁신법」은 일반법으로서의 기능을 하면서, 개별 기관의 설립 근거 법률이 세부적 규정을 마련한 경우에는 그 특별법적 효력을 존중하는 방식으로 상호 보완적 관계를 형성하고 있다.

---

1 「국가연구개발혁신법」 제13조는 예외 범위에서 제외되어 있다.

2 「국제과학비즈니스벨트 조성 및 지원에 관한 특별법」 제14조에 따라 설립된 기초과학연구원은 「특정연구기관 육성법」에 따른 특정연구기관으로 지정되어 있으며, 「특정연구기관 육성법」 제3조 제1항 및 「특정연구기관 육성법 시행령」 제5조의2에 따라 별도의 규정을 운영하고 있다. 구체적인 사항을 법률이 아닌 시행령에 두고 있는 조문 설계 방식에 대해서는 이견이 있을 수 있다.

「특정연구기관 육성법」 제3조(출연금 등) ① 정부는 특정연구기관 또는 제8조 제1항에 따른 공동이용시설의 설립·건설·연구 및 운영에 드는 경비와 운영에 필요한 기금에 충당하게 하기 위하여 특정연구기관 또는 제8조 제2항에 따른 공동관리기구에 출연금을 지급할 수 있다.

「특정연구기관 육성법 시행령」 제5조의2(연구개발과제 관리규정) 연구기관 및 공동관리기구는 법 제3조 제1항에 따라 출연금을 지급받아 수행하는 연구개발사업과 관련된 연구개발과제의 관리를 위하여 다음 각 호의 사항을 포함한 관리규정을 정하여 운영할 수 있다.

1. 연구개발과제의 예고 및 공모
2. 연구개발과제의 선정
3. 연구개발과제의 협약

이 제도적 구조는 법체계상 '특별법 우선의 원칙'과 '일반법 보충의 원칙'을 절충한 형태라 할 수 있다. 즉, 「국가연구개발혁신법」이 국가연구개발사업 전반에 공통적으로 적용되는 기본법으로서 기능하는 한편, 개별 기관의 설립 근거법이 연구개발의 특수성을 반영해 별도의 규정을 둔 경우에는 해당 법률이 우선한다. 이러한 체계는 국가연구개발 거버넌스의 통합성을 유지하면서도, 기관별 자율성과 정책적 다양성을 보장하는 장점이 있다.

2. 정부출연연구기관 설립 · 운영 관련 법률 등과의 관계

「과학기술분야 정부출연연구기관 등의 설립·운영 및 육성에 관한 법률」과 「정부출연연구기관 등의 설립·운영 및 육성에 관한 법률」은 정부출연연구기관의 설립, 조직 구조, 운영, 육성에 관한 기본적인 사항을 규정하고 있다. 이러한 법률들은 정부가 출연한 연구기관의 법적 지위를 명확히 하고, 공공 연구 수행기관으로서의 자율성과 책무성을 동시에 확보하기 위한 제도적 기반을 제공한다. 특히 정부출연연구기관이 국가 과학기술정책을 실질적으로 수행하는 핵심 기관으로 기능하기 때문에, 그 운영과 관리에 관한 법적 체계는 국가 연구개발 거버넌스의 중요한 축을 이루고 있다.

---

4. 연구개발과제의 수행 및 관리
5. 연구개발과제의 평가
6. 연구개발과제의 변경 및 중단

3 「한국해양과학기술원법」에 따라 설립된 한국해양과학기술원은 「한국해양과학기술원법」 제10조 제1항 및 「한국해양과학기술원법 시행령」 제10조의2에 따라 별도의 규정을 운영하고 있다. 조문 설계 방식은 앞선 「특정연구기관 육성법」 및 「특정연구기관 육성법 시행령」과 거의 같다.

「한국해양과학기술원법」 제10조(출연금) ① 국가·지방자치단체 또는 「공공기관의 운영에 관한 법률」 제4조에 따른 공공기관은 한국해양과학기술원의 설립·건설·연구·운영 및 해양분야 우수 전문인력 양성에 소요되는 경비에 충당하게 하기 위하여 한국해양과학기술원에 출연금(出捐金)을 지급할 수 있다.

「한국해양과학기술원법 시행령」 제10조의2(연구개발과제 관리규정) 한국해양과학기술원은 법 제10조 제1항에 따라 출연금을 지급받아 수행하는 연구개발사업과 관련된 연구개발과제의 관리를 위하여 다음 각 호의 사항을 포함한 관리규정을 정하여 운영할 수 있다.

1. 연구개발과제의 예고 및 공모
2. 연구개발과제의 선정
3. 연구개발과제의 협약
4. 연구개발과제의 수행 및 관리
5. 연구개발과제의 평가
6. 연구개발과제의 변경 및 중단

다만, 이들 법률에 의해 설립된 정부출연연구기관의 국가연구개발사업이라 하더라도, 「국가연구개발혁신법」 제4조 단서가 명시하듯이, 해당 기관의 기본사업이 아닌 국가연구개발사업에 관해서는 「국가연구개발혁신법」이 우선 적용된다. 즉, 정부출연연구기관이 자체 설립 목적에 따라 수행하는 기본사업(정부가 출연한 예산으로 기관의 정관상 목적을 달성하기 위해 추진하는 사업)은 해당 기관의 설립 근거법에 따른 절차와 규율을 따르지만, 정부 부처 공모사업 등 그 외의 국가연구개발사업은 「국가연구개발혁신법」의 규정을 적용받는다. 이러한 구조는 기관의 자율성을 존중하면서도, 국가연구개발사업의 일관성과 통합성을 유지하기 위한 법적 장치로서 기능한다.

「과학기술분야 정부출연연구기관 등의 설립·운영 및 육성에 관한 법률」은 과학기술 분야 정부출연연구기관의 기본사업 운영 절차에 관한 근거를 직접 규정[4]하고 있다. 이에 따르면, 과학기술 분야 정부출연연구기관은 기본사업의 수행에 관해 사업의 예고, 사전 기획, 공모, 선정, 협약 체결, 수행, 관리, 평가, 변경 및 중단 등 전 과정을 국가과학기술연구회 이사회의 의결을 거쳐 결정하도록 하고 있다. 이는 과학기술 분야 정부출연연구기관이 정부의 행정적 지시나 통제에 의해 일방적으로 운영되지 않도록 하면서, 개별 기관 내부의 자율적 의사결정 구조를 제도적으로 보장하기 위한 것이다. 동시에 이러한 절차는 연구의 투명성과 책임성을 확보하는 장치로 작용한다.

결국 「과학기술분야 정부출연연구기관 등의 설립·운영 및 육성에 관한 법률」과 「국가연구개발혁신법」의 관계는 기본사업에는 「과학기술분야 정부출연연구기관 등의 설립·운영 및 육성에 관한 법률」을, 그 외 국가연구개발사업에는 「국가연구개발혁신법」을 적용하는 보완적 관계로 이해할 수 있다. 이는 기관별 설립 목적과 운영 자율성을 존중하면서도, 국가 차원의 연구개발사업이 중복되거나 비효율적으로 운영되는 것을 방지하기 위한 법 체계적 조정의 결과라 할 수 있다.

---

4 「과학기술분야 정부출연연구기관 등의 설립·운영 및 육성에 관한 법률」 제5조의2(연구기관 및 연구회의 기본사업 운영 등) 연구기관 또는 연구회의 기본사업(정관에 따른 설립목적을 달성하기 위하여 정부가 직접 출연한 예산으로 수행하는 연구개발사업을 말한다)의 예고, 사전 기획, 공모, 선정, 협약 체결, 수행, 관리, 평가, 변경 및 중단 등에 관한 사항은 대통령령으로 정하는 바에 따라 연구기관 또는 연구회가 정한다.

3. 관련 법률과의 관계

「국가연구개발혁신법」은 국가연구개발사업의 효율적 추진과 관리 체계의 일원화를 목표로 제정된 법률로서, 기존의 과학기술 관련 기본법들과 긴밀하게 연계되어 있다. 특히 「과학기술기본법」, 「국가과학기술자문회의법」, 그리고 「국가연구개발사업의 성과평가 및 성과관리에 관한 법률」은 국가연구개발 체계의 상위 법적 기반을 이루며, 「국가연구개발혁신법」은 이들 법률을 구체적으로 실행하기 위한 하위 실무 법률로 기능한다. 따라서 「국가연구개발혁신법」의 적용과 운영은 이러한 상위 법률들과의 체계적 연관성을 바탕으로 이해할 필요가 있다.

(1) 「과학기술기본법」과의 관계

그림 1 「국가연구개발혁신법」 제정 전·후 기존 법령 비교〉

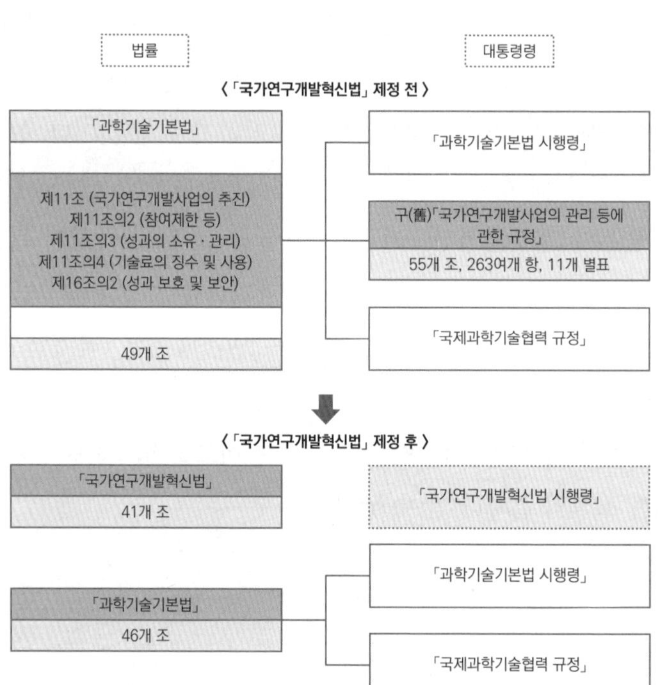

「과학기술기본법」은 과학기술의 발전을 위한 제도적 기반을 조성하고, 이를 통해 국가 경쟁력을 강화하기 위한 목적으로 제정된 기본법이다. 이 법은 헌법 제127조 제1항

의 "국가는 과학기술의 혁신과 정보 및 인력의 개발을 통하여 국민경제의 발전에 노력하여야 한다."는 헌법적 선언을 구체화한 법률로서, 국가 과학기술정책의 수립 절차와 체계, 국가연구개발사업의 예산 배분과 조정, 과학기술 투자 확대, 인력자원 확충, 그리고 과학기술 기반 강화를 위한 시책 마련 등 국가 차원의 과학기술 진흥을 위한 포괄적인 사항을 규정하고 있다. 국가과학기술정책의 기본 방향을 설정하고, 과학기술 진흥을 위한 예산의 배분과 조정, 국가연구개발사업의 종합 조정 기능 등을 규정하고 있다.

「과학기술기본법」은 국가 연구개발정책의 최상위 기본법으로서, 국가 과학기술 거버넌스의 철학적·제도적 틀을 제공한다. 즉, 「과학기술기본법」은 국가의 과학기술정책 전반을 지휘·조정하는 근거법으로서, 국가연구개발사업을 포함한 모든 과학기술 활동의 최상위 법적 틀을 제시하고 있다. 기존 「과학기술기본법」은 국가연구개발사업의 추진과 관리 전반에 관한 세부 조항들을 포함하고 있었다. 당시에는 연구개발과제의 기획, 선정, 수행, 평가, 환수 등 개별 절차가 모두 이 법률 및 「과학기술기본법」의 시행령[5]인 구(舊) 「국가연구개발사업의 관리 등에 관한 규정」의 범위 안에서 규율되었다.

그러나 국가연구개발사업이 급속히 확대되고 복잡성이 높아짐에 따라, 기존 기본법만으로는 각종 제도 운영을 세밀하게 관리하기 어려워졌다. 이에 따라 2020년 「국가연구개발혁신법」이 제정되면서, 연구개발사업 추진에 관한 구체적 조항들이 「과학기술기본법」에서 분리·이관되었다. 결과적으로 「과학기술기본법」은 국가연구개발사업의 철학과 기본 방향을 설정하는 '상위 기본법'의 성격을 유지하게 되었고, 세부 절차와 집행 규율은 「국가연구개발혁신법」과 그 하위 법령에서 담당하는 이원적 구조가 확립되었다.

현재 「과학기술기본법」이 국가연구개발사업과 관련하여 다루고 있는 핵심 규정은 국가연구개발사업 예산의 배분·조정에 관한 조항(「과학기술기본법」 제12조의2)이다. 이 조항은 국가연구개발사업 예산이 개별 부처의 독자적 판단에 따라 편성되는 것이 아니라, 과학기술정보통신부장관이 국가 과학기술혁신정책의 관점에서 종합적으로 조정하고 배분하도록 하는 체계를 규정하고 있다. 이를 통해 중복투자 방지, 연구개발자원의 효율적 활용, 부처 간 협력 강화가 제도적으로 보장된다. 물론 해당 규정은 개별 부처의 국가연구개발사업의 예산에 관한 사항을 다루고 있는 것이고, 「국가연구개발혁신법」이 「과학기

---

5 「과학기술기본법」의 대통령령은 「과학기술기본법 시행령」, 구(舊)「국가연구개발사업의 관리 등에 관한 규정」, 「국제과학기술협력 규정」 총 3개였는데 「국가연구개발혁신법」 제정과 함께 구(舊)「국가연구개발사업의 관리 등에 관한 규정」이 폐지되면서 현재 시행령은 2개로 유지되고 있다.

술기본법」에 따라 편성된 국가연구개발사업으로 집행되는 과정에서 구체적으로 세분화된 연구개발과제의 필요한 세부 절차와 기준, 즉 연구개발과제의 선정, 협약, 수행, 평가, 환수 등을 구체적으로 규정하고 있다. 따라서 「국가연구개발혁신법」은 「과학기술기본법」의 구체적 집행 메커니즘을 구성하는 실행 법률로서의 성격을 지닌다.

(2) 「국가과학기술자문회의법」과의 관계

「국가과학기술자문회의법」은 헌법 제127조 제2항에 따라 설치된 국가과학기술자문회의의 기능과 구성, 역할을 규정하고 있다. 국가과학기술자문회의는 대통령 직속의 최고 과학기술 정책 자문기구로서, 국가 연구개발 정책의 방향을 심의·조정하는 역할을 수행한다. 「국가연구개발혁신법」은 이러한 국가과학기술자문회의의 기능을 제도적 절차에 반영하여, 주요 정책 결정이나 제도 개선 사항이 과학기술 정책의 큰 방향과 정합성을 유지할 수 있도록 설계되었다. 구체적으로 「국가연구개발혁신법」 제23조에서는 전문기관 지정 및 운영 실태조사, 제29조에서는 국가연구개발행정제도 개선안 마련, 제30조에서는 제도 개선 권고와 관련한 사항을 국가과학기술자문회의의 심의를 거치도록 명시하고 있다. 이를 통해 국가연구개발사업의 행정적 절차가 과학기술정책의 상위 목표와 일관성을 유지하도록 보장하는 구조를 갖추고 있다.

(3) 「국가연구개발사업 등의 성과평가 및 성과관리에 관한 법률」과의 관계

「국가연구개발사업 등의 성과평가 및 성과관리에 관한 법률」은 국가연구개발사업의 결과에 대한 사후관리와 평가 체계를 규율한다. 이 법은 사업 단위의 특정평가, 상위평가 등 국가연구개발사업의 성과를 다층적으로 분석·평가하는 절차를 마련하고 있다. 반면, 「국가연구개발혁신법」은 이러한 평가의 전 단계에 해당하는 연구개발과제의 협약, 수행, 중간평가 및 종합평가 절차를 세부적으로 규정하고 있다. 즉, 「국가연구개발사업 등의 성과평가 및 성과관리에 관한 법률」이 국가 차원의 국가연구개발사업의 평가를 다루는 '거시적 평가 체계'라면, 「국가연구개발혁신법」은 개별 연구개발과제 단위의 '미시적 관리 체계'를 다룬다고 볼 수 있다.

제3절 ▌「국가연구개발혁신법」 적용 예외 단서

「국가연구개발혁신법」

제3조(적용 범위)

다음 각 호의 어느 하나에 해당하는 국가연구개발사업에 관하여는 제9조부터 제18조까지의 규정을 적용하지 아니한다. [개정 2022.1.6] [[시행일 2022.3.1]]

1. 중앙행정기관(그 소속 기관을 포함한다)이 소관 업무를 위하여 직접 수행하는 사업
2. 정부가 국제기구, 외국의 정부·기관·단체와 체결한 협정·조약 등에 따라 정해진 금액을 납부하여 추진하는 사업
3. 제21조 제2항에 따른 보안과제로 구성된 국방 분야의 사업
4. 정책의 개발 또는 주요 정책현안에 대한 조사·연구 등을 목적으로 추진되는 사업
5. 전문기관의 업무 대행 및 제38조에 따라 위탁한 업무 수행에 필요한 비용을 지원하는 사업
6. 「학술진흥법」에 따른 학술지원사업 중 인문사회 분야
7. 「학술진흥법」과 그 밖의 법률에 따라 대학을 지원하는 사업 중 대통령령으로 정하는 사업

1. 중앙행정기관이 소관 업무를 위하여 직접 수행하는 사업

「국가연구개발혁신법」 제9조부터 제18조까지의 규정을 적용하지 아니하는 국가연구개발사업의 유형 중 제1호는 중앙행정기관(그 소속 기관을 포함한다)이 소관 업무를 위하여 직접 수행하는 사업이다. 이는 각 중앙행정기관이나 국립 연구기관이 외부의 위탁 없이 자체적으로 수행하는 연구개발사업을 포괄한다. 다시 말해, 정부 부처가 직접 연구개발을 기획하고 실행하는 경우뿐 아니라, 해당 기관 내 연구부서가 주체가 되어 추진하는 실험·기술개발·정책연구 등의 활동도 모두 여기에 포함된다. 특히 연구용역비 항목인 260-01목[6]을 재원으로 수행하는 연구개발사업도 이 범주에 해당한다. 즉, 정부가 특정

6 「예산 및 기금운용계획 집행지침」에 따른 정부 전체 예산별 각 코드 번호이다. 「예산 및 기금운용계획 집행지침」은 「국가재정법 제44조」(예산집행지침의 통보)와 「국가재정법 제80조」(기금운용계획의 집행지침)에 근거, 각 중앙관서의 예산 및 기금운용계획 집행에 대한 기본원칙과 기준을 제시하여 재정지출의 효율성·형평성을 도모하고, 각 중앙관서 및 기금관리주체의 예산 집행의 자율성 범위를 명확히 하기 위하여 운영되는 지침이다.

정책의 근거 마련이나 기술적 검증을 위해 발주한 연구용역이 해당 기관 내부에서 직접 수행되는 경우 역시 제1호의 국가연구개발사업으로 분류된다.

이러한 중앙행정기관 직접 수행형 연구개발사업은 그 성격상 일반적인 민간 위탁사업이나 협력형 연구개발사업과 달리, 국가 행정조직 내부에서 집행되는 공공연구의 성격을 지닌다. 따라서 일반적인 국가연구개발사업의 관리·운영 규정의 적용을 받지 않는 대신 「국가재정법」과 「국가계약법」 등 공공 재정과 계약 집행에 관한 기본법의 적용을 받는다. 연구비의 편성, 집행, 정산 절차는 「국가재정법」의 예산회계 체계에 따라 관리되며, 연구 수행 과정에서 발생하는 계약 관계나 외부 용역 발주는 「국가계약법」의 규정을 준수해야 한다. 아울러 각 기관의 내부 규정 및 지침에 따라 세부 절차가 추가적으로 정해지며, 기관의 회계 담당 부서와 감사 부서의 감독을 받게 된다.

결국 제1호 유형의 연구개발사업은 중앙행정기관이 국가 정책 수행과 직결되는 연구를 직접 추진함으로써, 공공연구의 투명성과 책임성을 높이는 기능을 가진다. 동시에 해당 사업은 법령과 기관 내규에 따른 엄격한 재정 통제 아래에서 이루어지므로, 연구개발 성과의 공공성 확보와 예산 집행의 합리성을 보장하는 제도적 기반을 제공하기 때문에 「국가연구개발혁신법」 일부 규정의 적용에서 배제된 것으로 볼 수 있다.

2. 정부가 국제기구, 외국의 정부·기관·단체와 체결한 협정·조약 등에 따라 정해진 금액을 납부하여 추진하는 사업

「국가연구개발혁신법」 제3조 제2호에서 규정하고 있는 사업 유형은 정부가 국제기구나 외국의 정부, 기관, 단체와 체결한 협정 또는 조약 등에 따라 정해진 금액을 납부하여 추진하는 사업이다. 이러한 사업은 일반적으로 공적개발원조(Official Development Assistance, ODA)[7], 국제협력, 공동 연구개발 등의 목적을 위해 수행된다. 즉, 국내 연구개발사업이 국가 내부의 과학기술 진흥을 목적으로 한다면, 이 유형의 사업은 국제사회와의 연계를 통해 글로벌 과학기술 네트워크를 강화하고, 우리나라의 기술적·정책적 입지

7 공적개발원조(ODA)는 선진국 정부나 공공기관이 개발도상국의 경제·사회 발전과 복지 증진을 주된 목적으로 제공하는 무상원조 및 양허성 유상원조를 의미한다. 공적개발원조(ODA)는 상업적 이익이 아니라 공공성과 개발 효과를 중시하며, 보건·교육·인프라·거버넌스·기후변화 대응 등 다양한 분야에 활용된다.

를 확립하기 위한 대외협력형 사업이라 할 수 있다.

이러한 형태의 사업은 정부가 직접 국제기구나 외국 정부에 일정한 금액을 납부함으로써 추진된다. 납부 대상은 경제협력개발기구(OECD), 유네스코(United Nations Educational, Scientific and Cultural Organization, UNESCO)[8] 등과 같은 국제기구뿐 아니라, 양자·다자 협정에 근거한 특정 연구개발협력기구, 국제연합 산하 전문기구 등 다양한 범위를 포괄한다. 예를 들어, 국제원자력기구(International Atomic Energy Agency, IAEA)[9]의 원자력 연구개발 프로그램 참여를 위한 분담금 납부도 이에 해당한다. 이러한 사업은 단순한 재정적 부담이 아니라, 협정 또는 조약에 근거한 국제적 책무의 이행이자 과학기술 분야에서의 협력적 연구 활동의 기반이 된다.

해당 사업의 추진 과정은 국내법보다는 협정·조약 및 국제기구의 규정에 따라 운영되는 점에서 타 연구개발사업과 구별된다. 즉, 사업의 범위, 집행 방식, 재정 관리 절차, 감사 기준 등은 국내 「국가재정법」이나 「국가연구개발혁신법」보다는 해당 국제기구의 회계 규정과 운영 절차에 우선적으로 따르게 된다. 정부는 협정에서 정한 기여금 규모를 매년 예산으로 반영하고, 국제기구의 요구에 따라 회계 보고나 사업성과 자료를 제출하는 방식으로 협력 관계를 유지한다.

이 유형의 사업은 국제사회에서의 책임 있는 국가로서의 위상을 강화함과 동시에, 국내 연구자와 기관이 국제공동연구 및 글로벌 연구개발 거버넌스에 참여할 수 있는 통로를 제공한다는 점에서 정책적 의미가 크다. 다시 말해, 정부가 납부하는 국제부담금은 단순한 재정지출이 아니라, 우리나라 과학기술의 국제적 협력 기반을 조성하고, 장기적으로는 국제 연구 표준과 제도 형성 과정에 주도적으로 참여하기 위한 전략적 투자라 할 수 있다.

---

8 유네스코(UNESCO)는 교육·과학·문화·커뮤니케이션 분야의 국제 협력을 통해 평화와 인류 공동의 번영을 증진하는 것을 목적으로 하는 유엔 전문기구이다. 세계유산 보호, 교육 접근성 확대, 과학 협력, 문화다양성 증진 등을 주요 임무로 수행한다.

9 국제원자력기구(IAEA)는 원자력의 평화적 이용을 촉진하고, 핵물질의 군사적 전용을 방지하기 위해 안전 조치를 수행하는 국제기구이다. 원자력 안전·보안 기준 수립, 기술 협력, 핵비확산 체제 지원을 주요 임무로 하며, 유엔과 협력 관계에 있다.

3. 「국가연구개발혁신법」 제21조 제2항에 따른 보안과제로 구성된 국방 분야의 사업

「국가연구개발혁신법」 제3조 제3호에서 규정하고 있는 사업 유형은 같은 법 제21조 제2항에 따른 보안과제로 구성된 국방 분야의 사업이다. 이는 「국방과학기술혁신 촉진법」 등 국방 관련 법률에 근거하여 추진되는 연구개발사업 가운데, 국가 안보와 직결되는 기술적 민감성을 지닌 보안과제로 구성된 사업을 지칭한다. 다시 말해, 일반적인 연구개발사업이 공개적 성과 확산과 민간 활용을 중시하는 반면, 이 유형의 사업은 군사적 목적과 안보적 보안성을 전제로 수행된다는 점에서 그 성격이 근본적으로 다르다.

보안과제로 분류되는 국방 연구개발사업은 그 추진 절차와 관리 기준이 일반 연구개발사업과 달리, 보안관리 체계와 기술보호 체계가 강화된 별도의 규정에 따라 운영된다. 「국방과학기술혁신 촉진법」은 국방과학기술의 연구개발과 관련하여 국가 차원의 기술 확보, 무기 체계 개발, 방위산업 역량 강화 등을 목적으로 하며, 특히 군사기밀에 해당하는 연구개발성과의 보호를 핵심 원칙으로 하고 있다. 이에 따라 이러한 사업은 「국가연구개발혁신법」의 일반적 관리 체계와 병행하되, 그 구체적 추진은 「국방과학기술혁신 촉진법」 및 시행령, 하위 행정규칙 등에 따르게 된다.

또한 이 유형의 사업은 연구개발 과정에서 연구개발정보 등 기술 자료 보안 등급 설정을 통한 접근 권한 제한, 연구개발성과의 미공개 등 엄격한 보안 관리가 요구된다. 연구개발기관이나 참여 연구자는 보안 규정에 따라 인가 절차를 거쳐야 하며, 연구개발비 집행 및 성과관리 역시 보안 요소를 고려한 별도 체계에서 수행된다. 예를 들어, 정부 부처인 방위사업청, 「국방과학연구소법」에 따른 국방과학연구소 등은 이러한 보안과제 수행기관으로서, 「국가정보원법」에 따른 국가정보원과 협조하여 보안점검 및 기술 유출 방지 체계를 상시 운영하고 있다.

국방 분야의 보안과제는 단순한 기술개발 차원을 넘어, 국가 안보를 직접적으로 뒷받침하는 전략적 연구개발 활동이다. 따라서 그 추진 체계는 「국가연구개발혁신법」의 일반적 절차와는 달리 공개성과 투명성보다는 보안과 신속성이 우선되는 특수성을 지닌다. 그럼에도 불구하고, 「국가연구개발혁신법」이 이러한 국방 분야 사업을 국가연구개발사업의 범주에 포함시킨 것은, 국가 차원의 연구개발 관리 체계 안에서 국방과학기술을 포괄적으로 다루려는 의도를 반영한 것이다. 이는 국방 연구개발이 단순한 군사기술 개발을 넘어 국가 과학기술혁신 체계의 한 축으로 자리매김하고 있음을 보여주는 것으로, 향후 국가 차원의 기술 주권 확보와 첨단 국방 역량 강화를 위한 법적 기반을 강화하는 의미를 가진다.

4. 정책의 개발 또는 주요 정책현안에 대한 조사·연구 등을 목적으로 추진되는 사업

「국가연구개발혁신법」 제3조 제4호에서 규정하고 있는 사업 유형은 정책의 개발 또는 주요 정책현안에 대한 조사·연구 등을 목적으로 추진되는 사업이다. 이 사업은 국가 정책의 수립, 평가, 제도 개선에 필요한 근거 자료를 마련하고, 정부의 중·장기 정책 방향을 합리적으로 도출하기 위한 정책연구 중심의 연구개발 활동으로 이해된다. 이러한 사업은 주로 정책연구비(예산 항목 260-02목)로 편성되며, 중앙행정기관별로 추진되는 부처별 정책연구사업과 「정부출연연구기관 등의 설립·운영 및 육성에 관한 법률」에 따른 정부출연연구기관 및 「한국국방연구원법」에 따른 한국국방연구원의 기본사업 등이 그 대표적인 형태이다.

정책연구사업은 「행정 효율과 협업 촉진에 관한 규정」(대통령령)과 그에 근거한 「정책연구관리 업무편람」(행정안전부 소관)에 따라 추진된다. 이 규정들은 정책연구의 기획, 수행, 평가, 결과 활용에 관한 기본 절차를 정하고 있으며, 연구의 중복을 방지하고 부처 간 협업을 촉진하기 위한 운영 기준을 제시한다. 즉, 정책연구사업은 단순히 학문적 연구나 기술개발이 아닌, 행정적 의사결정의 근거를 마련하기 위한 실증적·분석적 연구라는 점에서 다른 유형의 국가연구개발사업과 구별된다. 각 부처는 정책 현안과제에 대한 대응방안을 마련하거나 중장기 정책 수립에 필요한 연구를 수행하기 위해, 자체 예산을 활용하여 정책연구사업을 추진한다.

이와 함께, 「정부출연연구기관 등의 설립·운영 및 육성에 관한 법률」에 따른 정부출연연구기관 및 「한국국방연구원법」에 따른 한국국방연구원의 기본사업 등 역시 이 유형에 포함된다. 이러한 기관의 기본사업은 국가 정책의 수립과 집행을 지원하기 위한 공익적 연구로, 「정부출연연구기관 등의 설립·운영 및 육성에 관한 법률」, 「한국국방연구원법」 및 개별 기관의 내부 규정에 따라 추진된다. 「정부출연연구기관 등의 설립·운영 및 육성에 관한 법률」에 따른 정부출연연구기관은 사회·경제·산업·노동·교육·복지 등 다양한 정책 분야에서 정부 정책의 기획 및 평가를 지원하며, 「한국국방연구원법」에 따른 한국국방연구원은 국방정책과 군사전략 수립, 국방예산의 합리적 편성 등 국가 안보 정책에 직결되는 핵심 연구를 수행한다.

이와 같은 정책연구 중심의 연구개발사업은 기술혁신을 직접 목적으로 하는 일반 연구개발사업과 달리, 국가 정책의 과학적 근거를 확보하고 행정 효율성을 높이는 데 중점을 두고 있다. 즉, 정책연구사업은 국가 연구개발 체계 내에서 정책 기반 연구의 성격을 띠며, 과학 기술적 성과뿐 아니라 정책적 효과성을 고려하는 것이 특징이다. 또한 이러한 사업은 부처 간의 협업을 촉진하고, 정책 결정 과정에서의 근거 중심 행정을 실현하는 기반이 된다.

결국 제4호 유형의 정책연구사업은 국가연구개발 체계에서 과학기술정책과 행정정책을 연결하는 다리 역할을 하며, 국가 정책의 품질과 실효성을 제고하기 위한 핵심 수단으로 기능한다. 이를 통해 정부는 사회적·경제적 변화에 대응하는 유연하고 근거에 기반한 정책 수립이 가능해지며, 연구개발의 성과가 기술적 성취를 넘어 제도적 혁신으로 확장되는 효과를 기대할 수 있다.

5. 전문기관의 업무 대행 및 「국가연구개발혁신법」 제38조에 따라 위탁한 업무 수행에 필요한 비용을 지원하는 사업

「국가연구개발혁신법」 제3조 제5호에서 규정하고 있는 사업 유형은 전문기관의 업무 대행 및 제38조에 따라 위탁한 업무 수행에 필요한 비용을 지원하는 사업이다. 이는 국가연구개발사업의 효율적 추진을 위해 정부가 전문기관에 위탁한 기획, 평가, 관리 등의 기능 수행을 재정적으로 지원하기 위한 사업으로, 일반적으로 연구개발기획평가관리비(예산 항목 360-06목)로 편성된다. 2021회계연도부터는 이러한 항목이 공식적으로 신설되어, 같은 항목에서 연구개발사업의 관리비용과 행정운영비를 별도의 구조로 분리하여 운영하고 있다.

이 사업 유형은 국가연구개발사업이 과제 중심에서 관리·평가 중심으로 전환되는 과정에서 탄생한 제도적 장치라고 할 수 있다. 과거에는 연구개발사업의 수행기관이 과제 관리, 평가, 집행, 보고 등 모든 절차를 직접 담당하였으나, 사업 규모가 확대되고 복잡성이 증가함에 따라 전문성과 효율성을 확보하기 위한 관리 체계의 분리가 필요해졌다. 이에 따라 정부는 전문기관을 지정하여 사업의 기획, 평가, 예산 집행, 성과관리 등의 세부 업무를 대행하도록 하고, 그에 필요한 경비를 별도의 예산으로 지원하게 되었다.

이때 전문기관의 범위에는 과학기술정보통신부를 비롯한 각 부처가 지정한 기관이 포함된다. 이들 기관은 정부로부터 대행받은 연구개발과제 세부 관리 업무를 수행하며, 해당 업무에 필요한 인건비, 시스템 구축비, 평가수당, 성과분석비 등이 본 예산을 통해 지원된다. 따라서 본 사업은 연구개발의 직접비가 아닌 간접적 행정운영비로서, 연구개발 관리 체계의 전문화와 투명성 제고를 위한 필수적 재정 기반이라고 할 수 있다.

또한 「국가연구개발혁신법」 제38조에서 명시된 업무 위탁 조항에 따라, 과학기술정보통신부장관은 국가연구개발사업의 효율적 추진을 위해 필요한 사무를 전문기관에 위탁할 수 있으며, 이에 소요되는 경비는 본 항목의 예산에서 지원된다. 이와 같은 위탁 지원 구조는 국가연구개발 거버넌스의 전문화를 촉진하고, 부처와 전문기관 간 역할 분담을 명확히 하는 제도적 기반이 된다. 특히 전문기관은 연구자의 행정 부담을 줄이고, 국가연구개발사업의 성과평가 및 환류 체계를 체계화함으로써 정부의 연구개발 투자가 실질적 성과로 이어질 수 있도록 하는 핵심 역할을 수행한다.

결국 제5호 유형의 사업은 연구개발의 행정적 뒷받침을 제도적으로 강화하는 역할을 하며, 단순한 지원성 경비가 아니라 연구개발 생태계의 효율적 운영을 위한 구조적 투자라 할 수 있다. 이를 통해 전문기관의 관리 역량을 지속적으로 강화하고, 정부와 수행기관 간의 협업 체계를 안정화함으로써 국가연구개발사업의 투명성과 성과관리 체계를 고도화하는 것이 궁극적인 목표라 할 수 있다.

6. 「학술진흥법」에 따른 학술지원사업 중 인문사회 분야

「국가연구개발혁신법」 제3조 제6호에서 규정하고 있는 사업 유형은 「학술진흥법」에 따른 학술지원사업 중 인문사회 분야의 사업이다. 이는 교육부 소관의 인문사회 분야 학술연구를 지원하기 위한 사업으로, 자연과학이나 공학 중심의 연구개발사업과는 구별되는 독립적 영역을 형성하고 있다. 「학술진흥법」은 학문 진흥과 학술연구 기반 확립을 목적으로 제정된 법률로, 인문학과 사회과학 분야의 연구를 장려하고 학술적 다양성을 보장하기 위한 법적 근거를 제공한다.

이 유형의 사업은 주로 기초학문 연구의 활성화와 인문사회 분야 연구자의 자율적 탐구를 지원하는 데 중점을 둔다. 구체적으로는 인문사회 분야의 학문후속세대 양성, 인문사회기초연구지원사업, 학술단체 및 학술지 지원, 인문사회 분야 저술·번역 사업 등이 포함된다. 이러한 학술지원사업은 연구개발사업의 일반적인 성과지표인 기술적 혁신, 특허 창출, 산업화 등과는 달리, 학문적 기여도, 사회적 파급효과, 담론 형성 등 비정량적 가치가 중심이 된다. 따라서 인문사회 분야의 학술지원사업은 국가연구개발 체계 내에서 '비과학기술형 연구개발사업'의 대표적 유형으로 기능하며, 국가 정책이 과학기술 중심에서 지식·문화적 가치 창출로 확장되는 중요한 축을 담당한다.

또한 이 사업은 「국가연구개발혁신법」의 적용을 받으면서도, 학문적 자율성과 다양성을 존중해야 하는 인문사회 연구의 특수성을 고려하여 「학술진흥법」이 우선 적용되는 구조를 가진다. 즉, 연구개발의 추진·평가·성과관리 등 기본 절차는 「학술진흥법」의 일반 규정을 따르되, 「국가연구개발혁신법」의 개별 조항이 보충적으로 작동하는 방식이다.

결과적으로 제6호 유형의 인문사회 분야 학술지원사업은 국가연구개발사업의 범주 안에서 지식기반 연구개발의 역할을 수행한다고 볼 수 있다. 이는 과학기술 중심의 국가연구개발정책이 인문사회적 연구와 결합되어, 사회적 통찰력과 정책적 균형성을 확보하도록 하는 데 기여한다. 다시 말해, 이 사업은 학문 간 균형 발전이라는 헌법적 가치(헌법 제22조 제1항, 학문의 자유 보장)를 실질적으로 구현하는 국가적 장치로서, 과학기술정책과 인문사회 연구가 상호 보완적으로 발전할 수 있는 제도적 기반을 제공하고 있다.

7. 「학술진흥법」과 그 밖의 법률에 따라 대학을 지원하는 사업 중 대통령령으로 정하는 사업

「국가연구개발혁신법」 제3조 제7호에서 규정하고 있는 사업 유형은 「학술진흥법」과 그 밖의 관련 법률에 따라 대학을 지원하는 사업 중 대통령령으로 정하는 사업이다. 이는 「학술진흥법」, 「고등교육법」, 「산업교육진흥 및 산학연협력촉진에 관한 법률」에 근거하여 추진되는 교육부 소관의 대학재정지원사업 가운데, 과학기술정보통신부장관이 교육부장관과 협의하여 고시한 특정 사업을 지칭한다. 즉, 대학을 직접적인 지원 대상으로 하는 사업 중에서도, 연구개발 또는 산학연협력과 연계된 분야에 한하여 국가연구개발사업의 범주로 포섭하되, 「국가연구개발혁신법」 일부 조항의 적용을 배제하는 것이다.

이러한 사업의 구체적 추진과 관리는 「대학 재정지원사업 관리·운영에 관한 규정」에 근거하여 이루어진다. 해당 규정은 대학지원사업의 기획, 선정, 집행, 평가에 관한 절차를 정하고 있으며, 특히 교육부가 추진하는 각종 대학재정지원사업의 통합관리 체계를 마련함으로써, 중복 지원을 방지하고 사업 간 연계성을 높이기 위한 제도적 장치로 기능하고 있다.

대학재정지원사업은 단순한 교육시설 개선이나 인프라 확충에 그치지 않고, 대학이 연구개발 역량을 강화하고 산업계 및 지역사회와의 연계를 확대할 수 있도록 지원하는 것을 목표로 한다. 예컨대, 대학혁신지원사업[10], 산학연협력 선도대학 육성사업[11] 등이 대표적인 사례로 꼽힌다. 이들 사업은 연구개발 인력 양성, 융복합 교육, 산학협력 활성화 등 국가 연구개발 생태계 전반의 기반을 강화하는 데 기여하고 있다.

또한, 제7호에서 규정한 대학지원사업은 과학기술정보통신부와 교육부 간의 정책적 연계와 협력을 전제로 하고 있다. 국가연구개발사업이 과학기술 중심으로 발전해 온 반면, 대학의 역할은 연구개발의 기반이자 미래 연구인력의 양성기관으로서 점차 확대되고 있기 때문이다. 이에 따라 과학기술정보통신부장관은 교육부장관과의 협의를 통해, 대학지원사업 중 연구개발적 성격이 강한 사업을 선별하여 국가연구개발사업 체계 안에 포함시키되, 「국가연구개발혁신법」 일부 조항의 적용을 배제할 수 있도록 하고 있다. 이러한 협의 절차는 부처 간 정책 조정 기능을 강화함으로써, 연구개발과 고등교육 정책의 연계성을 확보하고, 국가 차원의 과학기술인재 양성 전략과 대학정책을 통합적으로 운영하기 위한 제도적 장치라 할 수 있다.

---

10 대학혁신지원사업은 미래 사회 변화에 대응해 대학 기본 역량 강화 및 전략적 특성화를 지원하고, 미래형 창의 인재 양성 체제 구축을 지원하는 교육부 일반재정지원사업이다.

11 산학연협력 선도대학 육성사업(Leaders in INdustry-university Cooperation, LINC)은 교육부 주관의 대표적인 산학연협력 재정지원사업으로, 대학과 산업계 간 협력을 통해 현장 맞춤형 인재 양성, 기술사업화, 지역 산업 연계를 강화하는 것을 목표로 한다.

제4절 ▌국가연구개발사업 추진에 관한 사무의 관장

「국가연구개발혁신법」

제8조(국가연구개발사업 추진에 관한 사무의 관장)
① 과학기술정보통신부장관은 국가연구개발사업의 추진에 관한 사무를 총괄하고, 중앙행정기관의 장은 소관 국가연구개발사업의 추진에 관한 사무를 관장한다.
② 중앙행정기관의 장은 소관 국가연구개발사업의 추진에 필요한 법령 및 법령에서 위임한 사항과 그 시행에 관한 사항을 정한 훈령, 고시, 지침 등(이하 "법령등"이라 한다)을 제정·개정·폐지하려는 때에는 과학기술정보통신부장관과 협의하여야 한다.

국가연구개발사업의 효율적이고 통합적인 운영을 위해, 「국가연구개발혁신법」은 과학기술정보통신부장관에게 국가연구개발사업 추진에 관한 사무를 총괄하도록 명시하고 있다. 이는 부처별로 분산되어 있던 연구개발사업 관리 체계를 통합하고, 국가 차원의 일관된 연구개발 정책 방향을 제시하기 위한 제도적 장치라 할 수 있다. 과학기술정보통신부는 이 조항을 근거로 국가연구개발사업의 추진 체계를 총괄·조정하는 역할, 즉 국가연구개발 행정의 컨트롤타워 기능을 수행한다. 반면, 각 중앙행정기관의 장은 자신이 소관하는 분야의 국가연구개발사업을 관리·운영하는 책임을 가지며, 이를 통해 부처별 전문성과 정책 목표를 반영한 연구개발사업이 추진되도록 한다. 이처럼 「국가연구개발혁신법」은 국가 차원의 총괄 기능과 부처 단위의 실행 기능을 명확히 구분함으로써, 효율성과 자율성을 동시에 확보하려는 구조를 제도적으로 마련하였다.

특히 각 중앙행정기관의 장은 소관 국가연구개발사업의 추진 사무를 관리하는 과정에서, 그 사무에 관한 법령 및 법령에서 위임한 사항과 그 시행에 관한 사항을 정한 훈령, 고시, 지침 등을 제정·개정·폐지하려는 경우 반드시 과학기술정보통신부장관과 협의하도록 규정하고 있다. 이는 부처별 정책의 자율성을 존중하되, 국가 전체 연구개발 체계의 정합성과 일관성을 유지하기 위한 절차적 장치로 볼 수 있다. 과거에는 각 부처가 독자적으로 연구개발 관련 법령이나 제도를 제정·개정하면서, 부처 간 중복사업이나 제도 충돌이 빈번하게 발생하였다. 이러한 문제를 해소하기 위해 협의 절차를 의무화함으로써, 연구개발사업이 국가 차원의 전략적 목표와 조화를 이루도록 한 것이다.

또한 이 협의 제도는 연구개발 행정의 투명성과 예측 가능성을 제고하는 효과를 가진다. 중앙행정기관이 소관 사업의 제도 변경을 추진할 때 과학기술정보통신부와의 협의를 거치면, 국가 연구개발 체계 전반에서 중복투자나 비효율적인 제도 운영을 사전에 방지할 수 있다. 동시에 과학기술정보통신부는 각 부처의 정책 변화 동향을 실시간으로 파악하고, 필요한 경우 제도적 가이드라인이나 조정 방향을 제시할 수 있다. 이로써 부처별 연구개발사업이 독립적으로 운영되면서도, 국가 연구개발의 큰 틀 안에서 유기적으로 연계되는 구조가 형성된다.

국가연구개발사업은 그 특성상 특정 부처의 전유 영역으로 한정되지 않는다. 연구개발사업의 예산은 부처별로 편성되고, 개별 부처가 이를 근거로 사업을 공고하며 과제를 수행하는 구조로 이루어져 있다. 다시 말해, 국가연구개발사업은 중앙정부 전체가 참여하는 다층적이고 분산된 체계를 가지고 있으며, 각 부처가 소관 분야의 연구개발 역량을 강화하기 위해 개별적으로 사업을 기획하고 집행하는 방식으로 운영되어 왔다. 이러한 구조는 각 부처의 전문성과 정책적 필요성을 반영할 수 있다는 점에서 장점이 있으나, 반대로 국가 차원의 통일된 방향성과 일관성이 결여될 위험도 안고 있다. 실제로 연구개발사업이 부처별로 독립적으로 추진되다 보면, 중복투자나 유사 과제의 난립, 또는 정책 목표 간의 충돌이 발생할 가능성이 높아진다.

이러한 현실 속에서, 모든 부처에 일률적으로 동일한 제도와 기준을 적용한다면 각 부처가 가진 고유한 전문성과 특수성을 충분히 반영하지 못할 수 있다는 점은 부인할 수 없다. 그러나 국가연구개발사업의 기본 철학이나 공통된 운영 원칙이 부재한 상황은 더 심각한 문제로 지적된다. 즉, 부처 간의 연구개발사업이 상호 연계되지 못하고 각기 다른 기준에 따라 운영되면서, 국가 전체의 연구개발 전략이 파편화되고 비효율적으로 작동해온 것이다. 이러한 제도적 분절화는 연구자에게도 행정적 혼란과 중복 규제를 초래하여, 연구 몰입도를 저하시키는 요인이 되어 왔다. 따라서 부처별 자율성을 존중하면서도 국가 차원의 공통된 철학과 방향성을 제시할 수 있는 제도적 틀이 반드시 필요했다.

이러한 문제를 해결하기 위한 제도적 장치로, 「국가연구개발혁신법」 제8조 제1항에서는 과학기술정보통신부장관이 국가연구개발사업 추진에 관한 기본적인 사무를 총괄하도록 규정하였다. 과학기술정보통신부는 국가연구개발예산권을 가진 주무 부처로서,

거시적인 관점에서 국가연구개발사업의 전반적 방향을 조정하고, 국가 과학기술정책과 연계된 통합적 관리 체계를 구축할 책임을 가진다. 이를 통해 과학기술정보통신부장관은 부처별 사업의 특수성을 존중하되, 국가 전체 연구개발사업을 관통하는 철학과 기본원칙을 수립하고 이를 일관되게 적용할 수 있도록 제도적 기반을 마련하게 된다.

제 4 장

「국가연구개발혁신법」상 정부의 책무

제1절 ▌ 정부의 책무

「국가연구개발혁신법」

제5조(정부의 책무)

정부는 이 법의 목적을 달성하기 위하여 다음 각 호의 사항에 관한 시책을 마련하고 추진하여야 한다.

1. 국가연구개발사업의 투명하고 공정한 추진과 효율적인 관리
2. 민간부문과의 역할분담 등을 고려한 국가연구개발사업의 효과성 제고
3. 연구개발기관 간의 협력, 기술·학문·산업 간의 융합 및 창의적·도전적 연구개발 촉진
4. 연구자와 연구개발기관을 위한 최상의 연구환경 조성 등 연구개발 역량을 높이기 위한 지원
5. 연구자와 연구개발기관의 자율성을 최우선으로 고려한 제도 마련
6. 연구자와 연구개발기관의 책임성을 확보하기 위한 제도 마련
7. 연구개발정보의 공개를 통한 개방형 혁신의 확산 유도 및 연구개발성과의 활용·사업화 촉진
8. 연구개발의 특성을 고려한 국가연구개발활동에 대한 감사
9. 연구개발기관과 연구자가 제6조 및 제7조에 따른 책임과 역할을 다하기 위하여 필요한 사항

1. 개요

「국가연구개발혁신법」 제정 이전에 연구개발과제 관련 사항에 대한 법률 근거라고 할 수 있는 구(舊)「과학기술기본법」 제11조 제2항이 규정[1]하고 있던 기본이념을 계승한 동시에, 이를 한층 더 발전시켜 정부의 명확한 책무로 법률에 명문화하였다. 「국가연구개발혁신법」 제정과 동시에 해당 조항은 삭제되었다.

「과학기술기본법」에서는 단순히 기본 이념 차원에서 선언적으로 규정되었던 내용을 「국가연구개발혁신법」 제5조를 통해 정부가 반드시 지켜야 할 의무로 전환시킴으로써, 국가연구개발사업을 추진하는 과정에서 국가와 정부의 책임성을 더욱 분명히 하고자 한 것이다. 이는 과학기술 발전이 단순히 정책적 선택 사항이 아니라 국가적 의무라는 점을 제도적으로 확립하려는 시도라고 할 수 있다. 참고로 '국가연구개발사업'이라는 용례를 사용하고 있으나 정확하게는 '연구개발과제'를 추진하는 것이 올바른 표현이다. 다만 「국가연구개발혁신법」에서도 연구개발과제라는 표현이 아닌 국가연구개발사업이라는 표현을 그대로 사용하였다.

2. 국가연구개발사업의 투명하고 공정한 추진과 효율적인 관리

제1호에서는 국가연구개발사업의 관리 과정에서 투명성과 공정성을 철저히 확보하는 동시에, 효율적인 관리가 병행되어야 함을 다시 한번 강조하였다. 이는 연구개발 사업

---

1 「과학기술기본법」 제11조(국가연구개발사업의 추진) ② 정부는 국가연구개발사업을 추진할 때에는 다음 각 호에 따라 수행하여야 한다.

1. 정부는 민간부문과의 역할분담 등 국가연구개발사업의 효율성을 제고할 수 있는 방안을 지속적으로 강구하여야 한다.

1의2. 정부는 기업, 교육기관, 연구기관 및 과학기술 관련 기관·단체 간의 협력, 기술·학문·산업 간의 융합 및 창의적·도전적 연구개발이 활성화될 수 있는 방안을 강구하여야 한다.

2. 정부는 연구기관과 연구자에게 최상의 연구환경을 조성하는 등 연구개발 역량을 높이기 위한 지원을 강화하여야 한다.

3. 정부가 국가연구개발사업 관련 제도나 규정을 마련할 경우 연구기관과 연구자의 자율성을 최우선으로 고려하여야 한다.

4. 정부는 소요경비의 전부 또는 일부를 지원하여 얻은 지식과 기술 등을 공개하고 성과를 확산하며 실용화를 촉진하여야 한다.

의 집행 과정에서 이해관계 충돌이나 불공정한 절차가 개입될 여지를 차단하고, 국민 세금으로 조성된 연구개발 재원이 합리적으로 사용될 수 있도록 하기 위한 것이다. 나아가 관리의 투명성과 공정성은 연구자와 국민 모두가 국가연구개발사업을 신뢰할 수 있는 기반이 되며, 동시에 효율적 관리 원칙은 제한된 자원을 최대한 효과적으로 활용하여 연구개발성과를 극대화하겠다는 정책적 의지를 반영한다.

또한 기존의 규정은 단순히 '국가연구개발사업의 효율성을 제고한다'는 표현에 머물렀다. 그러나 개선된 규정은 단순한 효율성 제고를 넘어, 국가연구개발사업의 필요성과 목적 자체를 보다 분명히 하는 방향으로 수정되었다. 즉, 사업이 왜 필요한지, 어떠한 사회적·국가적 목적을 달성하기 위해 추진되는지를 명확히 밝히고, 그 목적에 맞는 성과를 달성함으로써 궁극적으로 효과성을 높이려는 것이다. 단순히 절차적 효율성만을 강조하는 것이 아니라, 정책적 정당성과 목표 지향성을 함께 고려하여 사업 전체의 성과를 실질적으로 제고하려는 의도를 담고 있다.

3. 민간부문과의 역할분담 등을 고려한 국가연구개발사업의 효과성 제고

제2호의 규정은 국가연구개발사업을 단순히 정부가 일방적으로 지시하고 주도하는 형태로만 운영해서는 안 된다는 점을 강조한다. 즉, 국가 차원의 연구개발사업이라 하더라도 그 구체적인 내용과 추진 방식에 있어서는 민간 부문과의 적절한 역할 분담을 전제로 해야 하며, 이를 통해 사업의 필요성과 목적을 보다 명확하게 설정해야 한다는 취지를 담고 있다. 이는 과거 정부 주도의 연구개발 방식에서 벗어나, 국가와 민간이 각각의 장점을 살려 협력 구조를 구축함으로써 전체 연구개발 시스템의 효율성과 효과성을 극대화하려는 의도라고 볼 수 있다.

다시 말해, 국가연구개발사업이 반드시 필요한 분야나 목적을 명확히 밝히고, 그 과정에서 정부가 직접 수행할 부분과 민간이 주도적으로 참여할 부분을 분리함으로써, 불필요한 중복 투자나 자원의 낭비를 막는 동시에 연구개발 활동의 실질적 성과를 높이고자 하는 것이다. 예컨대 국가안보, 기초과학 연구, 장기적이고 위험이 큰 분야는 정부가 책임 있게 추진해야 할 영역이지만, 상용화 가능성이 높고 시장 친화적인 영역은 민간이 보다 적극적으로 참여하는 것이 바람직하다. 이러한 구분과 역할 분담은 연구개발의 목적을 보다 구체적으로 드러내고, 정책적 정당성과 국민적 설득력을 동시에 확보하는 데 기여한다.

또한 이러한 취지는 현행 「과학기술기본법」에 명시된 정부의 책무와도 일맥상통한다. 「과학기술기본법」 역시 정부가 모든 것을 직접 수행하기보다는, 민간과의 협력 및 분업을 통해 과학기술정책을 추진할 것을 요구하고 있다. 따라서 이번 규정은 기존 법령의 정신을 계승하면서도, 국가연구개발사업의 목적과 필요성을 강조하는 방식으로 다시 한 번 확인하고 강화한 것이라 할 수 있다.

결국 제2호의 핵심은 국가연구개발사업이 단순한 정부의 행정명령이나 자금 지원사업으로 머무르지 않고, 국가와 민간이 각각의 역할을 분명히 함으로써 목적 지향적이고 전략적인 연구개발이 이루어져야 한다는 데 있다. 이는 정부와 민간이 협력하여 국가적 과제를 해결하는 현대 과학기술정책의 기본 방향을 반영한 것이며, 나아가 연구개발 전반의 투명성과 책임성을 높이는 데도 중요한 의미가 있다.

4. 연구개발기관 간의 협력, 기술 · 학문 · 산업 간의 융합 및 창의적 · 도전적 연구개발 촉진

제3호의 규정은 기존 「과학기술기본법」에서 이미 규정하고 있던 정부의 책무를 다시 확인하는 내용으로, 정부가 연구개발기관이나 연구자들 사이에서 원활한 협력과 협업이 이루어지도록 적극적으로 지원해야 한다는 점을 강조한다. 연구개발 활동은 특정 기관이나 개인의 역량만으로는 한계가 분명하며, 다양한 분야의 지식과 기술이 결합될 때 새로운 시너지와 혁신적 성과가 창출될 수 있다. 따라서 정부는 연구 현장에서 발생할 수 있는 장벽을 완화하고, 서로 다른 기관이나 연구자가 자유롭게 협력할 수 있는 제도적 환경을 조성하는 것이 중요하다.

이 조항이 담고 있는 또 하나의 핵심은 융합연구와 창의적 연구, 그리고 도전적 연구개발의 촉진이다. 과학기술 발전은 기존의 연구 틀과 안전한 범위 안에서만 이루어지지 않는다. 학문 간, 기술 간 경계를 넘나드는 융합연구를 통해 새로운 지식이 탄생하고, 기존에 없던 창의적 아이디어가 과학기술 혁신의 원동력이 된다. 또한 성공 여부가 불확실하더라도 국가적 차원에서 반드시 시도해 보아야 할 도전적 연구개발과제는 장기적으로 사회와 국가 발전에 기여할 수 있다. 정부는 이러한 성격의 연구들이 안정적으로 수행될 수 있도록 재정적 지원과 제도적 뒷받침을 제공해야 한다는 것이다.

이는 현행 「과학기술기본법」상 정부의 책무와 동일한 내용으로, 결국 국가 연구개발 정책의 기본 철학을 다시금 명문화한 것이다. 연구개발은 단순히 개별 과제의 성과에 그치지 않고, 연구자들이 협력하고 다양한 분야가 융합하며 새로운 도전을 장려하는 생태계 속에서 비로소 지속적으로 성장할 수 있다. 따라서 정부의 역할은 단순한 자금 지원을 넘어, 협력 구조를 제도화하고 창의적이고 도전적인 연구를 장려할 수 있는 환경을 만들어가는 데 있다고 할 수 있다.

결국 제3호는 정부가 연구자 간 협력을 촉진하고, 융합적이고 창의적인 연구를 적극 장려하며, 실패를 두려워하지 않는 도전적 연구개발을 지원하는 것이 국가적 책무임을 재차 확인하는 규정이다. 이는 기존의 「과학기술기본법」 정신을 충실히 이어받으면서, 연구개발이 나아가야 할 방향성을 명확하게 제시하고 있다.

5. 연구자와 연구개발기관을 위한 최상의 연구환경 조성 등 연구개발 역량을 높이기 위한 지원

제4호는 정부가 연구개발을 지원하는 과정에서 무엇보다도 최상의 연구환경을 조성하는 것이 기본적인 책무임을 명시한 규정이다. 이는 이미 기존 「과학기술기본법」에서도 강조되어 왔던 사항으로, 새롭게 도입된 개념은 아니지만, 정부의 책임을 다시 분명히 하고 있다는 점에서 의미가 있다. 연구개발은 연구자의 창의성과 자율성을 바탕으로 이루어지므로, 정부가 해야 할 가장 중요한 역할은 연구자가 자신의 역량을 최대한 발휘할 수 있는 환경을 제공하는 것이다. 최상의 연구환경이란 단순히 실험실이나 장비와 같은 물리적 환경을 넘어, 제도적·재정적 지원과 연구자에 대한 사회적 존중까지 포괄하는 개념으로 이해할 수 있다.

6. 연구자와 연구개발기관의 자율성을 최우선으로 고려한 제도 마련

제5호는 기존 「과학기술기본법」에 이미 규정되어 있던 내용으로, 정부가 연구개발사업과 관련된 제도나 규정을 마련할 때에는 연구개발기관과 연구자의 자율성을 최우선적으로 고려해야 한다는 점을 명시한 것을 계승한 것이다. 그러나 최근 들어서는 단순히 '자율성 최우선'이라는 표현만으로는 여러 가지 문제를 초래할 수 있다는 점이 지적되고 있다. 즉, 연구 자율성을 강조하는 취지가 본래는 연구자가 자유롭게 학문적 탐구와 창의적 연구를 수행할 수 있도록 보장하자는 데 있었음에도 불구하고, 이를 확대해석하면 연구관리 영역까지도 자율에 맡겨야 한다는 논리로 비약될 수 있다는 것이다. 이는 결국 정부의 관리·감독 기능을 약화시키고, 연구개발비 집행의 투명성이나 연구 부정 방지와 같은 영역에서 제도적 공백을 만들어낼 수 있다.

실제로 국정과제나 정부 정책에서도 확인되듯, 연구개발사업의 성패는 단순히 연구자의 자유에만 달려 있지 않고, 연구 자율성과 함께 적절한 관리·감독, 그리고 책임성이 함께 작동할 때 비로소 신뢰할 수 있는 성과를 도출할 수 있다. 따라서 이번 규정에서는 연구자의 자율성을 존중하는 기존 원칙을 유지하면서도, 동시에 그 자율성에 수반되는 책임성을 반드시 고려해야 한다는 점을 명확히 하고 있다. 이는 자율과 책임이 서로 대립하는 개념이 아니라, 균형과 조화를 통해 연구개발 생태계의 건전성을 보장하는 두 축이라는 인식에서 비롯된다.

구체적으로 연구개발기관과 연구자는 자유롭게 연구 주제를 선택하고 연구 방법을 설계할 수 있는 권리를 보장받지만, 동시에 연구개발비 집행의 투명성을 확보하고, 연구윤리를 준수하며, 연구 결과에 대해 성실히 책임지는 의무를 다해야 한다. 정부는 이러한 권리와 의무가 균형을 이루도록 제도를 설계하고 지원해야 하며, 자율성을 보장하되 방임하지 않고, 책임성을 강조하되 과도한 규제로 위축되지 않도록 하는 정교한 관리 체계를 마련해야 한다.

결국 제5호는 연구개발의 본질적 가치를 존중하면서도, 국가 예산이 투입되는 공공연구의 특성을 고려해 자율과 책임을 동등하게 강조하는 규정이라 할 수 있다. 이는 연구개발 생태계가 단순히 자유로운 탐구의 장에 머무르지 않고, 사회적 책임을 수반하는 공적 활동이라는 점을 확인하는 의미를 가진다. 따라서 현행 「과학기술기본법」의 정부 책무와 동일한 취지를 담고 있지만, '자율성'이라는 가치에 '책임성'이라는 균형추를 더함으로써 제도의 실효성과 신뢰성을 동시에 확보하려는 정책적 메시지를 담고 있다.

7. 연구자와 연구개발기관의 책임성을 확보하기 위한 제도 마련

현행 「과학기술기본법」에서는 제도나 규정을 마련할 때 연구기관 및 연구자의 자율성을 최우선적으로 고려해야 한다는 점을 강조해왔다. 즉, 정부가 모든 것을 규율하고 통제하는 방식이 아니라, 연구자가 자유롭게 주제를 선택하고 방법을 설계할 수 있도록 보장하는 것이 핵심이었다. 그러나 최근에는 연구개발에 막대한 국가 재정이 투입되는 만큼, 단순히 자율성만을 강조하는 것에서 나아가 책임성 확보를 함께 고려해야 한다는 방향으로 개선되고 있다. 이는 연구자에게 과도한 규제를 가하겠다는 의미가 아니라, 자율성이라는 권리와 함께 성실 수행과 연구 윤리 준수라는 의무가 균형을 이루어야 한다는 원칙을 확인한 것이다.

따라서 제6호는 연구자에게 최대한의 자율성을 부여하는 동시에, 그 자율성이 무책임이나 방임으로 흐르지 않도록 적절한 책임성을 제도적으로 뒷받침해야 한다는 취지를 담고 있다. 정부는 연구환경 조성 과정에서 불필요한 행정적 규제를 줄이고, 연구 현장의 목소리를 반영하여 자유롭고 창의적인 분위기를 보장하는 한편, 연구개발비 사용의 투명성, 연구 부정 방지, 성실 수행 의무 등은 엄격히 요구해야 한다는 것이다.

결국 제6호는 연구자에게 '자율성과 책임성은 함께 간다'는 원칙을 명확히 하는 조항이라 할 수 있다. 이는 단순히 제도의 문구 변경에 그치는 것이 아니라, 연구자와 정부 간의 새로운 관계 설정을 의미한다. 정부는 연구자에게 자유롭게 연구할 수 있는 여건을 제공해야 하고, 연구자는 그 자유를 책임 있는 자세로 활용해야 한다. 이러한 균형이 유지될 때 비로소 연구개발이 건강하게 발전하고, 국민 세금으로 지원되는 연구개발사업이 사회 전체의 신뢰를 얻게 될 것이다.

연구개발기관과 연구자가 법령이나 제도에서 규정된 책무를 충실히 이행할 수 있도록, 정부가 이에 상응하는 정책적 지원과 시책을 수립해야 한다는 점을 분명히 한 조항이다. 연구개발기관이나 연구자에게는 연구 윤리 준수, 성실 수행, 연구개발비의 투명한 집행, 협력적 연구환경 조성 등 다양한 책무가 부여된다. 그러나 이러한 책무가 단순히 선언적 구호에 머물러서는 실제 현장에서 실현되기 어렵다. 따라서 정부가 구체적인 시책을 마련하고 이를 실행 가능한 제도적 틀로 제공해야 연구자와 기관의 책무가 현실적으로 구현될 수 있다.

여기에서 중요한 것은 정부의 역할이 단순한 규제자에 머무르지 않는다는 점이다. 정부는 연구개발기관과 연구자의 책무 이행을 적극적으로 지원하는 파트너로서의 기능을 수행해야 한다. 예를 들어, 연구 윤리 교육 프로그램이나 연구관리 전문 인력 양성 사업, 연구개발비 집행 시스템의 개선과 같은 정책은 연구자의 책무를 보다 원활히 수행할 수 있도록 돕는 기반이 된다. 또한 연구개발기관의 자율성을 존중하되, 그 자율이 책임과 균형을 이룰 수 있도록 가이드라인과 인센티브 체계를 마련하는 것 역시 정부의 책무에 해당한다.

현행 제도에 연구개발기관과 연구자의 책무가 규정되어 있음에도 불구하고, 실제 현장에서는 이를 어떻게 이행해야 하는지 구체적인 지원이 부족하다는 지적이 많았다. 제6호는 바로 이러한 현실적 공백을 메우기 위한 취지에서, 정부가 단순히 '책무를 부과하는 주체'가 아니라 '책무 이행을 가능하게 하는 지원자'로서의 역할을 명확히 한 것이다. 따라서 정부는 연구개발기관과 연구자의 책무가 형식적 선언에 머물지 않고 실질적으로 자리잡을 수 있도록 정책적·재정적 뒷받침을 해야 하며, 나아가 이를 점검하고 보완하는 체계까지 구축해야 한다.

결국 제6호는 연구개발의 주체인 기관과 연구자가 스스로의 책무를 다할 수 있도록 제도적 기반과 환경을 조성하는 것 또한 정부의 책임임을 선언한 규정이다. 이는 단순한 감독·규제 차원이 아니라, 책무 이행을 적극적으로 지원하는 정부의 긍정적 역할을 강조한다는 점에서 의의가 있다.

8. 연구개발정보의 공개를 통한 개방형 혁신의 확산 유도 및 연구개발성과의 활용·사업화 촉진

「과학기술기본법」에서도 국가연구개발사업 및 연구개발과제의 연구개발성과에 따른 지식과 기술을 공개하고, 이를 실용화로 연결시키는 것을 정부의 책무로 규정하고 있다. 그럼에도 불구하고 「국가연구개발혁신법」은 연구개발성과와 연구개발정보에 관한 정부의 책무를 보다 명확히 규정한 것으로, 단순히 성과를 관리하는 차원을 넘어 이를 적극적으로 공개하고 활용해야 할 의무가 정부에 있음을 강조하고 있다. 과거에는 정부가 지원한 연구개발과제의 결과물, 즉 지식과 기술을 가능한 한 공개하여 성과를 확산하고 실용화를 촉진하는 것에 중점을 두었다. 그러나 이번 규정은 그 범위를 한층 더 확장하여, 연구개발성과뿐만 아니라 연구개발 과정에서 생성되는 다양한 연구개발정보에 대해서도 체계적으로 공개하고 활용해야 한다는 점을 명시하였다. 이는 연구개발정보가 단순히 연구자 개인이나 기관의 자산에 머무르지 않고, 국가 전체의 혁신 역량 강화와 사회적 가치 창출로 이어질 수 있도록 하기 위한 것이다. 즉, 연구개발정보는 이제 단순한 데이터가 아니라, 국가적 차원에서 전략적으로 관리하고 공유해야 할 중요한 공공자원으로 인식되고 있다. 정부는 연구개발성과와 연구개발정보를 축적·정리하여 누구나 접근할 수 있도록 개방함으로써, 연구자와 기업, 일반 국민 모두가 그 결과를 활용할 수 있는 기반을 조성해야 한다. 또한 이러한 공개와 공시는 단순한 의무적 절차에 머무르는 것이 아니라, 후속 국가연구개발사업의 효율성을 높이고, 불필요한 중복 연구를 방지하며, 민간의 창의적 활용을 촉진하는 중요한 장치가 된다.

개방형 혁신(open innovation)은 기업이나 연구기관이 내부 자원만으로 기술과 지식을 개발하던 전통적인 폐쇄형 혁신 모델을 넘어, 외부의 아이디어·기술·인력·네트워크를 적극적으로 활용하는 혁신 전략을 의미한다. 미국의 경영학자 헨리 체스브로(Henry Chesbrough)가 2003년 제시한 개념으로, "똑똑한 사람들 모두가 우리 회사 안에 있을 필요는 없다."는 발상에서 출발한다. 과거에는 기술 개발과 연구를 기업 내부에서 독점적으로 수행하는 것을 경쟁력의 핵심으로 여겼지만, 기술의 복잡성과 변화 속도가 급격히 증가하면서 외부의 혁신 역량을 활용하지 않고는 빠르게 변화하는 시장에 대응하기 어려워졌다. 개방형 혁신의 핵심은 지식의 경계가 열린 상태에서 협력과 공유를 통해 혁신을 가속화하는 것이다. 내부 연구진이 개발한 기술을 외부에 이전하거나, 반대로 외부에서 개발된 기술을 도입하는 등 지식의 흐름이 양방향으로 이루어진다.

개방형 혁신은 단순히 기업 간 협력의 수준을 넘어, 정부 연구개발정책과 글로벌 과학기술 협력의 중요한 원리로 확장되고 있다. 각국 정부는 연구개발의 중복투자를 방지하고 효율을 높이기 위해 공공 연구개발성과를 민간에 개방하고, 산·학·연·관이 연계된 혁신 플랫폼을 구축하고 있다. 예컨대 우리나라의 국가연구데이터 공유정책 등이 모두 개방형 혁신의 연장선에 있다.

더 나아가 개방형 혁신 확산을 위한 연구개발정보를 공개하는 데 그치지 않고, 이를 적극적으로 활용하고 관련 사업에 연결시키는 것까지도 정부의 책무로 규정하고 있다.

이는 연구개발성과의 확산과 실용화 촉진이라는 기존의 취지를 유지하면서도, 보다 적극적으로 정책적 지원을 결합하려는 의도라 할 수 있다. 연구개발성과 공개 그 자체를 통한 확산 유도가 아닌, 연구개발정보와 연구개발성과를 활용한 사업화를 포함한 혁신 생태계 조성까지 정부 업무 범위로 확장한 것이다.

9. 연구개발의 특성을 고려한 국가연구개발활동에 대한 감사

제8호는 연구개발기관과 연구자에 대한 감사와 관련된 새로운 책무를 명시한 것으로, 단순히 일반 공공기관에 적용되는 획일적인 감사 방식을 적용하는 것이 아니라, 연구개발 활동의 특수성을 충분히 반영해야 한다는 점을 강조하고 있다. 기존 「과학기술기본법」이나 관련 규정에서는 정부의 책무로서 '감사'가 직접적으로 언급되지 않았으며, 연구개발 영역에 특화된 감사 기준 또한 상대적으로 미비했다. 그러나 국가연구개발사업은 일반 행정업무와 달리 장기성과 불확실성, 창의성과 도전성, 그리고 실패 가능성을 전제로 하는 특성이 있으므로, 이를 고려하지 않은 감사는 연구자들의 자율적 활동을 위축시키고 제도의 본래 취지와도 충돌할 수 있다.

예컨대 연구개발 현장에서 발생하는 실험 실패나 예상치 못한 결과는 비위나 부정이 아니라 연구 과정의 자연스러운 일부일 수 있다. 그럼에도 불구하고 획일적·행정적 기준으로 접근한다면, 연구자들에게는 과도한 책임 전가로 비칠 수 있으며, 결국 도전적 연구나 창의적 시도를 기피하는 풍토가 조성될 수 있다. 따라서 감사 제도는 연구개발 활동의 특수성을 반영하여, 단순한 위법·부당 행위 적발을 넘어 연구 과정의 정당성과 성실성을 중심으로 평가하는 방향으로 설계될 필요가 있다.

이러한 맥락에서 제8호는 정부가 감사 제도의 운영 방식을 새롭게 설정해야 한다는 책무를 규정한다. 즉, 정부는 연구개발 영역에 특화된 감사 기준을 마련하고, 이를 집행하는 과정에서 감사의 전문성을 제고하기 위한 다양한 교육·훈련 프로그램을 시행해야 한다. 감사 담당자가 연구개발 활동의 특수성을 충분히 이해하지 못한 채 일반 회계감사와 동일한 잣대를 적용한다면, 감사의 실효성은 떨어지고 연구 현장에 불필요한 부담만 가중될 수 있기 때문이다. 따라서 정부는 감사 인력에게 연구개발의 특성과 연구개발 행정에 대한 전문 지식을 습득할 기회를 제공하고, 이를 토대로 연구개발을 위축시키지 않고 오히려 성실하고 책임 있는 연구를 촉진하는 방향으로 감사가 이루어지도록 해야 한다.

결국 제8호는 감사 제도의 단순한 강화가 아니라, 연구개발 특성에 맞는 감사의 혁신을 강조한다. 이는 연구개발 활동이 가진 불확실성과 도전성을 존중하면서도, 동시에 국민 세금이 투입되는 공적 자원의 투명성과 책임성을 확보하기 위한 균형점을 모색하는 조치라 할 수 있다. 감사의 전문성과 이해도를 높이는 다양한 정책적 프로그램을 구현하는 것은 단순한 행정 통제 수단이 아니라, 연구 현장을 이해하고 지원하는 제도로서의 감사가 실현되도록 하는 중요한 기반이 될 것이다.

제2절 ▌ 연구개발과 감사(監査)

1. 개요

정부는 연구자가 본연의 연구에 전념할 수 있는 혁신적 연구환경을 조성하기 위해 연구개발 지원 시스템의 전면적 개선을 추진해 왔다.[2] 정부연구개발예산이 30조 원을 돌파한 오늘날, 연구자의 행정 부담을 완화하고 자율적 연구 수행을 가능하게 하는 제도적 환경은 단순한 행정 편의의 문제가 아니라, 연구개발성과의 질적 향상을 좌우하는 핵심 요소라 할 수 있다. 특히 연구개발의 특성과 정책적 방향을 충실히 반영한 지원 시스템이야말로 연구자의 자율성과 책임성을 조화롭게 보장할 수 있다는 점에서 그 중요성이 크다.

이러한 배경 속에서 「국가연구개발혁신법」은 제5조 제8호를 통해 정부는 연구개발의 특성을 고려한 국가연구개발활동에 대한 감사에 관한 시책을 마련하고 추진하여야 함을 명시하였다. 감사 제도가 연구개발의 특수성과 정책 목적을 고려하여 설계된 것이 아니라, 연구개발기관이 일반 공공기관 감사 규정을 획일적으로 적용받는 구조로 운영되고 있다는 취지에서 연구개발의 특성을 고려하라는 것이다. 또한 감사원을 제외하고는 감사 결과 자료를 전면적으로 공개하지 않아, 연구개발기관과 연구자가 감사 기준이나 판단 근거를 명확히 알기 어려운 상황이 지속되었다. 이로 인해 감사는 예측 불가능한 통제 수단으로 인식되었고, 연구개발기관들은 불이익을 피하기 위해 내부 규정을 과도하게 강화하거나 방어적으로 운영하는 경향을 보였다. 결과적으로 각 기관의 연구개발과제 관리 행정은 혁신보다는 보신적·형식적 대응에 치중하게 되었고, 이는 연구 몰입을 저해하는 구조적 병폐로 작용하였다.

---

2 2018년 7월 발표된 「국가기술혁신체계(NIS) 고도화를 위한 국가 R&D 혁신방안」에서 '연구와 행정의 분리' 원칙을 천명하며, 회계·감사 등 연구자에게 과도하게 집중된 행정적 의무를 완화하고, 이를 전담 행정조직으로 분산시키는 국가 연구개발 시스템 개편 방향을 제시하였다. 이는 연구자가 서류 검증이나 행정 절차에 소모하는 시간을 줄이고, 창의적 연구 활동에 집중할 수 있도록 유도하려는 정책적 전환이었다. 또한 「제4차 과학기술기본계획(2018.2)」과 「혁신성장을 위한 국가 R&D 분야 규제 혁파 방안(2018.3)」에서도 연구개발과제 회계·정산 절차의 개선이 반복적으로 언급되었다. 그러나 이러한 정책들은 대체로 회의비나 식비 정산 면제, 증빙 서류 간소화 등 단기적이고 국소적인 행정 완화 조치에 머물렀다. 연구자들이 현장에서 체감하는 실질적 행정 부담의 근본 원인, 즉 연구개발과제 감사 시스템의 구조적 비효율성과 불투명성에 대한 논의는 여전히 미흡하였다.

2. 감사의 개념

국가연구개발감사의 개념은 그 적용 범위와 해석의 정도에 따라 다양한 수준으로 구분될 수 있다. 일반적으로 국가연구개발감사는 국가 재원이 투입되는 연구개발 사업의 적정성, 효율성, 투명성을 확보하기 위한 감독 활동을 의미하지만, 그 구체적 범위를 어디까지로 설정할 것인지를 두고 학계와 정책 현장에서는 견해가 나뉜다. 이에 따라 국가연구개발감사의 개념은 최광의(最廣義), 광의(廣義), 협의(狹義), 최협의(最狹義)의 네 가지 수준으로 구분해 볼 수 있다.

우선 최광의의 개념에 따르면, 연구개발기관 운영 전반에 대한 관리·감독 활동이 모두 국가연구개발감사의 범주에 포함된다. 이 관점에서는 연구개발기관의 운영비 집행, 채용과 인사 관리, 조직 운영, 복무 점검 등과 같은 내부 행정 영역뿐 아니라, 부처가 수행하는 기관 관리 및 기관 평가까지도 포괄적으로 감사의 대상으로 본다. 즉, 연구개발기관의 행정 및 재정 운영과 관련된 모든 점검과 평가 행위를 최광의의 국가연구개발감사로 간주하는 것이다. 이러한 해석은 국가연구개발사업이 연구성과뿐 아니라 기관의 운영 구조와 관리 체계 전반에 의해 영향을 받는다는 점을 고려한 것으로, 연구개발 관리의 거버넌스 전반을 포괄적으로 통제해야 한다는 입장을 반영한다.

다음으로 광의의 개념은 연구개발 과제의 재정 관리에 초점을 맞춘다. 이 견해에 따르면 연구개발비 정산, 회수, 집행의 적정성 등을 확인하는 절차는 부처나 전문기관이 수행하는 '과제 관리'의 일환이지만, 사실상 감사에 준하는 기능을 수행한다고 본다. 예컨대 전문기관이 부처의 위탁을 받아 연구개발비 사용 내역을 검증하고, 필요시 회계법인에 재위탁하여 정산 검토를 수행하는 과정은 형식상 '관리' 절차로 분류되지만, 실질적으로는 국가연구개발감사의 역할을 수행한다는 것이다. 이 관점은 행정 절차와 감사의 구분을 엄격히 나누지 않고, 연구개발 자금의 집행과 그에 대한 사후 검증을 통합적으로 파악한다는 점에서 현실적인 해석이라 할 수 있다.

이에 비해 협의의 개념은 감사의 범위를 보다 제한적으로 이해한다. 이 견해에서는 과제 관리나 정산과 같은 행정적 절차는 감사의 범위에서 제외하되, 감사 기능을 공식적으로 보유하지 않은 기관이라 하더라도 실태조사나 점검을 통해 개선 권고를 하는 활동은 국가연구개발감사의 일종으로 본다. 즉, 감사원의 공식 감사뿐 아니라 부처나 전문기관이 수행하는 행정 점검이나 현장 실태조사도 그 목적이 제도 개선이나 공정성 확보에 있다면 감사로 평가할 수 있다는 것이다. 이러한 입장은 감사의 기능을 단순한 규제 행위로 한정하지 않고, 정책 개선과 제도 보완을 위한 진단 활동으로 확장해 해석하는 접근이라고 할 수 있다.

마지막으로 최협의의 개념은 국가연구개발감사의 범위를 가장 엄격하게 해석한다. 이 견해에 따르면, 과제 및 사업의 평가, 기관 자체의 점검, 연구개발비 정산과 같은 활동은 감사의 범주에 포함되지 않으며, 오로지 감사 기능을 헌법적으로 부여[3]받은 기관이 법령에 근거하여 실시하는 공식적 절차만을 국가연구개발감사로 본다. 즉, 「감사원법」 등 관련 법률에 명시된 감사 행위[4·5]만을 국가연구개발감사로 인정하며, 그 외의 모든 행정 점검이나 실태조사는 감사의 외연에 포함되지 않는다. 이 해석은 법적 근거와 권한의 명확성을 중시하는 입장이지만, 반대로 연구개발 현장의 다양하고 복합적인 감독 현실을 충분히 포괄하지 못한다는 한계도 지닌다.

결국 국가연구개발감사의 개념은 어디에 기준을 두느냐에 따라 그 범위가 크게 달라진다. 법적 근거 중심의 엄격한 해석은 감사의 권한과 책임을 명확히 구분할 수 있다는 장점이 있으나, 현실적인 연구개발 관리의 복잡성을 충분히 반영하지 못할 수 있다. 반대로 광의의 해석은 제도적 유연성과 실질적 관리 기능을 강화할 수 있으나, 감사의 법적 권한이 모호해질 우려도 있다. 따라서 향후 국가연구개발감사 체계를 정립할 때에는 이러한 개념적 구분을 바탕으로, 감사의 목적과 기능에 맞는 법적 정의를 명확히 설정하는 것이 필요하다.

---

3 「대한민국헌법」 제97조 국가의 세입·세출의 결산, 국가 및 법률이 정한 단체의 회계검사와 행정기관 및 공무원의 직무에 관한 감찰을 하기 위하여 대통령 소속하에 감사원을 둔다.

4 「감사원법」 제21조(결산의 확인) 감사원은 회계검사의 결과에 따라 국가의 세입·세출의 결산을 확인한다.

5 「감사원법」 제24조(감찰 사항) ① 감사원은 다음 각 호의 사항을 감찰한다.

1. 「정부조직법」 및 그 밖의 법률에 따라 설치된 행정기관의 사무와 그에 소속한 공무원의 직무
2. 지방자치단체의 사무와 그에 소속한 지방공무원의 직무
3. 제22조 제1항 제3호 및 제23조 제7호에 규정된 자의 사무와 그에 소속한 임원 및 감사원의 검사대상이 되는 회계사무와 직접 또는 간접으로 관련이 있는 직원의 직무
4. 법령에 따라 국가 또는 지방자치단체가 위탁하거나 대행하게 한 사무와 그 밖의 법령에 따라 공무원의 신분을 가지거나 공무원에 준하는 자의 직무

국가연구개발감사는 감사의 주체와 법적 근거에 따라 크게 국정감사, 감사원 감사, 그리고 부처 감사로 구분할 수 있다. 이러한 세 가지 감사는 각각의 법률적 근거와 목적을 가지고 수행되며, 국가연구개발사업에 대한 감독 기능을 분담하고 있다. 우선 국정감사는 「국정감사 및 조사에 관한 법률」에 근거하여 국회가 행정부 전반의 정책 집행 및 사업 수행의 적정성을 확인하기 위해 실시하는 감사로, 국가연구개발사업 역시 그 주요 대상 중 하나가 된다. 감사원 감사는 「감사원법」에 근거하여 국가의 세입·세출, 기관 운영, 예산 집행, 그리고 공공재원의 사용 적정성 등을 감사 대상으로 하며, 이 역시 연구개발 사업의 회계 처리와 운영 실태를 중점적으로 점검한다. 한편, 부처 감사는 「공공감사에 관한 법률」에 따라 각 중앙행정기관이 자체 소관 기관 및 산하 기관을 대상으로 실시하는 감사로서, 실질적으로 연구개발 기관의 내부 행정과 과제 수행 현장을 직접적으로 점검하는 기능을 수행한다.

다만, 이와 같은 감사 유형 외에도 국민권익위원회, 국무조정실 산하 정부합동 공직복무점검반, 국가정보원 등 일부 기관이 공공기관의 행정 운영과 관련된 조사·점검을 수행하고 있다. 국민권익위원회의 경우 「부패방지 및 국민권익위원회의 설치와 운영에 관한 법률」에 따라 공공기관의 부패행위나 불합리한 제도, 고충 민원에 대한 실태조사와 평가를 통해 권고나 의견 표명을 할 수 있다. 이러한 권한은 법률상 감사라는 용어로 명시되어 있지는 않지만, 사실상 감사 기능과 유사한 역할을 수행한다고 볼 수 있다. 또한 국무조정실이나 국가정보원 등도 특정 사안에 대해 실태조사나 관리 감독 권고를 내릴 수 있어, 연구개발 기관의 운영에 간접적으로 영향을 미치기도 한다. 그러나 본 연구에서는 이러한 조사·점검 성격의 활동은 법적 성격과 절차가 감사와 명확히 구분되므로 분석 대상에서는 제외하기로 한다.

감사원의 감사를 구체적으로 살펴보면, 「감사원법」은 감사원의 직무를 규정하면서 감사라는 용어를 단일 개념으로 사용하고 있으나, 실제로는 상호 다른 성격을 지닌 두 축, 즉 국가의 회계에 관한 '결산 확인' 기능과 행정 전반에 관한 '감찰' 기능을 포괄하는 넓은 개념으로서의 감사로 이해된다.

우선, 감사원의 결산 확인 기능은 국가 재정통제 체계의 핵심이다. 「국가회계법」상 정부는 매 회계연도 종료 후 결산 보고서를 작성하여 감사원에 제출하며, 감사원은 회계의 정확성·적정성을 확인한 후 국회에 보고한다. 이 기능은 국가 재정의 합법성뿐 아니라 재정 운용의 책임성을 확보하기 위한 것으로, 그 성질상 사후적·법률적 심사 기능이 강하다. 결산 확인은 회계행위의 정당성에 대한 객관적 판단을 제공함으로써 국회의 결산심사 권한 행사에 기초 자료를 제공하고, 국가 재정 운용의 투명성을 담보하는 데 본질적인 역할을 수행한다. 한편, 감찰 기능은 행정 전반을 대상으로 하는 통제 수단으로서 결산 확인보다 그 범위가 훨씬 넓다. 감사원이 공무원 등의 직무 집행이 법령에 위반되거나 부당한 경우 이를 감찰할 수 있도록 규정하고 있으며, 필요시 징계 요구, 문책 요구, 시정 요구 등을 할 수 있는 권한을 부여한다. 감찰은 회계행위에 국한되지 않고 정책의 집행, 사업 추진과정, 내부통제의 적정성 등 행정 활동 전반을 대상으로 하므로, 실질적으로는 국가 행정에 대한 중앙적·독립적 통제 메커니즘을 구성한다. 이러한 감찰 기능은 행정의 적법성과 능률성을 확보하기 위한 행정 규율적 성격과 공직윤리 유지라는 예방적 성격을 동시에 갖는다.

결산 확인과 감찰은 그 대상과 방식에서 차이가 있지만, 「감사원법」 체계 아래에서는 모두 감사라는 포괄 개념으로 묶인다. 이에 연구개발기관의 기관 운영에 관한 사항이나 해당 소속 연구자의 근태 관리 등이 국가연구개발감사의 개념에 포함되는지에 대해서는 다소 이견이 있을 수 있다. 물론, 결산확인은 재정적 책임성 확보를 목적으로, 감찰은 행정책임과 공직자의 직무감독의 실질화를 목적으로 한다. 양 기능은 상호 보완적이며, 해당 감사 결과는 국회, 행정부, 지방자치단체 및 공공기관의 운영에 직접적·간접적 법적 효과를 미치며, 징계 요구·문책 요구의 이행 의무, 결산심사 과정에서의 국회의 통제 강화 등 법률상 후속 절차를 유발한다. 그럼에도 민간기업이 정부의 연구개발과제를 수행하는 경우에는 해당 사항이 없겠으나, 과학기술 분야 출연연구기관 등의 경우 정부의 연구개발과제 수행에 관한 사항뿐만 아니라, 공공기관으로서의 감찰 사항도 국가연구개발감사로 볼 수 있을지는 다소 의문이다.

한편, 현재까지의 법 체계에서 '국가연구개발감사'라는 용어 자체는 어느 법률에도 명시적으로 규정되어 있지 않다. 「국정감사 및 조사에 관한 법률」, 「감사원법」, 「공공감사에 관한 법률」 어디에서도 국가연구개발사업을 독립적인 감사 대상으로 규정하지 않고 있으며, 연구개발기관에는 일반 공공기관 감사 규정이 동일하게 적용되는 구조로 운영되고 있다. 다시 말해, 국가연구개발사업이 국민 세금이 투입되는 공공적 성격의 정부 사업임에도 불구하고, 그 특수성과 전문성을 반영한 별도의 감사 기준이나 절차는 마련되어 있지 않은 것이다.

이러한 현실은 국가연구개발감사의 제도적 기반이 여전히 불균형하고, 법적 정의가 명확하지 않음을 보여준다. 국가 차원에서 연구개발 사업의 특성을 반영한 통합적 감사 체계를 마련하지 않는다면, 부처 간 감사 기준의 불일치와 행정적 중복이 지속될 가능성이 높다. 따라서 향후에는 국가연구개발감사의 법적 정의와 적용 범위를 명확히 하고, 감사기관 간 역할을 조정할 수 있는 제도적 근거를 마련하는 것이 필요하다.

각 부처는 이러한 한계를 보완하기 위해 자체 감사 기준을 행정규칙, 훈령, 지침 등의 형태로 세분화하여 운영하고 있다. 예를 들어, 특정 부처는 연구개발과제의 회계 처리를 포함한 연구개발과제 관리, 연구개발비 집행 절차 등을 별도의 감사 기준으로 구체화하여 시행하고 있다. 그러나 이러한 세분화된 규정은 부처별로 편차가 크고, 감사 범위와 기준이 상이하여 일관성을 확보하기 어렵다는 문제가 있다. 결과적으로 연구개발기관은 소관 부처에 따라 서로 다른 감사 기준에 노출되며, 동일한 유형의 연구개발 활동이라도 감사 결과가 달라질 가능성이 존재한다.

3. 연구개발 관련 감사의 방향

(1) 연구개발과제 감사 결과 공개 및 공유

국가연구개발감사의 결과 정보를 보다 투명하게 공개하도록 하는 제도적 장치가 필요하다. 감사 결과의 전면 공개는 단순한 행정 절차상의 개선을 넘어, 국가 연구개발 사업 전반에 대한 신뢰성과 투명성을 높이는 핵심 수단이 될 수 있다. 특히 '국가연구개발감사'의 결과를 백서나 연례보고서 형태로 체계적으로 공개한다면, 각 기관 간의 감사 중복 여부에 대한 불필요한 의문을 해소하고 감사 제도의 일관성과 효율성을 동시에 확보할 수 있을 것이다. 나아가 이러한 정보 공개는 감사기관의 책임성을 강화하고, 국가연구개발감사가 단순한 통제 수단이 아니라 개선 중심의 관리 체계로 자리 잡는 데 기여할 수 있다.

현재 감사 결과 정보는 일부 감사기관에서 자발적으로 제공하거나, 법령상 의무에 따라 공개되고 있으나, 국가연구개발감사 결과를 별도로 정리하여 공개하는 사례는 여전히 많지 않다. 홈페이지나 공공포털을 통해 일부 주요 감사 결과를 게시하는 경우가 있더라도, 대체로 감사보고서의 전문이 아닌 요약본이나 주요 지적사항만을 발췌해 게재하는 수준에 머무르고 있다. 이로 인해 연구개발기관이나 연구자는 감사의 구체적인 판단 근거와 맥락을 충분히 파악하기 어렵고, 그 결과 감사 대응이 형식적이고 소극적인 방향으로 흐를 위험이 존재한다.

감사원의 경우는 비교적 체계적인 정보 공개를 실시해 왔다. 2003년 8월부터 분야별 감사 결과를 공개하기 시작하여, '과학기술', '정보통신' 등 연구개발 관련 영역을 별도로 구분해 홈페이지에 주요 감사 내용을 게재하고 있다. 이러한 사례는 감사 정보의 투명성이 제도적 신뢰를 높이는 데 실질적 효과를 가져온다는 점을 보여준다. 그러나 여전히 감사 결과 전체가 공개되는 것은 아니며, 일부 핵심 자료는 비공개로 유지되고 있다. 개인정보 보호나 국가안보 등과 관련된 정당한 제한사유에 해당하면 비공개할 수 있으나, 그 범위가 불명확하면 오히려 감사 결과의 신뢰성을 약화시키는 부작용을 초래할 수 있다.

따라서 개인정보보호나 국가이익 침해에 해당하지 않는 부분에 대해서는 원칙적으로 모든 국가연구개발감사 결과를 공개하는 방향으로 전환할 필요가 있다. 나아가 감사 결과를 공개할 때 단순히 위법·부적정 사례만 나열하는 방식에서 벗어나야 한다. 영국 등 해외 선진국의 사례처럼, 감사 과정에서 발견된 우수 사례나 모범적인 연구 관리 시스템을 함께 공유함으로써, 감사가 제재 중심의 제도가 아니라 학습과 개선의 도구로 기능할 수 있도록 해야 한다. 이를 통해 감사는 단순히 잘못을 찾아내는 절차를 넘어, 국가 연구개발의 질적 향상을 촉진하는 촉매 역할을 수행하게 될 것이다.

(2) 연구개발 특성 및 정책을 반영하는 연구개발감사 범위 특정 필요

국가연구개발감사는 일반적인 행정감사나 회계감사와는 다른 성격을 가진다. 연구개발 사업은 그 특성상 창의성과 불확실성이 높고, 과학기술 정책의 변화에 따라 유연한 운영이 요구되기 때문에, 이에 부합하는 감사 체계가 마련될 필요가 있다. 이러한 이유로 연구개발의 특성과 정책적 목적이 충분히 반영된 '국가연구개발감사'의 법률상 정의 개념을 신설하는 방안을 검토해야 한다. 현재는 감사기관별로 감사 범위와 역할이 명확하게 구분되어 있지 않아, 동일한 연구개발기관이 여러 감사기관으로부터 중복감사를 받거나, 유사한 사안에 대해 반복적으로 지적받는 비효율이 발생하고 있다. 따라서 국가연구개발감사의 법적 개념을 명확히 규정한다면, 감사기관 간 역할을 합리적으로 구분하고, 과도한 감사나 불필요한 행정 부담을 유발하는 자체 내부 규정의 신설을 방지할 수 있을 것이다.

특히 2018년 3월 27일 개정된 「공공기관의 운영에 관한 법률」에서 새로운 공공기관 유형으로 '연구목적기관'이 신설된 점은 주목할 만하다. 이는 연구개발 활동을 주된 기능으로 하는 공공기관이 기존의 일반 공공기관과는 다른 운영 원리를 가진다는 점을 제도적으로 인정한 것이다. 이에 따라, 연구개발을 수행하는 공공기관에 대해서는 일반적인 공공기관 감사 체계와는 별도로, 연구개발 활동의 특수성을 고려한 '국가연구개발감사' 제도를 독립적으로 마련할 필요가 있다. 연구목적기관의 특성을 반영한 감사는 단순히 회계 적정성을 확인하는 차원을 넘어, 연구개발 성과의 질적 향상과 자율적 책임 운영 체계 확립을 목표로 해야 할 것이다.

한편, 현장의 연구자들은 감사의 구체적 운영 지침으로서 '연구개발 특수성을 반영한 감사 가이드라인'의 필요성을 꾸준히 제기하고 있다. 그러나 상위 법령에서 국가연구개발감사의 정의와 법적 근거가 명확히 마련되지 않는다면, 가이드라인 역시 또 하나의 행정 규제로 작용할 위험이 있다. 즉, 법률적 정의가 없는 상태에서 개별 기관이 자체 가이드라인을 마련하게 되면, 결과적으로 기관별 해석 차이가 발생하고, 감사 기준이 오히려 더 복잡해질 수 있다. 따라서 국가연구개발감사에 대한 법률상 정의 개념을 명확히 하고, 감사의 목적·범위·기준을 구체적으로 규정하는 것이 선행되어야 한다.

이러한 제도적 정비를 통해 국가연구개발감사의 법적 근거가 확립된다면, 각 연구개발기관이 감사에 대한 과도한 우려로 자체 규정과 지침을 보수적으로 운영하는 현상도 완화될 것이다. 나아가 불필요하게 중첩된 내부 감사를 폐지하고, 연구개발 본연의 자율성과 창의성을 회복할 수 있는 환경이 조성될 것으로 기대된다. 결국 국가연구개발감사의 법적 개념을 명확히 정의하는 것은 제도적 통일성과 연구자의 신뢰를 동시에 확보하기 위한 첫걸음이라 할 수 있다.

(3) 중복감사 방지

국가연구개발감사의 효율성과 실효성을 확보하기 위해서는 감사기관 간의 역할을 명확히 구분하고, 중복감사를 방지할 수 있는 제도적 장치가 마련되어야 한다. 현재 국가연구개발감사는 감사원, 소관 부처, 전문기관, 그리고 각 연구개발기관의 자체 감사기구 등 다양한 주체에 의해 수행되고 있으나, 그 역할과 범위가 명확히 구분되지 않아 동일한 사안에 대해 반복적으로 감사가 이루어지는 사례가 적지 않다. 실제로 감사원의 감사 결과를 살펴보면, 국가연구개발감사가 주로 연구개발비 집행의 적정성 및 과제 관리의 합리성에 집중되어 있으며, 감사 내용의 대부분이 회계 처리 및 연구개발비 사용과 관련된 항목을 중심으로 구성되어 있음을 확인할 수 있다.

이와 같은 구조 속에서 연구개발기관의 자체 감사기구가 연구개발 과제의 연구개발비 사용에 대해 감사를 진행하는 동시에, 소관 부처나 전문기관이 유사한 범위의 감사를 실시하는 경우가 발생하고 있다. 더 나아가 감사원이나 국회에서도 동일 연구개발기관 또는 이를 관리·감독하는 부처를 대상으로 다시 연구개발 과제의 '관리·집행·운영 실태'에 관한 감사를 수행하거나 자료 제출을 요구하는 일이 빈번하다. 이러한 중복감사는 연구개발기관의 행정 부담을 가중시키고, 감사 대응을 위한 인력과 시간이 과도하게 소모되는 비효율을 초래한다. 또한 감사 목적이 중첩되면 각 감사기관 간 판단 기준이 상이할 가능성이 커지고, 동일 사안에 대해 상반된 평가 결과가 제시되는 등 행정적 혼란이 발생할 위험도 있다.

따라서 국가연구개발감사의 계획 및 결과물에 관한 정보를 감사기관 간에 공유하고, 감사 결과의 주요 내용과 범위를 명확히 규정하는 것이 무엇보다 중요하다. 각 기관이 감사 정보를 투명하게 공개·공유함으로써 감사의 중복 여부를 사전에 판단할 수 있고, 이를 통해 불필요한 감사 절차를 최소화할 수 있다. 예를 들어, 소관 부처가 이미 산하 연구개발기관에 대한 국가연구개발감사를 완료한 경우에는, 감사원이나 국회가 특별한 사유가 없는 한 동일한 내용을 대상으로 재감사를 실시하지 않도록 하는 방식이 바람직하다. 이러한 역할 분담이 제도적으로 정착된다면, 감사의 효율성을 높이고 감사기관 간 신뢰 협력 관계를 구축할 수 있을 것이다.

현재 감사원은 국회의 요청에 따라 감사를 수행하거나, 감사원의 요청에 따라 소관 부처가 감사를 진행하는 방식으로 일정 부분 중복감사를 줄이기 위해 노력하고 있다. 그러나 이러한 절차적 조율은 일시적이거나 사안별로 이루어지는 경우가 많아, 보다 체계적인 제도화가 요구된다. 이를 위해 「감사원법」 제28조에서 규정하고 있는 '감사의 생략' 조항을 적극적으로 활용할 필요가 있다. 부처의 감사가 이미 적정하게 수행된 경우,

감사원은 이를 신뢰하고 동일 대상에 대한 감사를 생략함으로써 행정 효율을 제고할 수 있다. 또한 「공공감사에 관한 법률」 제35조에서 규정한 '감사원 감사의 대행' 제도나, 「자체감사활동의 지원 및 대행·위탁감사에 관한 규칙」 제19조에서 명시한 '대행감사의 활성화' 조항을 실질적으로 운용하여, 감사 기능을 가진 기관이 특정 연구개발 분야에 대해 부처의 감사를 정기적으로 대행·위탁할 수 있도록 하는 방안도 고려할 수 있다.

아울러 감사기관 간 협력 체계를 제도적으로 강화하기 위해서는 감사활동조정협의회를 적극적으로 활용할 필요가 있다. 「공공감사에 관한 법률」 제31조는 감사활동조정협의회의 설치를 규정[6]하고 있으며, 이를 통해 감사기관 간 감사계획을 사전에 협의하고 조정할 수 있도록 하고 있다. 이러한 협의체가 실질적으로 운영된다면, 감사기관 간 정보 공유와 역할 분담이 가능해지고, 감사의 범위 중복을 사전에 방지할 수 있을 것이다. 결국 국가연구개발감사의 효율성 제고는 단일 기관의 내부 개선만으로는 이루어질 수 없으며, 감사기관 간의 유기적 협력과 명확한 역할 구분을 통해서만 실질적 성과를 기대할 수 있다.

(4) 연구개발기관 자체 감사 기능 강화

연구개발기관의 자체 감사 기능을 강화하는 것은 국가연구개발감사 체계의 효율성을 높이고, 감사의 중복을 방지하기 위한 핵심 과제라 할 수 있다. 현재 다수의 연구개발기관은 자체 감사기구를 두고 있으나, 인력·전문성·운영 범위 등의 한계로 인해 실질적 기능을 충분히 수행하지 못하는 경우가 많다. 연구개발기관 내부의 감사가 형식적으로 진

---

6 「공공감사에 관한 법률」 제31조(감사활동조정협의회의 설치) ① 감사원 감사(감사원이 「감사원법」에 따라 하는 감사를 말한다. 이하 같다), 자체감사 및 그 밖에 중앙행정기관등이 「감사원법」외의 개별 관계 법령에 따라 하는 감사(이하 "감사원 감사등"이라 한다)제도의 개선·발전에 관한 사항을 협의·조정하기 위하여 감사원에 감사활동조정협의회(이하 "협의회"라 한다)를 둔다.

② 협의회는 다음 각 호의 사항을 협의·조정한다.

1. 제30조에 따른 자체감사기구 간의 협조
2. 제32조에 따른 감사활동개선 종합대책
3. 제33조에 따른 중복감사 금지 및 제34조에 따른 감사계획 협의
4. 제37조에 따른 감사기준 등에 관한 사항
5. 그 밖에 자체감사기구 운영 및 효율적인 자체감사활동의 추진과 관련하여 위원장이 필요하다고 인정하는 사항

행되거나, 감사원의 사후 감사와 부처의 점검이 중첩되는 구조가 반복되면서 행정비용이 증가하고 있다. 따라서 연구개발기관 자체 감사기구의 전문성을 강화하고, 독립성과 신뢰성을 확보하기 위한 제도적 기반을 마련할 필요가 있다.

무엇보다 연구개발기관 자체 감사기구가 실질적 감사 역량을 갖추기 위해서는 전담 인력의 확보가 선행되어야 한다. 감사 대상이 되는 연구개발사업은 기술적 복잡성과 회계·행정 절차의 특수성이 결합된 영역이기 때문에, 일반 행정감사 인력만으로는 충분한 분석과 평가가 어렵다. 이에 따라 감사 담당자에게는 과학기술 분야의 이해뿐 아니라 연구개발비 집행 구조, 연구개발 관련 법령 체계, 일반 계약관리 등 복합적 전문성이 요구된다. 필요할 경우 외부 법률 전문가나 회계 전문가를 한시적으로 위촉하여 자체 감사팀의 전문성을 보완하는 방안도 고려해야 한다. 이러한 인력 구조의 다변화는 감사의 질적 수준을 향상시키고, 감사 결과에 대한 객관성과 신뢰성을 높이는 효과를 가져올 것이다.

제도적 측면에서 보더라도, 「감사원법」 제30조의2는 기관의 자체 감사 기능 강화를 위해 필요한 지원을 할 수 있도록 명시하고 있다. 이는 국가 차원에서 기관의 내부 감사 역량 강화를 정책적으로 뒷받침하겠다는 취지로 이해된다. 따라서 감사원의 지원을 활용하여 자체 감사기구의 인력 양성, 전문 교육, 시스템 구축 등을 제도적으로 지원하는 방안을 적극 검토할 필요가 있다. 이러한 지원 체계가 정착된다면, 각 연구개발기관은 감사 자율성을 확보하는 동시에 국가연구개발감사의 중복을 줄이는 방향으로 발전할 수 있을 것이다.

기관 자체 감사의 전문성이 강화되면, 그 결과를 상위 감사기관이 신뢰하고 참고할 수 있는 구조의 도입도 가능해진다. 이른바 메타(meta) 감사[7]이다. 연구개발기관이 자체적으로 적정하고 성실하게 감사를 수행하였다면, 부처나 감사원은 해당 결과를 1차 검증자료로 활용하고, 추가적인 감사를 생략하거나 최소화할 수 있다. 이러한 접근은 「공공감사에 관한 법률」 제33조와 같은 중복감사 금지 규정, 그리고 같은 법 시행령 제17조에

---

7 메타(meta) 감사란 기존의 감사 활동 자체를 대상화하여 그 적정성·합리성·효과성을 재검증하는 상위 단계의 감사로서, 감사의 대상이 되는 기관의 업무가 아니라 그 기관에서 수행한 감사 활동 또는 내부통제·자체감사 시스템 자체를 평가하는 절차를 말한다. 즉 통상적 감사가 행정행위·회계처리·사업집행 등을 대상으로 하는 데 비해, 메타 감사는 감사 시스템을 감사하는 감사라는 점에서 구조적으로 한 단계 상위의 감독·평가 기능을 수행하는 것이 특징이다.

서 규정한 예외 조항과도 부합한다. 기관 자체 감사가 정당하게 수행된 이상, 새로운 사실이 발견되지 않거나 중대한 누락이 없는 한 동일 사안에 대해 반복 감사를 하지 않는 것이 행정 효율과 자원의 합리적 배분 측면에서 바람직하다.

나아가 부처와 연구개발기관 간 신뢰 관계를 구축하는 것도 중요하다. 연구개발기관의 자체 감사 결과가 객관성과 전문성을 인정받는다면, 소관 부처 역시 이를 존중하여 별도의 감사를 생략하거나 간소화할 수 있을 것이다. 이처럼 기관 자체 감사기구와 부처, 감사원 간 역할 분담과 연계 체계를 공고히 한다면, 감사의 효율화와 중복감사 문제 해결이라는 두 가지 목표를 동시에 달성할 수 있을 것이다. 결국 연구개발기관의 자체 감사 기능 강화는 국가연구개발감사 체계의 지속 가능성을 높이고, 연구자의 행정 부담을 줄이며, 연구행정의 신뢰성을 회복하는 제도적 전환점이 될 것으로 기대된다.

(5) 연구개발 감사 전담 및 지원 인력 강화

국가연구개발감사의 효율성과 공정성을 높이기 위해서는 연구개발기관 내 감사 대응 전담 인력과 지원 인력을 체계적으로 강화할 필요가 있다. 현재 다수의 연구개발기관에서는 감사 대응 업무가 연구자 개인에게 직접 전가되는 구조가 여전히 존재한다. 연구자는 본래의 연구 수행과 더불어 방대한 자료 제출, 행정 절차 대응, 질의응답 등 감사 대응 업무까지 담당해야 하는데, 이러한 이중 부담은 연구 몰입도를 저하시킬 뿐 아니라 행정적 오류를 초래할 위험도 높인다. 따라서 연구자가 아닌 소속 기관의 전담 부서 또는 연구관리 부서가 감사기관의 요구에 1차적으로 대응하는 시스템을 구축해야 한다. 이를 통해 연구자는 연구 본연의 업무에 집중하고, 행정적 절차는 전문 인력이 담당하는 구조로 전환할 수 있을 것이다.

특히 연구자가 직접 감사에 참여해야 하는 경우에는 회계적·법률적 쟁점이 발생할 가능성이 높기 때문에, 이에 대한 전문 자문을 제공하는 체계를 마련하는 것이 중요하다. 연구자가 감사 대응 과정에서 회계 기준이나 법률 규정의 해석에 익숙하지 않은 경우가 많으므로, 기관 차원에서 회계 전문가나 법률 자문단을 상시 운영하여 연구자가 불이익을 받지 않도록 지원해야 한다. 이러한 자문 체계는 감사 대응의 질적 수준을 높이고, 감사기관과 연구개발기관 간의 불필요한 갈등을 예방하는 데도 기여할 수 있다.

또한 감사 대응 담당자 자체의 전문성 강화를 위한 지속적이고 체계적인 교육 프로그램도 필수적이다. 감사업무는 단순한 행정 대응이 아니라, 연구개발 과제의 구조와 절차, 연구개발비 집행 기준, 관련 법령에 대한 종합적 이해를 요구한다. 따라서 담당자가 일정 수준 이상의 전문 지식과 실무 경험을 갖출 수 있도록 정기적인 교육과 워크숍을 운영해야 한다. 더 나아가 감사 실무 교육뿐 아니라, 감사 대응 과정에서의 소통 능력, 윤리 인식, 문제 해결 역량 등을 포함하는 종합 교육 체계가 구축되어야 한다. 이를 통해 감사 대응 담당자는 단순한 행정 수행자가 아니라, 기관의 감사 전략을 기획하고 대응 방향을 조율하는 전문 행정 인력으로 성장할 수 있을 것이다.

아울러 감사기관과 피감기관 간의 상호 이해를 증진하기 위해, 기관 간 감사사례를 공유하고 전문 인력 간의 파견 및 교류를 활성화할 필요가 있다. 각 기관이 감사사례를 정리해 공개하거나, 감사기관이 피감기관의 실무 담당자에게 단기 연수를 제공하는 등의 협력 프로그램을 운영한다면, 감사 절차에 대한 상호 이해가 증대되고 감사의 일관성도 강화될 것이다. 이러한 교류는 감사의 전문성을 높이는 동시에, 피감기관이 감사 절차를 보다 예측 가능하게 인식할 수 있는 환경을 조성한다는 점에서 의미가 크다.

결국 감사 대응 전담 인력과 지원 인력의 강화는 연구자에게 과도하게 집중된 행정 부담을 완화하고, 감사의 효율성과 투명성을 동시에 높이는 제도적 해법이라 할 수 있다. 전문 인력 중심의 대응 체계를 구축하고, 기관 간 협력과 교류를 제도화함으로써 국가연구개발감사는 보다 합리적이고 신뢰할 수 있는 감독 시스템으로 발전할 수 있을 것이다.

제 5 장

연구개발기관과 연구자의 책임과 역할

제1절 연구개발기관의 책임과 역할

「국가연구개발혁신법」

제6조(연구개발기관의 책임과 역할) 연구개발기관은 이 법의 목적을 달성하기 위하여 다음 각 호의 사항을 성실히 이행하여야 한다.

1. 연구개발 역량 강화 및 연구개발의 효율적인 추진을 위하여 노력할 것
2. 소속 연구자가 우수한 연구개발성과를 창출할 수 있도록 연구지원에 최선을 다할 것
3. 소속 연구자의 고유의 연구개발 외 업무 부담이 과중하지 아니하도록 배려할 것
4. 소유하고 있는 연구개발성과가 신속·정확하게 권리로 확정되고 효과적으로 보호될 수 있도록 노력할 것
5. 소유하고 있는 연구개발성과가 경제적·사회적으로 널리 활용될 수 있도록 노력할 것
6. 연구개발성과 창출·활용에 기여한 소속 연구자에게 보상하도록 노력할 것
7. 소속 연구자가 제7조에 따른 책임과 역할을 다할 수 있도록 필요한 조치를 할 것

국가연구개발사업의 효율성과 연구자의 연구 몰입을 높이기 위해, 「국가연구개발혁신법」은 연구개발기관의 책무를 명문화하였다. 그동안 연구개발기관은 국가연구개발사업을 실질적으로 수행하는 핵심 주체임에도 불구하고, 법령상 명확한 지위나 역할 규정이 부재하였다. 이에 따라 국가연구개발사업을 추진하는 공공기관, 대학, 민간기업 등이

각기 상이한 기준과 원칙에 따라 운영되었고, 일관된 추진 체계가 미비하다는 지적이 있었다. 이러한 문제점을 해소하기 위해 「국가연구개발혁신법」은 연구개발기관이 국가연구개발사업을 추진할 때 따라야 할 기본 원칙과 책무를 구체적으로 규정하였다.

우선 제1호에서는 연구개발기관의 추진 원칙을 '연구개발 역량 강화'와 '소관 연구개발의 효율적 추진'으로 명확히 제시하였다. 기존에는 연구개발사업의 효율성이나 추진 원칙이 정부 차원에서만 규정되어 있었고, 실제 수행 주체인 연구개발기관에 대한 정의나 책무는 명문화되어 있지 않았다. 이에 따라 공공기관이나 대학, 또는 민간 연구기관이 각자의 판단에 따라 사업을 추진하면서도 통일된 운영 원칙이 부재한 상황이었다. 이번 개정을 통해 연구개발기관이 수행기관으로서 어떠한 역할을 해야 하는지를 제도적으로 명확히 하였으며, 특히 정부는 연구개발의 '효과성'에 초점을 두고, 연구개발기관은 '효율성'에 중점을 두어 상호 보완적인 체계를 구축하도록 한 점이 특징적이다. 더 나아가 연구개발기관의 책무는 단순히 연구 역량뿐 아니라 행정·기술적 지원 역량까지 포괄하는 '연구개발 역량 강화'로 확장되었다.

제2호에서는 연구개발기관이 단순히 사업 수행에만 매몰되는 것이 아니라, 소속 연구자들이 성과를 창출할 수 있는 환경을 조성해야 함을 명시하였다. 이는 연구성과의 질적 향상은 연구자의 개별 역량뿐 아니라 기관 차원의 지원 인프라에 의해 좌우된다는 인식에서 출발한다. 따라서 연구개발기관은 연구 장비, 인력, 예산뿐 아니라 연구 윤리, 안전관리, 행정 지원 등 연구 전반의 기반을 체계적으로 관리하고 지원할 책무를 가진다.

제3호는 연구자의 행정부담 완화와 연구 외적 업무 감소를 위한 규정을 신설하였다. 연구개발기관은 연구자가 연구 외의 행정 절차나 보고 업무에 과도한 시간을 소모하지 않도록 제도적·조직적 장치를 마련해야 한다. 이는 단순히 편의를 제공하는 차원을 넘어, 연구자의 성실한 연구 수행을 지원하고, 도전적이고 창의적인 연구 환경을 조성하기 위한 근본적 조항으로 해석된다. 또한 연구 윤리 확보와 검증에 대한 체계적 지원 역시 기관의 중요한 책무로 포함되어, 연구 과정에서 발생할 수 있는 윤리적 문제에 대한 예방과 관리의 책임을 명확히 하였다.

제4호에서는 연구개발기관의 연구개발성과 권리화 의무를 규정하였다. 연구개발성과의 소유권은 원칙적으로 연구를 수행한 기관에 귀속되지만, 연구개발과제의 특성이나 협약 조건에 따라 소유 구조가 달라질 수 있다. 따라서 연구개발기관은 자신이 소유한 성과의 권리를 적절히 보호하고, 지식재산권 등록과 기술이전, 사업화 등 활용을 촉진해야 할 책임이 있다. 이는 연구자가 창출한 성과의 권리를 기관이 승계받아 관리하는 과정에서, 그 권리를 단순히 보유하는 데 그치지 않고, 국가 기술혁신의 자산으로 발전시키기 위한 적극적 역할을 강조한 것이다.

제5호는 연구개발기관이 소유하고 있는 연구개발성과가 경제적·사회적으로 널리 활용될 수 있도록 노력하여야 할 의무를 규정한다. 이러한 의무는 「국가연구개발혁신법」 제17조 제2항에서 연구개발과제의 최종보고서와 연구개발성과에 관한 정보를 원칙적으로 공개하도록 한 규정을 통해 구체화된다.

제6호는 연구개발기관이 연구개발성과의 창출 및 활용에 기여한 소속 연구자에게 보상하도록 노력하여야 할 의무를 부과한다. 이러한 의무는 「국가연구개발혁신법」 제18조 제5항에서 연구개발성과의 실시 등으로 징수한 기술료의 사용 용도 중 하나로 해당 연구개발과제에 참여한 연구자 등에게 보상금을 지급하도록 규정함으로써 구체화된다.

제7호는 연구개발기관이 소속 연구자의 책무 이행을 지원할 책임을 명시하였다. 이는 연구자의 자율성과 책임이 독립적으로 존재하는 것이 아니라, 기관의 제도적 지원과 결합될 때 비로소 효과를 발휘한다는 점을 제도적으로 확인한 조항이다. 연구개발기관은 연구자가 본연의 책무를 충실히 수행할 수 있도록 행정·윤리·재정적 지원을 제공해야 하며, 이를 통해 연구자 개인의 성과가 기관 전체의 연구개발 역량으로 이어지는 선순환 구조를 형성해야 한다.

제2절 ‖ 연구자의 책임과 역할

「국가연구개발혁신법」

제7조(연구자의 책임과 역할) ① 연구자는 이 법의 목적을 달성하기 위하여 다음 각 호의 사항을 성실히 이행하여야 한다.

1. 자율과 책임을 바탕으로 성실하게 국가연구개발활동을 수행할 것
2. 국가연구개발활동을 수행할 때 도전적으로 자신의 능력과 창의력을 발휘하되, 그 경제적·사회적 영향을 고려할 것
3. 연구윤리를 준수하고 진실하고 투명하게 국가연구개발활동을 수행할 것

② 연구개발과제를 총괄하는 연구자(이하 "연구책임자"라 한다)는 그 연구개발에 참여하는 연구자가 연구개발 활동에 전념할 수 있도록 배려하여야 한다.

「국가연구개발혁신법」은 연구개발기관의 책무와 별도로, 연구자 개인이 지녀야 할 기본적인 책무를 명시적으로 부여하고 이를 법령으로 명문화하였다. 과거에는 연구개발기관 중심의 관리 체계 속에서 연구자의 역할이 주로 행정적 수행자로 한정되는 경향이 있었으나, 이제는 연구자의 자율성과 책임을 동시에 강조하는 방향으로 법적 틀이 정비된 것이다. 이는 연구자가 단순히 과제 수행의 주체에 머무르지 않고, 국가 과학기술 발전의 핵심 주체로서 성실하고 윤리적인 연구 활동을 수행해야 할 책무를 지닌다는 점을 제도적으로 확인한 조치라 할 수 있다.

첫째, 「국가연구개발혁신법」 제7조 제1항 제1호는 연구자의 자율과 책임을 전제로 한 성실한 연구 수행 의무를 명문화하였다. 연구자는 연구개발 활동에 전념해야 하며, 스스로 연구 행위가 사회적 신뢰 위에 서 있다는 점을 인식해야 한다. 이는 단순히 근면함이나 노력을 강조하는 의미를 넘어, 연구자가 주어진 연구개발비와 자원을 정당하고 투명하게 사용하고, 연구개발과제 수행 전반에 걸쳐 성실성을 유지해야 함을 뜻한다. 이러한 법적 명문화는 연구자의 윤리적 기준을 강화하는 동시에, 성실한 연구 수행을 국가 차원에서 제도적으로 보장하고 지원하기 위한 기반을 마련한다는 점에서 의의가 있다.

둘째, 「국가연구개발혁신법」 제7조 제1항 제2호에서는 연구자가 수행해야 할 연구의 본질적 방향과 사회적 책임을 함께 규정하였다. 연구자는 기존의 틀에 안주하지 않고 새

로운 지식을 창출하는 혁신적이고 도전적인 연구를 수행해야 할 사명을 가진다. 국가연구개발사업의 본질이 창의적 도전과 혁신을 통해 과학기술의 한계를 확장하는 데 있는 만큼, 연구자는 불확실성을 감수하더라도 새로운 가능성을 탐색하는 자세를 가져야 한다. 그러나 동시에, 연구자는 이러한 도전적 활동이 사회와 경제에 미칠 파급효과를 고려해야 한다. 연구자의 연구 활동은 단순한 학문적 행위를 넘어 사회 전체에 영향을 미칠 수 있기 때문에, 연구자는 국가의 구성원으로서 사회적 책임을 자각하고 공공성과 윤리성을 유지해야 한다. 즉, 혁신적 연구와 사회적 책임의 균형이 연구자의 핵심 책무로 제시된 것이다.

셋째, 「국가연구개발혁신법」 제7조 제1항 제3호는 연구자가 연구윤리를 준수하고 진실하며 투명하게 국가연구개발활동을 수행하여야 할 의무를 명문화하고 있다. 이러한 의무는 「국가연구개발혁신법」 제31조 제1항에서 올바른 연구윤리의 확보를 위하여 연구자가 국가연구개발활동을 수행함에 있어 해서는 아니 되는 국가연구개발사업 관련 부정행위를 구체적으로 열거함으로써 구체화된다.

「국가연구개발혁신법」 제7조 제2항은 국가연구개발사업의 책무가 연구개발기관과 연구자 간의 관계에서뿐 아니라, 연구책임자와 연구자 간의 내부 관계에서도 중요하게 작동함을 강조하고 있다. 연구책임자는 단순히 과제 수행의 대표자가 아니라, 연구팀을 이끄는 관리자로서 소속 연구원의 처우 개선과 연구 몰입 환경 조성을 위한 의무를 지닌다. 이는 연구책임자가 연구원에게 공정한 보상과 적절한 근무 여건을 제공하고, 연구 활동이 원활하게 이루어질 수 있도록 조직문화를 조성해야 함을 의미한다. 더불어 연구책임자는 연구 윤리 확립, 성과 공유, 인력 양성 등 연구조직의 발전을 위한 책무를 수행해야 하며, 이러한 책임의 이행 여부가 연구개발사업의 성과에 직결된다는 점에서 연구책임자 책무의 제도적 중요성이 크다.

제3절 ▌ 연구개발과제와 이해충돌

「국가연구개발혁신법」

제31조(국가연구개발사업 관련 부정행위의 금지) ④ 연구개발기관은 소속 연구자 및 연구지원 인력의 연구윤리 확보를 위하여 필요한 지원을 하여야 한다.

「국가연구개발혁신법 시행령」

제58조(연구윤리의 확보를 위하여 필요한 지원) ① 연구개발기관의 장은 법 제31조 제4항에 따른 지원을 위하여 다음 각 호의 사항이 포함된 자체 연구윤리규정을 마련하여 운영해야 한다.
3. 이해 충돌 예방 및 관리

1. 연구개발과제 수행에 있어서의 이해충돌의 의미

연구개발기관은 소속 연구자가 「국가연구개발혁신법」 제7조에 따른 책무를 성실히 이행할 수 있도록 필요한 제도적 조치를 마련하여야 하며, 연구자는 연구 윤리를 준수하고 진실성과 투명성을 바탕으로 국가연구개발활동을 수행하여야 한다. 이러한 규정은 연구 윤리가 단순한 행정적 의무를 넘어 과학기술 분야에서 연구의 신뢰성과 공공성을 유지하기 위한 근본적 규범임을 전제하고 있다.

과학기술 분야에서 연구 윤리는 정직성, 객관성, 투명성, 책임성 등의 가치를 통해 연구 과정의 공정성을 확보하고, 연구 결과의 신뢰성을 담보하는 핵심 기반으로 기능한다. 이는 법적 준수의 수준을 넘어, 과학자의 도덕적·사회적 책무를 강조하는 규범 체계로 이해된다. 연구자는 연구 전 과정에서 진실을 추구하고 타인의 연구성과와 지식재산을 존중해야 하며, 이를 통해 학문 공동체의 신뢰와 건전한 연구문화가 유지된다. 따라서 연구 윤리는 단순히 연구 부정행위의 방지를 위한 절차적 규범이 아니라, 과학기술 연구의 공공성과 학문적 자율성을 지탱하는 윤리적 토대라 할 수 있다.

「국가연구개발혁신법」은 이러한 연구 윤리의 핵심 내용을 명문화하여, 부정행위를

① 연구개발 자료 또는 연구개발성과의 위조·변조·표절이나 저자의 부당한 표시, ② 연구개발비의 사용 용도 및 기준 위반 행위 등으로 규정하고 있다. 이는 국가재정이 투입되는 연구개발 활동의 투명성과 책임성을 확보하기 위한 최소한의 법적 장치로 이해된다. 그러나 연구 부정행위에 대한 규정이 존재함에도 불구하고, 이해충돌 문제에 대한 직접적 규율은 부족[1]하다. 「국가연구개발혁신법」은 2020. 6. 9.자로 제정되어 2021. 1. 1.자로 시행되었는데, 「국가연구개발혁신법 시행령」은 「국가연구개발혁신법」 제정에 맞춰 2020. 12. 29.자로 제정되어 2021. 1. 1.자로 시행되었다. 한편, 「공직자의 이해충돌 방지법」은 2021. 5. 18.자로 제정되어 2022. 5. 19.자로 시행되었기 때문에 「공직자의 이해충돌 방지법」보다 「국가연구개발혁신법 시행령」상의 '이해충돌' 개념이 우선적으로 입법된 것이고, 「국가연구개발혁신법」에서의 국가연구개발 연구 윤리 관점에서의 '이해충돌'이 「공직자의 이해충돌 방지법」상의 이해충돌과 완전히 일치한다고 보기는 어렵기 때문이다.

이해충돌은 연구 윤리의 중요한 하위 범주로서, 연구자가 공적 직무와 사적 이익 간의 충돌 상황에 직면할 때 발생하는 윤리적·법적 문제를 의미한다. 이는 연구의 객관성을 저해하고, 결과적으로 과학적 진실성과 공공 신뢰를 손상시킬 수 있다. 예컨대, 특정 기업의 재정 지원을 받은 연구자가 그 기업에 유리한 연구 결과를 발표하거나, 연구개발비 집행 과정에서 개인적 이해관계가 개입되는 경우가 이에 해당한다.

한편, 2021년 제정되고 2022년 시행된 「공직자의 이해충돌 방지법」은 공직자의 직

---

1 「국가연구개발혁신법」 제31조(국가연구개발사업 관련 부정행위의 금지) 제4항에서 "연구개발기관은 소속 연구자 및 연구지원 인력의 연구윤리 확보를 위하여 필요한 지원을 하여야 한다."고 규정하고 있으며, 「국가연구개발혁신법 시행령」 제58조 제1항에 따라 필요한 지원을 위해 다음 사항이 포함된 자체 연구윤리규정을 각 연구개발기관의 장이 마련하여 운영하도록 의무화하고 있다. 제3호에 '이해 충돌 예방 및 관리'에 관한 사항이 포함되어 있다.

1. 연구개발과제의 수행과 관련하여 「과학기술기본법」 제4조 제5항에 따른 진실성을 보호하기 위한 노력 및 관리체계
2. 학술지 투고, 학회 참석 등 학문교류에 관한 윤리
3. 이해 충돌 예방 및 관리
4. 인간 대상 연구 및 동물 실험에 관한 윤리
5. 연구자의 권익보호 등 건전한 연구실 문화 조성
6. 그 밖에 연구윤리 확보를 위하여 연구개발기관의 장이 필요하다고 인정하는 사항

무수행과 관련하여 사적 이익 추구를 금지하고, 직무 공정성을 확보하기 위한 법적 장치를 마련하였다.[2] 「공직자의 이해충돌 방지법」은 공직자가 재정·인사 등 직무수행 과정에서 사적 이해관계를 가지는 것을 방지함으로써, 공공기관 운영의 투명성과 국민의 신뢰를 확보하는 데 그 입법 목적이 있다. 연구개발과제 수행과 관련한 연구 윤리의 관점에서 볼 때, 「공직자의 이해충돌 방지법」의 도입은 기존의 국가연구개발 연구 윤리의 외연을 확장시키는 계기가 된다. 즉, 전통적으로 연구 윤리가 '연구개발기관'의 자체 윤리규정을 통해 연구부정행위 방지와 관련 있는 이해충돌 상황에 대한 대응에 초점을 두었다면, 「공직자의 이해충돌 방지법」은 정부연구개발예산으로 구현되는 연구개발과제 수행 주체로서의 '연구자'의 공적 책임과 사적 이해 간의 경계 관리를 제도적으로 요구함으로써 윤리의 실천 범위를 한층 넓힌 것이다. 이는 국가연구개발활동이 단순한 개인 연구자의 학문적 활동이 아니라, 공공 재정이 투입되는 공적 행위임을 전제하기 때문에 가능한 발전 방향이다.

다만, 「공직자의 이해충돌 방지법」이 국가연구개발사업 내 연구개발과제를 수행하는 모든 연구자에게 직접 적용되는 것은 아니고, 연구자가 공직자 신분을 보유하고 있는지 여부에 따라 달라진다.[3] 따라서 공직자 신분을 보유하고 있는 연구자의 이해충돌 문제를 논의함에 있어서는 단순히 국가연구개발 연구 윤리의 일반원칙으로 접근하기보다는, 공직자로서 연구를 수행하는 자가 직무 과정에서 사적 이해관계가 개입되어 공정한 직무수행이 저해되거나 저해될 우려가 있는 상황을 예방하는 법적·제도적 관점에서 구체화할 필요가 있다.

---

2 「공직자의 이해충돌 방지법」 제2조(정의) 이 법에서 사용하는 용어의 뜻은 다음과 같다.
4. "이해충돌"이란 공직자가 직무를 수행할 때에 자신의 사적 이해관계가 관련되어 공정하고 청렴한 직무수행이 저해되거나 저해될 우려가 있는 상황을 말한다.

3 「공직자윤리법」 제3조의2에 따른 '공직유관단체'에 임직원에 해당하면, 「공직자의 이해충돌 방지법」상의 공직자가 된다. 인사혁신처에서 반기별로 공직유관단체 지정 고시를 하는데, 「정부출연연구기관 등의 설립·운영 및 육성에 관한 법률」 제2조에 따른 정부출연연구기관, 「과학기술분야 정부출연연구기관 등의 설립·운영 및 육성에 관한 법률」 제2조에 따른 과학기술분야 정부출연연구기관, 「지방자치단체출연 연구원의 설립 및 운영에 관한 법률」 제2조에 따른 지방자치단체출연 연구원, 「특정연구기관 육성법」 제2조에 따른 특정연구기관은 대부분 공직유관단체로 지정되어 있다.

2. 이해충돌 판단 시의 과제

이해충돌의 예방과 관리는 연구자의 청렴성을 확보하고 직무수행의 공정성을 강화함으로써, 궁극적으로 국민의 신뢰를 회복하는 데 있다. 자신의 직위를 이용하거나 직무상 취득한 정보를 사적으로 활용하여 이익을 추구하거나, 가족·지인 등에게 특혜를 제공하는 사례가 이해충돌 상황의 예시라 할 수 있는데, 이러한 이해충돌 상황은 직접적인 부패행위로 발전할 가능성이 높으며, 사회의 도덕적 해이를 심화시키고 연구개발기관과 연구자에 대한 국민의 신뢰를 심각하게 훼손하는 주요 원인으로 지적되어 왔다.

이해충돌은 연구자가 자신의 사적 이익을 위하여 연구자의 권한이나 정보를 이용할 수 있는 잠재적 갈등상태를 의미한다. 이러한 상태는 아직 공익의 실질적 손실이 발생하지 않은 단계이므로 법적 의미의 '부패'로 단정할 수는 없으나, 부패로 이행될 가능성이 높은 전(前) 단계의 위험 상태로 평가된다. 따라서 「공직자의 이해충돌 방지법」은 부패 발생 이후의 제재가 아니라, 부패로의 전이 가능성을 사전에 차단하기 위한 예방적·규범적 통제장치로서 중요한 법적 의의를 가진다.

연구자는 연구개발과제의 수행 과정에서 이중적 법적 지위를 가진다. 한편으로는 연구개발성과를 극대화하기 위하여 창의적 연구문화를 기반으로 자율적·독립적으로 연구를 수행할 수 있는 '연구자 지위'에서 비롯된 권리를 보유한다. 이는 연구의 본질적 속성인 자유로운 탐구와 혁신의 가능성을 보장하기 위한 것으로, 학문적 자율성과 창의성의 제도적 근거를 형성한다. 그러나 다른 한편으로 연구자는 공공 재정이 투입된 연구개발과제를 수행한다는 점에서, 공직유관단체의 임직원으로서 공직자의 지위를 동시에 지닌다. 따라서 연구자의 직무수행은 일반 사인(私人)의 활동과 달리, 공공성·투명성·청렴성의 원칙에 따라 규율되며, 관련 법령에 근거한 엄격한 행동규범 준수 의무가 부과된다. 이와 같은 이중적 지위는 연구자에게 자율성과 공공성을 동시에 요구하는 구조적 긴장을 내포하고 있다.

이러한 상황에서 「공직자의 이해충돌 방지법」의 적용은 연구자의 공적 책임을 강화하는 데는 기여할 수 있으나, 동시에 그 의무가 연구의 자율성과 연구성과의 사회적 확산을 위축시키는 결과로 이어질 우려도 존재한다. 따라서 제도 설계에 있어서는 연구자의 이중적 법적 지위를 정교하게 고려한 균형적 관리 체계가 요구된다. 즉, 공직자로서의 책임성과 청렴성을 확보하면서도, 연구자 본연의 창의성과 자율성이 저해되지 않도록 하는 제도적 장치가 마련되어야 한다. 이를 통해 「공직자의 이해충돌 방지법」의 입법 목적과 연구개발의 본질적 가치가 조화를 이루는 통합적 관리 체계를 구축할 필요가 있다.

연구개발기관은 「국가연구개발혁신법」과 「공직자의 이해충돌 방지법」의 취지와 규율 체계를 종합적으로 고려하여, 이해충돌의 예방 및 관리에 관한 내부적 기준과 절차를 마련할 책무를 가진다. 특히 「공직자의 이해충돌 방지법」의 적용이 연구자의 직무 공정성과 청렴성을 확보하기 위한 제도적 장치라는 점을 감안하되, 그 운영이 연구자의 활동을 과도하게 제약하거나 국가연구개발의 자율적 수행을 위축시키는 결과로 이어져서는 안 된다. 따라서 연구개발기관은 이해충돌 예방 및 관리 체계를 구축함에 있어, 새로운 체계가 연구자에 대한 새로운 규제나 행정적 부담으로 인식되지 않도록 하는 접근이 필요하다. 즉, 기존의 연구 윤리 관련 법령과 기관별 자체 연구 윤리 규정을 상호 조화·통합하는 방식으로 제도를 설계함으로써, 연구 윤리의 실질적 강화와 연구개발의 지속적 활성화가 균형을 이루도록 해야 한다. 이러한 제도적 정합성 확보는 단순히 법령 간의 형식적 조율을 넘어, 연구 윤리의 내실화와 연구문화의 자율적 성숙을 동시에 달성하기 위한 핵심 과제라 할 수 있다.

3. 이해충돌, 결격사유, 제척(除斥)사유

이해충돌, 결격사유, 그리고 제척사유는 모두 공정한 직무수행과 이해관계의 분리를 목적으로 하나, 그 법적 성격과 적용 시점, 규율 방식에서 명확한 차이를 지닌다.

이해충돌은 공직자 또는 특정 직무 수행자가 자신의 공적 직무와 사적 이해관계가 충돌할 가능성이 있는 상태를 의미한다. 이는 아직 공익에 대한 실질적 침해가 발생하지 않은 잠재적 갈등 상황으로, 예방적 규율의 대상이 된다. 이해충돌은 본질적으로 공직자의 청렴성과 공정성을 보장하기 위한 사전적 통제장치로서, 「공직자의 이해충돌 방지법」은 공직자가 직무와 관련된 사적 이해관계가 존재할 경우 이를 신고하고 회피하도록 의무를 부과한다. 이러한 제도는 부패의 발생 이전 단계에서 투명성을 확보하고, 직무수행의 공정성에 대한 국민적 신뢰를 유지하기 위한 목적을 가진다. 국가연구개발 연구 윤리로서의 이해충돌도 크게 다르지 않다.

이에 비해 결격사유는 일정한 직무나 공직에 애초에 임명될 수 없거나 자격이 상실된 상태를 의미한다. 결격사유는 일반적으로 법률에 명문으로 규정되어 있으며, 공무담임권 또는 특정 자격 취득의 제한으로 작용한다. 예를 들어 형사처벌을 받은 자, 파산 선고를 받은 자, 공직에서 해임된 후 일정 기간이 경과하지 않은 자 등은 법률상 결격사유가 존재하여 공직자로 임용되거나 위촉될 수 없다. 결격사유는 이해충돌보다 더 선제적이고 절대적인 배제사유로서, 공정성과 청렴성에 대한 신뢰가 본질적으로 결여된 인물의 공직 진입 자체를 차단하려는 제도이다. 따라서 이해충돌이 '직무 수행 중 발생할 수 있는 잠재적 문제'를 예방하는 장치라면, 결격사유는 '직무를 맡을 자격의 부재'를 전제로 하는 사전적 자격심사 장치라 할 수 있다.

한편 제척사유는 이미 직무에 있는 자가 특정 사안에 대해 공정한 판단을 기대할 수 없는 경우, 해당 사건의 심리·결정에서 배제되는 사유를 말한다. 주로 재판, 행정심판, 평가, 감사 등에서 적용되며, 객관적 공정성을 확보하기 위한 절차적 장치이다. 「행정절차법」 제8조, 「민사소송법」 제41조 등은 제척사유를 규정하고 있으며, 본인 또는 친족이 당사자인 경우, 해당 사건에 관하여 증언하거나 자문한 경우 등은 제척 대상이 된다. 제척은 이해충돌보다 구체적이고 사안에 특정적인 규제이며, 이해충돌이 잠재적 위험의 단계라면 제척은 이미 공정성에 대한 객관적 의심이 현실화된 단계에서 적용된다. 이에 대응하는 제도로서 기피 제도와 회피 제도가 존재한다. 기피 제도는 이해관계 당사자가 제척사유에 준하는 사유가 있다고 판단할 때, 해당 직무 담당자의 공정성에 대한 의문을 이유로 배제 신청을 할 수 있는 절차적 권리를 말한다. 회피 제도도 직무 담당자 스스로가 공정성 훼손의 우려가 있음을 인식할 때, 자발적으로 그 직무에서 물러나는 행위를 의미한다. 즉, 제척이 법률상 당연배제의 효과를 가지는 객관적 제도적 통제장치라면, 기피와 회피는 공정성에 대한 주관적 의심 또는 자기 규율적 판단을 근거로 작동하는 절차적 보완 장치이다.

우리나라의 연구개발과제 수행 체계에서 참여연구원에 대한 결격사유는 별도로 존재하지 않는다. 일반적으로 공공기관이 연구개발기관인 경우, 해당 기관의 채용 단계에서 법령에 따른 결격사유가 존재할 수는 있다. 예컨대, 형사처벌을 받은 자나 부패행위로 해임된 자 등이 이에 해당한다. 그러나 이는 연구개발과제 참여 자격에 관한 제한이 아니라 공공기관 근로자로서의 일반적 결격사유에 불과하다. 따라서 국가연구개발사업에서 특정 연구개발과제의 참여연구원이 될 수 없는 법률상 결격사유는 현행법 체계상 마련되어 있지 않다.

마찬가지로, 연구개발과제의 참여연구원에 대한 제척사유 역시 법률상 명시되어 있지 않다. 제척사유란 특정 직무 수행자가 공정한 판단을 기대하기 어려운 객관적 사정이 존재할 경우 그 직무에서 배제되는 법정 사유를 의미한다. 이를 연구개발과제에 적용한다면, 일정한 관계나 상황에 해당하는 자가 당연히 과제 참여에서 배제되는 구조가 되어야 하나, 현행 제도상 그러한 규정은 존재하지 않는다. 이는 연구개발과제의 특성상, 참여연구원이 직무상 '판단자'의 지위에 있지 않고 연구 수행의 공동 주체로서 기능하기 때문에, 법적 제척 개념을 적용하기 어렵다는 구조적 한계에서 기인한다. 즉, 제척이 공정한 '심사'나 '결정'의 주체에게 전제되는 개념이라면, 연구개발과제 내의 참여연구원은 판단 주체라기보다 공동 수행자이므로, 법률상 제척을 설정하는 것이 제도적으로 타당하지 않다고 할 수 있다.

이에 대응하는 제도인 기피와 회피 또한 연구개발과제 수행 구조에서는 실질적으로 작동하기 어렵다. 기피 제도는 이해관계자가 제척사유 또는 이에 준하는 사유가 있다고 판단할 때 직무 담당자의 공정성을 문제 삼아 배제를 신청하는 절차를 말한다. 그러나 연구개발과제에서는 참여연구원의 구성 권한이 연구책임자에게 전속되어 있으므로, 연구책임자가 스스로 특정 연구원을 기피 신청한다는 것은 법리상 성립하기 어렵다. 연구책임자는 이미 인선의 최종 결정권자이기 때문이다. 반대로 회피 제도 또한 현실적으로 적용 가능성이 낮다. 참여연구원이 스스로 공정성 훼손의 우려를 이유로 연구 참여에서 회피한다는 것은 제도적으로 규정되어 있지 않을 뿐 아니라, 연구 수행의 실질적 구조상 자기 회피의 동기가 명확히 작동하기 어렵다.

이러한 제도적 한계로 인해, 연구개발과제 수행 과정에서 연구책임자와 참여연구원 간의 공정성 확보 및 이해관계 분리는 기존의 결격·제척·기피·회피 제도로 해결되기 어렵다. 연구개발의 특수한 협업 구조에서는 행정적 판단의 공정성보다는 연구 윤리와 투명한 참여 절차의 보장이 더욱 핵심적인 요소로 작용하기 때문이다. 따라서 현재로서는 이러한 관계에서 발생할 수 있는 잠재적 이해관계 문제를 '이해충돌'의 관점에서 접근하는 것이 가장 현실적이고 합리적인 대안이라 할 수 있다. 즉, 연구개발기관과 주관 부처는 연구책임자와 참여연구원 간 관계에서 공정성 훼손의 우려가 있는 경우 이를 사전에 신고·검토하도록 하는 이해충돌 관리 체계를 구축함으로써, 기존 법적 제도의 공백을 보완해야 한다. 연구개발과제의 투명성과 신뢰성을 제고하고, 나아가 연구 윤리의 실질적 구현을 위한 법제적 기반을 강화하는 방향으로 나아가야 할 것이다.

4. 친인척 및 미성년자의 연구개발과제 참여 문제

연구책임자의 친인척이 연구개발과제의 참여연구원으로 함께 연구를 수행하거나 미성년자인 자가 연구개발과제의 참여연구원으로 함께 연구를 수행하는 것에 관하여 이해충돌적 관점에서의 논의가 있을 수 있다.

「국가연구개발혁신법」은 연구개발과제의 평가 공정성을 확보하기 위하여, 평가위원회 구성 시 직접적인 이해관계가 있는 자를 배제하도록 규정하고 있다. 「국가연구개발혁신법」은 평가위원으로 위촉될 수 없는 자로서 연구개발과제와 특수한 이해관계에 있는 자, 예컨대 연구책임자와의 친족 등 특수관계자를 명시적으로 열거하고 있다. 그러나 연구개발과제에 참여하는 연구원(참여연구원)에 대한 이해충돌 문제에 대해서는 별도의 규율을 두고 있지 않다. 다시 말해, 연구책임자와의 관계를 이유로 연구개발과제 참여를 제한하는 근거 규정은 존재하지 않는다. 이는 친족 관계 그 자체를 이해충돌로 간주하기 어렵다는 해석에 기초한다. 실제로 가족 구성원이 동일 연구개발과제에 참여하는 행위는 그 자체로 연구의 공정성을 훼손한다고 단정할 수 없으며, 과제 수행의 필요성과 기여도가 객관적으로 인정된다면 법적·윤리적으로 문제시되기 어렵다.

그러나 공식자 또는 공공기관 연구자의 경우, 이러한 상황은 잠재적 이해충돌로 인식될 여지가 있다. 특히 연구책임자의 직계비속인 미성년자가 참여연구원으로 등록되는 경우에는 공적 재정이 투입되는 국가연구개발사업의 특성상 논란의 소지가 크다. 「국가연구개발혁신법」 및 그 시행령, 하위 행정규칙 어디에도 이에 관한 명시적 제한 규정이 없지만, 사회적 통념상 공정성과 투명성의 훼손 가능성이 제기될 수 있기 때문이다. 과거에도 미성년자가 부모가 수행하는 연구개발과제에 참여하여 연구 실적을 쌓는 이른바 '스펙 쌓기', '부모찬스' 논란이 발생한 사례가 존재하며, 국가연구개발사업에 대한 국민적 신뢰를 손상시킨 바 있다.

이 사안을 이해충돌의 법적 개념에 비추어 볼 때, 연구책임자가 친족이나 미성년자를 과제 참여자로 선정하는 행위는 공적 직무수행 과정에서 사적 이해관계가 개입될 잠재적 갈등상태로 평가될 수 있다. 이러한 시각에 따르면, 연구자가 자신의 권한이나 정보를 활용하여 친족에게 연구 참여 기회를 부여하거나, 연구개발비를 인건비 명목으로 지급하는 경우에는 사익 추구로 오인될 위험이 존재한다. 반면, 이에 대한 과도한 규제는 이해충돌 개념을 불필요하게 확장시켜, 단순한 사적 관계의 존재만으로도 업무 배제를 요구하는 결과를 초래할 수 있다. 이는 오히려 연구자의 기본권을 침해하고 역차별적 결과를 낳을 가능성이 있으며, 「이해충돌방지법」의 입법 취지인 '직무의 공정성 보장'이라는 목적과도 부합하지 않는다.

결국 연구개발과제 수행 과정에서의 이해충돌은 관계의 존재 그 자체가 아니라, 그 관계가 직무의 객관성과 공정성에 실질적으로 영향을 미칠 가능성이 있는 경우에 한하여 규제의 필요성이 발생한다고 보아야 한다. 단순한 친족 관계나 미성년자의 참여가 곧바로 이해충돌에 해당한다고 단정하는 것은 합리적이지 않다. 다만, 연구개발과제의 참여자 선정권이 전적으로 연구책임자에게 부여되어 있다는 점을 고려할 때, 이와 같은 상황은 연구 윤리적 문제로 비화될 가능성이 크다.

친족이나 미성년자를 연구개발과제에 참여시키는 행위는 여러 측면에서 잠재적 문제를 내포한다. 우선, 정부 재정이 투입되는 국가연구개발사업의 특성상, 참여연구원의 선정 과정은 일정한 객관성과 공정성을 전제로 해야 한다. 연구책임자가 친족을 참여연구원으로 등록하는 경우, 다른 연구자에게 공정한 기회가 부여되지 않았다는 의심을 초래할 수 있으며, 이는 연구개발비 집행 전반의 투명성을 훼손하고 연구개발 제도에 대한 신뢰를 약화시킨다. 또한 연구개발비의 상당 부분이 인건비 등 인적 자원에 투입되는 점을 고려하면, 이러한 행위는 연구개발비의 사적 이용이라는 비판을 받을 소지도 있다.

따라서 연구개발과제 참여에 관한 이해충돌 문제는 단순한 행정 규제의 영역을 넘어, 연구 윤리의 신뢰성과 공공성 확보라는 근본적 과제로 접근할 필요가 있다. 즉, 연구책임자는 연구개발과제 수행의 공정성과 객관성을 유지하기 위하여 사적 관계가 개입될 소지가 있는 경우 스스로 회피 또는 제3자 검증 절차를 도입해야 하며, 연구개발기관 또한 이를 보완할 수 있는 내부 기준과 검증 체계를 마련해야 할 것이다.

다만, 이러한 절차는 승인 방식보다는 검토를 전제로 한 사전 신고 제도 형태로 운영하는 것이 보다 적절할 것으로 판단된다. 「공직자의 이해충돌 방지법」의 취지가 단순한 배제나 제한에 있지 않고, 공직자의 직무수행 과정에서 실제로 공정성 침해의 가능성이 존재하는지를 개별적·객관적으로 판단하도록 하는 데 있음에 비추어 볼 때, 이해충돌 상황의 발생 가능성을 사전에 인지하고 관리할 수 있는 절차적 장치로서 신고 제도의 도입이 타당하다.

즉, 「공직자의 이해충돌 방지법」의 운용은 일률적인 배제 논리에 머물러서는 안 되며, 공정성 침해 우려가 실질적으로 존재하는지, 그리고 공개·검증 또는 회피 조치와 같은 객관적 절차를 통해 그 우려를 해소할 수 있는지를 종합적으로 고려해야 한다. 이러한 종합적 판단을 가능하게 하는 전제가 바로 사전 신고 절차의 확보이다.

사적 이해관계자 신고 제도는 공직자가 자신의 직무와 관련된 당사자 중 일정 범위의 이해관계자가 존재하는 경우, 이를 소속 기관장에게 사전에 알리도록 의무화한 제도이다. 이 제도의 목적은 공직자가 스스로 이해충돌의 가능성을 인식하고 이를 공개함으로써, 은폐나 사적 이익 추구를 방지하고 직무수행의 공정성과 투명성을 제도적으로 담보하는 데 있다.

다만, 이러한 신고가 형식적 절차로 그칠 경우 제도의 실효성은 현저히 저하될 수 있다. 따라서 연구개발기관은 단순히 신고 접수에 그치지 않고, 신고 내용의 검토 및 사후 점검 절차를 강화해야 하며, 공직자 및 연구자의 성실한 신고 의무 이행을 유도하기 위한 교육 및 내부 지침의 구체화도 병행하여야 한다. 이러한 접근은 이해충돌 방지 제도를 연구 윤리 체계와 정합적으로 연계시키는 방향으로 기능하며, 연구개발의 공정성과 신뢰성 확보를 위한 실질적 수단으로 자리매김할 수 있을 것이다.

5. 연구개발과제 재료비 등을 본인이 지분이 있는 회사에서 구입하는 문제

연구개발과제 수행 과정에서 연구책임자가 연구개발비로 연구 활동에 필요한 물품을 구입하는 경우, 그 거래가 이해충돌에 해당하는지 여부는 거래의 객관성·공정성·사익 개입 가능성 등을 종합적으로 검토하여 판단해야 한다. 이해충돌의 본질은 연구책임자가 직무수행 과정에서 공익적 판단이 개인적 이익에 의해 왜곡될 위험이 존재하는가에 달려 있다. 따라서 단순히 재화의 구매 행위가 아니라, 그 거래가 연구책임자 또는 그 가족의 경제적 이익에 실질적인 영향을 미치는지, 그리고 이를 통제할 제도적 장치가 존재하는지 여부가 핵심적 판단 기준이 된다.

첫째, 연구책임자가 삼성전자나 LG전자의 주식을 각 10주씩 보유하고 있는 경우, 연구개발비로 삼성전자나 LG전자의 제품을 구입한다고 하여 해당 기업의 주주라는 사실만으로 「공직자의 이해충돌 방지법」상 이해충돌에 해당한다고 보기는 어렵다. '사적 이해관계'는 공직자의 직무수행과 관련하여 본인 또는 가족이 재산상 이익을 얻거나 손해를 입을 가능성이 있는 관계로 정의할 수 있으나, 여기서 말하는 재산상 이익은 통상 직무행위가 특정 기업에 미치는 영향이 주식 가치나 경제적 이익에 실질적으로 반영될 수 있을 정도로 구체적이어야 한다. 연구개발과제 수행을 위해 모니터를 일반 구매 절차를 통해 삼성전자나 LG전자로부터 구입하는 행위는 시장의 경쟁구조 속에서 이루어지는 통상적 거래로서, 연구책임자의 소유 주식 수가 극히 소액이고 해당 구매가 주가나 배당에 실질적 영향을 미치지 않는 이상, 이해충돌로 평가되기는 어렵다. 결국, 경제적 영향력의 미미함 등을 고려할 때 이는 「공직자의 이해충돌 방지법」의 취지에 반하지 않는 통상적 거래행위로 해석된다.

둘째, 연구책임자의 배우자가 운영하는 업체로부터 연구 재료를 구입하는 경우는 상황이 다르다. 해당 업체가 연구책임자의 가족이 실질적으로 운영하는 기업이고, 연구개발비 집행 과정에서 연구책임자가 구매 여부를 결정할 권한을 가진다면, 이는 이해충돌의 소지가 명백히 존재한다. 「공직자의 이해충돌 방지법」은 공직자 또는 공공기관 임직원이 직무수행과 관련된 거래의 상대방이 자신 또는 가족이 운영하는 법인·단체인 경우 이를 사전에 신고하고 회피해야 한다고 규정한다(제5조, 제8조). 연구개발비는 국가재정으로 조성된 공공자금이므로, 연구책임자가 가족이 운영하는 업체를 통해 재료를 구매하는 행위는 사적 이해관계가 공적 의사결정에 개입될 가능성이 높은 전형적인 이해충돌 상황으로 평가될 수 있다.

물론, 해당 거래가 실제로 객관적 경쟁 절차를 거쳐 가격·품질 측면에서 최적의 조건을 충족한다면, 단순히 가족기업이라는 이유만으로 절대 금지되는 것은 아니다. 그러나 연구책임자가 거래 상대방 선정 과정에 영향력을 행사하거나, 경쟁입찰 없이 해당 업체를 단독 지정하는 경우, 외형상 정당하더라도 직무상 공정성에 대한 사회적 신뢰가 훼손될 위험이 크다. 더욱이 '배우자가 운영하는 업체가 더 저렴하다'는 사유만으로 그 업체를 선택하는 것은 「공직자의 이해충돌 방지법」상 회피 의무를 면할 근거가 되기 어렵다. 공정성 확보를 위해서는 사전 신고 및 외부 검증 절차를 거쳐 해당 거래가 연구개발비 목적에 부합하고 시장가격 대비 합리적인지 여부를 객관적으로 입증해야 한다.

결국, 연구책임자가 단순히 대형 상장기업의 주식을 소액 보유한 상태에서 통상적 구매를 하는 경우는 이해충돌에 해당하지 않지만, 배우자 등 가족이 운영하는 기업과 직접 거래하는 경우에는 사적 이익과 공적 재정 집행이 교차하는 이해충돌 상황으로 평가될 가능성이 매우 높다. 따라서 이러한 경우에는 연구책임자가 즉시 소속 연구개발기관에 해당 사실을 신고하고, 제3자 검증 또는 기관의 사전 검토를 거쳐 거래 여부를 결정해야 한다. 이는 연구개발비의 투명한 집행과 연구 윤리의 신뢰성 확보를 위한 필수적인 절차이며, 「공직자의 이해충돌 방지법」의 입법 취지에도 부합하는 책임 있는 연구행위라 할 것이다.

6. 연구개발과제 공동 수행에 있어서의 이해충돌

「국가연구개발혁신법」

제16조(연구개발성과의 소유·관리) ① 연구개발성과는 해당 연구개발과제를 수행한 연구개발기관이 해당 연구자로부터 연구개발성과에 대한 권리를 승계하여 소유하는 것을 원칙으로 한다.

② 제1항에도 불구하고 연구개발성과의 유형, 연구개발과제에의 참여 유형과 비중에 따라 연구개발성과를 연구자가 소유하거나 여러 연구개발기관이 공동으로 소유할 수 있다.

「국가연구개발혁신법 시행령」

제32조(연구개발성과의 소유) ① 법 제16조 제2항에 따라 여러 연구개발기관이 공동으로 연구개발과제를 수행하는 경우 그 연구개발성과의 소유에 관한 세부기준은 다음 각 호와 같다.

1. 여러 연구개발기관이 각자 연구개발성과를 창출한 경우: 연구개발성과를 창출한 연구개발기관이 해당 연구개발성과를 소유한다.
2. 여러 연구개발기관이 공동으로 연구개발성과를 창출한 경우: 연구개발성과를 창출한 기여도를 기준으로 소유비율을 정하되, 연구개발기관 간의 협의에 따라 연구개발성과의 소유비율 및 연구개발성과실시(연구개발성과를 사용·양도·대여 또는 수출하거나 연구개발성과의 양도 또는 대여의 청약을 하는 행위를 말한다. 이하 같다) 등에 관한 사항을 정한 경우에는 그 협의에 따른다.

연구개발의 공동 수행과정에서 생성되는 연구개발성과의 소유 및 활용 단계에서도 구조적 이해충돌이 발생할 가능성이 있다. 「국가연구개발혁신법 시행령」은 연구개발성과가 둘 이상의 연구개발기관에 의해 공동으로 창출된 경우, 그 소유 비율은 각 기관의 기여도를 기준으로 산정하도록 규정하고 있다. 다만, 법령은 또한 연구개발기관 간의 협의가 있는 경우에는 그 협의 내용을 우선하도록 하고 있어, 실질적으로는 협의에 의한 합의가 연구개발성과의 소유구조를 결정하는 주요한 기준으로 작용한다. 이는 공동 연구체계의 자율성과 다양성을 인정하는 동시에, 협의의 과정에서 공정성과 투명성이 확보되지 않을 경우 이해충돌이 구조적으로 내재될 수 있음을 의미한다.

연구개발성과의 소유 비율을 결정하는 과정은 단순히 기술적 기여의 정량적 평가에 그치지 않는다. 성과의 창출에는 연구기획 단계에서의 역할, 장비 및 인력 지원, 실험 데이터의 제공, 기술이전에의 기여 등 다양한 비정량적 요소가 포함되며, 이러한 요소의 가치를 평가하는 기준은 주관연구개발기관[4]의 판단에 크게 좌우된다. 이때 주관연구개발기관의 연구책임자가 공동연구개발기관과 직무상 이해관계를 가지는 경우, 예컨대 실험실 창업기업이나 친족이 운영하는 기업이 공동연구개발기관으로 참여한 경우에는, 성과 기여도 산정과 소유 비율 협의 과정에서 이해충돌이 발생할 수 있다. 이러한 이해관계는 성과 소유권 배분뿐 아니라 향후 기술료 수입, 특허 등록권, 기술이전의 방향 등에 실질적 영향을 미칠 수 있기 때문에, 단순한 절차상의 하자 문제를 넘어 연구개발 성과의 공공성 및 국가재정의 건전한 활용에 대한 문제로 이어질 수 있다.

더욱이 연구개발성과의 소유는 후속 연구개발의 방향, 기술사업화의 주체, 그리고 지식재산권 귀속의 법적 근거와도 직결된다. 주관연구개발기관의 연구책임자가 실질적으로 공동연구개발기관의 이해당사자와 동일하거나 밀접한 관계를 가진 경우, 연구개발성과의 귀속이 자의적으로 조정될 가능성이 존재하며, 이는 「국가연구개발혁신법」 제18조에서 정한 기술료 납부 및 성과활용의 공정한 배분 원칙에도 저촉될 수 있다. 또한 성과의 공동소유 구조가 불명확하거나 이해충돌에 의해 왜곡될 경우, 향후 성과이전 계약, 기술실시권 부여, 해외 이전 등과 관련한 분쟁이 발생할 가능성도 배제할 수 없다.

따라서 이러한 상황에서 연구개발기관은 연구개발성과의 소유 및 실시 관련 협의가

---

4 연구개발과제를 둘 이상의 기관이 공동으로 수행하는 경우에는 그중 하나의 기관이 주관연구개발기관의 지위를 가지며, 나머지 기관들은 공동연구개발기관의 지위를 가진다.

이루어지는 단계에서부터 이해충돌 관리 체계를 엄격히 작동시킬 필요가 있다. 연구책임자나 참여연구원의 이해관계 여부를 사전에 검증하고, 공동연구개발기관 간 협의의 공정성을 확보하기 위한 절차(예: 외부 전문가에 의한 기여도 평가, 이해관계자 배제 원칙, 투명한 회의록 관리 등)를 마련해야 한다. 이는 단지 제도적 형식의 문제가 아니라, 연구개발성과의 귀속과 그 활용이 국가연구개발 체계의 신뢰와 공정성에 직결된다는 점에서 실질적 관리가 요구되는 영역이다.

제 6 장

연구개발과제의 예고와 공모

「국가연구개발혁신법」

제9조(예고 및 공모 등) ① 중앙행정기관의 장은 매년 소관 국가연구개발사업의 추진계획을 수립하고, 연구개발과제의 연구개발비(제13조 제1항에 따른 연구개발비를 말한다)와 공모 일정 등 대통령령으로 정하는 사항을 예고하여야 한다.

④ 중앙행정기관의 장은 공모를 통하여 연구개발과제와 이를 수행하는 연구개발기관을 선정하여야 한다. 다만, 다음 각 호의 어느 하나에 해당하는 경우에는 지정 등 공모 외의 방법으로 연구개발과제와 이를 수행하는 연구개발기관을 선정할 수 있다.

1. 국가안보 또는 사회·경제에 중대한 영향을 미치는 연구개발과제인 경우
2. 정부가 국제기구 또는 외국의 정부·기관·단체와 체결한 협정·조약 등에 따라 연구개발과제와 연구개발기관을 특정한 경우
3. 법령에 따라 연구개발기관이 지정된 경우
4. 재난·재해, 경제여건 악화 등 사회적·경제적으로 긴급한 상황에 대응하기 위하여 정책적으로 국가연구개발사업의 추진이 필요한 경우
5. 연구개발과제를 수행할 수 있는 연구개발기관이 한정되어 공모를 진행할 실익이 없는 경우

제1절 ▌연구개발과제 공모에 관한 예고

1. 개요

우리나라의 연구개발과제 공모는 각 부처가 독자적으로 운영하는 시스템이나 개별 플랫폼을 통해 이루어지는 경우가 많았다. 과학기술정보통신부, 산업통상부, 중소벤처기업부 등 각 부처가 소관 국가연구개발사업을 추진하면서, 국가연구개발사업 내 연구개발과제에 관한 공모 일정과 세부 내용은 해당 부처의 내부 일정과 절차에 따라 공개되었다. 한편, 국가연구개발사업 관련 정보를 모으기 위한 통합 플랫폼으로 국가과학기술지식정보서비스(National Science & Technology Information Service, NTIS)[1](이하 "국가과학기술지식정보서비스(NTIS)"라 한다)가 구축되어 있었지만, 국가과학기술지식정보서비스(NTIS)는 본질적으로 연구개발 과제나 사업의 결과물과 성과를 대국민에게 홍보하고 정보 접근성을 높이기 위한 목적으로 설계된 플랫폼이었다. 다시 말해 국가과학기술지식정보서비스(NTIS)는 연구개발과제 공모나 수행 관리를 위한 연구개발기관과 연구자를 위한 과제관리시스템으로서의 플랫폼은 아니었으며, 연구개발과제 공고를 국가과학기술지식정보서비스(NTIS)에 게시해야 하는 법적 의무나 통일된 절차도 존재하지 않았다. 그럼에도 불구하고 연구개발관리를 위한 통합시스템이 없는 상황에서 국가과학기술지식정보서비스(NTIS)는 과제관리시스템의 기능과 역할을 사실상 수행하였고, 전문기관, 연구개발기관 및 연구자에게 연구개발과제 관리 및 정보 수집에 많은 기여를 한 것은 사실이다.

다만, 개별 부처별 시스템이나 플랫폼은 여전히 존재하고, 해당 시스템이나 플랫폼을 통한 각 부처의 연구개발과제 공모 등이 우선적으로 이루어지다 보니 연구개발기관이나 연구자 입장에서는 정부 전체 차원의 연구개발과제 공모 일정이나 세부적인 연구개발과제에 관한 정보를 사전에 예측하거나 종합적으로 파악하기 어려운 구조가 형성되었다. 결과적으로, 연구개발기관이나 연구자가 새로운 과제를 준비할 때, 충분한 시간과 정보를 확보하지 못한 채 공모 시점에 급하게 대응해야 하는 일이 잦았다. 이러한 환경에서는 연구팀을 사전에 꼼꼼하게 구성하거나 해당 연구개발과제가 요구하는 목표에 따른 연구개발계획서를 정확하게 작성하기가 어려웠으며, 단기간 내 형식적으로 준비되는

---

1 국가과학기술지식정보서비스(NTIS)는 〈제12장 연구개발정보와 통합정보시스템〉에서 추가로 설명하였다.

연구개발계획서가 많아 연구개발과제를 위한 연구개발기관을 선정하더라도 해당 연구개발 목표의 질적 수준이 낮아지는 문제로 이어졌다. 특히 공모가 예고 없이 갑작스럽게 게시되는 경우, 실질적인 연구 준비보다는 행정적 대응에 집중할 수밖에 없어 연구의 창의성과 심층성을 담보하기 어려웠다.

더 큰 문제는 정보 접근의 비대칭성이었다. 정부 부처와 긴밀한 네트워크를 갖고 있거나 오랜 기간 연구 경험이 있는 일부 연구자나 연구개발기관은, 공모가 공식적으로 게시되기 이전부터 관련 정보를 미리 인지하고 준비할 수 있었다. 부처 역시 과제 기획 단계에서 연구개발 수행 주체를 탐색하는 과정에서, 자연스럽게 특정 연구개발기관이나 연구자에게 해당 사업이 사전에 알려지는 구조가 형성되었다.

반면 일반 연구자나 신진 연구자, 혹은 지방 소재 연구개발기관의 경우 이러한 정보에 접근할 기회가 제한되어 공모 참여의 문턱이 높았다. 결과적으로 공모 제도가 형식상 공개경쟁임에도 불구하고 비공식적인 사전 정보가 연구 현장의 실제 경쟁 구도를 좌우하는 불균형한 현실이 지속되었다. 이러한 상황은 공정한 경쟁 원칙을 훼손한다는 지적을 불러왔고, 국가연구개발사업이 지향해야 할 투명성과 형평성의 가치를 흔드는 요소로 작용했다.

이러한 문제점을 해소하기 위해 국가 차원에서 새로운 제도적 장치로 도입된 것이 연구개발과제의 공모에 관한 예고 제도이다. 「국가연구개발혁신법」 제정과 함께 해당 제도가 신설되었는데, 예고 제도는 연구개발기관과 연구자가 참여를 희망하는 연구개발과제에 대해 충분히 사전 준비할 수 있는 기회를 보장하기 위해 마련되었다. 예고 제도는 각 부처가 연구개발과제의 공모를 본격적으로 시작하기 전에, 공모 일정, 연구개발과제의 세부 분야나 지원 요건, 연구개발과제의 연구개발비 규모 등의 핵심 정보를 미리 공개하도록 함으로써, 연구자들이 공모 직전의 촉박한 일정에 쫓기지 않고 체계적으로 연구계획을 수립할 수 있도록 한다.

예고 제도를 통해, 연구자는 공모 일정을 미리 파악해 적절한 연구팀을 구성하고 연구 목표를 구체화하며, 기관 내부 행정절차나 예산계획을 미리 조율할 수 있다. 또한 연구개발기관은 사업의 방향성과 정책적 취지를 충분히 검토한 뒤, 해당 연구개발과제가 기관의 전략적 목표와 부합하는지 평가할 여유를 갖게 된다. 정부 역시 공모 예고를 통해 다양한 연구 주체의 참여를 유도하고, 공모의 예측 가능성을 높임으로써 보다 경쟁력 있는 연구 제안을 확보할 수 있다.

2. 절차 및 예고의 내용

국가연구개발사업의 예고 제도는 연구자와 연구개발기관이 사업의 성격과 방향을 충분히 이해하고 사전에 준비할 수 있도록 하기 위한 제도적 장치로서, 그 내용 또한 구체적으로 규정되어 있다. 「국가연구개발혁신법 시행령」 제6조에 따르면, 중앙행정기관의 장 또는 전문기관의 장은 자신이 소관하는 국가연구개발사업에 대해 매년 1월 31일까지 예고를 실시해야 한다고 규정되어 있다. 다만 이는 일률적으로 모든 사업을 1월 내에 공고해야 한다는 의미는 아니며, 각 국가연구개발사업의 특성과 준비 일정에 따라 시기를 조정할 수 있다. 중요한 점은 「국가연구개발혁신법」 제9조의 취지에 따라, 실제 공모가 이루어지기 전에 반드시 예고 절차를 선행해야 한다는 것이다. 즉, 예고는 선택이 아니라 국가연구개발사업의 공정성과 투명성을 확보하기 위한 필수적 사전 단계로 자리매김하게 한 것이다.

예고의 구체적인 내용은 연구자와 기관이 사업의 전반적 구조를 이해하고 계획을 수립할 수 있도록 네 가지 핵심 항목을 중심으로 구성된다. 첫째는 국가연구개발사업의 목적이다. 이는 연구개발기관과 연구자가 해당 사업의 기본 취지와 방향을 명확히 이해할 수 있도록 사업의 목표, 성격, 추진 배경, 그리고 정책적 의의를 설명하는 항목이다. 예를 들어, 특정 기술 분야의 경쟁력 강화나 인프라 구축, 혹은 인력양성 등 정부가 추구하는 중장기 과학기술정책의 맥락을 제시함으로써, 연구자들이 단순히 과제를 수행하는 차원을 넘어 국가적 연구개발 전략과의 연계성을 인식할 수 있도록 돕는다.

둘째는 연구개발과제의 연구개발비 관련 정보이다. 이는 연구개발사업 전체의 예산 규모와 세부 과제별 지원금 규모, 그리고 지원 가능한 과제의 개략적 수를 포함한다. 이를 통해 연구자는 예산 수준에 맞추어 현실적이고 구체적인 연구계획을 수립할 수 있고, 기관 또한 내부 자원 배분 및 행정절차를 사전에 준비할 수 있다. 특히 연차별 지원 규모나 예산의 구성 비율 등을 함께 제시함으로써, 연구개발의 지속성 확보와 재정 운용의 예측 가능성을 높이는 효과를 거둘 수 있다.

셋째는 연구개발과제의 공모 일정이다. 이는 사업의 추진 절차를 체계적으로 안내하는 항목으로, 연구개발과제의 공모 시기, 선정평가 일정, 최종 확정 및 통보 시점, 연구개시일, 그리고 연구개발비 지급 시기 등을 포괄한다. 과거에는 공모가 예고 없이 갑작스럽게 이루어져 연구자들이 충분한 시간을 확보하지 못하는 문제가 있었다면, 이제는 이러한 절차적 일정을 명확히 제시함으로써 연구개발기관이 일정에 맞추어 단계별로 준비할 수 있는 여건이 조성된다. 특히 평가 및 선정 시기의 예측 가능성은 연구자에게 준비의 균형성과 공정한 경쟁 환경을 제공한다는 점에서 매우 중요하다.

넷째는 연구개발과제의 지원 내용 및 기간이다. 이 항목에서는 사업의 구체적 지원 대상 기관과 지원 목적, 지원 조건, 공모 방식, 그리고 지원 기간 등이 명시된다. 예를 들어, 사업이 기술개발을 목적으로 하는지, 인프라 구축이나 인력양성을 위한 것인지에 따라 과제의 성격과 수행 방식이 달라질 수 있다. 또한 공모 방식이 자유 공모형, 지정 공모형, 혹은 경쟁형인지에 대한 정보도 함께 제시되어야 한다. 이를 통해 연구자는 자신이 속한 기관의 연구 역량이나 전략 방향에 맞는 과제를 선별할 수 있으며, 기관은 해당 사업에의 참여 가능성과 효율성을 객관적으로 평가할 수 있게 된다.

제2절 ‖ 연구개발과제 공모

1. 개요

최근 우리나라의 국가연구개발사업 추진 방식에 대해 중요한 변화의 요구가 제기되고 있다. 오랫동안 정부는 연구개발 과제를 선정하고 추진하는 과정에서 주로 하향식(Top-Down) 방식을 채택해 왔다. 즉, 중앙행정기관이나 주관 부처가 국가 전략이나 정책 목표에 따라 연구 주제를 기획하고, 이에 맞는 수행기관과 연구자를 모집하는 구조였다. 이러한 체계는 단기적 성과 창출과 정책적 방향성 확보에는 효과적일 수 있지만, 반대로 현장의 연구자들이 지닌 창의적인 아이디어나 실질적 연구 수요를 충분히 반영하지 못한다는 한계가 꾸준히 지적되어 왔다. 결국 정부가 정한 과제의 틀 안에서 연구가 이루어지는 구조가 고착되면서, 연구개발의 다양성과 혁신성이 제약된다는 비판이 제기된 것이다.

이에 따라 최근 학계와 연구계에서는 연구자의 자율성과 창의성을 기반으로 한 상향식(Bottom-Up) 방식 연구개발과제의 확대를 요구하는 목소리가 점차 커지고 있다. 상향식 연구는 연구자가 스스로의 전문성과 문제의식을 바탕으로 연구 주제를 발굴하고 제안하며, 이를 정부나 전문기관이 심사·선정하여 지원하는 형태다. 이러한 방식은 연구 현장에서 실제로 필요로 하는 과학 기술적 문제나 사회적 수요를 반영할 수 있으며, 과제 수행자의 자발적 동기와 몰입도를 높여 진정한 의미의 창의적 연구환경을 조성할 수 있다. 반면, 하향식 연구는 국가 정책의 방향성에는 부합하더라도, 현장의 실질적 문제 해결력이나 신기술 창출의 다양성 측면에서는 한계를 보일 수 있다.

이러한 문제의식 속에서 「국가연구개발혁신법」과 하위 규정은 중앙행정기관의 장이 국가연구개발사업을 추진할 때 연구개발 수요를 반영하도록 하고, 신규 연구개발과제의 추진 시 공모를 통한 선정을 원칙으로 명문화하였다. 이는 단순히 행정절차의 변화를 의미하는 것이 아니라, 국가연구개발의 철학적 기반이 변화하고 있음을 보여준다. 정부가 일방적으로 연구개발과제를 기획하고 연구자들이 이에 맞추어 응모하는 구조에서 벗어나, 이제는 연구자 스스로 주제를 제안하고 정부가 그 필요성과 파급효과를 평가하는 구조로 옮겨가고 있는 것이다. 이러한 제도적 변화는 연구자가 자신의 전문성에 기반하여 연구 방향을 설계할 수 있는 '자율적 연구 생태계'의 토대를 마련하는 계기가 될 것으로 평가된다.

더 나아가 이러한 변화는 단순히 제도적 절차의 개편이 아니라 연구문화의 전환을 의미한다. 지금까지는 정부가 주도하는 연구개발이 당연시되었고, 연구자는 정책의 하위 수행자로 인식되는 경향이 강했다. 그러나 앞으로는 연구자가 사회적 수요를 스스로 탐지하고, 이를 과학 기술적 해결책으로 제시하는 능동적 주체로 자리매김해야 한다는 인식이 확산되고 있다. 정부 또한 이러한 흐름을 뒷받침하기 위해 공모 절차의 투명성, 평가 기준의 다양성, 장기적 연구개발비 지원 체계 등을 정비해야 한다. 결국 연구개발의 주체가 정부에서 연구자로, 정책적 기획에서 현장 중심의 창의적 제안으로 이동하는 이 변화는 국가 과학기술정책의 패러다임이 통제와 지시의 구조에서 자율과 신뢰의 구조로 전환되고 있음을 상징한다.

이러한 상향식(Bottom-Up) 연구개발 중심의 체계가 정착된다면, 비로소 연구자 중심의 혁신 생태계가 구축될 수 있을 것이다. 이는 정부가 일방적으로 '무엇을 연구할지'를 정하던 시대에서, 이제는 연구자가 스스로 '왜, 어떻게 연구할지'를 선택하고 책임지는 시대가 열리고 있음을 보여준다.

2. 공모 절차

국가연구개발사업에서 연구개발과제와 연구개발기관을 공정하고 투명하게 선정하기 위해서는 일정한 절차에 따라 공모와 공고가 이루어져야 한다. 「국가연구개발혁신법」과 그 시행령에 따르면, 중앙행정기관의 장은 연구개발과제 또는 수행기관을 공모를 통해 선정하려는 경우, 일정한 정보를 포함하여 이를 30일 이상 「국가연구개발혁신법」 제20조 제1항에 따른 국가연구개발사업 통합정보시스템[2](이하 '통합정보시스템'이라 한다)에 공고해야 한다고 규정하고 있다. 이러한 절차는 연구자와 기관이 충분한 정보를 바탕으로 참여 여부를 판단하고, 과제 준비에 필요한 시간을 확보할 수 있도록 하기 위한 제도적 장치다.

---

2 국가연구개발사업 통합정보시스템은 〈제12장 연구개발정보와 통합정보시스템〉에서 구체적으로 설명하였다. 이하 「국가연구개발혁신법」 제20조 제1항에 따른 국가연구개발사업 통합정보시스템은 '통합정보시스템'으로 표기한다. 한편, 해당 통합정보시스템의 플랫폼 명칭은 범부처통합연구지원시스템(Integrated R&D Information System, IRIS)이므로 플랫폼에 대한 실무적으로 해당 플랫폼을 설명에 있어서는 범부처통합연구지원시스템(IRIS)이라고 명명하였다.

공고 시 포함되어야 할 내용은 크게 두 가지 범주로 구분된다. 첫째는 연구개발과제 자체에 관한 사항이다. 여기에는 해당 과제의 목적, 지원 내용, 지원 기간, 그리고 「국가연구개발혁신법」 제21조 제2항에 따라 해당 과제가 보안과제로 분류되었는지 여부가 포함된다. 다만 보안과제의 경우, 국가안보나 기술 유출 위험 등의 사유로 인해 구체적 내용을 공고하기 곤란할 때에는 예외적으로 공고에서 제외할 수 있다. 이러한 항목들은 연구자나 기관이 해당 과제가 자신의 연구 역량 및 방향성과 부합하는지를 판단하는 핵심 정보로 기능하며, 과제의 정책적 취지와 연구 목표를 명확히 제시함으로써 불필요한 오해나 중복 참여를 방지하는 역할을 한다.

둘째는 과제를 수행하려는 연구개발기관과 관련된 사항이다. 이에는 연구개발과제 신청 자격, 선정평가 기준, 평가 절차 등이 포함된다. 신청 자격에는 참여할 수 있는 기관의 유형(대학, 공공연구기관, 기업 등), 규모, 또는 연구 인프라 요건 등을 명시하며, 평가 기준과 절차는 공정한 심사를 위한 객관적 기준을 제시한다. 예를 들어 평가 기준에는 연구의 타당성, 기술적 우수성, 사업화 가능성, 예산의 적정성 등이 포함될 수 있으며, 절차에는 서류심사, 발표평가, 종합심의 등의 단계가 구체적으로 안내된다. 이러한 정보는 연구자들이 과제 신청 전 미리 쥬비해야 할 사항을 명확히 파악하고, 평가에 필요한 자료를 체계적으로 준비하도록 돕는다.

다만, 모든 과제가 동일한 공고 기간을 필요로 하는 것은 아니다. 법령에서는 원칙적으로 30일 이상 공고하도록 규정하고 있으나, 중앙행정기관의 장이 해당 과제를 신속히 추진해야 한다고 인정하는 경우, 공고 기간을 30일보다 단축할 수 있도록 예외를 두었다. 이는 긴급한 기술개발이 필요하거나, 국가적 대응이 시급한 분야(예: 재난 안전, 감염병 대응, 긴급 산업기술 확보 등)에 한정하여 행정절차를 간소화할 수 있도록 한 것이다. 또한, 선정평가 결과 적합한 과제가 없을 경우에는 재공고를 실시할 수 있으며, 이때도 신속한 추진을 위하여 공고 기간을 단축할 수 있다.

이와 같은 공모 및 공고 절차는 단순한 행정절차를 넘어, 국가연구개발사업의 투명성과 공정성을 확보하는 핵심 메커니즘이라 할 수 있다. 모든 연구자와 기관이 동일한 정보에 접근할 수 있도록 함으로써, 특정 기관이나 인물에게만 유리한 정보 비대칭을 방지하고, 연구 참여의 기회를 공평하게 보장한다. 또한 명확한 공고 기준은 향후 평가 및 선정 과정에서 발생할 수 있는 논란을 예방하며, 국가 차원의 연구개발 자원 배분이 합리적으로 이루어질 수 있도록 한다. 결국 이러한 제도는 연구개발 행정의 신뢰성을 높이고, 연구자가 자율성과 경쟁력을 바탕으로 공정한 환경에서 연구를 수행할 수 있는 기반을 조성하는 데 기여한다.

3. 지정 등 공모 외의 방법

(1) 국가안보 또는 사회·경제에 중대한 영향을 미치는 연구개발과제인 경우

국가안보나 사회·경제에 중대한 영향을 미치는 연구개발과제의 경우에는 그 특수성과 보안성, 그리고 전략적 중요성 때문에 일반적인 공모 방식을 통해 연구개발기관과 연구자를 선정하기 어렵다. 공모는 원칙적으로 모든 연구자와 기관에 동등한 참여 기회를 제공하기 위한 개방적 절차이지만, 이러한 절차가 항상 적합한 것은 아니다. 특히 국가핵심기술, 방위산업, 사이버안보, 감염병 대응, 에너지 안보, 원자력 안전 등과 같이 국가의 존립과 국민의 안전에 직결되는 분야에서는 연구의 내용 자체가 기밀에 해당하거나, 정보가 외부에 공개될 경우 심각한 안보상의 위험이 발생할 수 있다.

이러한 과제들은 단순히 기술개발의 차원을 넘어, 국가전략기술로서의 통제와 관리가 필수적인 연구이기 때문에, 공모를 통한 개방형 경쟁은 보안상 매우 취약하다. 예를 들어, 연구개발의 목적과 기술 범위, 세부 추진계획이 공모 과정에서 공개될 경우 외국 기업이나 경쟁국이 이를 이용해 기술 유출이나 사이버 공격을 시도할 가능성이 존재한다. 또한 방위산업체나 핵심 인프라 연구기관이 수행하는 연구의 경우, 그 참여 주체 자체가 국가 기밀에 해당할 수 있으므로, 이러한 내용을 공개하는 것은 법률상 금지되거나 제한되는 사안이 된다. 따라서 해당 과제는 공모를 통한 개방적 절차보다는, 보안등급을 갖춘 기관이나 정부가 신뢰할 수 있는 연구자를 정부가 직접 지정하거나 제한된 범위 내에서 선정하는 방식이 불가피하다.

뿐만 아니라 사회·경제적으로 중대한 영향을 미치는 연구개발과제는 그 성격상 긴급성과 정책적 대응력이 요구된다. 예를 들어, 대규모 전염병 확산, 기후재난, 원전 사고, 디지털 인프라 마비 등과 같은 위기 상황에서는 즉각적인 연구개발이 필요하다. 이러한 경우 일반적인 공모 절차를 따를 경우 공고 기간, 신청 접수, 평가 및 선정 등 일련의 행정 절차에만 수개월이 소요되어, 실제 대응이 지연될 위험이 크다. 따라서 신속한 추진을 위해서는 정부가 이미 역량을 검증한 기관이나 연구자를 지정 방식으로 곧바로 선정하고, 즉시 과제에 착수할 수 있도록 해야 한다. 이는 연구개발의 효율성뿐 아니라 국가의 대응 체계 전반의 속도와 실효성을 보장하기 위한 조치이다.

또한, 이러한 과제는 그 내용이 국가 정책, 외교, 안보, 산업기술 보호 등과 직접 연관되어 있어, 연구자 선정 과정에서도 단순한 기술 역량 외에 보안 관리 능력, 정부 신뢰도, 수행 이력 등 정성적 요소가 중요하게 작용한다. 공모 방식에서는 이러한 비공개 기준을 충분히 반영하기 어렵기 때문에, 정부가 특정 기관을 지정하거나 협약 방식으로 참여를 요청하는 것이 오히려 합리적이다. 즉, 국가안보 및 사회·경제적 중대성을 지닌 연구개발과제는 그 본질적 특성상 개방형 공모보다는 지정형과 같은 방식이 적합하다는 것이다. 국가의 안전과 전략기술 보호를 위한 불가피한 조치이며, 연구개발 행정의 보안성과 신속성을 동시에 확보하기 위한 제도적 장치라 할 수 있다.

(2) 정부가 국제기구 또는 외국의 정부·기관·단체와 체결한 협정·조약 등에 따라 연구개발과제와 연구개발기관을 특정한 경우

정부가 국제기구나 외국의 정부, 기관, 단체와 협정이나 조약을 체결하여 수행하는 연구개발과제의 경우, 일반적인 공모 절차를 통해 연구개발기관이나 연구자를 선정하기 어렵다. 이는 국제협력 사업이 단순한 국내 사업이 아니라, 국가 간 합의와 외교적 약속을 기반으로 추진되는 특수한 형태의 과제이기 때문이다. 이러한 사업은 국제적 신뢰를 전제로 하며, 협정 체결 시 이미 참여 주체나 수행 방식이 구체적으로 합의되어 있는 경우가 많다. 따라서 국내에서 별도로 공모를 실시하여 연구기관을 새로 선정하는 것은 협정의 이행 구조와 배치될 수 있고, 국제적 약속의 신뢰성을 훼손할 우려가 있다.

국제협력 연구개발과제는 일반적으로 양자 또는 다자 간 협정 등에 따라 추진되며, 해당 협정에는 연구의 범위, 추진 절차, 재원 분담, 수행기관, 지식재산권 처리방식 등이 이미 명시되어 있다. 예를 들어, 한국 정부가 유럽연합(European Union, EU)[3], 국제원자력

3 유럽연합(EU)은 유럽 국가들이 경제·정치·사회 전반에서 공동의 정책과 규범을 수립·이행하기 위해 구성한 초국가적 통합체이다. 단일시장과 관세동맹을 기반으로 사람·상품·서비스·자본의 자유로운 이동을 보장하며, 공정경쟁·환경·디지털·연구혁신(Horizon Europe: 유럽연합이 2021~2027년 운영하는 핵심 연구·혁신 펀딩 프로그램) 등 분야에서 공동 정책을 추진한다.

기구(IAEA), 미국 에너지부(U.S. Department of Energy, DOE)[4] 등과 체결한 연구 협력 협정에는 특정 연구 분야에서의 공동 프로젝트 수행과, 이를 담당할 지정 연구개발기관의 역할이 포함되어 있다. 이러한 경우 국내 수행기관은 협정상 상대국이 지정한 기관과 직접 협력해야 하므로, 공모 절차를 통해 불특정 다수의 기관을 모집하는 것은 사실상 불가능하다.

또한, 국제공동연구는 국제 파트너 간의 기술·인력 교류, 보안 관리, 일정 조정, 연구목표의 일관성 유지가 매우 중요하기 때문에, 경험이 없거나 협력 체계를 갖추지 못한 기관이 무작위로 참여할 경우 연구의 효율성과 신뢰성이 저하될 위험이 크다. 따라서 정부는 이미 협정 체결 단계에서 협력 수행 역량이 검증된 기관을 중심으로 연구개발기관을 지정하거나, 해당 협정에서 합의된 기관을 그대로 국내 수행기관으로 확정하는 것이 합리적이다.

나아가 국제협력 연구개발은 외교적 관계의 일환으로 추진되는 경우가 많기 때문에, 연구기관 선정 과정에서의 국가 간 신뢰 유지와 협정 이행의 일관성 확보가 핵심이다. 예컨대 외국 정부나 국제기구가 특정 한국 연구기관과의 협력을 전제로 협정을 체결했다면, 국내에서 이를 다시 공모로 변경할 경우 협정 이행에 혼선이 발생하고 외교적 신뢰가 훼손될 수 있다. 이는 단순한 행정 문제를 넘어 국제 관계 전반에 영향을 미칠 수 있는 사안이다.

따라서 이러한 경우에는 정부가 공모 대신 지정, 위촉, 또는 협약 방식으로 연구기관과 연구자를 선정하는 것이 불가피하다. 이는 공정경쟁의 원칙을 회피하기 위한 예외가 아니라, 국제협정의 법적 구속력과 외교적 신뢰성을 보장하기 위한 제도적 필요에 따른 것이다. 지정 방식은 국제협력의 연속성과 책임성을 유지하면서도, 협정에 명시된 의무를 충실히 이행할 수 있는 유일한 방법이다. 결국 이러한 절차는 국제사회 속에서 한국이 체결한 과학 기술 협력 협정의 신뢰성을 확보하고, 장기적 관점에서 국가 과학 기술 외교의 일관성과 위상을 지키는 기반으로 기능한다.

특정한다는 개념을 오해하여 불공정하다고 여기면 안되는데, 해당 사항은 정부가 직접 국제기구 또는 외국의 정부·기관·단체와 체결한 협정·조약 등에 근거하여 특정되는 연구개발과제만을 의미하기 때문이다. 즉, 해당 사항은 국내 연구개발기관이 수행하는

---

4 미국 에너지부(DOE)는 미국의 에너지 정책 수립과 집행, 원자력 안전 및 핵안보 관리, 에너지·과학 분야 연구개발을 총괄하는 연방 행정부처이다.

일반적인 국제공동연구와 명확히 구분된다. 정부가 주체가 되어 연구개발과제와 연구개발기관을 특정하는 사항이므로, 이는 국제적 합의나 조약이라는 상위 법적 틀을 통해 과제의 목적, 범위, 상대방, 수행 방식이 이미 외교적·국가적 차원에서 결정된다는 점에서, 연구개발과제의 주체·책임·범위가 정부에 의해 구조적으로 한정되기 때문에 공모가 불필요하다는 취지이다. 이는 협정·조약이 국가 간 권리·의무를 규율하는 국제법적 성질을 가지기 때문이다. 외국 정부나 국제기구와의 합의는 국가를 대표하는 정부가 체결의 당사자가 되며, 그 법적 구속력은 중앙행정기관 또는 정부가 지정하는 수행기관을 통해 국내적으로 이행되는 구조를 가진다. 따라서 해당 협정에 의해 특정된 연구개발과제는 정부가 국제적 약속을 이행하기 위해 국내 연구개발기관을 선정·지원·통제하는 방식으로 운영된다는 것[5]이다.

(3) 법령에 따라 연구개발기관이 지정된 경우

법령에 따라 특정 연구개발기관이 이미 지정되어 있는 경우에는, 해당 법령의 취지와 구조상 연구개발과제 및 연구개발기관을 공모 절차를 통해 새로이 선정하기 어렵고, 지정 또는 협약 등의 방법으로 선정하는 것이 불가피하다. 이는 행정의 자의적 편의를 위한 예외가 아니라, 법률상 근거에 따른 의무적 절차의 이행으로서, 공모 절차를 생략할 합리적 사유가 존재하기 때문이다.

일반적으로 국가연구개발사업의 기본 원칙은 공정성과 투명성 확보를 위해 공모를 통해 연구개발기관과 연구자를 선정하는 것이지만, 일정한 경우에는 법률 또는 법령에 특별한 규정이 존재하거나, 그 규정의 취지를 실현하기 위해 공모 절차가 오히려 법령 이행을 저해할 때 예외적으로 지정 방식을 허용한다. 이는 「개인정보 보호법」 등 다른 법령 체계에서 법률에 특별한 규정이 있거나 법령상 의무를 준수하기 위해 불가피한 경

---

5 반면, 연구개발기관이 정부와 무관하게 일반적으로 외국 연구개발기관과 수행하는 국제공동연구는 국제적 협력이라는 외형을 공유하더라도, 그 법적 성질은 전적으로 상이하다. 이는 연구개발기관이 자율적으로 외국 연구개발기관과 계약을 체결하여 국제공동연구를 수행하는 방식을 포함하여 다양한 형태로 국내 연구개발기관이 외국 연구개발기관과 공동으로 연구를 수행하는 것으로, 국가 간 합의나 조약에 기초한 의무 이행이 아니라 일반적으로 연구개발기관 간의 연구 협력 관계로 이해해야 한다. 해당 사항은 〈제14장 국제공동연구〉에서 상세하게 설명한다.

우를 예외적으로 인정하는 것과 유사한 논리이다. 즉, 공공기관이 법령상 부여된 특정 의무를 이행하기 위해 불가피하게 개인정보를 동의 없이 수집·이용할 수 있는 것처럼, 연구개발기관 지정 역시 법률이 이미 그 기관의 수행 책임을 규정한 이상, 그 취지에 따라 해당 기관을 지정하여 과제를 수행하게 하는 것이 타당하다.

예를 들어, 특정 분야의 기술개발이나 인프라 구축이 법령에 의해 특정 연구개발기관의 고유 책무로 정해져 있는 경우, 정부는 이를 다시 공모를 통해 불특정 다수에게 개방할 실익이 없다. 이러한 연구개발과제를 다시 일반 공모로 개방하는 것은 법률이 예정한 수행 체계와 상충될 수도 있다. 즉, 해당 법률이 특정 연구개발기관을 지정 연구개발 수행기관으로 정하고 있다면, 정부는 그 법적 구속력과 의무 이행을 위해 공모가 아닌 지정 방식을 택해야 한다.

또한 '법령상 의무 준수를 위해 불가피한 경우'란, 공모를 실시하지 않을 경우 오히려 법령이 요구하는 공적 임무의 수행이 현저히 곤란해지는 상황을 말한다. 예컨대, 방위산업기술 보호, 원자력안전 연구, 국가기반시설 보안 연구 등은 관련 법령에 따라 수행 주체가 명시되어 있으며, 다른 연구개발기관이 이를 수행할 경우 보안상 위험이나 책임 주체 불명확성 등의 문제가 발생할 수 있다. 이러한 경우 정부가 해당 기관을 직접 지정하는 것은 임의적 선택이 아니라 법령상 책무의 실질적 이행을 위한 필수적 조치라 할 수 있다.

법령에 의해 특정 연구기관이 지정되어 있는 상황에서, 정부가 이를 다시 공모로 선정하는 것은 법률이 정한 체계를 왜곡할 위험이 있는 것이다. 따라서 이러한 경우에는 법률적 근거에 따라 연구개발기관을 지정 방식으로 확정하는 것이 합리적이며, 이는 행정편의가 아닌 법령의 구속력과 공공정책의 연속성을 보장하기 위한 정당한 절차라 할 수 있다.

(4) 재난·재해, 경제여건 악화 등 사회적·경제적으로 긴급한 상황에 대응하기 위하여 정책적으로 국가연구개발사업의 추진이 필요한 경우

재난·재해, 전염병 확산, 급격한 경제여건 악화 등과 같이 사회적·경제적으로 긴급한 상황에 대응하기 위해 정책적으로 국가연구개발사업의 즉각적인 추진이 필요한 경우에는, 통상적인 공모 절차를 통해 연구개발기관과 연구자를 선정하기 어렵다. 이러한 경우에는 절차적 공정성보다는 국가적 위기 대응의 신속성과 실효성이 우선되어야 하므로, 정부가 연구개발기관을 지정, 위촉 또는 협약 등의 방식으로 직접 선정하는 것이 불가피하다.

국가연구개발사업의 공모 절차는 원칙적으로 연구자에게 동등한 참여 기회를 제공하고, 공정한 경쟁을 통해 최적의 수행기관을 선정하기 위한 제도이다. 그러나 재난이나 경제위기와 같은 상황에서는 이러한 절차를 그대로 적용할 경우, 사업 추진까지 수개월이 소요되어 실질적인 대응 시기를 놓칠 위험이 있다. 즉, 절차적 형식은 유지되지만 정작 보호해야 할 국민의 안전, 사회적 기능, 국가 경제의 안정이 침해되는 역행적 결과를 초래할 수 있다. 따라서 이와 같은 예외적 상황에서는, 정부가 사전에 정한 공모 절차를 생략하고 즉시 연구개발을 착수할 수 있는 기관을 지정하여 대응하는 것이 오히려 행정의 목적과 공익 실현에 부합한다.

이는 행정이 보호해야 할 법익 중에서도 절차적 형식의 보장보다 국민의 생명·신체·경제적 안전이라는 상위의 공익적 가치가 우선하는 경우라 할 수 있다. 국가가 재난이나 위기 상황에서 정책적·기술적 대응을 지연시키지 않기 위해, 연구개발 수행기관을 신속히 지정하는 것은 예외적 조치이지만, 그 근거는 명백하다. 사회적 피해를 최소화하고 국민의 생명과 재산을 보호하기 위한 긴급 대응의 필요성이 존재할 때, 행정은 평상시의 절차적 규율을 잠시 완화하여 더 큰 공익을 실현하는 방향으로 작동해야 한다.

예를 들어 감염병의 확산으로 백신이나 치료제 개발이 시급한 상황, 대규모 자연재해로 인한 복구 기술의 신속한 적용이 필요한 경우, 또는 급격한 산업·금융위기로 경제 회복을 위한 핵심 기술개발이 즉각 요구되는 경우 등이 이에 해당한다. 이러한 때 공모 절차를 거친다면 사업 공고, 서류 접수, 평가, 확정 등 행정적 절차만으로 수개월이 소요되어, 위기 대응의 적시성을 상실하게 된다. 반면, 정부가 해당 분야의 전문성과 기술 역량이 이미 검증된 기관을 지정하여 즉시 착수하게 한다면, 피해 확산을 최소화하고 사회적 기능 회복을 앞당길 수 있다.

(5) 연구개발과제를 수행할 수 있는 연구개발기관이 한정되어 공모를 진행할 실익이 없는 경우

연구개발과제를 수행할 수 있는 연구개발기관이 본질적으로 한정되어 있어 공모를 진행하더라도 실질적인 경쟁이 성립하지 않고, 따라서 공모 절차를 거치는 것이 행정적으로 아무런 실익이 없는 경우에는, 연구개발기관과 연구자를 공모를 통해 선정하기 어렵다. 이 경우 정부는 공모 대신 지정, 위촉 또는 협약 등 다른 방식으로 선정하는 것이 타당하다. 이는 단순한 행정편의의 문제가 아니라, 실질적 행정효용이 존재하지 않는 절차를 배제하고 행정의 합목적성과 효율성을 확보하기 위한 불가피한 조치이다.

행정법 체계상 위법한 처분의 취소를 구하는 소송에서도 "이론적으로 위법 여부를 다툴 수 있더라도 재판을 통해 얻을 수 있는 실제적인 효용이나 실익이 없는 경우에는 소의 이익이 없다."고 판시[6]된 것과 마찬가지로, 연구개발기관 선정에 관해 공모 절차의 실익이 존재하지 않는 경우에는 굳이 형식적 절차를 진행할 필요가 없다. 다시 말해, 공모는 불특정 다수의 참여를 전제로 경쟁과 공정성을 확보하기 위한 제도이지만, 참여 가능한 기관이 실질적으로 한정되어 있는 상황에서는 공모의 목적 자체가 실현될 수 없으며, 형식적인 절차만 남게 된다. 이러한 상황에서 공모를 강행하는 것은 행정 자원의 낭비이자 법적 절차의 목적을 상실한 형식적 행정행위에 불과하다.

예를 들어, 특정 연구개발과제가 고도의 전문 장비, 특수시설, 인허가 요건 등을 필요로 하여 실질적으로 수행 가능한 기관이 국가 연구소 한 곳에 불과하거나, 특정 기술 분야의 연구 역량이 독점적으로 축적된 기관만이 해당 연구를 수행할 수 있는 경우를 생각해 볼 수 있다. 이러한 경우 공모를 실시하더라도 경쟁이 발생하지 않으며, 오히려 사업 추진이 지연되고 행정비용만 증가하는 결과를 초래할 것이다.

다만, '공모의 실익이 없는 경우'를 판단하는 기준이 법령상 명확히 규정되어 있지 않다는 점에 유의해야 한다. 연구개발기관이 기술적으로, 지리적으로, 인력·시설 측면에서 사실상 유일한 경우라 하더라도, 이를 객관적·법률적으로 확인·설명하는 과정은 쉽지 않다. 예컨대 특정 장비를 독점적으로 보유한 연구개발기관, 해당 기술 분야에서 국내 유일한 연구 집단, 특정 국제 프로그램의 국내 단독 참여기관 등은 실무적으로 공모의 실익이 없다고 판단할 수 있지만, 이러한 사정을 입증하기 위한 기준·자료·검증 절차는 기

6 대법원 1998. 9. 8 선고 98두9165 판결, "위법한 행정처분의 취소를 구하는 소는 위법한 처분에 의하여 발생한 위법상태를 배제하여 원상으로 회복시키고, 그 처분으로 침해되거나 방해받은 권리와 이익을 보호·구제하고자 하는 소송이므로, 어떤 행정처분의 위법 여부를 다투는 것이 이론적인 의미는 있으나 재판에 의하여 해결할 만한 실제적인 효용 내지 실익이 없는 경우에는 그 취소를 구할 소의 이익이 없다고 할 것이다."

관별로 상이하며 법적 통일성도 부족하다.

특히 '실익 없음'이라는 개념은 행정법상 재량 판단 영역에 속하므로, 단순한 정책적 판단만으로 공모를 생략하는 것은 정당화되기 어렵다. 공모 생략이 허용되기 위해서는 수행 가능 기관이 사실상 유일하다는 점이 객관적 자료로 확인되고, 공모를 하더라도 실질적 경쟁이 발생할 가능성이 없다는 등의 합리적 사유가 존재해야 한다. 그러나 이러한 요건은 법령으로 구체화되어 있지 않아, 각 중앙행정기관·전문기관이 자체 판단 또는 내부 지침에 의존해 기준을 설정하는 경우가 많으며, 이는 법적 안정성 측면에서 한계로 지적된다.

또한 연구개발사업의 선정에는 기술·인력의 유무 외에도 연구개발기관의 과제 수행 이력, 규제 적합성, 안전관리 체계 등 복합적 요소에 대한 고려가 필요하므로, 유일성 또는 특정 가능성을 판단하는 데 다층적 검토가 요구될 수밖에 없다.

제3절 ∥ 국외수혜정보

「국가연구개발혁신법 시행령」

제9조(연구개발과제 및 연구개발기관의 공모 절차) ② 법 제9조 제4항 각 호 외의 부분 본문에 따른 공모에 참여하려는 기관·단체는 과학기술정보통신부령으로 정하는 표준 연구개발계획서(이하 "연구개발계획서"라 한다)를 해당 중앙행정기관의 장에게 제출해야 한다.
③ 연구개발계획서에는 다음 각 호의 사항이 포함돼야 한다.
8. 연구책임자가 연구개발기간 동안 외국의 정부·기관·단체 등으로부터 받는 행정적·재정적 지원이나 노무 또는 자문 등을 제공하고 받는 대가에 관한 사항

1. 개요

국외수혜정보 보고 제도는 연구개발 활동의 투명성과 신뢰성을 강화하고, 국가 연구개발 자산을 체계적으로 보호하기 위해 도입된 제도이다. 특히 최근 국제공동연구의 활성화와 함께 연구자 개인이 국내외 여러 기관으로부터 동시에 지원을 받는 사례가 늘어나면서, 외국 기관이나 단체로부터 제공되는 재정적 또는 비재정적 지원이 연구의 공정성, 보안, 그리고 국가 이익에 영향을 미칠 수 있다는 우려가 커지고 있다. 이에 따라 정부는 글로벌 스탠다드에 부합하는 연구 보안 체계의 내실화를 통해, 국제사회에서 신뢰받는 연구환경을 조성하고 국가 차원의 연구개발 관리체계를 강화할 필요성을 인식하게 되었다.

이러한 제도의 추진 배경에는 미국과 일본 등 주요 선진국의 사례가 직접적인 영향을 미쳤다. 미국의 경우, 연방정부의 연구비를 지원받는 연구자가 외국 정부나 기관으로부터 받는 모든 형태의 금전적 지원·보조·자문 활동·지분 참여 등을 의무적으로 신고하도록 하는 제도를 운영하고 있으며, 이를 위반할 경우 연구비 지원 중단이나 법적제재가 이루어진다. 일본 또한 국가연구비를 지원받는 연구자가 외국 정부나 연구기관으로부터 제공받을 지원 내역을 사전에 보고하도록 하여, 외국의 영향력이 국가 연구정책에 부정적 영향을 미치지 않도록 관리하고 있다. 이러한 국제적 흐름은 단순한 행정적 투명성 확보를 넘어, 국가 연구자산의 전략적 보호와 연구 보안 체계의 강화를 위한 공통된 방향성을 보여준다. 우리나라 역시 과학 기술 분야의 글로벌 협력 확대에 따라 국제적 신

뢰 수준을 높이고, 연구 윤리 및 보안 관리에 있어 국제적 책임성을 확보해야 한다는 요구가 높아졌다.

따라서 국외수혜정보 보고 제도는 단순한 신고 절차를 넘어, 국가연구개발사업 전반의 투명한 정보공개와 이해 상충 방지를 핵심 목적으로 하고 있다. 구체적으로는 국가연구개발사업에 참여하는 연구책임자가 외국 정부, 기관, 단체, 기업 등으로부터 제공받을 재정적 지원(예: 급여, 연구비, 보조금, 자문료 등)이나 비재정적 지원(예: 연구시설 이용, 인력 지원, 기술 제공 등) 내역을 사전에 공개하도록 하여, 국내 연구개발 자금과 국외 지원이 충돌하거나 이중 지원으로 이어지는 상황을 예방하고자 한다. 이러한 보고 체계를 통해 연구책임자의 이해관계를 명확히 함으로써, 연구 과정에서 발생할 수 있는 이해 상충 문제를 미연에 방지하고, 공정하고 책임 있는 연구 수행 환경을 구축할 수 있다.

다만, 여기서 '신고' 또는 '신고 의무'라는 표현이 과연 적절한지에 대해서는 여전히 논의의 여지가 있다. 현행 제도의 목적은 형식적인 '신고'의 의무를 부과하기보다는, 연구책임자나 연구개발기관이 국외 지원 또는 대가 관계를 명확히 확인·기재하여 국가연구개발 협약 과정에서 검증할 수 있도록 하는 것에 있다. 즉, '신고'라는 표현보다는 '정보 제공' 혹은 '수혜 관계 확인'이라는 개념이 보다 정확한 설명으로 보인다. 이는 제도의 본질이 행정처분이나 제재를 위한 것이 아니라, 연구보안과 이해 상충 방지를 위한 사전 관리 기능에 초점을 두고 있기 때문이다.

나아가 본 제도는 단순히 국가 차원의 연구 보안 관리 수단에 그치지 않고, 장기적으로는 국제공동연구의 신뢰 기반을 강화하는 역할을 수행한다. 외국 연구기관 및 국제기구와 협력할 때, 우리나라 연구자들이 투명한 정보 보고 체계를 갖추고 있다는 점은 국제사회에서 신뢰를 확보하는 중요한 요인이 된다. 이는 한국이 연구개발 선진국으로서 책임 있는 연구문화를 확립하고, 글로벌 과학 기술 협력의 신뢰 파트너로 자리매김하기 위한 제도적 토대라 할 수 있다.

2. 세부 절차

(1) 개요

국가연구개발과제를 수행하는 연구책임자는 자신의 연구 수행과 관련하여 외국으로부터 어떠한 형태로든 지원이나 대가를 받고 있는 경우, 이를 투명하게 보고해야 한다. 이는 단순히 연구비의 출처를 명확히 하는 행정절차가 아니라, 국가연구개발사업의 공정성과 연구 윤리를 보장하기 위한 제도적 장치로서 마련된 것이다. 구체적으로 연구책임자(공동연구개발기관 및 위탁연구개발기관의 책임자 포함)는 외국 정부, 공공기관, 대학, 연구소, 기업 등으로부터 제공받는 행정적·재정적 지원, 인력 또는 자문 제공, 그리고 이에 따른 금전적·비금전적 대가의 수수 내역을 해당 과제를 소관하는 중앙행정기관의 장에게 보고하여야 한다.

이 보고 의무는 「국가연구개발혁신법 시행령」의 개정으로 명문화된 것으로, 2024년 2월 6일 이후 시행되었다. 이에 따라 같은 날 이후에 공고된 국가연구개발사업 과제이거나, 공모 외의 지정 방식 등으로 연구개발기관이 선정된 과제에 대해 연구개발계획서 제출이 요청되는 경우부터 적용된다. 다시 말해, 과제 공모 단계에서 연구자가 제안서를 제출할 때뿐만 아니라, 정부가 특정 연구기관을 지정하여 수행하도록 요청하는 과제의 경우에도 동일한 보고 의무가 부여된다. 이는 과제의 선정 경로나 형태와 무관하게, 모든 국가연구개발사업이 동일한 수준의 투명성과 보안 관리 원칙 아래 운영되어야 한다는 취지를 반영한 것이다.

연구책임자는 이러한 국외 지원 내역을 연구개발계획서 내에 포함하여 명시해야 하며, 그 내용에는 단순한 금전 지원뿐 아니라 행정적 편의 제공, 연구 공간이나 장비의 무상 이용, 인력 파견, 자문 제공, 공동 논문 참여 대가 등 다양한 형태의 비재정적 지원도 포함된다. 이는 외국 기관으로부터의 간접적인 지원이나 영향력 행사 가능성을 사전에 차단하기 위한 것으로, 연구 활동의 독립성과 국가연구개발 재원의 공정한 운용을 보장하는 데 목적이 있다. 특히 국제공동연구가 활성화된 오늘날에는 외국 연구기관이나 단체와의 협력 과정에서 연구개발비 이중 수혜나 연구개발성과의 부적절한 이전, 기술 유출 등의 위험이 존재하기 때문에, 이러한 보고 절차는 연구 보안의 핵심적 관리 수단으로 기능한다.

또한 「국가연구개발혁신법」 제3조에 따라, 「국가연구개발혁신법」 제9조부터 제18조까지의 적용을 받지 않는 일부 국가연구개발사업은 본 보고 의무의 대상에서 제외된다. 예를 들어 군사, 정보, 외교 등 국가의 특수한 기능과 관련되어 별도의 관리 체계를 갖춘 연구개발사업에 대해서는 일반적 보고 제도의 적용이 적절하지 않다는 점을 고려한 것이다. 따라서 본 제도는 국가연구개발사업의 일반적 영역에 적용되며, 국가안보나 특수기밀과 관련된 분야는 별도의 법령 체계에 따라 관리된다.

(2) 보고 주체

국가연구개발사업의 국외수혜정보 보고 의무는 단순히 행정기관이나 연구기관 전체에 일괄적으로 부과되는 것이 아니라, 실제 연구를 수행하거나 수행 예정인 연구책임자 개인에게 직접적으로 부여된다. 구체적으로는 국가연구개발과제를 수행 중이거나 수행하고자 하는 주관연구개발기관의 연구책임자, 그리고 과제의 수행에 공동으로 참여하거나 위탁의 형태로 연구를 맡은 공동·위탁연구개발기관의 책임자 모두가 보고 주체에 해당한다. 이는 국가연구개발사업이 복수의 기관과 연구자가 협력하여 수행되는 복합적 구조를 갖는 경우가 많기 때문에, 단일 기관 단위의 관리만으로는 국외수혜정보의 투명성을 확보하기 어렵다는 현실을 반영한 조치이다.

연구책임자는 과제의 수행과정에서 발생하는 모든 대내외적 지원 관계에 대한 최종적 관리 책임을 지는 인물로서, 외국의 정부·기관·단체 등으로부터 제공받은 재정적·비재정적 지원, 자문, 인력 교류, 기술 제공 등과 관련된 정보를 중앙행정기관의 장에게 직접 보고해야 한다. 여기에는 연구비나 현금 지원뿐 아니라, 연구시설 제공, 데이터 접근권 부여, 공동저술 대가, 컨설팅 또는 기술이전 계약 등 다양한 형태의 지원이 포함된다. 즉, 단순히 금전적 수혜만을 기준으로 하지 않고, 연구 수행의 독립성과 공정성에 영향을 미칠 수 있는 모든 형태의 국외 지원을 포괄적으로 보고해야 하는 것이다.

이 보고 의무는 연구개발과제가 진행 중인 경우뿐 아니라, 새로운 과제 협약을 체결하거나 기존 협약을 변경하는 시점에도 동일하게 적용된다. 예를 들어 연구 수행 중 과제 범위가 확대되어 새로운 국제협력 파트너가 추가되거나, 외국 기관으로부터 추가 자금 또는 자문 지원을 받게 되는 경우에도 즉시 보고해야 한다. 이는 연구비 집행이나 연구진 구성의 변동이 있을 때마다 국외수혜 관계의 변화를 실시간으로 파악하고 관리하기 위함이다. 다시 말해, 국외수혜정보 보고는 일회성 행정절차가 아니라 과제 수행 전 과정에 걸쳐 지속적으로 적용되는 연구 보안 의무로 이해해야 한다.

(3) 보고 항목의 범위

국외수혜정보 보고 제도에서 연구책임자가 보고해야 하는 항목은 단순히 금전적 지원에 한정되지 않으며, 외국의 정부, 공공기관, 대학, 연구소, 기업, 또는 비영리단체 등으로부터 제공받는 모든 형태의 행정적·재정적 지원이나 그에 대한 대가 전반을 포함한다. 이는 국가연구개발사업에 참여하는 연구자가 외국 기관과 어떠한 형태로든 협력, 지원, 자문 관계를 맺고 있는지를 투명하게 파악함으로써, 국가 연구개발 자산의 안전성과 연구 보안을 확보하기 위한 조치이다.

보고 항목에 포함되는 지원은 다양하다. 첫째, 재정적 지원에는 연구비, 용역비, 보조금, 급여, 장학금 등 직접적인 금전 제공이 포함된다. 둘째, 행정적 또는 물적 지원에는 인력, 장비, 연구시설, 데이터 접근권, 연구 공간 제공 등 연구 수행을 실질적으로 지원하는 모든 형태가 해당된다. 여기에는 단순히 이미 확정된 지원뿐 아니라, 협약 시점에서 향후 지원이 이루어질 것으로 예상되는 사항, 즉 외국 연구개발과제 신청 중이거나 선정이 유력한 경우 등도 포함된다. 이는 잠재적 이해 상충 가능성까지도 사전에 식별하기 위한 예방적 관리의 성격을 갖는다. 다시 말해, '아직 지원이 확정되지 않았더라도 연구계획서 제출 시점에서 그 가능성이 존재한다면' 보고 의무가 발생한다는 것이다.

또한 연구자가 외국 기관에 노무를 제공하거나 자문·컨설팅을 수행하고 그 대가를 받는 경우 역시 보고 항목에 포함된다. 예를 들어, 연구자가 외국 대학이나 연구소, 기업 등에 자문위원, 컨설턴트, 강연자, 프로젝트 참여자 등의 형태로 참여하면서 금전적 또는 비금전적 보상을 받는다면 모두 해당된다. 여기에는 세미나 강연료, 기술 자문료, 공동연구 참여 대가, 혹은 겸직(兼職) 형태의 보수 등이 포함된다. 단, 모든 학술 활동이 보고 대상은 아니며, 순수한 학문적 성격의 활동, 즉 강의, 학회 발표, 논문 또는 학술서적 기고 등은 일반적으로 보고 대상에서 제외된다. 다만, 동일 외국 기관으로부터 1년간 미화 5,000달러(USD)를 초과하는 금전적 보상이나 지원을 받는 경우에는 학술 활동이라 하더라도 보고 대상으로 간주된다. 이는 국제공동연구와 순수 학문 활동 간의 경계를 고려하면서도, 일정 규모 이상의 금전적 수혜가 있을 경우 투명하게 공개하도록 하는 실질적 기준을 제시한 것이다.

한편, 연구개발과제(또는 용역)의 경우에도 그 범위를 폭넓게 해석한다. 외국 기관이 제안하거나 수행하는 연구에 신청, 선정, 지정, 협약, 계약 등으로 참여하는 경우는 모두 보고 대상에 포함된다. 단, 단순한 문의나 제안, 논의 수준의 협의, 혹은 이미 종료된 과제 등은 실질적인 수혜 관계가 형성되지 않았으므로 보고 의무에서 제외된다.

(4) 보고 항목의 시간적 범위

국외수혜정보 보고 제도에서 보고해야 하는 시간적 범위는 무제한적이거나 과거의 모든 연구 활동을 포함하는 것이 아니라, 현재 수행 중이거나 수행 예정인 연구개발과제와 연구 기간이 중첩되는 국외 지원·수혜 내역에 한정된다. 즉, 연구책임자가 보고해야 할 대상은 협약 체결된 국가연구개발과제의 수행 기간과 겹치는 시기에 외국 기관으로부터 받은 행정적·재정적 지원, 또는 노무·자문 제공 등과 관련된 사항에 국한된다. 이는 제도의 실효성을 높이면서도 연구자의 불필요한 행정 부담을 최소화하기 위한 합리적 기준이다.

구체적으로 말하면, 연구자가 과거에 외국 기관의 연구 프로젝트에 참여했거나 일시적으로 강연, 자문, 공동 연구를 수행한 경우라 하더라도, 그 활동이 현재 수행 중인 국가연구개발과제의 협약 기간과 시간적으로 중첩되지 않는다면 보고 대상이 아니다. 반대로, 외국 기관으로부터의 지원이 현재 수행 중인 국가연구개발과제의 기간과 겹치거나, 향후 과제 수행 중에 지원이 이루어질 예정이라면 보고 의무가 발생한다. 이는 국가연구개발사업과 외국 기관 간의 재정·행정적 지원 관계가 동일한 시기에 존재할 경우, 이해상충이나 연구 보안 문제로 이어질 가능성이 크기 때문이다.

예를 들어, 한 연구자가 2025년부터 2027년까지 정부로부터 국가연구개발과제를 수행하는 동시에, 같은 기간에 외국 대학이나 연구소로부터 연구비, 자문료, 인력 파견 등의 지원을 받고 있다면 이는 명백한 보고 항목이다. 이러한 중첩된 지원 관계는 연구 결과의 독립성, 연구비의 이중 수혜 가능성, 또는 외국 기관의 부당한 영향력 개입 등과 같은 문제를 초래할 수 있기 때문이다. 반면, 해당 외국 지원이 과거(예: 2024년 이전) 또는 미래(예: 2028년 이후)에 한정되어 있고, 현재 과제 수행과는 관련이 없다면 보고 항목에서 제외된다.

이처럼 보고 범위를 기간 중첩이라는 명확한 기준으로 한정한 것은 제도의 실질적 목적을 분명히 하기 위한 것이다. 국외수혜정보 보고 제도의 본질은 연구자의 과거 이력 전체를 통제하거나 감시하려는 것이 아니라, 국가연구개발사업 수행과정에서 발생할 수 있는 실질적 이해 상충과 보안 위험을 사전에 차단하는 데 있다. 따라서 보고 범위를 협약 기간과 중첩되는 부분으로 한정함으로써, 제도의 목적을 달성하면서도 연구자의 자율성과 효율성을 보장할 수 있다.

또한 중첩이 있을 예정인 경우 역시 보고항목에 포함된다는 점이 중요하다. 이는 연구자가 이미 외국 기관의 지원을 신청했거나 협약 체결이 예정된 상태에서 국가연구개발과제의 협약을 체결하려는 경우, 향후 중복 지원 가능성을 미리 파악하여 예방적 관리를 가능하게 하기 위한 것이다. 즉, 지원이 아직 확정되지 않았더라도 중첩이 예상되는 경우에는 선제적으로 보고해야 한다는 것이다. 이러한 예방적 보고 체계는 국가연구개발사업의 투명성과 연구 보안 수준을 실질적으로 높이는 효과를 갖는다.

(5) 보고 시기 및 방법

국외수혜정보의 보고 시기와 방법은 국가연구개발사업의 투명성과 실효성을 확보하기 위한 핵심 절차로서, 연구자가 언제 어떤 방식으로 관련 정보를 제출해야 하는지를 명확히 규정하고 있다. 우선, 연구책임자는 국가연구개발과제 협약을 체결할 때 제출하는 연구개발계획서 내에 자신이 외국의 정부·기관·단체 등으로부터 받은 수혜 현황에 관한 정보를 반드시 포함해야 한다. 이는 「국가연구개발혁신법 시행규칙」 별지 제1호 서식인 연구개발계획서(협약용)의 '연구책임자 등 현황' 항목에 반영되어 있으며, 연구자가 과제 수행을 시작하기 전에 외국의 정부·기관·단체 등과의 이해관계나 지원 관계를 명확히 공개하도록 한 것이다. 이를 통해 협약 단계에서부터 연구의 투명성을 제고하고, 정부가 연구개발과제 추진 시 잠재적 이해 상충 요소를 사전에 점검할 수 있도록 한다.

그러나 국외수혜정보는 협약 시점에 한 번만 제출하고 끝나는 것이 아니라, 과제 수행 중에도 새로운 수혜 관계가 발생하거나 기존 정보에 변동이 생길 경우 즉시 갱신해야 한다. 이를 위해 연구책임자는 새로운 국외 지원이나 자문, 협약 등의 수혜가 발생한 날로부터 30일 이내에 해당 내용을 보고하도록 권고된다. 이 규정은 행정적 의무이자 동시에 연구 보안 관리의 실질적 도구로 기능한다. 즉, 연구자가 외국 기관으로부터 추가적인 재정 지원, 자문료, 공동 연구 계약, 겸직 등 새로운 형태의 관계를 맺게 되는 경우, 지체 없이 이를 보고하게 함으로써 국가연구개발사업 수행과정에서의 투명성을 유지하도록 한 것이다. 이러한 주기적 갱신 체계는 연구 보안 리스크를 조기에 발견하고, 국가연구개발사업의 청렴성과 신뢰성을 강화하는 역할을 한다.

보고의 방법은 전산 시스템을 통해 간소화되어 있으며, 연구책임자는 「국가연구개발혁신법」에 따른 통합정보시스템을 활용하여 국외수혜정보를 입력하고 관리한다. 통합정보시스템은 국가 차원의 연구자 통합정보 관리 플랫폼으로, 연구자의 인적 사항, 연구경력, 과제 수행 이력 등을 체계적으로 관리하는 시스템이다. 연구자는 통합정보시스템을 통해 국외수혜정보를 실시간으로 입력하고, 이를 국가연구개발사업 협약 시 자동으로 연동하여 제출할 수 있다. 즉, 일일이 별도의 문서로 제출하는 번거로움을 줄이고, 행정의 효율성과 데이터의 정확성을 동시에 확보하는 것이다.

이와 같은 체계는 과거 수동적 보고 방식에서 벗어나 디지털 기반의 실시간 정보관리 체제로 전환한 사례로 평가된다. 통합정보시스템을 활용한 보고 시스템은 정부가 연구자별 국외수혜정보를 통합적으로 관리할 수 있게 하며, 중복 지원, 이중 연구비 수령, 또는 외국기관과의 부적절한 재정적 관계를 조기에 식별할 수 있는 기반을 제공한다. 또한 연구자는 본인의 연구 이력과 국외 활동을 투명하게 관리함으로써, 연구 윤리 및 연구 보안 측면에서 신뢰받는 연구자로서의 책임성을 입증할 수 있다.

3. 국외수혜정보 보고에 관한 제문제

(1) 연구책임자가 아닌 소속 연구개발기관에서 기인한 국외수혜정보

국외수혜정보 보고 제도에서 보고의 대상이 되는지는 단순히 계약의 명의나 형식적인 주체가 누구인지에 따라 결정되는 것이 아니라, 실질적으로 외국 기관의 지원이 누구를 대상으로 이루어진 것인지에 따라 판단해야 한다. 외국 기관의 연구비나 지원이 특정 '연구자 개인'의 역량, 전문성, 또는 개인적 연구성과에 기반하여 제공된 것이라면, 연구자 개인이 국외수혜정보의 보고 대상에 해당한다. 반면, 해당 지원이 개인이 아닌 '소속 연구기관' 자체의 정책적 위상이나 기관 간 협력 관계에 기인한 것이라면, 보고해야 할 의무 대상에 연구책임자 개인은 포함되지 않게 된다.

예를 들어, 외국의 정부나 연구기관이 특정 연구자의 학문적 성과, 전문지식, 또는 개인적인 연구 네트워크를 이유로 연구비를 직접 지원하거나 자문료, 장비, 연구 공간, 인력 등을 제공하는 경우, 이는 명백히 연구자 개인에 대한 국외수혜에 해당한다. 이러한 지원은 연구자의 판단과 연구 수행에 영향을 미칠 수 있으며, 동시에 국가연구개발사업의 독립성과 공정성에 간접적인 영향을 줄 수 있기 때문이다. 따라서 지원의 형식이 개인 명의로 이루어졌는지, 기관 명의로 이루어졌는지에 관계없이, 지원의 실질적인 근거가 연구자의 개인적 전문성이나 연구 활동에 있다면 연구자 개인은 반드시 보고해야 한다.

반대로, 외국 정부나 국제기구가 우리나라의 특정 연구기관을 상대로 기관 단위의 양해각서(Memorandum of Understanding, MOU)(이하 "양해각서(MOU)"라 한다) 등의 협약을 체결하고, 그에 따라 해당 기관 전체에 연구비를 제공하거나 시설, 장비, 프로젝트 자금을 지원하는 경우는 상황이 다르다. 이 경우 지원의 대상은 연구자 개인이 아니라 해당 기관 자체의 공식 연구사업 수행 능력이나 기관 간 협력 관계에 근거하고 있으므로, 개별 연구책임자가 보고할 국외수혜사항에는 포함되지 않는다. 즉, 연구자가 기관 구성원으로서 참여하더라도, 그 지원의 본질이 기관 중심의 협력 또는 공적 연구협정에 따른 것이라면 연구자 개인의 보고 의무는 발생하지 않는다.

다만, 현행 제도는 연구책임자가 국가연구개발과제에 참여하기 위해 제출하는 연구개발계획서에 외국의 정부, 기관, 단체 등으로부터 받는 행정적·재정적 지원이나 자문, 노무 제공 등에 대한 대가를 기재하도록 규정하고 있다. 이는 「국가연구개발혁신법 시행령」 제9조 제3항 제6호부터 제8호의 규정에 근거하며, 단순히 연구자의 연구 실적이나 수행 과제 목록을 기록하는 수준을 넘어, 연구 기간 중 외국 기관과의 금전적·비금전적 관계 전반을 포괄적으로 보고하도록 한 것이다. 법령의 문언만 놓고 보면, 연구책임자가 수행 중인 과제뿐 아니라, 외국 기관으로부터 개인적으로 제공받는 지원이나 자문 관계까지 모두 보고 대상에 포함되는 것으로 해석된다. 따라서 실질적으로는 '연구개발과제'의 범위를 넘어선 매우 광범위한 내용이 연구개발계획서에 포함되어야 한다는 점에서, 제도의 실무적 적용 가능성에 대한 의문이 제기되고 있다.

현재 제도 운영 과정에서는 몇 가지 구조적 문제점이 드러나고 있다. 우선, 《국외 수혜정보 보고 가이드》[7]나 《범부처 연구지원시스템통합 R&D업무포털 사용자 매뉴얼 - 국

7 과학기술정보통신부는 「국가연구개발혁신법 시행령」 제9조에 의거하여 주관·공동·위탁 연구개발기관의 연구책임자는 외국 정부·기관·단체 등으로부터 재정적·행정적(연구과제·인력·장비·시설) 지원 및 강의·자문·겸직 등으로 대가를 받거나 받을 예정일 경우 국외수혜정보 보고를 진행하도록 안내하면서

외수혜정보 보고》[8]를 통해 '국내 기관 내 공모' 또는 '연구책임자가 아닌 소속 연구기관에 기인한 경우' 등의 표현은 개념상 명확하지 않다. '국내 기관 내 공모'라는 용어는 국가연구개발사업 제도 체계상 존재하지 않는 절차이며, '연구기관에 기인한 경우'라는 표현 역시 실무상 판단 기준이 불분명하다. 외국의 정부, 연구기관, 단체 등이 수행하는 연구개발은 「국가연구개발혁신법」이 규율하는 국내 국가연구개발사업의 범주에 포함되지 않는다. 그럼에도 불구하고, 외국의 정부, 연구기관, 단체 등이 제공하는 지원이 연구자의 소속기관에 기인한 것인지, 아니면 연구자 개인의 역량에 기인한 것인지 구분하는 것은 제도의 취지에 비해 현실적으로 지나치게 모호하고 적용이 어렵다.

실무에서는 이러한 구분을 명확히 판단할 수 있는 합리적 기준이 존재하지 않는다. 외국 기관의 연구비 지원이 특정 연구자의 개인적 성과를 근거로 한 것인지, 아니면 기관 간 협력 관계에 기반한 것인지를 명확히 구별하기 위해서는 지원의 동기, 계약 체결 경위, 자금 집행 구조, 협약 명의 등의 다양한 요소를 종합적으로 검토해야 하지만, 이러한 정보를 연구책임자 개인이 객관적으로 파악하기는 쉽지 않다. 특히 다수의 국제공동연구가 기관 간 협약과 개인 간 학술 협력이 혼재된 형태로 이루어지는 현실을 고려하면, '기관에 기인한 지원'과 '연구자에 기인한 지원'의 경계를 실질적으로 설정하기 어렵다.

(2) 학회 발표, 자문 등의 대가 수수 시 보고 범위 여부

국외수혜정보 보고 제도에서는 연구책임자가 외국의 정부나 기관, 단체 등으로부터 받은 금전적 대가가 있는 경우, 그 성격이 단순한 학술 활동이라 하더라도 일정 기준을 초과하면 보고 대상에 해당한다. 특히 학회 발표나 세미나 참여, 기술 자문, 컨설팅 등의 활동이 이에 포함된다. 즉, 연구자가 외국 기관으로부터 자문료, 강연료, 발표 대가, 또는 체재비 등의 명목으로 금전적 보상을 받았다면, 이는 단순한 학문 교류의 범위를 넘어 재정적 지원으로 간주되어 보고 의무가 발생할 수 있다. 다만 모든 사례가 보고 대상이

자세한 사항은 해당 가이드를 참고토록 하고 있다.

8 「국가연구개발혁신법 시행령」 제9조에 의거하여 주관·공동·위탁 연구개발기관의 연구책임자는 외국 정부·기관·단체 등으로부터 재정적·행정적(연구과제·인력·장비·시설) 지원 및 강의·자문·겸직 등으로 대가를 받거나 받을 예정일 경우 국외수혜정보 보고를 진행해야 하는데, 연구책임자가 범부처통합연구지원시스템(IRIS)에 이를 입력할 수 있도록 설명하는 사용자 매뉴얼이다.

되는 것은 아니며, 동일한 외국의 정부·기관·단체 등으로부터 연간 누적 수혜 금액이 미화 5,000달러(USD)를 초과하는 경우에 한하여 보고해야 한다.

이 기준은 학문적 자율성과 연구자의 국제 활동을 보장하면서도, 일정 규모 이상의 금전적 유착이나 이해 상충 가능성을 방지하기 위한 합리적 조치로 설정된 것이다. 학회 참가나 국제 자문 활동은 연구자의 전문성을 인정받는 정당한 학술 활동이지만, 금전적 대가가 누적되어 일정 수준을 초과할 경우, 연구의 독립성에 영향을 미치거나 외국 기관과의 경제적 이해관계가 있는 것으로 오해받을 소지가 있기 때문이다. 따라서 외국 기관이 제공하는 교통비, 숙박비, 식비 등의 체재비 명목의 실비 지원 역시 금전적 가치가 있는 지원으로 간주되며, 이를 포함하여 누계액이 5,000달러를 초과하면 보고 대상에 포함된다. 이는 학문적 교류를 제한하려는 목적이 아니라, 국가연구개발사업의 투명성과 연구 보안의 신뢰성을 유지하기 위한 예방적 관리 장치라 할 수 있다.

또한 연구책임자가 외국의 정부·기관·단체 등으로부터 일회성으로 5,000달러 미만의 자문료나 강연료를 받은 경우에는 보고 의무가 발생하지 않는다. 하지만 동일한 기관으로부터 반복적으로 자문을 수행하거나, 여러 차례에 걸쳐 보상을 받아 그 연간 합산 금액이 5,000달러를 초과하는 경우에는 보고 의무가 발생한다. 이는 연구자가 일시적으로 참여한 학술행사와 지속적 금전 관계를 구분하기 위한 기준이다. 즉, 일회성 자문은 국제 학술 활동의 일환으로 보되, 일정 금액을 초과하면 연구자의 경제적 이해관계로 간주할 여지가 있어, 국가연구개발사업 수행과 병행되는 경우 반드시 보고해야 하는 것이다.

한편, 금액 산정 시 적용되는 환율 기준일은 자문이나 강연 등의 실제 수행일을 기준으로 한다. 이는 국제 자문·컨설팅 활동이 연중 여러 국가와 통화단위로 이루어질 수 있음을 고려하여, 당시의 실질적 금전 가치를 반영하려는 조치이다. 정부는 또한 연구자의 국제 학술 활동이 제한되지 않도록, 5,000달러 이하의 수혜를 받은 경우에는 보고를 권고하는 형태로 운영하여 연구자에게 과도한 규제 부담이 발생하지 않도록 하고 있다.

현행 국외수혜정보 보고 제도는 국가연구개발사업의 투명성과 연구 윤리를 강화한다는 명분 아래 운영되고 있으나, 제도의 실효성과 법적 근거의 명확성 측면에서는 여러 한계가 지적되고 있다. 무엇보다 현행 「국가연구개발혁신법 시행령」에는 연구책임자가 외국의 정부, 기관, 단체 등으로부터 받은 지원 중 일정 금액 이하를 보고 의무에서 제외할 수 있다는 명시적 규정이 존재하지 않는다. 정책적으로는 소액의 자문료나 일시적 강연 대가 등을 보고 대상에서 제외하는 방향으로 행정지침이나 내부 가이드라인을 운용할 수 있겠으나, 법령상 근거가 없는 상태에서는 법적 정당성을 확보하기 어렵다. 결국 이러한 부분은 정책적 권고 수준에 머물 뿐, 실질적으로 연구자에게는 모든 형태의 금전적 수혜를 포괄적으로 보고해야 하는 의무로 작용하게 된다.

따라서 제도 개선을 위해서는 시행령에 명확한 근거 조항이 신설될 필요가 있다. 구체적으로는 "과학기술정보통신부장관이 정하는 일정 금액 이하의 자문료나 사례금 등은 국외수혜정보 보고 의무에서 제외할 수 있다."는 내용을 명시함으로써, 제도의 실효성과 합리성을 동시에 확보해야 한다. 이를 통해 연구자가 실제로 보고해야 할 범위를 현실화하고, 불필요한 행정 부담을 줄일 수 있다. 현행 제도는 모든 외국 기관과의 금전적 관계를 동일한 수준에서 취급하고 있으나, 실무적으로 학회 발표나 단기 자문 등 학술 활동의 일환으로 수반되는 소액의 사례비에까지 보고 의무를 부과하는 것은 비효율적이고 불합리하다.

또한 《국외 수혜정보 보고 가이드》 등에서 언급하고 있는 '연구자 국제 학술 활동 지원'의 5,000달러 기준 역시 법령상 명확한 근거가 없다. 해당 금액이 어떠한 법적·정책적 판단을 통해 설정되었는지 불분명하며, 다른 관련 법령과의 정합성도 검토할 필요가 있다. 예를 들어 「부정청탁 및 금품등 수수의 금지에 관한 법률」 제8조 제1항은 공직자 또는 연구자 등이 동일인으로부터 1회 100만 원, 연 300만 원을 초과하는 금품을 수수할 수 없다고 규정하고 있으며, 제10조는 직무 관련 외부강의 등의 사례금 상한을 대통령령으로 제한하고 있다. 이러한 관련 법령 체계와 비교했을 때, 현행 국외수혜정보 보고 제도에서 제시하는 5,000달러(2026년 1월 기준 약 650만 원)의 기준은 법 체계적 일관성을 결여하고 있는 것으로 보일 수 있다.

(3) 비밀유지계약(NDA, Non-Disclosure Agreement)을 체결한 경우

국외수혜정보를 보고해야 하는 연구자가 외국 기관과 체결한 비밀유지계약(Non-Disclosure Agreement, NDA) 등의 의무로 인해 구체적인 정보를 공개하기 어려운 경우에는, 법령상 보고 의무를 전면 면제받을 수는 없지만 기밀을 침해하지 않는 범위 내에서 최소한의 정보만 기재하는 방식으로 보고를 대체할 수 있다. 즉, 연구자는 지원기관의 이름이나 구체적 금액을 명시하지 않고, 보고 가능한 수준에서 핵심적인 정보를 간략히 기술하는 것이 권장된다. 이는 국가연구개발사업의 투명성과 연구 보안을 모두 확보하기 위한 실질적 절충 방식이다.

실무적으로 《국외 수혜정보 보고 가이드》 등에서는 이러한 상황에 대비해 구체적인 기재 방법을 제시하고 있다. 예를 들어, 연구자가 외국의 기업이나 정부 기관과 비밀 유지계약을 체결하여 지원의 성격이나 규모를 외부에 공개할 수 없는 경우, '지원·지급 출처' 란에는 해당 기관의 이름 대신 국가명만 입력하고, '지원·지급 내용' 항목에는 '비밀 유지계약 있음'이라고 명시할 수 있다. 이러한 방식은 보고의 형식적 의무는 충족시키면서도, 외국 기관과의 법적 계약 관계를 위반하지 않도록 하기 위한 실무적 대안이다. 즉, 정부는 연구자가 보유한 민감한 계약정보를 직접적으로 제출하도록 요구하기보다는, 기밀 유지와 국가 연구 보안의 균형을 고려한 완화된 보고 체계를 허용하고 있는 것이다.

이 제도적 유연성은 국제공동연구가 확대되고 다국적 기업이나 해외 정부 기관과의 협력이 늘어나는 현실을 반영한 것이다. 연구자가 해외 파트너와 맺은 비밀 유지계약에는 대개 자금 규모, 기술 명세, 연구 범위, 일정, 성과 분배 등에 관한 세부 조항이 포함되어 있으며, 비밀 유지계약을 위반할 경우 해외 파트너와의 관계에서 제재를 받을 수 있다. 따라서 연구자가 국외수혜정보 보고 과정에서 이러한 내용을 그대로 공개하게 되면, 외국 기관과의 계약 의무를 위반하거나 기술정보가 유출되는 위험이 발생할 수 있다. 정부가 이러한 위험성을 인정하고 '국가명 기재'와 '비밀 유지계약 있음' 표기 방식으로 대체 보고를 허용한 것은, 보고 의무의 실효성을 유지하면서도 연구자의 법적 리스크를 최소화하기 위한 정책적 판단으로 볼 수 있다.

그러나 이러한 방식은 임시적 완화 조치의 성격이 강하며, 장기적으로는 보다 명확한 기준이 필요하다. 외국의 정부·기관·단체 등과 체결한 비밀 유지계약과 국가연구개발사업 관련 법령상 보고 의무가 상충하는 경우, 법령이 우선되어야 한다는 점은 명확하다. 국가가 법령을 통해 정한 연구 보안 및 투명성 확보 의무는 단순한 행정절차가 아니라, 공공재로서의 연구성과와 국가 연구자산을 보호하기 위한 법적 책무이기 때문이다. 비밀 유지계약이 계약 당사자 간의 사적 합의에 불과한 반면, 법령은 공적 질서를 유지하기 위한 상위 규범이므로, 법률적 효력의 우선순위 측면에서도 보고 의무를 면제하는 근거로 비밀 유지계약이 인정되어서는 안 된다는 원칙이 적용된다. 결국 법령상 보고 의무는 계약상의 기밀 유지조항보다 상위에 있으며, 국가연구개발사업의 관리와 연구 보안의 관점에서 그 이행이 우선되어야 한다.

그러나 문제는 이러한 원칙이 실제 연구 현장에서는 매우 복잡한 충돌 상황을 초래할 수 있다는 점이다. 비밀 유지계약은 별도의 독립된 문서 형태로 체결되는 경우도 있지만, 대부분은 연구용역계약서나 국제공동연구 협약서의 일부 조항으로 포함되어 있다. 따라서 연구자나 기관은 사실상 거의 모든 국제협력 과제에서 일정 수준의 기밀 유지 의무를 부담하게 된다. 이러한 현실을 고려하면, 법령이 정한 보고 의무와 비밀 유시조항이 충돌할 가능성은 매우 광범위하게 존재하며, 그 결과 연구자들이 법령상 보고 의무를 이행하기 어렵다는 이유로 형식적인 보고만 하거나, '비밀 유지계약 있음'이라는 모호한 문구로 대응하는 사례가 늘어날 우려가 있다. 이는 제도의 본래 취지인 국외수혜정보의 투명한 공개와 연구 보안 강화라는 목적을 사실상 무력화시킬 수 있다.

더 큰 문제는, 이러한 관행이 제도적으로 묵인될 경우, 연구자 누구나 비밀 유지조항을 근거로 국외수혜정보를 보고하지 않는 방향으로 제도를 악용할 가능성이 있다는 점이다. 실제로 모든 국제공동연구나 해외 위탁과제에는 일정 수준의 비밀 유지 의무가 포함되어 있는데, 이를 근거로 보고를 회피할 수 있다면, 국외수혜정보 보고 제도는 사실상 형해화 될 것이다. 즉, 제도가 존재하더라도 실질적인 정보 보고가 이루어지지 않아, 연구 보안상 취약점이 지속될 위험이 있다.

이러한 문제를 방지하기 위해서는 단순히 비밀 유지계약의 존재를 보고 회피의 사유로 인정할 것이 아니라, 법령상 보고 의무와 계약상 비밀 유지조항 간의 관계를 명확히 정리하는 제도적 개선이 필요하다. 예컨대, 연구자는 법령에 따른 보고 의무를 우선적으로 이행해야 하며, 다만 국가가 지정한 보호 절차에 따라 해당 정보를 제한된 범위 내에서 비공개 처리할 수 있도록 하는 방식이 고려될 수 있다. 즉, 법령상 보고 의무를 면제하는 것이 아니라, 기밀정보의 보호 절차를 별도로 마련하는 방식으로 양자의 충돌을 조정하는 제도적 보완책이 필요하다.

(4) 외국 연구개발기관의 연구개발과제 참여의 경우

최근 「국가연구개발혁신법 시행령」 개정에 따라 외국 연구개발기관도 법령상 '연구개발기관'의 지위를 인정받게 됨에 따라 외국 연구개발기관에게도 국외수혜정보 보고 또는 확인 의무가 부과되어야 하는지에 대한 논의가 진행되고 있다. 과거 제도의 틀에서는 국내 연구개발기관을 중심으로 연구책임자 및 참여 연구자의 국외수혜정보를 보고하도록 규정하고 있으나, 제도 개편으로 외국 연구개발기관이 국가연구개발사업의 정식 수행 주체가 될 수 있게 됨으로써 이들 기관 또한 협약 시점에서 국외수혜정보를 확인하고 제출하는 절차를 거쳐야 할 필요가 생긴다. 이는 국가연구개발사업의 투명성과 연구 보안을 동일한 기준으로 유지하기 위해 필연적으로 수반되어야 하는 조치이다.

결국 외국 연구개발기관이 「국가연구개발혁신법」상 연구개발기관의 지위를 공식적으로 부여받게 된 이상, 그 국적이나 소재지와 관계없이 우리나라의 국가연구개발사업에 참여하는 연구책임자 및 연구자가 모두 동일한 기준의 국외수혜정보를 기재·제출해야 할 것으로 보인다. 즉, 외국 연구개발기관이 주관기관이든 공동기관이든, 우리나라의 연구개발 재정을 지원받아 연구를 수행한다면 협약 체결 단계에서 연구책임자 및 주요 참여자의 국외수혜정보를 제출해야 한다는 것이다. 이는 국가연구개발사업에 대한 정부의 감독권이 국내 기관에 국한되지 않고, 국제공동연구에 참여하는 모든 수행 주체로 확장되는 구조로 전환되었음을 의미한다.

또한 이 원칙은 외국 기관뿐 아니라 우리나라 연구개발기관 소속의 외국인 연구책임자나 외국인 연구원에게도 동일하게 적용된다. 연구책임자의 국적에 관계없이, 국가연구개발사업의 자금을 사용하는 이상, 해당 연구자가 외국 기관으로부터 별도의 재정적·행정적 지원이나 자문 대가를 받고 있다면 이를 보고해야 한다. 이러한 접근은 연구자의 신분이나 소속이 아닌, 국가 재정의 사용 주체로서의 책무성을 기준으로 삼는다는 점에서 제도적 일관성을 가진다.

(5) 연구책임자 소속 연구개발기관에서의 확인 필요성

국외수혜정보 보고 제도는 국가연구개발사업을 수행하는 연구책임자가 외국의 정부·기관·단체 등으로부터의 지원 또는 지원 예정 사항을 협약 시점과 연구 수행 중에 연구개발계획서에 직접 공개하도록 규정한 제도이다. 즉, 연구책임자가 외국 정부, 기관, 단체, 기업 등으로부터 받는 행정적·재정적 지원이나 자문, 노무 제공 등의 대가를 연구계획서에 명시해야 하며, 이를 통해 국가연구개발사업의 투명성과 연구 보안을 확보하는 것이 제도의 목적이다. 그러나 이러한 제도의 운영 방식에는 실질적인 한계와 행정적 불편이 존재한다. 현행 구조에서는 연구자가 직접 정보를 입력하지 않는 한, 연구개발기관이 해당 연구자의 국외수혜 현황을 실시간으로 파악하기 어렵기 때문이다. 다시 말해, 연구 보안 담당자나 연구관리 부서가 모든 연구계획서를 일일이 검토하거나 개별 연구책임자에게 문의하지 않는 이상, 기관 차원에서는 자발적으로 어떠한 국외수혜정보가 발생했는지를 알 수 없는 구조적 제약이 있다.

이와 관련해 해당 연구책임자 소속의 연구개발기관이 「국가연구개발혁신법」에 따른 통합정보시스템 운영 주체에 연구책임자가 입력한 국외수혜정보 제공을 요청하는 것이 문제될 수 있다. 연구책임자의 국외수혜정보는 국가연구개발사업 수행과 관련 있는 공공성이 있는 연구개발정보로 분류된다. 한편, 연구개발정보 중에서도 연구자정보이므로 개인의 사적 정보로도 볼 수 있다. 해당 연구책임자의 소속 연구개발기관에서 소속 연구자의 국외수혜정보를 파악하지 못하고 있다는 부분이 다소 이해하기 어려울 수 있으나, 통합정보시스템의 운영 주체는 사전에 연구책임자의 동의를 받아 「개인정보 보호법」을 위반하지 않도록 주의해야 할 것이다.

통합정보시스템의 국외수혜정보 모니터링 기능이 본격적으로 구축되기 이전에도, 각 연구개발기관의 연구관리 총괄 담당 부서는 기관 내 연구자가 입력한 연구계획서 정보를 확인할 수 있는 접근 권한을 이미 보유하고 있어야 한다. 이는 연구개발기관이 과제 수행의 주체이자 협약 책임기관으로서 연구자의 행정정보를 내부적으로 관리해야 할 법적 책임이 있기 때문이다. 따라서 국외수혜정보 역시 개별 연구자의 독립적 관리 대상이 아니라, 기관 차원에서 체계적으로 관리하고 정부 부처나 전문기관에 공유하는 것이 바람직한 구조다. 연구책임자가 개별적으로 보고하게 하는 현행 제도는 기관의 연구 보안 체계와 분리되어 있어 행정 효율성이 떨어지고, 정부가 실질적인 연구 보안 관리 체계를 통합적으로 운영하기 어렵게 만든다.

그럼에도 불구하고, 정부는 연구책임자가 연구개발계획서에 직접 국외수혜정보를 기재하도록 의무화했다. 그러나 이러한 접근은 제도의 실효성에 비해 연구자에게 과도한 책임을 부과한다는 점에서 과잉 입법이라는 비판을 피하기 어렵다. 실제로 연구개발기관이 협약의 법적 주체이며, 연구책임자는 기관을 대표하여 과제를 수행하는 개인에 불과하다는 점을 고려하면, 국외수혜정보의 관리 주체는 개인 연구자가 아니라 연구개발기관이어야 한다. 정부와 연구개발기관 간 협약 과정에서 연구개발기관이 해당 정보를 취합·제출하도록 하는 것이 행정적으로도 타당하다.

(6) 국외수혜정보 추가 보고와 협약 변경

연구개발과제의 협약 체계에서는 중앙행정기관의 장(또는 이를 대행하는 전문기관의 장)이 선정된 연구개발기관과 연구 수행계획을 포함한 협약을 체결하고, 이후 과제의 수행 과정에서 연구개발기관이나 연구책임자, 연구개발 목표, 연구비, 연구 기간 등과 같이 과제의 구조와 실질적인 수행에 중대한 영향을 미치는 요소가 변경되는 경우 협약 내용을 변경하도록 하고 있다. 다만, 이러한 변경 사항 중에서도 중요도가 낮고 과제의 본질적 구성에 영향을 미치지 않는 범주에 해당하는 경우에는 통보만으로 협약이 변경된 것으로 본다는 예외가 존재한다. 이와 같은 체계는 연구개발과제 전반의 행정 효율성을 고려하여 설계된 것으로, 협약의 내용 중 어떤 항목이 '중요한 사항'이고 어떤 항목이 '경미한 사항'인지의 구별이 실무적으로 핵심적인 쟁점이 된다.

연구책임자에 관한 정보는 협약 시 제출되는 연구개발계획서의 일부로 포함되며, 그 내용에는 연구자 개인의 인적 사항, 학력, 경력, 주요 연구 실적뿐 아니라 외국 정부·기관·단체 등으로부터 연구개발기간 동안 제공받는 행정적·재정적 지원이나 노무·자문에 대한 보수 지급 내역이 포함된다. 이러한 정보는 협약 체결 당시 사실대로 기재하는 것이 요구될 뿐, 협약 체결 이후 연구책임자의 경력 변동이나 학력 추가와 같이 연구자 개인의 이력 변화가 발생한다고 해서 이를 협약 변경의 대상이 되는 사항으로 보지는 않는다. 연구책임자의 주소 변경이나 추가적인 학력 취득이 연구개발과제의 수행방식이나 연구비 집행, 목표 달성에 영향을 미치는 요소가 아니기 때문이다.

국외수혜정보 역시 연구책임자 개인이 외국 기관으로부터 제공받는 재정적·비재정적 지원 내역에 관한 정보로, 기본적으로는 개인의 현황을 파악하고 연구자의 이해 상충 여부를 확인하는 목적에 가까운 성격을 갖는다. 협약 시점에 제출된 정보가 협약 체결의 전제 조건이 되는 것은 사실이나, 이후 추가적으로 소규모의 수혜 사실이 발생했다고 해서 이를 곧바로 협약 변경의 대상이 되는 '중요한 사항'으로 볼 수 있는지는 의문이다. 연구 수행과정과 관계없이 이루어진 학회 강연료 지급과 같이 과제 결과물이나 연구 수행 체계에 영향이 없는 범주의 수혜 사실은 협약 내용을 실질적으로 변경하는 요소에 해당하지 않기 때문이다.

국외수혜정보는 연구계획서 제출 시점에 존재하는 사실 관계를 기술하는 수준이며, 일반적으로는 이후 발생한 추가 수혜 내역이 과제의 선정 또는 협약 조건에 직접적 변화를 초래하지 않는다. 연구책임자가 해당 수혜정보를 통합정보시스템에 수시 입력하여 연구자 정보를 업데이트하는 것이 가능하며, 이러한 업데이트 행위는 연구자 개인의 정보관리 수준에 해당할 뿐, 협약상 중요한 사항의 변경에 해당한다고 보기는 어렵다.

다만 국외수혜정보가 과제의 선정이나 보안 과제 분류 등에 실질적 영향을 미치거나, 해당 외국 수혜가 연구 결과의 활용·기술이전·기관 간 공동 연구 체계에 중대한 변화를 야기할 소지가 있는 경우에는 예외적으로 협약 변경의 필요성이 제기될 수 있다. 그러나 현행 법령이나 연구개발계획서는 이러한 경우를 명확히 규정하고 있지 않아, 실무적으로 판단 기준이 불분명한 상태이다. 이 점은 향후 제도 개선 논의에서 정비가 필요한 부분으로 남아 있다.

국외수혜정보의 추가 보고가 연구개발협약의 변경 대상에 해당하지 않는다고 보더라도, 연구책임자의 의무로서 이를 중앙행정기관이나 전문기관에 적절히 보고할 필요는 존재할 수 있다. 연구개발과제의 수행 중 발생한 국외수혜정보가 이해 상충 판단 또는 연구 보안 관리의 판단 자료로 활용될 가능성이 있기 때문이다. 다만 이 경우에도 협약 변경 절차와 동일한 무게를 부여할 것인지, 아니면 연구자 정보시스템을 통한 정기적 또는 수시 업데이트로 충분한지 여부는 정책적 판단을 요구하는 영역이다.

만약 국외수혜정보의 사후 보고가 제도적으로 중요하다는 판단이 서면, 이 사항을 협약 변경의 대상이 되는 중요한 사항으로 명확히 규정하거나, 반대로 경미한 사항으로 규정하여 협약 변경이 아닌 통보 또는 시스템 입력만으로 처리되도록 법령을 정비하는 방식도 추후 논의해볼 수 있다. 「국가연구개발혁신법 시행령」에 국외수혜정보의 사후 보고를 명시적으로 포함시키는 방안도 고려할 수 있으며, 연구개발과제 협약의 부가 조건에 해당 내용을 기술하여 협약당사자 간 통보 방식으로 처리하도록 설계할 수도 있다. 결국 이 문제 해결의 실마리는 연구자 개인에 관한 정보 업데이트와 연구개발과제의 본질적 구성요소 변경을 구별하는 기준을 명확히 하는 데 있다.

제 7 장

연구개발과제의 선정 및 협약

제1절 ▌연구개발과제 선정에 있어서의 사전 검토

1. 개요

사전 검토 제도는 연구개발과제를 수행할 연구개발기관과 연구자를 선정하기 전에 참여제한 여부 및 개별 공고에 따른 신청 자격 여부를 미리 검토하는 절차로, 부적격한 연구개발기관이나 연구자가 선정평가 단계까지 진입하지 않도록 함으로써 전체 선정평가 과정의 효율성과 내실을 높이는 것을 목표로 한다. 연구개발과제는 각 부처에서 수행하는 다양한 국가연구개발사업에서 세분화되고 해당 연구개발과제를 수행하기 위하여 다양한 연구개발기관과 연구자가 참여하는 대규모 공모 형태로 진행되기 때문에, 형식적 요건이나 참여제한 규정을 충족하지 못하는 신청자가 다수 포함될 경우, 평가위원회가 본래의 전문적 평가에 집중하기 어렵다. 따라서 사전 검토는 부적합한 신청을 걸러내어 평가의 질을 높이고 행정적 부담을 줄이는 필수적인 절차로 기능한다. 실제 「국가연구개발혁신법」 제정 이전에는 선정평가를 위한 선정평가위원회에서 참여제한 여부 및 신청 자격 여부도 판단하기도 하였는데, 사전 검토 제도를 통해 한정된 시간 동안 더 심도 있는 선정 평가가 이루어질 수 있게 되었다.

2. 사전 검토 사항

「국가연구개발혁신법」

제10조(연구개발과제 및 수행 연구개발기관의 선정) ① 중앙행정기관의 장은 연구개발과제 수행을 신청한 기관·단체·연구자에 대하여 제32조에 따른 참여제한 대상 여부 등 대통령령으로 정하는 사항을 사전에 검토하여야 한다.

「국가연구개발혁신법 시행령」

제11조(연구개발과제 및 연구개발기관에 대한 사전 검토)
법 제10조 제1항에서 "대통령령으로 정하는 사항"이란 연구개발과제 수행을 신청한 기관·단체·연구자에 대한 다음 각 호의 사항을 말한다.
1. 법 제32조 제1항에 따른 참여제한 해당 여부
2. 제9조 제1항 제2호가목에 따른 신청 자격의 적합 여부

제12조(연구개발과제 및 연구개발기관에 대한 선정평가) ① 중앙행정기관의 장은 법 제10조 제2항에 따른 선정평가(이하 "선정평가"라 한다)를 하려면 선정평가 대상인 기관·단체·연구자가 같은 조 제1항에 따른 사전 검토 결과 법 제32조 제1항에 따른 참여제한 대상이 아니고 제9조 제1항 제2호 가목에 따른 신청 자격을 구비했는지를 확인해야 한다.

이 제도는 「국가연구개발혁신법」 제10조 제1항 및 「국가연구개발혁신법 시행령」 제11조에 근거하여 운영되며, 연구개발과제 수행을 신청한 기관, 단체, 또는 연구자에 대해 평가 착수 이전에 신청 자격과 참여제한 대상 여부를 사전에 확인하도록 하고 있다. 특히, 「국가연구개발혁신법」 제32조 제1항에 따른 참여제한 대상 여부가 핵심 검토 항목이다. 이는 과거 연구개발비 부정 사용, 연구 윤리 위반, 수행 실적 미흡 등으로 참여가 제한된 기관이나 연구자가 새로운 국가연구개발사업에 재참여하지 못하도록 하는 제도적 장치다. 또한 「국가연구개발혁신법 시행령」 제9조 제1항 제2호 가목에서는 신청 자격의 적합성을 명시하여, 연구개발과제를 신청하는 기관이 법령이 정한 설립 목적, 연구 범위, 재정 능력, 인적 역량 등을 충족하는지를 검토하도록 하고 있다. 즉, 단순히 형식적

요건 확인을 넘어, 과제를 수행할 수 있는 최소한의 역량과 법적 요건을 갖추었는지 여부를 제도적으로 검증하는 단계이다.

사전 검토 절차의 강화는 평가의 전문성과 공정성을 제고하는 중요한 기능을 수행한다. 사전 검토를 통해 참여 자격이 명백히 부적합한 기관이나 연구자는 평가 대상에서 제외되며, 그 결과 전문가로 구성된 연구개발과제 평가단은 연구계획의 타당성, 기술성, 연구책임자의 역량 등 본질적인 평가 항목에만 집중할 수 있는 환경이 조성된다. 이는 평가위원들이 행정적 요건 검증에 시간을 낭비하지 않고, 기술적·학문적 판단에 집중할 수 있도록 하여 평가의 내실을 높이는 효과를 가져온다.

「국가연구개발혁신법 시행령」 제11조는 중앙행정기관이 연구개발과제의 수행을 신청한 기관 등에 대하여 사전에 검토해야 할 사항을 규정하고 있다. 구체적으로 동 조항은 두 가지 요소를 명시하고 있는데, 첫째는 해당 기관이 「국가연구개발혁신법」 제32조에 따른 참여제한 대상인지 여부이고, 둘째는 「국가연구개발혁신법 시행령」 제9조 제1항 제2호 가목에 따른 신청 자격의 적합 여부이다.

그런데 「국가연구개발혁신법 시행령」 제12조 제1항은 중앙행정기관의 장이 「국가연구개발혁신법」 제10조 제2항에 따른 선정평가를 실시함에 있어, 해당 지원 기관 등이 참여제한 대상이 아닌지 여부와 신청 자격을 구비했는지를 확인하도록 규정하고 있다. 즉, 「국가연구개발혁신법 시행령」 제11조에서 이미 사전검토 단계에서 확인하도록 한 동일한 내용을 다시 선정평가 단계에서 재차 명시한 것이다. 물론, 「국가연구개발혁신법 시행령」 제11조의 '사전검토'는 신청서류 접수 이후 본격적인 평가 이전의 행정절차를 의미하고, 「국가연구개발혁신법 시행령」 제12조의 '확인'은 실제 평가 착수 직전에 이루어지는 최종 검증 절차로 기능상 구분될 수 있다. 그러나 법령 문언상으로는 두 조항 모두 '참여제한 여부와 신청자격의 확인'이라는 동일한 행정행위를 지칭하고 있어, 결과적으로 절차적 중복을 피하기 어렵다.

입법론적으로 보더라도, 이러한 반복 규정은 명확성과 간결성을 중시하는 행정입법의 원칙에 비추어 다소 과도한 규율로 평가될 수 있다. 신청 자격과 참여제한 여부는 「국가연구개발혁신법」 제32조 및 「국가연구개발혁신법 시행령」 제9조에 이미 규정된 기본 요건으로서, 이를 선정평가 단계에서 다시 열거할 필요성은 크지 않다. 실무상으로는 사전 검토라는 하나의 행정검증 절차에서 두 요건을 동시에 점검하게 되므로, 「국가연구개발혁신법 시행령」 제11조와 제12조 제1항을 구분하여 운영하는 실익이 크지 않다는 점에서도 불필요한 중복으로 해석될 여지가 있다.

3. 사전 검토로 인한 선정평가 제외의 법적 의미

사전 검토로 인한 제외는 국가연구개발사업의 공정성과 효율성을 확보하기 위한 제도적 장치로서, 법적으로는 일종의 결격사유에 따른 참여 배제 행위로 해석할 수 있다. 이는 평가 단계 이전에 연구개발과제의 신청 주체가 법령상 요건을 충족하지 못했음을 이유로 심사 대상에서 제외되는 것을 의미하며, 행정 절차상으로는 평가권의 행사 이전 단계에서 '부적격자'를 걸러내는 예비적 행정 조치의 성격을 가진다. 다시 말해, 사전 검토로 인한 제외는 행정청이 신청인의 자격 요건을 판단하여 본안 심사(선정평가)에 회부할지를 결정하는 사실상의 행정행위로서, 실질적으로는 행정절차법상 '신청에 대한 거부'에 가까운 법적 효과를 가진다.

법적으로 사전 검토의 본질은 '참여제한 사유가 있는 자 또는 법정 요건을 충족하지 못한 자는 국가연구개발사업의 선정평가 대상이 될 수 없다'는 결격사유의 확인에 해당한다. 이는 공무원 임용, 인허가, 보조금 지원 등 다른 행정 분야에서의 결격사유 제도와 유사한 구조를 가진다. 예를 들어, 공무원 결격사유가 있는 자는 응시 자격이 박탈되고 시험 절차에 참여할 수 없는 것처럼, 연구개발과제에서도 연구책임자나 기관이 법령상 참여제한 사유에 해당하거나 신청 자격 요건을 충족하지 못하는 경우, 평가 절차에 진입할 수 없다.

이러한 사전 검토에 따른 제외는 단순한 행정 편의 조치가 아니라, 법적 판단에 근거한 적격성의 부정에 해당한다. 즉, 해당 연구개발기관이나 연구책임자가 국가연구개발사업에 참여할 법률상 권한을 가지지 못함을 확인하는 행위이므로, 본질적으로는 법률이 정한 참여 자격의 결여, 즉 결격 상태를 확인하는 결정으로 볼 수 있다. 따라서 사전 검토 결과 부적격 판정을 받은 기관이나 연구자는 행정적으로 '신청이 수리되지 않은 상태'에 머무르게 되며, 평가위원회의 심사나 선정 절차에 진입할 권리를 주장할 수 없다. 이는 평가 결과에 대한 불복과는 달리, 행정절차 개시 자체가 부인된 경우에 해당하므로, 법적으로는 실질적 권리 불인정의 효과를 갖는다. 사전 검토에 따른 제외는 또한 행정의 재량적 판단이 아닌, 법령에 의한 기속행위로 보는 것이 타당하다. 즉, 중앙행정기관이나 전문기관은 참여제한 사유가 명확히 존재하거나 신청 자격이 법령상 요건에 부합하지 않는 경우, 반드시 평가 대상에서 제외해야 할 의무가 있다. 이는 행정청의 임의적 판단이나 정책적 재량에 맡길 사안이 아니며, 법령이 정한 자격 요건의 흠결을 확인한 이상, 평가 진행 여부를 달리 정할 여지가 없다. 따라서 사전 검토의 결과로 인한 선정평가 제외는 행정청의 재량적 판단이 아니라, 법률에 의해 자동적으로 발생하는 불이익 결정, 즉 '기속적 결격 확인행위'로 평가할 수 있다.

다만, 이러한 법적 성격 때문에 사전 검토 결과 선정평가에서 제외된 신청자는 행정절차법상 불복 절차를 제기할 여지가 있다. 사전 검토가 단순한 내부 검토에 그치지 않고, 신청인의 권리 또는 이익에 직접적인 영향을 미치는 '행정처분'의 성격을 가진다면, 그 결정에 대해 행정심판이나 행정소송을 제기할 수 있는 법적 근거가 성립한다. 실제로 사전 검토를 통해 평가 대상에서 제외된 경우, 이는 행정청이 사실상 '참여 신청 거부' 결정을 내린 것이므로, 신청자는 해당 결정의 위법 여부를 다툴 수 있다.

또한 사전 검토를 통한 선정평가 제외는 실질적으로 국가연구개발사업의 공정한 집행과 재정집행의 투명성을 확보하기 위한 수단이지만, 그 적용 기준이 명확하지 않거나 절차가 불투명할 경우, 오히려 행정청의 자의적 판단으로 이어질 위험이 있다. 따라서 사전 검토 제도의 운영은 명확한 법적 근거와 절차적 공정성을 전제로 해야 하며, 신청인의 참여제한 여부 판단에 있어 구체적 사유와 증빙 근거를 명시해야 한다. 이는 결격사유의 확인이 단순한 행정적 편의 조치가 아니라, 국가연구개발사업 참여권이라는 공적 자격의 제한에 해당하기 때문이다.

제2절 ‖ 연구개발과제의 선정

「국가연구개발혁신법」

제10조(연구개발과제 및 수행 연구개발기관의 선정) ② 중앙행정기관의 장은 다음 각 호의 사항에 관한 평가(이하 "선정평가"라 한다)를 거쳐 연구개발과제와 이를 수행하는 연구개발기관을 선정하여야 한다. 다만, 해당 국가연구개발사업의 목적·성격을 고려하여 제3호부터 제5호까지의 사항 중 일부 또는 전부를 평가하지 아니할 수 있다.

1. 연구개발과제의 창의성 및 수행 계획의 충실성
2. 연구자 또는 소속 기관·단체의 연구개발 역량
3. 연구개발과제의 학술적·기술적·사회적·경제적·지역적 파급효과 및 연구개발성과의 활용 가능성
4. 해당 국가연구개발사업 근거 법령 및 국가연구개발사업 추진계획과의 부합성
5. 그 밖에 대통령령으로 정하는 사항

③ 선정평가의 세부기준 및 절차는 대통령령으로 정한다.

「국가연구개발혁신법 시행령」

제12조(연구개발과제 및 연구개발기관에 대한 선정평가) ② 법 제10조 제2항 제5호에서 "대통령령으로 정하는 사항"이란 다음 각 호의 사항을 말한다.

1. 선정평가 대상 연구개발과제와 국가연구개발사업으로 추진됐거나 추진되고 있는 다른 연구개발과제와의 차별성
2. 연구개발과제 관련 연구시설·장비 구축계획의 타당성
3. 연구개발과제의 국내외 연계·협력 가능성

③ 중앙행정기관의 장은 제2항 제1호에 따른 차별성을 검토하는 경우 선정평가 대상 연구개발과제와 다른 연구개발과제 간에 다음 각 호의 사항이 있는지를 평가해야 한다.

1. 경쟁 또는 상호보완의 필요성
2. 연구개발 주제·목표·수행방식의 차이점

1. 선정 방식 개요

연구개발과제를 수행할 연구개발기관 및 연구자를 선정하는 방식은 제도의 목적과 운영의 공정성 확보 정도에 따라 여러 유형으로 구분될 수 있는데, 이를 개방성, 결정 방식, 그리고 권한 주체의 관점에서 살펴보면 각각의 성격이 뚜렷하게 드러난다.

먼저 개방성 기준에서 보면, 대표적인 유형은 공모형과 지정형이다. 공모형은 가장 일반적이면서도 투명성이 높은 방식으로, 불특정 다수를 대상으로 공개적으로 참여 기회를 부여하고, 일정한 절차와 평가를 통해 대상자를 선정한다. 이 방식은 경쟁의 공정성과 개방성을 확보할 수 있다는 장점이 있다. 연구개발기관이나 연구자 누구나 동일한 조건에서 참여할 수 있다는 점에서 행정의 민주성과 투명성을 동시에 추구할 수 있다. 반면 지정형은 정부가 사전에 연구개발기관을 선정하여 과제 또는 사업을 수행하게 하는 방식이다. 이는 정책적 목적이나 기술적 전문성을 고려해 특정 주체에게 연구개발과제 수행을 지정하는 형태로, 긴급한 국가적 수요나 특정 분야의 전문성을 신속히 확보해야 할 때 주로 사용된다. 다만, 공모형에 비해 경쟁의 개방성이 낮기 때문에 투명성과 공정성 확보를 위한 별도의 제도적 장치가 병행되는 경우가 일반적이다.

다음으로 결정 방식 기준에서 보면, 심사형, 추첨형, 투표형이 주요한 유형으로 구분된다. 심사형은 서류 평가, 발표 평가 등 일정한 평가 절차를 거쳐 점수나 정성적 판단을 바탕으로 최종 대상을 선정하는 방식이다. 연구개발과제 선정 과정에 있어 가장 보편적으로 사용되며, 평가 기준의 명확성과 연구개발과제평가단의 전문성·공정성이 중요한 요소로 작용한다. 추첨형은 무작위 방식을 통해 대상자를 선정하는 것으로, 절차적 공정성과 형평성을 확보하기 위해 사용된다. 그러나 단순한 무작위성에 기반하기 때문에 연구개발과제를 선정함에 있어 연구개발기관과 연구자의 역량이나 적합성을 보장하기 어렵기 때문에 실무적으로 추첨형을 사용하는 경우는 사실상 존재하지 않는다. 투표형은 다수의 선택을 통해 대상을 결정하는 방식으로, 이 방식은 참여민주주의의 원리를 구현할 수 있지만, 여론이나 인기 요인에 의해 결정이 왜곡될 수 있는 가능성도 함께 내포한다. 일반적으로 심사형의 방식 내에서 투표형이 가미될 수는 있다. 심사형 방식에서도 평가 기준에 따라 연구개발과제평가단의 합의를 통해 연구개발과제를 수행할 연구개발기관 및 연구자를 최종적으로 선정하는 경우가 있을 수 있으나, 심사형 방식 내에서도 연구개발과제평가단의 평가위원 간 개별적인 평가 결과를 통해 다수결로 결정하는 경우에는 심사형 내에 투표형이 결합되었다고 볼 수 있다.

권한 주체 기준에서 보면, 추천형, 위촉형, 임명형으로 나뉜다. 추천형은 전문가 집단이 후보를 추천하고, 이후 평가나 심의를 통해 최종 대상을 확정하는 방식이다. 이는 전문성을 반영할 수 있다는 장점이 있으나, 추천권자의 주관적 판단이나 이해관계 개입을 방지하기 위한 관리가 중요하다. 위촉형은 일정한 자격이나 경력을 갖춘 인물을 상급 기관이나 권한자가 공식적으로 위촉하여 임무를 부여하는 방식으로, 정부위원회 위원이나 평가위원 선임 등에 흔히 사용된다. 이 방식은 신속성과 전문성을 확보할 수 있지만, 절차적 투명성을 확보하기 위한 기준 공개와 기록 관리가 필수적이다. 임명형은 권한자가 직접 대상을 임명하여 직위를 부여하거나 업무를 담당하게 하는 형태로, 행정조직이나 공공기관의 인사 제도에서 일반적으로 활용된다. 임명형은 명확한 책임 체계와 권한 위계를 형성할 수 있다는 장점이 있으나, 권한 남용이나 인사 불투명성 문제를 방지하기 위해 객관적 절차와 기준을 병행해야 한다.

이처럼 대상자 선정 방식은 단순히 절차상의 차이에 그치지 않고, 행정의 개방성·공정성·전문성을 어떻게 조화시킬 것인가에 대한 철학적 선택과도 맞닿아 있다. 개방형 공모를 통해 민주성과 형평성을 확보할 수도 있고, 지정형이나 임명형을 통해 전문성과 신속성을 중시할 수도 있다. 따라서 각 방식은 그 제도가 추구하는 목적, 사업의 성격, 참여자 간 형평성, 그리고 결과의 책임성을 종합적으로 고려하여 선택되어야 한다.

2. 선정평가 요소

「국가연구개발혁신법」 제10조 제2항은 중앙행정기관의 장이 연구개발과제를 수행할 연구개발기관을 선정할 때 선정평가를 실시하도록 규정하고 있으며, 이때 평가해야 할 항목을 원칙적으로 정하도록 하고 있다. 그러나 동시에 동 조항은 중앙행정기관이 연구개발과제의 목적과 성격을 고려하여 모든 평가 항목을 일률적으로 적용하지 않아도 된다는 점을 명시함으로써, 일반적인 행정평가 제도와는 구별되는 독특한 법체계를 구성하고 있다. 즉, 평가 항목의 존재를 법률상 의무로 설정하면서도 그 전면적 적용을 탄력적으로 운용할 수 있도록 한 것이다. 이는 연구개발과제의 다원성과 복합성을 인정하고, 획일적 평가 체계가 갖는 한계를 보완하기 위한 입법적 장치로 이해된다.

이러한 법 체계가 마련된 배경에는 우리나라 연구개발과제 선정평가가 오랜 기간 비전문적·형식적이라는 비판을 받아온 현실적 사정이 자리하고 있다. 연구계 안팎에서는 선정평가가 연구의 실질적 내용보다는 절차적 요건 충족에 치중하고, 평가위원이 짧은 시간 내 다수의 과제를 검토하는 구조적 문제로 인해 연구개발과제의 질적 평가가 충분히 이루어지지 못하고 있다는 지적이 제기되어 왔다. 이러한 상황은 계속 선정 결과에 대한 불만으로 나타났고, 결국 지속해서 선정평가 요소만 늘어나는 상황이 발생하였다. 특히 동일한 평가 양식과 평가지표가 과제의 특성과 무관하게 적용되면서, 오히려 혁신적이거나 융합적인 연구보다 안전하고 관행적인 연구가 채택되는 경향이 강화된다는 문제도 지속적으로 제기되어 왔다.

「국가연구개발혁신법」 제정 이전까지 국가연구개발사업의 선정평가 절차는 구(舊) 「국가연구개발사업의 관리 등에 관한 규정」에 따라 운영되어 왔다. 해당 규정은 연구개발과제의 분야, 목적, 성격과 무관하게 일률적으로 10개 이상의 세부 평가 항목을 동일하게 적용하도록 정하고 있었으며, 중앙행정기관이나 전문기관은 이를 모두 검토해야 했다. 이러한 구조는 행정의 형식적 일관성을 유지한다는 점에서는 장점이 있었으나, 실제로는 연구개발과제의 다양성과 특수성을 반영하지 못하는 경직된 제도로 작용하였다. 예를 들어, 기초연구와 산업화 중심의 응용연구는 평가의 초점이 근본적으로 다름에도 불구하고 동일한 항목을 일괄적으로 적용받았고, 이로 인해 학문적 창의성이나 사회적 기여도를 중시하는 과제들이 상대적으로 불이익을 받는 사례가 적지 않았다.

이와 같은 제도적 한계를 극복하기 위해 「국가연구개발혁신법」은 평가 항목의 구성 원칙을 유지하되, 각 연구개발사업의 목적과 성격에 따라 평가 요소를 선택적으로 적용하거나 일부를 제외할 수 있는 탄력적 구조를 도입하였다. 이는 평가의 형식적 통일성을 강조하던 종전의 제도에서 벗어나, 과제의 실질적 성격을 반영하는 맞춤형 평가 체계를 확립하려는 입법적 전환으로 이해된다. 특히, 「국가연구개발혁신법」은 모든 평가 항목의 전면적 검토를 의무화하지 않고, 각 중앙행정기관이 소관 연구개발사업의 목적에 따라 평가 요소를 달리 구성할 수 있도록 함으로써, 평가 제도의 자율성과 전문성을 강화하였다. 이로써 평가기관은 과제의 성격에 따라 필요하지 않거나 부적절한 항목을 제외할 수 있으며, 그 대신 연구의 목표 달성과 파급효과를 실질적으로 반영하는 요소를 중심으로 평가를 설계할 수 있게 되었다.

또한, 「국가연구개발혁신법」은 평가 항목의 내용적 측면에서도 중요한 변화를 도입하였다. 종전의 구(舊)「국가연구개발사업의 관리 등에 관한 규정」이 연구개발성과의 '경제적 활용 가능성'을 중심으로 평가하도록 규정했던 것과 달리, 국가연구개발혁신법」은 연구개발사업의 목적과 성격에 따라 학술적, 기술적, 사회적, 경제적 파급효과 중 적절한 요소를 선택하여 검토할 수 있도록 하였다. 이는 연구개발의 성과를 단순한 경제적 산출물로만 환원하지 않고, 지식 축적, 사회적 가치 창출, 기술 자립 등 다양한 형태의 공공적 효용을 포괄적으로 평가하려는 취지를 반영한다. 이러한 변화는 특히 기초·원천 연구나 공공기술 중심의 연구개발사업에서 중요한 의미를 갖는다. 과제의 결과가 단기간 내 경제적 성과로 이어지지 않더라도, 장기적 학문 발전이나 사회문제 해결에 기여하는 경우 이를 긍정적으로 평가할 수 있는 근거가 마련된 것이다.

3. 실무적인 관점에서의 선정평가 요소 배제

「국가연구개발혁신법」의 핵심적인 특징 중 하나는 연구개발과제의 선정평가 요소 중 일부를 평가하지 않을 수 있다는 점을 명문으로 규정하고 있다는 데에 있다. 이는 단순히 행정적 재량을 확대한 것이 아니라, 국가연구개발사업의 목적과 성격에 따라 평가 체계를 합리적으로 구성할 수 있도록 한 제도적 장치이다. 즉, 모든 연구개발과제에 동일한 평가 항목을 기계적으로 적용하는 것이 아니라, 각 과제의 본질적 특성에 맞게 필수적 평가 요소와 선택적 평가 요소를 구분하여 적용할 수 있도록 한 것이다.

「국가연구개발혁신법」은 이러한 평가 요소 중에서도 반드시 평가되어야 하는 핵심 항목을 명시하고 있다. 연구개발과제의 창의성, 수행계획의 충실성, 그리고 연구자 또는 소속 기관·단체의 연구개발 역량은 어떠한 연구개발과제에서도 제외할 수 없는 필수 평가 요소로 규정되어 있다. 이는 연구개발의 본질적 속성이 '창의적 탐구'와 '체계적 수행 능력'에 기반한다는 점을 법적으로 확인한 것으로 해석된다. 다시 말해, 연구개발의 목적이 산업화, 기초학문, 사회문제 해결 등 어떠한 영역에 속하더라도, 그 질적 수준을 담보하는 창의성·계획성·역량은 보편적이고 필수적인 평가 기준이라는 입법자의 판단이 반영된 것이다. 이러한 구조는 연구개발의 자율성과 다양성을 보장하면서도, 평가의 최소한의 질적 기준을 유지하려는 정책적 균형의 산물이라 할 수 있다.

반면, 「국가연구개발혁신법」은 일부 평가 요소를 연구개발사업의 성격에 따라 제외할 수 있는 선택적 항목으로 분류하였다. 구체적으로는 연구개발과제의 학술적·기술적·사회적·경제적·지역적 파급효과, 연구개발성과의 활용 가능성, 해당 국가연구개발사업의 근거 법령 및 추진계획과의 부합성, 기존 국가연구개발사업으로 추진되거나 추진 중인 과제와의 차별성, 연구시설·장비 구축계획의 타당성, 그리고 국내외 연계·협력 가능성이 이에 해당한다. 이들 항목은 일정한 연구개발과제에는 유효한 평가 기준이 될 수 있으나, 모든 과제에 공통적으로 적용하기에는 비효율적일 수 있다. 예컨대, 단기적인 학술 연구나 이론 정립형 과제의 경우 연구시설·장비 구축계획의 타당성을 평가하는 것은 실질적인 의미가 없으며, 연구성과의 경제적 활용 가능성을 중심으로 평가하는 것은 연구 목적과 부합하지 않을 수 있다.

이러한 규정의 입법 취지는 연구개발과제의 특성에 따라 불필요한 평가 요소를 배제함으로써 평가의 효율성과 실질성을 높이려는 데 있다. 즉, 「국가연구개발혁신법」은 중앙행정기관이 임의로 평가 항목을 추가·삭제할 수 있다는 의미로 해석되어서는 안 되며, 오히려 해당 연구개발사업의 구조적 특성과 과제의 목적을 고려하여 필수적이지 않은 항목은 평가 요소에서 제외하라는 방향성을 제시한 것이다. 만약 연구시설 장비 구축이 포함되지 않은 과제임에도 불구하고 '연구시설·장비 구축계획의 타당성'이 평가 요소로 포함된다면, 지원자는 연구개발계획서에서 존재하지 않는 연구시설·장비 구축계획의 타당성을 억지로 기술해야 하는 비효율이 발생하게 된다. 이는 행정적 부담을 가중시키고, 평가의 객관성과 형평성을 해칠 우려가 있다.

물론, 실무적으로는 이러한 선택적 평가 요소가 실제 공고문이나 평가 항목에서 제외되는 사례가 많지 않다. 대부분의 부처나 전문기관은 관행적으로 포괄적 평가 항목을 유지하며, 모든 요소를 일정 부분 검토하는 방식을 취하고 있다. 그러나 「국가연구개발혁신법」이 이러한 규정을 둔 근본적 이유는, 제도적으로 평가 항목의 경직성을 완화하고 연구개발과제의 다양성에 부합하는 맞춤형 평가를 가능하게 하는 구조를 제시하는 데 있다. 이는 평가의 공정성과 전문성을 해치지 않으면서도 행정효율을 제고하기 위한 법제적 장치로서, 국가연구개발사업 운영의 합리화를 제도적으로 뒷받침하는 역할을 한다고 평가된다.

제3절 ▌ 연구개발과제의 협약

「국가연구개발혁신법」

제11조(연구개발과제 협약 등) ① 중앙행정기관의 장은 제10조에 따라 연구개발과제와 이를 수행하는 연구개발기관이 선정된 때에는 선정된 연구개발기관과 다음 각 호의 사항을 포함하는 협약을 체결하여야 한다. 이 경우 협약의 기간은 해당 연구개발과제의 전체 연구개발기간으로 한다.

1. 연구개발과제 수행 계획(제13조에 따른 연구개발비의 사용에 대한 개괄적인 계획을 포함한다)
2. 중앙행정기관의 권한·의무 및 연구개발과제에 참여하는 연구개발기관과 연구자의 권리·의무
3. 연구개발과제의 수행에 관하여 이 법에서 정하는 사항
4. 그 밖에 연구개발과제의 수행에 필요한 사항으로서 대통령령으로 정하는 사항

「국가연구개발혁신법 시행령」

제13조(연구개발과제협약의 체결)

① 법 제11조 제1항 제4호에서 "대통령령으로 정하는 사항"이란 다음 각 호의 사항을 말한다.

1. 법 제31조 제4항에 따른 연구윤리 확보를 위하여 필요한 지원에 관한 사항
2. 제33조에 따른 연구개발성과의 등록·기탁에 관한 사항
3. 연구개발정보의 수집·활용에 대한 동의에 관한 사항
4. 「과학기술기본법」 제28조에 따른 연구개발 시설·장비의 확충·고도화 및 관리·활용에 관한 사항
5. 「연구실 안전환경 조성에 관한 법률」 및 「산업안전보건법」 등 관련 법령에 따른 연구 안전에 관한 사항

② 중앙행정기관의 장은 특별한 사정이 없으면 법 제11조 제1항 각 호 외의 부분 전단에 따른 협약(이하 "연구개발과제협약"이라 한다)을 법 제14조 제5항에 따라 평가 결과를 통보한 날부터 30일 이내에 체결해야 한다.

③ 연구개발과제협약의 표준 서식은 과학기술정보통신부령으로 정한다.

1. 협약 제도의 변화

표 1 5년(3년+2년) 연구개발과제 예시

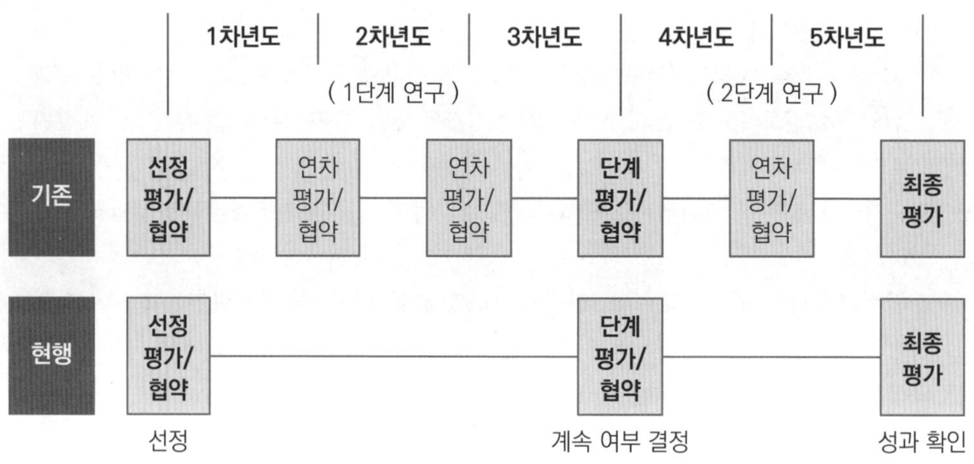

「국가연구개발혁신법」 체계에서 협약의 기간을 해당 연구개발과제의 전체 연구개발 기간으로 설정하도록 한 규정은, 과거 국가연구개발사업 운영 과정에서 반복적으로 제기되었던 행정적 비효율성을 해소하기 위한 제도적 개선의 결과로 이해된다. 구(舊)「국가연구개발사업의 관리 등에 관한 규정」에 따른 운영 체계에서는 대부분의 연구개발과제가 연차별로 구분되어 각 연도별로 협약이 체결되는 이른바 '연차 협약' 방식이 일반적이었다. 이러한 연차 협약 구조에서는 매 회계연도마다 연구개발기관과 주관기관 간의 협약 체결, 서류 검토, 연구계획서 갱신, 평가 및 예산 재배정 등의 절차가 반복적으로 이루어졌다. 그 결과 연구자는 본연의 연구 활동보다 행정적 절차 이행에 더 많은 시간과 노력을 소모하게 되었으며, 연구개발과제의 연속성이 단절되고 중간 연도의 불필요한 행정 지연이 발생하는 문제도 빈번하게 나타났다.

이러한 연차협약 제도의 비효율성은 국가연구개발 체계의 근본적 개선 필요성을 촉발한 주요 요인 중 하나였다. 특히 연구개발과제가 다년도에 걸쳐 수행되는 경우에도, 각 연차별로 협약을 체결하고 예산을 집행하는 구조에서는 연구의 중장기적 안정성이 확보되지 못하였다. 연구자는 매년 협약 체결 과정에서 행정기관의 재검토를 거쳐야 했고, 이에 따라 연구개발비 집행이 지연되거나 중간 연도 연구의 공백이 발생하는 사례가 반복되었다. 또한, 평가와 협약이 매년 반복됨에 따라 행정기관의 부담도 가중되었고, 연구개발기관·전문기관·중앙행정기관 간 문서 검토와 절차 승인 과정에서 불필요한 행정비용이 발생하였다.

이와 같은 문제점을 근본적으로 해소하기 위해 「국가연구개발혁신법」은 협약의 기간을 연구개발과제의 전체 연구 기간으로 설정하도록 원칙을 전환하였다. 즉, 연구개발과제의 총 수행기간 동안 하나의 협약으로 법적·행정적 관계를 유지하도록 하여, 매년 협약을 갱신하는 구조를 폐지한 것이다. 이로써 연구자는 과제 수행에 필요한 법적 안정성을 확보하고, 불필요한 행정 절차 반복으로부터 벗어나 실질적인 연구 활동에 집중할 수 있게 되었다. 또한 행정기관 입장에서도 매년 협약 검토·체결 절차를 생략함으로써 업무 효율성을 제고하고, 평가 및 예산관리 등 실질적 통제 기능에 역량을 집중할 수 있게 되었다.

더 나아가, 협약 기간의 일괄 설정은 연구개발과제의 중장기적 기획과 예산 집행의 연속성을 제도적으로 보장하는 효과를 가져왔다. 과거에는 연차 협약이 매년 예산 배정의 근거가 되었기 때문에, 과제의 예산 확보가 회계연도마다 불확실하게 결정되었으나, 이제는 전체 연구 기간을 기준으로 협약이 체결되므로 중기재정계획과 연계된 안정적 지원이 가능해졌다. 또한, 행정적 반복을 줄이는 동시에 연구개발비의 효율적 집행과 과제 성과의 일관적 관리가 가능해졌다는 점에서, 본 제도는 연구 행정의 간소화와 연구환경의 안정화를 동시에 실현한 구조적 개선으로 평가된다.

2. 용어

(1) 협약과 계약

법률이나 행정 실무에서 '협약'과 '계약'이라는 용어가 구분되어 사용되긴 하지만, 실제로 중요한 것은 그 명칭이 아니라 관계의 실질적 내용이다. 즉, 문서의 이름이 '협약'이든 '계약'이든 간에, 그것이 가지는 법적 효과와 당사자 간 권리·의무의 구조가 무엇인가가 본질적으로 중요하다. 특히 국가연구개발사업과 같이 정부와 연구기관 간의 관계를 규율하는 영역에서는 명칭의 구분이 형식적 의미 이상으로 큰 실익을 가지지 않는다. 행정청이 특정 연구기관에 재정적 지원을 제공하고, 연구기관이 이에 따라 과제를 수행하는 구조라면, 그것이 법률상 행정협약이든 계약이든 결과적으로 양자 간 일정한 권리와 책임이 상호 작용하는 법률관계로 작용하기 때문이다.

실제 행정 현장에서도 협약과 계약은 종종 같은 의미로 혼용된다. 정부 부처는 연구개발사업의 추진 과정에서 법령에 따라 '협약 체결'이라는 표현을 사용하지만, 그 연구개발과제 협약서에는 계약과 동일하게 예산, 이행, 책임, 제재 등의 조항이 포함되어 있다. 이는 행정법적 형식이 어떠하든, 본질적으로 양 당사자 간의 구속 관계를 명확히 하기 위함이다. 따라서 '협약은 행정적 지원 관계이고 계약은 사법상 거래 관계'라는 이분법은 실제로는 다소 인위적인 구분에 불과하며, 법적 해석이나 분쟁의 해결에 있어서는 형식보다 실질이 우선한다.

일반적으로 중요한 것은 문서의 이름이 아니라, 그 관계가 국가의 정책적 지원을 목적으로 하는 행정적 작용인지, 아니면 대가적 교환을 전제로 한 사법상 거래인지의 실질적 성격이다. 법률문서의 표현은 편의상 구분된 것이지만, 법적 판단의 기준은 언제나 내용[1]에 있다. 이러한 맥락에서 연구개발사업의 협약 역시 계약적 요소를 내포한 행정행위의 일환으로 이해되어야 하며, 그 법적 성격은 이름보다 실제 관계의 실질에 따라 결정된다고 볼 수 있다.

법률관계 성격의 판단에 핵심은 문서의 형식적 명칭이 아니라 그 실질적 내용과 기능에 있다. 동일한 문서가 '계약', '협약', '합의서', '양해각서(MOU)' 등 다양한 용어로 불리더라도, 법적 판단은 그러한 표제의 외형적 표현에 기초하는 것이 아니라, 그 문서가 창설하는 권리·의무의 구조, 상대방과의 지위 관계, 공권력의 개입 여부 등 실질적 법률관계에 의해 이루어진다.

그럼에도 불구하고, 「국가연구개발혁신법」은 법제적 명확성을 위해 '협약'과 '계약'의 용어를 구분하여 사용한다. 「국가연구개발혁신법」 체계에서 연구개발기관과 전문기

---

1 대법원 2021. 11. 25. 선고 2018다260299 판결, "일반적으로 계약을 해석할 때에는 형식적인 문구에만 얽매여서는 안 되고 당사자 사이의 진정한 의사가 무엇인가를 탐구해야 한다. 계약 내용이 명확하지 않은 경우 계약서의 문언이 계약 해석의 출발점이지만, 당사자 사이에 계약서의 문언과 다른 내용으로 의사가 합치된 경우 그 의사에 따라 계약이 성립한 것으로 해석해야 한다. 당사자 사이에 계약의 해석을 둘러싸고 이견이 있어 당사자의 의사 해석이 문제 되는 경우에는 계약의 형식과 내용, 계약이 체결된 동기와 경위, 계약으로 달성하려는 목적, 당사자의 진정한 의사, 거래 관행 등을 종합적으로 고려해서 논리와 경험의 법칙, 그리고 사회일반의 상식과 거래의 통념에 따라 합리적으로 해석해야 한다."

관 또는 중앙행정기관이 체결하는 권리의무 관계는 일관되게 '협약'으로 규정된다. 협약은 연구개발과제의 수행 조건, 연구개발비의 사용 기준, 성과의 귀속·활용, 정산 및 제재 요건 등을 포함하는 행정 지원의 조건부 약정으로서, 단순한 사경제적 계약과 달리 법정 의무가 단계적으로 연동되는 구조를 갖는다. 연구개발비 지급, 성과관리, 정산·환수, 제재부가금 부과 등 일련의 절차는 「국가연구개발혁신법」에 근거한 행정 관계로 구성되며, 협약은 그 행정 관계의 구체적 내용과 이행조건을 설정하는 실행 수단이다. 이러한 점에서 연구개발 협약은 전형적인 사법상 계약과는 구별되는 공권력적 성격을 가지며, 당사자의 자유로운 의사 교환에 기초한 교환적 거래라기보다, 국가의 재정 지원을 조건으로 특정한 공공 목적 수행을 위탁하는 준행정적 법률관계로 이해된다. 이에 반해 주로 연구시설·장비의 구매, 용역 발주와 함께 연구개발기관이 타 연구개발기관과 연구개발 관련 용역 등을 통해 연구 수행을 공동으로 수행하기 위해 이루어지는 관계를 '계약'으로 지칭한다.

(2) 「국가연구개발혁신법」에서의 협약

법률용어에서 형식보다 실질이 우선한다는 것은 분명한 원칙이지만, 그렇다고 해서 용어 선택이 전혀 중요하지 않다는 뜻은 아니다. 특히 일정한 법률 분야에서 오랜 기간 축적되어 온 용어가 사회적으로 통용되고 제도적으로 정착된 경우, 그 명칭은 단순한 언어 선택을 넘어 하나의 법제도적 관행이자 법문화적 체계로 기능한다. 즉, 용어가 실질적 내용보다 앞서는 것은 아니지만, 내용을 안정적으로 인식하고 이해하게 하는 구조적 틀로서 중요한 역할을 하는 것이다.

이러한 점에서 국가연구개발사업을 규율하는 「국가연구개발혁신법」이 '협약'이라는 용어를 일관되게 사용하고 있는 것은 단순한 표현상의 선택이 아니라, 법 체계 내에서 확립된 개념적 자리를 차지한 결과라고 할 수 있다. 본래 '협약'과 '계약'은 그 법적 구속력의 성격이나 작용 방식에 있어 미묘한 차이를 갖는다. 계약이 사법상의 쌍무 관계를 전제로 한 상호 교환적 행위라면, 협약은 공공적 목적을 가진 행정적 합의의 형식으로서, 정부와 민간 간의 수평적 관계 속에서 이루어지되, 궁극적으로는 행정 목적의 실현이라는 공익적 성격을 내포한다.

국가연구개발사업은 바로 이러한 '공공 목적을 위한 지원형 법률관계'에 해당한다. 정부는 연구개발기관인 대학, 공공연구기관, 민간기업 등과의 관계에서 단순히 재화나 용역을 구매하는 당사자가 아니라, 과학기술 진흥과 국가 경쟁력 제고라는 공익적 목표를 실현하기 위한 정책적·재정적 지원의 주체로 존재한다. 따라서 이 관계를 규율하는 법적 형식은 '계약'보다는 '협약'이 훨씬 적합하다. 협약이라는 용어는 단순한 명칭이 아니라, 국가와 연구기관의 관계를 거래적 관계가 아닌 공동의 목표를 향한 협력적 관계로 이해하게 만드는 제도적 언어이기도 하다.

이러한 이유로 「국가연구개발혁신법」은 법 제정 당시부터 '협약'이라는 표현을 확고히 사용하고 있으며, 이후 관련 시행령·고시·지침 등에서도 동일한 용어를 유지하고 있다. 이미 수십 년에 걸쳐 연구개발관리 체계의 기본 단위로 '협약 체결'이라는 개념이 정착되었고, 통합정보시스템 등에서도 이 표현이 표준화되어 있다. 이러한 상황에서 '협약'을 '계약'으로 변경하는 것은 단순한 용어 수정 이상의 문제를 야기할 수 있다.

법률 체계에서 한 분야의 총칭이나 기본 용어를 변경한다는 것은 그 분야의 내부자보다 오히려 외부 이해관계자에게 더 큰 혼란을 초래한다. 국가연구개발제도의 근간 용어인 '협약'을 현저한 사유 없이 '계약'으로 대체하거나 병행 사용한다면, 연구개발기관·전문기관·정부 부처뿐 아니라 관련 회계·감사·사법절차 전반에서 불필요한 해석의 충돌이 생길 수 있다. 행정법적 관계에서 '계약'은 사법상의 거래행위로 오해될 여지가 많고, '협약'은 주로 공법상 행정작용으로 인식되기 때문에, 용어 선택은 행정 관계의 본질적 성격을 명확히 인식시키는 중요한 단서가 된다.

결국, 용어의 문제는 단순히 문구의 문제가 아니라 법적 인식의 안정성과 제도의 지속성의 문제다. 연구개발과제 수행의 법적 근거가 '협약'이라는 표현으로 자리 잡은 이상, 이는 행정실무뿐 아니라 연구 현장, 회계감사, 사법적 판단 등 전 분야에서 통일된 언어적 기준으로 작동하고 있다. 따라서 이 용어를 특별한 사유 없이 변경하는 것은 오히려 체계적 혼선을 가져오고, 제도의 일관성과 예측 가능성을 약화시킬 위험이 크다.

3. 협약의 법적 관계

연구개발과제와 관련한 협약의 법적 관계는 일반적인 행정계약이나 국가계약과는 본질적으로 다른 성격을 가진다. 원칙적으로 각 중앙행정기관의 장이 체결하는 계약에는 「국가를 당사자로 하는 계약에 관한 법률」이, 그 산하 전문기관이 체결하는 계약에는 「공기업·준정부기관 계약사무규칙[2]」이 적용된다. 그러나 국가연구개발사업에서 이루어지는 협약은 일정한 용역의 제공이나 물품의 납품을 목적으로 한 쌍무계약이 아니라, 정부가 공익적 연구개발을 지원하기 위한 행정행위의 일환으로서 체결하는 '지원형 행정협약'의 성격을 지닌다. 따라서 이 협약은 형식적으로는 계약의 형태를 띠고 있지만, 실질적으로는 정부의 정책적 지원행위이며, 이에 따라 일반적인 계약과는 다른 법적 특수성을 가진다.

첫째, 정부가 협약에 따라 연구기관에 지급하는 출연금은 원칙적으로 반대급부를 전제로 하지 않는 재정적 지원이다. 출연금(出捐金)이란 '국가연구개발사업의 목적을 달성하기 위하여 국가 또는 공공기관이 반대급부 없이 예산이나 기금 등에서 연구 수행기관에 지급하는 연구경비'를 말한다. 즉, 정부는 연구개발 성과물의 직접적 소유권이나 대가를 요구하지 않으며, 연구개발기관은 국가의 지원을 받아 개발한 유·무형적 결과물에 대해 원칙적으로 온전한 권리를 보유한다. 다만, 정부는 연구성과가 공공적 목적에 부합하도록 관리·확산을 유도하기 위해 일정한 활용 규제나 기술료 납부 의무를 부과할 수 있다.

이때 일부에서는 연구개발기관이 정부로부터 지원을 받고, 연구 결과를 통해 발생한 수익의 일부(기술료 등)를 정부에 납부한다는 점을 들어, 이러한 협약이 실질적으로 쌍무계약적 성격을 지니는 것이 아니냐는 의문을 제기하기도 한다. 그러나 기술료 제도는 정부가 투자한 연구개발비에 대한 직접적 대가를 받기 위한 장치가 아니라, 국가가 지원한 연구개발성과가 다시 연구개발로 환류되는 선순환 구조를 조성하기 위한 공적 메커니즘이다. 즉, 정부가 기술료를 회수하는 것은 수익의 분배가 아니라, 과학기술 혁신을 위한 재투자 과정으로 이해되어야 하며, 이를 근거로 국가와 연구개발기관 간의 협약을 쌍무계약으로 보는 것은 타당하지 않다.

둘째, 국가연구개발사업의 지원은 특정 기관이나 기업 자체에 대한 보조가 아니라, 특정 연구개발과제를 단위로 이루어진다. 연구개발비는 개인이나 기관의 재정 지원금이 아니라, 과제 수행을 위해 특정 용도에 한정하여 사용해야 하는 목적성 자금이다. 이에

2 「공기업·준정부기관 계약사무규칙」은 「공공기관의 운영에 관한 법률」 제39조 제3항에 따라 공기업·준정부기관의 계약의 기준과 절차, 입찰참가 자격의 제한 등에 필요한 사항을 규정함을 목적으로 제정된 재정경제부령이다.

따라 「국가연구개발사업 연구개발비 사용기준」[3] 고시는 연구개발비의 예산 산정 기준과 항목별 집행 범위를 세밀하게 규정하고 있다. 과제를 신청하는 기관은 이 기준에 따라 인건비, 재료비, 연구활동비, 간접비 등 항목별 예산을 사전에 명시해야 하며, 연구 종료 후에는 해당 예산이 승인된 계획에 따라 집행되었는지를 전문기관으로부터 엄격히 정산받아야 한다.

또한 연구개발기관은 연구개발비 전용 계정을 별도로 설정해 일반 운영자금과 구분하여 관리해야 하며, 연구개발비는 승인된 연구개발과제의 수행 목적 외의 용도로 사용할 수 없다. 카드 결제나 계좌이체 등 추적 가능한 방식으로만 지출하도록 제한하는 이유도 이러한 투명성 확보에 있다. 만약 연구개발비가 목적 외로 사용되었다면, 이는 부당 집행으로 간주되어 환수 대상이 되며, 그 정도에 따라 과제 중단, 참여제한, 정부 지원 배제 등의 행정제재를 받을 수 있다.

이처럼 국가연구개발사업의 협약은 단순히 '연구 용역의 계약'이 아니라, 정부가 공익적 목적을 위해 과학기술 연구를 지원하는 행정적 성격의 협약이라는 점에서, 일반적인 계약과 구별된다. 일반적인 국가계약에서는 계약의 상대방이 제공해야 할 용역이나 물품의 품질과 납기 이행이 핵심적 요소이며, 계약대금을 어떻게 사용하는지는 계약 상대방의 자율에 맡겨진다. 그러나 연구개발사업에서는 연구의 성과만큼이나 연구 과정의 투명성과 예산 집행의 적정성이 중요한 평가 요소가 된다. 정부는 단순히 결과물만을 요구하는 것이 아니라, 그 연구개발비가 공적 목적에 맞게 사용되고 관리되는지를 감시하고 감독한다.

결국 이러한 체계는 연구개발성과의 질뿐만 아니라, 공공 재정의 건전성과 국민 신뢰 확보를 위한 것이다. 연구개발비의 집행과 관리가 투명하게 이루어져야 연구 과정 자체가 신뢰받을 수 있고, 이를 위반하는 행위에 대해 정부가 참여제한이나 환수, 제재부가금 부과 등의 조치를 취하는 것도 이러한 공익적 맥락에서 이해되어야 한다. 국가연구개발사업에서의 협약은 '대가를 주고받는 계약'이 아니라 '공익적 목적을 위해 국가가 지원하고 감독하는 협력적 행정 관계'이며, 바로 이러한 특수성 때문에 법적 성격과 절차 모두 일반 계약과 명확히 구별되는 것이다.

---

3 이 고시는 「국가연구개발혁신법」 제13조 제4항에 따라 국가연구개발사업 연구개발비의 사용 기준 등 연구개발비에 관련한 사항을 정함을 목적으로 한다.

제 8 장

연구개발비

제1절 ▌ 연구개발비의 지원과 부담

「국가연구개발혁신법」

제13조(연구개발비의 지급 및 사용 등) ① 연구개발과제의 연구개발비는 정부가 지원하는 연구개발비와 대통령령으로 정하는 바에 따라 연구개발기관이 부담하는 연구개발비를 포함하여 산정한다.

1. 공동부담의 원칙

국가가 정부예산을 투입하여 연구개발을 수행하는 근본적 목적은 단순한 과학기술의 발전을 넘어, 국가의 지속 가능한 성장 기반을 확립하고 국제 경쟁력을 강화함으로써 국민의 삶의 질을 향상시키는 데 있다. 연구개발 투자는 장기적으로 산업·기술·사회 전반의 혁신을 촉진하고, 국가 경제의 부가가치를 증대시키는 공공적 투자 행위로 인식된다. 따라서 국가연구개발사업은 단순한 예산 집행이 아니라, 과학기술정책 실현의 핵심적 수단이자 국가경쟁력 확보를 위한 전략적 자원배분의 형태로서 기능한다.

그러나 정부가 연구개발예산을 투입하는 이유는 오로지 국가적 차원의 공익만을 실현하기 위한 것에 한정되지 않는다. 실제로 연구개발의 수행 주체인 연구자 및 연구개발기관 또한 이러한 과정을 통하여 실질적인 성과와 이익을 얻는다. 연구개발과제의 수행은 연구자의 학문적 역량을 축적하고, 이를 통해 논문·보고서·지식재산 등 다양한 연구성과를 창출하게 된다. 이러한 성과는 연구자의 경력과 기관의 연구 역량을 증진시키며, 향후 후속 연구개발사업의 수주나 신규 연구개발과제 선정에서도 중요한 근거 자료로 활용된다. 따라서 정부연구개발은 연구자 개인 및 기관 차원에서도 실질적인 발전 기회를 제공하는 상호이익적 구조를 지닌다.

특히, 민간기업의 경우 정부의 연구개발과제에 참여함으로써 새로운 기술을 확보하거나 제품의 성능을 고도화하고, 생산비용을 절감하는 등 실질적인 경제적 효과를 얻을 수 있다. 기업이 이러한 연구개발을 전적으로 자체 예산으로만 수행하기에는 위험과 부담이 크기 때문에, 정부의 연구개발사업은 기업에 기술혁신의 촉매로 작용한다. 이로써 정부는 공공목표를 달성하고, 기업은 기술경쟁력 제고를 통해 경제적 이익을 실현하는 공공-민간 협력형 혁신 체계가 구축된다.

이러한 점에서 정부가 연구개발기관이나 기업 등에게 연구개발과제를 수행하게 할 때, 연구개발비를 정부가 전액 부담하는 방식은 제도의 취지에 부합하지 않는다. 연구개발과제 수행은 국가의 지원과 민간의 자율적 참여가 결합되어야 하는 공동책임적 성격을 갖기 때문이다. 이에 「국가연구개발혁신법」은 연구개발비의 구성 원칙을 명시적으로 규정하여, 정부와 연구개발기관이 각각 일정 비율을 분담하도록 하는 공동부담의 원칙을 제도화하였다.

즉, 「국가연구개발혁신법」 제13조 제1항은 "연구개발과제의 연구개발비는 정부가 지원하는 연구개발비와 대통령령으로 정하는 바에 따라 연구개발기관이 부담하는 연구개발비를 포함하여 산정한다."라고 규정함으로써, 연구개발비의 산정 기준에 정부와 기관의 이원적 부담 구조를 명문화하였다. 이는 연구개발비 전액을 정부가 일방적으로 부담하던 과거의 단일 지원 방식에서 벗어나, 연구개발기관 또한 일정 부분 재원을 투입하게 함으로써 책임성과 주인의식을 강화하려는 입법적 의도를 반영한다.

예를 들어, 특정 기술 분야의 연구개발과제를 수행하는 데 총 1억 원의 비용이 소요된다고 가정할 경우, 정부가 지원하는 금액이 7천만 원이라면, 해당 연구개발기관은 자체적으로 3천만 원을 부담하여야 한다. 이러한 매칭펀드 구조는 정부지원금이 민간의 연구개발 투자를 유인하고, 연구개발기관이 자발적 참여 의지를 갖도록 하는 제도적 장치로서 기능한다. 나아가, 정부는 이를 통해 한정된 예산의 효율적 분배가 가능해지고, 연구개발기관은 자체 투자를 통해 연구개발성과에 대한 경제적 책임을 함께 지게 된다.

「국가연구개발혁신법」이 규정하는 연구개발비의 구조는 단순한 비용 부담의 문제를 넘어, 공공재원과 민간 재원의 협력적 조달 체계를 제도적으로 확립함으로써 연구개발의 효율성, 자율성, 지속 가능성을 동시에 확보하려는 데 그 입법 취지가 있다.

그러나 위와 같이 연구개발기관이 연구개발비 일부를 부담한다는 원칙이 모든 연구개발기관에 일률적으로 적용되는 것은 아니며, 실무적으로는 기관의 법적 성격, 공공성에 따라 연구개발비의 자부담 의무가 면제되거나 감면된다. 즉, 현행 제도는 연구개발기관별로 연구개발비의 부담 능력과 연구개발성과의 귀속 형태를 종합적으로 고려하여, 연구개발성과를 사실상 기업이 소유하게 되는 민간 기업 등에 대해서만 연구개발비 자부담을 의무화하고, 비영리적 공공연구기관 및 교육기관에 대해서는 예외적으로 자부담을 면제하는 체계를 취하고 있다.

2. 공동부담 원칙의 예외

한편, 공공적 성격을 지닌 연구기관과 교육기관의 경우에는 그 성격상 영리 목적이 아닌 국가 또는 지방자치단체의 정책적·학문적 목적을 위해 설립·운영되고 있으며, 연구성과 역시 대부분 국가 또는 사회 전체에 귀속된다. 이에 따라 다음과 같은 기관에 대해서는 연구개발비의 자부담 의무가 면제된다.

첫째, 「고등교육법」 제2조에 따른 학교, 즉 대학 및 전문대학 등 고등교육기관이다. 이들은 국가 인력양성과 학문 연구라는 공공임무를 수행하므로, 정부로부터 연구개발비 지원을 받을 때 별도의 자부담을 요구하지 않는다.

둘째, 「정부출연연구기관 등의 설립·운영 및 육성에 관한 법률」 제2조에 따른 정부출연연구기관 및 「과학기술분야 정부출연연구기관 등의 설립·운영 및 육성에 관한 법률」 제2조에 따른 과학기술 분야 정부출연연구기관이다. 이들은 정부로부터 직접 지급되는 출연금으로 운영되며, 그 재원이 이미 국가 예산에 포함되어 있다.

셋째, 「특정연구기관 육성법」 제2조에 따른 특정연구기관 역시 정부 출연금으로 운영되며, 국가 정책 목적에 따라 특정 연구개발 기능을 담당하므로 동일하게 자부담 의무가 면제된다.

이처럼 정부출연·특정연구기관 및 대학 등은 연구개발의 공공성을 실현하는 주체로서, 재정적 부담보다는 연구성과의 공적 확산과 사회적 환류를 통한 기여가 강조된다. 따라서 이들 기관에 자부담을 요구하는 것은 법 체계상 불합리하며, 정부 재정의 순환적 부담을 초래할 우려가 있다.

공동부담 원칙의 예외는 정부 연구개발사업의 목적이 단순한 기업 지원이 아니라 공공성과 책임성을 병행하는 혁신촉진형 지원구조를 구축하는 데 있음을 전제한다. 즉, 정부의 재정 지원이 기업의 사적 이익으로만 귀속되지 않도록 하기 위해, 영리기업에 대해서는 정부지원금 외에도 일정 수준의 자체 투자(자부담)를 요구함으로써 연구개발과정에서의 진정성 있는 참여와 효율적인 자원 활용을 유도하는 것이다. 이러한 원칙은 형평성 원칙과 과학기술 행정의 책임분담 원칙을 제도적으로 구현한 것이다.

3. 정부 지원연구개발비와 기관 부담연구개발비의 기준

구체적으로, 연구개발과제를 수행하는 기관이 「중소기업기본법」 제2조에 따른 중소기업, 「중견기업 성장촉진 및 경쟁력 강화에 관한 특별법」 제2조 제1호에 따른 중견기업, 또는 「공공기관의 운영에 관한 법률」 제5조 제4항 제1호에 따른 공기업, 그리고 「지방공기업법」에 따라 설립된 지방직영기업·지방공사·지방공단 등인 경우에는 연구개발비의 일부를 자체적으로 부담하도록 하고 있다. 또한, 이러한 범주에 포함되지 않는 일반기업 역시 연구개발과제의 수행 시 연구개발비를 일정 비율 이상 부담해야 하며, 정부는 그 구체적 비율을 사업유형·기술 분야·기업규모 등에 따라 세부 지침으로 정하고 있다.

정부 지원연구개발비의 지원 기준은 다음 표에 따른 비율에 따라 산정된 금액[1]으로 한다.

1 총 연구개발비 내 비목으로 국제공동연구개발비가 포함되는 경우에는 총 연구개발비에서 국제공동연구개발비를 제외한 연구개발비를 기준으로 지원 비율을 우선 계상하고 이후에 국제공동연구개발비를 합산하여 총 연구개발비를 확정한다. 이는 국제공동연구개발비에 대해서는 국제협력 활성화를 위해 전액 정부가 지원하겠다는 취지이다.

표 1 정부지원연구개발비의 지원 기준

구분	지원 비율
「중소기업기본법」 제2조에 따른 중소기업	총 연구개발비의 100분의 75 이하
「중견기업 성장촉진 및 경쟁력 강화에 관한 특별법」 제2조 제1호에 따른 중견기업	총 연구개발비의 100분의 70 이하
「공공기관의 운영에 관한 법률」 제5조 제4항 제1호에 따른 공기업	총 연구개발비의 100분의 50 이하
「지방공기업법」에 따라 설립된 지방직영기업 · 지방공사 · 지방공단 등	총 연구개발비의 100분의 50 이하
기타 이외의 기업(대기업 등)	총 연구개발비의 100분의 50 이하

가령, 어떠한 중소기업이 총 연구개발비가 1억 원인 연구개발과제를 수행한다고 가정하자. 해당 연구개발과제의 100분의 75 이하, 즉 7,500만 원까지 정부가 지원하는 연구개발비 지원 기준이라는 의미이다. 이를 반대로 해석하면 정부가 연구개발과제 수행을 위한 연구개발기관을 선정하는 공고문에, 해당 연구개발과제의 연구개발비가 7,500만 원이라고 기재했다면, 해당 중소기업은 연구개발과제에 선정되면, 최소한 2,500만 원은 해당 중소기업의 자체 연구개발예산을 투입해야 한다는 의미이다.

응용하면, 정부가 연구개발과제의 연구개발비를 1억 원 지원으로 공고를 낸 경우에 중견기업의 경우에는 총 연구개발비의 100분의 30 이상을 부담해야 한다. 즉, "(1억원 + a) × 0.3 = a" 라는 공식에 대입해보면, a는 대략 4,286만 원이 산출된다. 즉, 중견기업이 정부의 연구개발비 1억 원에 해당하는 연구개발과제를 수행하기 위해서는 자체 예산으로 최소 4,286만 원을 연구개발비로 부담하여야 한다. 해당 중견기업이 4,300만 원을 연구개발비로 부담하겠다고 확정한 경우, 해당 연구개발과제의 총 연구개발비는 1억 4,300만 원이 된다.

4. 기관 부담연구개발비의 현금 부담 기준

앞서 살펴본 바와 같이, 국가연구개발사업에서 총 연구개발비는 원칙적으로 정부가 지원하는 연구개발비와 연구개발기관이 자체적으로 부담하는 연구개발비를 합산한 구조로 편성된다. 이러한 체계는 정부와 연구개발기관 간의 공동책임 원칙을 구현하기 위한 것이며, 특히 영리기업이 수행하는 연구개발과제의 경우에 적용된다. 대학이나 정부출연연구기관, 지방자치단체출연 연구원 등은 공공적 성격을 갖는 기관으로서 자부담이 면제되지만, 기업의 경우에는 연구개발의 직접적 수혜자가 될 수 있는 만큼 일정 부분의 연구개발비 부담이 요구된다.

이때 기업은 단순히 정부로부터 지원받은 예산만으로 연구개발을 수행하지 않으며, 과제 수행의 규모와 특성에 따라 상당한 수준의 자체 자금을 투입해야 하는 것이 일반적이다. 실제로 현장에서 기업들은 정부지원금이 사업비의 일부만을 충당하며, 남은 비용은 연구 장비 구입, 인건비, 재료비 등 다양한 항목에서 자체적으로 부담해야 한다고 인식한다. 이러한 이유로, 정부 연구개발과제를 수행하는 기업 입장에서는 자부담 규모가 예상보다 크다고 느끼는 경우가 많다. 그러나 이는 단순한 부담이 아니라, 과제 성과에 대한 주체적 책임을 부여하고, 민간의 연구개발 투자를 촉진하기 위한 제도적 장치로 해석된다.

다만, 정부는 이러한 부담이 과도하게 작용하지 않도록 현금 이외의 현물 형태로 자부담을 인정할 수 있는 예외 규정을 두고 있다. 즉, 연구개발기관이 반드시 현금으로만 연구개발비를 부담할 필요는 없으며, 과제 수행에 실질적으로 기여하는 자산이나 인력·시설 등의 사용 가치를 현물로 산정하여 부담금으로 인정받을 수 있다.

이러한 현물 부담 제도는 실무상 연구개발비 부담 완화의 핵심 장치로 기능한다. 예를 들어 기업이 자체 보유한 연구 장비를 과제 수행에 활용하거나, 상근 연구원의 인건비를 자체 부담하는 경우, 또는 기술 자료·시제품·시험설비를 제공하는 경우 등은 모두 현물로 산정되어 정부 지침상 자부담으로 인정될 수 있다. 이는 현금 유동성이 제한된 중소·중견기업에 과도한 재정적 부담을 지우지 않으면서도, 과제 참여의 실질적 기여도를 확보하기 위한 실무적 조정장치라 할 수 있다.

기관이 부담하는 연구개발비의 현금부담 기준은 다음 표에 따른 비율에 따라 산정된 금액으로 한다.

표 2 **기관이 부담하는 연구개발비의 현금부담 기준**

구분	지원 비율
「중소기업기본법」 제2조에 따른 중소기업	기관부담연구개발비의 100분의 10 이상
「중견기업 성장촉진 및 경쟁력 강화에 관한 특별법」 제2조 제1호에 따른 중견기업 중 평균매출액등이 3천억원 미만인 연구개발기관	기관부담연구개발비의 100분의 10 이상
「중견기업 성장촉진 및 경쟁력 강화에 관한 특별법」 제2조 제1호에 따른 중견기업 중 평균매출액등이 3천억원 이상인 연구개발기관	기관부담연구개발비의 100분의 13 이상
「공공기관의 운영에 관한 법률」 제5조 제4항 제1호에 따른 공기업	기관부담연구개발비의 100분의 15 이상
「지방공기업법」에 따라 설립된 지방직영기업 · 지방공사 · 지방공단 등	기관부담연구개발비의 100분의 15 이상
기타 이외의 기업(대기업 등)	기관부담연구개발비의 100분의 15 이상

앞선 예를 그대로 적용해 보자. 중소기업이 총 연구개발비가 1억 원인 연구개발과제를 수행한다고 가정하자. 해당 연구개발과제의 100분의 25 이상, 즉 최소 2,500만 원은 해당 중소기업의 자체 연구개발예산을 투입해야 한다는 의미이다.

이때 2,500만 원 중에 해당 중소기업이 부담해야 하는 기관 부담연구개발비에서의 현금부담 기준에 따르면 중소기업은 100분의 10 이상만 현금으로 부담하면 된다. 즉 2,500만 원의 기관 부담 연구개발비를 기준으로 최소 250만 원을 현금으로 부담하고 2,250만 원은 현물로 연구개발비를 부담할 수 있다.

다시 한번 응용해 보자. 정부가 연구개발과제의 연구개발비를 1억 원 지원으로 공고를 낸 경우에 중소기업의 경우에는 총 연구개발비의 100분의 25 이상을 부담해야 한다. 즉, "(1억 원 + a) × 0.25 = a" 라는 공식에 대입해 보면, a는 대략 3,334만 원이 산출된다. 즉, 중소기업이 정부의 연구개발비 1억 원에 해당하는 연구개발과제 수행하기 위해서는 자체 예산으로 최소 3,334만 원을 연구개발비로 부담하여야 한다. 그리고 이 중에서 현금은 최소 333.4만 원으로, 나머지 금액은 현물로 부담이 가능하다. 실제 해당 중소기업은 정부가 연구개발기관 선정을 위해 공고한 1억 원의 연구개발과제를 수행하기 위해서는 현금으로 최소 333.4만 원을 납부해야 한다. 일반적으로 해당 연구개발 기간이 종료되기 3개월 전까지 해당 연구개발기관이 부담해야 하는 현금 부담 의무의 이행을 완료해야 한다.

5. 기관 부담연구개발비 기준과 현금 부담 비율에 관한 조정

(1) 기관이 부담하는 연구개발비 면제

국가연구개발사업의 수행과정에서 연구개발비의 부담은 정부와 연구개발기관 간의 공동책임 원칙에 기초하나, 모든 경우에 이를 일률적으로 적용하는 것은 제도의 실질적 형평에 반할 수 있다. 이에 「국가연구개발혁신법」은 일정한 사유에 해당하는 경우에는 연구개발기관의 자부담, 즉 기관 부담연구개발비를 면제할 수 있도록 하고 있다. 이는 연구개발의 공공적 성격과 수행기관의 재정 여건, 그리고 과제의 수행 형태를 종합적으로 고려하여, 부담 능력에 따른 합리적 예외를 인정한 규정으로 이해된다.

구체적으로, 중앙행정기관의 장은 다음 각 호의 어느 하나에 해당하는 연구개발기관에 대하여 기관 부담연구개발비를 면제할 수 있다.

첫째, 해당 연구개발기관의 연구개발성과가 국가 소유로 귀속되는 경우이다. 이 경우 연구개발성과의 재산적 가치가 정부에 귀속되므로, 연구개발기관이 추가적인 재정 부담을 질 실익이 크지 않다. 정부가 직접 연구성과의 소유권을 확보함으로써 공적 활용을 보장하므로, 기관의 자부담을 요구하지 않는 것이 합리적이다. 이러한 구조는 국가가 전액 또는 주도적으로 연구성과를 관리·활용하려는 공익형 연구개발사업에서 주로 적용된다.

둘째, 해당 연구개발기관이 위탁연구개발기관[2]으로서 연구개발과제의 일부만을 수행하는 경우이다. 위탁연구개발기관은 전체 연구개발과제의 주관적 책임을 지는 기관이 아니라, 주관연구개발기관으로부터 세부 과업을 위탁받아 수행하는 보조적 지위에 있다. 따라서 주관연구개발기관이 아닌 위탁연구개발기관에 별도의 자부담을 부과하는 것은 이중부담을 초래할 우려가 있다.

---

2 「국가연구개발혁신법 시행령」 제2조(연구개발기관) ② 국가연구개발혁신법 연구개발기관의 종류는 다음 각 호로 구분된다. 3. 위탁연구개발기관: 주관연구개발기관으로부터 연구개발과제의 일부(특수한 전문지식 또는 기술이 필요한 부분으로 한정한다)의 위탁을 그 소관 중앙행정기관의 장의 승인을 받아 수행하는 연구개발기관

셋째, 「연구산업진흥법」 제6조 제1항에 따라 신고한 전문연구사업자가 시험·분석 등 연구개발서비스의 제공만을 목적으로 공동연구개발기관으로 참여하는 경우에도 자부담이 면제된다. 이들은 연구개발의 직접적 성과 창출이 아닌, 과제 수행에 필요한 분석, 시험, 측정, 검증 등 지원 서비스를 제공하는 기관이므로, 이들 기관에 연구개발성과의 소유 등 경제적 이익이 직접적으로 발생하지 않는다. 따라서 일반 기업과 동일한 자부담 의무를 부과하는 것은 그 성격에 부합하지 않으며, 서비스 제공을 통한 기술 지원 역할에 집중할 수 있도록 면제하는 것이 제도 취지에 부합한다.

이와 같이, 연구개발성과의 귀속 주체, 과제 수행의 역할, 연구개발서비스의 성격 등 연구개발기관의 법적·경제적 지위에 따른 차이를 반영하여 자부담 면제를 인정하는 것은, 국가연구개발재정의 효율적 운용과 과학기술정책의 실질적 균형을 도모하기 위한 합리적 조정장치라 할 수 있다.

(2) 기관이 부담하는 연구개발비의 비율 완화

한편, 중앙행정기관의 장은 연구개발비 지원의 탄력성을 확보하기 위하여, 필요시 과학기술정보통신부장관과 협의하여 정부지원연구개발비의 지원 기준을 상향 조정하거나, 기관부담연구개발비 중 현금 부담 비율을 완화할 수 있도록 하고 있다. 이는 경제 상황, 산업별 특성, 연구개발 여건 등을 종합적으로 고려하여 각 부처가 자율적으로 조정할 수 있는 재량의 범위를 인정한 것이다.

특히 사회·경제적 위기 상황과 같이 연구개발 주체의 부담 능력이 일시적으로 약화된 경우에는, 중앙행정기관의 장이 신속한 대응을 위해 과학기술정보통신부장관과의 사전 협의 없이도 일시적으로 정부지원연구개발비의 지원 기준을 높이거나 기관부담연구개발비 중 현금 부담 비율을 낮출 수 있도록 예외를 인정하고 있다. 다만, 이러한 경우에도 지체 없이 과학기술정보통신부장관에게 변경 사실과 그 사유를 통보해야 한다는 절차적 통제 장치를 두고 있다. 이는 각 중앙행정기관의 자율성과 국가 차원의 재정통합관리 간의 균형을 유지하기 위한 장치로서, 재량의 남용을 방지하고 정책의 일관성을 보장하는 역할을 한다.

(3) 비율 완화의 범위

국가연구개발사업의 재정운용 체계에서 정부의 연구개발비 지원 기준과 연구개발기관의 부담 비율은 「국가연구개발혁신법」 제13조 및 「국가연구개발혁신법 시행령」 [별표 1]에 따라 설정된다. 원칙적으로는 정부와 연구개발기관이 각각 일정 비율을 분담하도록 되어 있으나, 법령은 특정한 사정이 있는 경우 예외적으로 중앙행정기관의 장이 과학기술정보통신부장관과 협의하여 정부 지원 비율을 높이거나, 기관부담금 중 현금 부담 비율을 낮출 수 있도록 하는 탄력적 규정을 두고 있다.

문제는 이와 같은 법문 중 '높이거나', '낮출 수' 있다는 문언이 어느 범위까지의 조정 권한을 포함하는가에 대한 해석이다. 즉, (1) 정부연구개발비의 지원 비율을 100%로 상향하여 연구개발기관의 부담을 전혀 두지 않을 수 있는지, (2) 기관부담금 중 현금 부담 비율을 100분의 0으로 조정하여 전액을 현물로 인정할 수 있는지가 쟁점이 된다.

먼저, 「국가연구개발혁신법 시행령」의 [별표 1]의 비고 제1호는 중앙행정기관의 장이 사회·경제적 위기나 예외적 사유가 있는 경우, 과학기술정보통신부장관과의 협의를 거쳐 정부 지원연구개발비의 지원 기준을 높이거나 기관 부담연구개발비 중 현금 부담 비율을 낮출 수 있다고 규정하고 있다. 이 규정의 체계적 위치와 문언 구성에 비추어 볼 때, 입법자는 조정의 범위를 구체적 한도로 제한하지 않고, '조정의 폭을 기관의 재량에 맡긴 개방형 규정'으로 두었다고 해석된다. 이는 단순한 비율의 소폭 변경이 아니라, 국가재정정책이나 산업구조의 변동 등 긴급한 상황에서 실질적으로 제도의 경직성을 완화하기 위한 예외 조항의 성격을 가진다.

실제 현행 국가연구개발사업 체계에서 대학 및 공공연구기관의 경우 정부의 연구개발비가 총 연구개발비의 전액을 구성하고, 해당 기관의 부담금은 면제되고 있다. 이는 곧 연구개발기관의 부담 비율을 0%로 두는 사례가 제도적으로 이미 인정되고 있음을 의미한다. 따라서 동일한 법 체계 내에서 중소기업을 비롯한 민간기업에 대해서도, 예외적인 상황이 존재한다면 기관 부담연구개발비를 0%로 조정하는 것이 원칙적으로 불가능하다고 보기는 어렵다. 다시 말해, 법률상 '정부 지원연구개발비의 지원 기준을 높인다'는 표현은 그 이론적 한계가 100%까지 도달할 수 있음을 내포한다고 해석할 수 있다.

다음으로, 현금 부담 비율을 100분의 0으로 조정할 수 있는지 여부에 대하여는, 시행령 체계상 최소한의 현금 부담 비율을 명문으로 규정하고 있지 않은 이상, 중앙행정기관의 장이 이를 자율적으로 설정하거나 조정할 수 있는 권한이 인정된다고 보는 것이 타당하다. 만약 입법자가 일정한 하한선을 두고자 했다면, '현금 부담 비율은 100분의 10 이상으로 하여야 한다'와 같은 구체적 문언을 별표에 병기했을 것이다. 그러나 현행 「국가연구개발혁신법 시행령」은 그러한 하한 규정을 두지 않은 채 단지 '낮출 수 있다'고만 규정하고 있으므로, 이는 법문상 완전한 0%까지의 조정 가능성을 예정한 개방형 규정으로 해석된다.

이와 같은 해석은 법령 전체의 목적 체계와도 부합한다. 「국가연구개발혁신법」은 연구개발의 자율성과 효율성을 보장하면서도, 사회·경제적 위기 상황에서 연구개발 활동이 위축되지 않도록 제도적 유연성을 확보하는 것을 주요 목표로 한다. 따라서 재난, 경기침체, 또는 국가 기술 역량 확보를 위한 전략적 투자가 필요한 경우에는, 정부가 연구개발비 전액을 지원하고 기관 부담이나 현금 부담을 면제하는 것이 정책적 합리성 측면에서도 정당화될 수 있다.

결국, 정부 지원연구개발비의 지원 비율과 기관 부담연구개발비 중 현금 부담 비율에 대한 조정은, 입법자가 부여한 정책적 재량의 범위 내에서 상황적 필요에 따라 0~100%까지 조정 가능한 것으로 해석된다. 따라서 법문상 명시된 '높이거나' 및 '낮출 수 있다'의 문언은 단순한 비율조정 이상의 의미를 가지며, 실질적으로는 중앙행정기관이 긴급상황 또는 정책적 필요에 따라 정부 100% 지원 체계를 일시적으로 도입할 수 있는 근거 조항으로 기능한다.

이러한 해석은 다만, 일시적 조정 이후 과학기술정보통신부장관에게 지체 없이 통보해야 한다는 절차적 요건을 통해 행정적 통제와 투명성을 보장함으로써, 재량의 남용 가능성을 제도적으로 방지하고 있다. 따라서 법적 구조상, 중앙행정기관의 장이 ① 정부 지원 비율을 100%로 상향하여 기관 부담을 0%로 할 수 있고, ② 기관부담금 중 현금비율을 0%로 조정하여 전액을 현물로 인정할 수 있다고 해석하는 것이 문언적·체계적·목적론적 측면에서 모두 타당하다.

제2절 ▌연구개발비의 지급 방식

「국가연구개발혁신법」

제13조(연구개발비의 지급 및 사용 등) ② 중앙행정기관의 장은 소관 국가연구개발사업의 추진 목적·성격 등을 고려하여 연구개발비의 지급 횟수, 시기, 지급 조건·방법 등을 정할 수 있다.

1. 개요

「국가연구개발혁신법」 제13조는 '연구개발비의 지급 및 사용'에 관한 일반원칙을 규정하고 있으며, 제2항은 그중에서도 '지급 방식의 자율성'을 인정하는 핵심 조항이다. 중앙행정기관이 사업의 특성에 맞게 탄력적으로 운용할 수 있는 재량의 범위를 명시한 것이다.

연구개발과제의 연구개발비 집행은 단순한 예산 배분 행위가 아니라, 연구개발과제를 통해 해당 국가연구개발사업의 정책목표의 달성도를 좌우하는 핵심 요소이다. 이에 「국가연구개발혁신법」은 중앙행정기관의 장이 각자의 소관 연구개발사업의 목적과 성격, 추진 방식에 따라 연구개발비 지급의 구체적 방식을 자체적으로 정할 수 있도록 규정하고 있다. 이는 연구개발의 자율성과 창의성을 존중하면서도, 각 사업의 특성에 맞는 재정관리 체계를 구축하도록 하기 위한 입법적 장치라고 의미를 부여할 수 있다. 중앙행정기관이 단순한 집행기관이 아니라, 각 사업의 성격에 적합한 연구개발 재정 운용 구조를 설계할 수 있는 정책적 주체이자 재량권자로 기능함을 의미한다.

(1) 입법 취지와 「과학기술기본법」 제15조의2와의 관계

기존 연구개발과제의 연구개발비 집행으로서의 '선급금 중심의 획일적 지급 방식'은 성과 중심보다는 집행률 중심의 행정관리로 흐르는 경향을 초래하였다. 이에 따라, 「국가연구개발혁신법」은 연구개발비 지급의 횟수·시기·조건·방법을 각 부처가 자율적으로 결정할 수 있도록 하여, 연구의 특성에 맞는 유연한 재정구조를 마련하도록 한 것이다. 이는 「과학기술기본법」 제15조의2(도전적 연구개발의 촉진)와도 그 궤를 같이한다.

「과학기술기본법」

> 제15조의2(도전적 연구개발의 촉진) ③ 정부는 도전적 연구개발을 촉진하기 위하여 동일한 연구주제에 대해 복수의 연구기관 또는 연구자가 경쟁하는 방식으로 국가연구개발사업을 추진할 수 있다.
>
> ④ 정부는 연구개발비를 사전에 지급하지 아니하고 도전적 연구개발 목표를 공모하여 성과평가 결과가 우수한 연구기관 또는 연구자에게 예산의 범위에서 연구개발비 또는 포상금을 지급하는 방식으로 국가연구개발사업을 추진할 수 있다.

「국가연구개발혁신법」의 제정과 「과학기술기본법」 제15조의2의 신설은 유사한 시기에 이루어진 입법 조치로, 양 법률은 국가연구개발제도의 구조적 개편과 과학기술정책의 거버넌스 강화를 목표로 하는 동일한 입법 정책적 맥락 속에서 추진되었다.

두 법률은 상호 보완적 관계를 형성하고 있다. 「과학기술기본법」 제15조의2는 국가가 추진하는 연구개발사업 중에서도 특히 '도전적이고 혁신적인 국가연구개발사업 유형'을 제도적으로 뒷받침하기 위해 신설된 조항이다. 이 규정은 정부, 즉 중앙행정기관이 과학기술 발전과 혁신적 연구개발을 촉진하기 위한 목적하에, 기존의 사전 지급 중심의 획일적 연구개발비 집행 방식에서 벗어나 성과평가 중심의 유연한 재정 운용 방식을 채택할 수 있도록 근거를 마련한 것이다. 이에 따라 중앙행정기관은 도전적 연구개발의 추진 목적과 성격을 고려하여, 연구개발비를 성과 달성 이후에 지급하는 후불형 방식이나, 연구성과의 우수성에 따라 포상금형으로 지급하는 방식을 도입할 수 있다. 즉, 연구개발의 성과와 기여도를 기준으로 보상하는 성과 중심 집행구조를 제도적으로 허용한 것이다.

이러한 입법 취지는 「국가연구개발혁신법」과 긴밀히 연계된다. 「국가연구개발혁신법」 제13조 제2항은 중앙행정기관의 장이 소관 국가연구개발사업의 추진 목적이나 성격 등을 고려하여 연구개발비의 지급 횟수, 시기, 조건, 방법을 정할 수 있도록 규정함으로써, 각 연구개발사업의 유형별 특성에 맞춘 차별적 지급 구조 설계를 가능하게 한다. 즉, 「과학기술기본법」 제15조의2가 연구개발재정의 성과 연동적 유연성을 선언적으로 규정한 기본 원리라면, 「국가연구개발혁신법」은 그러한 원리를 구체적 행정절차와 집행

기준의 형태로 제도화한 실행 법률이다.

두 법률은 연구개발사업의 성격에 따라 정부가 연구비 지급 방식을 자율적으로 결정할 수 있는 법적 근거를 상호 보완적으로 제공한다. 「과학기술기본법」은 '도전적 연구개발 촉진'이라는 정책적 방향성과 제도적 정당성을 부여하고, 「국가연구개발혁신법」은 그러한 목적을 구체화하여, 연구개발비의 지급 시기(사전·사후), 조건(성과평가·기술 수준 달성), 방법(직접지급·포상금형) 등을 탄력적으로 운영할 수 있도록 한다.

(2) 중앙행정기관의 재량권 한계

다만, 「국가연구개발혁신법」 제13조 제2항의 '정할 수 있다'는 표현은 임의적 재량권을 부여하는 것이며, 자의적 결정권을 의미하지 않는다. 중앙행정기관의 장은 사업 목적과 성격이라는 객관적 기준에 근거하여 지급 방식을 결정해야 하며, 연구개발기관 간 형평성 고려와 함께 「국가연구개발혁신법」상의 연구개발비 사용 기준을 준수해야 한다. 따라서 본 조항은 '재정적 자율성'과 '책임행정'이 조화를 이루는 구조로 해석되어야 한다.

(3) 연구개발비 지급 방식 결정의 구체적 기준별 해석

「국가연구개발혁신법」 제13조 제2항은 중앙행정기관이 연구개발비 지급 방식을 결정함에 있어 고려해야 할 기준으로 추진 목적, 성격 등을 제시하고, 구체적으로 지급 횟수, 시기, 조건, 방법을 정할 수 있도록 하고 있다.

국가연구개발사업의 추진 목적은 해당 사업이 달성하고자 하는 정책목표로서, 그 목적에 따라 재정 운용 방식이 달라질 수 있다. 기초·원천 연구형 국가연구개발사업 내 연구개발과제의 경우, 장기적이고 불확실성이 높으므로 연구책임자의 자율성을 보장하기 위해 기본적인 형식인 연차별 일괄 선지급 방식으로 운용할 수 있다.

반면, 기술 상용화·기술 사업화형 국가연구개발사업 내 연구개발과제의 경우, 성과의 객관적 검증과 재정집행의 책임성이 강조되므로, 평가 결과마다 지급을 하는 구조를 고려해볼 수 있다. 사회문제 해결형 국가연구개발사업 내 연구개발과제의 경우, 현장 적용성과 정책 연계성이 중요하므로, 성과공유 이후의 후불식 지급 방식이 활용될 수 있다.

이러한 경우 연구개발비의 지급 횟수는 해당 연구개발과제의 기간과 평가 체계에 따라 달리 정해질 수 있다. 일반적으로 해당 단계별로, 그리고 단계 내에서도 해당 연차별로 지급하는 것이 일반적이나 이를 분할 지급할 수 있다. 평가 결과마다 지급하는 구조에서는 평가 검증 이후 잔여 예산을 지급하거나, 목표 미달 시 지급을 중단할 수 있다.

2. 연구개발비 지급의 실무

「국가연구개발혁신법」 제13조는 각 중앙행정기관의 장이 소관 국가연구개발사업의 추진 목적, 과제의 성격, 연구개발기관의 유형 등을 고려하여 연구개발비의 지급 횟수, 시기, 방법 및 조건을 자율적으로 정할 수 있음을 인정하고 있다. 이는 국가연구개발사업의 획일적 재정집행 방식을 지양하고, 과제 특성에 부합하는 유연한 재정 운용 체계를 도입함으로써, 연구개발의 자율성과 효율성을 제고하기 위한 제도적 근거로 볼 수 있다.

이와 관련하여 정부는 2014년 발표된 《경쟁형 R&D 추진 가이드라인[3]》을 통해 경쟁적 연구개발 방식의 제도화를 시도한 바 있다. 《경쟁형 R&D 추진 가이드라인》은 연구개발비의 지급 방식과 평가 체계를 달리하는 유형을 제시하였는데, 그 대표적인 예가 토너먼트형, 포상금형, 연구개발비 후불형이다.

토너먼트형은 단계별 중간평가를 통해 일부 과제를 탈락시키고 우수과제만을 시속 지원하는 방식이며, 포상금형은 동일한 연구 목표를 설정한 복수의 연구단이 경쟁 수행 후 최종성과의 우수성에 따라 포상금을 지급받는 구조이다. 연구개발비 후불형은 연구성과 평가 후 우수 성과를 달성한 기관에 사후적으로 연구개발비를 지급하는 형태로, 과제 수행 이전에 정부가 재정을 투입하지 않는다는 점에서 기존의 선급금 중심 구조와 근본적으로 다르다.

이러한 지급 방식의 다양화는 도전적이고 창의적인 연구개발을 유도하기 위한 제도적 실험으로 평가된다. 사회·기술적으로 복잡한 문제를 해결하기 위해서는 안정적 연구비 지원만으로는 한계가 있으며, 성과 중심의 인센티브 구조를 통해 연구자의 몰입과 창의성을 자극할 필요가 있기 때문이다. 그러나 이와 같은 실험적 제도는 실제 집행 단계에서 상당한 법적·재정적 제약에 직면하게 된다.

특히 연구개발비 후불형 제도의 경우, 정부가 연구개발비를 사전에 지급하지 않음에

---

3 국가과학기술자문회의, 《경쟁형 R&D 추진 가이드라인》, 2014

도 불구하고 연구개발기관이 과제를 수행해야 하는 구조이므로, 연구개발기관은 자체 재원을 활용하여 연구를 먼저 수행해야 한다. 이는 이론적으로는 가능하더라도, 현실적으로는 극히 어렵다. 대부분의 연구개발기관은 정부의 지원금에 의존하여 인건비, 재료비, 시험비 등을 지출하고 있으며, 자부담금조차 제한된 범위 내에서 조달한다. 따라서 정부가 연구개발비를 전혀 지급하지 않은 상태에서 연구개발을 개시하고, 성과평가 후 후불로 보전받는 구조는 인건비 지급, 재료 구입, 연구 장비 유지 등 필수적 비용의 집행이 불가능해지게 하는 결과를 초래한다. 연구개발비의 선지급은 연구 활동의 지속 가능성을 담보하는 구조적 전제로서 기능하고 있기 때문이다.

마찬가지로 포상금형 제도 또한 유사한 문제를 내포한다. 포상금은 과제 수행을 위한 사전적 연구개발비 지원이 아니라, 성과에 대한 사후적 금전 보상으로 기능한다. 이러한 구조에서 포상금은 연구개발비의 단가 산정(인건비, 재료비, 간접비 등)과 무관하게 지급액이 결정되므로, 실질적으로 정부지원금이라기보다는 성과급 또는 상금의 성격을 가진다. 그 결과, 포상금을 연구개발비의 일부로 볼 수 있는지, 아니면 별도의 인센티브 항목으로 분류해야 하는지가 불명확하다. 특히 연구개발비는 원칙적으로 연구개발기관에 귀속되어 기관 단위로 집행되지만, 포상금은 연구자 개인에게 직접 지급되는 형태를 전제하는 경우가 많아 회계적·법적 성격의 불일치가 발생한다. 이는 포상금을 인건비로 보아야 하는지, 혹은 연구수당으로 분류해야 하는지에 관한 해석상의 혼선을 초래하며, 나아가 세법상 과세 문제, 연구개발비 정산 절차상 회계 기준 문제 등 실무적 난점을 유발한다.

그럼에도 불구하고 앞서 살펴본 바와 같이 최근 「과학기술기본법」 제15조의2 제4항은 "도전적 연구개발사업의 기획, 선정 및 지원 시 정부가 연구개발비를 사전 지급하지 아니하고, 공모된 도전적 연구목표의 성과평가 결과가 우수한 연구기관 또는 연구자에게 예산의 범위 내에서 연구개발비 또는 포상금을 지급할 수 있다."고 명시하여, 후불형[4]·포상형 연구개발의 가능성을 제도적으로 인정하고 있다. 이는 미국 방위고등연구계

4 「과학기술기본법」 제15조의2 제3항에 '후불형' 연구개발비 지급 제도가 명시되어 있고, 이를 구체화하는 「과학기술기본법 시행령」에서도 '연구개발비 또는 포상금을 지급하는 연구개발 방식'을 언급하고 있다. 그런데 해당 사항을 '포상형연구방식'으로만 축약하고 있고 구체적으로 후불형 연구개발비 지급 방식의 운영 형태가 명확하게 드러나지는 않는다.
「과학기술기본법 시행령」 제24조의4(혁신도전형연구개발사업의 포상금 등 지급 방식 추진 등) ① 중앙행정기관의 장은 혁신도전형연구개발사업을 법 제15조의2제4항에 따라 연구개발비 또는 포상금을 지

획국(Defense Advanced Research Projects Agency, DARPA)[5]형 등 해외 선도국가의 도전형 연구모델을 벤치마킹한 것이다.

그러나 이러한 규정은 「국가연구개발혁신법」 체계와의 정합성 측면에서 법제적 충돌 가능성을 내포하고 있다. 「국가연구개발혁신법」은 연구개발과제의 집행·평가·정산 전 과정을 전제로 하여 연구개발비를 관리하도록 규정하고 있으며, 이는 연구개발비가 실질적으로 연구 수행에 투입되는 비용임을 전제한다. 반면, 후불형·포상금형 제도는 연구개발비를 연구성과 이후의 보상 수단으로 전환하는 구조로, 「국가연구개발혁신법」이 예정한 연구개발비의 관리·회계 체계와 근본적으로 양립하기 어렵다. 즉, 도전형 연구개발의 취지에는 공감하더라도, 현행 연구개발비 관리 제도 내에서는 회계적·행정적 일관성을 유지하기 어렵고, 연구자의 생활임금 및 연구조직 운영비용을 보전할 제도적 장치가 부재하다는 점에서 현실적 실행 가능성은 극히 제한적이다.

따라서 현행 법 체계하에서 도전형 연구개발 사업을 추진하기 위해서는 별도의 특별법 제정이나 「국가연구개발혁신법」의 예외적 운용 근거를 명확히 마련해야 하며, 단순히 「과학기술기본법」상의 선언적 조항만으로는 실질적인 연구개발비 집행이 불가능하다. 결론적으로, 도전적 연구개발을 위한 후불형·포상금형 연구개발비 지급 제도는 현행 「국가연구개발혁신법」 체계 내에서는 제도적 실효성을 갖기 어렵다고 평가된다.

급하는 연구개발 방식(이하 "포상형연구방식"이라 한다)으로 추진하려는 경우에는 다음 각 호의 사항을 미리 공고해야 한다.

1. 연구개발 목표의 수준 및 내용
2. 연구개발사업의 예상 수행기간 및 비용
3. 연구기관 또는 연구자의 참여 조건
4. 연구개발비 또는 포상금의 지급 범위
5. 연구개발비 또는 포상금 지급대상의 심사방법
6. 그 밖에 공정하고 효율적으로 포상형연구방식을 추진하기 위하여 중앙행정기관의 장이 필요하다고 인정하는 사항

② 중앙행정기관의 장은 혁신도전형연구개발사업을 포상형연구방식으로 추진하기 위하여 필요한 경우 민간전문가를 포함한 협의체를 구성하여 운영할 수 있다.

③ 제1항 및 제2항에서 규정한 사항 외에 포상형연구방식의 기준, 방법 및 절차 등에 필요한 세부 사항은 관계 중앙행정기관의 장과 협의하여 과학기술정보통신부장관이 정하여 고시한다.

5 미국 방위고등연구계획국(DARPA)은 미국 국방부(Department of Defense) 산하의 연구개발 전문기관으로서, 군사적 우위를 확보하기 위한 고위험·고성과(high-risk, high-reward) 첨단기술 연구를 전담한다.

제 9 장

연구개발과제평가단

「국가연구개발혁신법」

제14조(연구개발과제의 평가 등) ① 중앙행정기관의 장은 선정평가, 단계평가, 최종평가 및 제15조 제1항에 따른 특별평가를 실시할 때에는 연구개발과제평가단(이하 이 조에서 "평가단"이라 한다)을 구성하여 평가를 실시하여야 한다.

② 평가단은 평가의 전문성을 확보하기 위하여 추진하려는 국가연구개발사업의 취지, 목적 등을 고려하여 관련 분야의 학식과 경험이 풍부한 전문가로 구성하여야 한다. 다만, 다음 각 호의 어느 하나에 해당하는 사람은 평가단에 포함되어서는 아니 된다.

1. 해당 연구개발과제와 직접적인 이해관계가 있어 평가의 공정성을 중대하게 저해할 우려가 있는 사람
2. 최근 3년 이내에 연구개발과제 평가에 관한 법령을 위반하여 행정처분 또는 과태료 부과 처분을 받거나 형벌을 받은 사람

③ 제1항에도 불구하고 제9조 제4항 각 호의 어느 하나에 해당하여 공모 외의 방법으로 선정한 연구개발과제나 제21조 제2항에 따른 보안과제는 평가단을 구성하지 아니하거나 평가단 구성 시 제2항 제1호를 적용하지 아니할 수 있다.

제1절 ∥ 국가연구개발과제 평가 개요

중앙행정기관의 장은 선정평가, 단계평가, 최종평가 및 「국가연구개발혁신법」 제15조 제1항에 따른 특별평가를 실시할 때에는 연구개발과제평가단을 구성하여 평가를 실시하여야 한다(「국가연구개발혁신법」 제14조 제1항). 평가단은 평가의 전문성을 확보하기 위하여 추진하려는 국가연구개발사업의 취지, 목적 등을 고려하여 관련 분야의 학식과 경험이 풍부한 전문가로 구성하여야 한다(「국가연구개발혁신법」 제14조 제2항 본문).

우선 선정평가는 「국가연구개발혁신법」 제10조 제1항 및 제2항에 따른다. 개별 중앙행정기관의 장은 연구개발과제의 선정을 위해 우선 연구개발과제 수행을 신청한 기관·단체·연구자에 대하여 「국가연구개발혁신법」 제32조에 따른 참여제한 대상 여부 등 「국가연구개발혁신법 시행령」으로 정하는 사항을 사전에 검토하여야 한다. 그리고 중앙행정기관의 장은 다음 각 호에 관한 평가를 거쳐 연구개발과제와 이를 수행하는 연구개발기관을 선정하여야 한다(「국가연구개발혁신법」 제10조 제2항 본문). 해당 절차가 바로 연구개발과제의 선정평가이다.

1. 연구개발과제의 창의성 및 수행 계획의 충실성
2. 연구자 또는 소속 기관·단체의 연구개발 역량
3. 연구개발과제의 학술적·기술적·사회적·경제적·지역적 파급효과 및 연구개발성과의 활용 가능성
4. 해당 국가연구개발사업 근거 법령 및 국가연구개발사업 추진계획과의 부합성
5. 그 밖에 대통령령령으로 정하는 사항

단계평가와 최종평가는 「국가연구개발혁신법」 제12조 제2항 본문에 따른다. 중앙행정기관의 장은 연구개발과제의 수행과정, 연구개발성과 등 대통령령으로 정하는 사항에 대하여 단계평가(연구개발과제의 각 단계가 끝나는 때에 실시하는 평가) 및 최종평가(연구개발기간이 끝나는 때에 실시하는 평가)를 실시하여야 한다.

특별평가는 「국가연구개발혁신법」 제15조 제1항에 따른다. 중앙행정기관의 장은 법률에서 정하고 있는 특정한 사유가 발생한 경우에는 연구개발과제의 변경 및 중단 여부를 결정하기 위한 평가(특별평가)를 거쳐 해당 연구개발과제의 연구개발 목표, 연구책임

자 등을 변경하거나 해당 연구개발과제를 중단할 수 있다.

위에서 언급한 선정평가, 단계평가, 최종평가, 특별평가를 실시하는 경우에는 「국가연구개발혁신법」 제14조 제1항에 따라 연구개발과제평가단을 구성하여 평가를 실시하여야 하는 것이다.

제2절 ▌ 국가연구개발사업 평가와의 구별

우리나라의 국가연구개발사업은 「국가연구개발혁신법」상 '국가연구개발활동'의 범주에 포함되며, 개별 중앙행정기관의 장이 소관 예산을 확보하여 이를 통해 추진하는 방식으로 운영된다. 즉, 과학기술정보통신부를 비롯한 각 중앙행정기관은 국회에서 확정된 연구개발 관련 예산을 기반으로 소관 정책목표 달성을 위한 연구개발사업을 독자적으로 기획·시행한다. 이러한 구조상 연구개발사업의 주체는 중앙행정기관의 장이며, 그 사업 수행과 성과관리는 기관별 자율성과 책임성에 기초한다.

다만, 「국가연구개발혁신법」은 주로 연구개발사업의 관리 및 집행 절차에 관한 기본원칙을 규율하는 데 초점을 두고 있어, 연구개발사업의 성과평가에 관한 세부 절차나 기준은 별도의 법률인 「국가연구개발사업 등의 성과평가 및 성과관리에 관한 법률」에 따라 이루어진다. 「국가연구개발사업 등의 성과평가 및 성과관리에 관한 법률」은 국가연구개발사업 전반에 대한 체계적 평가와 환류를 통하여 연구개발 투자의 효율성을 제고하고, 과학기술 혁신의 질적 성과를 확보하기 위한 근거 법령으로 기능한다.

「국가연구개발사업 등의 성과평가 및 성과관리에 관한 법률」에 따르면, 과학기술정보통신부장관은 국가 차원의 일관된 성과평가 체계를 확립하기 위하여 5년마다 '연구개발 성과평가기본계획'을 수립하여야 한다. 기본계획에는 연구개발 성과평가의 대상 및 방법, 성과 목표와 성과지표의 설정 기준, 평가의 절차 및 활용방안 등 국가연구개발성과관리의 전반적 지침이 포함된다. 이 기본계획은 모든 중앙행정기관이 소관 연구개발사업을 평가할 때 준거해야 하는 상위계획으로서, 연구개발정책의 방향성과 평가 체계를 통합적으로 제시하는 역할을 수행한다.

과학기술정보통신부장관은 기본계획을 토대로 매 회계연도마다 '연구개발 성과평가 실시계획'을 마련한다. 실시계획에는 연도별 평가 대상 국가연구개발사업, 세부 평가 항목, 일정 및 절차, 평가의 운영 방식 등이 구체적으로 명시되며, 각 중앙행정기관의 자체평가가 이 계획에 근거하여 이루어지도록 하고 있다.

이에 따라 각 중앙행정기관의 장은 매년 실시계획에 부합하도록 소관 연구개발사업의 '자체평가실시계획'을 수립하여 과학기술정보통신부장관에게 제출해야 한다. 자체평가실시계획에는 해당 부처가 수행하는 연구개발사업의 평가 대상 선정, 평가방법 및 일정 등이 포함되며, 과학기술정보통신부의 승인 또는 협의를 거쳐 확정된다. 이후 중앙행정기관은 확정된 계획에 따라 자체평가를 수행하고, 그 결과를 과학기술정보통신부장관에게 제출하여야 한다.

과학기술정보통신부장관은 제출된 자체평가 결과가 각 기관의 연구개발사업 전략목표, 성과 목표, 성과지표 등과 합리적으로 부합하는지 여부를 점검한다. 이러한 점검은 단순한 형식적 검토가 아니라, 평가 결과의 적절성·객관성을 확인하고, 필요시 평가 체계 개선 또는 후속 특정평가 실시의 근거를 마련하는 절차로 이해된다.

즉, 「국가연구개발사업 등의 성과평가 및 성과관리에 관한 법률」에 따른 성과평가는 단순한 연구개발 '과제' 단위의 연구개발성과 여부의 점검이 아니라, 각 부처가 수행하는 국가연구개발사업 그 '사업' 자체의 구조·목표·예산·운영 체계 전반을 평가하는 절차로서, 국가적 차원의 연구개발 재정 운용의 효율성과 책임성을 확보하기 위한 제도적 장치로 기능한다.

한편, 과학기술정보통신부장관은 개별 부처의 자체평가만으로 성과를 충분히 검증하기 어려운 사업에 대하여 '특정평가'를 실시할 수 있다. 국가연구개발사업의 성과평가 체계 중 특정평가는 국가연구개발사업 전체를 포괄하는 일반적·주기적 평가와 달리 필요성이 인정되는 특정 사업을 대상으로 과학기술정보통신부가 직접 수행하는 심층 분석 기반의 평가로 정의된다. 특정평가는 장기간 대규모 예산이 투입되는 사업, 사업 간 중복 조정 또는 연계가 필요한 사업, 복수의 중앙행정기관이 공동으로 추진하는 사업, 국가적 또는 사회적 현안으로 부각되는 사업, 그리고 자체평가 결과 심층 분석이 필요한 사업 등을 대상으로 한다. 이러한 특정평가는 개별 기관의 평가를 보완하는 정부 차원의 종합적 검증 수단으로서, 국가연구개발사업 전체의 효율성과 전략적 조정 기능을 담당한다.

나아가, 자체평가의 점검 결과 및 특정평가의 결과는 단순히 평가로 종결되지 않고, 차년도 예산편성 및 국가연구개발사업 조정 과정에 직접 반영된다. 과학기술정보통신부는 이를 토대로 예산 당국과 협의하여 각 부처별 연구개발예산 배분·조정의 근거 자료로 활용하고, 연구개발사업의 중복투자 방지, 사업 간 연계 강화, 부처 간 기능조정 등을 실질적으로 추진하게 된다.

또한 「국가연구개발사업 등의 성과평가 및 성과관리에 관한 법률」은 단순히 평가의 절차적 측면을 규율하는 데 그치지 않고, 정부가 성과평가를 수행할 때 준수하여야 할 기본 원칙을 명시적으로 제시하고 있다. 구체적으로, 정부는 연구개발 활동에 대한 성과 목표 및 성과지표를 설정하고 이를 토대로 성과 달성 여부를 평가함에 있어, 연구에 참여하는 연구자의 창의성과 자율성을 존중하고, 각 국가연구개발사업 및 개별 연구개발과제의 특성을 충분히 고려하여야 한다는 점을 명문화하고 있다(「국가연구개발사업 등의 성과평가 및 성과관리에 관한 법률」 제3조 제2항). 이는 단순히 국가연구개발사업만을 행정적 성과관리의 틀로 분석하지 않고 국가연구개발사업을 구성하는 연구개발과제의 특성을 고려한 국가연구개발사업에 대한 평가를 의도한 규정으로 평가된다.

이러한 원칙에 따라 과학기술정보통신부장관은 각 중앙행정기관의 장이 연구개발과제의 성과평가를 시행할 때 활용할 수 있도록, 연구개발과제의 특성과 분야별 특수성을 반영한 《국가연구개발 과제평가 표준지침》[1]을 마련하여 제공하도록 하고 있다(「국가연구개발사업 등의 성과평가 및 성과관리에 관한 법률」 제5조). 이 《국가연구개발 과제평가 표준지침》은 일종의 범정부적 통일 기준으로, 각 부처의 평가 체계 간 불균형이나 자의적 판단을 방지하고, 연구개발성과의 비교·분석 가능성을 높이기 위한 제도적 장치라 할 수 있다. 해당 제도는 이미 「국가연구개발혁신법」이 제정·시행되기 이전부터 존속하던 제도로서, 2021년 「국가연구개발혁신법」이 시행된 이후에는 두 법률 간에 규율 대상 및 적용 범위가 일부 중첩될 수 있다는 문제가 지적되어 왔다. 「국가연구개발사업 등의 성과평가 및 성과관리에 관한 법률」이 '연구개발사업'과 '연구개발과제'를 모두 포괄적으로 다루는 반면, 「국가연구개발혁신법」 또한 연구개발과제의 평가 체계를 독자적으로 규정하고 있다는 이유에서이다. 그러나 「국가연구개발사업 등의 성과평가 및 성과관리에 관한 법률」은 말 그대로 성과평가에 관한 사항만 다루는 법률이므로, 국가연구개발사업 및 연구개발과제의 성과평가에 관한 구체적인 특성을 반영하고 있고, 「국가연구개발혁신법」은 연구개발 '과제'를 중심으로 해당 연구개발과제의 전반적인 절차에 대한 제도를 규율하고 있다. 따라서 「국가연구개발혁신법」에서는 연구개발과제의 연구개발성과 활용에 관한 다양한 조치가 필요하다는 점을 언급할 뿐, 성과평가 방식 등은 따로 구체화하지 않고 있다.

이에 따라 「국가연구개발혁신법」은 「국가연구개발사업 등의 성과평가 및 성과관리에

1 과학기술정보통신부·한국과학기술기획평가원, 《국가연구개발 과제평가 표준지침》, 2024.4.개정

관한 법률」이 이미 성과관리의 총괄적 틀을 마련하고 있음을 고려하여, 세부적인 연구개발과제 성과지표·성과평가 방식 등의 기술적 요소는 규정하지 않는 방향을 취하였다. 대신, 「국가연구개발혁신법」은 제14조에서 연구개발과제의 공정하고 전문적인 평가를 보장하기 위한 제도적 기반으로서 '연구개발과제평가단'의 구성 및 운영에 관한 사항만을 표준적으로 규율하였다. 이는 평가의 절차적 공정성과 전문성을 제도적으로 담보하되, 세부적인 평가 운영 방식은 각 중앙행정기관 및 전문기관의 재량에 맡기는 분권형 거버넌스 구조를 지향한 결과라 할 수 있다.

즉, 「국가연구개발혁신법」은 국가연구개발사업의 수행단위인 개별 연구개발 '과제'에 대한 평가의 제도적 틀과 운영 주체(평가단 구성·절차 등)를 규율하는 반면, 「국가연구개발사업 등의 성과평가 및 성과관리에 관한 법률」은 국가연구개발 '사업' 전반에 대한 성과관리 체계(자체평가·특정평가 등)와 평가 표준화를 규정하고 있다. 두 법률은 상호 보완적인 관계에 있으나, 입법 취지상 그 초점이 상이하다.

「국가연구개발사업 등의 성과평가 및 성과관리에 관한 법률」은 정부 전체의 연구개발 투자성과를 정책적 수준에서 관리하고, 부처 간 조정 및 예산 배분에 반영하기 위한 거시적 관리 체계를 다루는 법률이며, 「국가연구개발혁신법」은 각 중앙행정기관의 연구개발과제 수행과정에서의 공정성·전문성 확보를 위한 미시적 행정 운영규범으로 기능한다. 이러한 법 체계의 이원화는 국가연구개발의 다양성과 전문성을 보장하는 동시에, 평가 제도의 중복을 최소화하여 정책적 효율성을 유지하려는 입법적 조정의 결과로 이해된다.

제3절 ▌연구개발과제평가단 구성의 필요성

연구개발과제평가단을 구성하여 각 평가를 진행하는 궁극적인 목적은 무엇일까? 연구개발과제 수행을 위한 선정평가를 비롯한 단계평가, 최종평가 등은 막대한 예산 투입과 직결되며, 해당 연구개발과제의 결과를 반영한 국가 전략에도 큰 영향을 미칠 수 있다. 이러한 중요성 때문에 평가 과정은 공정성과 신뢰성을 담보해야 하며, 그 절차적 정당성이 사회적으로 인정되어야 한다. 그러나 중앙행정기관이 소관 국가연구개발사업을 추진하기 위하여 소관 연구개발과제에 관한 선정, 평가 등을 하는 것은 여러 논쟁을 낳을 수 있다.

첫째, 이해충돌 방지라는 측면에서 부처의 직접 평가는 신중을 기해야 한다. 부처는 자체 정책목표와 실적을 달성해야 하는 이해관계가 있다. 이러한 상황에서 부처가 직접 연구개발과제를 선정하면 부처 산하 연구기관이나 우호적 네트워크에 과제가 편중될 가능성이 있다. 또한 단계평가, 최종평가를 직접 수행한다면, 실제 연구개발성과가 부진해도 부처는 자신의 책임을 피하기 위해 연구개발성과를 과대평가하거나 문제를 은폐할 유인을 갖게 된다. 이는 곧 평가 결과의 객관성과 신뢰성을 훼손할 수 있다.

둘째, 절차적 정의와 공정성의 확보라는 철학적 이유를 고려해야 한다. 연구자와 국민은 평가가 공정하게 이루어졌다고 믿을 수 있어야 한다. 그러나 부처가 직접 평가한다면, 설령 결과가 객관적으로 타당하더라도 '부처가 자기 사업을 자기 입맛대로 평가'했다는 의혹을 피하기 어렵다. 즉 평가의 실질적 공정성뿐 아니라, 외관상 공정성까지 훼손된다. 이는 연구자들이 평가 결과를 수용하지 못하는 불만으로 이어지고, 제도 전반에 대한 신뢰가 떨어지게 된다.

셋째, 전문성 부족도 중요한 고려사항이 된다. 중앙행정기관은 정책 기획과 관리 능력에서는 강점을 가지지만, 개별 과제의 학문적·기술적 타당성을 심층적으로 평가하기에는 한계가 있다. 예를 들어 인공지능과 바이오, 나노기술이 융합된 신약 연구개발과제는 학제적 전문 지식 없이는 평가하기 어렵다. 부처가 행정적 기능만으로 이를 직접 평가한다면, 연구 내용의 본질적 가치를 제대로 판단하지 못할 위험이 크다. 마지막으로 연구자의 수용성과 사회적 신뢰를 고려할 때도 평가의 독립성은 필수적이다. 연구자들은 자신의 과제가 선정평가에서 떨어지거나 낮은 평가를 받더라도, 그 과정이 합리적이고 독립적이었다면 결과를 받아들이는 경향이 있다. 그러나 부처가 직접 평가하면 연구자는 결과가 자신의 연구 역량이 아니라 정책적 필요나 부처의 이해관계 때문에 결정되었다고 의심하게 된다. 결국 이는 평가 결과에의 불복, 행정소송, 사회적 갈등으로 이어진다. 따라서 심판 역할은 독립된 외부 전문가에 맡기는 구조가 확립되었다.

그렇다면 독립된 외부 전문가가 단독으로 평가를 수행하지 않고 위원회 형태의 평가단을 구성하는 이유는 무엇일까? 특정 사안을 결정할 때, 단독 판단에 의존하지 않고 평가단 등의 집단적 구조를 통해 결정을 내리는 이유는 여러 측면에서 찾을 수 있다. 이는 단순히 운영 방식의 차이가 아니라, 합리성·공정성·정당성·책임성을 확보하려는 제도적 철학에서 비롯된다. 평가단은 민주적 절차와 집단지성의 장점, 권력 분산의 효과를 결합하여 사회적 신뢰를 높이고 의사 결정의 오류 가능성을 줄이려는 구조이다.

첫째, 민주적 절차에 따른 공정성과 객관성 확보다. 독임제는 권한이 집중되어 있어, 의사 결정이 개인의 주관적 편향이나 외부 압력에 영향을 받을 가능성이 크다. 반면 위원회 형태는 다수의 구성원이 참여하여 토론하는 구조를 갖는다. 따라서 특정인의 개인적 이해관계가 작용하더라도 다수의 균형 있는 의견 속에서 걸러질 가능성이 높다. 위원회 구조는 '한 사람이 정했기 때문에 불공정하다'는 인식을 방지하고, 의사 결정이 객관적으로 이루어졌음을 보장하는 장치로 작동한다.

둘째, 평가단을 통한 집단적 전문성과 지혜의 활용이다. 현대 사회의 연구개발, 과학기술 등은 점점 더 복잡하고 전문화되어 있다. 중앙행정기관이 해당 분야의 전문성을 가지고 있다고 하더라도 해당 부처의 경험과 지식만으로는 복잡한 사안을 충분히 분석하고 합리적 결론에 도달하기 어렵다. 위원회는 다양한 전문적 배경을 가진 사람들이 모여 논의하기 때문에, 문제를 여러 관점에서 검토하고 심층적으로 이해할 수 있다. 이는 직관적 판단보다 더 종합적이고 정교한 결정을 가능하게 한다.

셋째, 책임 분산과 정당성 강화다. 중요한 정책 결정이나 심사 결과가 유일한 1명의 판단에 의존하면, 그 결정의 책임이 전적으로 개인에게 귀속된다. 이는 결정이 잘못되었을 때 비난과 책임 추궁이 한 사람에게 집중되는 문제를 낳을 뿐만 아니라, 결정 자체의 정당성에 대한 사회적 불신을 야기할 수 있다. 반면 위원회는 여러 사람이 합의 또는 다수결로 결정하기 때문에, 책임이 집단적으로 분산되며, 결과에 대한 사회적 수용성이 높아진다. '위원회에서 심의하고 의결했다'는 사실 자체가 결정의 정당성을 보강하는 효과를 가진다. 이에 원칙적으로 중앙행정기관의 장은 연구개발과제평가단을 구성하여 평가를 실시하여야 한다.

그런데 「국가연구개발혁신법」은 이러한 연구개발과제평가단을 구성해야 한다는 원칙에도 불구하고 예외적으로 해당 연구개발과제가 공모 외의 방법으로 선정되었거나, 「국가연구개발혁신법」 제21조 제2항에 따른 보안과제인 경우에는 연구개발과제평가단을 구성하지 않을 수 있다고 규정하고 있다(「국가연구개발혁신법」 제14조 제3항). 예외적으로 연구개발과제평가단을 구성하지 않고 평가해야 하는 상황도 발생한다는 것이다. 이러한 상황은 주로 평가의 성격, 사안의 긴급성 및 보안에 관한 제도 운영상의 제약에서 비롯된다.

우선, 연구개발과제를 수행할 연구개발기관을 공모하지 않고 지정하는 예외적인 경우가 있을 수 있다. 해당 연구개발과제가 국가안보 또는 사회·경제에 중대한 영향을 미치는 경우, 재난·재해, 경제여건 악화 등 사회적·경제적으로 긴급한 상황에 대응하기 위하여 정책적으로 연구개발과제 진행이 필요한 경우 등이 이에 해당한다(「국가연구개발혁신법」 제9조 제4항). 이는 긴급성을 요구하는 경우로서, 국가안보, 사회·경제에 중대한 영향, 재난·재해와 같이 시급히 연구개발과제 수행이 결정되어야 하는 상황에서는 연구개발과제평가단을 구성하고 회의를 개최하는 데 시간을 소요하기 어렵다. 예컨대 감염병이 급속히 확산되는 상황에서 신속히 백신·치료제 개발 과제를 지원해야 한다면, 장기간의 평가 절차를 거칠 수 없다. 이 경우에는 신속한 선정평가 절차를 마련하여 직접 중앙행정기관의 장이 내부 검토만으로 과제를 선정하거나, 일단 선정을 결정한 뒤 사후 선정평가를 하는 방식으로 대응할 수 있다.

또한 법령에 따라 연구개발기관이 지정된 경우, 연구개발과제를 수행할 수 있는 연구개발기관이 한정되어 공모를 진행할 실익이 없는 경우에도 연구개발기관을 공모하지 않고 지정할 수 있다. 이 경우에는 굳이 다수의 전문가를 불러 평가단을 구성할 실익이 없는 경우이다. 이러한 경우 평가단 방식은 형식적인 요식행위에 불과하기 때문에 불필요한 행정비용과 시간의 낭비를 초래할 수 있다. 도리어 실익이 없는 선정평가는 과감하게 절차에서 배제하도록 해석하는 것이 효율적일 수 있다. 다만 앞서 긴급성을 요구하는 경우와 실익이 없는 경우에는 선정평가에 국한되어 연구개발과제평가단을 구성하지 않는 것으로 해석해야 하고, 단계평가, 최종평가, 특별평가 등에는 이러한 연구개발과제평가단 구성 예외를 적용하지 않는 것이 바람직하다.

또한 보안과 기밀성이 절대적으로 요구되는 연구개발과제 평가의 경우에도 평가단을 구성하지 않을 수 있다. 국방·안보 분야 연구개발과제는 내용 자체가 국가기밀에 해당할 수 있어 보안 과제로 분류된다. 이러한 연구개발과제를 다수의 민간 전문가가 참여하는 공개적 위원회에서 평가하는 것은 정보 유출의 위험을 높인다. 따라서 이 경우에는 특정한 신뢰할 수 있는 소수 전문가, 혹은 부처 내부의 전문조직이 직접 평가를 담당하는 것이 바람직하다. 이는 평가의 전문성과 공정성보다는 국가 안전보장의 필요성을 우선시하는 차원이다. 이 경우에는 선정평가뿐만 아니라 단계평가, 최종평가에서도 연구개발과제평가단을 구성하지 않는 것이 바람직하다. 다만, 보안 과제로 분류된 연구개발과제에 대한 연구개발과제 내용의 변경 또는 연구개발과제 수행 중단을 결정하기 위한 특별평가는 가능한 연구개발과제평가단을 구성하는 것이 필요하다. 보안 과제로 분류된 연구개발과제의 특별평가를 내부적으로만 진행한다면, 과제가 연구개발성과와 무관하게 행정적 필요나 정치적 판단에 의해 변경·중단될 수 있다는 의심을 피할 수 없다. 민간 외부 전문가가 참여하는 위원회를 통해 합의된 결론을 도출하면, 연구자와 국민은 해당 결정이 행정 편의가 아니라 전문가적·객관적 판단의 결과임을 신뢰할 수 있다. 또한, 연구개발과제 변경이나 중단은 해당 연구개발기관뿐만 아니라 연구자 개인의 연구 활동에 심각한 타격을 줄 수 있다. 특히 보안 과제로 분류된 연구개발과제의 경우, 참여 연구자가 소수이고 연구 환경이 제한적이기 때문에, 평가 결과에 대한 불복이나 불신이 더 크게 나타날 수 있다. 이때 '외부 전문가가 참여해 심의했다'는 사실 자체가 결과의 정당성을 강화한다. 사회적으로도 이러한 절차는 '국가안보라는 이유로 내부 판단에만 의존하지 않았다'는 메시지를 주므로, 연구개발과제평가단을 구성하여 불필요한 의혹을 차단하는 것이 바람직하다.

1. 평가단의 공정성

정부는 「국가연구개발혁신법」의 목적을 달성하기 위하여 국가연구개발사업을 투명하고 공정하게 추진해야 한다(「국가연구개발혁신법」 제5조 제1호). 그리고 해당 연구개발과제에 직접적인 이해관계가 있어 평가의 공정성을 중대하게 저해할 우려가 있는 사람은 연구개발과제평가단에 포함되어서는 아니 된다(「국가연구개발혁신법」 제14조 제2항 제1호).

'공정성', 또는 '공정한 사회'라는 용어가 우리 사회의 화두로 등장한 것은 어제오늘 일은 아니다. 물론, 공정성은 여러 가지 요소를 포괄하는 복합적인 개념으로 주관적인 가치 판단에 따라 그 의미가 달라질 수밖에 없다. 즉, 공정성은 경제학적 용어라기보다는 철학적인 개념이기에 법적으로 정의하기가 어려운 것도 사실이다. 공정(fairness)이란 용어는 흔히 공평(equity)이나 평등(equality)이라는 말들과 혼용되기도 한다. 이를 구별하면 공정은 모든 일이 정해진 규칙에 따라 불편부당(不偏不黨)하게 이뤄져 아무도 차별대우를 받지 않는다는 의미로 해석할 수 있다.

연구개발과제 평가단과 관련하여 이를 설명하는 핵심 개념이 바로 '선수와 심판의 역할을 동시에 할 수 없다'는 소위 '선수·심판론'이다. '선수·심판론'은 원래 스포츠 경기에서 유래한 개념이다. 선수는 경기의 주체이고 심판은 규칙과 공정성을 보장하는 심판자다. 만약 선수가 동시에 심판까지 맡게 된다면, 경기는 공정할 수 없고 결과에 대한 신뢰도도 무너질 것이다. 연구개발과제 선정과 평가라는 절차에서도 같은 논리가 적용된다. 연구개발기관과 연구자는 연구개발과제의 내용을 계획하고 이를 스스로 수행하여 완성해가는 역할을 맡는다. 따라서 이는 경기에서 선수의 역할에 해당한다. 반면 연구개발과제를 구체적으로 선정하고 연구개발과제의 결과 등을 평가하는 일은 심판의 역할이다. 만약 연구개발과제와 직접적인 이해관계가 있는 자가 직접 심판까지 맡는다면, 자기 연구개발과제를 스스로 평가하는 구조가 형성되어 이해충돌과 불공정의 위험이 발생한다. 이에 평가단의 공정성을 위해 해당 연구개발과제와 직접적인 이해관계가 있어 평가의 공정성을 중대하게 저해할 우려가 있는 사람은 연구개발과제평가단에 포함할 수 없도록 규정하고 있다.

해당 내용을 구체적으로 살펴보면 연구개발과제에 직접적인 이해관계가 있어 평가의 공정성을 중대하게 저해할 우려가 있는 자인데, 연구개발과제에 직접적인 이해관계가 있으면, 그 자체로 평가의 공정성을 중대하게 저해할 우려가 있는 것으로 해석해야 하는지, 또는 연구개발과제에 직접적인 이해관계가 있는 자 중에서 평가의 공정성을 중대하게 저해할 우려가 있는 대상을 구체화해야 하는 것으로 해석해야 하는지가 문제될 수 있다.

직접적인 이해관계가 있으면 당연히 공정성 저해로 보는 해석은 명확성과 예방 가능성 측면에서 장점이 있다. 연구개발과제에는 막대한 예산이 투입되고, 그 결과가 연구자의 경력과 기관의 운영 등에 직결되므로, 이해관계자의 참여는 언제나 평가의 신뢰성을 훼손할 수 있다. 실제로 평가위원이 피평가자와 과거 공동연구를 수행한 사실만으로도, 외부에서는 공정성에 대한 의심이 제기될 수 있다. 따라서 '직접적 이해관계 = 공정성 저해 우려'로 자동 연결하는 기계적 해석은, 불필요한 논란을 미연에 차단하고, 제도 운영의 명확성을 높여준다. 무엇보다도 연구자와 국민이 평가 제도를 신뢰하려면, 이해관계자가 아예 참여하지 않는다는 확실한 원칙이 필요하다. 다만, 학문적 공동체의 특성상, 특히 첨단 분야나 소규모 전문영역에서는 연구자들이 서로 공동연구나 학회 활동을 함께하는 경우가 잦다. 만약 단순히 '과거 공동연구를 했다'는 이유만으로 모든 경우를 공정성 저해로 본다면, 오히려 유의미한 전문성을 가진 인물이 대거 배제되어 평가의 질이 저하될 수 있다. 이는 '전문성 확보'라는 또 다른 핵심 가치와 충돌한다.

직접적 이해관계자 중에서도 실제로 공정성 저해 우려가 중대한 경우만 배제해야 한다는 해석은 합리성 측면에서 장점이 있다. 즉, 단순한 학문적 교류나 과거의 일시적 협력은 공정성 저해로 보지 않고, 금전적 이해관계, 현재 진행 중인 협력, 경쟁적 관계 등 구체적으로 공정성을 저해할 위험이 큰 경우에 한해 배제해야 한다는 것이다. 이 접근은 평가단의 전문성을 최대한 활용할 수 있으며, 불필요한 배제를 줄여 제도의 운영 효율성을 높인다. 다만 이 경우에는 '중대하게 저해할 우려가 있는 경우'라는 개념을 구체적으로 정립해야 하는데, 이 기준이 모호하면 오히려 자의적 판단과 논란을 불러올 수 있다.

입법 취지와 제도 운영의 균형을 도모한다면, 해당 평가 결과로 인하여 피해를 받을 염려가 있거나 법률상 자신의 지위에 영향을 받을 것이 객관적으로 명백하여 해당 평가 결과에 직접적이고 현실적인 이해관계가 있는 사람을 직접적인 이해관계로 해석하고, 직접적 이해관계가 있다면 공정성 저해의 우려가 있는 것으로 이해하는 것이 타당하다. '직접적인 이해관계가 확인되면 원칙적으로 공정성 저해 우려가 있는 것으로 추정한다. 다만 그 정도가 경미하고, 객관적으로 공정성에 영향이 없음을 입증할 수 있는 경우에는 예외를 허용할 수 있다'는 식의 해석이 가장 현실적이다. 이는 일률적 배제를 통한 명확성과, 합리적 선별을 통한 전문성 확보를 모두 충족시키려는 절충적 접근이다.

한편, 「국가연구개발혁신법」은 최근 3년 이내에 연구개발과제 평가에 관한 법령을 위반하여 행정처분 또는 과태료 부과 처분을 받거나 형벌을 받은 사람도 연구개발과제의 평가를 수행하는 연구개발과제평가단에 포함되어서는 안 된다고 규정하고 있다(「국가연구개발혁신법」 제14조 제2항 제2호). 연구개발과제평가단을 구성할 때 해당 연구개발과제와 직접적인 이해관계가 있어 평가의 공정성을 중대하게 저해할 우려가 있는 사람 이외에 과거 평가 업무를 수행하면서 법령을 위반하고 부정행위를 저지른 자에 대해서는 별도의 평가단 참여제한 규정을 마련하고 있는 것이다. 일례로 평가위원장이 특정 업체 선정을 위해 내부 관계자와 공모해 연구개발기관 선정평가 점수를 조작했다가 적발됐으나 해당 평가위원장은 이후에도 타 부처의 연구개발과제의 평가위원으로 계속 활동한 적이 있다. 이에 연구개발과제 평가의 공정성과 신뢰성을 해치는 자를 향후 연구개발과제 평가 과정에서 배제하려는 것이다.

통상적으로 최근 3년 이내는 연구개발과제평가단 위원 위촉일 또는 해당 평가 참여일을 기준으로 역산하여 3년 이내를 의미한다.

연구개발과제 평가에 관한 법령에 대해서는 가능한 범위를 좁게 해석해야 하는 것인지가 문제될 수 있다. 연구개발과제 평가에 관한 법령을 「국가연구개발혁신법」 및 개별 부처에서 운영하는 연구개발과제 관리 규정으로만 볼 것인지, 아니면 해당 사실관계에 따라 「형법」 내지는 「부정청탁 및 금품등 수수의 금지에 관한 법률」 등까지 포함해야 하는지가 문제될 수 있다. 여기서 연구개발과제 평가에 관한 법령을 「국가연구개발혁신법」 및 개별 부처에서 운영하는 연구개반과제 관리 규정으로만 한정할 경우, 연구개발과제 평가에 관한 법령을 위반하여 행정처분 또는 과태료 부과 처분, 형벌을 받는 경우가 실무적으로 존재할 수 있는지 의문이다. 「국가연구개발혁신법」상의 행정처분으로는 국가연구개발활동 관련 부정행위 등으로 인한 제재처분이 있는데, 해당 제재처분 대상으로서 연구개발과제 평가를 수행하는 평가위원의 행위를 명확하게 제재처분 요건으로 두고 있다고 보기는 어렵다. 연구개발과제 평가에 관한 법령을 위반하여 과태료 처분을 받는 경우도 상정하기 쉽지 않다. 「국가연구개발혁신법」 및 「국가연구개발혁신법 시행령」에는 과태료 관련 규정이 존재하지 않기 때문이다.

물론, 연구개발과제 평가에 관한 법령을 위반하여 형벌을 받은 사람에 대해서는 그 범위 확정이 가능하다. 연구개발과제평가단에 위촉된 위원 중 공무원이 아닌 사람은 「형법」 제129조부터 제132조까지의 규정을 적용할 때에는 공무원으로 본다(「국가연구개발혁신법」 제39조 제1호). 그리고 연구개발과제평가단에 해당하거나 해당하였던 사람은 업무수행 과정에서 알게 된 비밀을 다른 사람에게 누설하거나 직무상 목적 외의 용도로 이용해서는 아니 된다(「국가연구개발혁신법」 제40조). 그리고 「국가연구개발혁신법」 제40조를 위반하여 업무 수행과정에서 알게 된 비밀을 다른 사람에게 누설하거나 직무상 목적 외의 용도로 이용한 사람은 2년 이하의 징역 또는 2천만 원 이하의 벌금에 처하게 된다(「국가연구개발혁신법」 제41조).

하지만 참고로 앞서 설명한 예시로서 평가위원장이 특정 업체 선정을 위해 내부 관계자와 공모해 연구개발기관 선정평가 점수를 조작했다가 적발된 사항은 「국가연구개발혁신법」 제41조에 따른 법 적용이라고 보기는 어렵다. 따라서 연구개발과제 평가에 관한 법령은 「국가연구개발혁신법」에만 국한되는 것이 아니라 「형법」이나 「부정청탁 및 금품 등 수수의 금지에 관한 법률」 등 연구개발과제 평가에 관한 유관 관계 법령도 모두 포함하여 해석하는 것이 타당하다고 본다.

2. 평가단의 전문성

연구개발과제는 점점 더 전문적이고 복잡하며 다학제적(多學際的) 성격을 띠고 있다. 과거 단일 학문이나 기술 영역에서 진행되던 과제들이 이제는 인공지능과 바이오, 환경과 에너지, 나노기술과 의학 등 여러 분야가 융합된 형태로 추진된다. 이러한 과제는 단순히 이론적 이해에 머무는 것이 아니라, 최신 기술 동향, 산업 현장 경험, 장기적 연구성과를 모두 고려해야만 제대로 평가할 수 있다. 따라서 과제의 평가에는 필연적으로 높은 수준의 전문성이 요구된다. 그런데 제도적으로 평가의 공정성만을 강조하다 보면 역설적으로 비전문가가 평가위원으로 참여하게 되는 상황이 발생한다.

예를 들어, 이해충돌 방지를 위해 같은 세부 분야의 전문가를 배제하거나, 특정 연구자와 과거 학문적 인연이 있다는 이유만으로 관련 분야 전문가를 모두 제외할 경우, 평가단은 실제 과제 내용을 깊이 이해하지 못하는 위원들로 채워질 수 있다. 이러한 위원들은 행정적 절차나 표면적 자료에 의존해 판단할 수밖에 없으며, 이는 과제의 실질적 가치와 잠재적 성과를 제대로 반영하지 못하는 결과로 이어진다.

실제 이러한 상황이 지속적으로 반복되면 피평가자인 연구자들은 당연히 평가 결과에 대해 수긍하기 어렵게 된다. 자신이 오랜 시간과 노력을 기울여 축적한 연구성과가, 해당 분야의 기초 개념조차 충분히 숙지하지 못한 평가위원들에 의해 단편적으로 판단되었다고 느낄 때, 연구자는 평가 제도 자체의 정당성에 의문을 갖게 된다. 이는 단순히

‘점수가 낮게 나와서 불만’이라는 차원이 아니라, ‘평가 자체가 연구의 본질을 제대로 반영하지 못했다’는 구조적 불신으로 연결된다. 또한 평가 결과가 당장 연구개발과제 선정으로 인한 연구개발비 지원 여부, 연구자의 경력 관리, 연구개발기관의 평판 등에 직결된다는 점에서, 전문성이 결여된 평가위원의 평가가 가져오는 파장은 매우 크다. 연구자는 자신의 연구가 단지 비전문적 판단의 희생양이 되었다는 인식을 가지게 되고, 이는 국가연구개발사업 전반에 대한 신뢰 하락으로 이어진다.

따라서 전문성이 부족한 평가가 반복된다면 연구자 사회는 평가 제도 자체를 수용하지 못하게 되고, 이는 제도의 실효성을 떨어뜨린다. 평가의 공정성 확보는 물론 중요하지만, 그것이 곧 전문성의 배제로 이어져서는 안 된다. 오히려 공정성과 전문성이 균형을 이루는 구조, 즉 이해충돌을 최소화하면서도 해당 과제의 내용을 충분히 이해할 수 있는 전문가를 평가위원으로 배치하는 것이 제도의 신뢰를 높이는 길이다.

제4절 ▌연구개발과제평가단의 결격사유, 제척·기피·회피

1. 결격 제도

결격 제도란 일정한 직역이나 자격을 취득하고자 하는 자가 특정 부정적 사정이나 상태에 해당할 경우, 애초부터 그 직업이나 자격을 취득하는 것을 불가능하게 하거나, 혹은 이미 취득한 경우에도 계속 유지하는 것을 불가능하게 하는 제도를 의미한다. 이는 곧 특정 직업이나 자격을 선택하거나 유지하는 데 제약을 가하는 법적·제도적 장치이다. 결격사유는 단순한 자격 취득 요건의 미비와는 달리, 일정한 부정적 사정이나 상태의 존재로 말미암아 해당 직업이나 자격 자체가 부정되는 상황을 뜻한다. 이 제도는 사회적으로 중요한 직역이나 자격의 공공성 및 신뢰성을 유지하기 위한 불가피한 제도적 장치로서 기능한다.

우선 결격사유는 직역의 성격과 밀접하게 관련된다. 예를 들어 공무원, 변호사, 의사, 교원, 회계사, 평가위원 등 공적 책임과 사회적 영향력이 큰 직역에서는 일정한 도덕성, 준법성, 독립성이 요구된다. 만약 해당 직역에 종사하는 사람이 범죄 경력이나 이해충돌 관계를 가지고 있다면, 직무의 공정성과 사회적 신뢰는 근본적으로 훼손될 수밖에 없다. 따라서 일정한 범죄를 저지른 사람, 직무와 관련하여 비위행위를 한 사람, 혹은 피평가자와 특수 관계에 있는 사람 등을 결격사유자로 규정하여 자격 취득 또는 유지 자체를 불가능하게 한다. 이는 단순히 자격 요건을 충족하지 못한 상태가 아니라, 사회적으로 그 직무를 맡는 것 자체가 부적절하다고 판단되는 경우에 해당한다.

결격사유의 철학적 기반은 크게 세 가지로 요약할 수 있다. 첫째, 공익 보호이다. 특정 직역은 단순히 개인의 권리나 생계 수단을 넘어, 사회 전체에 영향을 미치는 권한을 가진다. 공무원은 행정을 담당하고, 의사는 국민의 생명과 건강을 지키며, 변호사나 회계사는 사회적 정의와 경제 질서를 유지한다. 이처럼 공익적 성격이 강한 직역에서 불법·비위 전력이 있는 자를 배제하는 것은 사회 전체의 안전과 신뢰를 보호하기 위한 것이다.

둘째, 직무의 공정성과 청렴성 보장이다. 결격사유는 이해충돌이나 편향 가능성을 차단하기 위한 장치로 기능한다. 예컨대 국가연구개발사업 평가위원의 경우, 피평가자와의 친족 관계나 금전적 이해관계가 있으면 결격사유에 해당한다. 이는 실제로 불공정한 평가를 하지 않더라도, 공정성의 외관을 확보하기 위함이다. 즉 결격사유는 '공정해야 할 뿐 아니라, 공정하게 보여야 한다'는 절차적 정의의 원칙을 제도적으로 구현한 것이다.

셋째, 사회적 신뢰 확보이다. 사회에서 특정 자격이나 직역을 가진 사람은 그 직업적 권위와 사회적 영향력을 기반으로 활동한다. 만약 범죄 전력이 있는 판사, 뇌물 수수 이력이 있는 공무원, 학문적 부정행위를 저지른 교수가 직위를 유지한다면 사회는 그 제도 자체를 신뢰하지 못하게 된다. 결격사유는 이러한 사회적 불신을 예방하고, 제도가 지속 가능한 기반 위에서 운영되도록 만드는 역할을 한다.

이러한 점에서 결격사유는 단순한 제한 규정이 아니라, 제도의 정당성과 사회적 신뢰를 확보하기 위한 최소한의 안전장치라 할 수 있다. 이는 개인의 직업 선택의 자유, 자격 유지의 권리를 일정 부분 제한하는 효과를 가져오지만, 그 제한은 공익적 필요성과 사회적 합리성을 근거로 정당화된다. 헌법재판소 역시 결격사유 규정을 다룬 판례에서, 직업 선택의 자유를 제한하더라도 공익적 필요가 명백하다면 합헌이라고 판단한 바 있다.

다만 결격사유가 과도하게 설정될 경우 문제점도 발생할 수 있다. 지나치게 넓은 범위의 결격사유는 오히려 헌법상 기본권을 과도하게 제한하고, 해당 직역으로의 진입을 불필요하게 가로막을 수 있다. 예컨대 과거에는 일정한 범죄 경력이 있는 경우 사실상 평생 동안 공무원 임용이 불가능했으나, 현재는 일정 기간이 경과하면 자격 제한이 해소되도록 완화하는 방향[2]으로 제도가 개선되었다. 이는 결격사유가 사회적 필요와 개인의 권리 사이에서 균형을 찾아야 한다는 점을 보여준다.

결격사유의 개념을 다시 정리하면, 이는 특정 직역의 공적 성격을 고려할 때, 일정한 개인적 사정이나 상태가 존재하는 경우 자격 취득·유지를 불허하는 제도적 규정이라 할 수 있다. 철학적으로는 공익 보호, 공정성과 청렴성 확보, 사회적 신뢰 보장이라는 가치를 구현하며, 동시에 기본권 제한이라는 측면에서 합리적 범위와 필요성을 충족해야 한

---

2 헌법재판소 2022. 11. 24. 선고 2020헌마1181 결정, "심판대상조항은 아동과 관련이 없는 직무를 포함하여 모든 일반직공무원 및 부사관에 임용될 수 없도록 하므로, 제한의 범위가 지나치게 넓고 포괄적이다. 또한, 심판대상조항은 영구적으로 임용을 제한하고, 결격사유가 해소될 수 있는 어떠한 가능성도 인정하지 않는다. 아동에 대한 성희롱 등의 성적 학대행위로 형을 선고받은 경우라고 하여도 범죄의 종류, 죄질 등은 다양하므로, 개별 범죄의 비난가능성 및 재범 위험성 등을 고려하여 상당한 기간 동안 임용을 제한하는 덜 침해적인 방법으로도 입법목적을 충분히 달성할 수 있다. 따라서 심판대상조항은 과잉금지원칙에 위배되어 청구인의 공무담임권을 침해한다."

다. 따라서 결격사유는 제도의 안전성과 신뢰성을 위한 필수적 장치이면서, 동시에 법적 정당성과 비례성의 원칙에 따라 합리적으로 운영되어야 할 제도라 할 수 있다.

2. 제척 제도

안건이나 사안의 심의 및 의결을 하기 위하여 정부 부처는 다양한 위원회를 운영하고 있다. 이와 같은 위원회의 위원이 해당 안건이나 사안에 영향을 미쳐 공정한 심의 또는 의결이 이루어지지 않을 수 있는 상황이 발생하기도 한다. 이에 우리나라 정부의 각 위원회 운영 근거 법령에서는 제척(除斥)이라는 제도를 운영하고 있다.

제척은 해당 위원회의 위원이 사안이나 안건을 심의 또는 의결하기 전, 특별한 절차를 거칠 필요 없이 제척 원인이 있다는 사유만으로 당연히 당해 사안이나 안건의 심의 또는 의결을 할 수 없도록 배제하는 제도이다. 심의 및 의결에 대한 위원의 제척은 해당 안건이나 사안의 당사자의 이익 보호와 분쟁의 평화적 해결을 위해서도 필수적으로 요구될 뿐만 아니라 앞선 공정이라는 신뢰를 위해서도 매우 중요한 가치이기 때문이다. 따라서 제척 원인이 있는 위원은 비록 그가 당연직 위원이고 또한 해당 위원회에 관련된 자가 당해 절차에서 그 위원에 대한 제척 신청을 하지 않았다고 하더라도 당해 사건의 직무집행으로부터 당연히 제외되어야 한다.

실제로 위와 같이 제척 원인이 있는 위원이 해당 위원회 등의 회의에 참석할 수 없도록 규정이 되었다면 이는 원칙적으로 강행규정이므로, 해당 위원회에 관련된 자가 참석하고, 해당 제척 원인이 있는 위원이 참석하여 위원회에서 특정한 사안에 대해 심의와 결정을 한 경우, 이는 위원회의 구성에 중대한 잘못이 있으므로 그 위원회의 결의에 기하여 이루어진 결정은 절차상 중대한 하자가 있어 무효[3]로 본다.

---

3 대법원 1995. 4. 28. 선고 94다59882 판결, "징계위원 제척규정은 공정하고 합리적인 징계권을 보장하기 위하여 피징계자의 친족이나 그 징계사유에 관계있는 자를 모두 징계위원에서 제척시키려는 강행규정으로서, 그 제척원인이 있는 징계위원은 그 사유만으로 당연히 당해 직무집행으로부터 제외되고 이에 위반한 징계권 행사는 징계사유가 인정되는지 여부에 관계없이 절차에 있어서 정의에 반하는 것으로 무효이다."

3. 제척 · 기피 · 회피의 구분

제척은 법원에서 사용하기 시작한 용어로서, 구체적인 사건의 심판에 있어서 법관이 불공평한 재판을 할 우려가 현저한 경우를 법률에 유형적으로 규정해 놓고, 그 사유에 해당하는 법관을 직무집행에서 당연히 배제시키는 제도이다. 제척 사유는 사건 당사자와의 친족 관계나 사건에 대한 전심 관여 등 외형적이고 명백한 사정들이다. 제척은 당사자의 주장 유무와 관계없이 법률에 의해 강제적으로 효력이 발생한다. 제척사유가 있는 위원이 관여한 위원회 결정은 절차상 중대한 하자로 인해 원칙적으로 무효이다. 제척은 공적 의사결정의 공정성을 사전에 확보하는 가장 강력한 수단이다.

실제로 제척 원인이 있는 위원이 해당 위원회 등의 회의에 참석할 수 없도록 규정이 되었다면 이는 원칙적으로 강행 규정이다.

제척 제도는 기피나 회피 제도와는 달리 당사자의 신청이나 재판 등 특별한 절차를 거칠 필요 없이 제척 원인이 있다는 사유만으로 당연히 당해 사건의 직무집행을 할 수 없다.[4] 따라서 제척 원인이 있는 위원은 비록 그가 당연직 위원이고 또한 해당 위원회에 관련된 자가 당해 절차에서 그 위원에 대한 제척의 재판을 신청한 적이 없다고 하더라도 당해 사건의 직무집행으로부터 당연히 제외되어야 한다.

여기서 '당연히'라는 말은 별도의 판단을 위한 절차가 필요 없이, 해당 위원은 법률상으로 직무집행을 하지 못한다는 뜻이다. 그러므로 그 원인을 해당 위원회 또는 해당 위원이 알고 있는지 여부는 상관이 없다. 따라서 책문권(責問權)은 인정되지 않는다. 책문권은 당사자가 이러한 제척사유에 관하여 이의를 신청하고, 이의 신청을 통해 제척사유에 문제가 있음을 이유로 제척이 무효라고 주장할 수 있는 권리를 말한다. 즉, 제척의 이유 여부를 다툴 경우, 이를 어떠한 절차를 거쳐 판단한다고 하더라도, 이 판단은 확인적인 효력밖에 없다. 따라서 그 절차를 통해 제척 대상인지 여부를 판단해 볼 수는 있겠으나, 해당 절차가 있은 뒤에만 직무집행을 못하게 되는 것이 아니다. 절차 없이도 법률상 제

---

4 대법원 1994. 10. 7. 선고 93누20214 판결, "제척제도는 기피신청제도와는 달리 당사자의 신청이나 재판 등 특별한 절차를 거칠 필요 없이 제척원인이 있다는 사유만으로 당연히 당해 사건의 직무집행을 할 수 없는 제도이므로, 제척원인이 있는 징계위원은 비록 그가 당연직 징계위원이고 또한 피징계자가 징계절차에서 그 징계위원에 대한 제척의 재판을 신청한 적이 없다고 하더라도 당해 사건의 직무집행으로부터 당연히 제외되어야 한다."

척 사유에 해당하면 그 자체로 제척된다는 취지이다.

다만, 제척사유가 있는 위원에 대해 실무적으로 제척 원인이 있다는 사유만으로 당연히 당해 사건의 직무집행을 할 수 없다고 판단하는 것이 쉽지 않고, 실제로 당해 사건의 직무집행으로부터 당연히 제외되는지 여부를 규정을 통해서도 명백하게 확인하기 어려운 것이 현실이다. 이와 같은 상황으로 인하여 제척 대상 여부에 대해서는 사법적인 판단을 받고자 하는 일들이 종종 발생한다.

그러나 위원회마다 위원의 제척사유에 관한 판단을 사법적 판단에 맡기는 것은 국가적으로도 비효율적일 뿐만 아니라, 해당 업무를 수행하는 기관 입장에서도 너무 많은 행정적 낭비를 초래할 가능성이 크기 때문에 위원회의 위원 제척사유에 대한 구체적인 분석을 통해 위원회에 맞는 명확한 제척사유를 지침화하는 것은 의미가 크다.

한편, 기피는 제척사유는 없으나, 법관이나 위원에게 불공정한 심리나 의결을 할 만한 객관적이고 합리적인 우려가 있을 때 당사자(피평가자)의 신청에 의해 해당 법관이나 위원이 해당 절차에서 배제되는 제도이다. 기피의 핵심은 직무 담당자의 공정성에 대한 당사자의 신뢰를 보호하는 것이다. 기피사유는 단순히 주관적인 의혹이 아니라, 일반인의 관점에서 인정될 만한 사정이어야 한다. 기피 신청이 들어오면 소속 기관이 그 타당성을 심리하여 인용 여부를 결정한다.

회피는 법관이나 직무 담당자가 스스로에게 제척이나 기피사유가 있다고 판단되거나, 공정성을 해칠 만한 염려가 있을 때 자발적으로 직무집행에서 물러나는 제도이다. 회피는 직무 담당자의 윤리 의식과 자기 통제에 기반한 자율적 행위이다. 회피를 통해 공정성 시비를 사전에 신속하게 차단할 수 있다. 회피를 하려는 직무 담당자는 소속 기관의 장에게 신청하며, 이는 공적 절차를 거쳐 수리된다.

다만, 제척과는 달리 기피와 회피는 그 성격과 작동 기제에서 또 다른 한계를 지닐 수밖에 없다. 기피는 직무 담당자에게 불공정한 심리나 의결을 할 만한 구체적인 우려가 있다고 당사자가 판단할 때 신청하는 제도이다. 법률은 기피사유를 '공정한 심리·의결을 기대하기 어려운 사정이 있는 때'와 같이 포괄적으로 규정하고 있어, 제척사유처럼 명확한 요건에 기반하기 어렵다. 따라서 기피사유의 존부는 일반인의 관점에서 합리적이고 객관적인 근거가 있는지 여부에 따라 판단되며, 이는 불가피하게 상대적인 판단을 수반할 수밖에 없다. 마찬가지로, 회피는 직무 담당자 스스로 자신의 공정성에 영향을 미칠 만한 사정이 있다고 판단하여 자발적으로 물러나는 행위로서, 이는 담당자의 주관적인 윤리의식과 판단에 크게 의존한다.

기피와 회피는 법률이 정한 명확한 기준이 아니라 공정성에 대한 신뢰라는 추상적 가치를 중심으로 작동하며, 그 요건 충족 여부는 각 사안의 구체적인 상황과 그에 대한 기관의 심리를 통해 결정되는 상대적 성격을 지닌다.

제척과 기피 그리고 회피 제도는 각 한계를 지닐 수밖에 없지만, 서로 상호 보완적으로 작용하여 공적 의사결정의 신뢰도를 높이는 중요한 수단이다.

4. 연구개발과제평가단의 결격사유

(1) 연구개발과제평가단의 결격사유

「국가연구개발혁신법」 제14조 제1항에 따르면 중앙행정기관의 장은 선정평가 등을 실시할 때에 연구개발과제평가단을 구성하여 평가를 실시하여야 하고, 「국가연구개발혁신법」 제14조 제2항에 따라 평가단은 관련 분야의 학식과 경험이 풍부한 전문가로 구성하되, (1) 해당 연구개발과제와 직접적인 이해관계가 있어 평가의 공정성을 중대하게 저해할 우려가 있는 사람, (2) 최근 3년 이내에 연구개발과제 평가에 관한 법령을 위반하여 행정처분 또는 과태료 부과처분을 받거나 형벌을 받은 사람은 연구개발과제평가단의 평가위원에 포함될 수 없다.

한편, 「국가연구개발혁신법」에 따라 공모 외의 방법으로 선정한 연구개발과제 등에 대해서는 연구개발과제평가단을 구성하는 경우, (1) 해당 연구개발과제와 직접적인 이해관계가 있어 평가의 공정성을 중대하게 저해할 우려가 있는 사람이라는 조문은 적용하지 않을 수도 있다는 재량권이 각 중앙행정기관에 부여되어 있다.

이러한 형태가 아예 불가능한 것은 아니다. 특정 법률에서 결격사유를 열거하면서, 그와 동시에 특정 조건이 충족되면 해당 결격사유를 적용하지 않는 명시적인 예외 조항을 두는 것이 가장 일반적이다. 가령, 공무원 임용 결격사유 중 '금고 이상의 형을 선고받은 경우'를 규정하면서도, 그 형의 집행유예 기간이 경과하거나 사면을 받은 경우에는 결격사유에서 제외한다고 명시하는 것이다. 이처럼 일정 기간이 지나거나 법적 조치를 통해 자격이 회복되면 결격사유가 해소되는 것은 흔한 예외 형태이다. 다만, 해당 사항은 당사자의 결격사유가 해소되는 것이므로, 「국가연구개발혁신법」상에서 연구개발과제 선정의 형태에 따라 연구개발과제평가단의 평가위원으로서의 결격사유가 배제되는 것과는 차이가 있다.

한편, 법인 임원의 결격사유 중 '파산 선고를 받은 자'가 있으나, 그 파산 선고가 있더라도 법인의 경영 정상화를 위해 필요한 기간 동안 일시적으로 임원 자격을 유지할 수 있도록 예외를 두거나, 국회의원의 보좌직원으로 임용될 수 없는 결격사유로 '국회의원의 배우자 또는 4촌 이내의 혈족·인척으로서 그 국회의원의 보좌직원으로 임용되고자 하는 사람'이 포함되어 있으나, 국회의원이 「장애인복지법」 제2조 제2항 제1호에 따른 신체적 장애로 인하여 결격사유에 해당하는 사람의 보좌가 필요하다고 인정되는 경우에는 그러하지 아니한다는 내용은 당사자의 결격사유가 해소되는 것이 아닌, 상황에 따른 결격사유 일부 적용 배제이므로, 「국가연구개발혁신법」상에서 연구개발과제 선정의 형태에 따라 연구개발과제평가단의 평가위원으로서의 결격사유가 배제되는 것과 유사하다.

(2) 연구개발과제 관련 평가 운영과 결격사유의 해석 문제

「국가연구개발혁신법」은 위와 같이 연구개발과제평가단의 평가위원에 대한 결격사유를 ⑴ 해당 연구개발과제와 직접적인 이해관계가 있어 평가의 공정성을 중대하게 저해할 우려가 있는 사람, ⑵ 최근 3년 이내에 연구개발과제 평가에 관한 법령을 위반하여 행정처분 또는 과태료 부과처분을 받거나 형벌을 받은 사람으로 정하고 있다.

⑵ '최근 3년 이내에 연구개발과제 평가에 관한 법령을 위반하여 행정처분 또는 과태료 부과처분을 받거나 형벌을 받은 사람'의 경우에는 명확하게 결격사유로서 연구개발과제평가단의 평가위원으로서의 결격사유에 포함시킬 수 있다.

그런데 '⑴ 해당 연구개발과제와 직접적인 이해관계가 있어 평가의 공정성을 중대하게 저해할 우려가 있는 사람'의 경우, 문제는 '직접적인 이해관계' 및 '중대하게 저해할 우려'라는 문언 자체가 다소 추상적이라는 점이며, 추상적 개념을 결격사유로 설정할 경우 적용 과정에서 재량의 확대 또는 자의적 판단 가능성이 발생한다는 점이다. 이해관계의 범위를 협약 당사자, 공동연구자, 경쟁 과제 수행자 등 협소하게 한정할지, 아니면 동일 연구 분야의 구조적 경쟁 관계까지 포함하는 넓은 개념으로 이해할지에 따라 결격사유로서의 포섭 범위가 크게 달라지기 때문이다. 또한 '우려'라는 용어는 사후적 피해 발생이 아니라 가능성 단계에서 결격을 인정하는 기준으로서, 객관적 입증 없이도 결격 판단이 이루어질 수 있는 여지를 남긴다. 이러한 규정은 평가 절차의 신뢰성 확보라는 목적에는 부합하지만, 과도하게 적용될 경우 전문 평가 인력의 참여를 제한하여 평가 품질을 떨어뜨릴 위험도 존재한다. 특히 특정 연구 분야는 전문가 풀 자체가 협소하여, 이해관계 배제를 지나치게 폭넓게 적용하면 실질적인 전문가 참여가 어려워지는 문제가 발생할 수 있다.

사실상 해당 요건은 제척·기피·회피 제도의 법리와 도리어 연결될 수 있다. 제척은 평가위원이 사건 당사자와 특수한 관계(친족, 전심 관여(前審 關與) 등)에 있을 때 당연히 직무집행에서 배제되도록 하여, 객관적인 공정성을 강제하는 것이다. 위 문구에서 언급된 '직접적인 이해관계'는 이러한 제척사유로 명시되기 어려운 상황에 대해 기피와 회피라는 각 제도를 통해 당사자가 신청을 통해 공정성을 확보해 나갈 때 사용되는 포괄적인 개념으로 기능한다고 보는 것이 적절하다.

한편, 해당 규정은 「국가연구개발혁신법 시행령」이 현실적으로 반영하고 있는 평가 운영 방식과 결합할 경우, 오히려 해석상 혼란을 야기할 소지가 있으므로, 내용을 세부적으로 분석해 볼 필요가 있다. 연구개발과제의 평가는 원칙적으로 개별·독립적으로 이루어진다. 이러한 득성상 특징 연구개발과제별로 각각 별도의 연구개발과제평가단이 구성될 수도 있으며, 반대로 하나의 국가연구개발사업 내 여러 개의 과제가 동일한 평가 일정에 따라 일괄적으로 평가되어 동일한 평가단이 구성되는 경우도 존재한다. 또한 두 개 이상의 과제를 평가할 때 평가위원 구성이 완전히 동일할 수도 있고, 과제별로 일부 또는 전부의 평가위원이 달라질 수도 있다. 이러한 실무적 다양성은 「국가연구개발혁신법」에서 언급되지 않는다.

「국가연구개발혁신법 시행령」도 이러한 현실적 운영 방식을 구체적으로 규정하고 있는 것은 아니나, 법률과는 별도로 새로운 구조를 제시하고 있다. 바로 '평가위원 후보단' 제도이다. 「국가연구개발혁신법 시행령」 제27조 제1항은 과학기술정보통신부장관이 「국가연구개발혁신법」 제14조 제1항에 따른 연구개발과제평가단의 전문성을 확보하기 위하여 연구개발과제평가단 평가위원 후보단을 구성하도록 규정한다. 이어 「국가연구개발혁신법 시행령」 제27조 제2항은 각 중앙행정기관의 장이 과학기술정보통신부가 구성한 이 연구개발과제평가단 후보단에서 평가위원을 선정하여 연구개발과제평가단을 구성해야 한다고 명시한다.

「국가연구개발혁신법 시행령」

제27조(연구개발과제평가단의 구성) ① 과학기술정보통신부장관은 법 제14조 제1항에 따른 연구개발과제평가단(이하 "연구개발과제평가단"이라 한다)의 전문성을 확보하기 위하여 연구개발과제평가단을 구성하는 연구개발과제평가위원의 후보단(候補團)을 구성해야 한다. 이 경우 과학기술정보통신부장관은 관계 중앙행정기관의 장이 제출하는 연구개발과제평가위원의 후보단 구성에 관한 의견을 반드시 반영해야 한다.

② 중앙행정기관의 장은 제1항에 따른 후보단 중에서 연구개발과제평가위원을 선정하여 연구개발과제평가단을 구성해야 한다.

③ 중앙행정기관의 장은 제2항에 따라 연구개발과제평가위원을 선정하려는 경우 다음 각 호의 사람을 제외해야 한다. [개정 2024.12.31]

1. 평가 대상 연구개발과제의 연구자
2. 제1호의 사람이 「민법」에 따른 친족관계가 있거나 있었던 사람
3. 서로 다른 두 건의 연구개발과제의 평가가 동시에 진행될 때 각 연구개발과제의 연구자가 그 서로 다른 연구개발과제를 평가하는 관계가 되는 경우의 연구개발과제의 연구자
4. 평가 대상 연구개발과제의 연구책임자와 같은 부서[학과, 학부(해당 학부에 학과가 없는 경우로 한정한다), 부서 등 동일한 임무를 수행하는 최하위 단위의 조직을 말한다]에 소속된 사람.

가. 삭제 [2024.12.31]

나. 삭제 [2024.12.31]

다. 삭제 [2024.12.31]

라. 삭제 [2024.12.31]

5. 해당 중앙행정기관 소속 공무원 및 전문기관의 임직원(연구개발과제 기획·분석·평가업무에 종사하는 직원으로서 중앙행정기관의 장이 인정하는 연구관리전문가는 제외한다)

④ 제3항에도 불구하고 중앙행정기관의 장은 평가 대상 연구개발과제의 내용에 따라 평가에 필요한 전문성 등을 고려하여 제3항 제2호부터 제5호까지의 규정에 해당하는 사람을 연구개발과제평가위원으로 선정할 수 있다.

이와 같은 구조를 전제하면, 연구개발과제평가단 후보단 구성 단계에서 「국가연구개발혁신법」 제14조 제2항이 규정한 두 가지 결격사유, 즉, (1) '해당 연구개발과제와 직접적인 이해관계가 있어 평가의 공정성을 중대하게 저해할 우려가 있는 사람', (2) '최근 3

년 이내에 연구개발과제 평가 관련 법령을 위반하여 행정처분·과태료 처분 또는 형벌을 받은 사람'을 반드시 후보단 구성 시점에 적용해야 하는지 여부가 문제된다. 법 체계상 연구개발과제평가단 구성 의무는 각 중앙행정기관의 장에게 부과되어 있으며, 결격사유 역시 실제 평가단을 구성하는 과정에서 적용되는 것이 원칙이다. 따라서 과학기술정보통신부장관이 구성하는 연구개발과제평가단 후보단 구성 단계에서는 결격사유 적용이 예정되어 있지 않은 것으로 해석하는 것이 일견 법 구조에 부합하는 것으로 보인다.

이는 연구개발과제평가단 후보단 구성 시점에서는 평가 대상 과제가 특정되어 있지 않다는 점에서도 확인된다. 과제가 특정되지 않은 상황에서는 '해당 연구개발과제와 직접적인 이해관계'라는 개념 자체가 성립할 수 없다. 또한 '최근 3년 이내 법령 위반자'에 대하여도, 연구개발과제평가단 후보단에 포함된다고 해서 곧바로 문제가 발생하는 것은 아니며, 개별 연구개발과제의 연구개발과제평가단을 실제로 구성하는 각 중앙행정기관의 장이 후보단 정보를 확인하고 결격사유를 적용하여 배제할 수 있다.

정리하자면 '(1) 해당 연구개발과제와 직접적인 이해관계가 있어 평가의 공정성을 중대하게 저해할 우려가 있는 사람'의 경우에는 연구개발과제평가단 후보단을 구성하는 경우에는 확인할 수 없어 이를 후보단의 결격사유로 볼 수 없으므로, 이후 연구개발과제가 특정된 이후에 해당 연구개발과제에 대한 연구개발과제평가단 위원을 구성하는 데 있어서의 제척사유로 보는 것이 적절하다. 그에 반해 '(2) 최근 3년 이내에 연구개발과제 평가에 관한 법령을 위반하여 행정처분 또는 과태료 부과처분을 받거나 형벌을 받은 사람'은 구성상 과학기술정보통신부장관이 연구개발과제평가단 후보단을 정함에 있어서도 해당 내용을 확인하여 해당 후보단의 적절성을 판단하는 것이 정책적으로 해당 내용을 2024년에 신설한 이유일 것이므로, 해당 사항은 연구개발과제평가단 후보단에 대한 결격사유로 보는 것이 타당할 것이다.

5. 연구개발과제평가단의 제척 · 기피 · 회피

「국가연구개발혁신법」은 연구개발과제평가단에 관한 결격사유만을 언급하고 있고, 구체적으로 제척·기피·회피에 관한 사항을 제시하고 있지 않다.

「국가연구개발혁신법 시행령」은 어떨까? 「국가연구개발혁신법 시행령」의 규정을 살펴보면, 평가위원 선정 과정에서 적용되는 제척 구조가 보다 구체적으로 나타난다. 먼저 「국가연구개발혁신법 시행령」 제27조 제2항은 각 중앙행정기관의 장이 과학기술정보통신부장관이 구성한 연구개발과제평가위원 후보단 중에서 연구개발과제평가위원을 선정하여 평가위원회를 구성해야 한다고 규정한다. 이어 「국가연구개발혁신법 시행령」 제27조 제3항은, 제2항에 따라 평가위원을 선정하는 경우 반드시 제외해야 하는 사람, 즉 평가위원으로 선정될 수 없는 자의 유형을 열거하고 있다. 그 내용은 다음과 같다.

1. 평가 대상 연구개발과제의 연구자
2. 평가 대상 연구개발과제의 연구자와 「민법」상 친족관계가 있거나 있었던 사람
3. 서로 다른 두 개의 연구개발과제를 동시에 평가할 때, 각 과제의 연구자가 상대 과제를 평가하는 관계가 되는 경우의 그 연구자
4. 평가 대상 연구개발과제의 연구책임자와 동일 부서(학과·학부 등 최하위 조직 단위)에 소속된 사람
5. 해당 중앙행정기관 소속 공무원 및 전문기관 소속 임직원(다만 중앙행정기관의 장이 인정하는 연구관리전문가는 제외)

이 규정의 구조를 보면, 「국가연구개발혁신법 시행령」이 규정한 위 유형들은 평가위원 선정을 제한하는 '결격사유' 인지, 아니면 해당 연구개발과제평가단의 평가위원으로서 연구개발과제를 평가하기 전, 특별한 절차를 거칠 필요 없이 이해관계 등의 원인이 있다는 사유만으로 당연히 당해 사안이나 안건의 심의 또는 의결을 할 수 없도록 배제하는 '제척사유'인지 규정이 일부 모호하다고도 볼 수 있다.

「국가연구개발혁신법 시행령」은 '선정에서 제외해야 하는 사람'으로 명시하고 있으므로 형식상 '결격사유'와 유사한 기능을 수행하지만, 그 범위와 적용 방식은 「국가연구개발혁신법」에서 규정한 결격사유와는 구별된다. 다시 말해, 「국가연구개발혁신법 시행령」상의 이 열거된 사항이 선정된 연구개발과제평가단의 평가위원에 일률적으로 적용되는 결격 요건인지, 구체적인 연구개발과제에 대해 평가위원을 실제로 선정하는 단계에서 적용되는 제척 기준인지 세밀하게 해석할 필요가 있다.

평가 대상이 되는 연구개발과제의 연구자가 해당 연구개발과제평가단의 위원이 되는 것은 가장 일반적인 제척사유라고 할 수 있다. 해당 사항은 연구개발과제평가단을 구성

하는 과정에서 해당 중앙행정기관(해당 업무를 대행하는 전문기관)에서 제척할 수 있다.

우선 「민사소송법」상의 제척 규정과 비교해서 내용을 살펴볼 필요가 있다.

「민사소송법」

제41조(제척의 이유) 법관은 다음 각호 가운데 어느 하나에 해당하면 직무집행에서 제척(除斥)된다.

1. 법관 또는 그 배우자나 배우자이었던 사람이 사건의 당사자가 되거나, 사건의 당사자와 공동권리자·공동의무자 또는 상환의무자의 관계에 있는 때
2. 법관이 당사자와 친족의 관계에 있거나 그러한 관계에 있었을 때
3. 법관이 사건에 관하여 증언이나 감정(鑑定)을 하였을 때
4. 법관이 사건당사자의 대리인이었거나 대리인이 된 때
5. 법관이 불복사건의 이전심급의 재판에 관여하였을 때. 다만, 다른 법원의 촉탁에 따라 그 직무를 수행한 경우에는 그러하지 아니하다.

기본적으로 「민사소송법」의 제41조 제1호와 제2호에서 법관의 제척 이유로, 1. 법관 또는 그 배우자나 배우자이었던 사람이 사건의 당사자가 되거나, 사건의 당사자와 공동권리자·공동의무자 또는 상환의무자의 관계에 있는 때, 2. 법관이 당사자와 친족의 관계에 있거나 그러한 관계에 있었을 때를 명시하고 있다.

법관은 우선적으로 결격사유가 없는 자로 법관에 임관되어 있고, 이후 특정 사건에 관한 재판 등 직무집행에 있어 해당 사건에 법관이 당사자가 되거나, 법관의 배우자거나 배우자였던 자가 해당 사건의 당사자인 경우, 그리고 사건의 당사자와 법관이 친족의 관계에 있거나 그러한 관계에 있었을 때 제척이 된다.

연구개발과제평가단 후보단 중에서 각 중앙행정기관의 장이 연구개발과제평가단 위원을 구성하는 경우 또는 구성 이후, 해당 연구개발과제의 평가가 진행되기 전, 평가위원 중에 평가 대상 연구개발과제의 연구자가 있거나 해당 연구자와 「민법」상 친족 관계가 있거나 있었던 사람이 있는 경우에는 해당 연구개발과제의 평가에서 제척되는 구조이다.

참고로 연구개발과제평가단 위원의 배우자는 법률상의 부부 관계에 있는 경우만을 말하고 사실상의 내연 관계나 약혼 관계는 포함되지 않는다고 해석하고, 다만 내연 관계

나 약혼 관계가 있으면 이는 기피의 원인이 될 수 있다.

법원에서도 제척 규정에 관한 판례가 흔치 않다. 다만, 최근 대법원 판례 중에 제척 규정에 관한 내용을 판단한 사례[5]가 있다.

「민사소송법」상 친족은 배우자, 8촌 이내의 혈족 및 4촌 이내의 인척이다(「민법」 제767조, 제777조). 종전에는 친족 외에 호주, 가족 관계도 포함하였으나 민법의 호주 제도 폐지에 따라 2005. 3. 31. 「민사소송법」을 개정하면서 호주, 가족 관계는 삭제되었다.

「국가연구개발혁신법 시행령」에 따르면, 당사자와 친족의 관계가 현재는 없더라도 과거 그러한 관계가 있었던 경우도 제척 이유에 해당한다. 다만, 실무적으로 당사자와 과거 친족 관계에 있었던 경우를 해당 중앙행정기관(또는 이를 대행하는 전문기관)이 어떤 방식으로 파악하고 제척할 수 있을지는 다소 의문이다. 사실 당사자와 친족의 관계가 있다고 하더라도, 친족의 관계를 증빙할 수 있는 자료가 무엇인지도 바로 떠오르지 않는다. 해당 사항은 기피 또는 회피 제도를 활용하여야 하나, 실무적인 관점에서는 다양한 측면의 보완이 필요하다.

참고로, 연구개발과제평가단의 평가위원의 경우에는 해당 국가연구개발사업 기획 내지 연구개발과제 기획 및 지원 작성 단계에서 자문을 한 경우 등에 관한 제척 규정은 없다. 하지만 해당 제척 원인에 상응하는 사유가 있어 평가의 업무 수행에 공정을 해칠 우려가 있다고 인정되는 경우에는 이는 기피나 회피의 원인이 된다고 볼 것이다.

---

5 대법원 2010. 5. 13. 선고 2009다102254 판결, 종중 규약을 개정한 종중 총회 결의에 대한 무효확인을 구하는 소가 제기되었는데 원심 재판부를 구성한 판사 중 1인이 당해 종중의 구성원인 사안에서, 그 판사는 「민사소송법」 제41조 제1호에 정한 '당사자와 공동권리자·공동의무자의 관계에 있는 자'에 해당한다는 것이다. 공동권리자란 재판에서의 소송 목적인 권리의 공유(共有)자, 합유자나 그 권리의 임차권자, 지상권자, 연대채권자를 가리킨다. 공동의무자란 소송의 목적인 채무에 관하여 공동책임을 지는 자, 즉 연대채무자, 보증인, 물상보증인이나 그 밖에 공동불법행위자, 합명회사의 사원 등을 가리킨다. 당사자의 채권자나 채무자와 같이 사적(私的)인 계약관계 또는 회사의 주주 등은 경제적으로는 소송당사자의 승패에 실제 영향을 받지만 법률적인 이해관계는 없으므로 위에서 말하는 당사자나 그 공동권리, 공동의무자에 들어가지 않는다고 봐야 한다. 실제로 종중 규약을 개정한 종중 총회 결의에 대한 무효확인을 구하는 소가 제기되었는데 원심 재판부를 구성한 판사 중 1인이 당해 종중의 구성원인 사안에서, 그 판사는 「민사소송법」 제41조 제1호에 정한 '당사자와 공동권리자·공동의무자의 관계에 있는 자'에 해당한다고 판단하였다.

(1) 평가 대상 연구개발과제의 연구자

연구개발과제의 평가는 그 절차 전반에서 공정성과 객관성이 엄격하게 확보되어야 한다. 이러한 관점에서 연구자 자신이 참여하고 있는 연구개발과제의 평가에 해당 연구자가 연구개발과제평가단 평가위원으로 관여하는 것은 당연히 제척사유에 해당한다. 이는 앞서 설명한 선수·심판론에 기초한 것으로, 이해관계자가 스스로의 행위나 성과를 판단하는 지위에 서는 경우 평가의 공정성을 담보할 수 없다는 점에서 출발한다. 선수로서 경기의 결과에 직접적인 이해관계를 가지는 자가 동시에 심판의 역할을 수행한다면, 외관상으로도 공정성에 대한 의문이 제기될 수밖에 없다. 따라서 연구개발과제 평가에서 연구자 자신을 배제하는 것은 당연한 귀결이라 할 것이다.

(2) 평가 대상 연구개발과제의 연구자와 「민법」상 친족관계가 있거나 있었던 사람

친족은 배우자, 8촌 이내의 혈족 및 4촌 이내의 인척이다(「민법」 제767조, 제777조). 당사자와 친족의 관계가 현재는 없더라도 과거 그러한 관계가 있었던 경우도 제척사유에 해당한다.

(3) 서로 다른 두 개의 연구개발과제를 동시에 평가할 때, 각 과제의 연구자가 상대 과제를 평가하는 관계가 되는 경우의 그 연구자

연구자 A가 연구개발과제 X의 당사자이면서 연구개발과제 Y의 평가자가 되고, 연구자 B는 연구개발과제 Y의 당사자이면서 연구개발과제 X의 평가자가 되는 경우를 말한다. 상호 교차적 이해관계인 경우를 말한다.

혈연적으로 가까운 일정 범위 내의 친족 간에 같은 기관 내 근무할 수 없게 하는 제도를 상피제라고 하나, 실무적으로는 이러한 경우에도 상피제(相避制)라 표현하기도 한다.

(4) 평가 대상 연구개발과제의 연구책임자와 동일 부서(학과·학부 등 최하위 조직 단위)에 소속된 사람

평가 대상 연구개발과제의 연구책임자와 동일 연구개발기관에 소속된 사람이 해당 과제의 평가에 참여하는 경우, 이는 원칙적으로 공정성 저해 우려가 높은 이해관계자에 해당한다. 다만 그 성격은 당연 제척사유인지, 회피사유인지를 구분하여 정리할 필요가 있다.

일반적으로 동일 부서 연구개발기관이라는 사정만으로 곧바로 법률상 당연 제척에 해당한다고 단정하기는 어렵다. 제척은 평가 대상과의 직접적 이해관계가 명백한 경우에 한하여 엄격하게 인정되는데, 단순한 소속의 동일성만으로는 개별 연구개발과제의 평가에 대한 직접적 법률상 이해관계가 항상 인정된다고 보기 어렵기 때문이다.

그러나 동일 부서(학과·학부 등 최하위 조직 단위)에 소속된 사람은 일반적으로 인사, 연구실적 평가, 공동연구, 학문적 이해관계 등에서 밀접한 이해관계와 지속적 관계를 형성하는 경우가 많아, 평가의 객관성과 공정성에 대한 합리적 의심이 발생할 소지가 크다. 이에 대해 연구개발과제평가단의 경우, 제척으로 배제하는 것이 타당하다고 판단한 것이다. 실제 편향 여부와 무관하게, 평가 결과에 대한 외관상 공정성과 제도에 대한 신뢰를 확보하기 위한 조치로 이해된다.

(5) 해당 중앙행정기관 소속 공무원 및 전문기관 소속 임직원(다만 중앙행정기관의 장이 인정하는 연구관리전문가는 제외)

연구개발과제는 국가연구개발사업을 구성한다는 개념에서 해당 중앙행정기관 소속 공무원과 전문기관 소속 임직원을 연구개발평가단에서 제외하는 것이다. 다만, 과도한 제척 기준으로 보이기도 한다. '해당 연구개발과제의 국가연구개발사업'을 관리하는 해당 중앙행정기관 소속 공무원이나 '해당 연구개발과제를 관리'하는 업무를 수행하는 전문기관 소속 임직원이 '해당 연구개발과제의 평가'에서 제척된다고 하여 해당 중앙행정기관 소속 공무원 및 전문기관 소속 임직원 중 해당 연구개발과제에 관여한 자로 범위를 축소하여 운영할 필요는 있다.

제10장

연구개발성과

「국가연구개발혁신법」

제2조(정의) 이 법에서 사용하는 용어의 뜻은 다음과 같다.

5. "연구개발성과"란 연구개발과제의 수행 과정에서 또는 그 결과로 인하여 창출 또는 파생되는 제품, 시설·장비, 지식재산권 등 대통령령으로 정하는 유형·무형의 성과를 말한다.

6. "연구개발정보"란 다음 각 목의 어느 하나에 해당하는 정보를 말한다.

가. 국가연구개발사업·연구개발과제 등 연구개발 수행에 관한 정보

나. 연구개발기관·연구자 등 연구개발을 수행하는 주체에 관한 정보

다. 연구개발성과의 명칭·종류·소유기관 등 연구개발성과에 관한 정보

라. 그 밖에 국가연구개발사업의 추진에 필요한 정보로서 대통령령으로 정하는 정보

「국가연구개발혁신법 시행령」

제3조(연구개발성과)

법 제2조 제5호에서 "제품, 시설·장비, 지식재산권 등 대통령령으로 정하는 유형·무형의 성과"란 다음 각 호의 성과를 말한다.

1. 제품
2. 시설·장비
3. 논문
4. 특허 등 지식재산권

5. 법 제12조 제4항부터 제6항까지의 규정에 따른 연차보고서, 단계보고서, 최종보고서 또는 성과활용보고서의 원문
6. 연구개발과제에서 창출 또는 파생된 기술의 요약정보
7. 생명자원
8. 소프트웨어
9. 화합물(化合物)
10. 신품종
11. 표준
12. 그 밖에 제1호부터 제11호까지에서 규정한 성과에 준하는 유형·무형의 성과

제1절 ∥ 연구개발성과의 의미

1. 연구개발성과와 연구성과

연구개발성과는 「국가연구개발혁신법」에 따라 연구개발과제의 수행 과정에서 또는 그 결과로 인하여 창출 또는 파생되는 제품, 시설·장비, 지식재산권 등 유형·무형의 성과를 말한다. 「국가연구개발혁신법 시행령」에서는 이를 구체적으로 나열하고 있다. 연구개발성과는 제품, 시설·장비, 논문, 특허 등 지식재산권, 연차보고서, 단계보고서, 최종보고서 또는 성과활용보고서의 원문, 연구개발과제에서 창출 또는 파생된 기술의 요약정보, 생명자원, 소프트웨어, 화합물(化合物), 신품종, 표준 그리고 기타 이에 준하는 유형·무형의 성과를 말한다.

한편, 「국가연구개발사업 등의 성과평가 및 성과관리에 관한 법률」에 따르면 '연구성과'를 별도로 정의하고 있다. 연구성과는 연구개발사업을 통하여 창출되는 특허·논문·표준 등 과학기술적 성과와 그 밖의 유·무형의 경제·사회·문화적 성과이다.

연구성과와 연구개발성과는 개념적으로 구분될 수 있지만, 실무적·제도적 측면에서 두 개념을 엄격히 분리하여 운영할 실익은 크지 않다는 학계와 정책 현장에서의 공통된 견해가 존재한다. 형식상 연구개발성과는 「국가연구개발혁신법」이 전제하는 연구개발

과제를 기반으로 산출된 결과물이며, 연구성과는 보다 포괄적인 의미에서 국가연구개발사업 또는 일반 연구활동 전반의 결과물을 포함한다. 즉, 전자는 특정 연구개발과제 단위로 관리되는 기술적·경제적 산출물을 의미하고, 후자는 학문적·사회적 성취를 포함하는 보다 넓은 개념이다.

실제 국가연구개발사업의 구조를 살펴보면, '연구성과'와 '연구개발성과'는 제도적·실무적 측면에서 상당 부분 중첩되어 운용되고 있다. 모든 국가연구개발사업은 일정한 연구개발과제를 기본 단위로 구성하고 있으며, 각 과제의 수행 결과로 산출되는 지식, 기술, 정보, 데이터, 논문, 특허, 시제품 등은 자연스럽게 연구성과이자 연구개발성과로 동시에 인식된다. 다시 말해, 연구개발 활동의 결과물이 학문적 성격을 가지는 경우 '연구성과'로, 기술적·산업적 활용 가능성을 가지는 경우 '연구개발성과'로 불리지만, 실제로는 동일한 활동의 결과물이 두 개념의 경계를 넘나들며 기능한다.

예를 들어, 과학기술정보통신부나 산업통상부가 주관하는 국가연구개발사업에서 산출된 논문은 연구자의 학문적 성취로서의 연구성과인 동시에, 해당 논문이 국가재원이 투입된 연구개발과제를 통해 도출된 이상 「국가연구개발혁신법」상의 연구개발성과로서 관리·등록의 대상이 된다. 특허의 경우에도 마찬가지로, 「발명진흥법」상 직무발명에 해당함과 동시에 연구개발사업의 산출물로서 「국가연구개발혁신법」에 따른 통합정보시스템에 등록되어 관리된다. 이러한 제도적 운영 구조로 인해 두 용어는 법령상 구분은 존재하더라도, 실질적으로 연구개발 활동의 결과물이라는 동일한 범주 내에서 순환적으로 사용되고 있다.

이러한 현실은 관련 법률의 구조에서도 확인된다. 「국가연구개발사업 등의 성과평가 및 성과관리에 관한 법률」은 우리나라 국가연구개발사업을 통하여 산출되는 연구성과를 효율적으로 관리하고 활용하기 위하여 연구성과 관리·유통 전담기관을 지정·운영하도록 하고 있다. 이에 따라 「연구성과 관리·유통 전담기관 지정 고시」가 제정되어, 분야별로 전담기관을 지정하고 각각의 연구성과를 관리하도록 체계화하였다. 예를 들어, 논문성과는 「과학기술분야 정부출연연구기관 등의 설립·운영 및 육성에 관한 법률」에 따른 과학기술분야 정부출연연구기관인 한국과학기술정보연구원이, 특허성과는 「산업재산정보의 관리 및 활용 촉진에 관한 법률」에 따라 설립된 한국특허정보원이, 생명자원성과는 「과학기술분야 정부출연연구기관 등의 설립·운영 및 육성에 관한 법률」에 따른 과학기술분야 정부출연연구기관인 한국생명공학연구원이 담당하는 식이다. 이러한 제도적 구조는 연구성과의 유형별 전문관리를 도모함과 동시에 국가 차원의 연구개발정보 통합 체계를 확립하려는 목적을 가진다.

다만, 「국가연구개발사업 등의 성과평가 및 성과관리에 관한 법률」이 정의하는 연구성과의 범위는 상당히 포괄적이다. 「국가연구개발사업 등의 성과평가 및 성과관리에 관한 법률」은 연구성과를 "국가연구개발사업을 통하여 창출되는 특허·논문·표준 등 과학기술적 성과와 그 밖의 유·무형의 경제·사회·문화적 성과"로 규정하고 있을 뿐, 세부 분야나 유형을 세밀하게 구분하지는 않았다. 이에 따라 실제 관리 단계에서는 앞서 언급한 「연구성과 관리·유통 전담기관 지정 고시」를 통해 연구성과의 세부 분류 체계가 보완되고 있다. 동 고시에서는 연구성과를 논문, 특허, 보고서 원문, 연구시설·장비, 기술요약정보, 화합물, 생명자원, 신품종, 소프트웨어, 표준 등 열 가지 항목으로 구분하여 관리하고 있다.

이러한 분류 체계를 면밀히 검토해 보면, 그 내용은 「국가연구개발혁신법」에서 규정하는 연구개발성과의 구성요소와 거의 동일하다. 다시 말해, 법적 용어상의 차이가 있음에도 불구하고, 실제 행정적 관리와 법률상 적용 범위에서는 두 개념이 실질적으로 동일하게 기능하고 있는 것이다.

이러한 점에서 볼 때, 연구성과와 연구개발성과의 구분은 실질적 차이라기보다는 법적 형식상의 구분, 즉 개념적 이원화에 가깝다고 할 수 있다. 연구개발성과는 국가연구개발사업 수행 결과를 행정적·법률적 관리 단위로 정의한 개념이라면, 연구성과는 학문적 결과를 기술적 성과와 함께 포괄하는 상위 개념으로 이해될 수 있다. 다만, 양자가 별도로 존재하는 이유는 법률의 적용 범위와 관리주체의 차이에서 기인한다. 즉, 연구성과는 성과평가 및 유통 체계를 중심으로 한 관리 대상이고, 연구개발성과는 소유·활용·기술이전 등 재산권적 관계를 규율하는 법적 대상이다.

그러나 이러한 개념상의 차이는 실질적인 제도 운영 단계에서는 거의 구별되지 않는다. 국가연구개발사업의 결과물은 동일한 정보 체계 내에서 등록·평가·활용되며, 동일한 기관에 의해 관리되는 경우가 대부분이다. 결국 연구성과와 연구개발성과의 구분은 법령상 정의와 행정관리 목적에 따른 표현상의 차이일 뿐, 양자는 실질적으로는 동일한 관리·평가·활용 체계 속에서 운용되고 있는 개념이라 할 것이다.

2. 연구개발성과의 종류

(1) 제품

연구개발성과로서의 제품은 일반적으로 완성된 상용품, 즉 시장에서 거래·판매될 수 있는 형태의 물리적 결과물을 연상시키지만, 국가연구개발사업의 법적·제도적 맥락에서 '제품'이라는 개념은 이에 한정되지 않는다. 「국가연구개발혁신법」에서의 제품은 반드시 상업적 판매가 가능한 완제품을 의미하지 않는다. 오히려 연구개발과정에서 도출된 다양한 형태의 물리적·기술적 산출물을 의미하며, 시작품, 모형, 시험품, 시제품 등을 모두 포함하는 개념으로 이해되어야 한다.

이러한 제품은 연구개발 활동의 성과가 실험실 단계의 이론적 연구를 넘어 실제 구현 단계에 도달했음을 보여주는 기술적 실체화의 증거라는 점에서 연구개발성과로서 중요한 의미를 지닌다. 즉, 연구개발의 산출물이 단순한 데이터, 논문, 기술보고서의 형태로 존재하는 것이 아니라, 일정 수준 이상의 기술성숙도에 도달하여 물리적 형태로 구현된 결과물이라는 점에서, 제품은 기술의 완성도와 응용 가능성을 평가하는 핵심 지표가 된다.

따라서 연구개발성과 관리 체계에서 제품은 단순한 상업화 결과물이 아니라, 연구개발 성과물의 구현 단계에 있는 기술적 산출물로서 법적·행정적으로 관리된다.

제품은 연구시설·장비와도 구별되는 개념이다. 연구시설·장비는 연구개발 활동을 수행하기 위한 수단이자 연구 환경의 구성요소로서, 연구자가 연구를 수행하기 위해 사용하는 하드웨어적 인프라다. 반면 제품은 그 연구 활동의 결과로 새롭게 창출된 물리적 결과물로, 연구의 산출물에 속한다. 다시 말해, 연구시설·장비는 연구의 도구이고, 제품은 연구의 결과물이다. 예를 들어, 신소재 개발과제에서 제작된 복합소재 시편, 반도체 연구개발과제에서 제작된 회로모듈, 바이오 연구개발과제에서 생산된 실험용 의료기기 시제품 등은 모두 상용화 이전 단계이지만, 연구개발의 결과로 직접 산출된 유형물이라는 점에서 제품으로 분류된다.

특히 국가연구개발사업에서는 제품을 상용화 여부로 한정하지 않고, 연구개발 목표의 달성 수준과 실용화 가능성을 판단하는 중간 성과로서 관리한다. 예컨대, 국책 연구기관이나 대학의 기술 개발과제에서는 시제품 제작이 연구개발 성과평가의 필수 요건으로 설정되는 경우가 많다. 이때의 시제품은 제품의 상업적 완성형이 아니라, 핵심 기능과 기술 요소를 검증하기 위한 실험적 산출물로서, 제품의 초기개념을 입증하는 역할을 한다. 따라서 연구개발성과로서의 제품에는 이러한 시제품뿐 아니라, 기능시험용 제작물, 모듈, 부품 등이 모두 포함된다.

(2) 시설·장비

연구개발성과로서의 연구시설과 연구 장비는 연구개발과제의 연구개발성과 중에서도 물리적 형태를 지닌 유형의 연구개발성과로서, 연구개발 활동의 기반을 형성하고 후속 연구의 지속 가능성을 담보하는 핵심 인프라로 기능한다. 연구개발 성과의 대부분이 무형의 지식, 정보, 데이터, 기술로 구성되는 것과 달리, 연구시설과 연구 장비는 직접적인 물적 자산으로서 연구개발과정에서 구축·제작·설치된 결과물을 의미한다.

「국가연구개발혁신법 시행령」

[별표 2]
연구개발비 사용용도(제20조 제1항 관련)

〈연구시설·장비비〉

1) 연구시설·장비 구입·설치비: 연구개발과제 수행에 필요한 연구시설·장비의 구입·설치비, 관련 부대 비용 또는 성능향상비
2) 연구시설·장비 임차비: 연구개발과제 수행에 필요한 연구시설·장비의 임차비
3) 연구시설·장비 운영·유지비: 유지·보수비, 운영비 또는 이전 설치비
4) 연구인프라 조성비: 연구인프라 조성을 목적으로 하는 국가연구개발사업의 연구인프라 부지·시설의 매입·임차·조성비, 설계·건축·감리비 또는 장비 구입·설비비

이들은 연구개발비의 집행 구조상 직접비 항목 중 '연구시설·장비비'로 구분되어 있으며, 실제로 연구개발비로 구입하거나 제작·설치된 시설과 장비는 그 자체로 연구개발성과로 간주된다. 따라서 연구시설과 장비는 연구개발비의 투입 결과 산출된 유형적 자산이며, 국가연구개발성과의 중요한 구성요소로서 법적·행정적으로 관리된다.

우선 연구시설과 연구 장비의 개념적 차이를 명확히 할 필요가 있다. 연구시설은 일정한 공간적 규모를 가지며, 연구 활동을 위한 기반 인프라로 기능하는 구조물 또는 시

스템을 의미한다. 즉, 대형장비운영시설(핵융합장치, 가속기 등), 연구장비집적시설(나노팹센터, 핵심연구지원시설 등), 과학시료관리시설(생물사육시설, 화합물은행 등), 데이터센터(슈퍼컴퓨터센터, 빅데이터센터 등), 관측/측정시설(기상관측시설, 천문측정센터 등) 등과 같이 연구 활동이 전제 조건이 되는 물리적 공간 및 설비를 포괄한다. 연구개발 활동 직접 지원 이외의 다양한 목적으로 공간을 갖춘 형태의 일반시설로서, 순수 연구동(실험동), 교육시설(도서관, 강의실, 교수실, 학생회관 등), 지원시설(행정동, 강당, 기숙사, 식당 등) 등은 연구시설로 인정되지 않는다. 연구시설은 연구 환경의 안정성과 지속성을 보장하며, 대규모 장비나 여러 연구자가 공동으로 사용하는 연구 인프라의 집적체로서의 성격을 가진다.

반면 연구 장비는 개별 연구 활동을 수행하기 위한 도구로서, 연구자가 실험, 측정, 분석, 시뮬레이션, 제조 등의 과정을 직접 수행하기 위해 사용하는 기계적 또는 전자적 장치를 의미한다. 즉, 연구 장비는 연구시설 내에서 작동하는 구성요소로서, 시험, 분석, 계측, 생산, 교육(훈련) 등의 용도로 독립적인 연구개발기능을 수행하는 장비(전자현미경, 질량분석기, 슈퍼컴퓨터 등), 환경(진공, 진동, 압력, 냉동, 무균, 청정, 무향, 저온, 고온, 항온, 항습, 풍속, 주행, 충돌, 충격 등) 조성형 장비 등을 포함한다. 장비의 운영과 관련이 없는 소프트웨어, 실제 연구개발 수행에 직접적 독점적으로 사용되지 않는 기자재(컴퓨터, 복사기, 사무용 가구, 케이블, 전선, 전산용품 등[1]) 등은 연구 장비로 인정되지 않는다.

연구시설과 연구 장비의 이러한 구분은 시설이 '연구 활동의 기반 환경'이라면, 장비는 '연구 활동의 직접적 수단'이라는 점에서 구조적·기능적 차이를 보인다.

연구시설과 장비를 연구개발성과로 인정하는 이유는, 이들이 단순한 연구 수행의 수단이 아니라 연구개발 활동의 결과로서 새로운 연구 기반과 기술적 역량을 창출하기 때문이다. 국가연구개발사업의 목적이 단순한 지식의 생산에 그치지 않고, 연구 환경의 조성 및 연구자원의 축적을 포함한다는 점에서, 연구시설과 장비는 국가 과학기술 역량을 구성하는 핵심적 공공자산으로 평가된다. 실제로 「국가연구개발혁신법」 제17조는 연구개발성과의 활용 촉진을 규정하는 동시에, 「과학기술기본법」에 따라 연구시설·장비를 포함한 연구개발성과의 관리 및 공동 활용을 정부의 책무로 명시하고 있다. 이에 따라 연구시설과 장비는 '연구시설·장비종합정보시스템(Zone for Equipment Utilization

1 연구활동비상의 사무용품, 연구실환경유지비 등으로 인정된다.

Service System, ZEUS)[2·3]'에 등록되어 관리되며, 연구자와 기관은 이를 타 연구기관이나 산업체가 공동으로 활용할 수 있도록 개방한다.

연구개발성과로서 연구시설과 장비에는 구입, 제작, 임차의 세 가지 유형이 존재한다. 첫째, 구입은 연구개발비를 사용하여 완제품 형태의 장비를 구매하는 경우로, 국내외 제조사로부터 장비를 직접 도입하여 연구개발과제 수행에 활용하는 형태이다. 둘째, 제작은 연구자가 자체적으로 설계하여 새로운 기능을 구현하거나 기존 장비를 개량·조합하여 새로운 연구 장비를 완성하는 경우를 의미한다. 이러한 경우 해당 장비는 연구자의 창의적 기술적 성취가 반영된 산출물로서 연구개발성과의 특성을 보다 강하게 가진다. 셋째, 임차는 타 장비나 부품을 임차하여 새로운 연구 환경을 구성하는 행위를 포함하며, 연구시설 구축의 일부로서 연구개발성과로 인정된다.

다만, 연구시설·장비비를 이용한 임차의 경우에는 이를 반환한 이후에는 연구개발성과로서 인정되지 않게 된다. 임차는 연구시설이나 장비를 일정 기간 사용하기 위해 외부로부터 대여하는 형태로, 연구개발과제 수행을 위한 일시적 이용행위에 불과하다. 임차한 장비는 연구개발비로 사용료가 지출되더라도 과제 수행 종료 후 반환되어야 하며, 연구개발기관이나 국가의 자산으로 귀속되지 않기 때문에 연구개발성과로 볼 수 없다. 즉, 연구개발성과로서 인정되기 위해서는 해당 시설이나 장비가 연구개발비의 투입을 통해

---

2 「과학기술기본법」 제28조(연구개발 시설·장비의 구축, 확충·고도화 및 관리·활용) ① 정부는 효율적이고 균형 있는 연구개발을 추진하기 위하여 필요한 연구개발 시설과 장비 등을 구축, 확충·고도화하고 관리·운영·공동활용 및 처분하기 위한 시책을 세우고 추진하여야 한다.
② 정부는 제1항에 따른 연구개발 시설·장비의 구축, 확충·고도화, 관리·운영·공동활용 및 처분을 추진하기 위하여 필요한 때에는 대통령령으로 정하는 바에 따라 이를 지원할 기관을 지정하고 그 운영에 필요한 경비를 지원할 수 있다.
③ 과학기술정보통신부장관은 관계 중앙행정기관의 장과 협의하여 제1항에 따른 연구개발 시설·장비의 구축, 관리·운영·공동활용 및 처분에 대한 표준지침을 정하여 고시하여야 한다.
④ 제3항에 따른 표준지침의 적용 대상, 수립 절차 등에 필요한 사항은 대통령령으로 정한다.

3 「국가연구개발 시설·장비의 관리 등에 관한 표준지침」 제1조(목적) 이 지침은 「과학기술기본법」 및 「과학기술기본법 시행령」에서 위임된 연구개발 시설·장비의 도입·관리·운영·공동활용 및 처분과 연구시설·장비종합정보시스템의 구축 및 운영에 관하여 필요한 사항을 규정함을 목적으로 한다.
제2조(정의) 이 지침에서 사용하는 용어의 정의는 다음과 같다. 10. "연구시설·장비종합정보시스템(ZEUS : Zone for Equipment Utilization Service System)"이란 「과학기술기본법 시행령」 제42조 제4항 제2호의 종합정보시스템을 말한다.

새롭게 창출되거나 획득된 실체이어야 하고, 그 결과물이 과제 수행 이후에도 연구개발기관 또는 국가의 관리자산으로 존속해야 한다.

(3) 논문

논문은 국가연구개발사업의 결과 중에서도 가장 대표적이며 전통적인 형태의 연구개발성과로 인식된다. 논문은 연구자가 연구개발과제 수행을 통해 얻은 새로운 학문적 발견이나 실험 결과를 체계적으로 정리하여 학문 공동체에 공개·공유하는 수단이다. 즉, 논문은 연구개발 활동의 과정을 객관적으로 검증 가능한 형태로 기록함으로써 연구개발성과의 진정성, 재현성, 공공성을 확보하는 데 기여한다. 이러한 점에서 논문은 단순한 연구자의 개인적 성취물이 아니라, 연구개발과제 수행의 결과가 사회적 지식으로 전환되는 결정적 매개체라 할 수 있다.

국가연구개발사업의 제도적 관점에서 논문은 연구개발 활동의 산출물 중 하나로서, 연구개발과정에서 생성된 지식이 구체적이고 검증 가능한 문서 형태로 구현된 결과물이다. 실제로 「국가연구개발혁신법」의 통합정보시스템에서는 연구개발성과를 논문, 특허, 보고서, 기술요약정보, 소프트웨어 등으로 유형화하고 있으며, 논문은 그중에서도 연구개발성과의 학문적 기여도와 과학적 공신력을 판단하는 주요 지표로 관리되고 있다. 따라서 논문은 연구개발성과의 법적·행정적 관리 대상에 포함되며, 연구개발과제 수행의 핵심적 결과로서 국가연구개발성과 평가 체계의 기초를 이룬다.

그러나 논문은 본질적으로 연구자의 창작물이자 학문적 표현물이라는 점에서, 법적 권리 귀속 관계가 단순하지 않다. 「저작권법」 제2조 제1호 및 제4조 제1항 제1호는 저작물을 '인간의 사상 또는 감정을 표현한 창작물'로 정의하며, 학술논문을 대표적인 저작물로 인정하고 있다. 이에 따라 논문의 저작권은 원칙적으로 해당 논문을 작성한 연구자, 즉 연구개발과제의 연구책임자나 참여연구자에게 귀속된다. 다만, 논문이 연구개발과제의 수행결과로서 국가 또는 연구개발기관의 자금을 지원받아 작성된 경우, 연구개발기관이 일정한 관리권 또는 이용권을 가질 수 있다. 이는 연구개발성과의 공개 및 활용을 보장하기 위한 행정적 필요에 따른 것이며, 저작권의 본질적 귀속과는 구별된다.

이와 관련하여 「국가연구개발혁신법」 제17조 제1항은 연구개발성과의 공개를 원칙으로 규정하고, 정부가 연구개발성과를 관리·활용할 수 있도록 하고 있다. 이에 따라 국가연구개발사업의 결과로 작성된 논문은 원칙적으로 「국가연구개발혁신법」의 통합정보시스템을 통해 등록·공개되어야 하며, 연구자는 해당 논문에 국가연구개발과제의 지원 사실(예: '이 연구는 ○○부의 지원을 받아 수행된 과제임')을 명시해야 한다. 그러나 이 조항이 논문의 저작권을 연구개발기관 또는 국가에 귀속시키는 근거는 아니다. 국가나 연구개발기관은 연구개발성과의 관리·활용 주체일 뿐, 법적 저작권은 여전히 연구자 개인에게 있다. 다만, 연구개발비가 공적 재원으로 지원된 이상, 연구자는 해당 논문을 공개·등록할 의무를 부담하며, 이는 연구개발성과 관리의 공공적 성격을 반영하는 것이다.

결국 논문은 연구개발성과로서 정보자산의 성격을 가지며, 연구자의 사적 권리인 저작권과 국가의 공적 관리권이 공존하는 구조를 이룬다. 연구자는 논문의 창작자이자 저작권자로서 법적 권리를 보유하지만, 그 논문이 국가연구개발사업의 결과물인 경우, 정부는 이를 국가 연구개발성과로 관리할 권한을 가진다. 이러한 관계는 '저작권'과 '관리권'의 구분으로 이해될 수 있으며, 논문은 사법적 권리의 객체이자 동시에 공법적 관리의 대상이라는 이중적 법적 지위를 갖는다.

더 나아가 논문이 연구개발성과로서 가지는 의미는 단순히 출판을 통한 지식 확산에 그치지 않는다. 논문은 연구개발 활동의 결과를 객관화하여 과학기술 공동체의 검증과 평가를 가능하게 하고, 이를 통해 연구의 투명성과 신뢰성을 확보하는 수단이다. 특히 논문 게재는 연구개발성과의 학문적 타당성을 인정받는 과정으로서, 연구개발과제의 성공 여부를 평가하는 핵심 지표로 기능한다. 「국가연구개발사업 등의 성과평가 및 성과관리에 관한 법률」에서도 연구성과의 평가항목으로 '논문 게재 실적'을 명시하고 있으며, 이는 국가 연구개발 투자가 지식생산으로 환원되었음을 나타내는 가장 명료한 증거이다.

또한 논문은 연구개발성과의 공개와 활용 측면에서 결정적 역할을 한다. 논문을 통해 공개된 연구 결과는 타 연구자의 인용과 후속 연구로 이어지며, 이는 국가 전체의 연구생태계 내에서 지식의 순환과 축적을 촉진한다. 따라서 연구개발성과로서 논문은 연구개발성과의 '종착점'이자 동시에 '출발점'으로서의 성격을 동시에 가진다. 즉, 논문은 연구자의 학문적 성과로서 완결되지만, 그 공개와 인용을 통해 또 다른 연구개발 활동을 유발한다는 점에서, 국가연구개발성과의 순환적 구조 속에 위치한다.

한편, 논문은 연구개발성과 중에서도 가장 보편적이고 범학문적으로 발생하는 유형이지만, 그 관리 방식은 타 연구개발성과(예: 특허, 소프트웨어, 생명자원 등)보다 복잡하다.

이는 논문이 법적 권리보다는 학문적 평가의 대상이라는 점, 그리고 다수의 공동저자와 학술지 출판사가 권리관계에 관여한다는 점 때문이다. 학술지 출판 시 대부분의 저자는 출판사에 저작권의 일부(예: 복제권, 배포권 등)를 양도하므로, 연구개발기관이 해당 논문을 자유롭게 이용하거나 재게시하기 위해서는 저자나 출판사와의 별도 협의가 필요하다. 이러한 이유로 「국가연구개발혁신법」의 통합정보시스템이나 기관 리포지터리(Institutional Repository, IR)[4]에서 제공되는 논문은 원문이 아니라 서지정보(meta data)[5] 형태로 등록·관리되는 경우가 많다.

(4) 특허 등 지식재산권

지식재산권은 인간의 정신적 창조 활동을 통하여 형성된 무형의 성과물 중 사회적으로 보호할 가치가 있는 대상에 대하여 법이 부여하는 권리를 말한다. 이 정의는 간결하지만, 지식재산권 체계 전반을 관통하는 핵심적 의미를 지닌다. 즉, 지식재산권은 인간의 사상과 창의적 노력의 결과물에 대하여 법이 일정한 독점적 지위를 인정함으로써, 창작 활동을 장려하고 사회 전체의 지식과 기술의 축적을 촉진하기 위한 제도적 장치라 할 수 있다. 이러한 개념 정의로부터 지식재산권의 성립 요건이 도출된다. 먼저 그 객체는 반드시 인간의 '지적(知的) 창조물'이어야 한다. 여기서 말하는 '지적 창조물'이란 인간의 지적인 정신활동의 결과로 나타나는 산출물을 의미하며, 이는 유형적 실체가 아닌 무체물의 성격을 가진다. 또한 '인간의 창조 활동'을 전제로 하기 때문에, 인간이 아닌 존재가 만들어낸 결과물은 원칙적으로 지식재산권의 보호 대상이 될 수 없다. 실제로 판례와 학설은 '창작의 주체성'이 인간의 인격적 사유와 표현행위에서 비롯되어야 함을 강조하고 있다. 그러나 인간의 지적 창조물이라고 하여 모두 법의 보호를 받는 것은 아니다. 인간은 일상생활 속에서 수없이 많은 지적 산출물을 생성하지만, 그중 법이 보호할 가치가 있다고 판단한 것만이 지식재산권으로 인정된다. 예컨대 일상적인 대화나 개인적 표현 역시 사상

4 대학이나 연구기관 등이 연구·교육 활동의 결과로 생산한 학술정보를 공공적 관점에서 체계적으로 수집·관리·보존하고, 이를 학내외 이용자에게 무료로 제공하는 인터넷 기반의 전자도서관이다. 이는 학술성과의 장기적 보존과 접근성 제고를 목적으로 하며, 연구성과의 확산과 지식 공유를 촉진하는 역할을 수행한다.

5 서지정보(meta data)는 파일 자체 외에 부가적으로 붙는 모든 정보를 의미한다.

이나 감정의 발현이지만, 사회적 합의와 법적 절차를 거쳐 마련된 각종 지식재산권법제는 일정한 요건을 갖춘 창작물만을 보호한다. 이러한 요건을 충족할 경우, 법률은 그에 상응하는 권리를 부여하며, 이로써 창작물은 지식재산권이라는 법적 지위를 획득하게 된다.

지식재산권은 크게 두 가지 축으로 구분된다. 첫째는 산업재산권으로서 발명·고안·디자인·상표 등 산업적 가치가 있는 창작물에 대한 권리이다. 산업재산권은 기술적 사상 또는 산업적 창의에 대한 법적 보호를 부여하는 권리로서, 특허권·실용신안권·디자인권·상표권의 네 가지를 중심으로 구성된다. 이들은 통상 '4대 산업재산권'으로 불리며, 산업경제 발전의 법적 기반을 형성한다. 산업재산권은 기술 개발의 결과에 대하여 일정 기간 독점적 권리를 부여함으로써 발명자의 창의적 활동을 장려하고, 산업의 기술경쟁력을 강화하는 데 중점을 둔다. 둘째는 저작권으로 문학·예술·학술적 저작물 등 문화적 창작물에 대한 권리이다. 「저작권법」이 추구하는 궁극적 목적은 '문화의 향상 발전'이며, 이를 위해 창작자의 권리를 보호하는 동시에 이용자의 접근과 공정이용을 보장하는 균형적 체계를 유지한다. 문화는 다수의 향수와 이용을 통해 사회적으로 확산·재생산됨으로써 발전하기 때문에, 「저작권법」은 배타적 보호보다는 일정한 공공적 이용을 허용하는 방향으로 설계되어 있다. 반면 산업재산권법제는 '산업의 발전'이라는 목적에 보다 충실한 체계를 지닌다. 산업재산권은 경제적·물질적 가치 창출을 중시하며, 발명자의 권리를 보다 견고하게 보호하는 경향이 강하다.

다만, 연구개발과제의 연구개발성과로서의 '특허 등 지식재산권'이라는 표현은, 문언상으로는 특허를 지식재산권의 한 예시로 나열한 것처럼 보이지만, 실제 법적·행정적 운용에서는 '특허를 중심으로 한 지식재산권 관리', 즉 특허라는 유형의 지식재산권을 지칭하는 의미에 훨씬 가깝다. 즉, '특허 등'이라는 표현은 문법적으로 포괄성을 띠지만, 실질적으로는 '특허권'을 중심으로 한 제도 운용을 전제하고 있다. 실제 관리 및 통계 시스템 등에서의 연구개발성과 등록 항목을 보면 대부분 '국내·외 특허 출원 또는 등록 건수'를 중심으로 관리되고 있다.

(5) 연차보고서, 단계보고서, 최종보고서 또는 성과활용보고서의 원문

연구개발과제를 수행하면서 작성·제출되는 연차보고서, 단계보고서, 최종보고서, 성과활용보고서는 모두 연구개발과제의 수행과정과 결과를 체계적으로 기록하고 관리하기 위한 핵심 문서로서, 「국가연구개발혁신법」이 규정하는 연구개발성과의 공개 및 활용 체계의 근간을 형성한다. 이러한 보고서들은 단순한 행정적 절차를 넘어, 국가가 재정지원을 통해 수행하는 연구개발 활동의 투명성과 책임성을 확보하고, 연구개발성과를 사회적으로 환류시키기 위한 법적·제도적 장치의 역할을 한다.

이러한 보고서들은 모두 「국가연구개발혁신법」의 체계 속에서 연구개발성과의 '공개 및 활용' 의무와 밀접하게 연결된다. 「국가연구개발혁신법」 제17조 제1항은 연구개발성과를 원칙적으로 공개해야 함을 규정하고, 「국가연구개발혁신법」 제5조는 연구개발성과의 활용 촉진을 위한 정부의 시책 수립 의무를 명시한다. 이에 따라 연구개발기관과 연구책임자는 각 보고서를 작성·제출함으로써 법이 요구하는 성과관리 절차를 이행하게 되는 것이다. 정부는 이들 보고서를 「국가연구개발혁신법」의 통합정보시스템을 통해 집적·공개하고, 다른 연구자가 기존 연구개발성과를 검색·활용할 수 있도록 함으로써 연구중복을 방지하고, 성과의 재이용과 확산을 촉진한다.

'보고서의 원문(原文)'이라는 개념은 전통적으로 종이 문서 형태의 원본을 전제하여 이해되어 왔으나, 국가연구개발사업을 포함한 대부분의 행정·연구관리 절차가 전자화됨에 따라, 그 개념의 외연은 더 이상 물리적 문서에 한정되지 않는다. 특히 「국가연구개발혁신법」상 연구개발성과의 관리 체계는 「국가연구개발혁신법」의 통합정보시스템인 전자적 정보처리시스템을 통해 구축·운영되고 있으므로, 오늘날의 '보고서 원문'은 전자파일 형태로 존재하는 디지털 문서를 포함하는 개념으로 해석하는 것이 타당하다.

법률적으로 '원문'이란 작성자가 직접 작성·확정한 문서의 진정한 내용을 담고 있는 최초의 완전본을 의미한다. 과거에는 종이 형태의 보고서에 서명·날인을 함으로써 원본성을 확보하였으나, 전자정부 체계의 확립 이후에는 전자문서가 물리적 문서와 동일한 법적 효력을 가질 수 있다는 원칙이 정립되었다. 「전자문서 및 전자거래 기본법」 제4조 제1항은 "전자문서는 전자적 형태로 되어 있다는 이유만으로 법적 효력이 부인되지 아니한다."고 명시하고 있으며, 「전자문서 및 전자거래 기본법」 제4조의2 각 호 및 제5조 제1항 각 호 요건을 모두 갖춘 경우에는 전자문서를 보관함으로써 관계 법령에서 정하는 문서의 보관으로 갈음할 수 있다는 원칙[6]을 정하고 있다.

---

6 「전자문서 및 전자거래 기본법」 제4조의2(전자문서의 서면요건) 전자문서가 다음 각 호의 요건을 모두 갖춘 경우에는 그 전자문서를 서면으로 본다. 다만, 다른 법령에 특별한 규정이 있거나 성질상 전자적 형

국가연구개발사업에서 작성되는 연차보고서, 단계보고서, 최종보고서, 성과활용보고서 등은 모두 연구개발성과의 공식적 산출물로서, 전자적 형태로 작성·제출되는 것이 일반적이다. 특히 2010년대 이후 연구개발과제 관리시스템이 전면적으로 도입되면서, 연구자가 작성한 보고서는 종이 문서로 제출되지 않고 PDF, HWP, HWPX, DOC, DOCX 등의 전자파일 형태로 업로드되어 관리된다. 이러한 전자파일은 원본 문서와 동일한 내용을 담고 있으며, 작성자·작성일자·수정내역·첨부 자료 등 메타데이터를 포함함으로써 문서의 진정성과 변경이력의 추적 가능성을 보장한다. 따라서 전자파일 형태의 보고서 역시 '보고서 원문'의 지위를 가진다고 보아야 한다.

다만, 전자파일을 원문으로 인정하기 위해서는 기술적 진본성과 내용의 무결성이 확보되어야 한다. 즉, 보고서가 작성된 이후 위·변조되지 않았음을 증명할 수 있어야 하며, 작성자의 동일성과 문서의 유일성이 입증되어야 한다. 이를 위해 국가연구개발과제 관리기관은 보고서 제출 시 전자서명 또는 전자문서 인증 절차를 통해 제출자의 신원을 확인하고, 문서의 수정 이력 및 해시값 등을 시스템적으로 기록·보존해야 한다. 이와 같은 절차를 거친 전자파일은 종이 원본과 동일한 법적 신뢰성을 갖게 된다.

따라서 보고서의 원문은 특정한 형태(종이 문서)에 한정되는 개념이 아니라, 보고서의 내용적 완전성과 진본성을 기준으로 정의되어야 한다. 전자파일이라 하더라도 작성자의

태가 허용되지 아니하는 경우에는 서면으로 보지 아니한다.

1. 전자문서의 내용을 열람할 수 있을 것
2. 전자문서가 작성·변환되거나 송신·수신 또는 저장된 때의 형태 또는 그와 같이 재현될 수 있는 형태로보존되어 있을 것

제5조(전자문서의 보관) ① 전자문서가 다음 각 호의 요건을 모두 갖춘 경우에는 그 전자문서를 보관함으로써 관계 법령에서 정하는 문서의 보관을 갈음할 수 있다. 다만, 다른 법령에 특별한 규정이 있는 경우에는 갈음할 수 없다.

1. 제4조의2에 따라 서면으로 보는 전자문서일 것
2. 전자문서의 작성자, 수신자 및 송신·수신 일시에 관한 사항이 포함되어 있는 경우에는 그 부분이 보존되어 있을 것

② 제1항에도 불구하고 종이문서나 그 밖에 전자적 형태로 작성되지 아니한 문서(이하 "전자화대상문서"라 한다)를 정보처리시스템이 처리할 수 있는 형태로 변환한 전자문서(이하 "전자화문서"라 한다)가 다음 각 호의 요건을 모두 갖춘 경우에 그 전자화문서를 보관함으로써 관계 법령에서 정하는 문서의 보관을 갈음할 수 있다. 다만, 다른 법령에 특별한 규정이 있는 경우에는 갈음할 수 없다.

1. 전자화문서가 제1항 각 호의 요건을 모두 갖출 것
2. 전자화문서가 전자화대상문서와 그 내용 및 형태가 동일할 것

의사에 따라 확정된 최종본으로서, 적법한 절차에 따라 관리·보존되는 경우에는 원문으로서의 지위를 가진다. 이러한 해석은 연구행정의 전면적인 전자화 환경 속에서 연구개발성과의 공개 및 활용이라는 공익적 목적을 달성하기 위한 필수적 전제이며, '원문' 개념을 실질적으로 재정립하는 중요한 법적 전환점이라 할 수 있다.

국가연구개발사업의 성과관리 체계에서 '보고서 원문'이 전자파일 형태로 제출되고 관리된다는 점은 제도적으로 명시되어 있으나, 실제 운용상 그것이 '원문'으로서의 실질적 지위를 가지는지에 대해서는 여전히 논의의 여지가 크다. 이는 단순히 행정적인 형식의 문제가 아니라, 「국가연구개발혁신법」이 지향하는 연구개발성과의 공개 및 활용 체계의 실효성과 직결되는 문제이기도 하다.

현재 국가연구개발사업의 연구성과 관리시스템은 연구책임자가 연차보고서, 최종보고서, 성과활용보고서 등을 전자파일 형태로 업로드하도록 규정하고 있다. 이러한 파일은 해당 연구개발과제의 결과를 공식적으로 확인할 수 있는 문서로서, 형식상 '보고서 원문'으로 분류된다. 그러나 실질적으로 이러한 전자파일이 법적·행정적 의미의 원문으로서 기능하고 있는지에 대해서는 두 가지 측면에서 의문이 제기될 수 있다.

첫째, 제출되는 전자파일이 '확정본'인지 불명확하다는 점이다. 국가연구개발사업의 보고서 제출 절차에서는 연구책임자가 과제 종료 후 일정 기간 내에 최종보고서를 시스템에 업로드하게 되어 있으나, 이 파일은 종종 내부 검토본이나 미확정 상태의 문서를 제출한 후 사후적으로 수정·보완되는 경우가 많다. 이러한 관행은 '원문'의 정의에 부합하지 않는다. 결과적으로 시스템상 등록된 파일이 과제 수행 당시의 진정한 원문이라기보다는 '행정처리를 위한 제출본'으로 기능하는 한계가 존재한다.

둘째, 전자파일의 진본성과 무결성을 보장하는 기술적·법적 장치가 불충분하다는 점이다. 전자문서의 원문성을 확보하기 위해서는 전자서명, 해시값 검증, 버전관리 로그 등 기술적 장치가 필수적이다. 그러나 실제로 「국가연구개발혁신법」의 통합정보시스템에 업로드되는 보고서 파일은 대부분 연구자가 생성한 일반 문서파일이며, 전자서명이나 위·변조 방지를 위한 암호화가 적용되지 않는다. 이로 인해 보고서의 작성자 식별이나 작성 시점 검증이 어렵고, 제출 이후 수정 여부를 명확히 확인할 수 없는 문제가 발생한다. 전자파일이 원문으로서의 법적 신뢰성을 확보하기 위해서는 문서 관리 체계상전자원본 인증 절차가 도입되어야 하지만, 현행 시스템은 이러한 기술적 요건을 전면적으로 반영하지 못하고 있다.

(6) 연구개발과제에서 창출 또는 파생된 기술의 요약정보

기술요약정보란 일반적으로 연구개발을 통해 생성된 기술의 주요 내용, 핵심 원리, 적용 가능 분야, 기술적 차별성, 관련 지식재산권 현황 및 기술이전 조건 등을 포함하는 기술정보의 요약본을 의미한다. 이는 단순한 기술 설명서가 아니라, 연구개발 활동을 통해 축적된 과학기술적 지식의 구조화된 요약 형태로서, 연구개발기관 또는 관리기관이 기술이전 및 사업화를 위해 작성·등록하는 공식적인 기술정보이다. 기술요약정보는 「국가연구개발혁신법」의 통합정보시스템에 등록되어 다른 연구자나 기업, 공공기관이 검색·활용할 수 있도록 공개된다. 그 형식은 표준화된 메타데이터 구조를 따르며, 기술명, 관련 과제명, 기술의 내용과 효과, 시장 적용 가능성, 기술성숙도(Technology Readiness Level, TRL)[7], 이전 가능 형태(통상실시·전용실시·공동연구 등), 담당 연구자 및 기관 정보를 포함한다.

즉, 기술요약정보는 연구개발성과 중 비권리화된 기술적 지식의 체계적 집합체로서, 연구개발성과의 법적 개념에 직접 포섭된다.

또한, 기술요약정보는 권리화 이전 단계의 기술을 공공적 자산으로 관리하기 위한 제도적 장치라는 점에서 연구개발성과로서의 지위를 가진다. 특허 등 지식재산권은 권리등록을 통해 배타적 보호를 받지만, 등록 이전의 기술정보는 공개되지 않거나, 개인·기관 내부에 한정되어 축적되는 경우가 많았다. 이러한 상황은 국가 차원의 연구개발성과 관리 및 활용에 있어 정보 비대칭을 초래하고, 연구개발성과의 사회적 파급효과를 제한하는 요인이 되었다. 이에 국가연구개발 성과관리 제도는 특허 외에도 기술요약정보를 연구개발성과로 관리하도록 함으로써, 비권리화된 기술이라 하더라도 연구개발 활동의 결과물로서 공적 관리와 공개 대상이 될 수 있도록 한 것이다.

---

7 미국 항공 우주국(National Aeronautics and Space Administration, NASA)은 우주산업 분야에서의 기술 투자에 따른 위험도를 체계적으로 관리하기 위하여 1989년 해당 개념을 최초로 도입하였다. 이후 이는 핵심요소기술의 성숙도를 객관적이고 일관성 있게 평가할 수 있는 지표로 정립되었으며, 현재는 다양한 산업 분야에서 기술성숙도를 판단하는 기준으로 널리 활용되고 있다. 기초연구, 실험, 시제품, 실용화 양산 등의 분류 체계 내에 총 9단계로 기술성숙도를 구분한다.

(7) 생명자원, 소프트웨어, 화합물, 신품종, 표준

생명자원은 생명과학 및 바이오 연구개발의 과정에서 확보되거나 창출된 생물학적 물질로, 세포주, 미생물 균주, 식물 및 동물 유전자원, 단백질, 핵산, 혈청, 조직 시료 등 다양한 형태를 포함한다. 생명자원은 연구개발 활동의 결과로 확보된 생물학적 소재이자, 후속 연구의 기초자원으로 활용되는 공공적 성격의 연구개발성과이다. 국가 차원에서는 「생명연구자원의 확보·관리 및 활용에 관한 법률」에 근거하여 생명연구자원을 국가자원으로 등록·보존·공유하는 체계를 운영하고 있으며, 국가생명연구자원정보센터[8] 및 「국가연구개발혁신법」의 통합정보시스템을 통해 생명자원의 정보가 집적·공개된다. 생명자원은 단순히 실험의 부산물이 아니라, 연구개발 활동을 통해 인위적으로 확보·개량된 공공 연구인프라이자 생물지식의 물질적 구현체로서, 연구개발성과로 인정된다.

소프트웨어는 정보통신기술(ICT), 인공지능, 데이터분석, 시뮬레이션 등 다양한 과학기술 분야에서 창출되는 디지털 형태의 연구개발성과로, 프로그램 코드, 알고리즘, 데이터베이스, 시뮬레이션 모델 등을 포함한다. 「저작권법」상 컴퓨터프로그램저작물로 보호받는 법적 성격을 가지며, 연구개발성과로서의 소프트웨어는 지식의 체계화 및 재현 가능성의 보장 수단으로서 의미를 가진다. 국가연구개발사업에서 개발된 소프트웨어는 소스코드, 실행파일, 매뉴얼 등과 함께 연구성과관리시스템에 등록되며, 후속 연구에서 동일한 분석환경과 계산모델을 재현할 수 있도록 하는 기능을 수행한다. 이러한 소프트웨어는 연구개발성과의 개방·공유를 촉진하고, 기술 확산과 산업화의 기반을 형성한다는 점에서 현대 연구개발성과의 핵심 축으로 부상하였다.

화합물은 연구개발 활동을 통해 합성되거나 발견된 새로운 화학적 물질로, 물리적 실체를 가진 연구개발성과이다. 화합물은 주로 화학·의약·재료·생명공학 분야에서 실험적 연구를 통해 창출되며, 그 구조, 조성, 반응특성, 응용 가능성에 따라 과학적 가치가 결정된다. 기존 연구개발성과들이 대체로 무형의 지식이나 정보에 국한되는 반면, 화합물은 연구개발성과 중 유형의 물질적 산출물이라는 점에서 독특한 지위를 지닌다. 「연구성과 관리·유통 전담기관 지정 고시」는 화합물을 논문, 특허, 소프트웨어 등과 함께 별

8 「과학기술분야 정부출연연구기관 등의 설립·운영 및 육성에 관한 법률」에 따라 설립된 과학기술분야 정부출연연구기관 중 하나인 한국생명공학연구원 내부 조직이다.

도의 연구성과 항목으로 분류하고 있으며, 각 연구개발기관은 합성된 화합물의 화학식, 구조식, 물리화학적 특성, 합성방법, 안전성 등을 포함한 정보를 「국가연구개발혁신법」의 통합정보시스템에 등록한다. 화합물은 후속 연구나 신약 개발, 소재 연구 등에 재활용 가능하며, 연구개발성과의 재현성과 기술이전 가능성을 높이는 중요한 공공자원으로 관리된다.

신품종은 농업·임업·원예·생명공학 등에서 육종기술을 통해 개발된 새로운 식물 품종으로, 「식물신품종 보호법」에 따라 품종보호등록이 가능한 대상이자 국가연구개발성과의 한 유형이다. 신품종은 기존 품종에 비해 유전적 조성이나 형질이 개선되어, 내병성, 생산성, 품질 등에서 우수한 특성을 보유한 식물이다. 연구개발과제를 통해 신품종이 개발되면, 그 품종의 특성과 육종경위, 유전형질, 안정성, 구별성 등에 대한 평가를 거쳐 품종보호출원을 하게 된다. 이러한 신품종은 농업기술의 발전뿐 아니라 생명산업·바이오경제의 발전에 직결되므로, 「국가연구개발혁신법」 체계에서는 특허나 실용신안과 동일한 수준의 연구개발성과로 취급된다. 나아가 신품종은 연구개발성과의 산업화·기술이전·해외 수출의 대상이 되며, 농업기술의 지식재산화라는 관점에서 생명자원의 산업적 구현체로 기능한다.

표준은 연구개발성과 중에서도 기술적 결과가 산업과 사회의 제도적 체계로 정착된 형태의 성과이다. 표준은 특정 기술, 제품, 공정, 서비스의 규격·방법·품질·성능 등에 관한 합의된 기준을 의미하며, 연구개발성과가 실제 산업적·사회적 효용으로 확산되는 단계에서 도출된다. 「국가표준기본법」 등의 관리 체계에 따라, 국가연구개발사업을 통해 개발된 기술이 표준으로 제정·인증되면, 그 제정 행위 자체가 연구개발성과로 등록된다. 특히 국제표준화기구(International Organization for Standardization, ISO)[9] 등의 국제표준으로 채택될 경우, 해당 연구개발성과는 국가 기술주도권 확보의 전략적 결과물로 평가된다. 표준은 기술의 상호운용성과 신뢰성을 보장하고, 산업 전반의 품질·안전·호환성을 제도적으로 담보한다는 점에서, 연구개발성과의 완성 단계라 할 수 있다.

연구개발성과 중 생명자원, 화합물, 신품종은 논문, 보고서, 특허 등과 달리 정보 그 자체가 아니라 유형물로서 실재하는 연구산출물이라는 점에서 그 관리 방식에 근본적인

---

9 1946년에 설립된 국제표준화기구(ISO)는 나라마다 다른 공업규격을 조정·통일하고 물자 및 서비스의 국제적 교류를 원활히 하기 위한 국제기구로서, 전 산업 분야의 국제표준을 개발·관리하는 대표적인 표준화 기구 중 하나이다. 홈페이지: https://www.iso.org/home.html

차이가 존재한다. 이들 성과는 연구개발과정에서 실험·합성·배양 등의 구체적 연구행위를 통하여 창출된 물질적 실체로서, 단순히 지식이나 기술정보로 대체될 수 없는 독립적 연구개발성과이다. 따라서 연구개발성과 관리 체계에서 이들의 보존과 활용을 위해서는 '기탁'이라는 절차가 필수적으로 수반된다.

기탁이란, 연구개발성과로서 창출된 물질적 산출물을 일정한 공공관리기관에 제출(기증)하고, 그 기관이 이를 보존·관리하면서 필요시 연구자나 산업체, 공공기관이 접근·활용할 수 있도록 하는 절차를 의미한다. 즉, 연구개발기관이 직접 보유하고 있는 생명자원이나 화합물, 신품종 등의 물리적 성과를 정부가 지정한 관리기관 또는 전담기관에 이전·보존하도록 하여, 해당 연구개발성과가 공공재로서 지속적으로 유지되고 재활용될 수 있도록 하는 제도적 장치이다. 기탁은 단순한 '등록'이나 '보고'와는 달리, 연구개발성과의 실물 자체를 공적 관리시스템에 편입시키는 것을 의미하며, 연구개발성과의 진정성과 재현 가능성을 보장하는 기능을 수행한다.

이러한 기탁의 개념은 국제적으로도 확립되어 있다. 예를 들어, 생명공학 분야에서는 「부다페스트 조약(Budapest Treaty)[10]」에 따라 미생물의 특허 출원을 위한 국제적 기탁 제도가 운영되고 있으며, 국내에서도 「생명연구자원의 확보·관리 및 활용에 관한 법률」 제11조에 따라 국가생명연구자원정보센터 등 지정기관이 생명연구자원의 기탁 및 분양을 담당하고 있다. 이 제도에 따라 연구자가 연구개발과정을 통해 확보한 세포주, 균주, 유전자원 등은 해당 관리기관에 기탁되어, 표준화된 보존환경에서 장기 보존되고, 이후 연구 및 산업적 목적으로 제공될 수 있다. 따라서 생명자원에 대하여 '기탁한다'고 표현하는 것은 법적·행정적으로 타당하며, 이는 단순한 정보 제공이 아니라 실질적인 물질의 공적 보존행위를 의미한다.

화합물 역시 이와 유사한 논리구조를 가진다. 연구개발과제를 통해 새롭게 합성된 화합물은 물리적 실체를 가지는 연구개발성과로서, 단순히 그 화학식이나 구조정보를 등록하는 것만으로는 해당 연구개발성과의 공공적 활용이 보장되지 않는다. 화합물은 그 자체를 보존하고 재현할 수 있어야만 다른 연구자가 동일한 조건에서 실험을 반복하거

10 「특허절차상 미생물 기탁의 국제적 승인에 관한 부다페스트 조약(Budapest Treaty on the International Recognition of the Deposit of Microorganisms for the Purposes of Patent Procedure)」, [발효일 1988. 3. 28] [다자조약, 제947호, 1988. 3. 23]

나 후속 연구를 수행할 수 있다. 따라서 화합물에 대하여도 '기탁'의 개념을 적용할 수 있으며, 이는 해당 화합물을 실물 상태로 공공기관에 제공하여, 표준화된 조건에서 저장·관리·분양될 수 있도록 하는 절차를 의미한다. 이러한 체계는 예를 들어 한국화학연구원[11]의 한국화합물은행(Korea Chemical Bank, KCB)[12] 등에서 실질적으로 운영되고 있으며, 연구자가 합성한 신규 화합물을 기탁하면, 해당 기관은 이를 일정한 규격으로 보관하고, 필요한 연구자나 기업에게 분양한다. 즉, 화합물에 대한 기탁은 연구개발성과의 재현성과 투명성을 확보함과 동시에, 국가 차원의 과학기술자원 축적을 실현하는 수단으로 기능한다.

이와 달리 소프트웨어나 표준은 본질적으로 무형의 연구개발성과로서, 기탁의 개념이 직접적으로 적용되지는 않는다. 소프트웨어의 경우 프로그램코드, 알고리즘, 데이터베이스 등 디지털 형태의 파일로 존재하기 때문에, 물리적 기탁보다는 전자적 저장 및 인증의 방식으로 관리된다. 즉, 연구자가 개발한 소프트웨어를 「국가연구개발혁신법」의 통합정보시스템에 업로드하고, 버전관리 및 접근권한을 부여하는 절차를 통해 원본성을 보장하는 것이다. 표준 역시 제정된 기술규격이나 시험방법 등의 문서로서 존재하므로, 물리적 기탁보다는 제정문서의 등록 및 인증의 형태로 관리된다.

한편, 생명자원, 소프트웨어, 화합물, 신품종, 표준은 모두 연구개발성과로 분류되지만, 그 산출물이 특정 연구 분야에 국한된다는 공통점을 가진다. 생명자원과 신품종은 주로 생명과학, 농생명, 바이오산업 분야에서 창출되고, 화합물은 화학·의약·재료과학 등 실험적 연구에 한정된다. 소프트웨어는 정보통신기술, 인공지능, 데이터과학 분야에서 산출되며, 표준은 기술규격화나 산업응용 단계에서 비로소 성과로 도출된다. 즉, 이들 성과는 연구개발 전 분야에 보편적으로 발생하는 것이 아니라, 특정 기술 영역 또는 산업 분야에 집중적으로 생성되는 특수한 연구개발성과 유형이라 할 수 있다.

---

11 「과학기술분야 정부출연연구기관 등의 설립·운영 및 육성에 관한 법률」에 따라 설립된 과학기술분야의 연구를 주된 목적으로 하는 기관 중 하나이다.

12 한국화합물은행은 신약개발연구 및 바이오연구의 출발점이 될 수 있는 신약소재화합물을 범국가적으로 수집·관리하여 모든 연구자들이 공동으로 활용할 수 있도록 지원하는 인프라 구축을 목적으로 2000년에 한국화학연구원 내에 설립되었다. 홈페이지: https://chembank.org/

제2절 ▌연구개발성과의 소유 및 관리

「국가연구개발혁신법」

제16조(연구개발성과의 소유·관리)

① 연구개발성과는 해당 연구개발과제를 수행한 연구개발기관이 해당 연구자로부터 연구개발성과에 대한 권리를 승계하여 소유하는 것을 원칙으로 한다.

② 제1항에도 불구하고 연구개발성과의 유형, 연구개발과제에의 참여 유형과 비중에 따라 연구개발성과를 연구자가 소유하거나 여러 연구개발기관이 공동으로 소유할 수 있다.

③ 제1항 및 제2항에도 불구하고 중앙행정기관의 장은 다음 각 호의 어느 하나에 해당하는 경우에는 공모 시(제9조 제4항 단서에 따른 지정 등 공모 외의 방법인 경우에는 해당 절차가 시작되는 시점을 말한다) 연구개발성과의 소유가 국가에 있음을 또는 연구개발성과를 국가의 소유로 할 가능성이 있음을 미리 공지하는 경우에 한정하여 연구개발성과를 국가의 소유로 할 수 있다. [개정 2024.1.23] [[시행일 2024.7.24]]

1. 국가안보를 위하여 필요한 경우
2. 공공의 이익을 목적으로 연구개발성과를 활용하기 위하여 필요한 경우
3. 해당 연구개발기관이 국외에 소재한 경우
4. 그 밖에 연구개발기관이 연구개발성과를 소유하는 것이 적합하지 아니하는 경우로서 대통령령으로 정하는 경우

1. 연구개발성과 소유 규정

(1) 소유 규정의 제정 배경

「국가연구개발혁신법」 제정 이전에도 연구개발성과의 귀속 및 활용에 관한 제도적 근거는 존재하였다. 「과학기술기본법」은 국가의 연구개발 정책과 과제 추진 체계의 기본 틀을 마련하였으며, 그 하위 규범으로서 구(舊)「국가연구개발사업의 관리 등에 관한 규정」은 연구개발성과의 소유 및 관리에 관한 구체적 지침을 제시하였다. 그러나 동 규정은 직무발명인 국가연구개발성과에 관해 「발명진흥법」이 정한 직무발명 승계 절차를 표면적으로 원용하는 듯하면서도, 세부적인 법적 절차나 발명자 보호에 관한 규정을 명시하지 않았다. 특히 발명자인 연구자가 아닌 연구개발기관에 권리를 원칙적으로 귀속시

키는 방향으로 조문이 구성되어 있었고, 그 결과 일부 연구개발기관에서는 직무발명 보상 원칙을 회피하거나 우회하기 위한 수단으로 동 규정을 활용하는 사례가 나타났다. 이는 연구자의 창의적 기여를 제도적으로 보호하려는 직무발명 제도의 본래 취지와 상충되었다.

우선 직무발명에 대한 개념을 살펴보면, 「발명진흥법」 제2조 제1호는 발명을 「특허법」, 「실용신안법」, 「디자인보호법」에 따라 보호될 수 있는 발명·고안·창작으로 정의한다. 그리고 직무발명은 종업원·법인의 임원·공무원(이하 "종업원등"이라 한다)이 그 직무에 관하여 한 발명으로서, 그 발명의 성질이 사용자·법인·국가 또는 지방자치단체(이하 "사용자등"이라 한다)의 업무 범위에 속하고, 그 발명을 하게 된 행위가 종업원등의 현재 또는 과거의 직무에 속하는 경우를 말한다고 규정하고 있다. 이러한 직무발명에 대하여 종업원등이 특허·실용신안등록·디자인등록을 받았다면, 사용자등은 그 권리에 대하여 통상실시권을 가지는 것이 원칙이다. 이는 발명자의 독립된 창작권을 존중하면서도, 사용자의 사업 활동의 연속성을 보장하기 위한 절충적 장치이다.

통상실시권은 법률상 명시적 정의 조항은 없으나, 판례와 학설을 통하여 확립된 법리적 개념이다. 이는 특허권자 이외의 자가 일정한 범위에서 발명을 실시할 수 있는 권리를 의미하며, 그 성질상 비독점적 권리로서 특허권자의 허락에 따라 발생한다. 즉, 특허권자가 복수의 통상실시권을 설정할 수 있고, 각 통상실시권자는 상호 배타적 지위를 가지지 않는다. 이러한 점에서 통상실시권은 특허권자의 독점적 권리행사를 완화하고, 기술이 산업 전반에 활용될 수 있도록 하는 기능을 수행한다.

「발명진흥법」 제10조 제1항은 "직무발명에 대하여 종업원등이 특허, 실용신안등록, 디자인등록(이하 "특허등"이라 한다)을 받았거나 특허등을 받을 수 있는 권리를 승계한 자가 특허등을 받으면 사용자등은 그 특허권, 실용신안권, 디자인권(이하 "특허권등"이라 한다)에 대하여 통상실시권(通常實施權)을 가진다."고 규정한다. 이는 사용자가 별도의 승계계약을 체결하지 않아도, 발명을 사업에 활용할 수 있는 최소한의 법적 근거를 보장하는 '법정 통상실시권'에 해당한다. 이러한 제도는 사용자가 연구개발비용을 부담하고 인적·물적 기반을 제공한 점을 고려한 것이며, 직무발명 제도의 구조적 균형을 유지하는 핵심적 요소이다.

반면, 직무발명에 대하여 사용자가 그 권리를 승계받거나 전용실시권을 설정하기 위해서는 별도의 계약이나 근무 규정이 필요하다. 즉, 사용자는 종업원과의 계약 또는 규정에 의하여 직무발명의 특허를 받을 수 있는 권리나 특허권을 승계하거나, 사용자 명의로 전용실시권을 설정하도록 정할 수 있으며, 이러한 사전적 약정이 존재하는 경우에는 그에 따른다. 이른바 '예약승계계약'이 존재하면 발명 완성과 동시에 사용자에게 권리가 이전되고, 이 경우 발명자는 보상금을 청구할 수 있는 권리를 갖는다. 이는 「발명진흥법」 제13조, 제15조에서 명시된 보상원칙과 결합되어 해석되어야 한다.

예를 들어 연구자가 연구개발과제를 수행하면서 직무발명을 완성한 경우, 원칙적으로 그 발명의 권리는 연구자에게 귀속되며, 연구개발기관은 그 발명에 대하여 통상실시권만을 가진다. 다만 연구개발기관이 사전에 내부 규정이나 근로계약 등을 통하여 발명 승계조항을 둔 경우, 해당 발명은 사용자에게 귀속되고, 발명자는 정당한 보상을 받을 권리를 갖는다. 문제는 구(舊)「국가연구개발사업의 관리 등에 관한 규정」이 이러한 절차적 요건을 생략한 채 '연구개발성과는 연구개발기관에 귀속된다'는 문언을 중심으로 구성되었기 때문에, 실제로는 발명자의 동의나 발명자에 대한 보상 없이 기관이 권리를 일방적으로 취득하는 결과가 발생했다는 점이다. 이는 「발명진흥법」이 전제하는 '승계와 보상의 대응 관계'라는 기본 원리를 훼손한 것이다.

(2) 소유 규정의 제정 필요성

연구개발성과의 소유를 연구자로부터 연구개발기관이 승계받는다는 점을 법률 조항으로 명시하는 것이 과연 타당한가는 제도적·법리적 차원에서 충분히 논의될 수 있는 문제이다. 직무발명 제도의 본래 목적은 발명자의 창의적 기여를 보호하고, 그에 대한 정당한 보상을 제도적으로 보장함으로써 연구 의욕과 기술혁신을 촉진하는 데 있다. 따라서 국가가 주도하는 연구개발과제의 경우라 하더라도, 연구개발성과의 권리를 일률적으로 기관에 귀속시키는 규정은 발명자의 재산권과 보상권을 침해할 우려가 있다는 비판이 제기될 수 있다.

다만, 과거의 제도적 한계를 고려하면 연구개발성과의 귀속을 명시적으로 법률화하려는 시도는 일정 부분 불가피한 측면도 존재하였다. 구(舊)「국가연구개발사업의 관리 등에 관한 규정」 시기에는 연구자가 연구개발성과에 대한 실질적 소유권을 인정받지 못하고, 그 결과 보상금을 지급받지 못하거나, 보상 절차 자체가 불명확한 경우가 빈번했다. 특히 연구개발기관 내부에서 직무발명 보상 규정이 제대로 운영되지 않거나, 연구자의 권리 귀속이 사전에 명확히 정리되지 않아 법적 분쟁으로 이어지는 사례가 적지 않았다.

이러한 문제를 해결하기 위해 연구개발성과의 귀속 구조를 명문화하고, 승계 절차를 제도적으로 정립하려는 취지가 있었다는 점은 간과할 수 없다.

통상적으로 연구개발기관은 사용자의 지위에서 종업원인 연구자와의 관계를 취업규칙, 인사 규정, 직무발명관리 규정 등을 통해 정하고 있으며, 이러한 내부 규정에서 직무발명 승계에 관한 조항을 두는 것이 일반적이다. 즉, 「발명진흥법」 제13조에 근거하여 사용자가 연구자로부터 특허를 받을 수 있는 권리를 미리 승계받도록 하는 계약이나 규정을 마련하는 것이다. 이러한 규정이 존재하는 경우, 발명이 완성되는 즉시 권리는 연구개발기관에 이전되고, 연구자는 그에 상응하는 직무발명보상을 받을 권리를 가진다.

이러한 구조를 법률 차원에서 명시화한 것이 「국가연구개발혁신법」 제16조이다. 「국가연구개발혁신법」 제16조는 연구개발성과의 소유와 관리에 관한 원칙을 규정하고 있으며, 그 하위 법령에 근거하여 구체적인 절차를 규율한다. 특히 「국가연구개발혁신법 시행규칙」의 [별지 제2호 서식]에 따른 《국가연구개발사업 표준 협약서》(이하 '《국가연구개발사업 표준 협약서》'라 한다) 제14조는 "연구개발성과의 소유에 관하여는 「국가연구개발혁신법」 제16조에 따른다."고 명시함으로써, 법률-협약 간의 연계성을 제도적으로 확보하였다. 이는 과거처럼 행정규칙 수준에서 연구개발성과 귀속을 자의적으로 판단하던 관행을 탈피하고, 법적 근거를 분명히 하여 연구자와 기관 간의 권리관계를 명료화하려는 개선의 결과라 할 수 있다.

그 결과, 현행 제도에서는 연구개발성과의 소유권이 원칙적으로 연구자에게 발생하되, 연구개발기관이 이를 정당한 절차를 통해 승계받는 구조가 형성되었다. 즉, 연구자는 「발명진흥법」상 직무발명자로서 원시적 권리를 취득하고, 연구개발기관은 그 권리를 계약 또는 근무 규정에 따라 승계함으로써 소유자가 된다. 이 과정에서 연구자는 정당한 보상을 받을 법적 권리를 보장받고, 연구개발기관은 연구개발성과를 체계적으로 관리할 권한을 확보하게 된다.

(3) 소유 승계 시점

연구개발기관이 연구자로부터 연구개발성과, 특히 직무발명에 대한 권리를 승계받는 과정에서 가장 핵심적인 쟁점 중 하나는 승계의 시점이다. 「국가연구개발혁신법」은 연구개발성과의 소유 및 관리에 관한 일반 원칙을 제시하고 있으나, 직무발명에 대한 권리가 언제 사용자(또는 연구개발기관)에게 귀속되는지에 대해서는 명시적인 규정을 두고 있지 않다. 이는 실제 연구개발성과의 권리 귀속 및 이후의 특허 출원, 기술이전, 보상금 지급 등의 절차와 직결되는 문제로서, 법적 해석상 불명확성이 존재할 수밖에 없다.

현행 체계하에서는 연구개발기관이 직무발명에 대한 권리 승계의사를 연구자에게 통지한 시점을 기준으로 권리가 이전된다고 해석할 여지가 있다. 그러나 이 경우 여러 법적 쟁점이 발생한다. 우선, 연구개발기관이 어떠한 방식으로 승계의사를 통지해야 하는지에 대한 명확한 절차적 근거가 부재하다. 내부 행정문서, 전자문서, 혹은 공식 서면통지 등 다양한 형태가 가능하나, 통지의 효력 발생 요건이 명확히 규정되지 않은 상황에서는 권리 이전의 효력 발생시점을 둘러싼 분쟁이 불가피하다.

또한 통지 이전 단계에서는 직무발명에 대한 원시적 권리가 연구자인 발명자에게 귀속된다고 보는 것이 「발명진흥법」상 원칙이다. 즉, 직무발명의 완성 시점에는 연구자가 특허를 받을 수 있는 권리를 일단 보유하게 되고, 사용자가 이를 승계하려면 법률상 요건에 따라 승계 의사를 표시해야 한다. 이때 통지의 지연이나 불명확한 의사표시는 연구자와 제3자 사이의 법률관계에 영향을 미칠 수 있다. 예컨대, 연구자가 통지를 받기 이전에 제3자에게 해당 발명에 관한 권리를 양도하거나, 외부 기업과 기술이전 협약을 체결할 경우, 연구개발기관은 권리 귀속을 주장하기 어렵게 될 수 있다. 직무발명의 완성시점과 승계시점이 불일치할 때 발생할 수 있는 이러한 이중양도 위험은 법적 안정성의 측면에서 매우 중요한 문제이다.

이와 같은 문제의식은 2024년 개정된 「발명진흥법」 제13조의 규정과 밀접하게 연결된다. 개정된 조항은 종업원 등이 직무발명의 완성 사실을 사용자에게 통지하고, 사용자 등이 미리 특허를 받을 수 있는 권리나 특허권 등을 승계시키거나 전용실시권을 설정하도록 하는 계약이나 근무 규정을 정한 경우에는, 그 권리는 발명이 완성된 때로부터 사용자에게 승계된 것으로 본다고 명확히 규정하였다. 이는 승계시점에 관한 법적 불명확성을 제거하고, 권리귀속 관계를 명확히 하려는 입법적 보완 조치로 평가된다. 즉, 승계계약 또는 규정이 존재한다면 별도의 승계의사 통지나 행정적 절차 없이도, 발명의 완성시점에서 곧바로 권리가 사용자에게 귀속된다는 것이다.

따라서 「국가연구개발혁신법」이 먼저 제정되어 연구개발성과의 귀속을 규정하였다고 하더라도, 승계의 시점에 관한 구체적 기준은 「발명진흥법」의 해석에 따라 보완적으로 적용되어야 한다. 「국가연구개발혁신법」 제16조는 연구개발성과의 소유 원칙을 제시하는 일반법적 규정에 해당하고, 「발명진흥법」 제13조는 직무발명의 승계절차와 시점을 구체적으로 규율하는 특별법적 성격을 갖기 때문이다.

2. 연구개발성과의 연구자 소유 및 연구개발기관 공동 소유

(1) 연구개발성과의 연구자 소유

연구개발성과의 소유권은 일반적으로 연구개발기관(대학, 공공연구기관, 기업법인 등)에 귀속되는 것이 원칙이다. 이는 「국가연구개발혁신법」 제16조가 연구개발성과의 소유 및 관리에 관한 원칙을 명시하면서, 국가연구개발사업의 수행주체로서 연구개발기관을 전제로 하고 있기 때문이다. 「국가연구개발혁신법」 제16조는 "연구개발성과는 해당 연구개발과제를 수행한 연구개발기관이 해당 연구자로부터 연구개발성과에 대한 권리를 승계하여 소유하는 것을 원칙으로 한다."고 규정하고 있으며, 이에 따라 연구개발성과의 귀속 주체는 개인이 아니라 연구개발기관으로 법적·행정적으로 확정되는 것이 일반적인 구조이다. 이러한 체계는 연구개발비의 지원 주체가 국가인 점, 연구개발의 수행이 기관 단위로 이루어진다는 점, 그리고 연구개발성과의 관리 및 활용을 위해 조직적 책임체계가 필요하다는 점에 근거한다.

그러나 예외적으로 연구자가 직접 연구개발성과를 소유하는 경우가 존재한다. 이는 법제적 원칙상 극히 드물지만, 특정한 제도적 맥락 또는 사업유형에서 발생할 수 있는 특례적 사례이다. 대표적인 예가 중소벤처기업부가 주관하는 일부 국가연구개발사업에서 확인된다. 중소벤처기업부의 연구개발사업 중에는 '중소기업 기술혁신개발사업', '창업성장기술개발사업', '스타트업 성장기술개발사업' 등과 같이 중소기업이 주관기관으로 참여하여 연구개발을 수행하는 과제가 포함되어 있는데, 이때 「중소기업기본법」상 중소기업의 정의에 따라 개인사업자 또한 '중소기업자'의 범위에 포함된다.

이러한 경우, 연구개발과제의 수행 주체는 법인격을 가진 기업이 아니라 개인사업자(사업자등록을 한 개인)로 구성되며, 연구개발성과가 발생하면 그 권리는 해당 개인사업자의 대표 명의로 귀속된다. 즉, 법인이 아닌 개인이 국가연구개발사업의 수행 주체가 되고, 그 연구개발 활동을 통하여 창출된 특허, 실용신안, 소프트웨어 등 연구개발성과의 소유권 역시 개인 명의로 등록되는 것이다. 이는 일반적인 국가연구개발사업의 소유구조, 즉 '연구자 개인 → 연구개발기관 → 국가'로 이어지는 귀속 구조'와는 달리, 연구자가 곧 사업체의 대표로서 연구개발기관의 지위를 동시에 보유하기 때문에 가능한 예외적 구조이다. 다시 말해, 개인사업자는 연구개발기관으로서의 주관적 자격과 연구책임자로서의 개인적 자격을 겸유하므로, 연구개발성과가 사업체 대표 개인에게 직접 귀속되는 특수한 형태가 된다.

이러한 구조는 제도적으로는 「국가연구개발혁신법 시행령」 제32조(연구개발성과의 소유)에 근거하여 해석될 수 있다. 동 조항은 연구개발성과의 소유권 귀속 주체로 '연구개발기관'을 규정하되, 개인사업자가 연구개발기관의 요건을 충족하는 경우, 그 대표자인 개인이 해당 연구개발성과를 소유할 수 있는 법적 근거가 마련된다. 다만 이러한 경우에도 연구개발비는 공공재원이므로, 연구개발성과의 관리 및 활용에 대해서는 동일하게 국가의 감독과 사후관리 의무가 적용된다.

이와 유사한 사례는 기술창업 또는 예비창업패키지 지원사업 등에서 간헐적으로 나타난다. 창업 이전의 단계에서 개인이 연구개발사업에 선정되어, 연구개발비 지원을 받는 경우에는 법인격이 존재하지 않으므로, 연구개발성과는 창업예정자 개인 명의로 등록된다. 특히 「중소기업창업 지원법」에 근거한 기술창업 지원형 과제에서는 연구개발성과로서의 기술, 소프트웨어, 디자인, 데이터베이스 등의 권리가 예비창업자 개인에게 귀속되는 것이 가능하다. 이후 창업이 이루어지면, 해당 권리는 창업된 법인으로 이전(양도)하는 절차를 밟게 되지만, 초기 단계에서는 연구자가 직접 연구개발성과의 권리자가 되는 구조가 성립한다.

또 다른 예외적 형태로는 산학공동연구개발과제나 연구자주도형 기초연구사업에서 일부 제한적으로 발생할 수 있다. 예컨대, 한국연구재단이 주관하는 개인연구사업(기초연구실, 신진연구자지원사업 등)에서는 연구개발성과가 원칙적으로 연구개발기관(대학 등)에 귀속되지만, 일부 과제에서는 연구자 개인이 직접 연구개발성과의 특허출원인 또는 저작권자로 명시되는 경우가 있다. 이는 해당 연구개발성과가 연구자의 창의적 기여에 의해 단독으로 창출되고, 연구개발기관이 별도의 관리·활용 역할을 수행하지 않은 경우에 한하여 가능하다. 다만 이 경우에도 연구개발성과의 공개·활용과 관련하여 연구개발기관과 국가의 관리책임이 배제되는 것은 아니며, 연구자가 권리를 소유하더라도, 「국가연구개발혁신법」 제17조의 연구개발성과 공개 의무는 여전히 적용된다.

연구자가 연구개발성과를 직접 소유하는 경우는 국가연구개발 체계상 극히 예외적이며, 제도적·법률적으로 인정되는 경우는 대체로 개인사업자형 중소기업자 과제 또는 예비창업자형 연구개발사업에 한정된다. 그 외의 일반적인 과제에서는 연구개발기관이 성과의 소유 주체가 되며, 연구자는 창작자·발명자로서의 권리(예: 저작자로서의 저작인격권, 직무발명자로서의 직무발명 보상권 등)만을 가지게 된다. 따라서 연구자가 연구개발성과의 법적 소유권을 가지는 사례는 구조적으로 '연구개발기관이 곧 연구자 개인인 법적 주체로 동일시되는 경우'에 한정된다고 할 수 있다.

이러한 극히 제한된 사례들은 국가연구개발 체계가 본질적으로 기관 중심으로 설계되어 있음을 역설적으로 보여준다. 연구개발성과의 소유가 연구개발기관을 통해 관리되는 것은 국가재정의 투명성, 연구개발성과의 공공성, 기술이전의 제도적 책임성을 확보하기 위한 필연적 구조이기 때문이다. 그러나 중소기업자 또는 개인사업자에게 연구개발성과 귀속을 인정하는 제도적 여지는, 국가연구개발의 다양한 수행 주체를 제도적으로 포섭하려는 법 체계의 유연성을 반영하는 예외적 장치로 평가할 수 있다.

현행 「국가연구개발혁신법」 체계에서 연구개발성과의 소유 주체는 원칙적으로 연구개발기관으로 설정되어 있다. 이는 국가연구개발사업이 기관 단위로 추진되고, 연구개발비의 집행 및 성과관리 책임이 기관에 귀속된다는 점에서 제도적 타당성을 가진다. 그러나 실제 연구개발성과의 유형별 특성과 관리 현실을 고려할 때, 모든 연구개발성과의 소유권을 일률적으로 연구개발기관에 귀속시키는 현재의 구조는 제도적·실무적 불균형을 초래하고 있다. 특히 제품, 논문, 보고서 등 개별 연구자의 창작 활동 또는 실질적 관리가 중심이 되는 연구개발성과의 경우, 현행 제도는 법적 소유와 실질적 관리 간의 괴리를 드러내고 있으며, 이에 대한 입법적 보완이 필요한 상황이다.

우선, 연구개발성과로서의 제품의 경우를 살펴볼 필요가 있다. 제품은 국가연구개발사업의 결과 중에서도 실험적 제작물, 시제품, 모형, 시험품 등 구체적인 유형물의 형태로 산출되는 성과이다. 이러한 제품은 연구개발비를 투입하여 제작된 결과물이기는 하지만, 그 제작 과정과 유지·관리의 주체는 실질적으로 연구책임자나 참여연구자 개인인 경우가 많다. 제품은 대개 연구시설·장비에 비해 소규모이며, 기관의 자산으로 등록하거나 회계상 관리하기 어려운 경우가 빈번하다. 또한 제품의 연구개발 목적은 실험적 검증과 기술적 구현에 있으므로, 그 활용이나 추가 개발의 주체도 연구자 개인에 의해 결정된다. 그럼에도 불구하고 현행 제도는 제품을 연구개발기관의 소유로 규정함으로써, 연구자가 실질적으로 관리·활용하는 자산에 대해 법적 권리를 명확히 인정하지 못하는 구조를 형성하고 있다. 이는 향후 기술이전이나 추가 개발 시 권리 귀속 관계의 불분명성을 초래할 수 있으며, 연구개발성과의 실질적 활용을 저해하는 요인이 될 수 있다.

논문 역시 마찬가지이다. 논문은 연구자의 지적 창작 활동의 결과로서, 연구개발성과 중에서도 가장 명확한 저작권적 성격을 지닌다. 그러나 논문은 「저작권법」상 창작자인 연구자에게 저작권이 귀속되는 반면, 「국가연구개발혁신법」상 연구개발성과로 분류되어 연구개발기관의 관리 대상으로 포함된다. 즉, 논문은 연구개발성과로서 「국가연구개발혁신법」의 통합정보시스템 등 공적 성과관리시스템에 등록되어야 하지만, 그 소유권이 연구개발기관에 있다고 단정하기는 어렵다. 실제로 논문의 저작권은 연구자가 보유하고, 학술지 출판 시 출판사에 이용 허락 또는 일부 권리 양도를 하는 구조이기 때문에, 연구개발기관이 이를 실질적으로 소유하거나 관리하기는 불가능하다. 이러한 논문 소유를 둘러싼 현실적 불일치는 연구개발성과의 '법적 소유'와 '실질적 지배' 간의 괴리를 가장 명확하게 드러내는 영역이라 할 수 있다. 연구자는 논문을 작성하고 게재하지만, 제도상으로는 그것이 연구개발성과로서 기관의 자산으로 간주되는 구조이므로, 연구자 입장에서는 자신의 창작물이 '기관의 소유'로 등록되는 것에 대한 이해와 수용이 어렵다.

또한 보고서 역시 연구자의 지식 노동의 결과물이라는 점에서, 제품이나 논문과 유사한 성격을 지닌다. 연구보고서는 연구책임자가 작성하고, 연구개발기관을 통해 정부 또는 전문기관에 제출하는 문서이지만, 실질적으로는 연구자가 독자적으로 집필한 창작적 산출물이다. 다만, 보고서는 연구개발비를 기반으로 작성된 행정적 산출물이므로, 국가 또는 연구개발기관이 관리·보존할 필요가 있다는 점에서 논문과는 다소 차이가 있다. 그럼에도 불구하고, 보고서의 원문 파일이 「국가연구개발혁신법」의 통합정보시스템을 통해 공개되더라도, 그 저작권은 연구개발기관이 아니라 연구자에게 귀속된다는 점은 명확하다. 따라서 보고서 역시 '공적 관리의 대상이지만 사적 창작의 결과물'이라는 이중적 지위를 가진다.

이러한 논의는 결국 연구개발성과의 유형별 법적 귀속 구조를 차등적으로 설정할 필요성으로 이어진다. 현재의 「국가연구개발혁신법」은 연구개발성과의 소유 주체를 기관 단위로 일원화하고 있으나, 이는 연구개발성과의 법적 성격이 상이하다는 점을 충분히 반영하지 못하고 있다. 연구시설·장비나 특허·기술료와 같이 기관의 자산관리 체계 내에서 관리가 가능한 성과는 기관 소유로 귀속되는 것이 타당하지만, 제품, 논문, 보고서와 같이 연구자의 창작적 활동 또는 개인의 기술적 노력에 의해 창출된 성과는 연구자 개인에게 귀속될 수 있도록 하는 입법적 근거를 명확히 둘 필요가 있다. 특히 중소기업자나 개인사업자가 주관기관으로 참여하는 경우, 연구개발성과의 소유가 개인 명의로 이루어지는 구조를 이미 제도적으로 허용하고 있는 만큼, 연구개발성과의 유형에 따라 소유 주체를 달리 규정하는 것은 법 체계상 불가능하지 않다.

입법적으로는 「국가연구개발혁신법 시행령」 또는 별도의 하위 규정에서 연구개발성과의 유형을 기준으로 권리 귀속의 원칙을 세분화하는 방식이 고려될 수 있다. 예컨대, '연구자의 창작적 산출물(논문, 보고서 등)은 연구자가 소유하되, 연구개발기관은 이를 공적 관리 대상으로 등록할 의무를 진다'는 식의 조항을 두거나, '연구개발비로 제작된 유형물(제품, 시제품 등)은 원칙적으로 연구개발기관 소유로 하되, 연구자가 직접 제작·관리하는 경우에는 연구자의 명의로 귀속시킬 수 있다'는 예외 규정을 명문화할 수 있을 것이다. 이러한 차등적 귀속 체계는 연구개발성과의 실질적 관리와 법적 책임을 일치시키는 동시에, 연구자의 창의적 활동을 존중하는 방향으로 제도적 균형을 회복할 수 있는 방안이 된다.

(2) 연구개발성과의 연구개발기관 공동 소유

「국가연구개발혁신법 시행령」

第32조(연구개발성과의 소유)

① 법 제16조 제2항에 따라 여러 연구개발기관이 공동으로 연구개발과제를 수행하는 경우 그 연구개발성과의 소유에 관한 세부기준은 다음 각 호와 같다.

1. 여러 연구개발기관이 각자 연구개발성과를 창출한 경우: 연구개발성과를 창출한 연구개발기관이 해당 연구개발성과를 소유한다.
2. 여러 연구개발기관이 공동으로 연구개발성과를 창출한 경우: 연구개발성과를 창출한 기여도를 기준으로 소유비율을 정하되, 연구개발기관 간의 협의에 따라 연구개발성과의 소유비율 및 연구개발성과실시(연구개발성과를 사용·양도·대여 또는 수출하거나 연구개발성과의 양도 또는 대여의 청약을 하는 행위를 말한다. 이하 같다) 등에 관한 사항을 정한 경우에는 그 협의에 따른다.
3. 위탁연구개발기관이 연구개발성과를 창출한 경우: 주관연구개발기관이 소유한다.

과거 「국가연구개발혁신법」 제정 이전의 국가연구개발사업 체계에서는, 주관연구개발기관과 공동연구개발기관 간의 권리관계가 불명확하게 설정되어 있었다. 당시의 법제는 구(舊)「국가연구개발사업의 관리 등에 관한 규정」에 의존하고 있었는데, 이 규정은 연구개발성과의 귀속과 관련하여 명확한 법적 기준을 제시하지 못한 채, 주관연구개발기관 중심의 관리 체계를 전제하고 있었다. 그 결과, 실질적으로 공동연구개발기관이 일정한 연구개발비를 투입하고 독립된 연구 활동을 수행하여 성과를 창출하였음에도 불구하고, 연구개발성과의 법적 소유권은 모두 주관연구개발기관에 귀속되는 관행이 고착화되었다. 이는 공동연구개발기관의 연구개발성과가 행정적으로 '주관기관의 성과'로 통합 관리되는 구조에서 비롯된 것으로, 공동연구개발기관 입장에서는 사실상 연구개발성과의 소유권을 박탈당하는 결과를 초래하였다.

이러한 문제의식을 반영하여 「국가연구개발혁신법」은 연구개발성과의 소유권 귀속에 관한 명시적 근거를 마련하였다. 「국가연구개발혁신법」 제16조 제2항은 "연구개발성과의 유형, 연구개발과제에의 참여 유형과 비중에 따라 연구개발성과를 여러 연구개발기관이 공동으로 소유할 수 있다."고 규정하고 있으며, 「국가연구개발혁신법 시행령」 제32조 제1항은 "여러 연구개발기관이 공동으로 연구개발과제를 수행하는 경우 그 연구개발성과의 소유에 관한 세부기준은 다음 각 호와 같다."고 구체화하고 있다. 이러한 규정은 주관연구개발기관 중심의 기존 구조를 수정하여, 공동연구개발기관이 실제 기여도에 따라 연구개발성과의 공동소유권을 인정받을 수 있는 법적 근거를 부여한 것이다. 즉, 연구개발성과의 소유는 단일기관의 형식적 주관 지위에 의해 결정되는 것이 아니라, 실질적 연구 기여와 비용 부담 비율에 따라 분배되어야 함을 명문화한 것이다.

특히 연구개발성과 중 연구시설·장비의 경우, 주관연구개발기관과 공동연구개발기관이 연구개발비를 공동으로 부담하거나, 연구개발비 집행 과정에서 동일 장비의 구축·구입에 협력하였다면, 그 장비에 대한 소유권 역시 공유의 형태로 귀속되어야 한다. 이는 「민법」상 물건의 공동 소유 원칙과 유사한 구조로 해석될 수 있다. 연구개발시설이나 장비는 유형물로서의 자산적 성격을 지니므로, 연구개발비의 투입 비율이 곧 그 장비에 대한 경제적 기여도와 직결된다. 따라서 복수의 기관이 동일 연구개발시설·장비에 재정을 투입하였다면, 각 기관은 그 투자 비율에 상응하는 지분을 보유하게 되며, 이는 연구개발성과의 공동 소유라는 법적 개념으로 정당화된다. 이러한 공동 소유는 단순히 회계상의 자산 분할을 의미하는 것이 아니라, 해당 장비의 향후 유지·관리, 공동 활용, 기술이전 시의 권리 및 수익 분배 관계를 명확히 하는 법적 근거로 기능한다.

반면, 위탁연구개발기관의 경우에는 그 법적 지위가 본질적으로 다르다. 위탁연구는 법률상 일정한 업무를 수행할 권한이나 의무를 타인에게 시키는 연구 방식으로서, 국가연구개발사업의 맥락에서는 공공기관 또는 주관기관이 연구개발과제의 일부를 특정 기관이나 연구자에게 맡겨 수행하게 하는 행정적 계약 관계를 의미한다. 위탁연구개발기관은 연구개발 활동의 수행에 직접 참여하지만, 그 성과는 원칙적으로 주관연구개발기관의 성과로 귀속된다. 즉, 위탁연구개발기관은 주관연구개발기관을 대신하여 연구 업무를 수행하는 대체자의 지위에 있을 뿐, 연구개발성과의 독립적 권리자가 되지는 않는다.

위탁연구개발기관은 계약상 정해진 과업을 수행하고 이에 따른 연구비를 수령할 수 있지만, 그 연구 결과에 대한 권리는 주관연구개발기관에 귀속된다. 「국가연구개발혁신법 시행령」 제32조 제1항 역시 "위탁연구개발기관이 연구개발성과를 창출한 경우: 주관연구개발기관이 소유한다."고 명시하고 있다. 즉, 위탁연구는 독립적인 연구 협력관계가 아니라, 주관기관의 책임하에 수행되는 보조적 역할에 해당하므로, 위탁기관이 생성한 연구개발성과는 주관기관의 권리로 귀속되는 것이다.

이러한 구분은 실질적인 연구 기여 관계를 반영한 제도적 정합성을 지닌다. 공동연구개발기관은 독립된 연구계획을 수립하고 연구비를 직접 집행하며 연구책임을 분담하는 협력적 주체로서, 연구개발성과에 대한 공동소유권을 가질 수 있다. 반면 위탁연구개발기관은 주관기관의 과업을 위탁받아 수행하는 종속적 관계이므로, 연구개발성과의 소유권은 주관기관에 귀속되며, 위탁연구개발기관은 이에 대한 보상이나 기술료 수익 분배를 요구할 수 있는 계약상의 권리만을 갖는다.

3. 연구개발성과의 국가 소유

(1) 국가 소유의 의미

「국가연구개발혁신법」은 국가가 주관하는 연구개발사업에서 창출되는 연구개발성과의 기본적인 소유 원칙을 '연구개발기관 귀속'으로 설정하고 있으나, 일정한 예외적 사유에 한하여 연구개발성과를 국가의 소유로 귀속시킬 수 있도록 하고 있다. 이는 연구개발성과가 원칙적으로 과제를 수행한 기관이나 연구자의 권리로 인정되더라도, 국가의 안전보장이나 공공의 이익 등 중대한 공익적 목적이 개입되는 경우에는 그 귀속 구조를 달리할 필요가 있다는 정책적 고려에 따른 것이다.

「국가연구개발혁신법」 제16조 제3항은 이러한 예외적 상황을 구체적으로 열거하고 있다. 즉, 중앙행정기관의 장은 다음 각 호의 어느 하나에 해당하는 경우, 연구개발성과를 국가의 소유로 할 수 있다고 규정하고 있다. 첫째, 국가안보를 위하여 필요한 경우이다. 이는 연구개발성과가 군사·안보와 직접적으로 관련되어 있거나, 국가의 전략기술로서 해외 유출 시 안보적 위험이 발생할 우려가 있는 경우를 의미한다. 예컨대, 방위산업기술, 핵심 국방정보통신기술, 사이버보안 관련 연구개발성과 등은 그 내용상 고도의 보안성을 요하며, 개인이나 연구개발기관의 단독 관리에 맡길 경우 국가안보에 대한 위협이 발생할 가능성이 있다. 따라서 이러한 성과는 국가가 직접 소유하여 비밀유지, 기술통제, 해외이전 제한 등의 법적 통제수단을 확보할 필요가 있다.

둘째, 공공의 이익을 목적으로 연구개발성과를 활용하기 위하여 필요한 경우이다. 이는 연구개발성과가 국가 전체 또는 사회 일반의 복리 증진에 필수적인 경우로서, 연구개발성과를 특정 기관이나 개인의 독점적 소유로 둘 경우 공공의 활용이 저해될 우려가 있는 상황을 지칭한다. 대표적인 예로, 재난안전기술, 감염병 대응기술, 환경보건 관련 기술, 공공의료기술, 기후변화 대응기술 등이 있다. 이러한 기술은 사회 전체의 복리와 직결되므로, 국가가 연구개발성과를 소유함으로써 공공정책적 목적을 우선적으로 달성할 수 있도록 하는 것이다. 이 경우 국가의 소유는 사적 소유권을 제한하기 위한 수단이라기보다는, 공공적 활용을 보장하기 위한 행정적 귀속 조치의 성격을 가진다. 즉, 연구개발성과의 결과가 국가의 관리하에 두어질 경우, 정부는 해당 기술을 무상 또는 비독점적 방식으로 사회 전반에 확산시킬 수 있으며, 이를 통해 국민의 안전과 복지 증진에 기여할 수 있다.

셋째, 해당 연구개발기관이 국외에 소재한 경우이다. 이는 국가연구개발사업에 참여하는 기관이 외국법인 또는 외국에 설립된 기관일 경우, 연구개발성과의 소유권이 외국에 귀속될 위험을 방지하기 위한 조항이다. 국가가 예산을 투입하여 수행하는 연구개발사업에서 그 결과물이 외국 연국개발기관의 재산으로 귀속되는 것은 기술 주권 및 재정책임의 측면에서 문제가 될 수 있다. 따라서 중앙행정기관의 장은 외국 연국개발기관이 연구개발에 참여하는 경우, 사전에 해당 과제의 공모 또는 지정 단계에서 연구개발성과를 국가 소유로 귀속시킬 가능성을 명확히 공지하고, 이를 계약조건에 반영함으로써 기술 유출이나 국가재정의 역외 유출을 방지할 수 있다. 이는 국가재정의 투입이 수반된 연구개발성과의 주권적 귀속을 확보하기 위한 기술주권 보호조항의 성격을 지닌다.

다만, 이와 같은 연구개발성과의 국가 소유 귀속은 예외적 조치로서, 그 전제가 되는 절차적 요건이 엄격히 요구된다. 「국가연구개발혁신법」은 중앙행정기관의 장이 임의로 연구개발성과를 국가 소유로 할 수 있도록 허용하지 않고, 반드시 공모 시 또는 지정·위탁 등 연구개발과제가 시작되는 절차의 초기 단계에서 연구개발성과의 소유가 국가에 있음을 또는 연구개발성과를 국가의 소유로 할 가능성이 있음을 미리 공지할 것을 요구하고 있다. 이는 연구개발기관 및 연구자의 권리를 사후적으로 침해하지 않기 위한 절차적 통제장치이다. 다시 말해, 연구개발성과의 국가 소유 여부는 과제 수행계약 체결 이후에 임의로 변경할 수 없으며, 연구자가 과제에 참여하기 전에 미리 인지하고 동의한 상태에서 과제를 수행해야 한다. 이러한 사전 고지 의무는 헌법상 재산권 보장의 원칙과 계약자유의 원칙을 존중하는 동시에, 국가가 공공 목적을 이유로 연구개발성과를 귀속받을 때 발생할 수 있는 법적 분쟁을 예방하기 위한 장치이다.

이와 같은 조항의 입법 취지는, 국가가 모든 연구개발성과를 소유하려는 것이 아니라, 특정한 공익적 목적이 명백히 존재하는 경우에 한하여 연구개발성과의 소유권을 국가로 귀속시킬 수 있도록 하는 제한적 권한을 부여하는 데 있다. 실제로 이러한 조항은 연구개발성과의 국가 소유를 '예외적 귀속 제도'로 명확히 규정하여, 연구개발기관 및 연구자의 권리보호와 국가의 공익적 통제 간의 균형을 도모한다. 즉, 일반적인 경우에는 연구개발성과의 소유가 연구개발기관에 귀속되되, 국가의 안전보장이나 공익 목적상 불가피한 경우에 한하여 국가가 연구개발성과의 직접 소유자가 될 수 있도록 한 것이다.

(2) 국가 소유 관련 제문제

연구개발성과가 국가 소유로 귀속되는 경우, 그 소유권의 이관 절차와 이로 인한 비용 부담 문제는 「국가연구개발혁신법」 제16조 제3항 및 같은 법 시행령 제32조의 해석과 함께, 「국유재산법」 등 일반 재산법 체계의 적용을 받아 이해되어야 한다. 국가연구개발성과의 귀속 원칙은 연구개발기관 소유이지만, 특정한 사유에 따라 중앙행정기관의 장이 공모 단계에서 사전 공지를 한 경우에는 예외적으로 국가 소유로 귀속될 수 있다. 그러나 이러한 경우에도 최초의 연구개발성과 소유권이 연구개발기관 명의로 등록·관리되는 것이 일반적이므로, 국가 명의로의 소유권 이전은 사후적 행정처리 절차를 필요로 한다.

이전 절차의 기본 원리는 간단히 요약하면 다음과 같다. 원칙적으로 연구개발성과의 창출과 동시에 그 권리는 연구개발기관에 귀속되고, 이후 중앙행정기관이 해당 성과를 국가 명의로 귀속시키기로 결정한 경우에는, 연구개발기관이 해당 연구개발성과의 소유권을 국가로 이관하는 절차를 이행해야 한다. 이는 일종의 행정상 '재산권 귀속 변경 행위'에 해당하며, 「민법」상 물권 이전의 원리를 준용하여 연구개발기관이 이전 의무를 부담한다. 따라서 연구개발성과의 국가 귀속은 단순히 행정명령이나 공고만으로 효력이 발생하는 것이 아니라, 연구개발기관이 실질적으로 소유권 이전 등록을 완료함으로써 비로소 법적 효력이 완성된다.

이때 발생하는 이관(移管) 비용의 부담 주체는 원칙적으로 연구개발성과를 보유하고 있는 연구개발기관이다. 국가 소유로의 귀속은 중앙행정기관의 정책적 결정에 따른 것이지만, 법률상 연구개발성과의 최초 소유자는 연구개발기관이므로, 그 명의 이전에 소요되는 등록, 이전, 인증, 운송, 평가, 세무 등 일체의 절차적 비용은 연구개발기관이 부담하는 것이 원칙이다. 따라서 「국가연구개발혁신법」상 별도의 국가 부담 규정이 존재하지 않는 이상, 연구개발기관이 국가 귀속 과정에서의 실비를 책임져야 한다. 특히 특허, 실용신안, 디자인 등 지식재산권 형태의 연구개발성과의 경우, 특허청 등록 및 권리 이전 신고에 필요한 수수료 역시 해당 연구개발기관이 부담한다. 이러한 구조는 국가가 연구개발성과의 소유권을 취득하더라도, 그 이전에 필요한 행정비용까지 공적 재정으로 부담하는 것은 적절하지 않다는 점에 근거한다.

그러나 연구개발성과가 국가 소유로 귀속된 이후에는 상황이 달라진다. 일단 소유권이 국가로 이전된 이상, 해당 연구개발성과는 「국유재산법」의 적용을 받는 국유재산으로서 관리되어야 한다. 즉, 연구개발성과가 유형물(예: 연구시설, 장비, 위성, 실험장치 등)인 경우에는 국유재산으로 분류되어 중앙행정기관의 장이 그 보존·관리 의무를 부담하게 되며, 무형물(예: 지식재산권, 데이터, 소프트웨어 등)인 경우에도 「국유재산법」 제5조에 따른

'무형의 국유재산'으로서 회계상 등록 및 관리가 필요하다. 이러한 점에서 연구개발성과의 국가 귀속은 단순히 법적 소유 명의를 변경하는 절차에 그치지 않고, 국가의 재산관리 체계 내로 편입되는 실질적 절차를 수반한다.

문제는 현행 제도하에서 과학기술정보통신부 등 중앙행정기관이 실제로 연구개발성과의 실질적 소유권을 직접 행사한 사례가 거의 없다는 데 있다. 대부분의 연구개발성과는 국가 귀속이 아니라 연구개발기관 귀속으로 처리되어 왔으며, 국가가 연구개발성과의 소유권을 명시적으로 취득하는 경우는 극히 예외적이다. 따라서 국가가 연구개발성과를 소유하는 경우, 그 관리주체의 지정 및 「국유재산법」상 절차 이행 문제에서 제도적 공백이 발생한다. 예를 들어, 과학기술정보통신부가 한국항공우주산업㈜(KAI) 또는 한화에어로스페이스주식회사 등 민간기업을 주관연구개발기관으로 지정하여 발사체 연구개발과제를 수행하게 하고, 공모 단계에서 연구개발성과(예: 위성체, 발사체, 추진시스템 등)의 소유를 국가로 한다고 명시하는 경우를 가정해 보자. 이 경우 해당 위성이나 발사체는 물리적으로 국가가 직접 소유하는 유형의 재산이 되므로, 단순히 과제를 위탁받은 기관이 관리하거나 대행하는 방식으로 처리할 수는 없다.

그러한 경우, 해당 자산은 「국유재산법」 제5조 이하의 규정에 따라 국유재산으로서 등록, 평가, 보관, 처분, 위탁관리 등의 절차를 거쳐야 한다. 중앙행정기관의 장은 국유재산의 취득 사실을 재정 당국(기획예산처 등)에 통보하고, 회계상 국가자산으로 등재해야 하며, 관리의 효율성을 위해 필요시 관리청 또는 위탁기관을 지정할 수 있다. 그러나 관리의 위탁이 이루어진다고 하더라도, 이는 단순한 '재산의 관리위탁'에 불과하며, 법적 소유자는 국가로 유지된다. 예컨대 과학기술정보통신부가 위성의 소유권을 국가 명의로 취득한 경우, 그 위성의 관리 업무를 한국항공우주연구원[13]이나 한국항공우주산업㈜(KAI), 한화에어로스페이스 등에 위탁할 수는 있으나, 위탁연구개발기관은 단순한 관리위탁의 주체이지 법적 소유권자는 아니다.

이러한 관리구조는 행정적 효율성 측면에서는 합리적일 수 있지만, 법적으로는 상당히 복잡한 결과를 낳는다. 국가가 소유한 연구개발성과가 「국유재산법」상의 재산으로 편입되는 이상, 그 처분(예: 매각, 대여, 무상양도)에는 기획예산처의 승인을 받아야 하고,

13 「과학기술분야 정부출연연구기관 등의 설립 · 운영 및 육성에 관한 법률」에 따라 설립된 과학기술분야의 연구를 주된 목적으로 하는 기관 중 하나이다.

「국가재정법」 및 예산회계법령 등의 절차를 따라야 한다. 즉, 연구개발성과의 이전이나 공동 활용조차 단순한 행정 결정으로는 불가능하게 되며, 국가자산의 관리규율에 따라 엄격히 제한된다. 이는 국가 소유로 처리된 연구개발성과의 활용 유연성을 현저히 저하시킬 수 있다는 문제점을 내포한다.

따라서 연구개발성과를 국가 소유로 귀속시키는 경우에는, 그 이관 절차와 비용 부담 문제뿐 아니라, 국유재산법적 관리 체계와의 정합성을 확보하기 위한 제도적 대비가 필요하다. 특히 중앙행정기관이 실질적으로 연구개발성과를 직접 소유할 의사나 향후 관리 역량이 없는 상태에서 단지 명의상 국가 소유로 규정하는 것은, 행정상 혼란과 관리 공백을 초래할 위험이 크다. 국가 소유로의 귀속을 사전에 공지하고 이관을 추진하는 경우, 그 후속 조치로서 재산관리 절차, 관리기관 지정, 유지관리 비용의 부담 구조 등을 명확히 설계해야 한다. 결국 연구개발성과의 국가 귀속은 단순한 정책적 선언이 아니라, 「국유재산법」 체계하에서의 법적 귀속과 재정 책임의 실질화를 수반하는 행정행위이므로, 그 법적·재정적 파급효과에 대한 사전적 대비가 필수적이다.

제3절 ‖ 연구개발성과의 활용 및 공개

1. 연구개발성과의 활용

「국가연구개발혁신법」

제17조(연구개발성과의 활용)
① 연구개발성과를 소유한 연구개발기관(이하 "연구개발성과소유기관"이라 한다)은 연구개발성과가 널리 활용될 수 있도록 연구개발성과의 유지·관리·공동활용, 연구개발성과와 관련된 정보의 공개·연계, 연구개발성과와 관련된 추가적인 연구개발 등 필요한 조치를 하여야 한다.
③ 연구개발성과소유기관과 연구자는 다른 연구자로부터 연구개발성과에 대하여 공동활용 요청을 받으면 적극 협조하여야 한다.
④ 중앙행정기관의 장은 연구개발성과의 공동활용을 위하여 필요한 지원을 하여야 한다.

(1) 연구개발성과의 활용을 위한 필요 조치

「국가연구개발혁신법」 제17조는 연구개발성과의 활용 촉진에 관한 규정으로서, 연구개발성과의 소유자가 된 연구개발기관이 그 성과를 널리 활용할 수 있도록 필요한 조치를 취해야 함을 명시하고 있다. 이는 국가가 연구개발에 투입한 공적 재원이 단순한 연구 결과로만 머무르지 않고, 산업적·사회적 가치로 환류되어 국민 전체의 복리 증진에 기여해야 한다는 입법 취지에 기초한 조항이다. 그러나 문제는 해당 조항이 선언적 규정에 머무르고 있어, 구체적으로 어떠한 조치를 '성과 활용 촉진을 위한 필요한 조치'로 볼 수 있는지에 대해서는 명확한 법적 기준이 제시되어 있지 않다는 점이다.

법문상으로는 연구개발기관이 "연구개발성과의 유지·관리·공동활용, 연구개발성과와 관련된 정보의 공개·연계, 연구개발성과와 관련된 추가적인 연구개발 등 필요한 조치"를 하도록 규정하고 있으나, 각 문언은 매우 포괄적이고 추상적이다. 따라서 실제 운영 현장에서는 연구개발성과의 활용이 연구개발기관의 성격, 연구개발성과의 유형, 해당 기술 분야의 특성에 따라 매우 불균등하게 이루어지고 있다. 예컨대 일부 대학이나 정부출연연구기관은 자체적으로 기술사업화전담조직(Technology Licensing Office, TLO)[14]을 운영하거나 기술박람회, 연구개발성과 전시회, 산업체 연계 프로그램 등을 통해 연구개발성과를 적극적으로 홍보·이전하고 있다. 반면 다수의 연구개발기관은 제도적 지원이나 인력 부족 등의 이유로 연구개발성과의 관리에만 그치고, 구체적인 활용 조치를 취하지 못하는 경우가 많다.

이러한 차이는 연구개발기관의 법적 지위와 기능적 성격의 다양성에서 비롯된다. 대학의 경우, 연구개발성과의 상당수가 논문이나 학술적 지식 형태로 귀결되며, 그 활용은 주로 학문적 확산과 인용을 통한 간접적 사회 기여로 나타난다. 반면 정부출연연구기관이나 공공연구기관은 산업계와의 협력을 통한 기술이전, 시제품 제작, 특허 출원 등의 형태로 연구개발성과를 실용화하는 역할을 수행한다. 민간기업이 수행하는 국가연구개발과제의 경우에는 해당 연구개발성과가 기업의 사업화 과정과 직접 연결되므로, 연구개발성과의 활용은 시장 내 제품화·서비스화로 이어지는 경우가 많다. 이처럼 연구개발기관의 유형과 운영 목적의 이질성은 법이 포괄적으로 규정한 '필요한 조치'를 구체화하기 어렵게 하는 구조적 요인이다.

또한 연구개발성과의 성격 역시 다양하여, 일률적인 활용 방식의 제시가 어렵다. 연구개발성과가 논문이나 보고서의 형태로 산출된 경우에는 공개를 통한 학문적 활용이 주된 목표가 되며, 특허권이나 소프트웨어 등 지식재산권 형태로 귀결된 경우에는 기술이전·사업화를 통한 경제적 활용이 중심이 된다. 반면 연구시설·장비나 생명자원, 화합물, 신품종 등의 유형의 성과는 공동활용과 표준화된 관리 체계를 통한 물적 재활용이 중요하다. 즉, 연구개발성과의 활용 조치는 그 성과가 무형적·지식기반적 성과인지, 또는 유형적·물질적 자산인지에 따라 근본적으로 달라질 수밖에 없다. 이러한 다양성은 현행 법제가 요구하는 '필요한 조치'를 실질적으로 구체화하기 어렵게 만들며, 결과적으로 연구개발성과 활용의 실효성을 약화시키는 요인으로 작용한다.

더 나아가 연구개발성과의 활용에 있어서는 연구자 개인과 연구개발기관의 이해관계가 상충되는 경우도 적지 않다. 예컨대 연구자는 자신의 연구개발성과를 학문적으로 확산시키는 데 초점을 두는 반면, 연구개발기관은 해당 성과의 기술이전이나 사업화를 통

14 기술사업화전담조직(TLO)은 대학 등 연구개발기관이 자신이 개발·보유하고 있는 기술의 이전 및 사업화를 추진하는데 필요한 각종 업무를 전담하여 수행하도록 하기 위하여 설치·운영하는 조직을 말한다.

한 수익 창출에 관심을 가질 수 있다. 이때 연구개발성과의 공개 시점, 활용 범위, 지식재산 귀속 문제 등에 대한 의견 차이가 발생하면, 연구개발성과 활용이 지연되거나 아예 중단되는 경우도 있다. 결국, 연구개발성과 활용에 관한 실질적인 조치는 법률의 일반조항만으로는 해결할 수 없는 행정·조직적 조율 문제이며, 각 기관의 자율성과 내부 규정이 결정적인 영향을 미친다.

현실적으로 연구개발성과를 널리 활용하기 위해 연구개발기관이 취할 수 있는 구체적 조치에는 몇 가지 유형이 있다. 첫째, 성과정보의 공개 및 데이터 연계 강화이다. 「국가연구개발혁신법」의 통합정보시스템과 같은 국가 공공 플랫폼과 기관 내부의 연구정보시스템 간의 연계를 강화하여, 연구개발성과 정보를 민간과 학계가 손쉽게 검색·활용할 수 있도록 해야 한다. 둘째, 공동활용 체계 구축이다. 연구시설·장비 등 유형성과의 경우, 타 기관 연구자가 이용할 수 있도록 예약·공유 플랫폼을 구축하거나, 연구자 간 협업 프로그램을 운영하는 것이 필요하다. 셋째, 기술이전 및 사업화 촉진이다. 이는 공공연구기관이나 대학이 산학협력단, 기술지주회사 등을 통해 민간기업에 기술을 이전하거나, 특허를 활용한 스핀오프(spin-off) 창업[15]을 지원하는 방식으로 실현될 수 있다. 넷째, 추가 연구개발 및 후속과제 연계이다. 기존 연구개발성과를 기반으로 후속 연구를 설계하고, 연구자 간 네트워크를 통해 해당 성과를 발전·확장시킬 수 있는 체계를 마련해야 한다.

다만 이러한 조치들은 법률상 의무가 아니라 행정적 권고 수준에 머무르고 있으며, 각 연구개발기관의 재정·인력·조직 여건에 따라 실질적 실행력이 크게 달라진다. 특히 소규모 대학이나 지방 연구기관, 또는 인력과 예산이 제한된 기관의 경우, 연구개발성과 활용을 위한 별도의 조직이나 예산을 확보하기 어려워 실질적으로 '관리 의무' 수준에서 그치는 경우가 많다. 따라서 향후 제도 개선의 방향은 단순히 연구개발성과의 활용을 '기관의 책무'로 선언하는 데 그칠 것이 아니라, 성과유형별·기관유형별 활용 의무를 구체화하고 이에 따른 지원 체계와 성과평가 기준을 연동하는 방향으로 발전할 필요가 있다.

---

15 연구원이 자신이 참여한 연구개발과제의 연구개발성과를 가지고 창업할 경우, 해당 소속 연구개발기관 보유로 되어 있는 연구개발성과 기술이전 등의 비용을 면제해주는 것이 스핀오프 창업의 일반적인 형태라고 할 수 있다.

(2) 공동활용 요청에 대한 적극적 협조

「국가연구개발혁신법」상 연구개발성과의 공동활용 및 적극 협조 의무는 국가연구개발사업의 결과가 특정 기관이나 연구자 개인의 이익에 국한되지 않고, 사회 전체의 과학기술 발전에 기여해야 한다는 공공성 원리에 근거하고 있다. 「국가연구개발혁신법」 제17조 제3항은 "연구개발성과를 소유한 연구개발기관과 연구자는 다른 연구자로부터 연구개발성과의 공동활용 요청을 받으면 적극 협조하여야 한다."는 문언을 담고 있는데, 이는 단순한 윤리적 당위나 권고를 넘어, 국가재정으로 수행된 연구개발 활동의 결과물은 궁극적으로 국민 전체의 자산이라는 점을 전제한 법적 요청이다. 다시 말해, 국가연구개발성과는 개별 연구기관의 소유재산이 아니라 국가의 공적 연구자산으로서, 이를 독점하거나 폐쇄적으로 운영하는 것은 공공 재정의 목적에 반한다는 정책적 철학이 반영된 것이다.

이 조항이 도입된 배경에는, 과거 연구개발기관이나 연구자가 연구개발성과를 자신들의 독점적 성과로 인식하여, 타 기관이나 연구자의 접근 요청에 비협조적인 태도를 보이던 문제가 있다. 특히 국가 예산으로 수행된 연구임에도 불구하고, 해당 성과의 데이터, 기술 자료, 시제품, 실험 결과 등 기초정보를 외부 연구자에게 공유하지 않음으로써 연구개발성과의 사회적 활용과 후속 연구의 연계가 저해되는 사례가 반복되었다. 이에 따라 「국가연구개발혁신법」은 '적극 협조'라는 표현을 도입하여, 연구개발성과 공유에 대한 법적·제도적 인식의 전환을 촉구하였다. 즉, 공동활용은 선택적 행위가 아니라, 공공 재정에 의해 수행된 연구개발성과를 소유한 연구개발기관과 연구자의 기본적 책무로 규정된 것이다.

다만 적극 협조라는 문언은 실질적 의무의 범위와 내용을 명확히 규정하지 않고 있어, 그 해석이 기관의 성격과 연구개발성과의 성질에 따라 달라질 수 있다. 이 조항은 기본적으로 대학, 정부출연연구기관, 공공연구기관 등 공공성을 기반으로 하는 연구기관을 주된 대상으로 상정하여 설계된 것으로 이해된다. 이러한 기관들은 연구개발성과를 통한 직접적 수익 창출보다는, 학문적 발전과 과학기술 진보라는 사회적 공익을 주요 목적으로 하며, 따라서 연구개발성과의 개방과 공동활용이 기관의 설립 취지에도 부합한다. 실제로 대학과 출연연구기관은 논문, 데이터, 기술정보, 시제품 등을 공개함으로써 학문적 영향력과 기술 확산 효과를 얻을 수 있으며, 이를 통해 연구개발성과에 대한 인용도나 협력 네트워크가 강화되어 기관 자체의 평가에도 긍정적으로 작용한다. 또한, 이러한 공동활용은 중소기업 등 산업계에서 공공 연구개발성과를 응용·개량하여 제품화할 수 있는 기회를 확대시켜, 국가 전체의 기술경쟁력 제고에 기여한다.

그러나 민간기업이 주관연구개발기관으로 참여하는 경우, 특히 중소기업이 정부지원형 연구개발사업(예: 산업통상부나 중소벤처기업부의 연구개발과제)을 수행하는 경우에는 이 조항의 적용이 현실적으로 복잡하고 논란의 여지가 많다. 중소기업의 연구개발 활동은 공공적 학술 목적보다는 기업의 경쟁력 강화, 제품 고도화, 매출 증대를 직접적 목표로 한다. 따라서 해당 연구개발성과는 기업의 핵심 영업자산이자 기술경쟁력의 근간이 되며, 외부에 기술정보나 데이터, 노하우를 공개하는 것은 곧 경쟁우위의 상실로 이어질 수 있다. 이 경우 '공동활용 요청이 있을 때 적극 협조하여야 한다'는 법문이 기업의 영업비밀 보호와 충돌하게 된다.

실제 사례를 상정해 보면, 중소기업 A가 산업통상부 연구개발과제를 통해 개발한 새로운 공정 기술을 연구개발성과로 보유하고 있을 때, 경쟁업체 B의 연구자가 해당 기술의 공동활용을 요청하는 경우, A가 이에 '적극 협조'해야 하는지 여부는 모호하다. 연구개발성과가 국가재정으로 지원된 과제의 결과물이라는 점에서는 공동활용의 요청을 무조건 거부하기 어렵지만, 해당 기술이 영업비밀이나 독자적 시장경쟁력과 직결되는 경우, 무제한적 공유는 현실적으로 불가능하다. 이러한 상황에서 '적극 협조'라는 문언은 법적 구속력이 불분명한 선언적 규정으로 기능할 가능성이 높으며, 공공기관형 과제와 산업형 과제를 동일한 기준으로 규율하려 한 점에서 한계를 드러낸다.

결국, 이 조항은 연구개발성과의 공공성과 산업적 이익 보호 간의 긴장 관계를 내포하고 있다. 공공기관형 연구는 그 본질상 '공유를 통한 확산'을 지향하지만, 산업형 연구는 '보호를 통한 경쟁력 강화'를 지향한다. 따라서 동일한 법적 문언이라 하더라도, 적용 주체의 성격에 따라 그 실질적 의미가 달라져야 한다. 대학이나 출연연구기관의 경우, 적극 협조는 공동활용 요청에 대한 자료제공, 기술설명, 데이터베이스 등록, 공동연구 추진 등 구체적 실행 의무로 이해될 수 있다. 반면, 민간기업의 경우에는 합리적 범위 내에서의 협조로 한정해 해석해야 한다.

이와 같은 현실적 한계를 고려할 때, 향후 제도 개선 방향은 연구개발성과의 공유·활용에 관한 차등적 의무 체계를 명확히 하는 것이다. 예컨대 「국가연구개발혁신법」 하위 규정에서 연구개발기관의 유형(공공기관, 대학, 민간기업)에 따라 공동활용 협조의 구체적 범위를 달리 정하거나, 연구개발성과의 공개가 영업비밀이나 국가안보 등 보호 대상 정보에 해당하는 경우에는 예외를 인정하는 조항을 두는 방식이 필요하다. 또한, 산업형 연구개발성과의 경우에는 공동활용 대신 공동연구 협의 등의 형태로 대체하여, 공공성과 기업보호 간의 균형을 제도적으로 담보할 필요가 있다.

2. 연구개발성과의 공개

「국가연구개발혁신법」

제17조(연구개발성과의 활용)

② 연구개발기관과 연구자는 연구개발과제 수행이 종료된 때에는 대통령령으로 정하는 바에 따라 해당 연구개발과제의 최종보고서 및 연구개발성과에 관한 정보를 공개하여야 한다. 다만, 연구개발과제가 제21조 제2항에 따라 보안과제로 분류되거나 대통령령으로 정하는 바에 따라 중앙행정기관의 장의 승인을 받은 경우에는 공개하지 아니할 수 있다.

「국가연구개발혁신법 시행령」

제35조(연구개발성과의 공개 등)

① 연구개발기관과 연구자는 법 제17조 제2항 본문에 따라 최종보고서를 제출한 날부터 3개월 이내에 다음 각 호의 자료를 통합정보시스템을 통하여 공개해야 한다. 다만, 중앙행정기관의 장이 연구개발성과의 특성상 출판이나 학술지 게재가 필요한 경우 등의 사유로 3개월 이내에 공개가 불가능하다고 인정하여 공개 기한을 달리 정한 경우에는 그 기한까지 공개할 수 있다.

1. 최종보고서
2. 제33조 제3항 본문에 따라 전담기관에 등록·기탁한 연구개발성과 목록

② 연구개발기관의 장은 다음 각 호의 어느 하나에 해당하는 경우에는 법 제17조 제2항 단서에 따라 중앙행정기관의 장에게 연구개발성과의 전부 또는 일부에 대하여 비공개의 승인을 요청할 수 있다.

1. 「산업기술의 유출방지 및 보호에 관한 법률」 제2조 제2호에 따른 국가핵심기술 관련 연구

개발과제를 수행한 경우
2. 「소재·부품·장비산업 경쟁력 강화 및 공급망 안정화를 위한 특별조치법」 제2조 제3호에 따른 핵심전략기술 관련 연구개발과제를 수행한 경우
3. 법 제21조 제2항에 따라 보안과제로 분류된 연구개발과제를 수행한 경우
4. 연구개발기관의 장이 해당 연구개발성과에 대하여 지식재산권을 취득하려는 경우
5. 외국의 정부·기관·단체와의 협정·조약·양해각서 등에 따라 해당 연구개발기관의 장이 비공개를 요청하는 경우
6. 「대·중소기업 상생협력 촉진에 관한 법률」 제24조의2에 따라 중소기업이 연구개발성과를 임치한 경우
7. 그 밖에 영업비밀 보호 등 정당한 사유가 있는 경우

③ 제2항에 따른 요청을 받은 중앙행정기관의 장은 다음 각 호의 구분에 따른 기간의 범위에서 연구개발성과의 비공개를 승인할 수 있다.
1. 제2항 제1호부터 제3호까지의 규정의 어느 하나에 해당하는 경우: 3년 이내
2. 제2항 제4호부터 제7호까지의 규정의 어느 하나에 해당하는 경우: 1년 6개월 이내

④ 연구개발기관의 장은 연구개발성과의 비공개 기간을 연장해야 할 사유가 있는 경우 제3항에 따라 승인된 비공개 기간이 끝나기 3개월 전부터 그 기간이 끝나기 전날까지 중앙행정기관의 장에게 비공개 기간의 연장을 요청할 수 있다.

⑤ 제4항에 따른 요청을 받은 중앙행정기관의 장은 그 사유를 검토하여 제3항 각 호의 구분에 따른 기간의 범위에서 비공개 기간의 연장을 승인할 수 있다.

(1) 연구개발과제의 최종보고서 및 연구개발성과에 관한 정보 공개

연구개발기관과 연구자는 연구개발과제 수행이 종료된 때에는 해당 연구개발과제의 최종보고서 및 연구개발성과에 관한 정보를 공개하여야 한다(「국가연구개발혁신법」 제17조 제2항). 연구개발기관과 연구자는 최종보고서를 제출한 날부터 3개월 이내에 최종보고서 등을 통합정보시스템을 통하여 공개해야 한다(「국가연구개발혁신법 시행령」 제35조 제1항). 연구개발기관은 연구개발과제협약 종료 후 60일이 되는 날까지 중앙행정기관의 장에게 최종보고서를 제출해야 할 의무가 있다(「국가연구개발혁신법 시행령」 제18조 제4항). 따라서 연구개발과제 수행 종료일 기준으로 보면 150일(5개월) 이내에 최종보고서를 통합정보시스템을 통해 공개하면 족하다.

「국가연구개발혁신법」 제17조 제2항은 연구개발기관과 연구자를 해당 연구개발과제의 최종보고서 및 연구개발성과에 관한 정보를 공개하는 의무 주체로 두고 있다. 일반적으로 연차보고서, 단계보고서, 최종보고서는 연구개발기관과 '연구책임자'에게 제출의무를 부과하고 있는 반면(「국가연구개발혁신법」 제12조 제4항), 최종보고서와 연구개발성과에 관한 정보를 각 공개하는 의무는 연구개발기관과 '연구자'로 정하고 있는 것이다. 법문상 공개 의무의 주체는 연구개발기관 또는 연구자 중 어느 한쪽이 아니라, 양자 모두가 된다. 이는 입법기술상 단순한 병렬 표현이 아니라, 연구개발성과의 관리와 공개라는 공공적 행위가 기관의 법인격에만 귀속되거나 개인의 창작 활동에만 한정될 수 없다는 점을 전제로 한 구조적 규정이다. 다시 말해, 연구개발성과의 공개는 기관과 연구자 각각의 역할이 상이하지만 상호보완적 관계에서 동시에 작동해야 하는 공동책임적 의무로 설정된 것으로 이해할 수 있다. 이 규정은 국가연구개발사업의 특수한 수행구조를 반영한 결과로 이해된다. 국가연구개발사업은 법률상 연구개발기관(대학, 공공연구기관, 기업 등)을 주체로 하여 계약이 체결되고, 연구자는 그 기관 소속의 개인 연구자로서 과제의 실질적 수행을 담당한다. 즉, 행정상·법적 권리의 귀속 주체는 기관이지만, 연구의 내용적 성취와 지식 생산의 실질적 주체는 연구자 개인이다. 따라서 연구개발성과의 공개와 같은 공공적 책무를 한쪽 주체에만 귀속시키는 것은 제도적 불균형을 초래할 수 있다. 기관이 정보 공개 의무를 독점하면, 실제 연구개발성과의 내용을 가장 잘 알고 있는 연구자의 역할이 소외되고, 반대로 연구자에게만 의무를 부과하면, 공적 관리 체계를 유지할 책임이 있는 기관의 책무가 모호해진다. 이러한 이유로 입법자는 '연구개발기관과 연구자'를 병렬적으로 열거하여, 성과공개의 실질적 의무를 공동으로 분담하는 구조를 취한 것이다.

(2) 연구개발성과의 공개 유예

예외적으로 중앙행정기관의 장이 그 연구개발성과의 특성상 즉시 공개가 곤란하다고 인정하는 경우에는, 공개 기한을 달리 정할 수 있도록 하는 단서 조항을 두고 있다. 이는 연구개발성과의 공공성 확보라는 원칙을 훼손하지 않는 범위 내에서, 연구개발성과의 내용적 성질, 학문적 출판 절차, 지식재산권 출원 절차 등의 사정을 고려하여 일정한 공개 유예기간을 인정하는 제도적 장치라 할 수 있다.

연구개발성과는 그 내용과 성격이 매우 다양하기 때문에, 모든 성과를 일률적으로 동일한 시점에 공개하는 것은 현실적으로 불가능하거나 오히려 부당한 경우가 존재한다. 특히 학문적 연구개발성과의 경우, 연구 결과가 국내외 학술지나 학회에 정식으로 출판되어야 연구의 공신력과 인용 가능성이 확보된다. 그런데 국가연구개발사업의 성과공개 의무가 과제 종료 직후 곧바로 적용된다면, 연구자는 학술지 게재 전의 미출판 자료나 논문 초고를 조기 공개해야 하는 상황에 놓이게 된다. 이러한 경우 연구자의 연구 윤리 및 학문적 권리와 충돌할 가능성이 높고, 국제 학술지의 게재 규정(예: 선행 공개된 자료는 게재 불가 등)에 위배될 위험도 있다. 따라서 중앙행정기관의 장이 연구개발성과의 특성상 즉시 공개가 부적절하다고 판단하여 공개 시점을 유예하는 것은, 연구개발성과의 학문적 완성도를 보장하기 위한 합리적 제도적 장치로 이해된다.

연구개발성과의 공개 의무에 관한 「국가연구개발혁신법」 제17조 및 「국가연구개발혁신법 시행령」 제35조는, 연구개발기관과 연구자가 과제 종료 후 연구개발성과와 관련된 정보를 공개해야 함을 원칙으로 하되, 일정한 사유가 있는 경우에는 공개 시점을 유예하거나 비공개로 승인할 수 있도록 하는 예외적 절차를 규정하고 있다. 이때 법령은 공개 유예사유와 비공개 승인사유를 별도의 체계로 구분하고 있으나, 실질적으로 두 제도는 동일한 정책적 목적과 법리적 기능을 수행하고 있다는 점에서 구별의 실익이 크지 않다고 할 수 있다. 즉, 출판·학술지 게재 등 학문적 사유로 인한 공개 유예와 지식재산권 출원 등 권리보호를 위한 비공개 승인사유는 모두 연구개발성과의 본질적 가치가 훼손되지 않도록 하기 위한 일시적 비공개 제도의 변형된 형태로 이해할 수 있다.

우선 법문상으로는, "연구개발성과의 특성상 출판이나 학술지 게재가 필요한 경우 등의 사유로 3개월 이내에 공개가 불가능하다고 인정되는 경우"에는 중앙행정기관의 장이 공개 기한을 달리 정할 수 있도록 하고 있으며(「국가연구개발혁신법 시행령」 제35조 제1항 단서), 반면 "연구개발기관의 장이 해당 연구개발성과에 대하여 지식재산권을 취득하려는 경우"에는 중앙행정기관의 장의 승인을 받은 경우에는 공개하지 아니할 수 있다고 규정되어 있다(「국가연구개발혁신법 시행령」 제35조 제2항 제4호). 형식적으로는 전자는 '공개 유예'로, 후자는 '비공개 승인'으로 구분되어 있으나, 그 실질적 작동 방식은 모두 연구개발성과의 즉시 공개로 인해 발생할 수 있는 불이익을 방지하기 위한 일정한 비공개 기간의 인정에 불과하다. 다시 말해, 양자는 공개 시점의 연기라는 동일한 효과를 지닌다.

출판이나 학술지 게재를 이유로 한 공개 유예의 경우, 연구자는 연구개발성과의 학문적 완성도를 보장하기 위해 공식 게재 절차가 완료되기 전까지 연구 결과의 공개를 제한하고자 하는 것이다. 이는 연구 윤리와 학문적 신뢰성 확보라는 관점에서 필요불가결한 절차이다. 반면, 지식재산권 출원을 이유로 한 비공개 승인의 경우, 연구개발성과의 기술적 내용이 외부에 노출될 경우 「특허법」상 신규성 요건을 상실할 위험이 있기 때문에, 권리 취득이 완료되기 전까지 연구개발성과를 공개하지 않도록 허용하는 것이다. 두 경우 모두 연구개발성과를 즉시 공개할 경우 그 가치가 손상된다는 점에서, 제도의 취지는 사실상 동일하다. 즉, 양자의 차이는 '공개 연기의 사유가 학문적 절차이냐, 법적 절차이냐'의 차이일 뿐, 공개 유예의 본질적 목적은 동일하게 '연구개발성과의 본질적 가치 보전'에 있다고 볼 수 있다.

이러한 점에서 '공개 유예'와 '비공개 승인'을 명목상 구분하는 현재의 법제는 행정적 구별을 위한 편의적 장치일 뿐, 실질적으로는 동일한 제도적 기능을 수행한다. 특히 두 사유 모두 중앙행정기관의 장이 판단권을 가지며, 그 판단 기준 역시 '연구개발성과의 특성상 즉시 공개가 곤란한 정당한 사유가 존재하는지 여부'라는 동일한 요건으로 귀결된다. 더구나 실제 행정 운영에서 연구개발기관이 지식재산권 출원을 준비하면서 동시에 논문 게재를 병행하는 사례가 빈번하다. 예컨대 동일한 연구개발성과를 기초로 특허 출원을 추진하면서, 그 연구 결과의 일부를 학술지 논문으로 발표하려는 경우, 두 절차는 시간적으로 중첩되며, 공개 유예와 비공개 승인사유가 사실상 일체로 작용한다. 이러한 경우, 공개 유예와 비공개 승인 중 어느 절차를 적용해야 하는지를 구별하는 것은 행정 실무상 불필요한 중복에 가깝다.

법리적으로도 두 절차는 동일한 규율원리를 공유한다. 공개 유예는 '일정 기간 후 공개'를 예정한 잠정적 비공개이며, 비공개 승인은 '공개가 가능해질 때까지의 일시적 비공개'로 기능한다. 양자는 모두 연구개발성과의 공익적 확산 의무를 전제하되, 그 가치 보호를 위한 한시적 예외를 인정하는 제도로서, 연구개발성과의 '공공성'과 '재산권 보호' 간의 균형을 조정하는 기능을 수행한다. 따라서 제도의 명칭은 다르더라도, 그 법적 효과는 실질적으로 '공개 시점의 합리적 조정'이라는 동일한 행정행위로 귀결된다. 이 점에서, 향후 입법 체계는 두 제도를 병렬적으로 규정하기보다는, '연구개발성과의 공개 유예

사유'라는 통합적 개념 아래에서 학술적 절차와 권리 취득 절차를 함께 포섭하는 방향으로 정비될 필요가 있다.

특히, 연구개발성과의 공개 유예사유로 '출판, 학술지 게재, 지식재산권 출원, 기술 검증, 상용화 준비 등'을 포괄적으로 열거하는 방식으로 법 체계를 단일화할 경우, 제도의 실효성이 높아질 것이다. 이는 연구개발성과의 학문적 가치와 경제적 가치를 인위적으로 구분하기 어렵다는 현실을 반영하는 방향이기도 하다. 연구개발성과는 그 본질상 학술적 성취이면서 동시에 기술적 재산이며, 하나의 성과가 지식재산으로 전환되기 이전에는 반드시 학문적 검증과정을 거치게 된다. 그럼에도 불구하고 현행 제도는 출판과 특허 출원을 별개의 절차로 취급함으로써, 동일한 연구개발성과가 두 가지 사유에 각각 중복 적용되는 비효율을 초래하고 있다.

(3) 연구개발성과의 전부 또는 일부에 대한 비공개

「국가연구개발혁신법」 제17조 및 「국가연구개발혁신법 시행령」 제35조는 국가연구개발성과의 공개를 원칙으로 하되, 일정한 사유가 존재하는 경우 예외적으로 연구개발성과의 비공개를 승인할 수 있는 절차를 마련하고 있다. 이는 국가연구개발성과의 공공적 성격을 유지하면서도, 국가안보, 산업경쟁력, 지식재산권 보호, 국제협력, 중소기업 보호 등 다양한 이해관계를 조화시키기 위한 제도적 장치이다. 다만, 법령은 비공개 승인사유를 구체적으로 열거하면서도, 비공개 기간의 한도를 '3년 이내' 또는 '1년 6개월 이내'로 구분하여 설정하고 있으며, 이러한 기간 설정의 법적·정책적 배경은 연구개발성과의 성격별 보호 필요성과 공익적 공개 의무 간의 균형에 기초하고 있다.

우선, 비공개 승인사유의 성격별 구분을 살펴보면, 크게 두 가지 범주로 나누어 볼 수 있다. 첫째는 국가의 안전보장 및 전략기술 보호와 관련된 사유(「국가연구개발혁신법」 제21조 제2항의 보안과제, 「산업기술의 유출방지 및 보호에 관한 법률」상의 국가핵심기술과제, 「소재·부품·장비산업 경쟁력 강화 및 공급망 안정화를 위한 특별조치법」상의 핵심전략기술과제 등)이고, 둘째는 경제적·산업적 권리보호 또는 국제협력의 신뢰 관계 유지와 관련된 사유(지식재산권 취득, 외국 정부와의 협정, 중소기업의 성과 임치 등)이다. 이 두 범주는 공통적으로 연구개발성과의 조기 공개로 인해 발생할 수 있는 잠재적 피해 또는 위험을 예방하기 위한 목적을 갖지만, 보호해야 하는 이익의 성격과 공개의 제한이 미치는 사회적 영향의 정도는 서로 다르다.

이에 따라 「국가연구개발혁신법 시행령」은 비공개 승인 기간을 3년 이내와 1년 6개월 이내로 구분하였다. 전자는 보안과제, 국가핵심기술과제, 핵심전략기술과제 등 국가적·산업적 중요성이 높은 성과에 적용되며, 후자는 지식재산권 출원, 외국 정부 협력, 중소기업 임치 등 상대적으로 제한적·사적 성격의 보호 필요가 있는 성과에 적용된다. 다시 말해, 3년이라는 비교적 긴 비공개 기간은 국가안보나 산업기술주권 등 공익적 보호가 필요한 성과에 대한 전략적 보호 기간으로 설정된 것이고, 1년 6개월은 기술 출원 절차나 협정상 신뢰 확보 등을 위한 실무적 보호 기간으로 설정된 것이다.

이러한 기간 구분은 단순히 자의적인 수치가 아니라, 각 사유에 대응하는 행정·기술적 절차의 평균 소요 기간을 고려하여 합리적으로 산정된 것으로 볼 수 있다. 예컨대 지식재산권의 경우, 발명 신고에서 특허 출원 및 등록에 이르기까지 평균적으로 12~18개월 정도의 기간이 소요되며, 중소기업이 연구개발성과를 임치하고 기술이전을 추진하는 절차 역시 약 1년 내외의 기간을 요한다. 반면 국가 핵심기술이나 보안과제의 경우에는 해당 기술의 방어적 보호, 국가정보보안 심사, 기술 통제 관련 절차 등 복잡한 행정절차와 보안 심사 과정이 수반되므로, 최소 3년 정도의 비공개 기간이 필요하다는 정책적 판단이 반영된 것으로 해석된다. 즉, 1년 6개월은 일반적인 권리확보나 협정 절차를 완료하기 위한 실무적 기간이고, 3년은 국가적 기술 보호를 위한 정책적 완충 기간으로 설정된 것이다.

다만, 이러한 비공개 승인 제도는 연구개발성과의 공공성과 비공개의 필요성 간의 균형을 도모하기 위한 제도적 장치임에도 불구하고, 실제로는 비공개가 장기화되거나 영구화되는 문제가 제기되고 있다. 현행 제도에서는 비공개 기간의 연장 요청이 가능하며, 연장의 횟수에 제한이 없기 때문이다. 즉, 연구개발기관의 장은 비공개 기간이 만료되기 3개월 전부터 종료 전날까지 연장 요청을 할 수 있고, 중앙행정기관의 장은 그 사유가 타당하다고 인정하면 다시 동일한 범위 내에서 비공개 기간의 연장을 승인할 수 있다. 이러한 구조는 형식적으로는 '3년 이내' 또는 '1년 6개월 이내'라는 한시적 제한을 두고 있으나, 실질적으로는 연장을 반복함으로써 무기한 비공개가 가능해지는 결과를 초래할 수 있다.

이는 제도의 입법 취지와 정면으로 충돌할 위험이 있다. 국가연구개발성과의 비공개 승인 제도는 특정 기술이나 성과의 가치 보호를 위한 한시적 예외 제도이지, 공공정보의 영구적 비공개를 정당화하는 수단이 아니다. 그러나 현실적으로 일부 연구개발기관은 지식재산권 출원이나 산업적 비밀 유지의 필요를 이유로 비공개 기간을 반복 연장함으로써, 연구개발성과가 사실상 외부에 공개되지 않는 폐쇄적 운영을 하고 있다. 특히 민간기업이 주관하는 연구개발과제의 경우, 연구개발성과가 기업의 영업비밀이나 경쟁우위와 직접 연관되어 있다는 이유로 장기간 비공개가 유지되기도 한다. 이러한 상황은 국가예산으로 수행된 연구개발성과의 공공적 활용을 심각하게 저해하고, 법이 추구하는 '성과의 사회적 환류'라는 기본 목적을 약화시킨다.

정책적으로 보았을 때, 3년 또는 1년 6개월이라는 기간 설정은 연구개발성과의 보호와 공개 간 균형을 확보하기 위한 합리적 타협으로 이해할 수 있으나, 무제한적인 연장 허용은 그 균형을 무너뜨리는 결과를 초래한다. 연구개발성과의 보호가 필요하다는 사유가 정당하다고 하더라도, 일정 기간이 경과한 후에는 그 공공적 가치가 더 중요하게 고려되어야 한다. 따라서 향후 제도 개선 시에는 비공개 연장에 대한 횟수 제한이나 누적 기한의 상한을 설정할 필요가 있다. 예를 들어, 동일한 사유로 2회 이상 연장을 제한하거나, 누적 비공개 기간의 총합을 5년 또는 6년 이내로 한정하는 방안을 고려할 수 있을 것이다. 이러한 제한은 연구개발성과의 보호와 공공적 접근권 사이의 균형을 확보하는 데 기여할 수 있다.

또한, 중앙행정기관의 장이 비공개 연장 요청을 승인할 때에는 단순히 연구기관의 요청사유를 수용하는 절차적 승인에 그치지 않고, 비공개 필요성에 대한 실질적 검토와 공익성 평가를 병행해야 한다. 즉, 연장 승인은 비공개사유가 여전히 존속하는지를 객관적으로 판단하는 재심 절차로 기능해야 하며, 그 판단 과정은 투명하게 기록·공개되어야 한다. 이는 비공개 제도가 연구개발성과의 보호를 위한 예외적 장치라는 법적 원칙을 실질적으로 구현하기 위한 최소한의 장치이다.

결국, 비공개 승인 기간의 3년과 1년 6개월이라는 구분은 연구개발성과의 성격과 보호 필요성에 따라 합리적으로 설정된 제도적 기준이지만, 이를 무제한적으로 연장할 수 있는 현행 구조는 제도의 근본 취지를 훼손할 위험을 내포한다. 향후 법제는 이러한 비공개 승인 제도를 '성과의 보호를 위한 일시적 유예'라는 본래의 한정된 기능으로 되돌리고, 비공개사유의 존속 여부를 주기적으로 점검하는 실효적 통제 체계를 구축해야 할 것이다.

제11장

기술료

「국가연구개발혁신법」

제2조(정의) 이 법에서 사용하는 용어의 뜻은 다음과 같다.

9. "기술료"란 연구개발성과를 실시(연구개발성과를 사용·양도·대여 또는 수출하거나 연구개발성과의 양도 또는 대여의 청약을 하는 행위를 말한다. 이하 같다)하는 권리를 획득한 대가로 실시권자가 제17조 제1항에 따른 연구개발성과소유기관에 지급하는 금액을 말한다.

제18조(기술료의 징수 및 사용)

① 연구개발성과소유기관은 연구개발성과를 실시하려는 자와 실시권의 내용 및 범위, 기술료 및 기술료 납부방법 등에 관한 계약을 체결하고 해당 연구개발성과의 실시를 허락할 수 있다. 이 경우 연구개발성과소유기관은 기술료를 징수하여야 한다.

② 「상법」 제169조에 따른 회사 등 대통령령으로 정하는 연구개발성과소유기관이 기술료를 징수하거나 소유하고 있는 연구개발성과를 직접 실시하는 경우에는 해당 국가연구개발사업의 연구개발비를 지원한 중앙행정기관의 장에게 기술료의 일부 또는 연구개발성과로 인한 수익의 일부를 납부하여야 한다.

제1절 ▌개요

「국가연구개발혁신법」 정의 조항에는 '기술료'가 있다. 「국가연구개발혁신법」상의 기술료란, 연구개발성과를 실시하는 권리를 획득한 대가로 실시권자가 「국가연구개발혁신법」 제17조 제1항에 따른 연구개발성과를 소유한 연구개발기관에 지급하는 금액으로 정의한다.

기술료는 연구개발성과를 실시하는 권리를 획득한 대가로서, 일반적으로 실시의 개념은 「특허법」 정의에 따른 실시를 따르게 되는데 「국가연구개발혁신법」은 「특허법」상의 정의를 준용하지 않고 별도로 실시를 설명하고 있다. 「국가연구개발혁신법」상의 실시는 연구개발성과를 사용·양도·대여 또는 수출하거나 연구개발성과의 양도 또는 대여의 청약을 하는 행위라고 정의하고 있다.

「특허법」에서의 실시는 물건의 발명, 방법의 발명, 물건을 생산하는 방법의 발명으로 각각 나누어 정의를 하고 있다. 물건의 발명의 경우의 실시에 대해서는 그 물건을 생산·사용·양도·대여·수출 또는 수입하거나 그 물건의 양도 또는 대여의 청약(양도 또는 대여를 위한 전시를 포함한다)을 하는 행위로 정의하는데, 「국가연구개발혁신법」에서는 사용·양도·대여·수출까지는 동일하고 수입을 제외하고 있으며, 양도 또는 대여의 청약을 하는 행위는 동일하게 기술하되 양도 또는 대여를 위한 전시를 포함한다는 문구는 제외하고 있다.

우선 연구개발과제의 수행 과정에서 또는 그 결과로 인하여 창출 또는 파생되는 연구개발성과에 대한 소유는 해당 연구개발기관이 가지게 된다. 그런데 「국가연구개발혁신법 시행령」 제2조 제1항 제3호에서는 연구개발기관을 정의하면서 외국에서 외국 법령에 따라 설립된 외국법인의 경우 국내 연구개발기관과 연구개발과제를 공동으로 수행하는 경우로 한정하고 있다. 따라서 연구개발소유기관은 원칙적으로 국내 연구개발기관이 될 수밖에 없다. 따라서 해당 연구개발성과에 관한 실시 행위에서 '수입'이라는 개념은 성립하기 어렵다고 본 것이다. 이러한 관점에서 「국가연구개발혁신법」에서는 「특허법」에서 정하고 있는 실시 개념에서 '수입'을 제외하여 설명하고 있다. 다만, 개념 자체가 성립하지 않는다고 하더라도 「특허법」에서 일반적으로 정하고 있는 물건의 발명인 경우에서의 실시 행위를 그대로 대입한다고 해서 문제가 될 사항은 아니라고 보인다. 특별히 실익이 있다고 보기는 어려운 별도 정의 사항이다.

그런데 「특허법」에서의 실시는 물건의 발명만이 아니라 방법의 발명, 물건을 생산하는 방법의 발명에 대한 사항까지 정의하고 있는데 「국가연구개발혁신법」에서는 이러한 부분이 명확히 언급되지 않는다. 하지만 물건의 경우를 포함하여 방법의 발명, 물건을 생산하는 방법의 발명도 모두 연구개발과제 수행의 결과로서 연구개발성과에 포함될 수 있다고 해석할 수 있다. 따라서 「특허법」에서의 실시 개념이 물건의 발명, 방법의 발명, 물건을 생산하는 방법의 발명으로 나뉘어 있다고 하더라도 해당 개념은 「국가연구개발혁신법」에서 모두 적용될 수 있다.

다만, 연구개발성과는 연구개발과제의 수행 과정에서 또는 그 결과로 인하여 창출 또는 파생되는 유형·무형의 성과로, 「국가연구개발혁신법 시행령」에서 연구개발성과를 구체적으로 나열하고 있다. 「국가연구개발혁신법 시행령」 제3조에 따르면 연구개발성과는 제품, 시설·장비, 논문, 특허 등 지식재산권, 연차보고서를 비롯한 단계보고서, 최종보고서, 성과활용보고서 각 원문, 연구개발과제에서 창출 또는 파생된 기술의 요약정보, 생명자원, 소프트웨어, 화합물, 신품종, 표준과 함께 해당 11개 종류의 연구개발성과에 준하는 유형·무형의 성과까지 총 12개를 제시하고 있다. 그런데 기술료는 연구개발성과를 실시하는 권리를 획득한 대가로 실시권자가 연구개발성과를 소유한 연구개발기관에 지급하는 금액인데, 여기서 연구개발성과로서의 제품, 시설·장비 또한 기술료 개념이 적용되는지가 문제될 수 있다. 가령 연구개발성과소유기관으로서 장비를 소유하고 있는 경우, 해당 장비를 사용하거나 양도 또는 대여하는 경우, 이에 대한 반대급부로서의 비용을 연구개발성과를 실시하는 권리를 획득한 대가로 실시권자가 연구개발성과를 소유한 연구개발기관에게 지급하는 기술료로 볼 수 있을까?

장비를 판매하고 그 대가로 일정한 금액을 지급받는 경우 이를 기술료라 할 수 있는지에 대해서는 법적 개념 구분이 필요하다. 일반적으로 기술료는 기술 등 무형의 권리를 사용하거나 양도받음에 따라 지급되는 대가이다. 기술료는 단순한 물건의 매매대금이 아니라, 해당 기술을 사용할 수 있는 권리, 또는 그 기술이 구현된 성과물을 활용할 수 있는 권리와 관련된 금전적 보상이다. 따라서 장비를 단순히 제작하여 판매하고, 그 반대급부로서 대금을 수령하는 경우에는 이는 통상적인 매매계약에 따른 판매대금으로 이해해야 한다. 기술료는 이러한 지식재산의 실시권 허락에 대한 대가로 지급되는 것이므로,

물리적인 제품, 시설·장비를 인도하고 그 소유권을 이전하는 매매와는 법적 성질이 다르다고 봐야 한다. 따라서 연구개발성과로서의 중 제품, 시설·장비에 대한 매매대금을 연구개발성과의 실시 개념으로 이해하여 해당 대금을 기술료로 해석하여 규정을 적용하는 것은 연구개발성과의 실시를 잘못 이해하는 경우라고 볼 것이다.

다만, 제품, 시설·장비의 매매 행위가 단순한 매매를 넘어 기술이전이나 연구개발성과의 활용과 결부되어 있는 경우에는 예외적으로 기술료적 성격을 가질 수는 있을 것이다. 예컨대 연구개발과제의 연구개발성과로서 생산된 장비를 외부에 판매하면서, 그 장비가 구현하는 기술적 성과나 기술적 사용권을 함께 이전하거나 활용을 허락하는 경우에는 대금 중 일부를 기술료로 간주할 수 있다. 이 경우에는 시설·장비의 매매대금과 해당 기술이전에 관한 비용을 구분하여 실무적으로 매매대금과 기술료를 나누어 처리하면 된다. 따라서 생명자원이나 소프트웨어, 화합물, 신품종, 표준 등의 연구개발성과는 해당 상황에 따라 기술료인지 여부를 종합적으로 고려해서 판단할 수밖에 없다.

「국가연구개발혁신법」에 따른 기술료 정의를 다시 한번 살펴보자. 연구개발성과소유기관이 소유하고 있는 연구개발성과의 실시에 관한 권리를 득한 자, 즉, 연구개발성과소유기관이 아닌 제3자인 실시권자가 이러한 연구개발성과소유기관의 실시권을 득한 반대급부로서 해당 연구개발성과소유기관에 실시권에 상응해 지급하게 되는 해당 금원을 기술료라고 부르는 것이고, 이것이 일반적인 개념의 기술료이다. 그런데 산업통상부, 중소벤처기업부 등과 같이 주로 영리법인에 국가연구개발사업을 통한 연구개발과제를 수행케 하여 기술개발에 성공하고 이로 인하여 당해 영리법인의 사업화 촉진, 수익 창출을 지원하는 부처의 경우, 일반적인 기술료 개념과는 다른 제도를 기술료 제도와 밀접하게 관련지어 운영하고 있다.

이를 소위 '정부납부기술료' 또는 소위 '자체실시기술료'라고 칭할 수 있을 것이다. 정부납부기술료는 우리나라 법률상에 존재하지 않는 용어이다. 그럼에도 불구하고, 실무에서는 관행적으로 해당 표현을 많이 사용하고 있을 뿐만 아니라, 도리어 정부납부기술료를 축약해서 기술료라고 표현하는 경우가 더 많다. 이에 일단 연구개발성과소유기관의 기술을 실시하려는 제3자가 연구개발성과소유기관에게 지급하는 기술료 개념과 차이를 두기 위하여 우선 정부납부기술료라는 표현을 사용하고자 한다.

여기에 더해, 자체실시기술료라는 표현을 사용하여 기술료와 구분해 보고자 하는데,

자체실시기술료라는 표현도 우리나라 법령에 존재하지 않는다. 이 표현은 실무적으로 잘 활용되는 표현도 아니다. 그러나 연구개발성과소유기관인 민간기관이 자체적으로 연구개발성과를 실시하고 그 실시권에 상응하는 금원을 정부에 납부하게 되는 기술료를 일반적인 의미에서의 기술료 및 정부납부기술료와 구분하기 위해 자체실시기술료라고 부르고자 한다.

그러나 「국가연구개발혁신법」 체제 이전부터 일반기술료와 정부납부기술료, 자체실시기술료를 모두 기술료라고 표현하다 보니, 결국 해당 제도의 개념이 정리가 안 되어 연구계 및 산업계에서 개념상 오해가 일부 발생하고 있다. 심지어 타 법령에서는 이 개념을 모두 기술료로 혼용하여 사용하고 있어 연구 현장에서는 잘못된 규정 적용이 이루어지기도 한다.

특히, 산업통상부와 같은 부처는 일반적 개념의 기술료보다는 소위 '정부납부기술료'와 수익의 일부를 납부받는 독특한 형태의 소위 '자체실시기술료' 제도가 정책상 더욱 중요한 관리 대상인 만큼 해당 내용을 명확히 이해해야 할 필요가 크다.

제2절 ‖ 일반기술료 제도

일반적으로 기술료는 로열티(Royalty)와 같은 말이다. 로열티란 다른 사람의 특허권이나 상표권을 사용하고 지불하는 값이다. 즉, 지식재산권이나 특정 기술, 노하우 등을 활용하고자 하는 자가 해당 지식재산권이나 특정 기술 등의 권리를 제공한 자에게 그 대가로 지불하는 금액이다. 「국가연구개발혁신법」도 위와 같은 일반적인 로열티 개념을 그대로 도입하였다.

다만, 「국가연구개발혁신법」은 정부의 연구개발과제 수행에 따른 연구개발성과 관리 절차 중에서의 기술료 제도를 구체화하고 있으므로, 우선 연구개발과제의 전체적인 수행 과정을 살펴보면서 기술료 징수 절차에 관한 내용을 구체적으로 함께 살펴보아야 한다.

정부는 국가연구개발사업 내 연구개발과제를 수행할 수 있는 연구개발기관을 공모 등을 통해 선정하고, 해당 연구개발기관과 연구개발과제 수행 협약을 맺는다. 연구개발기관에는 「국가연구개발혁신법」 제2조 제3호에 따라 「고등교육법」 제2조에 따른 학교와 함께 「과학기술분야 정부출연연구기관 등의 설립·운영에 관한 법률」 제2조에 따른 과학기술 분야 정부출연연구기관, 「특정연구기관 육성법」 제2조에 따른 특정연구기관 등이 포함된다. 일반적으로 연구개발과제를 수행하는 주체로서의 연구개발기관을 대학, 공공연구기관으로 구분할 수 있다. 뿐만 아니라, 「상법」 제169조에 따른 회사 등도 연구개발기관으로서 연구개발과제 수행의 주체가 될 수 있다. 물론, 「공공기관의 운영에 관한 법률」 제5조 제4항 제1호에 따른 공기업 등도 일반적인 공공연구기관이라기보다는 민간기업과 같이 자체 수입을 위한 연구개발과제를 수행하기도 한다. 결국 일반적으로 연구개발과제의 수행 주체는 대학, 공공연구기관, 영리법인으로 크게 구분이 가능하다.

그림 1 연구개발과제 수행 관련 기술료 구조도

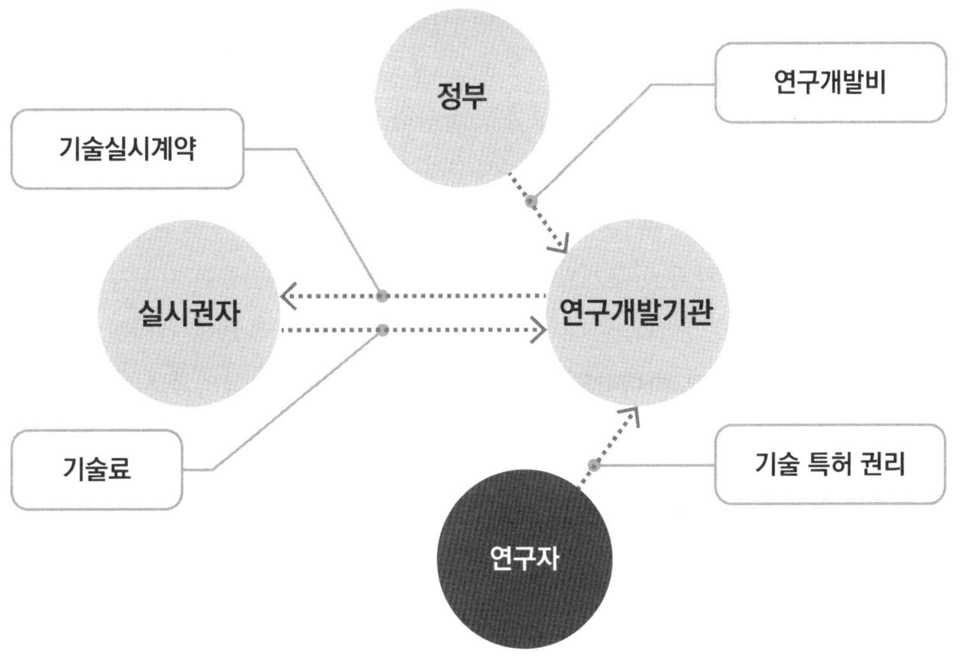

연구개발과제 수행 주체인 연구개발기관은 각 중앙행정기관의 연구개발과제 공고에 따라 공모, 선정 평가 등의 절차를 거쳐 최종적으로 주관연구개발기관이 된다. 「국가연구개발혁신법」에서는 연구개발과제를 주관하여 수행하는 연구개발기관을 주관연구개발기관으로 정의하고 있다. 이와 같은 주관연구개발기관으로 선정된 연구개발기관이 해당 연구개발과제의 수행 과정 또는 그 결과로 인하여 특허 등 지식재산권인 연구개발성과를 창출하게 되면 연구개발성과의 소유권을 득하고 이때 해당 연구개발기관을 연구개발성과소유기관이라고 부르게 된다. 용어는 다양하지만 하나의 연구개발기관이 연구개발과제 수행을 하게 되면, 해당 연구개발기관이 바로 주관연구개발기관인 것이고, 이 기관이 연구개발성과를 창출하여 소유하게 되면, 곧 연구개발성과소유기관이 되는 것이다.

한편, 원칙적으로 연구책임자 및 연구자인 자연인이 연구개발성과에 대한 권리를 가질 수 없고 이는 소속 연구개발기관이 소유[1]하게 된다. 「발명진흥법」 제13조[2]에 따른 직무발명이 사용자에게 승계되는 법리를 연구개발과제의 연구개발성과에도 동일하게 적용하기 때문이다.

연구개발성과소유기관은 연구개발성과를 실시하려는 제3자가 있다면 해당 제3자에게 연구개발성과를 실시하게 하고 이에 따른 실시권의 내용 및 범위, 기술료 및 기술료 납부 방식 등에 관한 계약을 체결하고 이에 따른 기술료를 징수[3]하여야 한다.

연구개발성과소유기관과 연구개발성과를 실시하려는 제3자, 즉 실시권자 간의 기술실시계약은 사적(私的) 계약이다. 따라서 해당 연구개발성과가 국가연구개발사업 내 연구개발과제 수행의 결과라고 하더라도, 정부는 개별 기술실시계약상의 실시권의 내용 및 범위, 기술료액의 적정성, 납부 방식의 적절성에 대해 규제[4]하지 않는다. 물론 이는 국가예산으로 조성된 연구개발과제인 만큼, 연구개발성과소유기관이 「국가연구개발혁신법」 제18조 제1항에 따라 기술실시계약을 체결하고 기술 실시를 체결하는 데 있어 기술료를 징수하지 않는다면, 해당 기술을 실시하고자 하는 특정 기업에게 국가 예산을 활용한 결과가 무상으로 이전되는 사실상 특혜가 될 수 있다. 이에 「국가연구개발혁신법」상에서는 '기술료를 징수하여야 한다.'는 의무를 원칙으로 규정하고 있을 뿐이다.

---

1 「국가연구개발혁신법」 제16조(연구개발성과의 소유·관리) ① 연구개발성과는 해당 연구개발과제를 수행한 연구개발기관이 해당 연구자로부터 연구개발성과에 대한 권리를 승계하여 소유하는 것을 원칙으로 한다.

2 「발명진흥법」 제13조(직무발명의 권리승계) ① 제12조에 따라 통지를 받은 사용자등이 종업원등의 직무발명에 대하여 미리 특허등을 받을 수 있는 권리나 특허권등을 승계시키거나 전용실시권을 설정하도록 하는 계약이나 근무규정을 정한 경우에는 그 권리는 발명을 완성한 때부터 사용자등에게 승계된다. 다만, 사용자등이 대통령령으로 정하는 기간에 그 발명에 대한 권리를 승계하지 아니하기로 종업원등에게 통지하는 경우에는 그러하지 아니하다.

3 바로 해당 부분이 「국가연구개발혁신법」 제18조 제1항의 일반기술료 징수에 관한 부분이다.

4 현실적으로 과학기술의 다양한 분야의 수많은 연구개발성과에 대해 일률적으로 기술료 금액의 적정성 등을 판단할 수도 없다.

그림 2 연구개발과제 수행 관련 기술료 구조도 - 보상금 포함

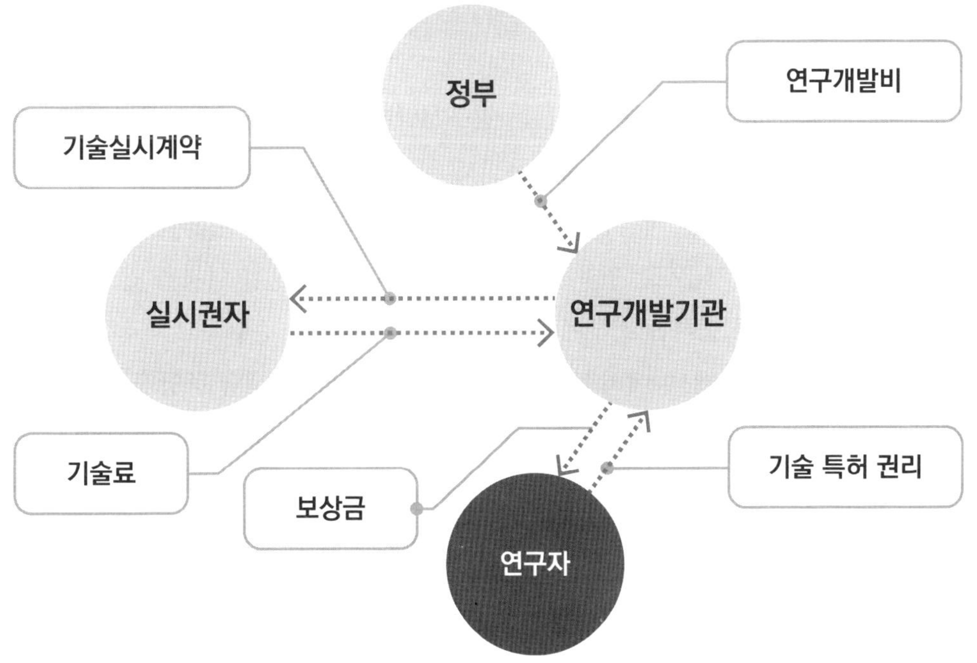

연구개발과제를 통해 창출된 연구개발성과의 권리는 연구개발기관에 있다. 따라서 연구개발기관이 연구개발성과 실시권자에게 기술료를 징수하면 기술료는 연구개발기관에 귀속된다. 따라서 연구개발성과소유기관이 징수한 기술료 중 일부를 적절하게 해당 연구를 수행한 연구책임자 및 참여연구원에게 보상하여, 지속적으로 소속 연구자가 우수한 연구개발성과를 창출할 수 있도록 하는 동기부여가 필요하다. 뿐만 아니라 실질적으로 해당 연구개발성과를 창출한 것은 개별 연구자들인바, 「발명진흥법」상의 직무발명에 대한 보상 규정의 법리[5]를 적용하는 차원에서 해당 연구자에 대한 보상금 제도가 「국

5 「발명진흥법」 제15조(직무발명에 대한 보상) ① 종업원등은 직무발명에 대하여 특허등을 받을 수 있는 권리나 특허권등을 계약이나 근무규정에 따라 사용자등에게 승계하게 하거나 전용실시권을 설정한 경우에는 정당한 보상을 받을 권리를 가진다.
② 사용자등은 제1항에 따른 보상에 대하여 보상형태와 보상액을 결정하기 위한 기준, 지급방법 등이 명시된 보상규정을 작성하고 종업원등에게 서면으로 알려야 한다. 〈개정 2013. 7. 30., 2022. 11. 15.〉

가연구개발혁신법」 제18조 제5항[6] 및 「국가연구개발혁신법 시행령」 제41조 제2항[7]에 마련되어 있으며, 세부적으로 해당 연구자에 대한 보상금의 지급 기준은 연구개발성과 소유기관이 별도로 운용토록 규정[8·9]하고 있다.

정리하면, 「국가연구개발혁신법」에서는 연구개발기관이 제3자인 실시권자에게 연구개발성과를 실시하게 하는 경우, 실시 내용이나 실시 사항을 구체적으로 규정하지 않고 자율적으로 기술실시계약을 체결할 수 있도록 정하고 있다. 다만, 기술실시계약을 체결하는 경우, 제3자에게 무상으로 기술이전 등을 하는 특혜가 발생할 여지가 있으므로 제3자와 기술실시계약을 체결하는 경우에는 원칙적으로 기술료를 징수하고, 「국가연구개발혁신법 시행령」 제38조 제1항에서 기술료 징수에 대한 사항은 해당 중앙행정기관의 장에게 보고하도록 정하고 있다. 다만, 기술실시계약 상의 기술료 징수액 등에 대한 사항은 「국가연구개발혁신법」에서 정하고 있지 않으나, 징수한 기술료에 대한 사용 용도를 해당 연구개발과제에 참여한 연구자, 성과 활용에 기여한 직원 등에 대한 보상금, 연구개발

---

6 「국가연구개발혁신법」 제18조 ⑤ 연구개발성과소유기관은 제1항에 따라 징수한 기술료를 다음 각 호의 용도에 사용하여야 한다.
1. 해당 연구개발과제에 참여한 연구자, 성과 활용에 기여한 직원 등에 대한 보상금
2. 연구개발에 대한 재투자
3. 그 밖에 대통령령으로 정하는 용도

7 「국가연구개발혁신법 시행령」 제41조(기술료의 사용) ② 연구개발성과소유기관(기술료등납부의무기관은 제외한다. 이하 이 항 및 제3항에서 같다)은 법 제18조 제5항에 따라 징수한 기술료 중 연구개발비에서 정부지원연구개발비가 차지하는 비율에 해당하는 금액(이하 "정부지분기술료"라 한다)을 다음 각 호의 구분에 따른 용도 및 사용비율 기준에 따라 사용해야 한다.
1. 연구개발과제에 참여한 연구자에 대한 보상금: 정부지분기술료의 100분의 50 이상
2. 기술이전·사업화 및 지식재산권 출원·등록·유지: 정부지분기술료의 100분의 15 이상
3. 성과 활용에 기여한 직원 등에 대한 보상금: 정부지분기술료의 100분의 10 이상
4. 연구개발 재투자 및 기관운영경비 등: 제1호부터 제3호까지의 규정에 따라 사용한 금액을 제외한 나머지 금액

8 「국가연구개발혁신법 시행령」 제41조(기술료의 사용) ③ 연구개발성과소유기관의 장은 제2항 제1호 및 제3호에 따른 보상금의 지급 기준을 마련해야 한다.

9 「국가연구개발혁신법」에서 연구자의 보상금 제도 운영 등을 명시하고 있고, 「국가연구개발혁신법 시행령」에서 연구개발성과소유기관별로 연구자의 보상금의 지급 기준을 마련토록 의무화하고 있어, 대부분의 연구개발성과소유기관이 보상금 지급 기준을 각 운영하고 있으나, 연구개발성과소유기관별로 연구자의 보상금의 지급 기준을 마련하는 구조인바, 연구개발성과소유기관별로 지급 기준이 동일하지 않다.

에 대한 재투자 등으로 법률을 통해 강제함으로써 연구자를 위한 최상의 연구환경 조성 등 연구개발 역량을 높이기 위한 지원과 함께 연구개발성과 창출·활용에 기여한 소속 연구자에게 보상[10]하도록 규정하고 있다.

10 다만, 영리법인 등은 연구개발과제에 참여한 연구자에 대한 보상금 의무 사용, 보상금지급 기준 마련 등의 의무에서 제외되어 있다(「국가연구개발혁신법 시행령」 제38조 제2항 및 제41조 제1항, 제2항).

제3절 ‖ 소위 '정부납부기술료' 제도 분석

1. 소위 '정부납부기술료' 제도

(1) 소위 '정부납부기술료' 조항

「국가연구개발혁신법」 제18조 제1항이 기술료에 관한 사항이라면, 「국가연구개발혁신법」 제18조 제2항이 소위 '정부납부기술료'에 관한 사항이다. 「국가연구개발혁신법」에 따른 연구개발과제의 수행 주체는 앞서 설명한 대로 대학, 공공연구기관, 영리법인으로 크게 구분되고, 이들은 연구개발성과가 발생하면 원칙적으로 연구개발성과소유기관이 된다.

한편, 「국가연구개발혁신법」 제18조 제2항은 연구개발성과소유기관 중에서도 「상법」 제169조에 따른 회사 등 대통령령으로 정하는 연구개발성과소유기관만을 주체로 두고 있다. 「국가연구개발혁신법 시행령」 제38조 제2항에 따르면 「상법」 제169조에 따른 회사 등 대통령령으로 정하는 연구개발성과소유기관은 기술료등납부의무기관[11]으로 축약하여 규정하고 있다.

(2) 소위 '정부납부기술료'의 개념

기술료등납부의무기관도 정부의 연구개발과제를 수행하면 해당 연구개발성과에 대

11 「국가연구개발혁신법 시행령」 제38조(기술료의 납부) ② 법 제18조 제2항에서 "「상법」 제169조에 따른 회사 등 대통령령으로 정하는 연구개발성과소유기관"이란 제19조 제1항 각 호의 어느 하나에 해당하는 연구개발성과소유기관(이하 "기술료등납부의무기관"이라 한다)을 말한다.
제19조(연구개발비의 지원과 부담) ① 중앙행정기관의 장은 다음 각 호의 어느 하나에 해당하는 연구개발기관으로 하여금 법 제13조 제1항에 따른 연구개발기관이 부담하는 연구개발비(이하 "기관부담연구개발비"라 한다)를 부담하게 해야 한다.
1. 「중소기업기본법」 제2조에 따른 중소기업
2. 「중견기업 성장촉진 및 경쟁력 강화에 관한 특별법」 제2조 제1호에 따른 중견기업
3. 「공공기관의 운영에 관한 법률」 제5조 제4항 제1호에 따른 공기업 및 「지방공기업법」에 따른 지방직영기업·지방공사·지방공단
4. 제1호부터 제3호까지의 기업에 해당하지 않는 기업

한 소유권은 연구개발성과소유기관인 기술료등납부의무기관에 원칙적으로 부여된다. 따라서 연구개발성과소유기관으로서의 해당 기술료등납부의무기관이 제3자인 실시권자에게 기술을 실시하도록 하는 경우에는 「국가연구개발혁신법」 제18조 제1항에 따른 일반기술료 징수 규정이 동일하게 적용된다.

그림 3 기술료등납부의무기관의 기술료 징수 관련 구조도

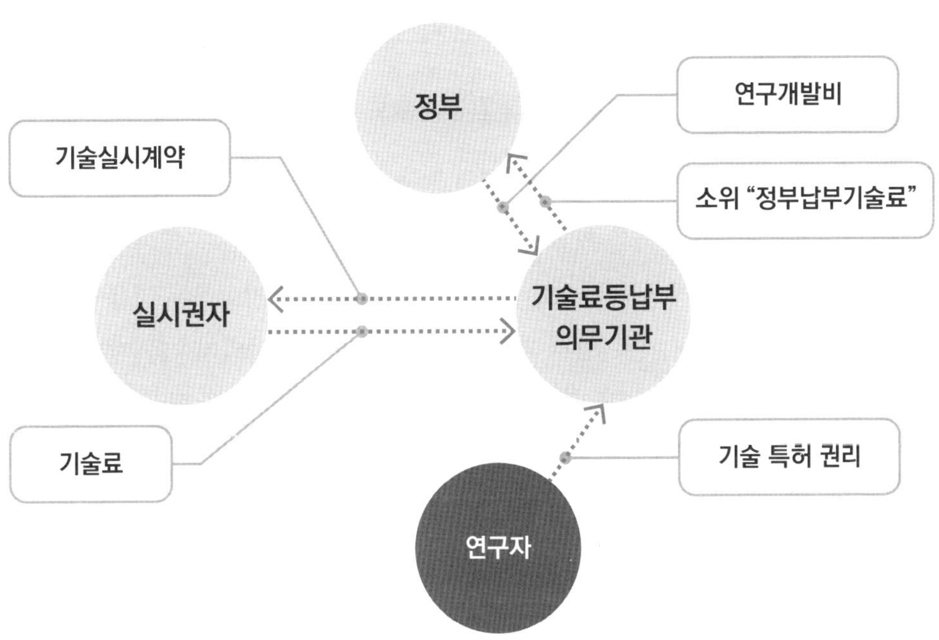

그런데 「국가연구개발혁신법」 제18조 제2항에 따라 기술료등납부의무기관의 경우에는 제3자인 실시권자부터 기술료를 징수하는 경우에는 기술료등납부의무기관에 해당 연구개발과제[12]의 연구개발비를 지원한 중앙행정기관의 장에게 실시권자로부터 징수한 기술료의 일부를 납부하여야 한다. 이에 일반적으로 연구개발성과소유기관이 제3자로부터 징수한 기술료의 일부를 정부에 납부해야 한다는 의미에서 실무에서 소위 '정부납부기술료'라는 표현을 사용하는 것이다.

12 「국가연구개발혁신법」상 국가연구개발사업이라고 되어 있으나, 연구개발과제가 더 정확한 개념이기 때문에 연구개발과제로 바꾸어 언급하였다.

「국가연구개발혁신법」

제18조(기술료의 징수 및 사용) ②「상법」제169조에 따른 회사 등 대통령령으로 정하는 연구개발성과소유기관이 기술료를 징수 ...(중략)... 하는 경우에는 해당 국가연구개발사업의 연구개발비를 지원한 중앙행정기관의 장에게 기술료의 일부 ...(중략)...를 납부하여야 한다.

2. 소위 '정부납부기술료' 제도의 연혁 분석

(1) 구(舊)「기술개발촉진법 시행령」상의 일반기술료 개념 우선 신설

1973. 1. 28.자로 구(舊)「기술개발촉진법」이 시행[13]되었는데, 이 법은 산업기술의 자주적 개발과 도입기술의 소화개량을 촉진하여 그 성과를 보급하고, 국내기술의 수출을 진흥함으로써 기업의 국제경쟁력을 강화하며, 국민경제 발전에 기여하는 것을 목적으로 하였다. 이에, 1981. 12. 31.자로 당시 과학기술처장관이 핵심산업기술을 개발하기 위한 연구개발과제를 선정하여 이를 기업, 대학, 국·공립연구기관 등과 협약을 맺어 연구하게 하고, 이에 정부가 연구개발비를 지원할 수 있는 근거를 마련[14]하였다.

구(舊)「기술개발촉진법 시행령」이 1973. 9. 22.자로 처음 시행되었을 때에는 기술료

---

13 1972. 12. 28.자로 제정되었으며 당시 산업통상자원부(현 산업통상부)가 주관하여 소관하는 법률이었다. 구(舊)「기술개발촉진법」은 산업통상자원부(현 산업통상부)에서「산업기술혁신 촉진법」을 2011. 5. 24.자로 제정하면서 동시에 폐지되었다.

14 구(舊)「기술개발촉진법」 제8조의3 (특정연구개발사업의 추진) ① 과학기술처장관은 핵심산업기술을 중점적으로 개발하기 위한 특정연구개발사업계획을 수립하고, 연도별로 연구개발과제를 선정하여 이를 다음 각호의 기관과 협약을 맺어 연구하게 할 수 있다.

1. 특정연구기관육성법의 적용을 받는 연구기관
2. 대통령령이 정하는 기준에 해당하는 기업부설 연구소(이하 "기업연구소"라 한다)
3. 산업기술연구조합
4. 교육법에 의한 대학 또는 전문대학
5. 국·공립연구기관

② 제1항의 규정에 의한 연구에 필요한 비용은 정부 또는 정부 이외의 자의 출연금 기타 기업의 기술개발비로 충당한다.

③ 제1항의 규정에 의한 협약의 체결방법, 제2항의 규정에 의한 출연금의 지급, 사용 및 관리에 관하여 필요한 사항은 대통령령으로 정한다.

에 관한 규정은 공백으로 있었으나, 이후 1982. 5. 29.자로 해당 시행령이 개정되면서 연구개발기관과 제3자의 실시권자와의 과제 협약의 체결 방법 및 내용을 정하는 사항에 최초로 신설되었고 이때 '기술료'라는 표현이 함께 조문에 제정된다.

구(舊)「기술개발촉진법 시행령」

1982. 5. 29.자 개정 및 시행
구(舊)「기술개발촉진법 시행령」 제13조의6(출연금등의 사용) ③ 주관연구기관의 장은 신청에 의하여 특정연구개발사업의 연구성과를 생산과정에 이용하게 할 수 있으며, 이 경우에 그 이용으로 신제품 생산 원가절감 품질향상등의 효과를 얻은 때에는 그 이용자로부터 제13조의3제2항 제4호의 규정에 의한 협약의 내용에 따라 기술료를 징수할 수 있다.

한편, 1982. 5. 29.자 개정 및 시행된 구(舊)「기술개발촉진법 시행령」 제13조의6제3항 조문에서의 기술료는 앞서 설명한 일반기술료라 할 수 있다. 주관연구기관[15]의 장이 연구개발성과를 소유하고 있으므로, 주관연구기관은 연구개발성과소유기관에 해당한다. 그리고 주관연구기관의 장이 이를 '신청에 의하여...(중략)...생산과정에 이용하게' 할 수 있다고 기술하고 있다. 조문 상으로 신청 주체가 명확하지 않으나, 그 이용자로부터 협약의 내용에 따라 기술료를 징수할 수 있다고 규정하여 '그 이용자'라는 표현을 사용하는 것으로 볼 때, 이용자는 연구개발성과를 실시하고자 하는 제3자, 즉 실시권자라 할 수 있다.

실시권자인 이용자가 연구개발성과소유기관의 연구개발성과 실시에 의해 신제품 생산 또는 원가절감, 품질 향상 등의 효과를 얻게 되면, 주관연구기관의 장은 협약에 기초하여 기술료를 징수할 수 있다는 내용[16]이다. 다만, 「국가연구개발혁신법」의 기술료는 제3자인 실시권자에게 해당 연구개발성과의 실시 권한을 부여하는 것만으로 기술료를 징수할 수도 있다는 부분에서는 일부 요건을 달리한다.

---

15 현행 「국가연구개발혁신법」상의 주관연구개발기관과 같다.

16 해당 조항을 소위 '정부납부기술료'의 근거라고 기술하기도 하는데, 해당 조항은 일반기술료 징수에 대한 근거일 뿐이다(김해도 외, "정부 기술료 제도의 쟁점과 개선 방안", KISTEP ISSUE PAPER, 2014).

(2) 구(舊)「기술개발촉진법 시행령」상의 소위 '정부납부기술료' 제도 신설

구(舊)「기술개발촉진법 시행령」이 1994. 5. 30.자로 전면 개정 및 시행이 되며, 소위 '정부납부기술료'의 개념이 처음으로 법령에 언급된다. 대학, 공공연구기관을 제외하고 기업부설 연구소(구(舊)「기술개발촉진법」[17] 1994. 1. 5.자 개정 및 시행 제8조의3제1항 제2호)[18], 산업기술연구조합(같은 항 제3호) 등에 대해 과학기술처장관이 정하는 기술료의 일정 비율을 전문기관[19]에 납부하도록 하는 규정이 신설되는데, 이것이 소위 '정부납부기술료' 제도의 시작이라 할 수 있다.

구(舊)「기술개발촉진법 시행령」

1994. 5. 30.자 개정 및 시행
구(舊) 「기술개발촉진법 시행령」 제19조 (출연금등의 사용 및 실적보고등)
⑤ 법 제8조의3제1항 제2호·제3호·제7호 및 제8호에 해당하는 주관연구기관의 장은 징수된 기술료를 제4항이 규정하는 바에 따라 사용하되, 과학기술처장관이 정하는 일정비율은 제15조 제1항의 규정에 의한 전문기관에 납부하여 특정연구개발사업과 우수연구·기술개발의 장려 및 촉진등에 사용될 수 있도록 하여야 한다.

---

17 구(舊)「기술개발촉진법」 1994. 1. 5.자 개정 및 시행 제8조의3 (특정연구개발사업의 추진) ① (내용 생략)
1. 특정연구기관육성법의 적용을 받는 연구기관
2. 대통령령이 정하는 기준에 해당하는 기업부설 연구소(이하 "기업연구소"라 한다)
3. 산업기술연구조합육성법에 의한 산업기술연구조합
4. 교육법에 의한 대학 또는 전문대학
5. 국·공립연구기관
6. 중소기업의경영안정및구조조정촉진에관한특별조치법에 의한 생산기술연구원 및 연구소
7. 민법 또는 다른 법률에 의하여 설립된 과학기술분야의 법인인 연구기관
8. 기타 대통령령이 정하는 과학기술분야의 연구기관 또는 단체

18 영리법인의 연구개발을 활성화하기 위하여 영리법인 내 설치하는 연구소형태를 의미한다. 기업부설연구소가 곧 영리법인을 지칭한다고 할 수 있다.

19 현재의 「국가연구개발혁신법」상의 전문기관과 같은 형태로, 부처의 연구개발과제 수행 업무를 대행하는 기관을 말한다. 따라서 전문기관에 납부하라는 것은 해당 부처에서 직접 소위 '정부납부기술료'를 관리하기가 어렵다는 판단하에, 해당 납부에 관한 업무를 전문기관에 맡긴 것이다.

(3) 구(舊)「국가연구개발사업의 관리 등에 관한 규정」상의 소위 '정부납부기술료' 제도 변천

① 대학, 공공연구기관, 영리법인 모두 소위 '정부납부기술료' 납부 대상

「국가연구개발혁신법」 제정 이전에도, 중앙행정기관별로 서로 다르게 운용되고 있는 국가연구개발사업이 효율적으로 이루어질 수 있도록 국가연구개발사업 추진 시에 공통으로 적용할 수 있는 기본원칙과 기준을 마련하는 차원에서 구(舊)「국가연구개발사업의 관리 등에 관한 규정」이 2002. 3. 20.자로 시행되어 운용되었다. 다만, 당시 다양한 부처의 여러 연구개발과제 관리 규정을 통합하다 보니, 구(舊)「국가연구개발사업의 관리 등에 관한 규정」은 국가연구개발사업 내 연구개발과제 전체를 대상으로 소위 '정부납부기술료' 제도를 적용하였다.[20]

구(舊)「국가연구개발사업의 관리 등에 관한 규정」 제19조 제1항에 따라 영리법인인 경우에는 징수한 기술료의 정부출연금 상당액[21·22] 50% 이상을 해당 소관 부처(전문기관이 수납을 대행)에 납부하여야 하고, 영리법인 아닌 경우에는 정부출연금 상당액의 30% 이상을 소관 부처에 납부토록 하고 있었다.

---

20 구(舊) 「기술개발촉진법 시행령」에 따라 국가연구개발사업 중 '특정연구개발사업' 내의 연구개발과제의 경우에만 소위 '정부납부기술료'를 납부받다가, 해당 사항이 모든 연구개발과제에 동일하게 적용되면서, 대학과 공공연구기관은 기존에 납무 의무가 없었던 소위 '정부납부기술료'를 영리법인과 함께 납부해야 하는 의무를 지게 되었다.

21 정부가 연구개발비 8천만 원을 지원하고 해당 연구개발기관에서 2천만 원을 투자하여 총 1억 원의 연구개발과제를 수행하는 경우, 이 연구개발과제의 연구개발성과를 제3자가 실시하여 총 1,000만 원의 기술료를 징수했다면, 연구개발비 총 1억 원 중 8천만 원인 정부출연금 비중이 80%이므로 기술료도 총 1,000만 원 중에서 정부출연금 상당액은 비중 80%인 800만 원이 된다. 그 800만 원의 50% 이상을 전문기관에 납부하도록 하는 것이므로 최소 납부금액은 400만 원이 된다.

22 사실 "기술료 중 정부출연금의 상당액"이 아니라 "기술료 중 정부출연금 지분"이 더 맞는 표현이기 때문에 해당 조문은 2005. 3. 8.자로 개정하여 "기술료 중 정부출연금 지분"으로 수정된다.

구(舊)「국가연구개발사업의 관리 등에 관한 규정」

2002. 3. 20.자 시행
구(舊)「국가연구개발사업의 관리 등에 관한 규정」 제19조(기술료의 사용) ① 중앙행정기관의 장은 제18조 제1항의 규정에 의하여 주관연구기관의 장이 징수한 기술료 중 정부출연금 상당액의 30퍼센트(주관연구기관이 영리법인인 경우에는 50퍼센트) 이상을 전문기관에 납부하도록 하여야 한다.

② 영리법인만 소위 '정부납부기술료' 납부 대상

이후, 소위 '정부납부기술료'의 납부 비율이 너무 높다는 비판이 제기되고, 구(舊)「국가연구개발사업의 관리 등에 관한 규정」은 2005. 3. 8.자로 소위 '정부납부기술료' 납부 규정을 영리법인은 징수한 기술료 중 정부출연금 지분의 30% 이상, 이외의 연구개발기관에는 20% 이상 납부하도록 완화하였다. 그럼에도 불구하고, 소위 '정부납부기술료'에 대한 당위성에 대한 의문은 지속적으로 제기되었다. 실제로 연구개발성과소유기관이 기술료를 득하고 이에 따라 소위 '정부납부기술료'를 정부에 납부하면, 정부는 해당 금전을 통해 해당 부처의 우수 연구·기술개발의 장려 및 촉진에 순환하여 사용하고자 하는 것이 바로 소위 '정부납부기술료'의 목적 중 하나이다. 그런데 연구개발성과소유기관이 제3자인 실시권자에게 기술료를 징수하고 해당 기술료를 직접 연구개발기관이 기관 내에서 연구 개발에 재투자하도록 사용 용도만 제한하더라도 자연스럽게 우수 연구 등이 순환될 수 있는 구조도 가능하다. 이러한 구조가 관리비용면에서도 더 효율적이기도 하다. 연구개발성과소유기관이 실시권자에게 징수한 기술료 중 일부를 다시 해당 소관 부처에 소위 '정부납부기술료'로 납부하고, 결국 해당 예산은 다시 대학, 공공연구기관 등에게 재차 연구개발과제로 지원되어야 하기 때문이다. 이에, 2008. 5. 27.자로 구(舊)「국가연구개발사업의 관리 등에 관한 규정」 제19조 제1항이 재차 개정되면서 소위 '정부납부기술료'에 납부 의무에서 대학을 먼저 제외하게 된다.

구(舊)「국가연구개발사업의 관리 등에 관한 규정」

2008. 5. 27. 자 시행
구(舊)「국가연구개발사업의 관리 등에 관한 규정」 제19조 (기술료의 사용) ① 중앙행정기관의 장은 제18조 제1항에 따라 주관연구기관의 장이 징수한 기술료 중 정부출연금 지분의 20퍼센트(주관연구기관이 영리법인인 경우에는 30퍼센트) 이상을 전문기관에 납부하도록 하여야 하며, 정부출연금 지분의 50퍼센트(주관연구기관이 영리법인인 경우를 제외한다) 이상을 그 연구개발과제에 참여한 연구원에 대한 보상금으로 사용하도록 하여야 한다. 다만, 주관연구기관이 대학인 경우에는 전문기관에의 납부를 하지 아니하며, …(중략)…

공공연구기관도 직접 징수한 기술료에 대한 사용 용도를 제한하여 연구 개발에 재투자하도록 하는 것이 효율적이라는 판단하에, 구(舊)「국가연구개발사업의 관리 등에 관한 규정」을 2008. 12. 31.자로 다시 개정하여 영리법인이 아닌 경우에는 소위 '정부납부기술료' 납부 의무 자체를 폐지하는데 이르렀다.

구(舊)「국가연구개발사업의 관리 등에 관한 규정」

2008. 12. 31.자 시행
구(舊)「국가연구개발사업의 관리 등에 관한 규정」 제19조 (기술료의 사용) ① 연구개발 결과물 소유기관의 장이 비영리법인인 경우에는 제18조 제1항 본문에 따라 징수한 기술료를 다음 각 호에 따라 사용하여야 한다.
1. 정부출연금 지분의 50퍼센트 이상: 연구개발과제 참여연구원에 대한 보상금
2. 제1호의 금액을 제외한 나머지: 연구개발 재투자, 기관운영경비, 지식재산권 출원·관리 등에 관한 비용 및 기술확산에 기여한 직원 등에 대한 보상금
② 연구개발 결과물 소유기관의 장이 영리법인인 경우에는 제18조 제1항 본문에 따라 징수한 기술료를 다음 각 호에 따라 사용하여야 한다.
1. 정부출연금 지분의 30퍼센트 이상: 전문기관에의 납부

제4절 ▌소위 '자체실시기술료' 제도 분석

1. 직접 실시 행위 그 자체에 대해 기술료를 징수하는 제도 신설

(1) 개요

한편, 2008. 12. 31.자로 영리법인에 대해서만 소위 '정부납부기술료'를 납부하도록 하는 형태로 규정이 개정되면서, 정부가 납부받은 소위 '정부납부기술료'가 급감할 것이 예상되게 된다. 그 이유는 대학, 공공연구기관이 소위 '정부납부기술료'의 납부 대상에서 제외된 것이 가장 큰데, 사실 영리법인의 경우 정부의 연구개발과제를 수행하는 이유는 해당 기업의 연구 개발 역량을 강화하고 이를 통해 해당 기업에 신제품을 생산하여 기업의 수익을 창출하고자 하는 것이다. 영리법인은 연구개발과제로 창출된 연구개발성과를 기업 스스로의 수익을 창출하기 위하여 자체 실시하는 경우가 대부분이고, 결국 영리법인이 자신의 연구개발성과를 제3자에게 실시하도록 하여 기술료를 징수 받는 경우 자체가 드물 수밖에 없다.

이에 정부는 영리법인에 대해서는 영리법인이 연구개발성과소유기관으로서 제3자에게 기술을 실시하게 하여 받는 기술료 중 일부를 소위 '정부납부기술료'를 납부하도록 하는 제도에 새로운 개념을 추가하여, 영리법인이 소유하고 있는 연구개발성과를 당해 영리법인이 직접 실시하여 제품을 시장에 판매하여 수익을 내는 경우, 해당 부처[23]는 그 연구개발성과 실시 대가로서 해당 영리법인에 수익의 일부를 징수해야 한다는 내용을 구(舊)「국가연구개발사업의 관리 등에 관한 규정」 제18조 제1항 단서 및 제2항으로 신설하게 된다.

특이한 점은, 영리법인이 연구개발성과소유기관임에도 불구하고, 해당 부처가 연구개발성과소유기관에게 해당 연구개발성과 실시에 대한 기술료를 징수한다는 것이다. 정리하면, 영리법인에는 정부의 연구개발과제를 수행함에 있어서는 연구개발성과 실시권자인 제3자에게 기술료를 징수하고 해당 기술료 중 일부 범위를 정하여 해당 부처에 납부해야 하는 소위 '정부납부기술료' 제도가 적용된다. 이와 달리, 제3자가 해당 연구개발

---

23 앞서 설명한 바와 같이 전문기관이 해당 부처의 소위 '정부납부기술료'를 납부받아 관리하는 업무를 대신 수행한다.

성과를 실시하여 이에 따라 기술료를 징수하는 것이 아님에도 영리법인은 연구개발성과를 자체적으로 실시하더라도 소위 '자체실시기술료'를 납부해야 하는 새로운 제도가 신설된 것이다.

구(舊)「국가연구개발사업의 관리 등에 관한 규정」

2008. 12. 31.자 시행
구(舊)「국가연구개발사업의 관리 등에 관한 규정」 제18조 (기술료의 징수) ① 연구개발 결과물 소유기관의 장(제15조 제3항에 따라 국가가 소유하게 된 경우에는 전문기관의 장)은 연구개발 결과물을 실시하려는 자와 기술실시계약을 체결하는 때에는 기술료를 징수하여야 한다. 다만, 영리법인인 연구개발 결과물 소유기관 중 소유하고 있는 결과물을 직접 실시하려는 자에 대하여는 전문기관의 장이 기술료를 징수하여야 한다.

(2) 직접 실시에 따른 기술료 징수 개념의 변천

일반기술료와 소위 '정부납부기술료'의 용어 혼동 문제뿐만 아니라, 정부가 영리법인에 대해서는 연구개발성과를 직접 실시하는 때에 새롭게 소위 '자체실시기술료'를 징수하다 보니, 부처마다 이 기술료 3종의 개념을 혼동하는 경우가 늘게 되는 한편, 자체실시기술료 징수 방법을 고안해 내게 된다. 가령, 영리법인이 연구개발성과를 직접 실시하고자 할 때 소위 '자체실시기술료'를 징수할 수 있다 보니, 실무적으로는 직접 실시 이전, 즉 연구개발성과가 창출되기도 전에 영리법인에 미리 소위 '자체실시기술료'를 징수[24]하기도 하였다. 사실상의 연구개발비를 사용한 대가를 납부하는 것과 유사한 형태인 것이다.

한편, 과학기술정보통신부는 구(舊)「국가연구개발사업의 관리 등에 관한 규정」의 모법인 구(舊)「과학기술기본법」을 2010. 2. 4.자로 개정하여 해당 내용을 법률로 상향 입법하면서, 2012. 7. 1.자로 구(舊)「국가연구개발사업의 관리 등에 관한 규정」을 재차 개정하여 각 중앙행정기관의 장이 별도로 정하는 기준에 따라 연구개발성과를 직접 실시하는 영리법인에 대한 소위 '자체실시기술료'를 징수할 수 있는 근거가 마련된다.

---

24 영리법인이 결과물을 실시하고 그 결과로 수익이 난 경우가 아니라, 영리법인이 결과물을 실시하고자 하면 소위 '자체실시기술료'를 징수할 수 있다고 본 것이다.

구(舊)「과학기술기본법」

2010. 2. 4.자 시행

제11조의4(기술료의 징수 및 사용) ① 연구개발결과물 소유기관의 장(제11조의3 제2항에 따라 전문기관 등에 위탁한 경우에는 위탁받은 기관의 장)은 연구개발결과물을 실시(연구개발결과물을 사용·양도·대여 또는 수출하려는 것을 말한다. 이하 같다)하려는 자와 실시권의 내용, 기술료 및 기술료 납부방법 등에 관하여 계약을 체결하는 때에는 기술료를 징수하여야 한다. 다만, 연구개발결과물 소유기관이 소유하고 있는 결과물을 직접 실시하려는 경우에는 전문기관의 장이 기술료를 징수할 수 있다.

구(舊)「국가연구개발사업의 관리 등에 관한 규정」

2012. 7. 1.자 시행

제22조(기술료의 징수) ①「과학기술기본법」제11조의4 제1항에 따른 실시권의 내용, 기술료 및 기술료 납부방법 등은 연구개발결과물 소유기관의 장이 연구개발결과물을 실시하려는 자와 합의하여 정한다. 다만, 법 제11조의4 제1항 단서에 따라 전문기관의 장이 기술료를 징수하는 경우 중앙행정기관의 장은 다음 각 호에 따라 징수하도록 하거나, 별도로 정하는 기준에 따라 정부출연금액의 범위에서 매출액을 기준으로 징수하도록 할 수 있다.

1. 중소기업: 정부출연금의 10퍼센트
2. 중견기업(「산업발전법」제10조의2 제1항에 따른 기업을 말한다): 정부출연금의 30퍼센트
3. 대기업(「독점규제 및 공정거래에 관한 법률」제14조 제1항에 따른 상호출자제한기업집단에 속하는 기업을 말한다): 정부출연금의 40퍼센트

(이하 생략)

이 개정을 통해, 영리법인이 연구개발성과를 자체 실시하는 경우, 실제 실시를 통해 발생한 매출액에 따라 정부가 징수하는 소위 '자체실시기술료'가 법률에 근거하게 된다. 한편, 영리법인이 실제 시장에 제품 등을 판매하여 해당 수익이 발생한 것을 근거로 소위 '자체실시기술료'를 징수하는 것만이 아니라, 정부의 연구개발과제를 수행하면, 으레 자체 실시를 한다고 보고 지급한 연구개발비 금액을 기준으로 소위 '자체실시기술료'를 징수할 수 있는 방안도 병행 유지된다.

물론 정부 입장에서는 위와 같은 기준의 병행을 선호할 수밖에 없다. 영리법인이 연구개발성과를 실제 창출하고 이를 직접 실시하고 이후에 매출액이 확정된다면, 이후에 소위 '자체실시기술료'를 징수까지 기간을 예측하기 어렵기 때문이다. 따라서 처음부터 지급한 연구개발비에 따라 비율을 정해서 소위 '자체실시기술료'를 징수하는 방안이 유지되었다고 할 수 있다.

2. 「국가연구개발혁신법」의 제정과 소위 '자체실시기술료'의 의미 확정

그러나 정부가 소위 '자체실시기술료'를 징수하는 것에는 국회 등에서 반대 입장이 있었다. 소위 '자체실시기술료'는 경제협력개발기구(OECD) 주요국 중 한국만 유일하게 운영하는 제도[25]로 알려져 있는데, 연구개발성과 소유권이 해당 연구개발기관으로 귀속됨에도 그 기술을 실시했다고 하여 기술료를 징수하도록 하는 것은 법리적으로 모순이 있다는 것이다. 반면, 영리법인으로부터 소위 '정부납부기술료'로 징수한 금액과 함께 소위 '자체실시기술료'로 징수한 금액이 2016년 기준 2,000억 원에 달하는 등 이를 통해 정부의 연구 개발 재원 확보 및 연구 개발 재투자가 수월해진다는 면에서 해당 제도 자체를 폐지하기는 어렵다는 입장도 상존하였다.

---

25 이스라엘이 한국과 매우 유사한 정부 환수형 기술료 제도를 운영한다고 하나, 이스라엘의 경우에는 해당 연구개발성과가 사업화에 성공한 경우에 이에 대한 일정 부분을 기술료 개념으로 정부에 상환하는 것으로, 이는 투자형에 가깝다. 이스라엘 혁신청 홈페이지 등, https://innovationisrael.org.il/en/royalties-intellectual-property

그림 4 영리법인의 연구개발성과를 활용한 수익에 대한 징수 관련 구조도

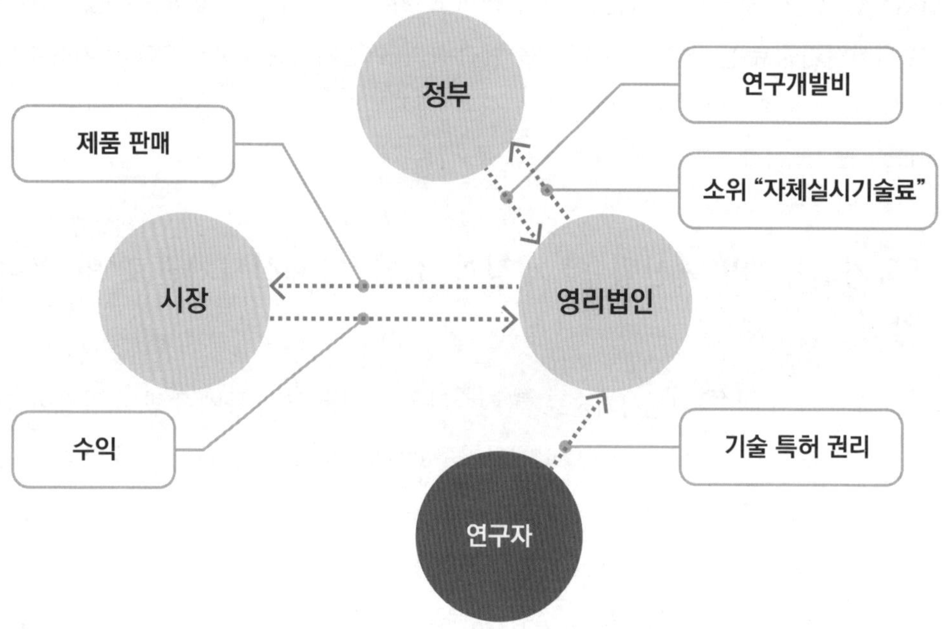

이에 「국가연구개발혁신법」은 연구개발성과소유기관으로서의 영리법인이 정부의 연구개발과제를 수행하는 이유는 해당 기업의 연구 개발 역량을 강화하고 이를 통해 해당 기업에 신제품을 생산하여 기업의 수익을 창출하고자 하는 것에 더 방점을 두게 된다. 즉, 영리법인은 기존 제품을 개량하여 원가절감을 할 수도 있고, 품질 자체를 향상시켜 부가가치를 제고함으로써 기존 제품에 비해 수익을 확대할 수도 있다. 영리법인의 경우 연구개발과제 수행 결과인 연구개발성과를 제3자에게 실시하는 것이 아니라 일반적으로 당해 기업의 제품 또는 서비스 등에 활용하여 시장에 해당 제품 등을 판매하여 수익을 극대화하는 데 활용하게 된다는 것이다.

다만, 기존의 구(舊)「과학기술기본법」 및 구(舊)「국가연구개발사업의 관리 등에 관한 규정」과는 달리, 「국가연구개발혁신법」은 영리법인이 연구개발성과를 자체적으로 실시하는 경우에는 실제 자체 실시를 하고, 그 이후에 수익이 발생되면, 해당 연구개발성과로 인한 매출 규모를 파악하고 해당 증가된 수익의 일부를 정부가 새로운 개념의 기술료로 징수하는 것으로 규정을 제정하게 된다. 이에, 「국가연구개발혁신법」 제18조 제2항은 연구개발성과소유기관이 기술료등납부의무기관인 경우, 해당 기술료등납부의무기관이 연구개발성과를 스스로 직접 실시하고, 이로 인하여 수익이 발생한다면, 해당 수익의 일부를 해당 연구개발과제의 연구개발비를 지원한 중앙행정기관의 장에게 납부하도록 하고 있다.

「국가연구개발혁신법」

「국가연구개발혁신법」 제18조(기술료의 징수 및 사용) ②「상법」 제169조에 따른 회사 등 대통령령으로 정하는 연구개발성과소유기관이 기술료를 징수하거나 소유하고 있는 연구개발성과를 직접 실시하는 경우에는 해당 국가연구개발사업의 연구개발비를 지원한 중앙행정기관의 장에게 기술료의 일부 또는 연구개발성과로 인한 수익의 일부를 납부하여야 한다.

즉, 기술료등납부의무기관은 연구개발성과소유기관으로서 제3자에게 어떠한 기술적인 성과를 제공하지 않았고, 단지 기술료등납부의무기관이 가지고 있는 연구개발성과를 활용하여 수익을 창출하더라도, 창출된 수익의 전제가 되는 연구개발성과가 정부 예산을 통해 지원된 과제에서 시작된 것이라는 관점에서 그 수익의 일부를 해당 중앙행정기관의 장에게 납부하도록 하는 것이다.

결국, 현행 「국가연구개발혁신법」에서는 기술료등납부의무기관 즉, 「상법」 제169조에 따른 회사 등 대통령령으로 정하는 연구개발성과소유기관은 ① 제3자에게 기술료를 징수하거나 ② 소유하고 있는 연구개발성과를 직접 실시하는 경우 ① 제3자에게 징수한 기술료의 일부 또는 ② 직접 실시로 인한 수익의 일부를 해당 연구개발과제의 연구개발비를 지원한 중앙행정기관의 장에게 납부하도록 규정한바, 서로 다른 내용을 하나의 조항에서 운영 중이다.

제12장

연구개발정보와 통합정보시스템

제1절 ▌ 연구개발정보의 개요

「국가연구개발혁신법」

제2조(정의) 이 법에서 사용하는 용어의 뜻은 다음과 같다.

6. "연구개발정보"란 다음 각 목의 어느 하나에 해당하는 정보를 말한다.

가. 국가연구개발사업·연구개발과제 등 연구개발 수행에 관한 정보

나. 연구개발기관·연구자 등 연구개발을 수행하는 주체에 관한 정보

다. 연구개발성과의 명칭·종류·소유기관 등 연구개발성과에 관한 정보

라. 그 밖에 국가연구개발사업의 추진에 필요한 정보로서 대통령령으로 정하는 정보

「국가연구개발혁신법」

제19조(연구개발정보의 처리 등) ① 과학기술정보통신부장관은 다음 각 호의 사항을 포함하는 연구개발정보의 처리(연구개발정보를 수집·생산·관리 및 활용하는 것을 말한다. 이하 같다)에 관한 기준(이하 "정보처리기준"이라 한다)을 고시하여야 한다.

1. 처리 대상 연구개발정보의 범위, 처리 시기·방법, 절차
2. 처리 대상 연구개발정보별 정보 처리 주체
3. 그 밖에 대통령령으로 정하는 사항

「국가연구개발혁신법」 제2조는 이 법의 적용 범위와 관련된 주요 개념을 정의하는 조항으로서, 그중에서 제6호는 국가연구개발사업의 전 과정에서 생성되고 관리되는 정보를 포괄하는 개념인 '연구개발정보'의 정의를 규정하고 있다. 이 조항은 국가연구개발사업의 효율적 운영과 정보의 통합·활용을 위한 법적 토대를 마련하기 위해 신설된 것으로, 연구개발과정의 행정적 투명성과 연구개발성과의 공공성을 보장하는 데 핵심적인 의미를 가진다. 연구개발정보는 단순한 기술 데이터나 행정문서의 집합이 아니라, 연구개발 전(全) 주기(기획·선정·집행·평가 등)에 걸쳐 국가가 관리·활용해야 할 지식정보의 총체를 의미한다.

1. 국가연구개발사업·연구개발과제 등 연구개발 수행에 관한 정보

이는 연구개발사업의 기획·선정·집행·평가 등 사업관리와 관련된 모든 정보를 포괄한다. 구체적으로는 연구개발과제의 명칭, 수행 기간, 참여연구자, 연구개발비 규모, 지원기관, 협약조건, 성과 목표 등이 이에 해당한다. 이러한 정보는 국가재정이 투입되는 사업의 특성상 공공정보로서 관리되어야 하며, 연구개발비의 적정 집행과 연구 윤리의 확보를 위해 필수적인 관리 대상이다. 따라서 가목은 행정적 관리와 재정적 투명성을 담보하기 위한 기초정보로서 기능한다.

2. 연구개발기관·연구자 등 연구개발을 수행하는 주체에 관한 정보

연구개발의 인적·조직적 기반에 관한 정보를 의미한다. 이는 연구 주체의 자격, 이력, 참여경력, 연구 윤리 위반 이력, 제재 조치 이력 등을 포함할 수 있으며, 연구개발의 공정성 및 신뢰성을 확보하기 위한 핵심 정보로 작용한다. 국가연구개발사업은 다양한 연구기관(대학, 정부출연연구기관, 민간기업 등)과 연구자가 참여하는 복합적 구조를 가지므로, 각 주체의 이력과 참여 형태를 통합적으로 관리하지 않으면 중복 지원이나 제재 누락 등의 문제가 발생할 수 있다. 따라서 나목은 연구 윤리 관리 및 행정책임의 추적 가능성을 확보하기 위한 법적 근거가 된다.

3. 연구개발성과의 명칭 · 종류 · 소유기관 등 연구개발성과에 관한 정보

국가연구개발사업의 결과로 창출되는 유형적·무형적 성과물에 관한 정보를 포함한다. 여기에는 특허, 기술, 논문, 장비, 데이터, 표준화 성과 등 다양한 형태의 지식재산과 연구개발성과에 포함된다. 연구개발성과는 국가연구개발사업의 핵심 산출물이므로, 이를 정확하게 식별하고 소유 관계를 명시하는 것은 연구개발성과의 활용과 보호를 위한 전제 조건이다. 특히 최근에는 연구개발성과의 지식재산권 귀속, 기술이전, 사업화 등이 활발하게 이루어지고 있어, 성과정보의 관리가 국가 연구투자효율성 제고와 직결된다. 이러한 점에서 다목은 연구성과관리 법제(「국가연구개발혁신법」 제16조~제18조)와 직접적으로 연결되는 정의 조항으로서, 성과의 소유권·활용권과 관련된 분쟁 예방 및 공공재적 관리의 법적 근거가 된다.

4. 그 밖에 국가연구개발사업의 추진에 필요한 정보로서 대통령령으로 정하는 정보

「국가연구개발혁신법 시행령」

제4조(연구개발정보)

법 제2조 제6호 라목에서 "대통령령으로 정하는 정보"란 다음 각 호의 정보를 말한다.

1. 국내외 과학적·기술적·사회적·경제적 동향에 관한 정보
2. 국가연구개발활동의 수행에 관한 정보
3. 국가연구개발활동을 수행하고 있거나 수행했던 자에 관한 정보
4. 법 제27조 제1항에 따른 국가연구개발행정제도에 관한 정보
5. 국가연구개발사업 관련 통계에 관한 정보
6. 그 밖에 과학기술정보통신부장관이 국가연구개발사업의 추진에 필요하다고 인정하는 정보

이는 국가연구개발사업의 특성상 변화하는 기술환경과 정책수요에 대응하여 추가적으로 필요한 정보를 대통령령으로 정할 수 있도록 한 것이다. 여기에는 연구 보안 관련 정보, 연구 윤리 검증 결과, 제재 처분 이력, 연구개발비 집행내역 등 새로운 유형의 행정

정보가 포함될 수 있다. 즉, 라목은 연구개발정보의 정의를 유연하게 확장할 수 있는 입법적 장치로 기능하며, 미래 기술변화나 데이터관리 방식의 진화에 따라 법령이 탄력적으로 적용될 수 있도록 한다.

이와 같이 연구개발정보의 정의 조항은 「국가연구개발혁신법」 전체 체계에서 중요한 기능을 수행한다. 첫째, 이는 국가연구개발사업의 정보통합관리체계 구축(제20조 통합정보시스템), 연구성과관리(제16조~제18조), 연구윤리 및 제재 관리(제32조~제35조) 등과 직접적으로 연계되어 있다. 즉, 연구개발정보는 단순한 자료의 개념을 넘어, 국가연구개발 거버넌스의 핵심 인프라로서 작용한다. 각 조항이 실질적으로 기능하기 위해서는 명확하고 포괄적인 정보의 정의가 전제되어야 하며, 「국가연구개발혁신법」 제2조 제6호는 그러한 법적 기반을 제공한다.

「국가연구개발혁신법 시행령」 제4조는 여섯 가지 유형의 정보를 연구개발정보의 범주에 포함시키고 있다. 첫째, '국내외 과학적·기술적·사회적·경제적 동향에 관한 정보'(제1호)는 국가연구개발사업의 전략 수립 및 정책 결정에 직접적으로 필요한 외부 환경 정보이다. 국가연구개발은 특정 기술 영역에 대한 투자 결정과 우선순위 설정을 필요로 하는데, 이를 위해서는 과학기술적 트렌드뿐 아니라 사회·경제적 여건을 종합적으로 파악해야 한다. 따라서 제1호는 국가 연구개발정책이 글로벌 기술변화와 산업구조 개편에 신속히 대응할 수 있도록 하는 기초 자료의 법적 수집 근거를 제공한다. 예컨대, 신흥기술 분야(인공지능, 반도체, 바이오 등)의 성장 동향, 해외 R&D 투자 규모, 사회적 수요 변화 등은 모두 이 항목에 해당한다.

둘째, '국가연구개발활동의 수행에 관한 정보'(제2호)는 각 중앙행정기관과 연구개발기관이 수행하는 연구개발사업의 기획, 공모, 평가, 집행, 성과관리 등 전 과정에서 생성되는 모든 관리정보를 의미한다. 이는 과제 선정 및 협약 체결 단계에서부터 연구개발비 집행, 중간 점검, 종료평가에 이르기까지 연구개발의 전 주기에 걸쳐 발생하는 행정·기술 데이터를 포괄한다. 국가재정이 투입되는 공공사업의 특성상, 이러한 수행정보의 체계적 수집과 분석은 사업의 효율성 검토와 부정 집행 방지를 위한 필수적 행정절차이다. 이 규정은 과학기술정보통신부가 통합정보시스템을 통해 각 부처별 연구개발관리 데이터를 연계·분석할 수 있는 법적 근거로 작용한다.

셋째, '국가연구개발활동을 수행하고 있거나 수행했던 자에 관한 정보'(제3호)는 연구개발의 주체, 즉 연구개발기관·연구자·참여기업 등에 관한 인적·조직적 정보를 말한다. 이는 연구자의 신원, 소속, 연구경력, 참여 이력, 연구 윤리 위반·제재 이력, 연구개발비 집행 관련 책임 정보 등을 포함한다. 국가연구개발사업은 여러 기관과 개인이 동시에 참여하는 복합 구조를 가지므로, 각 주체의 이력 정보를 체계적으로 관리하는 것은 연구 윤리 확보와 중복 지원 방지, 제재 이력의 추적 등에 필수적이다. 이 규정은 연구 윤리 확보 및 행정책임의 실질화를 위한 정보관리 근거로서 중요한 역할을 한다.

넷째, '법 제27조 제1항에 따른 국가연구개발행정제도에 관한 정보'(제4호)는 국가연구개발사업의 행정절차, 규정, 표준화된 지침, 제도 개선사항 등에 관한 정보를 의미한다. 이는 연구개발사업의 제도적 기반과 운영 체계에 관한 정보를 집적함으로써, 연구행정의 표준화와 제도적 일관성을 확보하기 위한 취지에서 마련된 규정이다. 연구관리 제도의 개정 내용, 사업평가 기준의 변경, 부처 간 협력 체계 구축 현황, 제재 절차 운영 정보 등이 이에 포함될 수 있다. 이는 연구 현장의 불확실성을 줄이고, 연구개발기관 및 연구자가 제도의 변화에 효과적으로 대응할 수 있도록 지원하는 법적 기반이 된다.

다섯째, '국가연구개발사업 관련 통계에 관한 정보'(제5호)는 국가연구개발사업의 투자현황, 성과지표, 연구인력 규모, 부처별 예산 배분, 분야별 과제 수 등과 같은 통계적 데이터를 의미한다. 이는 국가연구개발정책의 성과평가 및 예산편성의 합리화를 위한 근거 자료로 활용된다. 특히 통합정보시스템 구축 이후, 연구개발통계는 부처별로 산재된 데이터를 통합하여 국가 단위의 연구개발 투자 지도를 작성하는 데 활용되고 있다. 제5호는 이와 같은 통계정보의 법적 수집과 공표를 제도적으로 보장함으로써, 연구개발사업의 투명성과 국민적 신뢰를 제고하는 기능을 수행한다.

여섯째, '그 밖에 과학기술정보통신부장관이 국가연구개발사업의 추진에 필요하다고 인정하는 정보'(제6호)는 탄력적 조항으로서, 과학기술정책 환경의 변화에 대응하기 위한 입법적 여지를 제공한다. 과학기술정책은 기술변화 속도가 빠르고, 새로운 연구 형태(융합연구, 인공지능 활용연구, 데이터기반연구 등)가 등장함에 따라 기존의 정보 범주만으로는 대응이 어렵다. 이에 따라 제6호는 과학기술정보통신부장관이 필요하다고 판단하는 경우, 연구 보안정보, 연구데이터 관리정보, 연구개발비 부정 사용 탐지정보 등 새로운 유형의 정보를 연구개발정보의 범위에 포함시킬 수 있도록 하였다. 이는 미래지향적 입법 기술로서, 과학기술정책의 유연성을 담보하기 위한 규정이다.

제2절 ‖ 연구개발정보의 개념

1. 개요

연구개발정보는 국가의 정보 주권 확보와 직결된다. 과거에는 각 부처가 독자적으로 연구개발과제 정보를 관리하면서, 부처 간 중복투자·성과 중복등록·정보 비공유 문제가 지속적으로 발생하였다. 그러나 「국가연구개발혁신법」 제2조 제6호는 연구개발정보를 국가 단위에서 통합적으로 관리할 수 있는 개념적 근거를 마련함으로써, 이후 「국가연구개발혁신법」 제20조의 통합정보시스템 구축의 전제가 되었다. 즉, 연구개발정보의 법적 정의는 통합정보시스템의 데이터 범위를 결정하고, 부처 간 정보공유의 법적 근거를 제공하는 역할을 한다.

연구개발정보의 정의는 연구 윤리 및 연구 보안 제도의 기반이 된다. 연구개발정보에는 연구자 및 기관의 제재 이력, 연구부정행위 조사 결과, 보안 과제 분류정보 등도 포함될 수 있기 때문이다. 이를 통해 중앙행정기관은 제재 정보를 통합 관리하여 연구자의 중복참여제한, 부정수급 방지, 보안사고 예방 등을 제도적으로 실현할 수 있다. 즉, 연구개발정보의 개념은 단순한 행정 자료의 집합이 아니라, 연구행정의 투명성과 책임성을 확보하기 위한 법적 장치이다.

연구개발정보의 관리와 공개는 공공정보의 개방이라는 측면에서도 중요한 의미를 가진다. 연구개발정보 중 일부(예: 연구성과명, 수행기관, 연구개발비 규모, 과제 기간 등)는 공공 재정 투입사업의 결과물로서 국민의 알 권리 보장 차원에서 공개되어야 한다. 반면, 보안 과제나 지식재산 관련 정보는 비공개 대상이 될 수 있다. 따라서 연구개발정보는 공공성과 보안성의 균형 속에서 관리되어야 하며, 「국가연구개발혁신법」 제2조 제6호는 그 기준을 설정하는 개념적 출발점이 된다.

2. 연구개발정보와 개인정보

연구개발정보의 정의는 행정정보의 범위를 설정하는 행정법적 개념이자, 개인정보·연구정보 보호의 법적 근거와 충돌할 수 있는 영역을 내포한다. 연구개발정보에는 개인식별정보(연구자명, 생년월일, 소속 기관 등)와 기관의 영업상 기밀(민간기업의 기술개발 내용 등)이 포함될 수 있으므로, 「개인정보 보호법」과 「산업기술의 유출방지 및 보호에 관한 법률」과의 관계에서 연구개발정보 보호·활용의 균형을 잘 맞춰야 한다. 이러한 점에서 연구개발정보의 정의 조항은 공공정보의 관리와 보호라는 상충된 가치 사이에서 법적 조화의 기준을 제시하는 기능을 수행한다.

또한, 연구개발정보는 단순한 '정보'가 아니라 '국가 과학기술 자산의 데이터 표현 형태'라는 점에서, 「공공데이터의 제공 및 이용 활성화에 관한 법률」적 관점에서도 해석될 필요가 있다. 「공공데이터의 제공 및 이용 활성화에 관한 법률」 제2조는 공공데이터를 "데이터베이스, 전자화된 파일 등 공공기관이 법령 등에서 정하는 목적을 위하여 생성 또는 취득하여 관리하고 있는 광(光) 또는 전자적 방식으로 처리된 자료 또는 정보로서 「전자정부법」 제2조 제6호에 따른 행정정보, 「지능정보화 기본법」 제2조 제1호에 따른 정보 중 공공기관이 생산한 정보, 「공공기록물 관리에 관한 법률」 제20조 제1항에 따른 전자기록물 중 대통령령으로 정하는 전자기록물, 그 밖에 대통령령으로 정하는 자료 또는 정보의 어느 하나에 해당하는 것을 말한다."고 정의하고 있는데, 연구개발정보 역시 국가기관이 재정 지원을 통해 생산·수집한 공공데이터로서 제공·활용의 대상이 된다. 따라서 연구개발정보의 정의는 「공공데이터의 제공 및 이용 활성화에 관한 법률」과의 관계에서 제공·활용의 법적 범위를 결정하는 기능도 수행한다.

결국, 「국가연구개발혁신법」 제2조 제6호의 "연구개발정보" 정의는 국가연구개발사업의 법적·행정적 기반을 구성하는 핵심 개념으로 평가된다. 이 정의는 국가연구개발사업의 행정 효율화, 연구개발성과의 공공성 확보, 연구 윤리·보안관리 강화, 공공데이터 개방 등 다양한 정책 영역의 공통 전제가 된다. 나아가, 연구개발정보의 범위와 구성요소를 명확히 함으로써, 과학기술정보통신부장관이 「국가연구개발혁신법」의 통합정보시스템을 구축·운영할 때 그 데이터 수집·활용의 합법성을 보장할 수 있다.

제3절 ▌통합정보시스템

「국가연구개발혁신법」

제20조(통합정보시스템 구축 및 운영)
① 과학기술정보통신부장관은 원활한 국가연구개발사업의 추진 및 연구개발정보의 처리를 위하여 국가연구개발사업 통합정보시스템(이하 "통합정보시스템"이라 한다)을 구축하여 운영할 수 있다.

1. 개요

그동안 각 중앙부처는 소관 정책 목적과 연구개발 특성에 따라 개별적인 연구관리 제도와 지원시스템을 운영해 왔다. 그러나 이러한 체계는 부처별로 규정과 절차, 시스템 구조가 제각각 달라 연구자와 연구개발기관 입장에서 상당한 비효율을 초래해 왔다. 실제로 하나의 기관이나 연구자가 여러 부처의 연구개발과제를 동시에 수행하려면, 각 부처의 연구관리시스템에 따로 접속해 로그인하고, 과제신청서·연구개발비 집행내역·성과보고서 등을 각기 다른 형식과 절차에 따라 입력해야 하는 번거로움이 존재했다. 연구자 개인이나 기관의 기본 정보조차 부처마다 따로 요구되어 동일한 데이터를 여러 차례 중복 입력해야 하는 사례가 빈번했고, 이는 행정 부담뿐 아니라 연구 몰입도를 떨어뜨리는 요인으로 작용했다.

이러한 문제의 근본 원인은 부처 및 연구관리전문기관 간의 연구 정보 칸막이 구조에 있다. 각 부처가 운영하는 연구개발정보시스템은 독립적으로 구축되어 있어, 연구자 이력, 과제 수행현황, 평가 결과, 심사위원 정보 등을 서로 공유하지 못한다. 그 결과 유사하거나 중복된 연구개발과제가 여러 부처에서 별도로 추진되는 비효율이 발생하고, 부처 간 공동연구나 협동기획의 추진에도 장애가 되어 왔다. 예를 들어, 부처별로 연구개발과제 정보는 존재하지만, 분류 체계나 데이터 항목이 서로 달라 이를 통합 분석하거나 의미 있는 통계로 가공하기 어렵다. 따라서 특정 기술 분야의 핵심 연구자나 연구개발기관을 신속히 파악해야 하는 긴급상황, 가령 코로나19 대응, 소재·부품·장비[1] 핵심기술 확보 등에서도 부처별 데이터가 제각기 흩어져 있어 국가 차원의 종합적 대응이 지연되는 문제가 발생했다.

뿐만 아니라 새로운 연구 제도나 규제개선이 이루어질 때에도, 각 부처와 전문기관이 각각의 규정 개정과 시스템 개편 절차를 거쳐야 하므로 실제 현장에 제도가 안착하기까지 평균 2~3년이 소요되었다. 제도 개선이 발표되어도 이를 각 시스템에 적용하기 위한 기술적 개발과 예산 확보가 필요하고, 부처별로 담당 기관이 달라 일정과 적용 범위가 달라지는 것이다. 이 과정에서 행정비용이 과도하게 발생하고, 연구 현장에서는 제도의 변화를 체감하기까지 긴 시간의 간극이 생겼다.

이러한 구조적 문제를 해소하기 위해 「국가연구개발혁신법」은 국가연구개발사업 통합정보시스템 구축의 법적 근거를 명시하였다. 이는 부처 간 연구관리 체계를 하나의 플랫폼으로 통합해 연구자 중심의 효율적 연구행정 환경을 조성하기 위한 것이다. 통합정보시스템이 구축되면, 연구자나 연구개발기관은 부처를 구분하지 않고 한 번의 로그인으로 모든 연구행정 업무를 원스톱으로 처리할 수 있게 된다. 과제 신청, 연구개발비 집행, 평가, 성과 보고까지 모든 절차를 단일 사이트에서 수행할 수 있으며, 각종 증빙 자료나 서류 제출 과정도 전자화되어 행정절차가 대폭 단축된다.

또한 연구자는 자신의 과제 이력, 연구 실적, 논문 및 특허정보 등을 '마이데이터(My Data)' 개념으로 확인하고 관리할 수 있다. 이를 통해 연구자는 본인의 연구경력을 통합적으로 관리하고, 새로운 과제 신청 시 자동으로 이력 정보를 불러올 수 있으며, 기관과 정부는 연구자의 전문 분야·성과정보를 토대로 보다 정밀한 과제 기획과 평가를 수행할 수 있다.

통합정보시스템은 연구자뿐 아니라 전문기관의 업무 효율성도 높인다. 기존에는 부처별로 과제관리, 평가, 정산 등 업무가 중복되었지만, 통합 플랫폼을 통해 연구행정의

---

1 「소재·부품·장비산업 경쟁력 강화 및 공급망 안정화를 위한 특별조치법」 제2조(정의) 이 법에서 사용하는 용어의 뜻은 다음과 같다.
   1. "소재·부품"이란 상품의 제조에 사용되는 원재료 또는 중간생산물로서 대통령령으로 정하는 것을 말한다.
   2. "장비"란 소재·부품을 생산하거나 소재·부품을 사용하여 제품을 생산하는 장치 또는 설비로서 대통령령으로 정하는 것을 말한다.

총량을 줄이고, 비대면 환경에서도 안정적인 연구관리가 가능해진다. 특히 다수의 평가위원이 참여하는 연구개발과제 선정 평가나 기술성 검토 회의 등을 온라인으로 진행할 수 있는 원격회의 시스템이 제공되어, 효율적이고 투명한 평가환경을 구현할 수 있다.

무엇보다 통합정보시스템의 가장 큰 장점은 연구 정보의 단절을 해소하고, 부처 간 협업을 강화한다는 점이다. 국가 차원에서 우수 연구자와 전문가 정보를 공동 활용할 수 있게 되어, 부처 간 공동 기획이나 융합연구가 훨씬 용이해진다. 또한 동일한 분류 체계와 데이터 구조가 적용되어, 특정 기술 분야나 사회적 현안 발생 시 관련 연구 역량을 신속하게 파악하고 대응할 수 있다. 예를 들어, 미래 핵심기술 확보를 위한 전략수립, 감염병 대응 연구자 풀 구성, 기후변화 기술개발 로드맵 수립 등에서 통합된 정보가 즉각 활용될 수 있다.

결국 이러한 통합정보 체계는 연구자를 중심에 두는 행정 패러다임 전환의 출발점이라 할 수 있다. 각 부처와 기관의 행정 편의가 아닌, 연구 현장의 필요와 효율성을 기준으로 시스템을 설계함으로써, 연구자는 행정업무에 소모되는 시간을 줄이고 연구에 집중할 수 있으며, 정부는 정책 결정과 연구개발예산 배분의 합리성을 높일 수 있다. 나아가 부처 간의 칸막이를 넘어 연구 정보의 연계와 공유가 실현될 때, 국가 연구개발 체계는 비로소 통합적·전략적 연구 거버넌스로 발전할 수 있을 것이다.

2. 국가과학기술지식정보서비스(NTIS)와 범부처통합연구지원시스템(IRIS)

국가과학기술지식정보서비스(NTIS[2])는 국가연구개발사업의 성과·인력·장비·기술 등을 국민과 연구자에게 공개함으로써 과학기술 연구개발의 투명성 제고와 성과 확산을 목적으로 설계된 정보 제공 플랫폼[3]이다. 국가과학기술지식정보서비스(NTIS)는 과거 「과학기술기본법」 및 구(舊)「국가연구개발사업의 관리 등에 관한 규정」에 근거하여 운영되며, 그 주된 기능은 연구개발과정의 실시간 관리나 집행 감독이 아니라, 연구개발 활동의 결과에 관한 정보의 수집·관리·공개이다. 즉 국가과학기술지식정보서비스(NTIS)는 국가

2 National Science & Technology Information Service

3 국가과학기술지식정보서비스, https://www.ntis.go.kr/ThMain.do

가 보유한 연구개발 관련 지식·데이터를 통합하여 제공하는 정보 인프라로서, 국민 대상 연구성과 공개 시스템이라는 공익적 성격이 강조된다.

이에 반해 과제관리시스템(Project Management System, PMS)(이하 "과제관리시스템(PMS)"이라 한다)은 각 중앙행정기관이나 전문기관이 연구개발사업을 기획·공고·선정·협약·집행·정산·평가하는 전 과정에서 직접적인 관리·통제를 수행하기 위한 행정적·실무적 관리 도구이다. 과제관리시스템(PMS)은 사업별·부처별로 운영되는 내부 행정시스템으로서 연구자와 수행기관의 과제 진행 상황을 기록·보고·검증하며, 연구개발비 집행과 이의 확인, 정산 및 제재 절차 등의 실질적 관리 기능을 포함한다. 이러한 과제관리시스템(PMS)은 「국가연구개발혁신법」 및 그 하위 법령에서 규정한 '연구개발과제의 기획·평가·관리 체계'에 직접적으로 연계되는 도구이며, 법상 의무적 절차의 수행을 위한 행정 장치라는 점에서 국가과학기술지식정보서비스(NTIS)와 법적·기능적 성격이 명확히 구별된다.

특히 「국가연구개발혁신법」은 연구개발과제의 기획, 협약, 연구개발비 집행, 정산, 성과 활용 등 전체 라이프 사이클을 규율하고 있으나, 국가과학기술지식정보서비스(NTIS)를 과제관리시스템으로 간주하거나 그 운영을 의무화하는 규정을 두고 있지 않다. 「국가연구개발혁신법」이 상정하는 관리주체는 중앙행정기관·전문기관이며, 이들 기관이 각자의 사업관리 체계를 활용하여 연구개발과제를 관리하도록 하는 구조이다. 반면 국가과학기술지식정보서비스(NTIS)는 '각 부처와 전문기관이 보유한 연구성과 및 연구 정보의 통합·연계·공개'를 위한 국가 공통 플랫폼일 뿐, 과제의 승인, 변경, 연구개발비 집행 검증, 정산 처리 등과 같은 법률상 관리행위를 수행하는 시스템으로 기능하고 있지 않다. 다시 말해 국가과학기술지식정보서비스(NTIS)는 연구개발과제의 행정절차를 수행하거나 법적 효과를 발생시키는 기능을 전제로 하지 않으며, 연구행정의 실질적 법률관계에 직접적 변동을 초래하는 시스템도 아니다.

과제관리시스템(PMS)은 국가연구개발사업의 기획, 공고, 선정, 협약, 연구개발비 집행, 중간·최종평가, 정산 및 제재 처리 등 연구개발과제의 전 주기를 관리하기 위해 중앙행정기관 또는 전문기관이 운영하는 행정적·업무적 관리시스템을 의미한다. 과제관리시스템(PMS)은 「국가연구개발혁신법」, 「국가연구개발혁신법 시행령」 및 행정규칙 등이 규정하는 연구개발과제 관리 절차를 실제로 구현하는 행정 도구로서, 연구개발 수행기관의 권리·의무와 행정기관의 감독 권한이 과제관리시스템(PMS)을 통해 집행되는 점에서 법적 효과를 발생시키는 행정시스템으로 이해된다.

「국가연구개발혁신법」은 연구과제의 관리주체를 중앙행정기관과 전문기관으로 규정하고, 협약 체결, 연구개발비 지급·정산, 성과평가 및 제재처분 등의 절차적 요건을 상세히 마련하고 있다. 이러한 절차는 개별 행정행위에 해당하며, 각 전문기관은 이를 실무적으로 처리하기 위해 과제관리시스템(PMS)을 구축·운영한다. 이들 과제관리시스템(PMS)은 연구자와 연구개발기관이 법령에 따른 의무를 이행하기 위해 반드시 접근해야 하는 시스템이며, 시스템 입력·보고·정산 결과는 행정적 효력을 갖고 후속 조치의 근거가 된다.

과제관리시스템(PMS)은 본질적으로 행정기관 내부의 연구개발사업 관리 도구이므로, 그 기능은 과제 정보의 단순한 공개나 성과 확산이 아니라, 법정 절차의 집행에 있다. 연구개발과제 협약서 체결, 연구개발비 집행 승인, 정산 검증, 제재부가금·환수금 확정 등 연구개발 수행자에게 직접적인 법적 의무를 부과하거나 권리관계를 형성하는 행정 처리는 모두 과제관리시스템(PMS)을 통해 이루어진다. 따라서 과제관리시스템(PMS)은 연구개발 수행자의 행정상 지위에 실질적 영향을 미치며, 시스템상의 입력 누락·오류·기한 미준수 등은 법적 불이익으로 이어질 수 있다.

또한 과제관리시스템(PMS)은 각 부처 및 전문기관별로 구축되는 분산형 시스템이므로, 국가 차원의 연구성과 정보 플랫폼인 국가과학기술지식정보서비스(NTIS)와 구별된다. 국가과학기술지식정보서비스(NTIS)는 국민에게 연구개발성과·장비·인력 정보를 제공하기 위한 공개 시스템으로서, 행정적 의무 수행이나 법적 절차의 근거가 되는 시스템이 아니다. 반면 과제관리시스템(PMS)은 법령에 의해 규율되는 과제관리 절차를 수행하는 통로이므로, 국가과학기술지식정보서비스(NTIS)를 과제관리시스템(PMS)으로 간주하거나 국가과학기술지식정보서비스(NTIS)를 통해 법적 절차를 대체할 수 없으며, 「국가연구개발혁신법」 또한 국가과학기술지식정보서비스(NTIS)에 과제관리시스템(PMS)의 지위를 부여하지 않는다.

따라서 국가과학기술지식정보서비스(NTIS)를 과제관리시스템(PMS)으로 간주하는 것은 법령 체계와 기능적 특성을 모두 고려할 때 타당하지 않다. 국가과학기술지식정보서비스(NTIS)는 연구성과의 공개 및 정보 접근성 제고라는 공익적 목적에 따라 운영되는 '성과 정보 제공 플랫폼'이고, 과제관리시스템(PMS)은 법률상 규율되는 '연구개발과제 행정관리 시스템'이기 때문이다. 특히 「국가연구개발혁신법」은 과제의 관리·평가·정산 등 법률상 효과가 발생하는 절차를 각 부처·전문기관의 과제관리시스템(PMS)을 통해 수행하는 것을 전제로 하고 있으므로, 국가과학기술지식정보서비스(NTIS)가 「국가연구개발혁신법」상 관리 시스템의 지위를 가진다고 보기 어렵다. 종합적으로 볼 때 국가과학기술지식정보서비스(NTIS)는 연구개발의 투명성과 성과 활용을 위한 보조적 인프라에 해당하며, 과제 수행자·전문기관 간의 법률관계나 연구개발비 집행의 적정성을 판단하는 근거 시스템으로 기능할 수는 없다.

「국가연구개발혁신법」 제20조는 과학기술정보통신부장관이 국가연구개발사업의 효율적 추진과 연구개발정보의 체계적 관리·활용을 위하여 국가연구개발사업 통합정보시스템을 구축·운영할 수 있는 법적 근거를 마련한 조항이다. 이는 국가 차원의 연구개발사업이 부처별로 분절적이고 이원화된 관리 체계 속에서 운영되어 온 문제를 해소하고, 연구개발 전 주기에 걸친 정보의 통합관리 및 분석 체계를 구축함으로써 과학기술 행정의 합리화, 투명성 제고, 연구개발비 집행의 책임성 확보를 도모하려는 취지에서 도입된 규정이다.

현행 국가연구개발사업은 과학기술정보통신부를 중심으로 산업통상부, 교육부, 보건복지부, 기후에너지환경부 등 20여 개 이상의 중앙행정기관이 개별 법령과 지침에 근거하여 독자적으로 운영하고 있다. 이러한 구조는 각 부처별로 사업기획, 연구개발과제 선정, 평가, 사후관리 방식이 상이하게 적용되는 결과를 초래해 왔다. 특히 연구자 입장에서는 동일 연구 주제라도 부처별 과제관리시스템을 각각 별도로 이용해야 하는 불편이 존재하였고, 행정적으로는 중복투자나 예산 낭비를 방지하기 어렵다는 비판이 지속되어 왔다. 이러한 문제의식 속에서, 「국가연구개발혁신법」 제20조는 부처별로 분산된 연구개발 정보시스템을 통합하고, 연구개발 전 주기에 걸친 데이터를 집적·분석하는 국가 차원의 연구개발 정보 인프라 법제화를 실현한 것이다.

「국가연구개발혁신법」 제20조 제1항은 "과학기술정보통신부장관은 원활한 국가연구개발사업의 추진 및 연구개발정보의 처리를 위하여 국가연구개발사업 통합정보시스템을 구축하여 운영할 수 있다."고 규정하고 있다. 여기서 '구축하여 운영할 수 있다'는 문언은 임의 규정 형식을 취하고 있으나, 사실상 과학기술정보통신부가 국가연구개발사업의 총괄·조정기능을 수행하는 데 있어 필수적 기반으로 작동한다. 이는 「과학기술기본법」과 연계되어, 부처 간 연구개발정보의 연계·공유·분석을 통해 정책 결정의 합리성을 제고하는 역할을 한다.

범부처통합연구지원시스템(Integrated R&D Information System, IRIS)은 이러한 법률적 근거에 따라 통합정보시스템으로서 구축된 실질적 관리플랫폼으로, 각 부처의 국가연구개발사업에 관한 핵심 정보를 통합적으로 관리·분석하기 위한 국가대표 연구데이터베이스이다. 구체적으로는 연구개발사업의 기획·공고·선정·협약·평가·성과·사후관리 등 전 단계에서 발생하는 데이터를 수집·연계·가공하여, 정책당국, 연구개발기관, 연구자가 모두 활용할 수 있도록 하는 것을 목적으로 한다.

범부처통합연구지원시스템(IRIS)의 핵심적 기능은 다음과 같이 구분될 수 있다. 첫째, 연구개발사업 통합관리 기능이다. 이는 각 부처의 전문기관(예: 한국연구재단, 한국산업기술기획평가원, 중소기업기술정보진흥원 등)이 운영하는 개별 정보시스템을 연계하여, 과제 선정, 연구개발비 집행, 성과평가 등의 절차를 통합적으로 관리할 수 있도록 한다. 이로써 부처 간 중복 지원 방지, 연구자의 행정 부담 완화, 연구개발비 부정 사용 예방 등의 효과를 기대할 수 있다. 둘째, 성과정보 분석 및 정책 결정 지원 기능이다. 범부처통합연구지원시스템(IRIS)은 축적된 데이터를 바탕으로 국가연구개발사업의 투자현황, 연구성과의 확산, 기술 영역별 투자 효율성 등을 분석하여 과학기술정보통신부장관 및 국가과학기술자문회의에 정책적 근거 자료를 제공한다. 셋째, 연구 윤리 및 보안관리 연계 기능이다. 연구부정행위 이력, 제재 정보, 보안 과제 분류정보 등을 통합 관리함으로써 연구 윤리 확보와 보안사고 예방을 제도적으로 지원한다.

법제적 측면에서 보면, 범부처통합연구지원시스템(IRIS)은 단순한 행정정보 시스템이 아니라, 국가연구개발 거버넌스의 핵심 인프라로서의 법적 성격을 가진다. 「국가연구개발혁신법」 제20조는 과학기술정보통신부장관에게 통합정보시스템의 구축·운영권을 부여함으로써, 부처 간 정보 비대칭 문제를 해소하고, 연구개발사업의 관리 체계를 '통합형·데이터기반형'으로 전환하는 법적 토대를 마련하였다. 특히 「국가연구개발혁신법」 제20조는 과학기술정보통신부가 국가연구개발사업의 '정보 주권'을 확보할 수 있도록 근거를 마련했다는 점에서 의미가 있다. 과거 각 부처가 개별적으로 관리하던 R&D 정보는 행정조직 간 칸막이로 인해 국가 전체 차원의 연구 투자 전략 수립을 어렵게 했는데, 범부처통합연구지원시스템(IRIS)의 구축은 이를 제도적으로 해소하려는 시도라고 할 수 있다.

제4절 ▌범부처통합연구지원시스템(IRIS) 활용에 관한 제문제

연구개발 활동이 국가 경쟁력의 핵심 요소로 자리 잡으면서, 정부를 비롯해 범부처통합연구지원시스템(IRIS) 운영단은 연구개발과제에 관한 다양한 정보를 수집하고 관리하고 있다. 연구책임자가 누구인지, 참여연구원이 누구인지, 연구개발비가 얼마인지, 과제의 목표와 기간은 무엇인지 등은 모두 연구개발계획서에 포함되는 핵심 정보이다. 이러한 정보는 단순한 행정기록을 넘어, 연구개발 생태계 전반을 파악하고 정책을 수립하는 데 활용되는 중요한 자료로 기능한다.

만약 이러한 방대한 데이터를 데이터베이스화하여 제3자가 언제든 검색할 수 있는 시스템을 구축한다면, 연구의 투명성과 정보 접근성은 크게 향상될 것이다. 연구자, 산업계, 일반 국민이 특정 과제가 누구에 의해 수행되고 있는지를 손쉽게 확인할 수 있게 되고, 중복 연구 방지, 연구개발비 집행의 투명성 확보, 연구성과의 활용도 제고 등 긍정적인 효과가 기대된다. 그러나 동시에 이러한 시도는 「개인정보 보호법」과 충돌할 가능성이 크며, 자칫하면 연구자 개인의 권익 침해나 연구 보안 훼손으로 이어질 위험이 있다.

우선 연구개발계획서에 포함된 연구책임자 및 참여연구원의 성명, 소속, 직위 등은 특정 개인을 직접 식별할 수 있는 정보이므로, 「개인정보 보호법」상 개인정보에 해당한다. 「개인정보 보호법」은 정보 주체의 권리를 보호하고 개인정보의 안전한 처리를 통해 개인의 존엄과 가치를 보장하며, 국민의 자유와 권익을 증진하기 위해 제정된 개인정보에 관한 기본법이다. 법의 적용 범위는 '개인정보'에 한정되므로, 개인정보의 정의는 법령 해석과 실무 적용의 출발점이 된다.

「개인정보 보호법」 제2조 제1호는 개인정보를 "살아 있는 개인에 관한 정보로서 성명, 주민등록번호 및 영상 등을 통하여 개인을 알아볼 수 있는 정보(다른 정보와 쉽게 결합하여 알아볼 수 있는 것을 포함한다)와 가명정보"라고 정의한다. 여기서 주목할 점은 첫째, 개인정보는 반드시 살아 있는 개인에 관한 정보여야 하며, 원칙적으로 법인이나 기관의 정보는 해당되지 않는다. 다만 법인에 관한 정보라도 특정 개인을 식별할 수 있는 내용이라면 개인정보로 간주될 수 있다. 둘째, 개인정보는 특정 개인을 식별할 수 있는 정보여야 한다. 이름이나 주민등록번호처럼 단독으로 개인을 식별할 수 있는 정보는 물론, 소속, 직위, 생년월일, 연락처 등 다른 정보와 결합하여 개인을 식별할 수 있는 경우에도 개인정보로 본다. 셋째, 개인정보는 문서, 전자파일, 사진, 영상, 음성 등 매체의 형식과 관계없이 특정인을 알아볼 수 있다면 모두 포함된다.

따라서 범부처통합연구지원시스템(IRIS) 운영단이 보유한 연구자 정보, 수행 과제 정보, 개인 성과정보 등은 특정 연구자를 식별할 수 있는 정보로서 「개인정보 보호법」의 규율 대상이 된다.

「개인정보 보호법」은 개인정보 처리 전 과정에서 정보 주체의 자기 결정권을 보장하기 위해 엄격한 규제를 두고 있다. 그중에서도 중요한 부분이 개인정보의 제3자 제공에 관한 규정이다. 제3자 제공이란 개인정보를 수집한 기관 외의 다른 주체에게 정보를 전달하거나 공유하는 것을 말한다. 이는 정보 주체의 동의 없이 개인정보가 새로운 경로로 확산될 위험이 있으므로, 「개인정보 보호법」은 원칙적으로 이를 금지하고 예외적 상황에서만 허용한다.

개인정보를 제3자에게 제공하려면 정보 주체의 명시적 동의를 받아야 하며, 제공받는 자, 제공 목적, 제공 항목, 보유 및 이용 기간을 구체적으로 고지해야 한다. 단순하고 포괄적인 동의는 효력이 없고, 구체성과 명확성이 확보되어야만 적법한 동의로 인정된다.

한편 개인정보를 포함한 연구개발정보를 데이터베이스화하여 누구나 자유롭게 검색할 수 있도록 하는 것은, 특정 기관에 정보를 제공하는 '제3자 제공'과는 성격이 다르다. 이는 불특정 다수에게 개인정보가 공개되는 형태로, 법적으로는 '공개'에 해당하는 행위이다. 제3자 제공은 정보의 전달 대상이 명확히 한정되어 관리 가능하지만, 공개는 사실상 무제한의 접근을 허용하기 때문에 개인정보 확산을 통제하기 어렵다. 따라서 「개인정보 보호법」은 원칙적으로 이러한 공개를 금지하고 있으며, 허용하려면 명확한 법적 근거가 필요하다.

예를 들어, 연구개발계획서에 포함된 연구책임자와 참여연구원 명단, 소속, 연구개발비 규모, 과제명 등이 누구나 열람할 수 있도록 공개된다면 이는 불특정 다수에게 개인정보를 공개하는 행위가 된다. 관련 법령에서 명시적 근거가 없는 한, 이러한 행위는 「개인정보 보호법」 위반이 될 소지가 크다. 실제로 국가과학기술지식정보서비스(NTIS)의 공개 범위는 연구책임자, 연구개발과제명, 총 연구개발비, 수행 연구개발기관 등 최소한의 항목으로 제한되어 있다.

「국가연구개발혁신법」

제17조(연구개발성과의 활용)
① 연구개발성과를 소유한 연구개발기관(이하 "연구개발성과소유기관"이라 한다)은 연구개발성과가 널리 활용될 수 있도록 연구개발성과의 유지·관리·공동활용, 연구개발성과와 관련된 정보의 공개·연계, 연구개발성과와 관련된 추가적인 연구개발 등 필요한 조치를 하여야 한다.
② 연구개발기관과 연구자는 연구개발과제 수행이 종료된 때에는 대통령령으로 정하는 바에 따라 해당 연구개발과제의 최종보고서 및 연구개발성과에 관한 정보를 공개하여야 한다. 다만, 연구개발과제가 제21조 제2항에 따라 보안과제로 분류되거나 대통령령으로 정하는 바에 따라 중앙행정기관의 장의 승인을 받은 경우에는 공개하지 아니할 수 있다.

따라서 범부처통합연구지원시스템(IRIS) 운영단이 보유한 정보를 활용해 특정 분야나 주제별 전문가를 실명으로 탐색·추천하는 서비스는 단순한 제3자 제공이 아니라 개인정보의 공개 행위에 해당한다. 이러한 공개는 제3자 제공보다 훨씬 강한 정보 확산 효과를 가지므로, 법적 근거가 없을 경우 「개인정보 보호법」 위반으로 평가될 가능성이 높다. 따라서 해당 시스템을 합법적으로 운영하려면 첫째, 법률에서 명확한 공개 근거를 마련하고, 둘째, 연구자로부터 구체적이고 명시적인 사전 동의를 받아야 한다.

최근 「국가연구개발혁신법」 제33조에 제재처분 결과를 공개하여야 한다는 조항이 신설된 것도 이러한 법적 근거 마련의 일환이다. 이는 제재의 실효성을 높이고, 연구 현장의 경각심을 강화하며, 국민의 알 권리를 보장하기 위한 조치로 이해된다. 다만 이러한 공개도 개인정보보호와 과도한 낙인효과를 방지하기 위해 범위와 기간을 엄격히 제한하고 있다.

「국가연구개발혁신법」

제33조(제재처분의 절차 및 재검토 요청 등) ⑦ 소관 중앙행정기관의 장은 제5항에 따른 결정의 내용을 통합정보시스템에 등록하고, 다음 각 호의 어느 하나에 해당하는 사항에 대하여는 통합정보시스템 등에 공개하여야 한다. 다만, 제재처분과 관련하여 행정심판이나 행정소송이 계류 중인 경우 또는 제재처분 정보공개 대상자의 사망·폐업으로 명단 공개의 실효성이 없는 경우 등 대통령령으로 정하는 사유가 있는 경우에는 그러하지 아니하다. [개정 2022.1.6, 2023.3.21] [[시행일 2023.9.22]]

1. 기간이 5년 이상인 참여제한

2. 부과금액이 이미 지급한 정부지원연구개발비의 3배 이상인 제재부가금

⑧ 평가단과 위원회의 구성·운영, 제4항에 따른 검토의 절차, 제7항에 따른 등록 및 공개의 내용 등은 대통령령으로 정한다. [개정 2022.1.6] [[시행일 2022.3.1]]

결론적으로, 범부처통합연구지원시스템(IRIS) 운영단이 보유한 연구자 정보 및 과제 정보, 개인 성과정보는 모두 개인정보에 해당하며, 이를 제3자에게 제공하거나 공개하려면 법적 근거 또는 명확한 동의가 필요하다. 설령 해당 정보가 부정행위와 관련되지 않은 긍정적 내용이라 하더라도, 무분별한 공개는 연구자의 사회적 평판 훼손, 학문 공동체 내 배제, 연구 기회 상실 등 실질적 불이익을 초래할 수 있다. 따라서 범부처통합연구지원시스템(IRIS) 운영단의 정보공개 시스템은 단순한 편의나 행정 효율성보다는 개인정보 보호의 원칙과 법적 근거를 우선적으로 확보한 뒤 추진해야 할 것이다.

제13장

연구개발과제의 보안

「국가연구개발혁신법」

제21조(국가연구개발사업 등의 보안) ① 관계 중앙행정기관의 장 및 연구개발기관의 장은 소관 국가연구개발사업 및 연구개발과제와 관련하여 연구개발성과 등 대통령령으로 정하는 중요 정보가 유출되지 아니하도록 보안대책을 수립·시행하여야 한다.
② 중앙행정기관의 장은 외부로 유출될 경우 기술적·재산적 가치에 상당한 손실이 예상되거나 국가안보를 위하여 보안이 필요한 연구개발과제를 보안과제로 분류할 수 있다.
③ 제2항에 따라 보안과제로 분류된 연구개발과제를 수행하는 연구개발기관은 보안교육 실시, 보안책임자 지정 등 대통령령으로 정하는 보안관리 조치를 하여야 한다.
④ 중앙행정기관의 장은 제1항에 따른 보안대책의 수립·시행 실태 및 제3항에 따른 보안관리 실태를 점검하고, 그 결과에 따라 관련 기관에 필요한 조치를 하도록 명할 수 있다.
⑤ 중앙행정기관의 장은 제1항부터 제4항까지의 업무를 국가정보원장에게 위탁할 수 있다.
⑥ 제1항에 따른 보안대책의 내용, 제2항에 따른 보안과제의 분류 기준, 제3항에 따른 보안관리 실태 점검 및 조치 사항은 대통령령으로 정한다.

제1절 ▌ 개요

국가연구개발사업·연구개발과제의 보안 체계는 단순히 연구 자료의 관리 수준을 넘어 국가 과학기술 역량의 보호와 전략기술의 유출 방지를 위한 공적 통제 체계의 핵심 영역으로 자리하고 있다. 특히 최근의 국제 연구 협력 확대, 민간·공공기관 간의 공동연구 활성화, 그리고 국가핵심기술[1] 등의 해외 이전 위험이 증가함에 따라 연구 보안 체계의 법제화를 강화하려는 논의가 지속적으로 제기되고 있다. 국제연구협력이 활성화될수록 연구성과와 기술정보의 유출 위험 또한 증가하기 때문에, 연구 보안의 내실화는 연구자산을 보호하는 유일한 예방적 장치로서 중요성이 크게 부각될 수밖에 없기 때문이다. 다만, 연구 보안은 사후적 통제보다는 사전적 예방의 성격이 강하며, 연구자의 절차 준수와 연구환경의 신뢰성을 기반으로 한다는 점에서 일반적 처벌 체계와는 구별되는 관리 체계로 이해해야 한다. 신뢰 가능한 연구생태계를 조성하는 과정에서 개방형 협력과 우수 성과의 확산이 필수적인 만큼, 연구 보안은 단순한 위험 억제가 아니라 연구개발 시스템의 지속성을 담보하는 핵심 요소이다.

이러한 논의의 중심에는 「국가연구개발혁신법」 제21조를 축으로 하는 연구 보안 조항이 위치하며, 연구개발기관의 보안 의무를 구체화하고 있다.

「국가연구개발혁신법」이 제정되기 이전에는 구(舊)「국가연구개발사업의 관리 등에 관한 규정」이 국가연구개발사업 전반의 절차와 체계를 포괄적으로 규율하는 상위 규범으로 기능하였다. 이 규정은 연구개발과제의 기획·평가·관리 전 과정에 대한 통일적 기준을 마련하는 것을 목적으로 하였으나, 실제 조문 구성에 있어서는 연구 보안 관련 규정이 상당한 비중을 차지하고 있었다. 연구개발과제의 특성상 연구개발성과, 기술 자료, 지식재산 등 고도의 민감정보가 포함되므로 보안 조치의 중요성이 매우 크다는 점을 고려하면, 당시 규정에서 연구 보안에 대한 조문이 방대하였던 사실만으로 곧바로 입법적 흠결이나 규정 구조상 문제를 지적하기는 어렵다.

그러나 구(舊)「국가연구개발사업의 관리 등에 관한 규정」은 본래 국가연구개발사업의

---

1 국내·외 시장에서 차지하는 기술적·경제적 가치가 높거나 관련 산업의 성장잠재력이 높아 해외로 유출될 경우에 국가의 안전보장 및 국민경제의 발전에 중대한 악영향을 줄 우려가 있는 기술로서 「산업기술의 유출방지 및 보호에 관한 법률」에 따라 지정된 기술을 말한다.

전 과정을 아우르는 종합적 관리 체계를 설계하는 시행 규정으로서의 성격을 가진다. 그럼에도 불구하고 연구 보안 항목이 전체 체계 중 과도하게 부각되거나 다른 관리 절차에 비해 상대적으로 조문이 비대하다는 지적이 꾸준히 제기되었다. 즉, 규정의 체계적 균형 측면에서는 연구 보안 조항의 비중이 지나치게 크다는 의견이 존재하였으며, 이러한 비판은 새로운 법률 제정 과정에서 중요한 고려 요소가 되었다.

「국가연구개발혁신법」을 제정하는 과정에서는 연구 보안 규정을 법률에 직접 광범위하게 열거하는 방식보다는, 기본적인 책무와 필수적 사항만을 법률에 규정하고, 구체적·기술적 보안 조치는 하위 법령에서 정하도록 하는 체계로 정리되었다. 이는 연구 보안이 연구개발과제에 필수적 요소임을 전제로 하면서도, 법률이 과도하게 기술적·운영상 세부 사항을 포섭하여 전체 관리 체계의 균형을 해치는 것을 방지하려는 입법적 판단으로 이해할 수 있다. 동시에 연구개발 패러다임과 기술환경의 변화에 따라 필요한 보안 기준이 계속 수정·보완될 수 있다는 점을 고려할 때, 세부 기준을 대통령령 등 하위 규범에 위임하는 것이 더 적절하다는 정책적 고려도 작용하였다.

이에 「국가연구개발혁신법」 제정 이후 연구 보안 관련 규정은 필수적·기본적 수준의 원칙을 법률에 두고, 세부적인 기준과 절차는 하위 법령과 관리 규정에서 정하는 구조로 재편되었다. 이러한 변화는 국가연구개발사업의 관리 체계가 보다 균형 있는 체계를 갖추도록 하고, 동시에 연구 보안의 중요성을 유지하면서도 유연한 운영이 가능하도록 하기 위한 제도적 개선으로 평가할 수 있다.

제2절 ▌보안대책의 수립·시행과 실태 점검

1. 보안대책의 수립·시행

관계 중앙행정기관의 장과 연구개발기관의 장에게 소관 국가연구개발사업 및 연구개발과제와 관련된 연구개발성과 등 중요 정보의 유출을 방지하기 위한 보안대책의 수립·시행 의무를 부과하는 규정은, 그 문언상 '관계 중앙행정기관의 장의 소관 국가연구개발사업과 관련된 보안대책 수립·시행'과 '연구개발기관의 장의 소관 연구개발과제와 관련된 보안대책 수립·시행', 이 두 가지 성격의 의무가 결합된 형태로 이해할 수 있다. 먼저, 관계 중앙행정기관은 「국가연구개발혁신법」 체계상 소관 국가연구개발사업을 총괄하는 주체이지만, 실제 집행 단계에서는 개별 연구개발과제로 세분화되어 각 연구개발기관이 구체적 과업을 담당하게 된다. 이러한 구조에서 중앙행정기관의 장은 개별 연구개발기관이 수행한 연구개발과제의 성과를 포함하여 전체 국가연구개발사업 단위에서 생산·취급되는 중요 정보를 관리하는 최종 책임 주체가 된다. 따라서 중앙행정기관의 장은 국가연구개발사업 단위에서 취급되는 연구개발성과 등 중요 정보가 외부로 유출되지 않도록 스스로 보안대책을 수립하고 이를 실행할 의무를 부담한다고 보아야 한다.

아울러, 중앙행정기관이 직접 연구개발과제를 수행하는 경우도 존재할 수 있다. 이 경우 해당 중앙행정기관은 과제 수행기관의 지위까지 겸하게 되므로, 연구개발기관에 부과되는 정보 유출 방지 의무와 동일한 수준의 보안 조치를 직접 마련하고 시행할 책임을 진다. 즉 중앙행정기관은 사업 총괄기관으로서의 관리적 책임뿐 아니라, 과제 수행기관으로서의 직접적 보안책임까지 함께 부담하는 구조가 될 수 있다.

한편, 연구개발기관 역시 개별 연구개발과제의 수행 과정에서 생성·취급되는 연구개발성과와 중요 정보에 대하여 유출 방지 조치를 마련해야 할 직접적 의무를 진다. 연구개발기관은 과제 수행의 최일선에서 기술적·관리적 보안 통제를 실질적으로 실행해야 하는 주체이므로, 해당 정보가 외부로 전파되는 것을 차단하기 위한 체계적·구체적 보안대책을 갖추고 이를 성실하게 시행하여야 한다.

해당 규정은 국가연구개발사업과 연구개발과제에서 생성되는 중요 정보의 보호를 위해 중앙행정기관과 연구개발기관 모두를 보안대책 수립·시행의 의무 주체로 명시한 조항으로 이해할 수 있다. 이는 국가연구개발 전 과정에서 정보보안의 책임이 특정 기관에 일원화되는 것이 아니라, 사업 총괄기관과 과제 수행기관이 각각의 역할과 지위에 따라 중첩되거나 병렬적으로 책임을 부담하도록 설계된 규범 구조임을 의미한다. 이러한 해석은 연구개발성과의 중요성과 국가전략기술 및 산업경쟁력에 미치는 영향을 고려할 때, 정보 유출을 예방하기 위한 다중적·중층적 보안 체계를 확보하려는 입법 취지에 부합한다고 평가할 수 있다.

2. 보안대책의 실태 점검

「국가연구개발혁신법」 제21조 제4항은 중앙행정기관의 장에게 보안대책의 수립 및 시행 실태를 점검하고 그 결과에 따라 관련 기관에 필요한 조치를 명할 권한을 부여하고 있다. 이 규정은 국가연구개발 체계 전반에서 연구 보안의 이행 여부를 감독하기 위한 일반적 감독권 규정으로 보인다. 그러나 제21조 제1항은 동일한 중앙행정기관의 장에게 소관 국가연구개발사업 및 연구개발과제에 관한 보안대책을 직접 수립·시행하도록 규정하고 있어, 동일 기관이 동시에 '보안대책의 수립·시행 주체'와 '보안대책 이행 실태 점검 주체'의 지위를 겸하는 구조를 초래한다. 이러한 구조는 문언상 보안대책의 수립·시행 주체와 감독 주체가 중첩되는 결과를 초래하므로 해석상 일정한 긴장을 발생시킨다.

보안대책의 직접적 수립·시행 주체가 관계 중앙행정기관의 장이라면, 제4항에 따른 실태 점검과 조치명령의 대상도 동일 기관이 된다는 문제 제기가 가능하다. 즉, 중앙행정기관의 장이 스스로 수립한 보안대책의 이행 여부를 스스로 점검하고, 그 결과에 따라 스스로 조치를 명하는 구조가 되어 법 체계의 정합성과 행정통제의 실효성 측면에서 적절하지 않은 결과가 나타난다. 이러한 점을 고려할 때, 제4항은 제1항에서 규정한 중앙행정기관의 보안대책을 대상으로 한 점검 규정이 아니라, 연구개발기관이 자체적으로 수립·시행한 보안대책을 대상으로 한 점검 규정으로 해석하는 것이 타당하다.

한편, 하나의 연구개발기관이 여러 중앙행정기관이 발주한 다양한 국가연구개발과제를 수행하게 되며, 연구개발기관은 각 과제에 요구되는 보안요구사항을 포괄하는 내부 보안대책을 단일한 규정 체계로 정립하여 운영하는 것이 일반적이다. 이와 같은 구조에서는 각 중앙행정기관이 동일 연구개발기관의 보안대책에 대해 각각 별도의 실태 점검을 실시할 가능성이 존재한다. 실제로 보건복지부가 특정 연구개발기관의 보안대책 이행 여부를 점검하고 조치를 명할 수 있고, 과학기술정보통신부 역시 동일 연구개발기관을 대상으로 별개의 점검과 조치를 요구할 수 있다. 점검 주체와 권한에 대한 명확한 규정이 부재한 상황에서는 이러한 중복점검이 충분히 발생할 수 있으며, 이는 연구개발기관의 행정부담을 가중시키고 연구환경 전반에 부정적 효과를 초래할 가능성이 있다.

중앙행정기관별로 보안대책 점검과 조치가 분산하여 이루어지는 구조는 법령의 입법기술적 미비에서 발생하는 문제로 볼 수 있다. 보안대책의 성격상, 점검 권한을 단일 기관 또는 정부 차원의 통합된 주체에게 부여하는 방식이 행정 효율성과 규제 합리성 면에서 보다 정교한 설계일 수 있음에도, 현재 조항은 주체를 구체적으로 특정하지 않아 해석상 중복 권한이 발생한다. 이러한 중첩적 감독권은 연구개발기관의 보안관리 기능을 강화하기보다, 오히려 동일한 행위에 대하여 복수의 점검·조치 요구가 중첩되는 불합리한 규제로 작용할 여지를 남긴다.

요약하면 「국가연구개발혁신법」 제21조 제4항은 제1항의 보안대책과 동일 주체를 대상으로 한 점검 규정이 아니라, 연구개발기관이 보안대책을 수립·시행한 경우 그 이행 여부를 감독하기 위한 규정으로 해석하는 것이 법 체계의 정합성과 행정통제의 실효성 측면에서 적절하다. 아울러 보안대책 점검 주체의 중복 문제는 향후 제도 개선 과정에서 명확히 정비할 필요가 있으며, 연구개발기관이 불필요한 행정 부담을 지지 않도록 점검·조치 권한의 집중 또는 일원화 방식을 검토하는 것이 합리적이다.

제3절 | 보안과제의 분류

1. 보안과제 분류권

연구개발과제의 보안 체계에서 가장 핵심적인 규범은 중앙행정기관의 장이 연구개발과제를 보안과제로 분류할 수 있는 권한을 가진다는 점이다. 연구개발과제가 보안과제로 지정되는 경우, 해당 과제를 수행하는 연구개발기관은 기술·성과·정보의 유출을 방지하기 위해 일정한 보안 조치를 준수해야 하며, 이에 따라 보안관리 체계는 연구개발기관의 조직 운영과 연구 활동 전반에 구속력을 미치는 규범으로 기능한다.

보안과제 분류권은 연구개발과제가 외부로 유출될 경우 국가적 손실이 발생할 수 있는지 여부를 기준으로 행사된다. 유출 위험에 따라 기술적·재산적 가치의 손실이 예측되는 경우뿐 아니라 국가안보 차원에서 보호가 필요한 과제도 보안과제의 대상으로 포함된다. 이러한 규범 구조는 연구개발의 개방성과 국가적 보호 필요성 사이의 균형을 유지하기 위한 것으로, 중앙행정기관의 장에게 상당한 평가·판단 권한을 부여하는 방식으로 설계되어 있다.

국가연구개발사업에서 보안과제를 분류하는 권한은 현행 법 체계에서는 중앙행정기관의 장에게 귀속된다. 보안과제 지정은 연구개발성과가 외부로 유출될 경우 발생할 수 있는 국가적 손실을 예방하기 위한 핵심 절차로서, 연구보안 체계의 출발점에 해당한다. 그러나 이러한 권한 구조는 「국가연구개발혁신법」 제정 이전에는 전혀 다른 방식으로 운영되었다는 점에서 주목할 필요가 있다.

구(舊)「국가연구개발사업의 관리 등에 관한 규정」을 중심으로 연구 보안이 운영되던 시기에는 보안과제를 분류하는 권한이 연구책임자에게 부여되어 있었다. 연구책임자는 제안서 작성·연구계획 수립 단계에서 본인이 수행할 연구개발과제가 보안과제에 해당하는지 여부를 직접 판단하여 분류해야 했다. 그러나 이러한 구조에서는 연구책임자가 보안과제로 지정하려는 동기가 극히 약했다. 보안과제로 분류될 경우 외국 접촉보고, 자료관리 강화, 보안교육, 연구성과 공개 제한 등 추가적인 행정 조치와 절차 부담이 발생하기 때문에, 많은 연구책임자가 보안과제 분류를 기피하는 경향이 나타났다. 실제로 전체 국가연구개발과제 대비 보안과제로 지정되는 비율은 1%에도 미치지 못하는 수준으로 알려져 있었으며, 이는 보안과제 제도의 실효성이 크게 저하되어 있다는 비판으로 이어졌다. 보안의 필요성이 분명함에도 담당 연구책임자의 자율적 판단에 의존했던 구조가 오히려 제도의 목적을 무력화한 셈이다.

「국가연구개발혁신법」은 이러한 문제를 해결하기 위해 보안과제 분류 권한을 연구책임자의 자율 판단에서부터 중앙행정기관의 장에게로 이관하였다. 중앙행정기관은 소관 국가연구개발사업의 성격과 그 전략적 중요성을 종합적으로 고려하여 보안과제 여부를 판단할 수 있으므로, 분류의 객관성·일관성을 확보할 수 있다는 점에서 제도적 개선 효과가 기대되었다. 보안과제 지정의 기준이 방위력개선사업, 미래핵심기술, 국가핵심기술 등 구조적으로 국가적 이해와 직결되는 분야에 초점을 둔 점을 고려하면, 분류권한을 연구책임자가 아닌 중앙행정기관이 행사하도록 한 입법 설계는 제도의 목적에 부합하는 방향으로 평가된다.

그럼에도 보안과제를 분류하는 작업은 실무적으로 결코 단순하지 않다. 국방부나 방위사업청과 같이 연구개발과제 자체가 국가안보와 밀접하게 연관된 부처의 경우, 해당 국가연구개발사업 내의 과제 전체를 보안과제로 지정하는 것이 자연스럽고, 이러한 분류는 비교적 명확하게 이루어진다. 그러나 다수의 중앙행정기관은 큰 연구개발 프레임만 제시하고 세부적인 연구 내용은 연구책임자가 연구계획서 구성 과정에서 제시하도록 하고 있다. 이 경우 중앙행정기관은 연구개발과제가 추구하는 기술적 내용·실험 단계·산출물의 성격 등을 직접적으로 파악하기 어렵고, 연구책임자가 작성한 연구계획서에 의존하여 보안과제 여부를 판단할 수밖에 없다. 따라서 중앙행정기관이 독자적으로 보안과제를 실질적으로 분류하는 것은 현실적으로 어려운 측면이 존재한다.

한편, 원칙적으로는 연구개발과제의 공모 단계 이전에 보안과제 여부를 분류하여 공고문에 명시하도록 하고 있으나, 연구개발과제의 특성상 보안과제 여부를 사전에 명확히 판단하기 어려운 경우도 존재한다. 세부 연구 내용이 공모 단계에서 공개되기 어렵거나, 과제의 군사·안보적 성격을 공고문에서 드러내기 곤란한 경우가 대표적이다.

이에 따라 예외적으로 공고 단계에서 보안과제 여부를 밝히지 못한 경우, 중앙행정기관의 장은 해당 연구개발기관이 선정된 이후에 연구개발과제를 지체 없이 보안과제로 분류할 수 있는 절차가 마련되어 있다.

2. 보안과제로 분류되는 연구개발과제

(1) 외부로 유출될 경우 기술적·재산적 가치에 상당한 손실이 예상되는 연구개발과제

「국가연구개발혁신법」 제21조 제2항에서 규정하는 '외부로 유출될 경우'라는 문언은 보안과제 지정의 핵심 기준이 되는 개념으로, 보안대책의 적용 범위와 강도를 결정하는 핵심적인 법적 기준이다. 그러나 해당 문구가 법률에서 직접 정의되어 있지 않기 때문에, 해석론적으로 '외부'의 범위가 무엇을 의미하는지가 쟁점이 된다.

문언을 그대로 해석하면 '외부'는 '해당 연구개발기관의 내부가 아닌 영역'으로 이해될 여지가 존재한다. 즉, 연구개발기관을 중심으로 내부·외부를 구분하는 방식이 가능하다. 이 경우 연구개발기관 외부의 제3자인 타 연구개발기관으로 중요 정보 등이 이전되는 경우를 '외부 유출'로 보게 된다. 그러나 이러한 협소한 해석은 보안과제 제도의 입법 취지와 규범 구조와 조화되지 않는다.

보안과제 제도는 개별 연구개발기관의 내부 관리 차원을 넘어 국가 전체의 전략기술과 연구자산을 보호하는 것을 목적으로 한다. 보안과제로 분류할 수 있는 연구개발과제가 방위력개선사업, 국산화 추진기술, 국가핵심기술, 미래핵심기술, 수출제한기술 등 국가적 중요성이 명백한 기술 분야로 구성되어 있다는 점을 고려하면(「국가연구개발혁신법 시행령」 제45조 제1항), 여기서 말하는 '외부'는 특정 연구개발기관을 중심으로 한 조직 내부·외부의 상대적 구분을 의미하는 것이 아니라 대한민국 국가 전체를 기준으로 한 외부성을 의미한다고 보아야 한다. 즉, 연구개발성과가 국내 타 연구개발기관으로 이전되는 것 자체가 문제되는 것이 아니라, 이러한 정보가 국가의 통제 밖으로 이동하거나 외국 주체에 의해 접근·이용될 가능성이 문제의 핵심이다.

따라서 '외부 유출'로 인한 '기술적·재산적 가치의 상당한 손실' 역시 특정 연구개발기관이 보유한 성과에 대한 경제적 이익의 감소를 의미한다기보다는, 그러한 유출이 국가의 기술적 우위·경제적 가치·전략적 자산에 미치는 손실을 의미하는 것으로 이해하는 것이 타당하다. 보안과제 제도는 국가연구개발사업을 통해 축적된 연구성과가 국가경쟁력의 중핵을 이루는 분야에서 외국으로 이전되거나 국제적 경쟁 관계에서 불리한 위치로 전환되는 위험을 방지하기 위한 규범적 장치이기 때문이다.

결국 보안과제 제도에서의 '외부 유출'은 연구개발기관의 개별적 이익이나 소유권 범위를 넘어서는 국가적 차원의 기술보호·안보보호 개념으로 해석해야 한다. 연구개발성과의 보호 대상은 개별 연구개발기관의 자산이 아니라 국가가 전략적으로 축적해 온 지식과 기술이며, 유출에 따른 손실 역시 기관 단위가 아니라 국가 단위의 손실이라는 의미다. 이러한 해석은 시행령에서 보안과제로 분류할 수 있다고 규정한 연구개발과제의 국가적 범주(국산화 추진기술), 보안과제 제도의 입법 목적(방위력개선사업), 연구보안의 정책적 방향성(수출제한기술)과 모두 정합성을 이룬다.

(2) 국가안보를 위하여 보안이 필요한 연구개발과제

연구개발과제의 보안과제 분류 기준은 시행령에 구체적으로 마련되어 있으며, 중앙행정기관의 장은 이러한 기준을 바탕으로 보안과제 지정 여부를 판단한다. 보안과제의 지정 대상은 국가안보 및 국가전략기술 보호라는 입법 취지를 구현하기 위해 유형별로 세분화되어 있다. 우선 방위력개선사업과 관련된 연구개발과제는 군사적 중요성이 본질적으로 수반되므로 보안과제의 전형적 범주로 자리 잡는다. 이어서 외국에서 기술이전을 거부하여 국내에서 국산화가 추진되는 기술은 해외 유출 위험이 높고 기술 주권 확보가 요구되는 분야라는 점에서 보호 필요성이 분명하다. 미래 핵심 분야로 평가되는 기술 역시 국가경쟁력에 직접적 영향을 미치기 때문에 잠재적 탈취 가능성을 사전에 차단할 필요가 있다. 「산업기술의 유출방지 및 보호에 관한 법률」상 국가핵심기술은 경제적 파급효과가 크고 유출 시 국가 경제안보에 심대한 손실을 초래할 수 있어 보안과제 지정의 높은 우선순위를 갖는다. 아울러 「대외무역법」에 따라 수출허가 등 제한 조치의 대상이 되는 기술도 국제적 안전보장 체제와 연동되는 영역이므로 보안과제로 분류할 필요가 있다. 마지막으로, 이와 같은 구체적 유형 외에도 연구개발과제의 특성·기술적 민감도·외부 위협요소 등을 고려하여 중앙행정기관의 장이 필요성을 인정하는 경우에는 추가적으로 보안과제로 지정할 수 있도록 하여 제도의 포괄성과 유연성을 보장하고 있다.

이 체계는 보안과제 지정이 단순한 기술적 요건 충족 여부를 기계적으로 판단하는 과정이 아니라, 기술적·경제적·안보적 요소가 복합적으로 작용하는 영역에서 정책적 판단을 기반으로 이루어진다는 점을 전제로 한다. 국가전략기술의 보호 필요성, 기술 유출에 따른 위험 수준, 경제적 파급력, 국제적 규제 환경 등을 종합적으로 고려하여 보안 필요성을 평가하는 방식이므로, 보안과제 지정은 본질적으로 위험평가와 정책 결정을 결합한 조치로 이해된다. 또한 보안과제 제도는 국가연구개발사업의 개방성과 연구의 자율성을 유지하면서도 핵심기술의 외부 유출을 방지하기 위한 보호 장치로 기능한다. 연구개발기관이 보안교육, 보안책임자 지정, 외국접촉 관리 등의 의무를 준수함으로써 보안과제 제도의 실효성이 확보되는 구조다.

이러한 전체적 규범구조를 고려하면, 시행령에서 규정한 보안과제 지정 기준은 국가안보 측면에서 충분한 정당성과 필요성을 가지고 있으며, 국가가 보호해야 할 전략기술과 민감기술을 합리적으로 포섭하는 방식으로 설계된 것으로 평가할 수 있다.

제4절 ┃ 연구보안과 산업보안

연구보안은 산업보안과 동일한 범주로 취급되기 어렵다. 연구보안은 국가연구개발사업·연구개발과제 수행과정에서 생성되는 기술·성과 정보를 보호하는 데 초점을 두고 있으며, 법적 근거·보호 대상·주무부처가 산업보안과 명확히 다르다.

산업보안이 기업 활동 전반의 영업비밀 보호 및 기술 유출 차단을 대상으로 한다면, 연구보안은 국가전략기술과 연구개발기관의 연구성과가 외국으로 이전되는 위험을 방지하는 데 보다 집중된다. 연구보안 정책은 국가 차원의 과학기술 역량을 보호하는 공적 성격을 강하게 띤다.

표 1 연구보안과 산업보안의 비교 표

구분	법	보호 대상	특징	처벌	소관 부처
연구보안	「국가연구개발혁신법」	국가연구개발사업 및 연구개발과제의 연구성과 등 중요 정보	연구개발과제 수행 중 준수해야 할 절차 중심	보안대책 위반, 보안과제 관련 유출 시 연구개발과제 참여제한 등	과학기술정보통신부
산업보안	「산업기술의 유출 방지 및 보호에 관한 법률」	산업기술, 국가핵심기술	국가핵심기술에 대한 수출 통제	징역	산업통상부

제도 환경의 변화 역시 연구보안 규정 개편의 필요성을 높였다. 구(舊)「국가연구개발사업의 관리 등에 관한 규정」이 폐지되고 「국가연구개발혁신법」 체계가 도입되면서, 연구보안에 관한 관리 체계를 재정립해야 하는 상황이 도래하였다. 구(舊)「국가연구개발사업의 관리 등에 관한 규정」 폐지 후에는 「국가연구개발혁신법」을 근거로 새로운 보안대책 고시를 마련하는 방식으로 제도를 전환하게 되었으며, 이는 국가 차원의 통합적 연구보안 관리전략을 구축하려는 흐름으로 해석된다.

제5절 ▌보안대책과 제문제

우선 「국가연구개발혁신법」 제21조는 중앙행정기관의 장과 연구개발기관의 장이 의무적으로 보안대책을 수립하고 시행해야 한다는 점을 명시하고 있다. 이는 중앙행정기관 자체가 연구개발기관으로서의 지위를 가질 수 있다는 점을 전제로 하고 있으나, 실질적으로는 연구개발 수행기관이 보안 조치의 직접적 주체가 되어야 한다는 해석이 타당하다. 「국가연구개발혁신법」 제21조 제2항에서는 중앙행정기관의 장에게 관계 부처별 연구개발과제 중 보안과제의 분류 권한을 부여하고 있으며, 이에 따라 지정된 보안과제에 대해서는 연구개발기관이 보안관리 조치를 취해야 한다(「국가연구개발혁신법」 제21조 제3항). 제4항에서는 중앙행정기관의 장이 연구개발기관의 보안대책 수립·시행 및 관리 실태를 점검해야 한다고 규정함으로써, 실질적인 관리 감독의 의무를 부과하고 있다.

이 조문 구조는 국가연구개발사업의 보안책임 체계를 '중앙행정기관-연구개발기관'의 수직적 위계 속에서 설정한 것으로, 행정기관이 보안과제 분류 권한과 점검권을 가지며, 연구개발기관이 이를 이행하는 이원적 체계로 설계되어 있다. 그러나 이러한 법률 구조만으로는 구체적인 보안 행위의 유형이나 절차, 관리 기준을 포괄적으로 규율하기 어렵기 때문에, 실무적인 내용은 시행령·고시 등 하위 규정에 위임되어 있다. 문제는 그 위임의 범위가 지나치게 광범위하거나, 법률에 명시되지 않은 새로운 의무를 사실상 창설하는 형태로 운영되는 사례가 존재한다는 점이다. 이러한 경우에는 위임입법의 한계를 벗어날 우려가 있으므로, 보안대책의 주요 내용을 법률에 직접 규정하는 상향 입법이 필요하다.

구체적으로 상향 입법이 요구되는 사항은 다음과 같다. 첫째, 중앙행정기관의 장이 소관 연구개발과제를 보안과제로 지정하거나 해제할 때에는 연구보안 전문위원회 등의 심의를 거쳐야 한다는 규정을 신설할 필요가 있다. 이는 보안등급 분류 과정의 객관성을 확보하고, 자의적 판단을 방지하기 위한 제도적 장치로서 의미가 크다. 둘째, 공고 단계가 아닌 연구개발 결과에 따른 보안과제 분류 절차를 법률상 명시하여, 최종 평가 단계에서 연구개발과제평가단이 연구성과의 보안 성과를 종합 검토하도록 해야 한다. 셋째, 보안과제를 통해 창출된 연구개발성과의 소유권은 협약상 기관에 귀속되더라도 원칙적으로 이전을 금지하는 규정을 법률상 명문화해야 한다. 넷째, 비공개 연구개발성과의 보호 조치에 관한 내용을 「산업기술의 유출방지 및 보호에 관한 법률」과의 연계 규정을 두어 명확히 해야 한다. 다섯째, 보안 업무를 수행할 전문기관의 지정 근거를 명시함으로써, 각 부처별로 분산된 보안관리 기능을 전문기관으로 통합할 필요가 있다.

한편, 연구 보안 제재 체계의 법적 근거 역시 명확화가 필요하다. 현행 「국가연구개발혁신법」은 중앙행정기관의 장에게 보안대책 수립 및 점검 의무를 부여하면서도, 그 위반 시의 제재 수단은 구체적으로 규정하지 않고 있다. 이에 따라 각 부처별 내부 지침 또는 고시 수준에서 제재가 이루어지는데, 이 경우 동일한 위반행위에 대해 제재 수준이 상이하게 적용되는 형평성 문제가 발생한다. 또한 '보안대책 위반'이라는 용어 자체가 포괄적이어서, 구체적 행위유형이 명시되지 않으면 행정처분의 명확성 원칙에 위배될 가능성도 있다. 다만 「행정기본법」 등에 따르면, 행정제재의 경우에도 위임 근거와 구체적 행위 태양이 법률 내 또는 하위 규정에 적정히 명시되어 있다면 명확성 원칙에 반하지 않는 것으로 보기도 한다.

보안대책 위반의 명확성에 관한 논의는 죄형법정주의의 엄격한 원칙을 그대로 적용할 필요는 없지만, 행정법제상 예측 가능성과 비례성의 원칙을 고려해야 한다. 따라서 제재 규정이 고시 수준에 존재하더라도, 그 위임의 근거가 명확하고, 구체적 행위유형과 절차가 규정되어 있다면 법적 안정성은 확보된다. 그러나 현재 일부 부처에서는 단순히 '보안대책 미이행 시 참여제한 등 제재 조치 가능'이라는 문언만을 근거로 제재를 부과하는 사례가 있으며, 이는 위임입법의 한계를 벗어난 운영이라 볼 수 있다. 이에 따라 보안대책 위반 시의 행정 조치, 연구개발비 환수, 참여제한, 감경 또는 면제 등의 기준을 대통령령으로 명시하여, 제재의 합리성과 통일성을 확보해야 한다.

또한, 연구성과의 공개·비공개 제도는 연구보안과 직접적으로 연계되는 핵심 제도이다. 「국가연구개발혁신법」 제17조 제2항은 보안과제로 분류된 연구개발과제 또는 대통령령으로 정하는 바에 따라 중앙행정기관의 장의 승인을 받은 과제의 경우, 최종보고서 및 연구성과 정보를 공개하지 않을 수 있다고 규정하고 있다. 그러나 이는 '공개하지 아니할 수 있다'는 임의 규정 형태로 되어 있어, 원칙적으로는 공개가 기본임을 전제하고 있다. 따라서 비공개의 원칙을 명문화하고, 다만 일부 연구성과에 대해 일정 범위 내에서 부분 공개를 허용하는 제도적 구조로 정비할 필요가 있다. 이를 위해 「국가연구개발혁신법 시행령」 제35조에 중앙행정기관의 장이 연구개발성과의 비공개 승인 시 일부 공개의 범위와 절차를 규정하도록 하는 신설 조항을 둘 수 있다. 이러한 방식은 연구성과 공개의 투명성을 확보하면서도, 보안성이 요구되는 분야에 대해서는 국가 안보적 예외를 인정하는 균형적 입법일 것이다.

한편, 연구 보안 관리 체계의 실효성을 강화하기 위해 연구 보안 전담 조직의 법적 근거를 명확히 할 필요가 있다. 현행 법령상 '연구개발기관의 보안 컨설팅'에 관한 근거는 부재하며, 각 기관이 자율적으로 수행하는 수준에 머물러 있다. 그러나 「국가연구개발혁신법」 제21조 제2항·제4항·제5항은 중앙행정기관의 장에게 보안등급 분류와 보안 실태 조사 의무를 부여하고 있으므로, 이를 효율적으로 지원할 연구 보안 전담 기관을 지정할 법적 근거를 마련하는 것이 타당하다. 이러한 전담 기관은 각 부처의 연구 보안 수준을 진단하고, 보안대책 수립·점검을 지원하며, 필요시 보안 사고 발생 시의 대응을 통합 조정하는 역할을 담당하게 된다.

특히 외국 정부·외국기관의 연구개발과제 참여제한은 향후 연구보안 정책에서 중요한 과제로 부상하고 있다. 첨단기술 유출과 외국 자본의 영향력 확대에 대한 우려가 높아지는 가운데, 외국인이 직접적 또는 간접적으로 국내 연구개발기관에 대한 지배력을 확보하는 것을 제한하는 법적 장치가 필요하다. 이에 따라 「국가첨단전략산업 경쟁력 강화 및 보호에 관한 특별조치법 시행령」 제19조는 외국인이 전략기술보유자의 주식·지분을 일정 비율 이상 소유하거나, 경영에 지배적인 영향력을 행사할 수 있는 경우를 규제 대상으로 명시하고 있다. 이 규정을 연구 보안 영역에 준용하여, 외국인이 연구 보안 대상 과제에 실질적 관여를 할 수 없도록 제한하는 방안을 마련해야 한다.

연구 보안 체계의 실질적 강화는 단순히 보안 사고를 예방하는 수준을 넘어, 국가 과학기술 경쟁력의 근간을 지키는 법제적 장치로 이해되어야 한다. 국가연구개발사업은 첨단기술, 핵심소재, 방산연구, 인공지능 등 전략기술과 직결되는 경우가 많고, 이는 단일 연구개발기관의 관리로는 한계가 있다. 따라서 중앙행정기관의 역할을 '총괄·점검' 중심으로, 연구개발기관의 역할을 '이행·관리' 중심으로 명확히 분리하고, 상위 법령에서 이를 구조적으로 정립해야 한다.

결국 연구 보안 관련 입법 체계 개선방안은 세 가지 축으로 정리된다. 첫째, 보안 의무의 법률상 명문화와 상향입법을 통한 제도적 정당성 확보, 둘째, 제재 체계의 통일적 기준 확립과 행정절차의 명확화, 셋째, 연구성과의 공개·비공개 제도의 합리적 조정 및 외국 참여제한의 강화이다. 이 세 가지 과제를 동시에 추진함으로써, 국가연구개발사업의 보안정책은 개별 기관의 대응 수준을 넘어 국가적 관리 체계로 전환될 수 있다.

나아가 행정법제적 관점에서 본다면, 연구 보안 관련 제재는 단순한 행정처분이 아니라 국가의 과학기술자원 보호를 위한 공공적 행위로서, 재량의 한계 통제와 절차적 정의의 확보가 필수적이다. 이에 따라 중앙행정기관의 장은 제재권을 행사할 때, 행위의 고의성·위반 정도·성과 피해 등을 종합적으로 고려하여 비례원칙을 준수해야 하며, 연구자는 의견제출 및 소명 기회를 보장받아야 한다. 또한 연구 보안 전담 기관이 각 부처 간 사례를 공유하고, 제재 기준의 표준화를 추진함으로써, 부처 간 제재 편차를 최소화하는 것이 필요하다.

이상과 같이, 연구 보안 법제 검토 내용은 「국가연구개발혁신법」의 체계 내에서 상향입법의 방향, 연구개발기관의 보안책임 구조, 제재 체계의 명확화, 성과 공개 제도의 개선, 외국 참여 규제 강화 등을 종합적으로 검토한 것이다. 궁극적으로 이는 연구 보안의 목적을 행정통제에서 국가안보와 기술 주권의 보호로 확장하고, 법제 체계를 실질적으로 담보하는 수준으로 발전시키려는 방향성을 제시한 것으로 평가할 수 있다.

제14장

국제공동연구

「국가연구개발혁신법」

제3조(적용 범위)
다음 각 호의 어느 하나에 해당하는 국가연구개발사업에 관하여는 제9조부터 제18조까지의 규정을 적용하지 아니한다.
2. 정부가 국제기구, 외국의 정부·기관·단체와 체결한 협정·조약 등에 따라 정해진 금액을 납부하여 추진하는 사업

제1절 ▌ 개요

글로벌 기술 패권 경쟁 시대의 국가첨단전략기술[1] 및 국가전략기술[2] 생태계 구축을

1 「국가첨단전략산업 경쟁력 강화 및 보호에 관한 특별조치법」에 따라 국가첨단전략기술은 공급망 안정화 등 국가·경제 안보에 미치는 영향 및 수출·고용 등 국민경제적 효과가 크고 연관산업에 미치는 파급효과가 현저한 기술로서 산업통상부장관이 지정할 수 있다. 국가첨단전략산업은 이러한 국가첨단전략기술과 관련한 산업을 말한다.

2 「국가전략기술 육성에 관한 특별법」에 따라 국가전략기술은 외교·안보 측면의 전략적 중요성이 인정되고 국민경제 및 연관 산업에 미치는 영향이 크며 신기술·신산업 창출 등 미래 혁신의 기반이 되는 기술로서 과학기술정보통신부장관이 선정할 수 있다.

위한 산업기술 국제협력 네트워크는 갈수록 중요해지고 있다. 특히, 반도체 수출 규제 등의 사례에서 볼 수 있듯 산업기술은 단순 기술을 넘어 국가의 경제와 산업, 나아가 국가 간 동맹과 외교를 좌우하는 핵심 요소가 되었다.

강대국들은 기술 패권 경쟁에서 우위를 확보하기 위해 국가 차원의 전략을 구체화하고 국익에 필수적인 국가첨단전략기술 등을 지정해 투자를 확대하고 있다. 이와 동시에 기술 외교·국제협력에 대한 법·제도 기반 체계적 대응 및 정책 추진 동력 확보를 위한 법률을 제정하고 조직을 신설하고 있다.

일례로 미국은 2022년 제정한 「CHIPS and Science Act[3]」을 통해 반도체, AI, 양자 기술 등 전략기술 분야에 5년간 약 5천억 달러 이상을 투자하고 있다. 이는 미 국립과학재단(NSF)의 예산을 2배로 확대하여 핵심 연구를 지원하고, 기술혁신 및 파트너십(Technology Innovation & Partnerships, TIP) 조직을 신설하여 2백억 달러를 배정하는 조치까지 포함한 대규모 전략[4]이다. 또한, 일본의 경우, 2022년 제정된 「경제시책의 일체적 강구에 의한 안전보장확보 추진에 관한 법률[5]」을 바탕으로 전략기술 연구개발 프로그램을 위한 민관협의체 구성 및 자금 조성 체계를 마련했다. 최근 2025년에는 《경제안보에 관한 산업·기술 기반 강화 액션플랜[6]》을 새개정하여 인공지능, 우주, 양자 기술, 에너지 등 전략 분야에 대한 연구개발과 기술 보호 강화를 위한 투자를 확충하고 있다

우리나라 정부는 국제사회에 공헌하고 국내 과학기술 수준을 향상시킬 수 있도록 과학기술 분야의 국제협력을 촉진하기 위하여 국제공동연구개발의 활성화, 과학기술 인력의 국제교류 및 국외 우수 과학기술 인력의 유치·활용 등에 관한 시책을 수립·추진하여야 한다(「과학기술기본법」 제18조 제1항). 그리고 국가 또는 지방자치단체는 국가첨단전략산업 및 국가첨단전략기술과 관련한 국제적인 동향을 파악하고 국제협력 및 해외 시장 진출을 촉진하기 위하여 전문 인력의 국제교류, 국제공동연구 수행 등의 사업을 시행하거나 이에 필요한 지원을 할 수 있다(「국가첨단전략산업 경쟁력 강화 및 보호에 관한 특별조치법」 제31조).

---

3 미국연방의회, https://www.congress.gov/bill/117th-congress/house-bill/4346/text?utm=

4 KISTEP, S&T GPS, "일본 '경제안보에 관한 산업·기술 기반 강화 액션플랜' 재개정", 2025.5.

5 経済施策を一体的に講ずることによる安全保障の確保の推進に関する法律 (2022.6.17.자 시행)

6 経済安全保障に関する産業・技術基盤強化アクションプラン (再改訂版, 2025.5.)

이와 같이 국제사회에 공헌하고 국내 기술 수준을 향상시킬 수 있도록 기술 분야의 국제협력을 촉진하기 위한 국제공동연구개발의 활성화, 기술 인력의 국제교류는 글로벌 기술 패권 경쟁 시대에도 계속 유효하다.

위와 같은 국제공동연구의 중요성은 글로벌 차원의 협력과 연계를 통해 국가경쟁력을 높이는 방향으로 정책으로도 반영되었다. 국가연구개발사업의 관리 규정이라 할 수 있는 「국가연구개발혁신법 시행령」이 개정되면서, 국외 연구개발기관도 국내 연구개발과제에 공식적으로 참여할 수 있는 길이 열리게 되었다. 그렇지만 종전에도 국내 연구개발기관이 주관연구개발기관의 자격으로 연구개발과제를 책임지면서 국외 연구개발기관과 국제공동연구를 수행하지 못한 것은 아니다. 그만큼 다양해진 국제공동연구의 방식에 대한 구체적이고 세분화된 분석이 필요한 상황이라 할 수 있다.

특히, 각국의 기술 패권 경쟁 심화로 국제협력 과정에서의 연구 안보 중요성이 크게 부각되는 상황에서, 이러한 국제공동연구의 방식 선택은 인공지능, 반도체, 원자력, 바이오 등 국가첨단전략기술 영역에서는 더욱더 중요할 수 있으므로, 체계적인 이해가 필요한 상황이다.

제2절 ‖ 외국법인의 국내 연구개발과제 참여

「국가연구개발혁신법 시행령」

> 제2조(연구개발기관) ① 「국가연구개발혁신법」(이하 "법"이라 한다) 제2조 제3호 아목에서 "대통령령으로 정하는 기관·단체"란 다음 각 호의 기관·단체를 말한다.
> 3. 외국에서 외국 법령에 따라 설립된 외국법인(국내 연구개발기관과 연구개발과제를 공동으로 수행하는 경우로 한정한다)

국가연구개발사업의 개방성과 국제협력의 중요성이 높아짐에 따라, 정부는 「국가연구개발혁신법 시행령」을 개정하여 외국법인도 국내 연구개발기관과 공동으로 연구개발과제를 수행할 경우 '연구개발기관'으로 인정받을 수 있도록 제도적 근거를 마련하였다. 이는 첨단기술이 국가경쟁력의 핵심 자산으로 부상하고, 기술혁신이 국가 간 협력과 네트워크를 통해 이루어지는 시대적 변화에 대응하기 위한 조치이다. 과거에는 국가연구개발사업의 참여 주체가 국내 기관에 한정되어 있어, 외국 연구기관이나 글로벌 기업이 국내 연구개발과제에 직접 참여하기 어려웠다. 그 결과 첨단기술 협력, 국제공동연구, 글로벌 연구인력 교류 등이 제도적으로 제약을 받았고, 국내 연구개발 체계가 세계적 기술 생태계와 긴밀히 연계되지 못하는 한계가 존재하였다.

외국법인은 일정한 요건을 충족할 경우 국내 연구개발기관과 함께 국가연구개발과제를 수행할 수 있다. 특히, 외국의 대학, 공공연구기관, 국제기구, 또는 연구개발 역량을 보유한 기업이 국내 기관과 협약을 체결하여 연구개발과제를 수행하는 경우, 그 외국 대학, 기관, 기업 등도 「국가연구개발혁신법」상의 '연구개발기관'으로 간주된다. 이를 통해 공동연구 수행 시 연구개발비의 분담과 기술 성과의 공유가 제도적으로 가능해지고, 국내 연구자와 외국 연구자 간의 공식적 협력 체계가 법적으로 인정받을 수 있게 되었다.

이 개정은 단순히 외국기관의 참여를 허용하는 수준을 넘어, 국가 과학기술의 국제 경쟁력 강화를 위한 기반을 마련했다는 점에서 의미가 크다. 선진국의 연구기관이나 글로벌 기업은 인공지능, 양자 기술, 첨단소재, 바이오 등 전략기술 분야에서 이미 세계적인 경쟁력을 보유하고 있다. 국내 연구개발기관이 이들과 공동으로 연구를 수행하게 되면, 국내 연구진은 선진기술과 연구방법론을 직접 체득할 수 있으며, 최신 장비·데이터·기술 네트워크에 접근할 수 있는 기회가 확대된다. 동시에 외국법인 역시 국내 연구개발기관의 우수한 인적자원과 인프라를 활용하여 아시아 기술시장에 진입할 수 있는 교두보를 확보하게 된다. 즉, 이번 개정은 상호 호혜적 협력 구조를 제도적으로 보장한 것이라 할 수 있다.

「국가연구개발혁신법」상의 외국 연국개발기관의 국내 연구개발과제 참여는 그동안 국내 연구개발기관만이 연구개발과제의 수행 주체로 사실상 제한되었던 폐쇄적 연구개발 구조를 전환하는 중요한 제도적 계기가 된다. 기존 체계에서는 연구책임자·연구개발기관·전문기관 등 국내 주체 중심으로 연구개발과제가 설계·수행되어 해외 민간기업, 해외 연구기관 등이 연구개발 과제에 실질적으로 참여할 수 있는 구조적 여지가 제한적이었다. 이러한 구조는 연구개발 성과의 확장성, 기술 융합, 국제협력 기반의 성과 창출을 제약하는 요소로 지적되어 왔다.

이와 달리 외국의 연구개발기관의 「국가연구개발혁신법」의 연구개발기관으로서의 편입은 개방형 혁신(open innovation)의 원리를 법제적으로 반영함으로써 연구개발과제 수행 주체의 범위를 확장하고, 다양한 외부 역량과 전문성을 국가연구개발 체계 내부로 유입시키는 방향으로 규범의 기조가 전환되었음을 보여준다. 개방형 협력은 연구개발의 효율성을 제고할 뿐 아니라, 기술개발의 속도와 수준을 국제적 경쟁 환경에 맞추어 조정할 수 있게 하는 구조적 장점이 있다. 따라서 「국가연구개발혁신법」의 이러한 변화는 단순히 참여 주체를 확대하는 실무적 조정이 아니라, 폐쇄적·자급적 연구개발 패러다임에서 개방적·협력적 연구생태계로 이행하는 제도적 전환점으로 평가될 수 있다.

나아가 외국법인의 참여를 허용함으로써 국제공동연구의 투명성과 법적 책임성도 강화되었다. 외국법인이 국내 연구개발과제를 수행할 경우, 해당 기관 역시 연구 윤리, 연구개발비 집행, 성과관리 등에서 국내 연구개발기관과 동일한 규제를 받게 되며, 정부는 이를 통해 국제협력 과정에서도 공정하고 투명한 연구개발 행정이 유지되도록 관리할 수 있다. 결국 단순한 참여 확대를 넘어, 국제적 기술협력의 문호를 제도적으로 개방하고, 국내 연구개발 체계를 글로벌 수준으로 끌어올리기 위한 제도적 기반 마련이라는 점에서 큰 의미를 갖는다.

다만, 개방형 협력의 도입이 연구개발 수행 주체의 외연을 확장하는 방향으로 제도적 진전을 이룬 것은 분명하지만, 그 범위는 일정한 한계를 지닌다. 현행 법제는 국내 연구개발기관과 외국 연구개발기관이 공동으로 연구개발과제를 수행하는 경우를 인정할 뿐, 외국 연구개발기관이 단독으로 국가연구개발과제를 수행하는 형태는 허용하지 않는다. 공모 절차를 통해 연구개발기관을 선정하는 경우에도 외국 연구기관의 단독 참여는 결격사유에 해당하며, 이는 제도 설계 단계에서 이미 예정된 제한이다.

이러한 제한은 정부 연구개발예산의 성격에서 비롯된다. 국가연구개발사업은 국민의 조세를 재원으로 하여 추진되며, 그 정책목표는 국가경쟁력 제고와 국민 삶의 질 향상이라는 공익적 목적에 두고 있다. 외국 연구개발기관이 단독으로 과제를 수행할 경우, 그 연구성과가 국내 산업·학계 또는 국가 전략기술 역량으로 환류되지 못할 가능성이 크고, 국민의 조세부담이 국내 사회·경제적 가치로 전환되지 못하는 문제가 발생할 수 있다. 따라서 외국 연구개발기관의 단독 수행을 제한하는 구조는 정부 연구개발예산의 공적 책임성과 성과의 국내 환류 원칙을 확보하기 위한 제도적 안전장치로 이해된다.

국제공동연구의 허용 여부와 관련하여 한 가지 분명히 할 점은, 기존 제도하에서도 국제공동연구 자체가 불가능했던 것은 아니라는 점이다. 국내 연구개발기관은 과거에도 다양한 절차와 방식에 따라 해외 연구기관과 공동연구를 수행할 수 있었고, 실제로 여러 형태의 국제협력이 운영되어 왔다. 다만 기존 방식들은 연구성과의 소유·활용 범위, 기술이전 제약, 지분권 배분 제한 등 일정한 구조적 제약을 내포하고 있었기 때문에, 국제공동연구의 폭넓은 활용과 적극적 추진에는 제도적 한계가 존재했다.

「국가연구개발혁신법」은 이러한 제약을 완화하고, 국제공동연구의 활성화를 위해 기존 방식에 더하여 새로운 형태의 공동연구 방식을 추가하는 방향으로 제도를 정비하였다. 이는 기존에 운영되던 국제협력 수단을 대체하려는 것이 아니라, 연구성과의 귀속과 활용 구조를 보다 유연하게 설계함으로써 다양한 유형의 해외 연구기관과의 협력이 제도적으로 실현될 수 있도록 선택지를 확대한 것으로 이해된다.

이러한 변화는 국제공동연구를 위한 법제적 기반을 확장하는 것이며, 국내 연구개발기관의 국제협력 역량 강화와 글로벌 수준의 연구개발 생태계 구축을 위한 제도적 정합성을 갖추려는 시도로 평가된다. 기존 제도를 포함한 각 방식의 구체적 요소와 신설된 방식의 특성, 그리고 이러한 방식들이 연구성과 귀속과 활용 구조에 어떠한 차이를 가져오는지에 대한 내용은 다음 절에서 상세히 검토하도록 한다.

제3절 ▌ 국제공동연구 방식

1. 국제공동연구 범위의 획정

국제공동연구 방식을 나누는 출발점은 과학기술 국제협력 활성화를 위한 국제공동연구의 범위를 획정짓는 것이다. 「과학기술기본법」의 시행령인 「국제과학기술협력 규정」에서의 국제공동연구사업은 대한민국의 정부, 지방자치단체, 법인, 단체 또는 개인이 외국의 정부, 법인, 단체 또는 개인과 동일한 연구개발과제의 수행에 소요되는 연구개발비, 연구개발인력, 연구개발시설, 기자재 및 연구개발정보 등 과학기술자원을 공동으로 투입하여 수행하는 연구사업으로 정의한다.

한편, 과학기술정보통신부의 《국제공동연구개발사업 매뉴얼》에 따르면 국제공동연구는 국내 정부, 기관, 단체 및 개인이 외국의 정부, 기관, 단체 및 개인과 연구개발비, 연구개발 인력 및 시설 등 과학기술자원을 공동으로 투입하여 수행하는 연구로 정의한다.

다만, 국제공동연구라는 것은 산업기술 국제협력 활성화를 위한 범위도 포섭하여야 한다고 본다. 따라서 국제공동연구는 국가, 지방자치단체 또는 국내 기관·법인·단체가 외국 정부(국가연합, 경제공동체 등 국가의 연합체를 포함), 외국기관·법인·단체, 국제기구 및 연구자와 협력하여 연구개발, 인력양성 및 교류, 정보교환, 기술이전, 연구 시설·장비 공동 활용 등을 통해 기술 경쟁력을 강화하거나 국제사회에 공헌하는 일련의 과정 또는 활동으로 보는 것이 타당하다.

이러한 관점에서 국가연구개발사업을 관리하는 「국가연구개발혁신법」 및 하위 규정을 중심으로 규정의 문언적 의미를 확인하는 동시에, 입법 취지와 정책적 맥락을 고려하여 국제공동연구의 방식을 다음과 같이 분류했다.

표 1 법령 체계 내에서의 국제공동연구 방식 분류

번호	방식 분류	세부 분류 및 비고
1	외국 국적 연구자의 연구개발과제 참여	참여 형태: 연구책임자, 참여연구원
2	외국 국적 연구자의 전문가 활용	참여 형태: 기술 자문(장/단기), 세미나 등 초청
3	외국 연구개발기관의 국내 연구개발과제수행	① 연구개발과제에서의 위탁연구개발비 사용
4		② 연구개발과제에서의 국제공동연구개발비 사용
5		③ 국내 연구개발기관과 외국 연구개발기관이 공동으로 수행
6	개별 네트워킹을 통한 연구 협력	-
7	국제공동연구개발사업의 형태	-

2. 외국 국적 연구자의 연구개발과제 참여

그림 1 외국 국적 연구자의 연구개발과제 참여 구조도

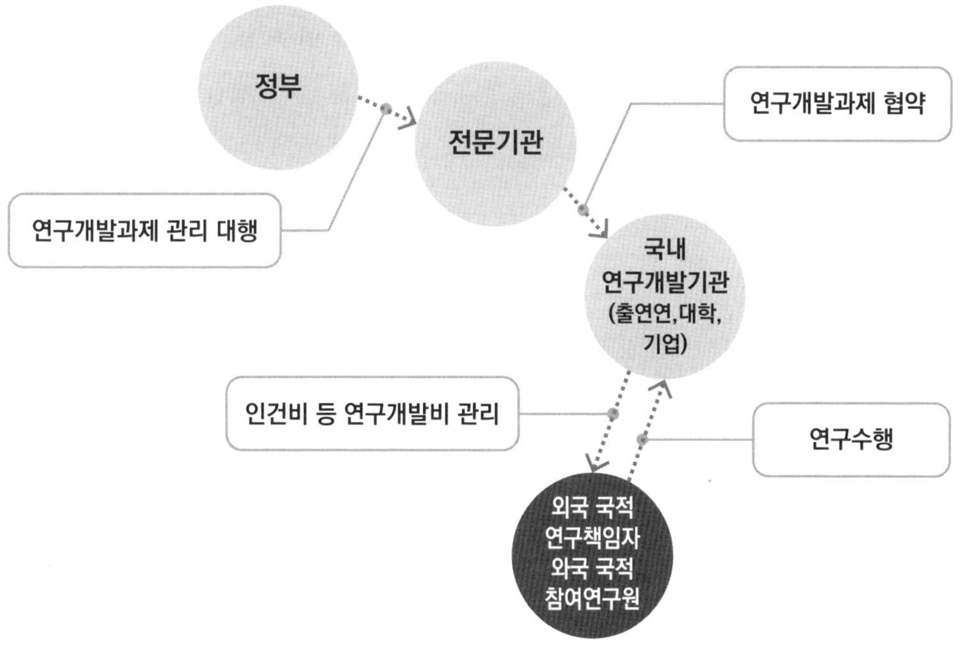

개별 정부의 국가연구개발사업은 여러 연구개발과제로 구성되며, 각 과제는 국내 연구개발기관이 수행한다. 국내 연구개발기관은 크게 정부출연연구기관(공공연구기관 등의 개념 모두 포함), 대학, 기업으로 구분된다. 연구개발과제는 예고, 공모, 선정, 협약 체결, 과제관리, 연구개발비 지급, 성과관리 및 평가 등 세부적인 관리 절차를 필요로 하며, 이러한 정부의 과제관리 업무를 대행하는 기관이 바로 전문기관이다.

일반적으로 전문기관은 국내 연구개발기관과 협약을 체결하는데, 형식적 주체는 연구개발기관이지만 실제 연구 수행은 연구자 개인이 맡는다. 연구개발과제는 연구책임자와 참여연구원으로 구성되며, 이들은 인건비를 지급받고 직접비를 활용하여 연구를 수행한다.

이 과정에서 국내 연구개발기관에 소속된 연구책임자나 참여연구원이 외국 국적을 가진 경우가 있다. 이로써 국내 연구진과 외국 연구진이 동일한 과제 안에서 함께 연구를 수행할 수 있다. 이는 국내 연구개발기관이 외국 국적 연구자를 직접 채용하는 경우일 수도 있고, 외국 국적 연구자가 파견이나 단기 연수를 통해 참여하는 경우일 수도 있다. 또한 연구개발과제 제도상 외부 연구자의 참여가 허용되어 있으므로, 국외 연구개발기관의 외국 국적 연구자도 국내 연구개발과제에 외부연구원 자격으로 참여할 수 있다.

따라서 외국 국적 연구자의 연구개발과제 참여는 국내 연구개발기관과 해당 연구자 간의 근로계약, 파견계약, 외부연구원 등록계약 등 다양한 법적·행정적 관계를 통해 성립한다.

3. 외국 국적 연구자의 전문가 활용

그림 2 외국 국적 연구자의 전문가 활용 구조도

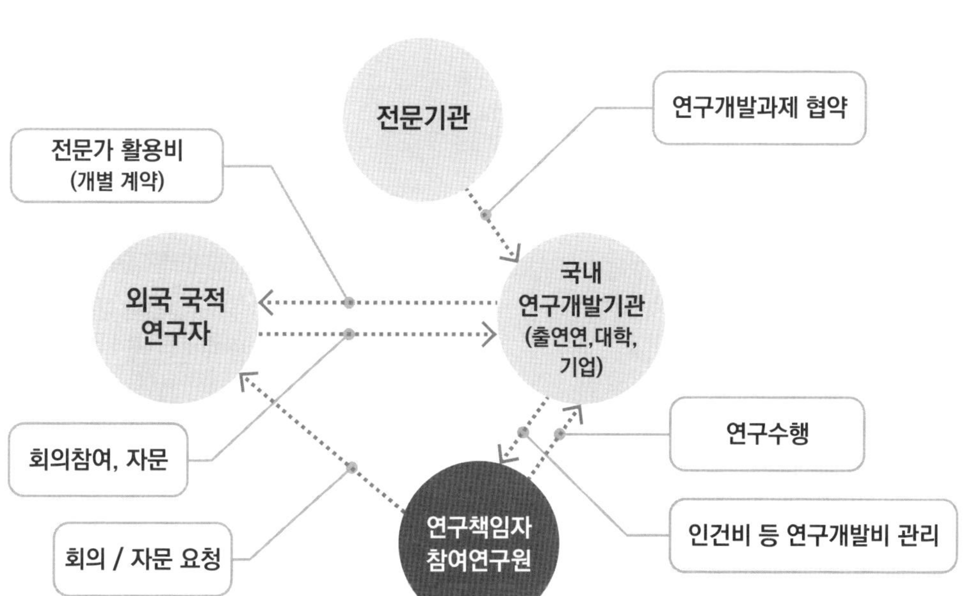

외국 국적 연구자는 국내 연구개발기관이 수행하는 연구개발과제에는 직접 연구자로 참여하지 않더라도 외부 전문가로 참여할 수 있다. 이 경우 연구개발비 내 직접비 항목 중 하나인 전문가 활용비를 통해 비용이 지원된다. 외부 전문가는 참여연구원으로 등록되지는 않지만, 과제 수행 과정에서 필요한 자문을 제공하거나 회의에 참여하여 기술적 내용을 검토·감수할 수 있다.

통상적으로 연구개발과제의 연구책임자는 외국 국적 연구자를 장·단기 기술 자문역으로 활용하거나, 세미나 등에 초청하여 자문을 받는다. 이러한 경우 국내 연구개발기관은 외국 국적 전문가와 개별적인 약정서를 체결하고, 해당 약정에 근거하여 전문가 활용비를 지급한다.

4. 연구개발과제에서의 위탁연구개발비 사용

그림 3 연구개발과제에서의 위탁연구개발비 사용 구조도

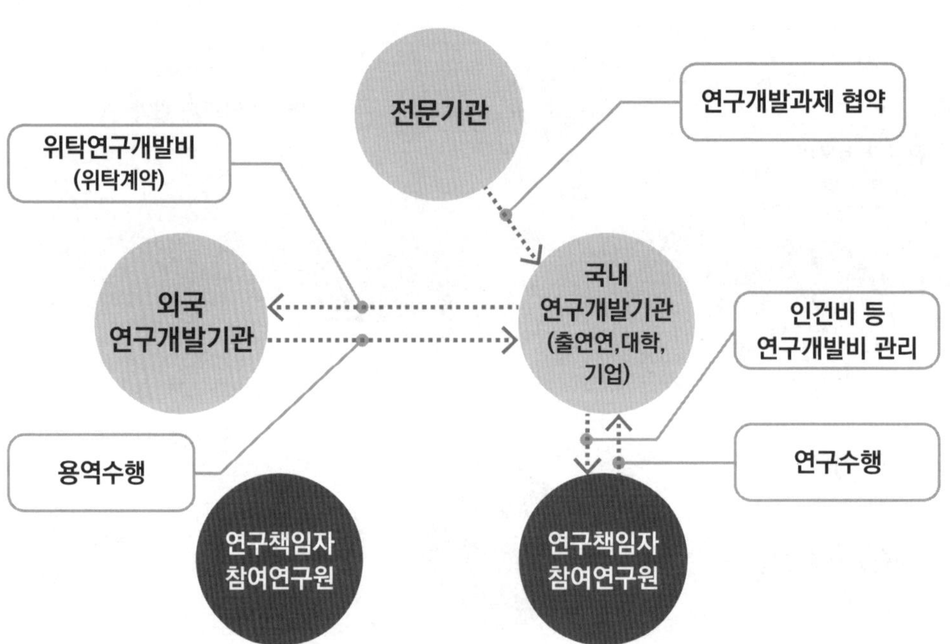

국내 연구개발기관이 수행하는 연구개발과제에서는 필요한 외부 용역 업무를 위탁하기 위해 위탁연구개발비를 활용할 수 있다. 위탁연구개발비란 주관연구개발기관이 연구개발과제의 일부를 외부 기관에 위탁하여 수행하게 할 때, 해당 위탁연구개발기관에 지급하는 비용을 의미한다. 일반적으로 주관연구개발기관은 국내 연구개발기관과 용역 계약을 체결하여 위탁연구를 수행하지만, 외국 연구개발기관과의 위탁용역 계약 체결이 제한되는 것은 아니다.

현행 제도에서는 위탁연구개발비의 총액에 일정한 한도가 설정되어 있다. 즉, 직접비(단, 위탁연구개발비·국제공동연구개발비·연구개발부담금 제외) 총액의 40% 이내에서만 계상할 수 있으며, 중앙행정기관의 장이 사전에 승인한 경우에 한해 이 비율을 초과할 수 있다. 이와 같은 한도 규정 외에는 국내·외 연구개발기관 모두 위탁연구개발기관으로 지정될 수 있다.

따라서 국내 연구개발기관은 외국 연구개발기관과 위탁계약을 체결하여 과제의 일부를 수행하게 하고, 그 결과물의 소유권을 확보하는 동시에 이에 대한 대가로 위탁연구개발비를 지급하는 구조를 갖는다. 이러한 방식은 국제공동연구의 한 유형으로 기능하면서도, 과제관리와 성과 귀속에 있어 국내 연구개발기관이 주도권을 유지할 수 있도록 하는 장점이 있다.

5. 연구개발과제에서의 국제공동연구개발비 사용

그림 4 연구개발과제에서의 국제공동연구개발비 사용 구조도

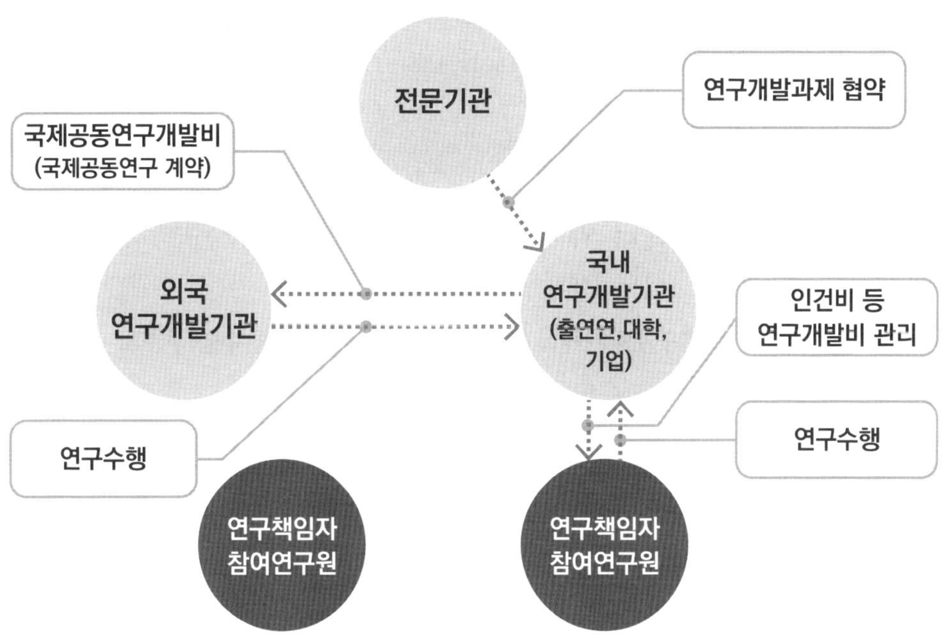

국내 연구개발기관이 수행하는 연구개발과제에서는 국제공동연구를 추진하기 위해 별도의 국제공동연구개발비를 활용할 수 있다. 국제공동연구개발비란 연구개발과제 협약에서 정하는 바에 따라, 연구개발기관이 외국에 소재한 기관·단체 또는 해외 국적 연구자와 공동연구를 수행하는 경우 그 기관·단체 또는 외국인에게 지급하는 비용을 의미한다.

연구개발기관의 장은 중앙행정기관의 장이 필요하다고 인정하는 경우에 한해 국제공동연구개발비를 계상할 수 있다. 일반적으로 연구개발과제 협약을 체결할 때 연구개발계획서에 국내 연구개발기관과 외국 연구개발기관 간 계약서를 첨부한 경우, 중앙행정기관의 승인을 받은 것으로 간주된다. 이러한 절차적 유연성으로 인해 국제공동연구개발비 방식은 가장 많이 활용되는 국제공동연구 형태로 자리 잡고 있다.

그 선호 배경에는 연구개발성과의 귀속 문제가 자리한다. 예컨대 '4. 연구개발과제에서의 위탁연구개발비 사용'의 경우, 위탁연구개발기관이 연구개발성과를 창출하더라도 「국가연구개발혁신법」에 따라 해당 성과의 소유권은 주관연구개발기관에 귀속된다. 이로 인해 외국 연구개발기관과 위탁연구 계약을 체결하는 과정에서 난점이 발생한다. 반면 국제공동연구개발비는 위탁연구가 아닌 공동연구의 성격을 갖기 때문에, 연구개발성과 및 지식재산권의 소유에 대해 당사자 간 합의로 정할 수 있다.

따라서 국제공동연구개발비를 활용한 협력은 국내 연구개발기관과 외국 연구개발기관 간 계약을 통해 형성되며, 이는 국제공동연구를 가장 실질적이고 효과적으로 추진할 수 있는 방식으로 평가된다.

6. 국내 연구개발기관과 외국 연구개발기관의 공동 수행

그림 5 국내 연구개발기관과 외국 연구개발기관의 공동 수행 구조도

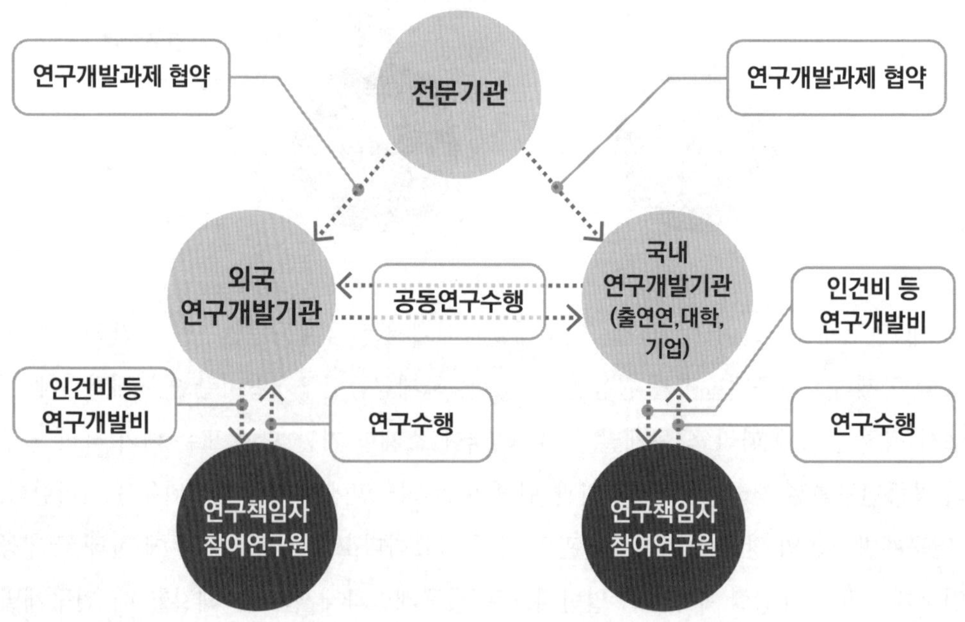

국내 연구개발기관과 외국 연구개발기관이 공동으로 연구개발과제를 수행하는 방식이 있다. 이는 2024년 「국가연구개발혁신법 시행령」 개정을 통해 새롭게 도입된 제도로, 《국가연구개발사업 국제공동연구 매뉴얼》에서는 이른바 '공동기관형' 국제공동연구 방식으로 설명된다. 공동기관형이란 외국 연구개발기관이 국내 연구개발기관과 연구개발과제를 공동 수행하기 위해 공동연구개발기관으로 참여하는 방식을 의미한다. 예컨대, 2개 이상의 국내 연구개발기관이 하나의 과제에 컨소시엄 형태로 공동 참여하는 것처럼, 국내 연구개발기관과 외국 연구개발기관이 동일한 구조로 공동 수행할 수 있도록 한 것이다. 다만 외국 연구개발기관은 반드시 국내 연구개발기관과 함께 과제를 수행해야 하며, 단독으로 국가연구개발사업에 참여하는 것은 허용되지 않는다.

이러한 방식에서는 외국 연구개발기관도 국내 연구개발기관과 동일한 연구개발과제 참여 지위를 가진다. 따라서 외국 연구개발기관 역시 국내 중앙행정기관의 장(또는 이를 대행하는 전문기관의 장)과 협약을 체결하는 당사자가 되며, 「국가연구개발혁신법」 및 관련 하위 법령, 각 부처의 사업관리 규정, 연구개발과제 협약서, 연구개발계획서 등에 따른 의무를 이행해야 한다.

예를 들어 외국 연구개발기관도 국내 연구개발기관과 마찬가지로 범부처통합연구지원시스템(IRIS)을 통해 연구개발과제를 접수·관리해야 하고, 범부처연구비통합관리시스템(Government-Assisted Integrated R&D Administration System, GAIA)[7]을 활용하여 연구개발비를 집행·관리해야 한다. 그러나 현실적으로 외국 연구개발기관이 이러한 국내 시스템을 직접 활용하기는 쉽지 않다. 이에 따라 중앙행정기관의 장이 필요성을 인정하는 경우, 국내 연구개발기관이 외국 연구개발기관의 일부 행정업무를 대행할 수 있다. 실제

7 연구관리시스템(PMS) 중 하나로 볼 수 있으나, 연구개발비는 시중 은행 시스템과의 일정 부분 결합 등이 필요하여 연구비통합관리시스템이라는 형태로 별도 구조로 운영된다. '통합Ezbaro'나 '통합RCMS'가 연구비관리시스템의 일종이다.

「연구지원시스템 통합 추진단 설치 및 운영에 관한 규정」(과학기술정보통신부훈령 제133호) 제2조(정의) ① 이 훈령에서 사용하는 용어의 정의는 다음과 같다.

4. "연구비통합관리시스템"이란 각 중앙행정기관 또는 전문기관 별로 운영되던 연구비관리시스템이 통합Ezbaro 또는 통합RCMS로 통합된 범부처 연구비관리시스템을 말한다. 그 중, "통합Ezbaro"란 각 중앙행정기관 소관 연구비관리시스템이 과학기술정보통신부 소관 연구비관리시스템인 Ezbaro시스템으로 통합된 범부처 연구비관리시스템을 말하며, "통합RCMS"란 각 중앙행정기관 소관 연구비관리시스템이 산업통상자원부 소관 연구비관리시스템인 RCMS시스템으로 통합된 범부처 연구비관리시스템을 말한다.

로 외국 연구개발기관이 범부처통합연구지원시스템(IRIS) 사용에 어려움을 겪는 경우, 과제 신청 단계부터 국내 연구개발기관이 시스템 입력과 관련 절차를 대리 수행할 수 있다.

7. 개별 네트워킹을 통한 연구 협력

국내 연구개발기관과 외국 연구개발기관이 연구 내용상으로는 긴밀히 연계되어 있으나, 나라별로 각각 별도의 과제를 구성하고 연구개발비 집행 또한 독립된 과제로 수행하는 형태가 존재한다. 이는 단일 과제를 공동으로 수행하는 방식과 달리, 연구 재원과 관리 체계는 분리되어 있으면서도 연구성과와 학문적·기술적 연계성은 공유하는 국제공동연구의 한 유형이라 할 수 있다.

그림 6 개별 네트워킹을 통한 연구 협력 구조도

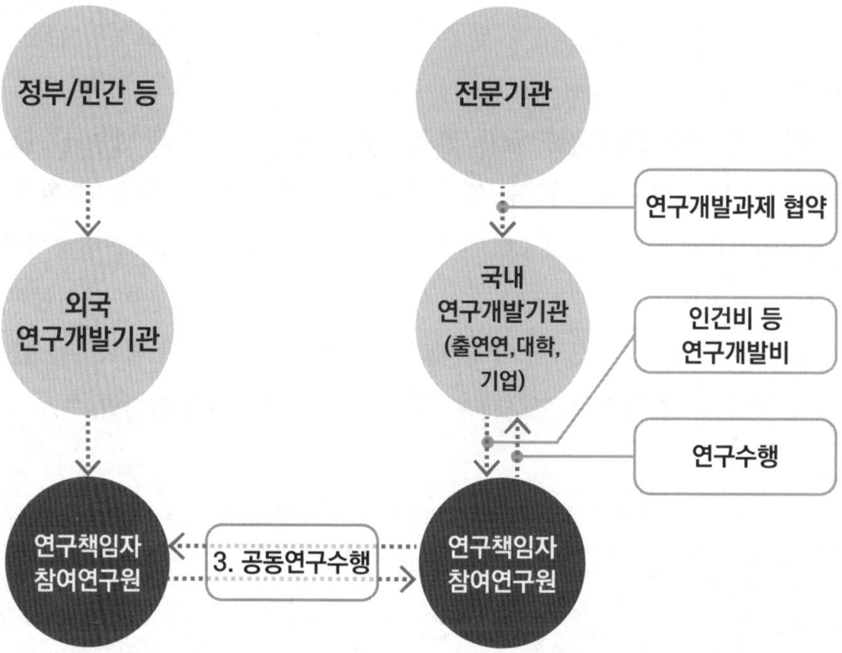

국제공동연구는 국내 기관·법인·단체가 외국의 기관·법인·단체 및 연구자와 협력하여 연구개발, 인력양성 및 교류, 정보교환, 기술이전, 연구 시설·장비 공동 활용 등을 통해 기술 경쟁력을 제고하고 국제사회에 기여하는 일련의 과정 전체를 포괄한다. 따라서

반드시 우리나라 연구개발비 예산으로 외국 연구개발기관이나 외국 국적 연구자에게 비용을 지급하는 경우만을 국제공동연구로 한정할 필요는 없다.

실제 운영에 있어서는 연구개발과제의 성격에 따라 국내 연구개발기관과 외국 연구개발기관이 나라별로 공모 및 선정 평가를 개별적으로 진행하거나, 공동으로 협력하거나, 혹은 비공식적으로 연계된 형태로 운영할 수 있다. 연구 수행 또한 각 기관이 자체 재원과 계획에 따라 나라별로 독립적으로 진행하되, 국내 연구책임자와 외국 국적 연구자 간의 긴밀한 네트워킹을 통해 연구 협력이 자율적으로 이루어질 수 있다. 개별 네트워킹을 통한 연구 협력은 이처럼 과제 구조와 재원은 나라별로 분리되지만, 연구 내용과 협력 관계를 통해 국제공동연구의 실질적 효과를 달성할 수 있다는 점에서 중요한 의미를 가진다.

8. 국제공동연구개발사업의 형태

그림 7 국제공동연구개발사업의 형태 구조도

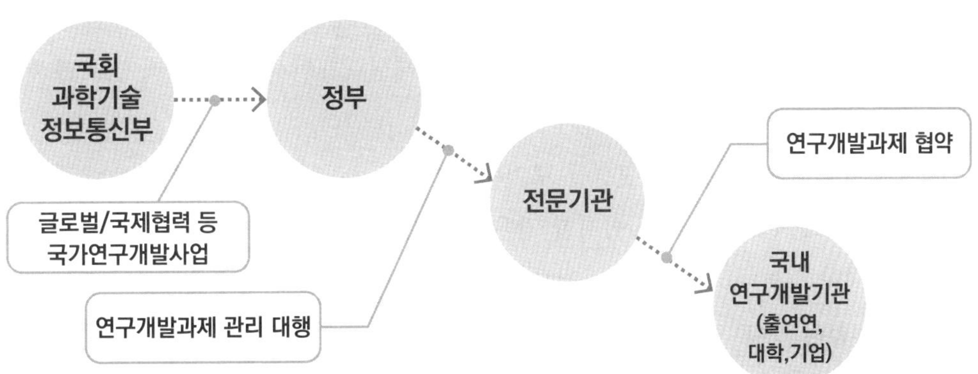

개별 중앙행정기관의 장이 기획예산처로부터 국가연구개발사업 예산을 확보하는 과정에서 '국제공동연구개발사업'을 기획하고 이를 수행하는 경우가 있다. 그러나 이러한 국제공동연구개발사업이 반드시 외국 연구개발기관과의 공동 수행만을 전제로 하는 것은 아니다.

국제공동연구개발사업의 본질적 목적은 특정 기술 분야에서 국제적 경쟁력을 확보하고, 글로벌 연구 동향과 연계하여 국내 연구 수준을 한 단계 끌어올리는 데 있다. 따라서 국제적 과제라고 하더라도 외국 연구개발기관이 직접 참여하지 않고도 '국제적 성격'을 가질 수 있다. 대표적인 사례가 국제 표준 연구이다. 정보통신기술, 원자력 안전, 인공지능 윤리, 바이오 보안 등 분야에서는 세계 각국이 공통으로 적용할 규범과 기준을 마련하는 것이 핵심인데, 우리나라 연구진이 국제표준화기구(ISO) 등에 참여하여 주도적인 역할을 한다면 이는 충분히 국제공동연구개발의 범주에 속한다.

즉, 연구 수행 주체가 국내 연구진으로 한정되더라도 그 연구 결과가 세계적으로 통용되고 국제적 합의에 기여한다면, 해당 사업은 '국제협력'의 성격을 지닌다고 평가할 수 있다.

9. 소결

국제공동연구는 단일한 유형 및 방식이 아니라, 연구개발비 지급 형식, 연구개발 협력 형태, 협력 구조 등에 따라 다양한 방식으로 운영되고 있다. 국내 연구개발기관은 외부 전문가 자문 참여, 위탁연구개발비 활용, 국제공동연구개발비 계상, 공동기관형 참여, 나라별 별도의 과제 연계 수행, 나아가 기획된 국제협력개발사업 등 여러 경로를 통해 외국 연구개발기관이나 해외 국적 연구자와 협력할 수 있다.

이러한 다양성은 제도의 유연성을 보여주지만, 동시에 현장에서는 혼란을 초래한다. 실제 연구자와 연구개발기관은 어떠한 경우에 어떠한 방식으로 국제공동연구를 추진해야 하는지 명확히 이해하기 어렵고, 전문기관 역시 사업 기획과 과제관리를 일관성 있게 설계하기가 쉽지 않다.

우선 연구자 입장에서는 연구 목적과 성격에 맞는 국제공동연구 방식을 선택하기 위해 제도적 차이를 정확히 이해할 필요가 있다. 예컨대 위탁연구개발비를 통해 외국 연구개발기관과 계약을 체결할 경우 연구성과의 소유권이 주관연구개발기관에 귀속되는 반면, 국제공동연구개발비를 활용하면 지식재산권 귀속을 협약으로 정할 수 있어 유연성이 높다. 또한 공동기관형으로 참여하는 경우에는 외국 연구개발기관도 국내 기관과 동일한 권리·의무를 부담해야 하므로, 행정 시스템의 활용 문제가 뒤따른다. 연구자가 이를 충분히 숙지하지 못하면 협력 과정에서 불필요한 마찰이 발생할 수 있다.

연구개발기관의 입장에서도 고민이 크다. 국제공동연구 참여 방식에 따라 계약 구조, 연구개발비 집행 절차, 성과 귀속, 위험 분담이 크게 달라지기 때문이다. 국내 연구개발기관은 외국 국적 연구자와의 협력 필요성은 공감하면서도, 어떤 방식이 연구 목적에 부합하는지 판단하기 어렵다. 특히 기술사업화와 연결되는 지점에서 이러한 문제는 더욱 두드러진다. 예를 들어 국제 표준 연구와 같이 외국 연구개발기관이 직접 참여하지 않아도 국제성을 인정받을 수 있는 경우, 연구개발 단계가 아닌 사업화 단계에서의 국제공동연구를 통한 글로벌 시장 진출이나 국제 규제 대응이 더 효과적일 수 있다. 반대로 실제 연구개발 단계에서 외국 연구개발기관과의 국제공동연구 수행을 통해 기술을 이전받거나, 공동 특허를 확보하는 것이 더 유리한 경우도 있다. 즉, 기관마다 전략적 판단이 필요한데 이를 뒷받침할 가이드라인은 아직 미흡하다.

전문기관 역시 중요한 역할을 맡고 있다. 연구자나 기관이 어떠한 방식으로 국제공동연구를 기획·수행해야 성과를 극대화할 수 있을지를 사전에 제시하고, 과제 평가 및 관리 체계를 그에 맞춰 설계해야 한다. 현재는 다양한 방식이 병존하면서도 각각의 장단점이 충분히 설명되지 않아 연구자들이 소극적으로 접근하는 경우가 많다. 전문기관은 사업 공고 단계에서부터 연구자들이 이해하기 쉬운 유형별 안내와 사례를 제공하고, 연구개발비 집행 및 성과관리의 차이를 명확히 규정해야 한다. 또한 외국 연구개발기관의 시스템 사용 한계 등에 대해 국내 기관이 어떻게 대행할 수 있는지 명확한 가이드라인을 제시함으로써 행정적 부담을 줄여야 한다.

이러한 분석을 토대로 볼 때, 향후 국제공동연구 제도 개선의 핵심 포인트는 산업기술 경쟁력 강화와 기술사업화 촉진에 있다. 국제공동연구는 단순한 학술적 협력에 그치지 않고, 글로벌 시장 진출, 국제 표준 선점, 기술이전 및 상용화로 이어져야 한다. 이를 위해서는 각 방식이 산업 기술적 측면에서 어떤 효과를 가지는지를 명확히 분석하고, 연구자·연구개발기관이 전략적으로 선택할 수 있도록 제도를 보다 구체화해야 한다.

결국, 국제공동연구의 다양한 제도적 방식이 존재한다는 사실은 단순히 복잡성을 의미하는 것이 아니라, 연구 목적과 산업적 활용 전략에 맞게 선택할 수 있는 옵션의 확장으로 이해되어야 한다. 다만 이러한 다양성을 실제 현장에서 효과적으로 활용하기 위해서는 연구자·연구개발기관·전문기관 모두의 이해 수준을 높이고, 구체적인 지침과 사례를 제공하는 정책적 지원이 반드시 필요하다. 이를 통해 국제공동연구가 산업기술 협력과 기술사업화로 이어지는 선순환 구조를 구축한다면, 국제 경쟁력 강화라는 본래의 목표를 달성하는 데 한층 가까워질 것이다.

제4절 ▌국제공동연구 계약서

국제공동연구를 수행하는 과정에서 국내 연구개발기관과 외국 연구개발기관이 별도의 계약을 체결하는 경우는 매우 일반적이다. 이는 다양한 국제협력 방식 가운데 특히 연구개발과제의 예산 중 국제공동연구개발비를 활용하는 구조가 가장 널리 사용되기 때문이며, 이러한 경우 양 기관 간 계약 체결은 실질적인 협력의 전제가 된다. 일반적으로 이러한 계약은 영문으로 작성되며, 국제적 연구환경에서는 영문 계약의 형식과 구조가 일정 부분 관행화되어 있다.

그러나 실무에서는 계약의 외형적 양식에 치중한 나머지, 정작 핵심적인 사항인 양 기관이 각각 수행해야 할 연구범위와 역할을 명확히 구분하여 서술하지 않는 문제가 빈번하게 발생한다. 계약서의 언어가 영어라는 점이 이러한 문제를 더욱 심화시키는 경우도 있다. 문장 구조나 용어의 통일성에만 신경을 쓰고, 정작 국제공동연구의 본질적 요소인 연구 내용·역할 배분·시설 및 장비 활용 방식 등을 구체적으로 기재하지 않는 경우가 많기 때문이다.

이와 같은 방식으로 계약이 체결될 경우, 연구개발성과의 귀속·공유·이용과 관련된 분쟁이 발생할 위험이 크게 증가한다. 실제로 국내 연구개발기관이 외국 연구기관과 공동연구를 수행한 사실은 존재함에도, 계약서에서 각 기관이 어떠한 연구를 수행했는지, 어떠한 성과물이 누구에게 귀속되는지, 연구 과정에서 사용한 장비·시설·인력 등 기여 요소가 무엇인지 명확히 기재되어 있지 않아 연구성과 소유권을 둘러싼 갈등이 발생한 사례도 적지 않다.

국제공동연구 계약은 단순한 협력의 선언이나 비용 정산의 도구가 아니라, 연구기여도·연구범위·성과 귀속·지식재산권 배분 등 연구의 실체를 규정하는 계약이 법적 근거라는 점을 명확히 인식할 필요가 있다. 특히 국제공동연구의 경우 국내 연구진이 외국 연구기관의 인력·장비·연구 시설·데이터·시료 등 다양한 자원을 활용할 수 있으므로, 국내 연구진이 해당 자원을 어떻게 활용했는지 구체적으로 기재해야 한다. 이는 향후 연구성과의 소유권·이용권·기술이전 여부를 결정하는 핵심 요소가 되며, 국제공동연구의 정당성과 투명성을 확보하는 데 필수적인 절차다.

따라서 국제공동연구 계약서에는 외형적 형식이나 작성 언어에 구애받지 않고, 각 기관의 역할과 책임, 연구범위, 기여 요소, 성과 귀속 원칙, 인력·시설·장비 등의 활용 방식을 구체적으로 기술해야 한다. 이러한 구체적 서술 없이는 국제공동연구 수행의 실체를 확인하기 어렵고, 이는 국제공동연구의 의도와 달리 오히려 성과관리·보안관리·지식재산권 관리에서 심각한 혼란을 야기하는 결과로 이어질 수 있다.

국제공동연구 계약에서는 당사자들이 수행할 연구개발 활동의 범위와 목표, 연구 내용, 수행 방법, 예상되는 성과물 등을 명확하게 규정하는 조항을 구체적으로 작성할 필요가 있다. 이는 연구개발 협력 관계에서 각 당사자의 과업 경계를 명확히 하는 것이 책임의 귀속, 일정 관리, 성과평가의 기준을 설정하는 데 결정적인 역할을 하기 때문이다. 특히 국내 연구개발기관은 전체 연구개발과제를 총괄하는 책임을 부담하며, 그 과정에서 국제공동연구개발비를 활용하여 외국 연구개발기관과 계약을 체결해 과업의 일부를 협력 방식으로 수행하는 구조다.

이러한 구조에서는 외국 연구개발기관이 담당할 연구범위가 별도의 연구계획서나 기술 부록[8]의 형태로 구체적으로 기재되어야 한다. 이 연구계획서는 단순한 참고 자료가 아니라 당사자 간 합의된 본 계약의 일부로서 법적 효력을 갖는다. 따라서 외국 연구개발기관의 연구 수행 범위는 첨부된 연구계획서의 내용에 따라 확정되며, 이 문서야말로 국제공동연구에서 실제 수행될 연구행위를 정의하는 핵심 문서라고 할 수 있다.

연구계획서는 여러 사후적 절차의 기준이 되므로 그 작성에는 특히 주의가 요구된다. 계약 체결 후에는 외국 연구개발기관의 동의 없이는 연구계획 내용의 변경이 사실상 어렵고, 그 내용이 외국 연구개발기관의 기여도 산정, 성과 귀속, 비용 지급의 정당성 판단 등에 직접적으로 영향을 미친다. 또한 국제공동연구개발비가 해당 연구계획의 범위와 내용에 기초하여 지급되었다는 점은 전문기관이나 소관 부처가 추후 점검·평가 과정에서 확인하는 중요한 요소이기도 하다. 따라서 연구계획서는 양 당사자가 향후의 분쟁 가능성을 예방하고 연구개발성과 소유의 투명성을 확보하기 위한 기준 문서로서, 가능한 한 구체적이고 명확하게 작성되어야 한다.

---

8 기술 부록은 특정문서·표준·서지 등에서 부록 형태로 별도 제공되는 기술적 추가 자료를 말한다.

제15장

연구지원과 국가연구개발행정제도

제1절 ▌연구지원

「국가연구개발혁신법」

제2조(정의) 이 법에서 사용하는 용어의 뜻은 다음과 같다.
7. "연구지원"이란 연구개발기관이 소속 연구자가 연구개발에 전념할 수 있도록 연구개발과제의 신청·수행 및 성과 활용 등에 필요한 인력, 시설·장비, 전산시스템 등을 직접적·간접적으로 지원하는 것을 말한다.

제24조(연구지원 체계의 확립) ① 과학기술정보통신부장관은 연구개발기관이 체계적이고 전문적인 연구지원을 할 수 있도록 필요한 시책을 수립·추진하여야 한다.
② 대학 등 대통령령으로 정하는 연구개발기관은 다음 각 호의 요건을 모두 충족하는 연구지원 체계를 갖추어야 한다.
1. 연구지원을 전담하는 인력(이하 "연구지원 인력"이라 한다)을 확보할 것
2. 연구지원을 전담하는 조직(이하 "연구지원조직"이라 한다)을 갖출 것
③ 과학기술정보통신부장관은 다음 각 호의 사항을 포함하는 연구지원에 관한 기준(이하 "연구지원기준"이라 한다)을 정하고 연구개발기관에 이를 지키도록 권고할 수 있다.
1. 연구개발비, 연구시설·장비, 연구개발성과 관리 등 연구지원 제반 업무 표준
2. 제1호에 따른 연구지원 제반 업무별 연구지원 인력·연구지원조직·연구자의 권한과 책임
3. 그 밖에 연구개발기관의 체계적이고 전문적인 연구지원을 위하여 필요한 사항

제25조(연구지원체계평가) ① 과학기술정보통신부장관은 매년 제24조 제2항에 따른 연구개

발기관을 대상으로 다음 각 호의 사항을 포함하는 연구지원 체계 구축·운영에 대한 평가(이하 "연구지원체계평가"라 한다)를 실시할 수 있다.
1. 연구지원기준 준수 정도
2. 연구개발기관의 연구지원에 대한 소속 연구자의 만족도
3. 연구개발기관의 간접비 계상·집행·관리 실태
② 과학기술정보통신부장관은 연구지원체계평가를 실시한 경우에는 그 결과를 관계 중앙행정기관의 장에게 통보하고 공개하여야 한다.
③ 과학기술정보통신부장관은 제13조 제4항 제2호에 따라 고시하는 연구개발기관별 간접비 계상기준에 연구지원체계평가 결과를 반영하여야 한다.
④ 연구지원체계평가의 절차 및 방법, 제2항에 따른 평가 결과의 통보 및 공개 절차, 제3항에 따른 평가 결과의 반영 기준은 대통령령으로 정한다.

제26조(연구개발 관련 교육·훈련)
① 과학기술정보통신부장관은 연구개발기관, 연구자 및 연구지원 인력의 전문성과 역량을 강화하기 위하여 교육·훈련 과정을 기획하거나 시행할 수 있다.
② 연구개발기관은 소속 연구자 및 연구지원 인력이 제1항에 따른 교육·훈련 과정에 참여할 수 있도록 지원하여야 한다.
③ 제1항에 따른 교육·훈련 과정에 포함되어야 하는 사항은 대통령령으로 정한다.

1. 개요

연구지원은 연구개발기관이 소속 연구자가 연구개발에 전념할 수 있도록 연구개발과제의 신청·수행 및 성과 활용 등에 필요한 인력, 시설·장비, 전산시스템 등을 직접적·간접적으로 지원하는 것을 말한다(「국가연구개발혁신법」 제2조 제7호). 이에 과학기술정보통신부장관은 연구개발기관이 체계적이고 전문적인 연구지원을 할 수 있도록 필요한 시책을 수립·추진하여야 하고 연구지원기준을 정해 연구개발기관이 이를 지킬 수 있도록 권고하며(「국가연구개발혁신법」 제24조 제1항, 제3항), 대학 등 연구개발기관은 연구지원을 전담하는 인력과 조직을 확보하여 연구지원 체계를 갖추어야 한다(「국가연구개발혁신법」 제24조 제2항).

과학기술정보통신부장관은 매년 대학 등 연구개발기관을 대상으로 연구지원체계평가를 실시할 수 있으며, 해당 결과는 연구개발기관별 간접비 계상기준에 반영된다(「국가

연구개발혁신법」 제25조 제1항 및 제3항).

과학기술정보통신부장관은 연구개발기관, 연구자 및 연구지원 인력의 전문성과 역량을 강화하기 위하여 교육·훈련 과정을 기획하거나 시행할 수 있으며, 연구개발기관은 소속 연구자 및 연구지원 인력이 제1항에 따른 교육·훈련 과정에 참여할 수 있도록 지원하여야 한다(「국가연구개발혁신법」 제26조 제1항, 제2항).

우리나라의 연구지원, 즉 연구행정 역량은 주요 선진국과 비교할 때 여전히 매우 취약한 수준에 머물러 있다. 이는 국내 연구자들의 행정 부담을 심화시키는 주요 원인으로 작용하고 있다. 특히, 신진 연구자일수록 연구행정 경험이 부족하고 지원 체계도 미비하여 행정 부담이 더욱 가중되는 경향이 있다. 연구자들이 가장 큰 부담을 느끼는 부분은 '연구개발비 관리 및 정산' 업무이며, 이는 복잡한 행정절차와 과도한 서류 요구, 회계감사 대응 등으로 인해 연구 본연의 창의적 활동이 위축되는 결과를 초래한다. 결국 이러한 문제는 단순히 연구자의 개인적 부담을 넘어, 국가 전체의 연구 효율성과 경쟁력 저하로 이어진다. 연구행정 전문성을 높이기 위한 인력 확충, 행정절차의 간소화 등이 함께 추진되어야만 연구자들이 본연의 연구 활동에 전념할 수 있는 환경이 조성될 수 있다.

이에 「국가연구개발혁신법」은 연구개발기관의 체계적이고 전문적인 연구지원을 강화하기 위해 연구지원 체계 확립과 평가에 관한 법적 근거를 마련하였다. 그동안 정부의 주요 정책 논의에서 상대적으로 소외되어 왔던 연구지원, 즉 연구행정 영역의 선진화를 본격적으로 추진하는 근거로서, 이러한 제도적 기반은 단순한 행정 효율화에 그치지 않고, 국가 연구개발 혁신의 핵심 요소로 기능할 수 있다. 연구자의 연구 몰입 환경을 조성하고, 연구행정의 전문성을 제고하는 것은 장기적으로 국가 과학기술 경쟁력의 질적 향상을 견인할 수 있기 때문이다.

특히 연구지원 전담 조직과 전문 인력의 확보는 연구와 행정을 명확히 분리하는 제도적 전환점을 마련하였다. 연구자는 불필요한 행정업무에서 벗어나 연구 본연의 창의적 활동에 집중할 수 있으며, 연구지원 인력은 연구개발비 관리, 정산, 성과 보고 등 행정적 절차를 체계적으로 담당함으로써 업무 전문성을 강화할 수 있다. 이러한 역할 분담은 연구 효율성을 높이는 동시에, 연구행정의 투명성과 신뢰성을 높이는 효과를 가져올 수 있다.

또한 연구지원 체계의 성과를 객관적으로 평가하고, 그 결과를 간접비 배분과 연계하는 제도적 장치도 함께 마련되었다. 이를 통해 연구행정이 단순한 보조 기능이 아니라 연구성과를 뒷받침하는 핵심적 기반으로 인식되도록 유도하고 있다. 나아가 평가 결과에 따른 간접비 조정으로 연구지원 역량이 우수한 기관에 인센티브를 제공함으로써, 각 기관이 연구행정의 전문화를 자발적으로 추진하도록 동기를 부여한다.

2. 연구지원기준

「국가연구개발혁신법」의 개정은 연구지원 체계의 전문성과 실효성을 높이기 위한 구체적 근거를 제도적으로 마련했다는 점에서 중요한 의미를 가진다. 먼저 「국가연구개발혁신법」 제24조 제3항은 연구개발기관이 체계적이고 효율적인 연구행정을 구축할 수 있도록, 정부가 연구지원에 관한 명확한 기준을 제정하도록 규정하고 있다. 이 조항은 각 기관이 연구지원조직의 역할과 기능을 체계적으로 설계할 수 있는 일종의 가이드라인으로 작용한다. 즉, 연구지원의 범위·절차·전문 인력의 자격 기준 등을 표준화하여 연구개발기관 간 편차를 줄이고, 일관된 연구행정 품질을 유지할 수 있도록 하는 데 초점을 두고 있다.

이어 「국가연구개발혁신법」 제25조는 연구와 행정의 분리 정책이 실제 현장에서 신속하게 정착될 수 있도록 하는 연구지원 체계 평가 제도의 법적 근거를 신설하였다. 이 조항은 단순한 제도 도입에 그치지 않고, 평가를 통해 연구지원 체계의 실효성을 주기적으로 점검하고 개선할 수 있는 구조를 제시한다. 특히 그동안 법령상 근거 부족으로 실태 파악이 어려웠던 간접비 집행 현황에 대해서도 평가를 통해 체계적으로 분석할 수 있도록 하였다(「국가연구개발혁신법」 제25조 제1항). 이를 통해 간접비가 연구개발의 본래 목적에 부합하게 사용되고 있는지, 연구지원 인력 확충이나 연구환경 개선 등 실질적인 영역에 제대로 투입되고 있는지를 객관적으로 검증할 수 있게 된다.

아울러 이러한 평가 결과는 단순한 실태 보고서에 머무르지 않고, 각 연구개발기관의 간접비 계상기준에 직접 반영되도록 설계되었다. 연구행정의 투명성과 효율성이 우수한 연구개발기관에는 인센티브를, 반대로 미흡한 연구개발기관에는 페널티를 부여할 수 있도록 함으로써, 연구개발기관 간 건전한 경쟁을 유도하고 연구지원체계의 질적 향상을 도모한다. 이와 같은 제도적 구조는 연구행정이 단순한 보조적 기능이 아닌, 연구성과의 질과 직결되는 핵심 인프라로 자리매김하도록 하는 토대가 된다.

결과적으로 「국가연구개발혁신법」 제24조 제3항 및 제25조의 신설은 국가 차원에서 연구지원 체계의 전문화와 투명성을 제도적으로 뒷받침하기 위한 핵심 조치로 평가된다. 이는 연구자들이 행정 부담에서 벗어나 연구에 전념할 수 있는 환경을 조성하고, 궁극적으로 국가연구개발의 생산성과 신뢰도를 함께 높이는 방향으로 작동할 것으로 기대된다.

3. 연구지원체계평가

연구지원체계평가는 연구개발기관의 행정 역량과 연구환경의 질을 종합적으로 진단하여, 연구자 중심의 효율적인 연구지원 구조를 정착시키기 위한 핵심 제도이다. 연구지원체계평가 대상 연구개발기관은 「국가연구개발혁신법」상의 연구개발기관 전체는 아니다. 현재 연구지원체계평가 대상 연구개발기관에는 대학, 과학기술분야 정부출연연구기관, 특정연구기관과 과학기술정보통신부장관이 필요하다고 인정하는 기타 연구개발기관이 포함된다. 비영리법인 형태의 연구개발기관에 대해 주로 연구지원체계평가가 이루어지고 있다.

「국가연구개발혁신법 시행령」

제51조(연구지원 체계의 확립 대상)
법 제24조 제2항 각 호 외의 부분에서 "대학 등 대통령령으로 정하는 연구개발기관"이란 다음 각 호의 연구개발기관을 말한다.
1. 법 제2조 제3호나목·라목 및 바목의 연구개발기관
2. 그 밖에 과학기술정보통신부장관이 연구지원 체계를 갖춰야 할 필요가 있다고 인정하는 연구개발기관

평가 수행기관은 과학기술정보통신부이며, 실제 평가는 한국과학기술기획평가원(KISTEP)[1]에 위탁되어 시행된다. 평가 주기는 2년 단위로 구분되어, 짝수 해에는 과학기술분야 정부출연연구기관 및 특정연구기관 등 비영리 공공연구기관을 대상으로, 홀수

1 「과학기술기본법」 제20조(한국과학기술기획평가원의 설립) ① 과학기술정책의 수립 · 조정 및 국가연구개발사업의 평가 등을 지원하기 위하여 한국과학기술기획평가원을 설립한다.

해에는 대학을 대상으로 평가가 진행된다. 이러한 교차평가 방식은 기관 유형별 특성과 역할 차이를 고려하여 보다 정밀하고 실효성 있는 평가가 이루어지도록 설계된 것이다.

평가 내용은 연구행정의 단순 효율성뿐 아니라 연구지원 체계의 전반적 질을 평가하는 데 초점을 둔다. 주요 항목으로는 연구지원조직의 운영 역량, 연구자의 처우개선 및 근무 환경, 연구개발비 집행의 투명성, 연구 제도 운영의 합리성, 연구자의 애로사항 모니터링 등이 포함된다. 이러한 평가지표는 연구자 관점에서 체감할 수 있는 행정서비스 수준과 연구환경의 질을 반영하도록 구성되어 있다.

평가 절차는 연간 일정에 따라 엄격히 진행된다. 매년 3월 31일까지 평가 실시계획이 수립되고, 이후 평가 실시 → 평가 결과 통보 → 평가 결과 공개의 단계로 이어진다. 특히 평가 결과는 평가 완료 후 14일 이내에 공개되어 투명성을 보장한다. 평가 실시계획에는 평가 대상 기관과 평가지표, 자료 제출의 범위와 기한, 평가 방법과 일정, 평가 후속 조치 등의 세부 사항이 포함되어 있어 절차적 일관성과 공정성을 확보하고 있다.

평가 결과의 활용 또한 실질적인 정책적 파급력을 지닌다. 우선 과학기술 분야 정부출연연구기관의 종합기관평가에 그 결과가 반영되며, 각 연구개발기관의 간접비 계상기준에도 직접 반영되어 재정적 인센티브로서 기능한다. 최우수기관으로 평가된 연구개발기관의 경우, 연구개발비 정산 절차가 대폭 간소화되어 기존의 복잡한 증빙 절차 대신 '연구개발비 사용실적 제출'만으로 정산을 갈음할 수 있도록 하고 있다.

4. 연구개발기관별 간접비 계상기준과의 연동

간접비는 연구개발기관이 여러 연구개발과제를 수행하는 과정에서 공통적으로 발생하지만, 특정 과제에 직접 귀속시키기 어려운 비용을 의미한다. 다시 말해, 개별 연구개발과제의 연구 활동과 직접적으로 연관되지는 않지만, 그 과제를 수행하기 위해 필수적으로 소요되는 기관 운영 및 지원성 비용이다.

「국가연구개발혁신법」 제13조 제3항 제2호에 따르더라도, 간접비는 연구개발기관이 연구개발과제를 수행하는 데 있어 공통적으로 소요되는 비용으로서, 개별 연구개발과제로부터 직접 산출할 수 없는 비용으로 규정되어 있다. 예컨대 연구지원 인력 인건비, 연구실안전관리비, 연구보안관리비, 지식재산권 출원·등록비 등이 이에 해당한다.

이러한 간접비는 개별 과제의 연구개발성과를 직접적으로 창출하지는 않지만, 연구 환경을 유지하고 연구자들이 안정적으로 연구에 집중할 수 있도록 하는 기반 인프라 성격의 비용이기 때문에, 연구자의 연구개발의 질과 효율성에 큰 영향을 미친다. 따라서 정부는 간접비의 산정 기준과 사용범위를 명확히 하고, 연구지원조직 강화나 연구환경 개선에 실질적으로 사용되도록 유도하고 있다.

한편, 연구개발기관 입장에서 간접비는 기관의 자율성과 운영 재량을 확보할 수 있는 '유연한 재원'으로도 작용한다. 간접비는 개별 연구개발과제에 직접 귀속되지 않기 때문에 정부의 세부적인 집행 통제를 상대적으로 덜 받으며, 연구개발기관이 자체 판단으로 활용할 수 있는 사실상 자율 재원의 성격을 갖는다. 이로 인해 간접비는 연구개발기관의 재정구조에서 전략적 재원으로 기능한다. 간접비는 연구개발 수행을 위하여 필요한 기관 공통 경비, 사업단·연구단 운영비 등으로도 활용이 가능하다. 특히 연구개발기관 운영에 필요한 인력 충원, 정보시스템 유지, 연구행정 인프라 개선 등은 정부가 직접 지원하지 않는 경우가 많아 연구개발기관들은 기관의 간접비 비율을 높이는 데 적극적일 수밖에 없다.

「국가연구개발혁신법」은 연구지원체계평가 결과를 고려하여 연구개발별 간접비 계상 비율을 차등 적용함을 명문화함으로써, 모든 연구개발기관이 동일한 비율로 간접비를 부여받는 것이 아니라, 연구지원체계평가가 우수한 연구개발기관에는 더 높은 간접비 비율을 인정하고, 미흡한 연구개발기관에는 감액하는 방식을 인정하였다. 간접비를 단순히 연구개발기관이 연구개발과제를 수행하는 데 있어 공통적으로 소요되는 비용으로서, 개별 연구개발과제로부터 직접 산출할 수 없는 비용이 아닌, 성과에 따른 보상 체계로 전환시킨 규범적 근거를 마련했다고 할 수 있다. 즉, 「국가연구개발혁신법」은 간접비를 인센티브적 성격을 가진 정책 수단으로 명시적으로 인정하고 있다.

현재 연구개발기관 중 연구행정이 투명하고 전문적으로 운영되는 연구개발기관은 높은 간접비 비율을 인정받을 수 있는 반면, 회계 부실이나 행정 미비가 발견된 연구개발기관은 간접비 비율이 감액될 수 있다. 이러한 차등 적용은 제재이자 동시에 성과 기반의 보상 체계로 기능한다. 연구개발기관 입장에서는 간접비 비율이 높아질수록 자체 확보 가능한 재원이 커지고, 이는 곧 행정 인력 확충이나 연구 환경 개선으로 이어질 수 있어, 실질적 인센티브로 작용한다.

제2절 ‖ 국가연구개발행정제도의 개념

「국가연구개발혁신법」

제8조(국가연구개발사업 추진에 관한 사무의 관장) ② 중앙행정기관의 장은 소관 국가연구개발사업의 추진에 필요한 법령 및 법령에서 위임한 사항과 그 시행에 관한 사항을 정한 훈령, 고시, 지침 등(이하 "법령등"이라 한다)을 제정·개정·폐지하려는 때에는 과학기술정보통신부장관과 협의하여야 한다.

제27조(국가연구개발행정제도 운영 등) ① 중앙행정기관의 장은 이 법의 범위에서 국가연구개발과 관련한 법령등이나 그에 따른 각종 시책(이하 "국가연구개발행정제도"라 한다)을 운영할 수 있다.
② 중앙행정기관의 장은 소관 국가연구개발행정제도에 관한 민원(「민원 처리에 관한 법률」 제2조 제1호에 따른 민원을 말한다)을 처리할 때에는 이 법의 목적과 입법취지를 고려하여야 한다.
③ 중앙행정기관의 장은 이 법의 해석 및 국가연구개발행정제도의 운영과 관련하여 과학기술정보통신부장관에게 의견을 요청하거나 국가과학기술자문회의에 심의를 요청할 수 있다.

제28조(국가연구개발행정제도 관련 의견 수렴 등) ① 국가연구개발행정제도를 운영하는 중앙행정기관의 장은 이를 합리적으로 개선하기 위하여 매년 이해관계인·전문가 등의 의견을 수렴하여야 한다.
② 누구든지 과학기술정보통신부장관 또는 해당 중앙행정기관의 장에게 국가연구개발행정제도의 개선을 제안할 수 있다.
③ 과학기술정보통신부장관은 제1항에 따른 의견 수렴과 제2항에 따른 제안 처리를 위하여 필요한 지원을 할 수 있다.
④ 제3항에 따른 지원에 필요한 사항은 대통령령으로 정한다.

제29조(국가연구개발행정제도 개선의 체계화) ① 과학기술정보통신부장관은 국가과학기술자문회의의 심의를 거쳐 다음 연도 국가연구개발행정제도 개선안 마련에 관한 기본지침을 작성하고 매년 3월 31일까지 관계 중앙행정기관의 장에게 통보하여야 한다.
② 관계 중앙행정기관의 장은 국가연구개발행정제도에 대한 개선 의견이 있을 때에는 그 의견을 제1항에 따른 기본지침에 따라 매년 4월 30일까지 과학기술정보통신부장관에게 제출하여야 한다.
③ 과학기술정보통신부장관은 제2항에 따른 의견 등을 반영하여 다음 연도 국가연구개발행정제도 개선안을 마련하고, 국가과학기술자문회의의 심의를 거쳐 매년 8월 31일까지 관계 중

앙행정기관의 장에게 통보하여야 한다.
④ 관계 중앙행정기관의 장은 제3항에 따라 통보받은 개선안의 내용을 다음 연도 소관 국가연구개발행정제도에 반영하여야 한다.

제30조(연구개발기관 등에 대한 제도 개선의 권고) ① 중앙행정기관의 장은 필요하다고 인정하는 경우 전문기관·연구개발기관이 국가연구개발사업 및 연구개발과제와 관련하여 운영하는 내부규정 및 이에 근거한 국가연구개발활동의 개선을 국가과학기술자문회의의 심의를 거쳐 해당 기관에 권고할 수 있다.
② 제1항에 따른 개선을 권고받은 기관은 이를 이행하고 그 결과를 소관 중앙행정기관의 장에게 보고하여야 한다.
③ 제1항에 따라 개선을 권고받은 기관이 그 권고를 이행하는 것이 곤란한 경우에는 소관 중앙행정기관의 장에게 권고 내용에 대한 재검토를 요청할 수 있다. 이 경우 소관 중앙행정기관의 장은 국가과학기술자문회의에 권고 내용에 대한 재심의를 요청하고 그 결과를 고려하여 해당 기관에 다시 권고할 수 있다.
④ 소관 중앙행정기관의 장은 제1항에 따라 개선을 권고받은 기관에 대하여 그 이행 실태를 확인·점검할 수 있다.
⑤ 제1항에 따른 권고 방법 및 절차, 제3항에 따른 재검토 절차, 제4항에 따른 확인·점검 절차는 대통령령으로 정한다.

국가연구개발행정제도는 「국가연구개발혁신법」에서 정의하고 있는 핵심 개념 가운데 하나로, 연구개발과제의 운영과 관리 전반을 제도적으로 뒷받침하는 틀을 말한다. 「국가연구개발혁신법」 제27조 제1항에 따르면, 국가연구개발행정제도란 "국가연구개발과 관련한 법령 등이나 그에 따른 각종 시책"을 의미한다.

여기서 "법령 등"이라는 표현은 단순히 법률과 그 하위 명령을 지칭하는 것에 그치지 않고, 법령에서 위임한 사항을 구체화하기 위해 제정된 훈령, 고시, 지침 등 각종 행정규칙까지 아우른다. 「국가연구개발혁신법」 제8조 제2항은 이를 명시적으로 규정하면서, 행정기관이 법률의 위임을 근거로 제정한 다양한 규범 형식이 모두 국가연구개발행정제도의 범주에 포함됨을 밝히고 있다.

"법령 등"은 연구개발과제 관리의 복잡성과 다양성을 고려한 결과라 할 수 있다. 국가연구개발사업은 개별 부처의 법령에 의해 그 근거가 마련되지만, 실제 국가연구개발사업을 구성하는 '연구개발과제'의 관리는 국가연구개발사업의 근거가 되는 법령과는 일반적으로 직접적인 관련성은 없다. 즉, 국가연구개발사업은 각 법령에 의해 그 근거가 마련되어 추진되지만, 실제 집행 단계에 있는 연구개발과제는 개별 부처에서 보다 세부적인 관리 및 운영 규정을 별도로 두고 있다. 이에 해당 연구개발과제 관리에 필요한 법령 및 법령에서 위임한 사항과 그 관리 절차의 시행을 정한 훈령, 고시, 지침 등을 모두 "법령 등"으로 아우르는 것이다.

따라서 국가연구개발행정제도는 국가연구개발과 관련한 법률, 대통령령, 부령 등 형식적 법규뿐 아니라, 각 부처가 현장의 수요와 특수성을 반영하여 마련하는 고시, 훈령, 지침 등 행정규칙을 모두 포함한다. 나아가 이러한 규범적 장치와 함께, 정부가 수립·시행하는 각종 시책도 국가연구개발행정제도의 범주에 속한다. 다시 말해, 단순히 법률 조문이나 형식적 명령에 한정되는 것이 아니라, 연구개발과제 관리 등 운영과 관련하여 실질적인 영향력을 미치는 정책적 조치, 계획 등 시책까지 제도적 개념 안에 포함된다는 것이다.

이처럼 국가연구개발행정제도의 개념은 다층적이고 포괄적이다. 이는 국가연구개발사업이 갖는 특수성, 즉 다양한 분야의 연구와 다수의 주체가 얽히는 복합적 구조를 제도적으로 관리하기 위해 한 불가피한 선택이다. 만약 법률과 하위 명령으로만 연구개발과제를 규율한다면, 현장에서 발생하는 다양한 상황과 특수성을 반영하기 어렵다. 반대로 행정규칙과 시책을 함께 포섭함으로써, 제도는 법적 안정성과 동시에 정책적 유연성을 확보할 수 있다. 결과적으로 국가연구개발행정제도는 법률·시행령·시행규칙·행정규칙·시책을 유기적으로 연결하는 종합적 개념으로, 연구개발사업의 효율성과 일관성을 뒷받침하는 제도적 기반이 된다.

제3절 ▌ 국가연구개발행정제도 개선의 의의

국가연구개발행정제도의 개선은 무엇보다도 현장 중심의 선도적 연구환경을 조성하는 것을 목표로 한다. 지금까지의 연구관리제도는 제도적 정합성을 갖추고 있음에도 불구하고, 실제 연구 현장에서 체감되는 행정적 부담이나 규제의 경직성으로 인해 효율성이 떨어진다는 지적을 받아왔다. 이에 따라 개선의 방향은 현장 연구자들의 요구와 수요를 반영하여, 보다 자율적이고 유연한 운영이 가능하도록 하는 데 초점이 맞추어져 있다. 이러한 맥락에서 국가연구개발행정제도란 단순히 「국가연구개발혁신법」과 그 하위 규정만을 뜻하는 것이 아니라 각 부처가 소관하는 관련 법령과 정책 시책까지 포괄하는 넓은 개념으로 이해된다. 따라서 국가연구개발행정제도의 개선은 곧 국가 차원의 법적·제도적 틀 전반을 재구성하는 작업이라 할 수 있다. 이러한 작업을 위한 법적 근거로서 국가연구개발행정제도 개선이 존재한다.

국가연구개발 역량을 한 단계 끌어올리기 위해서는 연구자가 자율성을 보장받으면서 동시에 책임성을 다할 수 있는 환경을 조성하는 것이 필수적이다. 과도한 규제나 불필요한 행정절차는 연구자의 창의성과 연구 몰입도를 저해할 수 있다. 따라서 국가연구개발행정제도 개선은 연구 현장에서 스스로 목표를 설정하고 성과를 창출할 수 있도록 자율성을 부여하는 한편, 그 과정과 결과에 대해서는 합리적이고 투명한 책임을 지도록 균형을 맞추는 방향으로 이루어져야 한다. 이러한 방식은 단순히 연구자 개인의 권익을 보장하는 차원을 넘어, 국가 전체 연구개발 역량 강화라는 정책적 목적을 실현하는 핵심 수단이 된다.

나아가 국가연구개발행정제도의 합리성을 제고하는 것은 연구개발 효율성을 높이고, 선도적인 연구를 촉진하는 데 필수적이다. 제도의 합리성이란 불필요한 규제를 줄이고 중복된 절차를 정비하여 연구자들이 본연의 연구에 집중할 수 있도록 하는 것을 뜻한다. 행정적 부담이 완화되면 연구자는 보다 많은 시간과 에너지를 창의적 연구에 투입할 수 있고, 이는 곧 국가 차원의 연구성과 향상으로 이어진다. 특히 글로벌 기술 경쟁이 치열해지고 있는 상황에서, 효율적이고 합리적인 제도는 우리나라가 선도적 연구를 지속적으로 추진할 수 있는 기반을 제공한다.

또한, 국가연구개발행정제도의 개선은 국내외 환경 변화에 능동적으로 대응할 수 있는 체계를 구축하는 것을 의미한다. 과학기술은 급속하게 발전하고 있으며, 국제적 연구 협력, 연구 윤리 문제, 데이터 활용과 같은 새로운 쟁점들이 끊임없이 등장하고 있다. 이에 대응하기 위해서는 국가연구개발행정제도를 일회성으로 정비하는 데 그쳐서는 안 되고, 변화하는 환경에 맞추어 지속적으로 고도화하는 노력이 필요하다. 즉, 국가연구개발행정제도의 개선은 단발적인 제도 개편이 아니라, 국가 연구개발 체계의 유연성과 적응성을 강화하는 지속적인 과정으로 이해되어야 한다.

제4절 ▌국가연구개발행정제도의 운영

「국가연구개발혁신법」은 국가연구개발사업을 효율적이고 일관성 있게 운영하기 위하여 국가연구개발행정제도의 근거를 마련하고 있다. 이에 따라 중앙행정기관의 장은 법이 정한 범위 내에서 각 부처 소관 국가연구개발행정제도를 운영할 수 있는 권한을 가진다(「국가연구개발혁신법」 제27조 제1항). 다만 이러한 권한은 자의적으로 행사되는 것이 아니라, 관련 법령을 개정하거나 새로운 제도를 도입하려는 경우 반드시 과학기술정보통신부장관과 협의하여야 한다는 제한이 뒤따른다(「국가연구개발혁신법」 제8조 제2항). 이는 부처별로 상이한 제도 운영으로 인한 혼란을 막고, 국가 차원의 일관된 거버넌스를 확보하기 위한 장치라 할 수 있다.

또한 중앙행정기관의 장은 소관 국가연구개발행정제도와 관련된 민원을 처리할 때에도 이 법의 목적과 입법 취지를 충실히 고려해야 한다. 이는 단순히 개별 사안에 대한 행정적 처리를 넘어, 국가연구개발사업의 본래적 취지인 연구자 중심의 자율성과 창의성을 보장하는 방향에서 제도를 운영해야 한다는 의미를 담고 있다. 더 나아가 제도운영과 관련하여 필요할 경우 과학기술정보통신부장관에게 의견을 요청하거나, 국가과학기술자문회의에 심의를 의뢰할 수 있도록 함으로써, 제도의 공정성과 객관성을 높이는 절차적 보완 장치도 마련되어 있다(「국가연구개발혁신법」 제27조 제2항 및 제3항). 이러한 규정은 중앙행정기관이 독자적으로 판단하기 어려운 문제에 대해 전문가 집단의 조언을 받도록 하여, 국가연구개발사업 운영의 합리성과 신뢰성을 제고하는 효과를 낳는다.

다만, 「국가연구개발혁신법」 제27조 제3항의 적용과 관련하여 다음과 같은 두 가지 법제적 쟁점이 제기될 수 있다. 첫째, 중앙행정기관의 장이 「국가연구개발혁신법」의 해석뿐만 아니라 개별 소관 부처의 법령, 행정규칙, 가이드라인 등을 포함한 국가연구개발행정제도의 운영과 관련하여 과학기술정보통신부장관에게 의견을 요청하고 그 결과에 따라 직무를 수행하는 것이 문제가 될 소지가 있는지 여부이다. 「국가연구개발혁신법」 제8조 제1항에 따르면 국가연구개발사업의 총괄 기능을 과학기술정보통신부장관에게 부여하고 있으므로, 각 부처가 국가연구개발사업의 추진이나 제도운영과 관련된 사항을 해석할 때 과학기술정보통신부장관의 의견을 구하는 것은 제도적으로 타당하다. 그러나 행정법적 관점에서 볼 때, 각 중앙행정기관은 소관 사무에 대해 고유한 권한과 책임을 가지므로, 과학기술정보통신부장관의 해석이 다른 부처 장관의 고유 권한에 대한 구속력 있는 법적 해석으로 기능할 수 있는지 여부에 대해서는 별도의 검토가 필요하다. 즉, 과학기술정보통신부장관의 해석은 국가연구개발사업의 통합성과 일관성을 유지하기 위한 '조정적·정책적 해석'의 성격을 가지나, 법적 구속력을 갖는 법원의 '법령 해석권'은 아니기 때문에, 해당 해석에 따라 직무를 수행하는 과정에서 위임 범위를 벗어나거나 타 부처의 자율적 행정권을 침해하지 않도록 주의할 필요가 있기 때문이다.

1. 유권해석 개요

유권해석은 국가기관이 법령의 의미와 내용을 구체적으로 해석하여 설명하는 행위를 말한다. 그중에서도 행정부처가 행정의 집행 과정에서 법령의 해석을 제시하는 것을 행정적 유권해석이라고 한다. 「행정절차법」 제5조는 행정작용의 근거가 되는 법령 등의 내용이 명확하지 않은 경우, 국민이 해당 행정청에 그 해석을 요청할 수 있도록 규정하고 있다. 이는 국민에게 법령 해석을 요청할 권리를 인정하고, 동시에 행정청에는 이에 응하여 해석을 제시할 의무를 부여한 것이다.

또한 「법제업무 운영규정」은 중앙행정기관의 장이 법령을 운영·집행하는 과정에서 해석상 의문이 있는 경우 법무부 또는 법제처에 법령 해석을 요청해야 한다고 규정하고 있고, 훈령, 예규 등을 운영·집행하는 과정에서 해석상 의문이 있는 경우 법무부 또는 법제처에 법령 해석을 요청할 수 있다고 규정하고 있다(「법제업무 운영규정」 제26조 및 제26조의2). 이를 통해 법제처 등은 법령 및 행정규칙 전반에 관한 유권해석 기능과 권한을 갖게 되었다. 이러한 제도는 행정작용의 투명성과 통일성을 확보하기 위한 것이지만, 법적 구속력까지 인정되는 것은 아니다.

첫째, 구체적 분쟁 사건에서 법령의 해석 및 판단 권한은 오직 법원에 귀속된다는 것이 일관된 법원의 입장이다. 이에 따라 국세예규심사위원회, 행정안전부장관, 법무부장관 등 행정기관이 제시한 유권해석은 법원의 판단을 구속하지 않는다. 대법원은 이미 1986. 10. 28. 선고 85누808 판결, 서울고등법원 2012. 2. 3. 선고 2011나40221 판결, 대법원 1981. 9. 8. 선고 80다3263 판결 등에서 이 원칙을 명확히 확인하였다. 다시 말해, 행정청의 유권해석은 행정청 내부에서의 판단기준으로 기능할 뿐, 법원의 사법적 판단을 구속하는 효력을 갖지 않는다.

둘째, 법제처 또한 「법제업무 운영규정」에 따라 이루어지는 유권해석은 행정기관의 법 집행을 위한 해석상 하나의 기준을 제시하는 행정 내부 지침에 불과하다는 입장을 견지하고 있다. 즉, 법원의 사법적 해석과 달리 관계 행정기관에 대해 법적 구속력을 가지지 않는다. 다만, 법제처의 정부 유권해석은 정부 부처 간 견해 통일과 행정 운영의 일관성을 확보하기 위한 기준으로 작용하기 때문에, 행정기관이 그 해석과 달리 집행할 경우에는 부적절한 행정 집행으로 간주되어 감사원의 감사나 징계 책임이 문제될 수 있다. 따라서 법제처의 유권해석은 형식상 법적 구속력은 없으나, 사실상의 구속력을 가진다고 볼 수 있다.

정리하면, 행정청의 유권해석은 법령에 근거하여 이루어진 것이든, 「행정절차법」상의 일반 절차에 따라 이루어진 것이든 간에 그 자체로 법적 구속력이 인정되지는 않는다. 그러나 법령상 유권해석 기능을 부여받은 국가기관의 해석은 정부 부처 간 관계에서는 사실상 구속력을 가지며, 이는 각 부처의 행정작용과 재량적 권한 행사를 일정 부분 제약한다. 반면, 국민과의 관계에서는 그러한 해석에 직접적으로 구속력이나 법적 지위를 부여하지는 않는다. 그럼에도 행정청의 유권해석은 공적 견해로서의 성격을 가지므로, 국민이 이를 신뢰하고 이에 근거해 행동한 경우, 행정청이 사후적으로 다른 입장을 취하거나 상반된 처분을 내린다면 신뢰 보호의 원칙 위반으로 판단될 가능성이 있다.

2. 과학기술정보통신부 유권해석의 법적 구속력 인정 여부

타 부처의 소관 행정규칙에 대해 과학기술정보통신부가 제정한 법률인 「국가연구개발혁신법」으로 그 내용을 제한하거나 「국가연구개발혁신법」을 우선 적용하는 것이 타당한지의 문제이다. 일반적으로 행정규칙은 해당 부처 내부의 사무처리 기준을 정한 내부 규범이므로, 상위 법령에 반하지 않는 한 소관 부처의 자율적 운영권에 속한다. 따라서 대통령령에 불과한 「법제업무 운영규정」이 타 부처의 행정규칙에 직접적인 구속력을 행사하거나 그 내용을 제한하는 것은 법리상 다소 논란의 여지가 있다. 그러나 「국가연구개발혁신법」은 국가연구개발사업 전반에 적용되는 일반법이자 상위 법률로서, 국가 연구개발 체계의 통합적 기준을 제시한다는 점에서 행정규칙보다 우위에 있다. 특히 「국가

연구개발혁신법」 제8조 제2항은 중앙행정기관의 장이 소관 국가연구개발사업 관련 법령·훈령·고시·지침 등을 제정·개정·폐지하려는 경우 과학기술정보통신부장관과 협의하도록 명시하고 있다. 이는 각 부처의 행정규칙이 국가연구개발사업의 통일된 기준에 반하지 않도록 하기 위한 절차적 장치로, 타 부처의 자율성을 침해하기 위한 것이 아니라 국가 차원의 일관성을 확보하기 위한 법적 조정 수단이라 할 수 있다.

국가기관 상호 간의 법령 유권해석과 관련해서는 「법제업무 운영규정」이 그 기본적인 절차와 권한 배분을 규정하고 있다.

첫째, 중앙행정기관의 장은 법령의 해석에 의문이 있는 경우, 법령 해석업무를 관장하는 기관에 해석을 요청해야 한다. 「법제업무 운영규정」 제26조 제1항에 따르면, 민사·상사·형사 및 행정소송, 국가배상 관계 법령과 법무부 소관 법령, 그리고 다른 법령의 벌칙조항에 대한 해석은 법무부가 담당하며, 그 외의 모든 행정 관계 법령의 해석은 법제처가 관장한다. 둘째, 중앙행정기관의 장은 소관 훈령이나 예규 등을 운영·집행하는 과정에서 해석상 의문이 생기는 경우, 역시 법령 해석기관에 해당 훈령·예규 등의 해석을 요청할 수 있다(「법제업무 운영규정」 제26조의2 제1항).

이처럼 「법제업무 운영규정」은 송무(訟務) 이외의 모든 행정 관계 법령의 해석 권한을 법제처에 부여하고 있으므로, 국가연구개발사업에 관한 법령 해석 권한을 과학기술정보통신부장관에게 부여하는 것이 법제처의 권한과 충돌하지 않는지가 문제될 수 있다. 그러나 다음과 같은 점을 고려할 때, 과학기술정보통신부장관에게 국가연구개발사업 관련 법령 해석권을 부여하는 것이 위법하다고 보기는 어렵다.

우선, 「법제업무 운영규정」은 행정기관의 법령, 훈령, 예규 등의 유권해석에 관한 일반 기준을 제시하는 대통령령일 뿐이며, 법률로써 이를 달리 정하거나 예외를 두는 것을 금지하지 않는다. 다시 말해, 대통령령 수준의 규정이 상위 법률에 의해 특정 분야의 특례를 인정하는 것을 배제할 수는 없다.[2] 따라서 「국가연구개발혁신법」 제27조가 과학기술정보통신부장관에게 국가연구개발사업에 관한 법령 해석권을 부여하더라도, 이는 법제처의 일반적 권한을 침해한다고 볼 수 없다.

또한 국가연구개발사업은 그 구조와 운영 취지상 다른 일반 행정행위나 국가계약, 재

2 「법제업무 운영규정」 시행 중에 「행정기본법」이 제정되어 같은 법 제40조에 법령해석 제도의 근거를 마련하기는 했으나, 구체적인 내용은 여전히 법률이 아닌 「법제업무 운영규정」에만 규정되어 있다.

정지원사업과는 다른 특수성을 가지고 있다. 연구개발사업은 고도의 기술적 전문성과 정책적 연계성을 요하는 분야로, 과학기술정보통신부가 이를 총괄하는 부처로서 실질적 전문성을 보유하고 있다. 실제로도 유사한 사례에서, 특정 분야의 전문성과 행정의 특수성을 고려하여 소관 부처에 유권해석 권한을 부여한 입법례가 다수 존재한다. 이러한 점에서 과학기술정보통신부장관에게 국가연구개발사업 관련 법령 해석권을 부여하는 입법 방식은 「법제업무 운영규정」과 충돌하지 않으며, 국가연구개발의 효율적 관리라는 목적에 부합한다고 볼 수 있다.

다만, 제도 운영의 측면에서는 몇 가지 보완 검토가 필요하다. 첫째, 법령 해석업무의 전문성과 타당성을 확보할 장치가 필요하다. 유권해석의 신뢰성을 보장하기 위해 전문가로 구성된 심의위원회 등의 검토 절차를 두는 것이 바람직하다. 실제로 법제처는 법령해석심의위원회를 설치하여 다수의 전문가가 법령 해석의 적정성을 검토하도록 하고 있다. 과학기술정보통신부 또한 국가연구개발사업의 특성을 반영한 독립적 법령해석심의기구를 마련한다면, 해석의 객관성과 전문성을 함께 확보할 수 있을 것이다.

둘째, 「국가연구개발혁신법」 제27조의 구조상 과학기술정보통신부장관의 유권해석은 사실상 중앙행정기관의 장의 업무를 구속할 가능성이 높다. 이와 관련하여 「법제업무 운영규정」은 법령 해석기관이 회신한 해석에 따라 관련 업무를 처리하였는지, 만약 달리 처리하였다면 그 이유가 무엇인지에 관한 자료를 제출하도록 요구할 수 있다고 규정하고 있다. 따라서 국가연구개발사업 분야에서도 유사한 규정을 마련할 필요가 있다.

결국, 국가연구개발사업에 관한 법령 해석 권한을 과학기술정보통신부장관에게 부여하는 것은 법적으로 가능하지만, 유권해석의 전문성 확보, 행정기관 간 자율성 보장, 제도의 탄력적 운영이라는 측면에서 보완적 장치가 병행되어야 한다. 이를 통해 법제처의 일반적 해석 권한과 과학기술정보통신부의 전문적 조정 기능이 상호 충돌하지 않고, 국가연구개발사업의 효율적 관리라는 공익적 목적 아래 조화를 이룰 수 있을 것이다.

제5절 ▎국가연구개발행정제도의 의견 수렴 및 개선

국가연구개발행정제도의 운영에서 중요한 요소는 지속적이고 체계적인 의견 수렴 절차이다. 「국가연구개발혁신법」 제28조 제1항은 중앙행정기관의 장이 매년 이해관계인과 전문가 등의 의견을 수렴하도록 명시하고 있다. 이는 행정기관이 독자적 시각만을 고집하는 것이 아니라, 현장의 목소리를 반영하여 합리적인 제도 개선안을 마련해야 한다는 입법자의 의도를 담고 있다. 실제로 과학기술정보통신부는 2021년 이후 이해관계인과 전문가로 구성된 자문그룹을 매년 운영하면서, 이들의 제안을 바탕으로 제도 개선을 추진하는 상시적 체계를 구축하였다. 사실 이러한 노력은 이미 2018년부터 '연구제도혁신기획단' 1기·2기 및 '과학기술 현장규제 점검단'의 형태로 진행되어 왔으며, 현장의 연구자와 전문가 의견을 직접 청취하여 개선 방안에 반영하는 방식으로 진화해 왔다. 이는 제도가 단순히 상위 행정기관의 시각에서 일방적으로 내려오는 것이 아니라, 실제 연구현장의 문제의식을 반영하고 있다는 점에서 의미가 크다.

또한 누구든지 과학기술정보통신부장관이나 해당 중앙행정기관의 장에게 국가연구개발행정제도의 개선을 제안할 수 있다(「국가연구개발혁신법」 제28조 제2항). 이러한 규정은 제도 개선 과정에 국민 일반을 포함한 모든 정책 수요자가 참여할 수 있는 길을 열어두었다는 점에서, 참여 민주주의적 요소를 반영한 것으로 평가된다. 과학기술정보통신부는 이를 실현하기 위해 온라인을 통한 의견 제안 창구를 마련해 운영하고 있다. 이는 연구자뿐 아니라 일반 국민, 기업, 관련 단체 등 다양한 이해관계자가 언제든지 개선 의견을 제출할 수 있도록 함으로써, 제도의 투명성과 개방성을 높이는 역할을 한다.

아울러 국가연구개발행정제도의 개선을 보다 체계적으로 추진하기 위하여 과학기술정보통신부장관은 매년 개선안을 마련하고 이를 관계 중앙행정기관의 장에게 통보해야 한다(「국가연구개발혁신법」 제29조). 구체적으로 살펴보면, 과학기술정보통신부장관은 국가과학기술자문회의의 심의를 거쳐 다음 연도 개선안 마련에 관한 기본지침을 작성하고, 이를 매년 3월 31일까지 관계 부처에 전달한다. 이어서 관계 중앙행정기관의 장은 제도 개선에 대한 의견을 기본지침에 따라 매년 4월 30일까지 과학기술정보통신부장관에게 제출해야 한다. 그 후 과학기술정보통신부장관은 이를 반영하여 개선안을 확정하고, 다시 국가과학기술자문회의의 심의를 거쳐 매년 8월 31일까지 관계 부처에 통보한다. 마지막으로 각 부처는 통보받은 개선안을 다음 연도 소관 국가연구개발행정제도에 반드시 반영해야 한다. 이러한 절차적 흐름은 연간 주기로 개선 사이클을 고정화함으로써, 국가연구개발행정제도가 정체되지 않고 지속적으로 발전할 수 있도록 설계된 것이다.

제6절 ▌연구개발기관 등에 대한 제도 개선 권고

국가연구개발행정제도의 개선은 중앙행정기관만의 권한에 머무르지 않는다. 법 제30조는 중앙행정기관의 장이 필요하다고 인정하는 경우, 전문기관이나 연구개발기관이 자체적으로 운영하는 내부 규정에 대해서도 개선을 권고할 수 있도록 규정하고 있다. 이러한 권고는 국가과학기술자문회의의 심의를 거쳐 이루어지며, 기관 내부 규정이 국가연구개발사업 추진 과정에서 불필요한 규제로 작용할 때 이를 시정할 수 있는 수단이 된다. 비록 전문기관이나 연구개발기관의 내부 규정은 엄밀히 말해 국가연구개발행정제도의 범주에 포함되지 않지만, 실제 현장에서는 과제 집행과정에 직접적인 영향을 미치기 때문에 개선 권고의 대상이 된다.

개선을 권고받은 기관은 그 권고를 성실히 이행하고, 그 결과를 소관 중앙행정기관의 장에게 보고해야 한다(「국가연구개발혁신법」 제30조 제2항). 만약 권고 이행이 현실적으로 곤란한 경우에는 재검토를 요청할 수 있으며, 이 경우 중앙행정기관의 장은 국가과학기술자문회의에 재심의를 요청하여 그 결과에 따라 다시 권고할 수 있다(「국가연구개발혁신법」 제30조 제3항). 더 나아가 중앙행정기관의 장은 권고를 받은 기관에 대해 실제 이행 여부를 확인·점검할 권한을 갖는다(「국가연구개발혁신법」 제30조 제4항). 이는 권고가 단순한 형식적 절차로 그치지 않고, 실질적인 제도 개선으로 이어지도록 보장하는 장치다.

이처럼 국가연구개발행정제도의 운영과 개선은 법률적 근거에 따라 단계적·순환적으로 이루어지며, 중앙행정기관, 과학기술정보통신부, 국가과학기술자문회의, 그리고 연구개발기관 모두가 참여하는 다층적 구조를 형성하고 있다. 이를 통해 연구 현장의 불합리한 규제를 줄이고, 제도의 합리성과 공정성을 높이며, 궁극적으로는 국가연구개발사업이 창의성과 효율성을 동시에 확보할 수 있도록 하는 것이 이 제도의 근본적 목적이라 할 수 있다.

제16장

연구부정행위

「국가연구개발혁신법」

제31조(국가연구개발사업 관련 부정행위의 금지) ① 올바른 연구윤리 확보를 위하여 연구자 및 연구개발기관은 국가연구개발활동을 수행하는 경우 다음 각 호의 국가연구개발사업 관련 부정행위를 하여서는 아니 된다.

1. 연구개발자료 또는 연구개발성과를 위조·변조·표절하거나 저자를 부당하게 표시하는 행위
2. 제13조 제3항에 따른 연구개발비의 사용용도와 제13조 제4항에 따른 연구개발비 사용 기준을 위반한 행위
3. 제16조 제1항부터 제3항까지의 규정을 위반하여 연구개발성과를 소유하거나 제3자에게 소유하게 한 행위
4. 제21조 제1항에 따른 보안대책을 위반하거나 제21조 제2항에 따라 보안과제로 분류된 연구개발과제의 보안사항을 누설하거나 유출하는 행위
5. 거짓이나 그 밖의 부정한 방법으로 연구개발과제를 신청하거나 이를 수행하는 행위
6. 그 밖에 국가연구개발활동의 건전성을 저해하는 행위로서 대통령령으로 정하는 행위

② 연구개발기관의 장은 소속 연구자 또는 연구지원 인력의 부정행위를 알게 된 경우에는 이를 검증하고 필요한 조치를 하여야 하며, 이를 소관 중앙행정기관의 장에게 보고하여야 한다.

③ 다음 각 호의 어느 하나에 해당하는 경우 소관 중앙행정기관의 장은 필요한 조사를 실시할 수 있다. 이 경우 소관 중앙행정기관이 다수이면 공동으로 조사를 실시할 수 있다.

1. 제2항에 따른 연구개발기관의 자체적인 검증·조치가 불가능한 경우
2. 제2항에 따른 보고 내용의 합리성과 타당성에 문제가 있다고 판단되는 경우
3. 그 밖에 객관적이고 공정한 조사가 필요하다고 인정되는 경우로서 대통령령으로 정하는

경우
④ 연구개발기관은 소속 연구자 및 연구지원 인력의 연구윤리 확보를 위하여 필요한 지원을 하여야 한다.
⑤ 부정행위의 세부기준, 제2항에 따른 부정행위에 대한 검증·조치·보고의 내용·절차, 제3항에 따른 조사의 내용·절차는 대통령령으로 정한다.

제1절 ▌개요

2007년 당시 과학기술부(현 과학기술정보통신부)가 「연구윤리 확보를 위한 지침」을 처음 제정[1]한 이후, 정부와 연구개발기관은 연구윤리 확보를 위해 지속적으로 노력해 왔다. 그러나 이러한 노력에도 불구하고 연구부정행위에 대한 의혹 제기가 점차 늘어났으며, 새로운 형태의 연구윤리 문제가 끊임없이 등장했다. 이는 연구윤리에 대한 사회적 인식이 높아지고 연구자들의 윤리적 감수성이 향상된 결과이기도 하지만, 한편으로는 그동안 연구윤리를 연구부정행위 방지의 관점에서만 접근해 온 결과, 바람직한 연구수행과 포괄적 연구윤리의 정립에는 상대적으로 소홀했던 측면이 있었기도 했다. 기존의 연구윤리 관점에서의 연구부정행위는 실험 데이터나 논문 결과의 진실성 문제로 한정해 다루었기 때문에, 연구과정 전반에서 발생하는 권력형 갑질, 연구개발비 부정 사용, 부실학회 참가 등은 윤리 규정의 사각지대에 머물렀다. 게다가 2014년에 이르러서는 연구윤리 지침이 당시 미래창조과학부, 교육부, 산업통상자원부 등 부처별로 제각각 운영되면서 동일한 행위라도 부처마다 다른 기준으로 처리되는 문제가 발생했다. 예를 들어, 당시 과학기술부는 「국가연구개발사업의 관리 등에 관한 규정 시행규칙」에 따라 연구윤리를 관리했고, 교육부는 「연구윤리 확보를 위한 지침」[2]을 따랐으며, 산업통장자원부는 별도

---

1 과학기술부훈령 제236호, 2007. 2. 8., 제정된 「연구윤리 확보를 위한 지침」 제1조(목적)은 다음과 같다. "이 지침은 「국가연구개발사업의 관리 등에 관한 규정」 제19조의2에 의하여 국가연구개발사업을 추진·관리하거나 수행하는 기관들에게 연구부정행위를 방지하고 연구윤리를 확보하는 데 필요한 역할과 책임에 관하여 기본적인 원칙과 방향을 제시함을 목적으로 한다."

2 기존 「연구윤리 확보를 위한 지침」은 2014. 3. 20. 자로 폐지되고, 2014. 3. 24. 자로 「연구윤리 확보를

로 「산업기술혁신사업 연구윤리·진실성 확보 등에 관한 요령」[3]을 운용했다. 농림축산식품부 역시 자체적인 「축산기술연구 윤리지침」을 두어 운영하는 등 부처 간 일관성이 결여되어 제재의 형평성 문제가 지속적으로 제기되었다.

뿐만 아니라 과학기술을 중심으로 한 국제 경쟁이 치열해지고, 신기술의 등장과 급속한 변화로 연구 환경의 불확실성이 커지면서 연구윤리 문제는 앞으로 더욱 복잡하고 심각한 형태로 발전할 가능성이 높아졌다. 이러한 상황에서 연구윤리를 단순히 연구부정행위 방지의 차원에서만 다루는 것은 한계가 있다. 변화하는 과학기술 환경에 능동적으로 대응하기 위해서는 책임 있는 연구수행을 위한 윤리적 인식과 자율적 규율이 필수적이다. 이러한 부분을 감안하여 「국가연구개발혁신법」은 연구윤리 규범의 패러다임을 근본적으로 확장하는 계기를 마련하였다. 기존의 연구윤리 규정이 주로 연구부정행위의 예방과 진실성 확보에 초점을 맞추고 있었다면, 「국가연구개발혁신법」은 이를 넘어 건강하고 성숙한 연구문화의 조성이라는 포괄적 목표를 제시했다. 연구윤리는 더 이상 부정행위를 통제하기 위한 소극적 규범에 머무르지 않고, 연구자 공동체가 신뢰와 책임을 바탕으로 자율적이고 투명한 연구 활동을 수행하기 위한 적극적 가치로 자리매김하게 되었다. 「국가연구개발혁신법」 제7조 제1항 제3호는 연구자는 연구윤리를 성실히 준수하고, 진실하고 투명한 태도로 국가연구개발활동을 수행해야 할 의무를 가진다고 기술하고 있다. 이는 연구자가 단순히 과제 수행의 기술적 주체가 아니라, 정부연구개발예산을 집행하는 사회적 책임을 지닌 전문인으로서 윤리적 책무를 수행해야 함을 의미한다. 연구윤리의 준수는 연구자의 개인적 도덕성에 그치지 않고, 국가 연구개발 체계의 신뢰성과 공공성을 유지하는 제도적 토대가 된다.

위한 지침」(교육부훈령 제60호)이 제정되어 시행되었다. 해당 「연구윤리 확보를 위한 지침」 제1조(목적)은 다음과 같다. "이 지침은 교육부 소관 연구개발사업을 추진·관리하거나 수행하는 대학 및 연구기관, 학술단체 등의 연구부정행위를 방지하고 연구윤리를 확보하는 데 필요한 역할과 책임에 관하여 기본적인 원칙과 방향을 제시하고, 「학술진흥법」 제15조에서 위임한 사항을 정함을 목적으로 한다."

3 2008. 12. 29. 제정 당시에는 「지식경제 기술혁신사업 연구윤리·진실성 확보 등에 관한 요령」(지식경제부고시 제2008-24호)였으나, 2013. 7. 15.자로 고시 개정을 통해 고시명이 변경되었다. 「산업기술혁신사업 연구윤리·진실성 확보 등에 관한 요령」의 제1조(목적)은 다음과 같다. "이 요령은 「산업기술혁신사업 공통 운영요령」 제48조에 따라 산업기술혁신사업을 추진·관리하거나 수행하는 기관들에게 연구부정행위를 방지하고 연구윤리를 확보하는데 필요한 역할과 책임 등에 관하여 세부적인 원칙과 방향을 정함을 목적으로 한다."

또한 연구개발기관 역시 소속 연구자의 윤리적 책임을 뒷받침하기 위한 제도적 장치를 마련해야 한다. 「국가연구개발혁신법」 제31조 제4항 및 「국가연구개발혁신법 시행령」 제58조는 각 연구개발기관의 장이 자체 연구윤리 규정을 마련하도록 명시하고 있다. 이는 연구윤리를 연구자 개인의 자율적 의식에만 의존하지 않고, 조직적·제도적으로 뒷받침해야 한다는 법적 인식을 반영한 것이다.

「국가연구개발혁신법 시행령」

제58조(연구윤리의 확보를 위하여 필요한 지원)

① 연구개발기관의 장은 법 제31조 제4항에 따른 지원을 위하여 다음 각 호의 사항이 포함된 자체 연구윤리규정을 마련하여 운영해야 한다.

1. 연구개발과제의 수행과 관련하여 「과학기술기본법」 제4조 제5항에 따른 진실성을 보호하기 위한 노력 및 관리체계
2. 학술지 투고, 학회 참석 등 학문교류에 관한 윤리
3. 이해 충돌 예방 및 관리
4. 인간 대상 연구 및 동물 실험에 관한 윤리
5. 연구자의 권익보호 등 건전한 연구실 문화 조성
6. 그 밖에 연구윤리 확보를 위하여 연구개발기관의 장이 필요하다고 인정하는 사항

② 과학기술정보통신부장관은 관계 중앙행정기관의 장과 협의하여 법 제31조 제4항에 따른 지원에 대한 시책을 수립하여 추진할 수 있다.

이와 같은 제도적 변화는 연구개발기관이 연구윤리의 관리 주체로서 역할을 강화해야 함을 의미한다. 즉, 연구개발기관은 연구윤리 교육과 내부 통제 시스템을 구축함으로써 연구자의 책임 있는 연구수행을 지원하고, 윤리 위반 행위가 발생했을 경우 신속하고 공정하게 대응할 수 있는 절차를 갖추어야 한다. 나아가 연구윤리 규정은 단순한 형식적 규율을 넘어, 기관의 연구문화 전반에 윤리적 가치가 내재화되도록 유도하는 역할을 해야 한다.

제2절 ‖ 연구개발자료 또는 연구개발성과를 위조 · 변조 · 표절하거나 저자를 부당하게 표시하는 행위

1. 연구개발자료와 연구개발성과

연구개발자료 또는 연구개발성과를 위조·변조·표절하거나 저자를 부당하게 표시하는 행위는 부정행위이다. 연구개발성과는 연구개발과제의 수행 과정에서 또는 그 결과로 인하여 창출 또는 파생되는 제품, 시설·장비, 지식재산권 등 유형·무형의 성과로 정의되나 연구개발자료에 대해서는 「국가연구개발혁신법」에 정의된 사항이 없다. 연구개발정보는 연구개발과제 등 연구개발 수행에 관한 정보, 연구개발기관·연구자 등 연구개발을 수행하는 주체에 관한 정보 등을 의미하는바, 연구개발의 결과로부터 자연스럽게 생성·산출되는 정보라는 개념을 담고 있다. 반면, 연구개발자료는 연구자가 연구개발을 수행하는 과정에서 직·간접적으로 생성되거나 활용된 각종 데이터, 문서, 기록 등 근거자료를 의미한다. 즉, 연구개발결과를 뒷받침하거나 연구개발 과정에서 사용된 근거적 산출물을 의미한다고 보아야 한다. 연구개발성과에 포함되지 않는 자료들, 가령 원자료(raw data), 측정 자료, 시뮬레이션 기록, 시료 분석 결과 등이 연구개발자료에 포함된다고 할 수 있다.

2. 위조와 변조

「국가연구개발혁신법 시행령」

제56조(국가연구개발사업 관련 부정행위) ② 법 제31조 제1항 제1호에 따른 부정행위의 세부기준은 다음 각 호와 같다.

1. 위조: 존재하지 않는 연구개발자료 및 연구개발성과를 거짓으로 만들거나 기록 또는 보고하는 행위
2. 변조: 연구시설·장비, 연구재료 및 연구개발과정을 인위적으로 조작하거나 연구개발자료 및 연구개발성과를 임의로 변형·추가·삭제함으로써 연구개발 수행의 내용 또는 결과를 왜곡하는 행위

위조와 변조는 연구부정행위의 대표적인 유형으로, 「국가연구개발혁신법 시행령」 제56조 제2항 각 호에서 명확히 정의하고 있으며, 두 개념 모두 연구의 신뢰성과 과학적 진실성을 훼손하는 중대한 행위이다. 위조는 존재하지 않는 사실이나 결과를 허위로 만들어내는 행위이며, 변조는 실제로 존재하는 연구 자료나 결과를 인위적으로 조작하여 왜곡하는 행위를 말한다.

위조는 연구개발자료나 연구개발성과가 실제로 존재하지 않음에도 불구하고, 이를 마치 진짜처럼 꾸며내거나 허위로 기록·보고하는 행위를 뜻한다. 즉, 연구자가 실험을 수행하지 않았음에도 실험 결과를 임의로 만들어내거나, 측정되지 않은 데이터를 허위로 작성하여 연구보고서나 논문에 포함시키는 경우가 이에 해당한다. 이처럼 위조는 실험, 분석, 관찰 등의 실질적 연구 활동이 전혀 수행되지 않았음에도 불구하고 존재하지 않는 결과를 창출하는 행위이므로, 연구개발과정의 근본적 신뢰를 무너뜨리는 가장 중대한 부정행위로 간주된다. 단순한 착오나 부주의와는 달리, 위조는 의도적이고 계획적인 허위행위이기 때문에 과학적 사실을 날조하는 명백한 윤리 위반으로 평가된다.

변조는 실제로 존재하는 연구시설·장비, 연구재료 또는 연구개발자료를 인위적으로 조작하거나 수정하여 연구 내용이나 결과를 왜곡하는 행위이다. 이는 실험 자체는 수행되었지만, 연구자가 그 결과나 데이터를 임의로 변형·추가·삭제함으로써 결과의 방향이나 의미를 바꾸는 경우를 포함한다. 예를 들어, 불리한 실험결과를 제외하거나 그래프의 축을 조정해 통계적으로 유의미해 보이도록 조작하는 행위, 실험 이미지를 편집해 결과가 과대하게 보이도록 수정하는 행위 등이 대표적이다. 변조는 실험의 원자료(raw data)가 존재한다는 점에서 위조와 구분되지만, 사실을 왜곡하여 연구결과의 진실성을 해치는 점에서는 본질적으로 동일한 중대 위반이다.

한편, 위조와 변조를 상당히 세밀하게 구분하여 해당 사항이 위조인지 또는 변조인지를 명확하게 해야 한다고 볼 수 있다. 그러나 위조와 변조는 법적으로는 구분되어 정의되고 있으나, 실제 연구현장에서는 그 경계를 명확히 나누기 어려운 경우가 많다. 이는 마치 특허와 실용신안이 각각 '발명'과 '고안'이라는 개념적 차이를 가지지만, 실무에서는 기술적 고도성의 정도만 다를 뿐 그 구분이 상대적이고 사실상 연속선상에서 판단된다는 점과 유사하다. 위조가 존재하지 않는 연구개발자료나 성과를 거짓으로 만들어내는 행위라면, 변조는 이미 존재하는 자료나 결과를 인위적으로 조작하거나 수정하는 행위지만, 두 행위 모두 결과적으로 연구의 진실성을 훼손한다는 점에서 본질적 차이는 크지 않다. 실제로 위조의 과정에는 필연적으로 일정 부분의 변조가 수반될 수 있고, 변조 또한 연구결과를 허위로 구성한다는 점에서 위조의 일부로 확장될 수 있다. 따라서 이를 절대적인 구분으로 나누기보다는, 연구부정행위라는 큰 틀 안에서 유기적·종합적으로 판단하는 것이 타당하다고 본다. 즉, 법적 정의상 구별은 존재하되, 실무적으로는 두 개념을 하나의 연속된 행위유형으로 이해하고, 연구윤리의 훼손 정도와 고의성, 결과의 왜곡 정도 등을 중심으로 통합적 접근을 하는 것이 바람직하다. 결국 위조냐 변조냐를 세밀하게 구분하는 것보다, 연구의 정직성과 투명성을 회복하고 신뢰 가능한 연구문화를 확립하는 것이 더 중요하다는 관점에서 두 행위 모두 연구윤리의 근간을 무너뜨린다는 점에서 엄중히 제재할 필요성이 있다.

3. 표절

「국가연구개발혁신법 시행령」

제56조(국가연구개발사업 관련 부정행위) ② 법 제31조 제1항 제1호에 따른 부정행위의 세부 기준은 다음 각 호와 같다.

3. 표절: 일반적인 지식이 아닌 연구자 자신 또는 다른 사람의 연구개발자료 또는 연구개발성과를 적절한 출처의 표시 없이 연구자 자신의 연구개발자료 또는 연구개발성과에 사용하는 행위

표절은 타인의 창작적 성과를 인용 또는 참고하면서도 그 출처를 명시하지 않거나, 연구자의 기여도를 숨긴 채 자신의 연구물에 포함시키는 것이다. 이는 단순한 참고나 유사한 아이디어의 활용과 달리, 명백히 지식재산과 창의적 노력을 도용하는 행위로 간주된다. 특히 연구개발과제와 같이 정부연구개발예산이 투입되는 연구의 경우, 표절은 단순한 도덕적 위반을 넘어 공적 신뢰의 침해라고 보고, 이에 대해서는 부정행위로서 연구개발과제에 대한 제재처분 대상으로 포섭하고 있다.

표절의 핵심은 출처의 부재와 창작적 기여의 은폐에 있다. 연구개발자료나 연구개발성과는 지식의 공공적 공유를 통해 발전하지만, 그 과정에서 타인의 연구 결과를 적절히

인용하고 출처를 명시하는 것은 학문적 신뢰를 지탱하는 기본 원칙이다. 따라서 표절은 타인의 연구결과를 무단으로 차용함으로써 연구윤리를 위반하고, 연구의 공정성과 투명성을 훼손하는 행위로 평가된다.

한편, 「국가연구개발혁신법 시행령」에서는 표절을 일반적인 지식이 아닌 연구자 자신 또는 다른 사람의 연구개발자료 또는 연구개발성과를 적절한 출처의 표시 없이 연구자 자신의 연구개발자료 또는 연구개발성과에 사용하는 행위로 정하고 있다. 표절의 개념에 자기표절까지 포함하고 있는데, 표절과 자기표절은 모두 연구윤리를 위반하는 행위이나 본질적 대상과 발생 맥락에서 중요한 차이를 가진다. 표절은 타인의 연구성과를 무단으로 사용하는 행위이고, 자기표절은 자신의 이전 연구물을 재활용하면서 이를 새롭거나 독립된 성과로 가장하는 행위이다. 표절은 타인의 성과 도용, 자기표절은 자신의 성과의 중복 활용이라는 점에서 구분된다.

표절은 타인의 연구개발자료나 연구개발성과를 적절한 출처 표기 없이 자신의 연구성과로 제시하는 행위이다. 이는 명백히 타인의 창작적 노력을 침해하는 것이다. 예컨대 타인의 논문 문장, 데이터, 연구결과, 그래픽 등을 인용 표시 없이 그대로 옮겨 사용하거나, 타 연구자의 아이디어를 변형 없이 가져와 자신이 개발한 것처럼 서술하는 행위가 이에 해당한다. 이러한 표절 중 일부는 「저작권법」에 따른 저작복제권 등의 침해의 소지가 있으며, 연구자 개인의 학문적 신뢰뿐 아니라 소속 연구개발기관과 국가 연구 체계의 신뢰에도 중대한 타격을 줄 수 있다.

반면, 자기표절은 연구자가 자신의 이전 연구물의 일부 또는 전체를 새로운 연구성과로 다시 발표하면서, 그 사실을 명확히 밝히지 않거나 중복게재 사실을 숨기는 행위를 말한다. 즉, 기존의 연구결과를 재활용하면서도 마치 새로운 연구성과인 것처럼 제시하는 것이다. 타인의 권리를 침해하는 행위가 아니기 때문에 윤리적 비중이 표절보다 낮게 인식되기도 하지만, 연구개발성과의 중복 생산과 과도한 실적 부풀리기로 이어지기 때문에 연구윤리 위반으로 분류된다. 예를 들어, 동일한 논문을 학술지 두 곳에 중복게재하거나, 과거 보고서의 일부를 수정·보완한 수준에 그치면서 새로운 연구로 제출하는 경우가 대표적이다. 특히 연구개발과제에서 동일한 연구결과를 반복 보고하거나, 기존 연구개발성과를 단순히 형식만 바꾸어 새로운 과제 성과로 제출하는 것은 자기표절의 범주에 포함된다.

다만, 「국가연구개발혁신법」은 자기표절도 표절이라는 범주 안에 그 개념을 포함시켰고, 이를 연구윤리 위반의 대표적인 형태로 보고 있으나 표절과 자기표절에 관하여 그 판단 기준은 연구개발과제의 성격과 목적, 수행 형태에 따라 다소 신중하게 접근할 필요가 있다. 특히 연구개개발과제의 수행 범위가 점차 확대되면서, 전통적인 실험 중심의 연구개발뿐만 아니라 인력양성, 정책기획, 제도 개선 등 다양한 목적의 연구개발과제가 수행 되고 있다. 이에 모든 연구개발과제에서 일률적으로 유형의 유사성이나 중복 표현을 일률적으로 '표절'로 판단하는 것은 현실적으로 타당하지 않을 수 있다. 일반적으로 표절은 타인의 연구성과나 연구 자료를 출처 표시 없이 자신의 연구성과로 사용하는 행위를 의미하며, 특히 순수 연구나 논문 작성이 주된 연구개발성과로 도출되어야 하는 기초과학 등 학문 분야에서 연구개발과제에서의 표절은 연구윤리의 핵심을 위반하는 행위이므로, 매우 엄격하게 다루어야 한다. 실험 데이터, 이론적 모델, 그래픽, 통계 분석 등에서의 무단 인용은 연구성과의 독창성과 신뢰성을 훼손하고, 연구자의 학문적 진실성에 직접적인 손상을 초래한다.

한편, 인력양성형 연구개발과제나 부처의 정책 수립, 기술로드맵 수립 등과 같은 연구개발기획 성격의 연구개발과제의 경우, 그 목적과 수행 방식이 실험적 성과 창출이나 학문적 발견에 있지 않다는 점에서, 표절 판단 기준을 동일하게 적용하기 어려울 수 있다. 예컨대 인력양성형 연구개발과제는 연구개발성과를 직접 창출하기보다는 교육과정 설계, 커리큘럼 개발, 교육 자료 제작, 운영성과 분석 등을 통해 전문 인력을 배출하는 것을 목표로 한다. 이 과정에서 연구개발계획서나 최종보고서의 구조나 문장이 과거 유사 사업의 성과보고서와 상당 부분 유사할 수 있다. 이는 교육목표, 운영 방식, 예산 편성, 참여기관 구성 등에서 필연적으로 일정한 형식을 따르기 때문이며, 이러한 유사성이 곧 연구윤리 위반으로 이어진다고 보기는 어렵다. 마찬가지로 연구개발기획 성격의 연구개발과제의 경우, 부처의 정책 결정이나 제도 개선을 지원하기 위한 연구로서, 정책 현황 분석, 법·제도 검토, 해외사례 비교, 정책대안 제시 등의 과정이 반복적으로 수행된다. 이러한 연구에서는 기존 정책 자료나 타 부처 보고서, 통계 자료, 공공데이터 등 공적 성격의 정보가 다수 인용되며, 연구개발계획서나 보고서의 구조 또한 일정한 서식에 따라 구성된다. 따라서 보고서 간의 문단이나 표현의 유사성이 발생하는 것은 불가피한 측면이 있다. 이러한 경우, 해당 유사성이 창의적 성과의 도용이 아니라 공적 정보의 반복적 활용 또는 정책적 표현의 관행적 사용에서 비롯된 것이라면, 이를 표절로 단정하는 것이 부당할 수 있다.

따라서 연구개발과제의 유형과 성격을 구분하지 않은 채 일률적으로 표절을 판단하는 것은 연구 현장의 현실을 왜곡시킬 위험이 있다. 하드웨어적 연구, 즉 실험과 데이터 기반의 연구에서는 연구 결과의 조작이나 도용이 과학적 진실성에 직접적 위협이 되므로 엄격히 대응해야 하지만, 일부 특성이 다른 연구개발과제에서는 '유사 표현'이나 '형식적 중복'이 발생할 수 있는 구조적 한계를 감안해야 한다. 특히 정부 부처가 매년 유사한 정책 주제로 연구를 반복 발주하는 구조에서는, 연구계획서나 결과보고서의 일부가 이전 연구의 형식을 그대로 따르는 경우가 흔하다. 이러한 현실에서 단순한 텍스트 유사도 분석에 의존해 표절 여부를 판단하는 것은, 오히려 연구자에게 불필요한 위축을 초래할 수 있다. 따라서 표절 판단은 단순한 문장 유사도나 외형적 중복이 아니라, 연구자의 창의적 기여와 내용적 독자성을 기준으로 맥락적·질적 판단을 병행해야 한다. 문제는 이러한 구조적 특성에도 불구하고, 소프트웨어 프로그램을 통한 텍스트 유사도 검사나 자동 표절 검사 시스템이 적용될 경우, 연구자의 의도와 무관하게 높은 유사도 비율이 산출되며, 이를 곧바로 표절로 판단하는 오류가 발생한다는 점이다. 이를 표절로 단정한다면, 오히려 과학적 근거와 정책적 일관성을 유지해야 하는 연구의 특성을 왜곡하는 결과를 초래한다. 특정 성격을 지닌 연구개발과제에서의 표절 판단에 있어서는 과거 보고서의 형식, 문체, 표현 일부가 동일하다고 해서 연구자가 타인의 지적 성과를 무단으로 전용했다고 단언하기보다는 그 내용이 정책적 근거, 공적 통계 자료, 제도 분석, 행정 용어 등 공통적으로 활용되는 요소라면, 정책연구의 일반적 문체적 특성으로 이해할 수 있다. 즉, 연구자의 독창적 분석, 해석, 제안이 새롭게 포함되어 있다면, 일정 부분의 문장 유사성만으로 연구부정행위로 기계적으로 판단해서는 안 된다.

자기표절과 중복게재는 구분의 여지는 있으나, 실무적으로 같다고 봐야 한다. 자기표절은 연구자가 과거 자신의 연구개발성과를 새로운 연구인 것처럼 재활용하면서 그 사실을 밝히지 않거나, 출처 표시 없이 일부 또는 전부를 다시 사용하는 행위라면, 중복게재는 자기표절의 대표적 유형으로, 이미 발표·게재된 연구 결과를 출처 표시 없이 다시 다른 학술지나 학회지, 연구보고서에 제출하는 행위라고 할 수 있다. 연구자가 기존 논문을 그대로 재사용하거나, 소폭의 수정과 첨가만으로 새로운 연구처럼 발표하는 경우에는 새로운 학문적 기여가 없으므로 부당한 중복게재로 볼 수 있다. 이미 발표된 내용을 재활용하면서 출처를 밝히지 않는 행위는 자기표절이자 동시에 중복게재이다. 「국가연구개발혁신법」은 자기표절과 중복게재를 별개의 관점으로 보지 않고, 동일한 출처 미표시에 의한 부정행위로 취급한다는 입법적 태도를 보여준다.

4. 저자부당표시행위

「국가연구개발혁신법 시행령」

제56조(국가연구개발사업 관련 부정행위) ② 법 제31조 제1항 제1호에 따른 부정행위의 세부 기준은 다음 각 호와 같다.

4. 저자를 부당하게 표시하는 행위: 연구개발과제 수행의 내용 또는 결과에 대하여 공헌 또는 기여를 한 사람에게 정당한 사유 없이 저자의 자격을 부여하지 않거나 공헌 또는 기여를 하지 않은 사람에게 정당한 사유 없이 저자의 자격을 부여하는 행위

연구 현장의 윤리 문제 또한 한층 다양해지고 복잡해졌다. 대표적으로 자녀 논문저자 등재와 같은 사례들이 사회적으로 큰 논란을 불러일으켰다. 그러나 이러한 행위가 명확히 연구부정행위로 규정되어 있지 않아 실질적인 제재가 이루어지기 어렵다는 한계가 있었다. 예를 들어, 교수의 자녀를 연구성과물의 공동 저자로 등재한 사례는 「국가연구개발혁신법」 제정 이전에는 연구윤리상의 제재는 별론으로 하더라도 해당 연구개발과제 수행 과정에서 발생하였다고 하더라도 이를 제재처분 대상으로 포함시키지는 않았다. 이처럼 국민의 상식적 기준에서 '부정행위'로 여겨지는 사례가 법적·행정적 제재 대상에서 제외되는 상황이 이어지면서, 연구윤리 제도의 실효성에 대한 사회적 불신이 커졌다.

이와 같은 사회의 요구를 반영하여 저자를 부당하게 표시하는 행위, 즉 저자부당표시행위가 연구개발과제 관련 부정행위의 하나로 포섭되게 되었다. 저자를 부당하게 표시하는 행위란 연구개발과제의 수행과정이나 그 결과물에 대하여, 실질적으로 공헌 또는 기여한 사람을 정당한 이유 없이 저자 명단에서 제외하거나, 반대로 실질적인 기여가 없음에도 불구하고 정당한 사유 없이 저자로 등재하는 행위를 말한다. 정확하게는 저자부당미표시행위도 현재 「국가연구개발혁신법」에는 저자부당표시행위에 모두 포함되어 규율되고 있다. 이는 연구윤리의 근간인 공정한 기여 인정과 책임의 명확화 원칙을 위반하는 것으로, 연구성과의 신뢰성과 투명성을 해치는 중대한 부정행위에 해당한다.

한편, 「국가연구개발혁신법」의 저자부당표시행위에는 논문에서의 저자표시 순서에 관해서는 언급하지 않고 있다. 기여도와 무관하게 상급자, 지도교수, 연구책임자 등의 지위나 영향력으로 인해 제1저자나 교신저자 순서를 변경한 경우, 또는 본래 제1저자였던 사람의 동의 없이 저자 순서를 변경한 경우, 이는 명백한 연구윤리 위반이나, 해당 사항을 「국가연구개발혁신법」상 연구부정행위로 바로 연결하기는 어렵다고 보인다. 연구자의 기여도를 왜곡하여 성과를 편취하거나, 실질적 제1저자를 후순위로 내리고 타인을 제1저자로 올리는 행위는 학문적 공정성을 훼손하는 행위이므로 이에 대해서도 저자부당표시행위로 포섭하는 논의가 필요하다고 본다. 연구자들은 연구 초기에 저자 기준을 명확히 설정하고, 연구가 진행되는 동안 기여 정도에 따라 저자 자격을 적절히 수정·보완해야 한다. 연구가 단일 행위가 아닌 지속적 과정임을 고려할 때, 기여도가 시점에 따라 달라질 수 있기 때문이다. 저자 순서는 연구자들 간의 합의에 따라 결정되어야 하며, 이를 일방적으로 정하거나 관행적으로 상급자 이름을 앞세우는 것은 지양해야 한다.

연구개발과제 수행의 내용 또는 결과에 대하여 공헌 또는 기여를 한 사람에게 저자의 자격을 부여하지 않는다거나, 연구개발과제 수행의 내용 또는 결과에 대하여 공헌 또는 기여를 하지 않은 사람에게 저자의 자격을 부여하는 각 사안에 대해 정당한 사유라는 것이 있을까? 가령 연구개발과제 수행의 내용 또는 결과에 대하여 공헌 또는 기여를 한 해당 연구자가 자신을 저자로 표시하는 것을 원치 않는 경우에 이를 정당한 사유라고 볼 수 있을까?

정당한 사유는 구체적인 사안에서 법관이 개별적으로 판단해야 하는 불확정개념으로서, 실정법의 엄격한 적용으로 생길 수 있는 불합리한 결과를 막고 구체적 타당성을 실현하기 위한 것이다. 위 조항에서 정한 정당한 사유가 있는지를 판단할 때에는 법의 목적과 기능, 의무의 이행이 헌법을 비롯한 전체 법질서에서 가지는 위치, 사회적 현실과 시대적 상황의 변화 등은 물론 당사자의 구체적이고 개별적인 사정도 고려해야 한다.[4] 정당한 사유가 존재하지 않는다는 것, 즉 불명확한 사실의 부존재를 증명하는 것은 사회통념상 불가능한 반면, 그 존재인 정당한 사유를 주장·증명하는 것이 좀 더 쉬우므로, 저자부당표시행위가 아님을 정당화할 객관적·합리적 사유를 연구책임자 등이 주장·증명하여야 하고, 연구윤리질서 확립이라는 관점에서 사안에 따라 개별적, 구체적으로 판단

4 대법원 2018. 11. 1. 선고 2016도10912 전원합의체 판결

하여야 할 것이다.

연구결과를 논문 형태로 발표할 때 연구자들은 연구의 공적을 합리적으로 배분하여야 하며, 연구성과의 산출에 실질적으로 기여한 사람만을 저자로 표시해야 한다. 이는 단순한 형식상의 절차가 아니라 연구윤리의 핵심 원칙으로, 연구 과정의 투명성과 연구자 간의 공정한 책임 분담을 보장하기 위한 기본적 요건이다. 각 학문 분야에는 일정한 저자표시 기준이 존재하며, 이에 따라 참여자 간 협의를 거쳐 제1저자, 교신저자, 공저자 및 감사 표시 대상자를 정하는 것이 바람직하다. 또한 논문 원고의 최종본에 대해 모든 저자와 기여자의 동의를 확보하고, 저자 결정 및 동의 절차를 문서로 남겨 연구 논문 작성 과정을 기록하는 것이 이상적이다. 이러한 절차적 관리가 이루어져야 향후 저자부당표시행위 분쟁을 예방할 수 있다.

저자로 표시되기 위해서는 일정한 요건을 모두 충족해야 하며, 이는 단순한 참여 여부가 아니라 실질적 학문적 기여도를 기준으로 판단된다. 저자 자격을 인정받기 위해서는 첫째, 연구의 개념 또는 설계 단계에서 기여했거나, 연구데이터의 획득·분석·해석에 상당한 공헌을 해야 한다. 둘째, 연구결과의 초안을 작성하거나 중요한 학술적 내용을 비판적으로 수정하는 과정에 참여해야 하며, 셋째, 논문이 출판되기 전 최종 버전에 대해 명확한 승인 절차를 거쳐야 한다. 마지막으로 연구의 어느 부분에서 오류나 진실성 문제에 대한 질문이 제기되었을 때 이를 적절히 조사하고 해결할 수 있도록 연구 전체에 대한 책임을 공유한다는 데 동의해야 한다. 이러한 요건은 연구자에게 부여되는 저자 자격이 단순한 명예나 행정상의 표시가 아니라, 연구의 진실성과 신뢰성에 대한 공동의 책임을 수반한다는 점을 분명히 한다. 따라서 이 요건을 모두 충족한 연구자는 반드시 저자로 명시되어야 한다. 저자는 자신이 수행한 연구 부분에 대한 책임을 져야 하고, 공저자들이 담당한 연구 부분의 진실성을 신뢰할 수 있어야 한다. 이는 공동연구에서의 윤리적 상호책임 구조를 확립하기 위한 기본 전제이기 때문이다. 따라서 연구개발과제 수행의 내용 또는 결과에 대하여 공헌 또는 기여를 한 해당 연구자가 스스로 자신을 저자표시에 원치 않는 경우는 정당한 사유가 아닌, 도리어 저자부당표시행위에도 해당할 수 있으므로 주의해야 한다.

연구윤리에서 저자표시는 연구의 진실성과 공정성을 상징하는 핵심 요소로, 실제로 연구에 기여한 사람만이 저자로 등재되어야 한다는 원칙이 확립되어 있다. 그러나 현실의 연구현장에서는 이러한 원칙이 왜곡되어, 연구에 실질적 기여가 없음에도 불구하고 저자 명단에 포함되는 다양한 형태의 부당저자 문제가 발생하고 있다. 대표적으로 강요저자, 명예저자, 상호지원저자, 중복저자 등이 이에 해당하며, 이는 모두 연구자의 기여와 책임의 관계를 흐리고 연구윤리를 심각하게 훼손하는 행위로 간주된다.

먼저 강요저자는 명예저자의 한 유형으로 볼 수 있으나, 그 본질적인 차이는 저자 등재의 동력이 내부적 이유가 아니라 외부의 압력에 의해 작동한다는 점에 있다. 이는 주로 연구실이나 학과 내의 위계질서 속에서 발생한다. 예를 들어, 시니어 연구자나 지도교수가 자신의 지위를 이용해 주니어 연구자에게 자신의 이름을 논문에 포함시킬 것을 사실상 강요하는 경우가 이에 해당한다. 이러한 행위는 명시적 지시뿐 아니라 '지도교수의 이름은 당연히 넣는 것이 관행'이라는 등의 환경적·심리적 압력을 통해 암묵적으로 이루어지기도 한다. 즉, 직접적인 강요가 없더라도, 연구자가 상급자의 눈치를 보며 상급자의 자발적 의사 없이 이름을 포함시키는 상황도 넓은 의미의 강요저자 문제에 포함된다. 이러한 행위는 연구의 자율성과 독립성을 침해하며, 실질적 기여가 없는 인물을 저자로 등재함으로써 연구성과의 신뢰성을 떨어뜨리는 심각한 윤리 위반이다.

다음으로 명예저자는 흔히 손님저자, 선물저자 등으로 불리며, 연구에 실질적 기여가 없음에도 저자 명단에 이름을 올리는 경우를 말한다. 명예저자가 발생하는 배경에는 다양한 동기가 존재한다. 예를 들어, 후배 연구자가 지도교수나 기관장의 영향력을 의식해 감사의 표시로 이름을 올리거나, 연구성과의 신뢰도를 높이기 위해 명망 있는 연구자의 이름을 포함시키는 경우가 있다. 때로는 상급자가 직접 요구하지 않았더라도, 주저자 측이 '선의의 보답' 혹은 '관행적 예우' 차원에서 자발적으로 상급자의 이름을 추가하는 사례도 있다. 더욱이 명예저자로 기재된 당사자 자신조차 본인 이름이 논문에 포함되었다는 사실을 모르는 경우도 있으며, 이는 연구의 신뢰성을 높이려는 의도로 이용되기도 한다. 하지만 이러한 행위는 결과적으로 연구의 진실성과 저자 자격 기준을 왜곡하며, 연구공동체 내에서 불필요한 권위주의와 불공정을 재생산한다는 점에서 엄격히 금지되어야 한다.

또한 상호지원저자 역시 부당저자의 한 형태로, 두 명 이상의 연구자가 상호 협약을 맺고 서로의 논문에 모든 이름을 반복적으로 포함시키는 행위를 의미한다. 이는 연구성과의 수량을 인위적으로 늘려 학문적 생산성을 과장하려는 목적에서 비롯된다. 겉보기에는 공동연구처럼 보이지만, 실제로는 각자의 연구에 실질적인 기여가 없는 경우가 많다. 이러한 방식은 연구자의 평가나 승진, 연구개발비 확보에 유리하게 작용할 수 있지만, 연구성과의 질적 수준을 희생시키고 연구업적 평가의 신뢰성을 해친다.

마지막으로 중복저자는 동일하거나 거의 동일한 연구내용을 여러 학술지에 반복 게재하면서, 이를 마치 각각의 독립된 연구성과인 것처럼 제시하는 행위이다. 이는 일종의 자기표절이며, 역시 연구 생산성을 부풀리기 위한 수단으로 사용된다. 이러한 행위는 학술 출판의 기본 원칙인 '하나의 연구 결과는 한 번만 발표한다'는 규범에 위배되며, 출판윤리상 중대한 부정행위로 간주된다.

결국 이들 모든 유형의 공통점은 연구자 개인의 명예나 실적을 위해 실질적 기여의 기준을 왜곡하거나 무시하는 것에 있다. 강요저자는 외부 권력에 의한 강제, 명예저자는 사회적 관행과 권위주의, 상호지원저자와 중복저자는 성과지상주의적 경쟁심에서 비롯된다는 점에서 각각 발생 배경은 다르지만, 모두 연구의 진실성과 공정성을 훼손한다는 점에서는 동일하다. 따라서 연구개발기관은 저자 자격 기준에 따라 저자 결정 과정을 투명하게 문서화하고, 모든 저자의 기여 내용과 책임 범위를 명시해야 하며, 연구윤리 교육을 통해 이러한 부당저자 문제를 예방하는 노력을 지속해야 한다.

한편, 유령저자란 연구의 수행과정이나 결과 산출에 실질적인 기여를 했음에도 불구하고, 논문의 저자 명단에서 누락된 사람을 의미한다. 즉, 저자로서의 사격을 충분이 갖추었음에도 불구하고 이름이 표기되지 않은 경우를 말한다. 이러한 유령저자 문제는 연구의 투명성과 책임 구조를 심각하게 훼손하는 행위로, 연구윤리 위반의 한 형태로 간주된다. 특히 공동연구가 일반화된 현대 과학연구 환경에서는 다양한 연구자가 데이터 수집, 분석, 논문 작성 등 여러 단계에서 기여하기 때문에, 그 공헌을 제대로 인정하지 않고 배제하는 것은 연구공동체 내 신뢰를 붕괴시키는 행위로 평가된다.

유령저자의 범주는 매우 넓으며, 단순히 실험을 도운 조교나 연구보조원이 아닌, 연구의 설계나 핵심적 데이터 생산, 분석 등에 실질적으로 관여한 연구자가 이름에서 제외되는 경우가 대표적이다. 예를 들어, 연구 프로젝트의 초기 설계와 데이터 구축에 참여했지만, 논문 작성 시점에서 연구책임자나 상급자에 의해 이름이 제외된 경우, 이는 전형적인 유령저자 행위로 분류된다. 이러한 배제는 단순한 실수로 인해 발생하기도 하지만, 종종 연구성과를 독점하거나, 특정 연구자의 기여를 축소하려는 의도적 조작의 결과로 이루어진다.

이보다 더욱 심각한 형태로는 '저자 등재 거절 이 있다. 이는 '유령저자의 케이스' 중에서도 특히 중대한 연구윤리 위반으로, 연구자가 명백하게 저자로 등재될 자격이 있음에도 불구하고, 고의적으로 그 사실을 부정하고 이름을 배제하는 행위를 뜻한다. 대표적인 예로, 공동연구로 진행된 프로젝트에서 특정 연구자가 핵심 데이터 생산을 담당했음에도 불구하고, 나머지 연구자들이 그를 저자 명단에 포함하지 않거나, 그의 기여 사실을 논문 본문에 제대로 명시하지 않은 채 연구성과를 자신들의 이름으로만 발표하는 경우가 있다. 이러한 행위는 단순한 저자 누락이 아니라, 다른 사람의 학문적 기여와 연구성과를 무단으로 탈취하는 행위, 즉 일종의 표절로 간주된다.

저자 등재 거절은 단순한 윤리적 무감각의 결과가 아니라, 학문적 성과를 둘러싼 경쟁과 권력 구조 속에서 발생하는 고의적 부정행위다. 이는 연구자의 권리를 침해하고, 지적 기여를 은폐함으로써 연구의 공정성과 투명성을 심각하게 해친다. 특히 연구성과가 승진, 연구개발과제 수주, 평가 점수 등과 직접 연결되는 현실에서, 저자 누락은 해당 연구자의 학문적 생애에 치명적인 손해를 끼칠 수 있다. 따라서 이러한 행위는 단순히 연구윤리 차원의 문제가 아니라, 지식재산과 연구 공정성의 침해행위로 인식되어야 한다.

국제의학학술지 편집인위원회(ICMJE) 권고 등의 기준[5]에서도 모든 저자는 논문의 기획, 실험, 분석, 작성 등 연구과정의 주요 단계에 실질적으로 기여한 경우 반드시 저자 명단에 포함되어야 하며, 그렇지 않은 경우는 명백한 윤리 위반으로 규정하고 있다. 특히 공동연구의 경우, 논문이 출판되기 전 저자 명단과 각자의 기여 범위를 명확히 합의하고 문서화하는 것이 필수적이다. 이를 소홀히 할 경우, 연구성과를 둘러싼 분쟁이나 저자 누락이 발생할 가능성이 높아진다.

결국 유령저자와 저자 등재 거절은 모두 '기여의 은폐'라는 점에서 본질적으로 동일한 문제를 안고 있다. 연구자들의 공헌이 공정하게 인정되지 않는다면, 연구의 진실성과 신뢰성은 근본적으로 흔들릴 수밖에 없다. 따라서 연구개발기관은 모든 연구 결과물에 대해 저자 결정 과정과 기여 내용, 동의 절차를 명확히 기록해야 하며, 저자 누락이 발생하지 않도록 제도적 장치를 마련해야 한다. 나아가 저자 등재 거절은 단순한 관행의 문제가 아니라, 타인의 지적 성과를 도용하는 행위로서 표절과 동일한 수준의 연구부정행위임을 명확히 인식해야 한다.

---

5 국제의학학술지 편집인위원회(International Committee of Medical Journal Editors), 〈의학 학술지에 게재되는 학술 연구의 수행, 보고, 편집과 출판에 대한 권고(Recommendations for the Conduct, Reporting, Editing and Publication of Scholarly Work in Medical Journals)〉, 2018년 12월 개정본

제17장

제재처분

「국가연구개발혁신법」

제32조(부정행위 등에 대한 제재처분)

① 중앙행정기관의 장은 다음 각 호의 어느 하나에 해당하는 경우에는 해당 연구개발기관, 연구책임자, 연구자, 연구지원 인력 또는 연구개발기관 소속 임직원에 대하여 10년 이내의 범위에서 국가연구개발활동(연구지원은 제외한다)에 대한 참여를 제한하거나 이미 지급한 정부 연구개발비의 5배의 범위에서 제재부가금을 부과할 수 있다.

1. 제12조 제2항에 따른 평가 결과 연구개발과제의 수행과정과 결과가 극히 불량한 경우
2. 연구자 또는 연구개발기관이 이 법 또는 협약에 따른 의무를 고의로 이행하지 아니하여 제15조 제1항에 따라 연구개발과제가 변경 또는 중단된 경우
3. 연구자 또는 연구개발기관이 제31조 제1항 각 호의 어느 하나에 해당하는 부정행위를 한 경우
4. 연구자 또는 연구개발기관이 정당한 사유 없이 연구개발과제의 수행을 포기한 경우
5. 연구개발기관이 정당한 사유 없이 제18조 제2항에 따른 기술료의 일부 또는 수익의 일부를 납부하지 아니한 경우
6. 연구개발기관이 정당한 사유 없이 제13조 제7항에 따른 연구개발비 회수 금액을 납부하지 아니한 경우

② 제1항에 따른 참여제한 처분이나 제재부가금 부과처분은 병과할 수 있다.

③ 중앙행정기관의 장은 제1항 및 제2항에 따른 제재처분과 별도로 이미 지급한 정부 연구개발비 중 제재사유와 관련된 연구개발비를 환수할 수 있다.

④ 중앙행정기관의 장은 제재처분을 하거나 연구개발비를 환수하는 때에는 제재사유의 중대

성, 위반행위의 고의 유무, 위반 횟수, 연구개발과제의 수행 단계 및 진행 정도 등을 고려하여야 한다.

⑤ 제1항에 따른 제재처분은 그 제재사유가 발생한 연구개발과제의 종료일 또는 그 제재사유가 발생한 국가연구개발활동의 종료일부터 10년이 지나면 할 수 없다.

⑥ 제1항에 따른 제재사유별 참여제한의 기준 및 제재부가금의 부과기준, 제3항에 따른 연구개발비 환수의 기준 및 범위는 대통령령으로 정한다.

제1절 ‖ 제재처분의 개요

1. 제재(制裁)처분의 법적 의미

중앙행정기관의 장은 연구개발과제의 수행과정과 결과가 극히 불량한 경우, 연구자 또는 연구개발기관이 「국가연구개발혁신법」이나 협약에 따른 의무를 고의로 이행하지 아니하여 연구개발과제가 변경 또는 중단된 경우, 연구자 또는 연구개발기관이 부정행위를 한 경우 등에 해당하는 경우에는 해당 연구개발기관, 연구책임자, 연구자, 연구지원인력 또는 연구개발기관 소속 임직원에 대하여 10년 이내의 범위에서 국가연구개발활동에 대한 참여를 제한하거나 이미 지급한 정부 연구개발비의 5배의 범위에서 제재부가금을 부과할 수 있다(「국가연구개발혁신법」 제32조 제1항). 국가연구개발활동에 대한 참여제한 및 제재부가금 부과를 제재처분[1]이라 한다(「국가연구개발혁신법」 제32조 제3항).

우선, 행정처분은 행정청이 행정 관계의 당사자에게 권리나 의무에 직접적인 변동을 초래하는 구체적 행위를 말한다. 즉, 행정청이 개인이나 법인 등 국민에 대해 행하는 구체적·개별적 공권력의 행사나 그 거부를 포괄하는 개념이다. 「행정심판법」 제2조 제1호도 행정처분을 '행정청이 행하는 구체적 사실에 관한 법집행으로서의 공권력의 행사

1 「국가연구개발혁신법」에서는 제재처분을 명확히 정의하고 있지는 않지만, 「국가연구개발혁신법」 제32조 제3항에서 "제1항 및 제2항에 따른 제재처분과 별도로 이미 지급한 정부 연구개발비 중 제재사유와 관련된 연구개발비를 환수"라는 표현을 사용하여 참여제한 처분과 제재부가금 부과처분을 제재처분으로 보는 것이 타당하다.

또는 그 거부, 그 밖에 이에 준하는 행정작용'으로 정의하고 있다. 따라서 인허가, 승인, 등록, 취소, 허가의 거부 등과 같이 어떤 행정적 결정을 통해 법적 지위에 변화를 일으키는 행위 전반이 행정처분에 해당한다. 예를 들어 사업허가, 영업정지, 보조금 교부 결정 등은 모두 행정처분의 일종이다. 제재처분은 행정처분 중에서도 특별히 법령이나 행정상의 의무를 위반한 자에 대해 제재를 가하는 처분을 말한다. 즉, 제재처분은 '법위반에 대한 행정적 제재행위'라는 점에서 처벌적 성격을 지닌 행정처분이다. 이는 국민의 권리·이익을 제한하거나 침해하여 행정질서를 유지하려는 목적에서 내려지는 것으로, 그 본질은 행정질서 유지와 공익 보호에 있다. 예컨대 영업정지, 허가취소, 등록취소, 참여제한, 과징금 부과 등이 이에 해당한다.

제재처분은 행정처분의 하위 개념으로서, 행정청이 위반행위에 대한 불이익을 부과한다는 점에서 '형벌적' 성격을 부분적으로 지닌 특수한 행정처분이라 할 수 있다. 즉, 행정처분 중에는 수익적 처분(허가·승인·보조금 교부 등)도 있지만, 제재처분은 오로지 불이익만을 주는 처분으로 이해할 수 있다. 실무상으로 제재처분이 행정처분에 포함되므로, 「행정심판법」이나 「행정소송법」상 불복절차(이의신청, 행정심판, 행정소송)에서는 제재처분 역시 '행정처분'으로 다루어진다. 즉, 법적 구제의 절차에서 별도로 구분되지 않는다.

2. 제재처분의 필요성

국가연구개발사업은 겉으로 보기에는 개별적인 연구개발과제 단위로 지원되는 형태를 취하고 있지만, 그 본질은 특정 연구개발기관이나 연구자의 국가연구개발활동을 국가가 직접 재정적으로 뒷받침하는 공공 지원사업이라는 점에서 다른 일반적인 보조금 제도와는 구별된다. 즉, 국가는 한정된 연구개발 재원을 활용하여 과학기술 발전과 국가경쟁력 제고라는 공익적 목적을 실현하기 위해 연구개발기관과 연구자를 선정하고, 이들에게 연구개발비를 지원하는 것이다. 따라서 이러한 공적 지원이 투명하고 공정하게 집행되기 위해서는 연구개발 전 과정에 걸쳐 엄격한 관리와 감독이 필요하다. 이는 단순한 행정 관리의 문제가 아니라, 국민의 세금으로 조성된 연구개발 재원이 부적절하게 사용되지 않도록 보장하고, 과학기술 연구의 신뢰성과 공공성을 지키기 위한 제도적 장치라는 점에서 그 중요성이 크다.

이러한 관리·감독의 핵심은 연구개발비가 본래의 목적에 따라 적정하게 사용되고 있는지, 연구개발 과정에서 위조나 변조, 표절 등과 같은 연구부정행위가 발생하지는 않았는지, 연구자가 애초의 계획대로 성실하게 연구를 수행하고 그 결과를 사실대로 보고했는지를 검증하는 데 있다. 다시 말해, 단순히 연구개발성과의 우수성만을 평가하는 것이 아니라, 연구개발비 집행의 합리성, 연구행위의 진실성, 결과 보고의 정직성을 종합적으로 점검하는 체계를 갖추는 것이 국가연구개발사업의 핵심 관리 기능이다. 이러한 통제는 연구의 자율성을 침해하기 위한 것이 아니라, 오히려 공적 재원의 투명한 운용을 보장하고, 연구자 스스로의 신뢰를 보호하기 위한 제도적 안전장치의 성격을 갖는다.

이와 관련하여 「국가연구개발혁신법」은 국가연구개발사업의 건전한 수행을 위해 연구개발 부정행위 등에 대한 제재처분의 법적 근거를 명확히 하고 있다. 「국가연구개발혁신법」은 연구개발비의 부정한 사용, 허위 또는 과장된 연구개발성과 보고, 연구윤리 위반 등의 행위를 한 연구개발기관이나 연구자에 대해서는 엄정한 제재를 부과하도록 규정한다. 특히 이러한 부정행위 등을 한 경우에는 최대 10년 이내의 범위에서 국가연구개발사업 참여를 제한할 수 있는 조치가 이루어진다. 이는 일정 기간 동안 국가의 연구개발 재정 지원을 받을 수 없게 함으로써, 연구자의 도덕적 책임과 제도적 경각심을 높이기 위한 제재적 성격의 행정 조치이다.

아울러, 부정한 방법으로 연구개발비를 지원받거나 연구개발성과를 취득한 경우에는 단순한 행정적 처벌에 그치지 않고, 이미 지급된 정부 연구개발비의 5배의 범위에서 제재부가금이 부과된다. 이러한 제재는 연구윤리의 위반이 국가과학기술의 신뢰 기반을 훼손하는 중대한 위법 행위라는 점에서, 국가가 연구자에게 부여한 '연구의 자율성'과 '공적 책무성' 간의 균형을 유지하기 위한 법적 수단으로 기능한다.

3. 연구개발비 환수와 제재처분의 구별

이미 지급한 정부 연구개발비 환수는 국가가 특정 국가연구개발사업을 위해 연구개발기관과 체결한 협약에 근거하여, 정부(이를 대행하는 전문기관)가 지급한 정부 연구개발비의 전부 또는 일부를 반환받는 조치를 의미한다. 이는 연구개발비가 협약의 목적에 맞지 않게 사용되었거나, 연구자가 협약상 의무를 위반한 경우, 혹은 연구개발 결과가 부정행위로 도출된 경우 등에 이루어진다. 쉽게 말해, 연구개발비 환수는 정부가 지원한 연구개발비에 대해 '지원 목적이 달성되지 않았거나 위법·부당하게 집행되었을 때 국가가 이를 되돌려받는 절차'라 할 수 있다.

연구개발비 환수는 국가연구개발사업의 제재 체계 중 하나로, 참여제한 및 제재부가금 부과와 밀접한 관계를 가지지만 법적 성격과 적용 대상에서 차이가 있다. 참여제한은 연구윤리 위반, 부정집행, 불성실 수행 등 제재사유에 대해 연구개발기관과 연구자 모두에게 부과될 수 있는 제재이지만, 연구개발비 환수는 협약에 따라 실제 정부 연구개발비를 지급받은 해당 연구개발기관에 한정하여 이루어진다는 점에서 차이가 있다. 즉, 환수는 연구개발과제 수행 협약의 상대방인 연구개발기관에 대한 재정적 조치인 반면, 참여제한이나 제재부가금 부과는 해당 문제 행위에 대한 책임 있는 주체인 연구개발기관 내지 연구책임자, 연구자, 연구지원 인력 또는 연구개발기관 소속 임직원 누구나 그 대상이 될 수 있는 제재 조치이다.

연구개발비 환수의 법적 성격, 즉 이를 행정처분으로 볼 수 있는지에 대해서는 논란이 있다. 일부 하급심 판례는 연구개발비 환수를 행정처분으로 보기 어렵다는 입장을 취하였다. 서울행정법원이 2007년 10월 23일 선고한 2007구합12583 판결[2]에서, 정부가 협약의 당사자로서 협약에 정한 환수사유가 발생하였음을 이유로 이미 지급한 정부출연금 일부를 환수하는 것은 "공권력의 일방적 행사라기보다는, 공법상 계약에 기한 원상회복조치에 불과하다."고 판단하였다. 즉, 행정청이 일방적으로 권력을 행사한 것이 아니라, 협약에 근거하여 발생한 계약상의 채무이행을 요구하는 행위로 보았기 때문에 행정처분으로 볼 수 없다고 본 것이다.

반면, 다른 판례는 출연금 환수를 행정처분의 성격을 가진 공법적 제재 조치로 인정하였다. 서울행정법원 2012년 5월 10일 선고 2011구합24958 판결은, 환수 의무를 이행하지 않을 경우 「과학기술기본법」[3] 및 관련 규정에 따라 국가연구개발사업 참여제한

---

2 "행정청이 공법상 계약에 의하여 행정목적을 수행하는 경우에 행정청이 계약조항을 근거로 계약 상대방에 대하여 계약내용의 변경을 거부하거나 해약 등의 조치를 취하거나 해약 등에 다른 원상회복으로서 지급한 금원의 반환을 구할 수 있음을 당연하다고 하더라도 (중략)."

3 당시에는 「국가연구개발혁신법」이 제정되기 이전이었는데, 구(舊)「국가연구개발사업의 관리 등에 관한 규정」과 함께 법률에 그 근거를 두어야 하는 제재처분 등에 관한 일부 조항은 「과학기술기본법」에 해당 내용이 입법되어 있었다. 「국가연구개발혁신법」이 제정되면서 「과학기술기본법」상의 해당 내용들은 모

등 추가적 공법상 불이익이 부과될 수 있다는 점을 근거로 들었다. 법원은 환수 통보가 단순한 금전채무 이행 요구에 그치는 것이 아니라, 국가연구개발사업의 참여 자격에도 직접적인 영향을 미치는 공법상 강제력 있는 행정행위로 평가될 수 있다고 본 것이다. 즉, 환수 조치가 단순히 계약상의 채권회수 절차에 불과한 것이 아니라, 국가가 연구개발기관에 공권력을 행사하여 제재 효과를 발생시키는 점에서 행정처분으로 보아야 한다는 논리다.

그러나 이러한 판례의 견해는 아직 통일되지 않았으며, 이후에도 법원의 입장은 완전히 정리되지 않았다. 실제로 실무에서는 환수 조치가 행정처분인지, 아니면 계약상 원상회복 조치인지 명확하게 구분되지 않은 채 양자의 성격이 혼재되어 있다.

실제 행정 운영 측면에서는 연구개발비 환수를 행정처분으로 보지 않고, 협약상 해약으로 인한 반환 의무에 따른 원상회복 조치로 처리하는 경향이 강하다. 그 이유는 첫째, 연구개발비 환수는 참여제한과 달리 연구개발기관(협약 당사자)에게만 적용된다는 점, 둘째, 연구개발비 환수 금액이 기지급된 정부 연구개발비의 한도를 초과하지 않는다는 점 때문이다. 반면, 연구개발비 환수에 관하여 「국가연구개발혁신법」 제34조 제2항에서는 중앙행정기관의 장은 '연구개발비 환수처분을 받은 자'가 환수금을 기한까지 납부하지 아니하면 기간을 정하여 독촉하고 그 지정된 기간 내에 환수금을 내지 아니하면 국세 체납처분의 예에 따라 징수한다고 기술하여, 연구개발비 환수금 강제징수를 위한 집행 절차를 제재부가금 부과 처분과 함께 동일하게 마련하였다는 점은 이를 행정처분으로 봐야 한다는 의미로도 해석할 수 있다.

이처럼 연구개발비 환수는 제도적으로는 국가의 재정 회수 수단이지만, 법적 성격은 행정처분과 계약상 조치의 경계에 놓인 복합적 제재 수단이다. 법원도 여전히 개별 사안의 성격에 따라 서로 다른 판단을 내리고 있으며, 명확한 통일적 기준은 정립되지 않은 상태다.

실무적으로는 대부분의 기관은 연구개발비 환수 조치를 실무상 행정처분이 아닌 협약에 근거한 민사 절차를 통해 집행하고 있다. 국가연구개발활동이 개별 부처별로 이루어지다 보니, 그에 따른 환수 절차를 이행해야 할 개별 중앙행정기관의 장이 이를 어떻

두 삭제되었다.

게 이행해야 하는지 부처별로 일관성 있는 대응 내용이 마련되어 있지 않기 때문이다. 즉, 법령상 환수 결정을 내릴 수 있는 근거는 존재하지만, 그 결정을 강제로 집행할 수 있는 구체적 절차가 부재한 것이다. 따라서 일반적으로는 환수를 통보받은 연구개발기관에 대해 일반 민사소송 절차를 통해 법원에 소를 제기하고, 확정판결이나 집행권원을 확보한 후에야 강제집행을 진행하고 있다.

이러한 구조는 정부가 연구개발비 환수를 실질적으로 수행하는 데 심각한 비효율성을 초래한다. 연구개발비 환수가 행정제재의 일환으로서 제도의 실효성을 확보하기 위해서는, 행정청이 일정 절차를 거쳐 직접 강제집행을 할 수 있어야 하나, 현행 체계에서는 대부분의 절차를 「민사소송법」과 「민사집행법」에 의존하고 있다. 이 경우 연구개발비 환수까지의 절차가 길어질 뿐 아니라, 연구개발기관이 소송을 지연시키거나 항소를 제기하는 등의 방법으로 실제 환수까지 수년이 소요될 수도 있다. 즉, 정부가 부정수급이나 부적정 집행을 적발하더라도, 실질적인 회수에 이르기까지 행정적 공백이 존재하는 셈이다. 또한 연구개발기관이 해산되거나 자산이 소진된 경우, 연구개발비 확보가 사실상 불가능해지는 문제도 발생한다. 현재 참여제한 제도는 법적으로 처분의 효력이 명확히 인정되고, 그 효과가 부처 전체의 국가연구개발사업에 미치는 반면, 연구개발비 환수는 법적 효력이 불명확하여 사실상 자율적 반환에 의존하고 있다. 이는 국가의 연구재정 관리 측면에서도 불공정성을 초래할 수 있다. 연구개발비 환수를 행정처분으로 인정하기 위해서는 단순히 법령상 권한 부여에 그칠 것이 아니라, 환수 불응 시 이를 강제할 수 있는 구체적인 집행 절차를 법률에 명시적으로 규정할 필요가 있다.

제2절 ‖ 참여제한

1. 개요

참여제한은 국가연구개발사업 내 연구개발과제에서 연구개발기관이나 연구자가 일정한 의무를 위반했을 때, 향후 일정 기간 동안 국가연구개발활동에 참여할 자격을 정지시키는 제재 조치로서, 법적으로는 명백한 행정처분의 성격을 가진다. 이는 단순히 연구개발비 지원의 중단이나 행정적 불이익을 의미하는 것이 아니라, 연구자가 국가의 재정이 투입되는 국가연구개발활동[4]에 참여할 수 있는 자격 자체를 일정 기간 동안 상실하게 하는 강력한 제재다. 이러한 참여제한 제도는 공공계약 분야에서 부정당업자에 대한 입찰참가 자격 제한과 유사한 제도[5]로서, 국가 재정이 투입되는 공적 사업에서 부정행위를

---

4 「국가연구개발혁신법」 제2조 제8호에 따른 "국가연구개발활동"이란 국가연구개발사업의 수행, 연구지원 및 국가연구개발사업과 관련한 다음 각 목의 행위를 말한다.

가. 국가연구개발사업의 추진을 위한 연구개발 관련 수요조사에 수요를 제출하는 행위

나. 국가연구개발사업의 추진 및 연구개발과제의 발굴을 위한 사전 기획에 참여하는 행위

다. 국가연구개발사업의 연구개발과제 및 연구개발기관을 선정하기 위한 공모에 연구개발과제의 수행을 신청하는 행위

라. 연구개발과제의 원활한 수행 및 관리를 위하여 소관 중앙행정기관의 장이 구성하여 운영하는 평가단, 위원회, 심의위원회 등에 참여하거나 활동하는 행위

5 「국가를 당사자로 하는 계약에 관한 법률」 제27조(부정당업자의 입찰 참가자격 제한 등) ① 각 중앙관서의 장은 다음 각 호의 어느 하나에 해당하는 자(이하 "부정당업자"라 한다)에게는 2년 이내의 범위에서 대통령령으로 정하는 바에 따라 입찰 참가자격을 제한하여야 하며, 그 제한사실을 즉시 다른 중앙관서의 장에게 통보하여야 한다. 이 경우 통보를 받은 다른 중앙관서의 장은 대통령령으로 정하는 바에 따라 해당 부정당업자의 입찰 참가자격을 제한하여야 한다.

1. 계약을 이행할 때에 부실·조잡 또는 부당하게 하거나 부정한 행위를 한 자
2. 경쟁입찰, 계약 체결 또는 이행 과정에서 입찰자 또는 계약상대자 간에 서로 상의하여 미리 입찰가격, 수주 물량 또는 계약의 내용 등을 협정하였거나 특정인의 낙찰 또는 납품대상자 선정을 위하여 담합한 자
3. 「건설산업기본법」, 「전기공사업법」, 「정보통신공사업법」, 「소프트웨어 진흥법」 및 그 밖의 다른 법률에 따른 하도급에 관한 제한규정을 위반(하도급통지의무위반의 경우는 제외한다)하여 하도급한 자 및 발주관서의 승인 없이 하도급을 하거나 발주관서의 승인을 얻은 하도급조건을 변경한 자
4. 사기, 그 밖의 부정한 행위로 입찰·낙찰 또는 계약의 체결·이행 과정에서 국가에 손해를 끼친 자
5. 「독점규제 및 공정거래에 관한 법률」 또는 「하도급거래 공정화에 관한 법률」을 위반하여 공정거래위원회로부터 입찰참가자격 제한의 요청이 있는 자
6. 「대·중소기업 상생협력 촉진에 관한 법률」 제28조의2 제2항에 따라 중소벤처기업부장관으로부터 입

한 자를 일정 기간 배제함으로써 공정성과 신뢰성을 확보하려는 취지를 갖는다.

「국가연구개발혁신법」 제32조 제1항은 각 중앙행정기관의 장이 소관 국가연구개발사업 내 연구개발과제의 수행 과정에서 법령에서 정한 사항을 위반한 연구개발기관, 연구책임자, 연구자, 연구지원 인력 또는 연구개발기관 소속 임직원에 대해 참여제한 조치를 할 수 있도록 명확히 규정하고 있다. 이는 연구개발과제의 수행과정에서 연구개발비 부정 사용, 연구윤리 위반, 성실 의무 불이행 등 공공성을 훼손하는 행위가 발생했을 때, 단순한 경고나 연구개발비 환수 조치만으로는 부족하다는 인식에서 비롯된 것이다. 따라서 중앙행정기관의 장은 이러한 위반행위가 확인된 경우 참여제한 처분을 부과할 수 있으며, 그 결과 해당 연구개발기관 또는 연구책임자, 연구자, 연구지원 인력 또는 연구개발기관 소속 임직원은 일정 기간 동안 모든 국가연구개발활동에 참여할 수 없게 된다.

2. 참여제한의 행정처분성과 적용 범위

우선, 「국가연구개발혁신법」 제정 이전, 「과학기술기본법」에 연구개발과제에 관한 참여제한 근거가 2010년 2월 4일 개정되어 신설되기 이전까지는 법률 차원의 명시적 근거는 부재[6]했다.

2001년 구(舊)「국가연구개발사업의 관리 등에 관한 규정」을 신설하면서 참여제한에

찰참가자격 제한의 요청이 있는 자

7. 입찰·낙찰 또는 계약의 체결·이행과 관련하여 관계 공무원에게 뇌물을 준 자
8. 계약을 이행할 때에 「산업안전보건법」에 따른 안전·보건 조치 규정을 위반하여 근로자에게 대통령령으로 정하는 기준에 따른 사망 등 중대한 위해를 가한 자
9. 그 밖에 다음 각 목의 어느 하나에 해당하는 자로서 대통령령으로 정하는 자
   가. 입찰·계약 관련 서류를 위조 또는 변조하거나 입찰·계약을 방해하는 등 경쟁의 공정한 집행을 저해할 염려가 있는 자
   나. 정당한 이유 없이 계약의 체결 또는 이행 관련 행위를 하지 아니하거나 방해하는 등 계약의 적정한 이행을 해칠 염려가 있는 자
   다. 다른 법령을 위반하는 등 입찰에 참가시키는 것이 적합하지 아니하다고 인정되는 자

6 참고로 현재도 비R&D 형태의 각 부처의 사업의 경우 해당 국책사업도 개별 과제로 세분화되어 기관이나 단체가 과제 형태로 실증화 등을 수행하고 있는데, 법령에 명시적인 근거 없이 부처의 내부 규정, 심지어는 전문기관의 내부 규정으로만 제재행위로서의 참여제한 근거를 두고 운용하고 있기도 하다. 해당 사항은 비R&D이기 때문에 「국가연구개발혁신법」상의 적용 대상에서 제외되어 있다.

관한 근거를 명시[7]하기 전까지도 각 부처별 연구개발 관리 규정에만 참여제한 근거가 있었고, 행정규칙에 불과한 부처 관리 규정 내지 전문기관의 내부 규정만으로 연구개발기관이나 연구자의 연구개발과제 참여를 제한하는 것이 가능한지에 대한 법적 논란이 지속되었다. 즉, 법적 근거 없이 부처 내부의 행정지침 등에 따라 연구개발기관이나 연구자의 향후 연구개발과제 참여를 막는 것이 과연 적법한가 하는 의문이 제기되었던 것이다.

이와 관련하여 법원[8]은 해양수산부 장관이 내린 참여제한 처분의 취소 소송을 심리하면서 이 처분이 단순히 한 기관의 내부 행정 조치에 그치지 않고, "모든 중앙행정기관에 대하여 발주차단이나 발주봉쇄 등의 효과를 가져오는 사실상 포괄적 제재"라는 점을 근거로 참여제한은 특정 연구자의 직업적 활동 영역 전체를 제한하는 구속력을 가지므로, 이는 명백히 행정청이 개인의 법적 지위에 영향을 미치는, 행정청이 사인(私人)에 대해 공권력을 행사하는 행정처분에 해당한다고 판단[9]하였는데, 사실 해당 법원의 판시의 핵심

---

7 구(舊)「국가연구개발사업의 관리 등에 관한 규정」 제20조 (위반사항에 대한 제재) ①중앙행정기관의 장은 연구책임자, 연구기관 또는 참여기업에 대하여 다음 각호의 기준을 반영한 협약에 따라 국가연구개발사업에의 참여를 제한할 수 있다. 다만, 정당한 사유가 있는 자에 대하여는 그러하지 아니하다.

1. 연구개발의 결과가 극히 불량한 경우: 2년
2. 정당한 절차 없이 연구내용을 누설하거나, 유출한 경우: 2년
3. 정당한 사유 없이 연구개발과제의 수행을 포기한 경우: 2년
4. 참여기업이 정당한 사유 없이 기술료를 납부하지 아니하거나 납부를 게을리 한 경우: 2년
5. 출연금을 연구개발비의 사용용도 외에 사용한 경우: 2년 이내
6. 그 밖에 이 영 또는 협약의 규정을 위반한 경우: 1년

② 중앙행정기관의 장은 제1항의 규정에 의한 제재조치를 취한 경우에는 관계 중앙행정기관 및 관련기관에 그 제재사항을 통보하여야 한다.

③ 제2항의 제재사항을 통보받은 관계 중앙행정기관의 장은 제재조치를 받은 자에 대하여 협약이 정하는 바에 따라 국가연구개발사업에의 참여를 제한할 수 있다.

8 서울행정법원 2005. 3. 17. 선고 2004구합3359 판결

9 "행정청이 행정계약에 의하여 행정목적을 수행하는 경우에 행정청이 계약조항을 근거로 계약 상대방에 대하여 계약내용의 변경을 거부하거나 해약 등의 조치를 할 수 있음은 당연하다 하더라도, 해양수산부장관의 국가연구개발사업 참여제한은 모든 중앙행정기관에 대하여 이른바 '발주차단' 내지 '발주봉쇄' 등을 행하는 결과를 가져온다는 점에서 이는 행정청의 사인(私人)에 대한 공권력의 행사에 해당하기 때문에 사법관계의 규율 대상이 아니라 이른바 '법률유보'의 원칙상 법률 또는 하위 법령에 명시적인 근거를 가지지 않으면 안 된다고 보아야 할 것이고, 기술개발협약에 있어서 해양수산부장관은 협약의 당사자가 아닐뿐더러 국가연구개발사업 참여제한처분을 함에 있어서도 위 협약이 아니라 구 국가연구개발사업의관리등에관한규정(2004. 12. 3. 대통령령 제18594호로 개정되기 전의 것) 제20조를 처분의 근거로 제시

은 법률에 근거 없이 시행령에서 그 법률의 위임 범위를 벗어난 내용을 기술[10]하였다는 것이었으므로, 결국 이후 「과학기술기본법」상에 참여제한에 관한 법적인 근거가 신설[11·12]되게 된다.

하고 있는 점 등을 보더라도 국가연구개발사업 참여제한처분은 행정소송의 대상이 되는 행정처분에 해당한다."

10 "구(舊)「과학기술기본법」(2004. 1. 29. 법률 제7159호로 개정되기 전의 것) 제11조는 그 문언의 내용 및 형식에 비추어 볼 때 '국가연구개발사업의 기획·평가 및 관리 등에 관한 원칙과 기준'의 설정에 대해서는 이를 대통령령에서 정하도록 위임하였으나 강학상 침익적 행정처분인 국가연구개발사업의 참여제한 등에 대해서도 그러한 위임을 하였다고 볼 수 없는 점, 이른바 '행정조달계약'의 입찰참가자격제한과 관련하여 국가를당사자로하는계약에관한법률 제27조 제1항이 "각 중앙관서의 장은 대통령령이 정하는 바에 의하여 경쟁의 공정한 집행 또는 계약의 적정한 이행을 해칠 염려가 있거나 기타 입찰에 참가시키는 것이 부적합하다고 인정되는 자에 대하여서는 일정 기간 입찰참가자격을 제한하여야 하며, 이를 다른 중앙관서의 장에게 통보하여야 한다."고 규정하여 법률에 참가자격제한 조치를 할 수 있는 근거를 마련하고 있는 점 및 위임명령에 관한 판단 기준 등에 비추어 볼 때, 결국 구 국가연구개발사업의관리등에관한규정(2004. 12. 3. 대통령령 제18594호로 개정되기 전의 것) 제20조는 모법의 위임범위와 한계를 벗어난 것으로서 무효라고 봄이 상당하다."

11 「과학기술기본법」의 2010. 2. 4.자 개정 이유 중 하나는 다음과 같다. "국가연구개발사업의 참여제한을 규정한 대통령령(구(舊)「국가연구개발사업의 관리 등에 관한 규정」)이 이 법 위임범위를 벗어난다는 법원의 판결(2004구합3359)에 따라 그 내용을 이 법에 규정하여 법리적 문제를 해소하고자 한다."

12 구(舊)「과학기술기본법」 제11조의2(국가연구개발사업에 대한 참여제한 등) ① 중앙행정기관의 장은 소관 국가연구개발사업에 참여한 연구책임자, 연구기관·참여기업 또는 실시기업에 대하여 다음 각 호의 어느 하나에 해당하면 5년의 범위에서 소관 국가연구개발사업의 참여를 제한할 수 있으며, 이미 출연한 사업비의 전부 또는 일부를 환수할 수 있다.

1. 연구개발의 결과가 극히 불량하여 중앙행정기관이 실시하는 평가에 따라 실패한 사업으로 결정된 경우
2. 정당한 절차 없이 연구개발 내용을 국내외에 누설하거나 유출한 경우
3. 정당한 사유 없이 연구개발과제의 수행을 포기한 경우
4. 정당한 사유 없이 기술료를 납부하지 아니한 경우
5. 연구개발비를 사용용도 외의 용도로 사용한 경우
6. 정당한 사유 없이 연구개발결과물인 지식재산권을 연구책임자나 연구원의 명의로 출원하거나 등록한 경우
7. 거짓이나 그 밖의 부정한 방법으로 연구개발을 수행한 경우
8. 그 밖에 국가연구개발사업을 수행하기 부적합한 경우로서 협약의 규정을 위반한 경우

② 중앙행정기관의 장은 제1항에 따라 국가연구개발사업의 참여를 제한한 경우에는 관계 중앙행정기관 및 관련 기관에 해당 참여제한 사항을 통보하고, 국가과학기술종합정보시스템에 해당 참여제한 사항을 등록·관리하여야 한다.

③ 제2항에 따라 참여제한 사항을 통보받은 관계 중앙행정기관의 장은 참여제한 조치를 받은 자에 대하

이 판결 이후 타 판결에서도 일관되게 참여제한의 행정처분성을 인정하고 있으며, 각 중앙행정기관이 내리는 참여제한 처분은 단순한 내부 규율이 아니라 외부적 효력을 갖는 행정처분으로서, 행정심판이나 행정소송의 대상이 될 수 있는 독립된 법적 행위로 확립되었다. 즉, 참여제한을 받은 연구개발기관이나 연구자 등은 행정심판이나 행정소송을 통해 그 처분의 위법성을 다툴 수 있으며, 행정청은 이러한 처분을 내릴 때 반드시 법적 근거와 절차적 정당성을 충족해야 한다.

한편, 연구개발과제 관리를 소관하는 중앙행정기관에서 내린 참여제한 처분은 그 부처에만 처분의 효력이 한정되지 않고, 전 부처의 국가연구개발활동에 적용되는 효과를 가질 수 있는가?

앞서, 서울행정법원 2005. 3. 17. 선고 2004구합3359 판결에 따르면, "해양수산부 장관의 국가연구개발사업 참여제한은 모든 중앙행정기관에 대하여 이른바 '발주차단' 내지 '발주봉쇄' 등을 행하는 결과를 가져온다는 점에서 이는 행정청의 사인(私人)에 대한 공권력의 행사에 해당"함을 근거로, 연구개발과제 참여제한 처분이 행정소송의 대상이 되는 행정처분에 해당한다고 설시하고 있다.

사실 연구개발과제 수행에 대해서는 앞서 국가연구개발사업과 연구개발과제의 체계에서 설명했듯, 정부연구개발예산이라는 동일한 예산을 통해, 각 중앙행정기관이 소관 국가연구개발사업을 수행하게 되고, 해당 국가연구개발사업은 연구개발과제로 세분화된다. 그리고 과거에는 각기 다른 규정에 따라 연구개발과제 관리를 하였다고 하더라도, 구(舊)「국가연구개발사업의 관리 등에 관한 규정」, 「과학기술기본법」을 거쳐 현재는 「국가연구개발혁신법」으로 그 체계가 일원화되었다. 그런데 「국가연구개발혁신법」상 동일 근거로 참여제한 처분을 한다고 하더라도, 서로 다른 부처가 각 부처의 권한으로서 행정처분을 한 결과일 뿐인데, 해당 결과가 타 부처의 연구개발과제 참여를 특정 기간동안 원천적으로 차단하고, 더 나아가 「국가연구개발혁신법」에 따라 연구개발과제 참여뿐만

여 국가연구개발사업에 대한 참여를 제한하여야 한다.

④ 중앙행정기관의 장은 제1항부터 제3항까지의 규정에 따라 참여제한을 결정한 때에는 지체 없이 참여제한 조치를 받은 자와 그 소속 기관의 장 등에게 그 사실을 통지하여야 한다.

⑤ 제1항에 따른 참여제한 사유별 참여제한기간의 구체적 기준 및 사업비의 환수 등에 필요한 사항은 대통령령으로 정한다.

아니라 국가연구개발활동 전반의 참여를 제한할 수 있느냐의 문제이다.

「국가연구개발혁신법」 제33조 제6항은 각 중앙행정기관의 장이 참여제한 처분을 내린 경우 그 사실을 관계 중앙행정기관의 장 등에 통보하도록 규정하고 있으며 「국가연구개발혁신법 제34조 제1항에서는 통보를 받은 다른 중앙행정기관의 장도 동일한 참여제한 조치를 적용해야 함을 명시하고 있다. 즉, 특정 부처에서 제재를 받은 연구자나 기관은 다른 부처가 수행하는 국가연구개발사업에도 동일하게 참여할 수 없게 된다. 이러한 교차적 효력은 참여제한 제도의 실효성을 강화하기 위한 것으로, 행정청 간의 통합적 제재 체계를 확립함으로써 국가 전체 연구개발사업의 공정성과 통일성을 보장하려는 목적을 가진다.

「국가연구개발혁신법」상의 참여제한과 같이, 행정청의 행정처분의 근거가 되는 조항이 특정 부처를 명시하지 않고 '소관 중앙행정기관'을 주체로 하여 행정처분을 할 수 있도록 하는 것은 타 입법례를 사실상 찾기가 어려울 정도로 독특한 구조라고 할 수 있다. 연구개발과제가 형성되는 과정과 연구개발과제의 관리 시스템은 사실상 모두 동일하지만, 해당 연구개발과제를 관리하는 부처가 각기 다르기만 할 뿐이다. 이에 개별 부처의 소관 법률로 연구개발과제에 관한 참여제한 근거를 두는 것도 하나의 방법이겠지만 효율적으로 이를 관리하기 위하여 「국가연구개발혁신법」에 해당 근거를 일원화한 것이다.

행정청이 국민의 권리·의무에 직접적 변동을 일으키기 위해서는 처분이라는 형식의 공권력 행사가 필요하며, 이러한 처분은 본질적으로 행정권에 속하는 국가행위이다. 처분은 행정청이 구체적 사실에 대하여 법 집행으로서 권리·의무를 설정하거나 변경·소멸시키는 행위로서, 국민 생활에 직접적인 법적 효과를 미치므로 그 정당성과 한계 설정이 중요하다. 우리 법 체계는 행정권의 행사를 민주적 통제 아래 두기 위해, 처분이라는 권한 행사가 임의적으로 이루어질 수 없도록 엄격한 법률유보 원칙을 관철하고 있다.

그렇다면 행정권은 법률에 의하여 여러 중앙행정기관에 배분되어 있으며, 각 부처는 개별 법률이 부여한 권한 범위 내에서 독립적으로 행정작용을 수행하는 것이다. 따라서 과학기술정보통신부가 「국가연구개발혁신법」에 근거하여 연구개발기관 또는 연구자 등을 상대로 내린 참여제한이라는 행정처분은 원칙적으로 과학기술정보통신부와 처분 상대방 사이에만 법적 효력을 발생시키며, 타 부처를 직접적으로 구속하는 효력은 인정되지 않는다. 이는 행정권의 분장 원리, 기관 간 권한의 독립성, 그리고 법률유보 원칙에서

도출되는 당연한 귀결이다. 행정처분은 특정 행정청이 해당 사안에 대한 판단권한을 행사하여 구체적 권리의 설정·변경·소멸을 가져오는 권력적 행위이므로, 그 처분에 의하여 다른 행정청이 당연히 자신들의 권한 행사가 제한되거나 기속되는 것으로 해석할 수 없는 것이다.

각 부처가 독립적인 판단 권한을 가진다는 점은 동일한 사실 관계에 대하여도 서로 다른 평가가 가능함을 의미하며, 이는 권한 귀속의 문제로 보아야 한다. 예컨대 중소벤처기업부가 특정 기업을 대상으로 국가연구개발활동에 대한 참여제한 행정처분을 하였다고 하여, 보건복지부가 그 기업에 대하여 별도로 부여한 연구개발과제 수행에 대한 참여 진행 사항이 자동으로 소멸하거나 당연히 취소되는 것은 아니다. 일반적으로 특정 부처의 행정처분은 해당 부처가 관장하는 개별 법률을 근거로 이루어지고, 타 부처와의 법률상 연계 규정이 없는 한 이는 단순한 참고 사실에 불과하다. 행정청 상호 간에도 권한 행사는 엄격히 법률의 근거에 따라야 하며, 다른 기관의 판단을 대체하거나 이를 구속할 수 없다는 점을 전제한다.

그렇다면 「국가연구개발혁신법」은 이 부분에 있어 예외가 될 수 있다고 볼 수 있다. 특정 행정청의 행정처분의 효력이 모든 행정청에도 그 영향을 미치게 되는 것이다.

다만, 구(舊)「국가연구개발사업의 관리 등에 관한 규정」에 시행령상으로만 참여제한 규정이 존재하던 때에는 「국가연구개발혁신법」과 같이 법률상의 제재처분 사후관리로서의 타 부처의 참여제한 근거가 없었음에도 법원이 “국가연구개발사업 참여제한은 모든 중앙행정기관에 대하여 이른바 ‘발주차단’ 내지 ‘발주봉쇄’ 등을 행하는 결과를 가져온다는 점에서 이는 행정청의 사인(私人)에 대한 공권력의 행사에 해당”한다고 설시한 것에는 조금은 의아함이 남는다.

3. 참여제한 제도의 한계

참여제한은 국가연구개발사업에서 연구윤리 위반, 부정집행, 연구개발비 유용 등의 사유가 발생했을 때, 해당 기관이나 기업, 그리고 그 소속 연구자 및 임직원이 장래 일정 기간 동안 국가연구개발사업에 참여하지 못하도록 제한하는 제재 조치이다. 그러나 이 제도는 그 성격상 ‘참여 자격의 정지’에 불과하여 실질적인 처벌이나 강제력이 약하다는 한계를 지니고 있다. 특히 기업의 경우, 법적 실체를 변경하거나 새로운 회사를 설립하는 등의 방식으로 제재를 회피하는 사례가 적지 않다. 예컨대 참여제한을 받은 기업이 폐업 신고를 한 뒤, 동일한 대표나 실질적 경영진이 새로운 법인을 설립하여 유사한 연구개발 과제를 신청하거나, 제3자를 형식상 대표로 내세워 간접적으로 참여하는 식의 우회 참여가 현실적으로 가능하다. 이러한 구조적 허점을 악용하면, 참여제한 조치가 사실상 무력화되며, 제도의 실효성이 크게 떨어지게 된다.

또한 기업은 대학이나 과학기술 분야 정부출연연구기관 등과 달리, 국가연구개발사업이 전체 사업 활동에서 차지하는 비중이 상대적으로 낮다. 즉, 기업에게 연구개발사업은 본업의 일부 지원수단에 불과하기 때문에, 일정 기간 동안 국가연구개발사업에 참여할 수 없게 되더라도 실질적인 경영상 타격이 크지 않다. 이러한 현실적 특성 때문에, 기업들은 연구부정행위로 인한 참여제한을 실질적 제재로 인식하지 않는 경우가 많다. 국가로부터 연구개발비 지원을 받지 못하더라도 자체 자금으로 연구를 지속하거나, 민간 프로젝트나 해외 연구사업으로 쉽게 대체할 수 있기 때문이다. 따라서 기업 입장에서는 참여제한이 명목상의 불이익에 그치며, 제도의 억제력과 예방효과는 극히 제한적이다.

반면, 대학이나 공공연구기관의 경우 국가연구개발사업이 주요 재원인 만큼 참여제한이 곧바로 연구 활동 중단으로 이어질 수 있다. 이 때문에 동일한 참여제한 조치가 적용되더라도, 그 효과는 기관의 유형에 따라 현저히 다르게 나타난다. 결국 참여제한은 비영리 연구기관에는 실질적 제재로 작용하지만, 영리기업에는 형식적인 제재에 불과한 구조적 불균형을 내포하고 있다. 이러한 제도적 편차는 국가연구개발사업의 관리·감독 체계 전반의 형평성을 해치고, 기업의 부정행위 재발을 막기 위한 실질적 수단이 부족하다는 비판을 낳는다.

이러한 문제는 제도의 기본 구조로부터도 기인한다. 참여제한은 행정청이 특정 기관의 참여 자격을 제한하는 행정처분에 불과하여, 기업의 법적 실체나 경영진의 책임까지 직접적으로 제재할 수 있는 장치가 없다. 따라서 동일한 인적·조직적 기반을 가진 다른 법인이 새로운 이름으로 설립되면, 법적으로는 별개의 주체로 간주되어 새로운 국가연구개발사업에 참여할 수 있다. 이처럼 제재가 '법인 단위'에 머무르고 '실질적 지배자'에까지 확장되지 못하는 한계는 제도의 가장 큰 구조적 약점이다.

4. 참여제한 관련 이중제재 여부

「국가연구개발혁신법」 제32조 제1항에서는 연구개발과제의 수행과 관련하여 참여제한 사유를 총 6가지로 규정하고 있다. 이 중 제1호부터 제4호까지는 연구개발기관이나 연구자가 연구개발과제의 수행과정에서 직접적으로 위법하거나 비윤리적인 행위를 하였을 때 적용되는 전형적인 제재사유에 해당한다. 예를 들어, 평가 결과 연구개발의 수행과정이나 결과가 극히 불량한 경우, 또는 연구자가 법령이나 협약에 따른 의무를 고의로 이행하지 않아 과제가 중단되거나 변경된 경우, 부정행위를 저질렀거나 정당한 사유 없이 과제의 수행을 포기한 경우 등이 이에 포함된다. 이러한 행위들은 연구자의 성실의무 위반이나 연구윤리 훼손, 혹은 과제 수행의 신뢰성을 훼손하는 직접적 위법행위로 평가되어, 연구개발 시스템 전반의 공정성과 투명성을 확보하기 위한 제재 근거가 된다.

반면 제5호와 제6호는 성격이 다소 다르다. 이들은 연구개발의 수행 과정에서 발생하는 연구개발성과의 활용 및 재정적 의무 이행과 관련된 사후적 관리 영역에 초점이 맞추어져 있다. 구체적으로 제5호는 연구개발기관이 정당한 사유 없이 제18조 제2항에 따른 기술료의 일부 또는 수익의 일부를 납부하지 않은 경우를, 제6호는 연구개발기관이 정당한 사유 없이 「국가연구개발혁신법」 제13조 제7항[13]에 따라 정부가 회수해야 하는 연구개발비를 납부하지 않은 경우를 각각 제재사유로 규정하고 있다. 즉, 이는 연구개발의 직접적인 수행 부정행위라기보다는 성과 환수 및 재정 관리상의 의무 불이행을 문제삼는 조항이다.

이러한 미납 사유는 단순한 행정적 지연이 아니라, 국가 연구개발 재원의 순환 구조를 왜곡시킬 수 있는 중대한 문제로 본다. 기술료나 회수금은 국가가 재투자하여 새로운 연구개발로 이어지도록 설계된 제도적 장치이기 때문에, 이를 납부하지 않는 것은 단순한 계약 불이행을 넘어 연구개발 생태계 전체의 재정적 신뢰를 훼손할 위험이 있다. 따라서 「국가연구개발혁신법」은 단순한 '납부 독촉' 수준을 넘어서, 미납 상태가 지속되는 한 해당 기관이나 연구자에게 연구개발사업 참여를 제한하는 제재를 가하도록 하고 있

---

13 「국가연구개발혁신법」 제13조(연구개발비의 지급 및 사용 등) ⑦ 중앙행정기관의 장은 연구개발과제의 각 단계가 종료된 날부터 3개월 이내에 연구개발비 정산을 실시하여야 하며, 정산 결과에 따라 연구개발비의 회수 등 필요한 조치를 할 수 있다.

다. 이는 납부 의무 이행을 실효성 있게 담보하기 위한 강제적 집행 장치로 기능한다.

즉, 제5호와 제6호는 법의 본래 목적이 제재 그 자체에 있는 것이 아니라, 납부 의무를 이행하도록 유도하는 집행 중심의 제재조항이다. 연구개발기관이 납부해야 할 금액을 고의적으로 미루거나 이행하지 않을 경우, 국가가 행정명령이나 강제집행을 통해 이를 확보하는 절차가 뒤따를 수 있다. 그러나 현실적으로 그러한 집행이 신속하게 이루어지지 않거나 제대로 집행되지 않는 경우가 있었고, 이러한 제도적 공백을 메우기 위해 「국가연구개발혁신법」은 납부 완료 전까지 참여제한이라는 간접적 제재수단을 두고 있는 것이다.

제3절 ‖ 제재부가금

1. 제재부가금 제도의 필요성

국가연구개발사업은 원칙적으로 정부가 공공연구기관이나 대학, 기업 등에 출연금의 형태로 연구개발비를 지원하는 제도이며, 이러한 출연은 대가를 전제로 하지 않는 순수한 재정 지원이라는 점에서 본질적으로 공공성이 강하다. 즉, 출연은 융자나 투자처럼 금전적 이익을 목적으로 하는 행위가 아니라, 국가가 과학기술 발전과 공익 실현을 위해 연구개발 활동을 직접 후원하는 공공 재정의 일환이다. 따라서 연구개발비의 적정하고 합리적인 집행은 국가연구개발사업의 성패를 좌우하는 핵심 요소이며, 연구개발비의 목적 외 사용을 방지하는 것은 과제 관리에서 가장 중대한 감독 영역으로 인식된다. 그러나 현실적으로 연구개발비의 관리와 집행 과정에서 투명성과 책임성이 부족하다는 지적이 지속적으로 제기되어 왔다. 동일한 연구에 대해 이중으로 연구개발비가 지급되거나, 필요 이상의 연구 장비를 구입하고 불요불급한 경비를 사용하는 등 연구개발비의 방만 집행이나 횡령, 허위 지출 등의 문제가 반복적으로 발생하고 있다.

이러한 문제의식 속에서 각 부처는 연구개발비의 감독 체계를 보완하고, 연구개발비 집행의 적정성을 확보하기 위한 제도적 조치를 꾸준히 강화해 왔다. 예컨대 연구개발비 카드 사용 의무화, 회계 관리 전산화, 연구개발비 부정 사용에 대한 참여제한 및 연구개발비 환수 강화 등의 제도가 시행되고 있다. 그러나 그럼에도 불구하고 연구개발비 부정 사용이나 횡령 사례는 오히려 증가하는 추세를 보이고 있다. 이는 단순히 제도의 미비만이 아니라, 실제 연구개발비를 집행하는 주체가 기관이 아니라 연구자 개인이라는 점, 그리고 제재의 실효성이 충분히 확보되지 않았다는 구조적 한계 때문으로 분석된다.

특히 연구개발비 환수 조치는 법적으로 연구기관, 즉 협약의 당사자에 한해 적용되기 때문에, 연구개발비를 실제로 집행하거나 유용한 연구책임자 또는 실무 연구자 개인의 비리 행위를 직접 제재하기에는 한계가 있다. 정부의 연구개발비를 받은 기관이 연구자의 부정행위를 인지했더라도, 연구개발비 환수 대상은 해당 연구개발기관이며 개인은 책임이 명확히 인정되지 않는 한 직접적인 제재를 받지 않는다. 그 결과, 연구개발비 유용의 실질적 책임자가 행정적 제재를 회피하는 사례가 빈번하게 발생하고 있다. 더구나 연구개발비를 부당하게 사용하다가 적발되더라도, 가장 강한 조치가 기지급된 출연금의 전액 또는 일부 환수와 함께 참여제한 처분 정도에 그치므로, 연구개발비 부정 사용 등 유용 행위자가 감수해야 할 불이익이 실제로 얻은 이익에 비해 충분히 크지 않다는 지적도 있었다. 이는 연구개발비를 유용함으로써 얻는 단기적 편익이 행정적 제재의 부담보다 크다고 인식하게 만드는 구조적 문제에서 기인한다고 평가할 수 있다. 한편, 과거 구(舊)「국가연구개발사업의 관리 등에 관한 규정」 제27조 제1항 제5호에서는 중앙행정기관의 장이 연구개발비의 용도 외 사용 사실을 적발하더라도, 해당 금액이 연구개발비 계정으로 이미 회복[14]된 경우에는 참여제한 기간을 1년 이상 감경할 수 있도록 규정하여, 일시 유용도 용도 외 사용의 한 형태로 취급하면서도 행정상 제재의 수위를 낮출 수 있기[15]도 하였다. 연구자의 연구개발비 유용행위에 대한 관대한 시각이 있었음도 알 수 있다.

또한 「보조금 관리에 관한 법률」이 보조금의 부정수급이나 유용행위에 대해 명확한 벌칙 조항을 두고 있는 것과 달리, 과거 연구개발과제 제재처분을 규율했던 「과학기술기본법」, 현행 「국가연구개발혁신법」 및 관련 법령은 연구개발비의 유용행위에 대한 별도의 형사처벌 규정을 두고 있지 않다. 이로 인해 연구개발비 유용행위에 대한 형사적 제재는 「형법」상 업무상 횡령죄나 배임죄의 법리를 적용할 수밖에 없는데, 현실적으로 적용하기는 쉽지 않다. 수사기관은 연구개발비 유용 사건을 처리하기 위해 회계 자료, 협약 내용, 연구계획서 등 복잡한 기술적·행정적 자료를 검토해야 하므로, 사건 수사에 많은 시간과 비용이 투입되지만, 연구행위의 특수성과 전문성 때문에 범죄 구성 요건을 명확히 입증하는 데 어려움이 따른다.

더욱이 형법상 횡령죄나 배임죄의 성립 요건이 연구개발비 유용행위에 그대로 적용되기 어려운 구조적 한계도 있다. 연구개발비를 다른 용도로 일시적으로 전용하였다가

---

14 당시에는 제재부가금이 원칙적으로 없었고, 연구개발비 수와 참여제한만 규율하였다.

15 구(舊)「국가연구개발사업의 관리 등에 관한 규정」 제27조(참여제한 기간 및 사업비 환수 기준) ① 법 제11조의2제1항에 따른 사유별 참여제한 기간은 다음 각 호와 같다.

1. ~ 4. (생략)

5. 연구개발비를 용도 외에 사용한 경우. 다만, 중앙행정기관의 장은 용도 외 사용 사실을 적발하였을 때에 해당 금액이 연구개발비 계정에 이미 회복된 경우에는 다음 각 목의 참여제한 기간을 1년 이상 감경할 수 있다.

가. 용도 외 사용 금액이 해당 연도 연구개발비의 20퍼센트 이하인 경우: 3년 이내

나. 용도 외 사용 금액이 해당 연도 연구개발비의 20퍼센트 초과 30퍼센트 이하인 경우: 4년 이내

다. 용도 외 사용 금액이 해당 연도 연구개발비의 30퍼센트 초과인 경우: 5년 이내

다시 복구하는 이른바 '일시 유용' 행위의 경우, 연구개발비 사용 목적에 일시적으로 어긋났더라도 연구자가 이를 나중에 회복하면 형법상 불법영득의 의사를 인정하기 어렵다는 이유로 무죄로 판단되는 경우가 많다. 서울고등법원은 2010년 9월 16일 선고한 2010노588 판결에서, 연구자가 정부출연금을 일시적으로 다른 용도로 사용하였더라도 "불법영득의 의사를 인정하기 어렵다."며 업무상 횡령 혐의를 부정했다. 이처럼 행정법제상 위법행위로는 인정되는 행위가 형법상 범죄로는 성립되지 않는 경우가 발생함에 따라, 형사처벌을 통한 억제 효과는 사실상 매우 제한적이다. 행정적 제재는 비교적 빠르게 이루어질 수 있으나, 형사처벌은 구성 요건의 엄격한 해석과 입증의 어려움으로 인해 실효성을 확보하기 어렵다.

2. 제재부가금 제도의 도입

기존의 참여제한이나 출연금 환수와 같은 제재 수단이 연구개발비 부정행위를 충분히 억제하지 못한다는 비판이 지속되면서, 정부는 보다 실질적인 금전적 제재를 통해 연구자의 부당한 이익 동기를 사전에 차단하고자 했다. 이러한 문제의식 속에서 구 지식경제부(현 산업통상부)는 연구개발비를 부정하게 사용한 연구개발기관이나 연구자, 임직원에게 직접 금전적 책임을 지우는 제재부가금 제도를 도입하였다. 이 제도는 「산업기술혁신촉진법」에 규정되어 있으며, 국가연구개발사업의 재정 건전성과 연구윤리 확립을 강화하기 위한 새로운 유형의 제재 장치로 평가된다.

제재부가금 제도의 핵심은 연구개발비를 용도 외로 유용한 기관, 기업, 연구자 또는 소속 임직원에 대해 유용 금액의 최대 5배 이내에서 제재부가금을 부과할 수 있도록 한 것이다. 이는 단순히 부정 사용 금액을 반환받는 수준을 넘어, 고의적이거나 반복적인 위반행위에 대해 강력한 경제적 제재를 가함으로써, 향후 부정행위를 예방하려는 목적을 가지고 있다. 부과 기준은 세부적으로 마련되어 있는데, 연구개발비의 유용, 허위 보고, 부정 사용 등 실질적 재정 위반행위를 대상으로 한다.

이처럼 제재부가금 제도는 기존의 연구개발비 환수나 참여제한 제도보다 훨씬 강력한 재정적 압박 효과를 가지며, 연구개발비 유용행위에 대해 경제적 불이익을 직접적으로 부과하는 실질적 제재수단으로 기능한다. 이는 단순히 연구개발비를 반환받는 수준에서 벗어나, 부정 사용의 이익 동기를 근본적으로 차단하려는 제도적 목적을 담고 있다. 또한 연구개발기관뿐 아니라 연구개발을 실질적으로 수행한 연구자 개인 및 소속 임직원에게도 직접 부과할 수 있다는 점에서, 기존 제재 방식이 지닌 기관 중심 책임 구조의 한계를 보완한다.

산업통상부 소관의 「산업기술혁신 촉진법」은 연구개발비 부정 사용에 대한 금전적 제재 수단으로서 제재부가금 제도를 가장 먼저 도입한 법률로 평가된다. 다만, 「산업기술혁신 촉진법」에 따른 연구개발과제에 대한 제재부가금 부과 및 징수는 연구개발비를 연구용도 외의 용도로 사용한 경우에 국한하여 적용[16]한다. 즉, 「산업기술혁신 촉진법」의 제재부가금은 연구개발비 부정 사용이라는 특정 유형의 위법행위에만 대응하는 단일·특정 목적의 금전 제재로 구조화되어 있다.

3. 제재부가금 제도의 성격

(1) 과징금으로서의 제재부가금

과징금은 행정법상 의무를 위반하여 부당한 경제적 이익을 얻은 자에게, 단순한 행징벌로는 그 위반행위를 방지하기 어려운 경우에 부과되는 금전적 행정세새처분이다. 즉, 과징금의 본래 목적은 위법행위를 한 자가 얻은 경제적 이득을 박탈함으로써 위반행위로부터 얻을 수 있는 유인을 차단하고, 법질서를 유지하기 위함이다. 대표적인 예로는 「독점규제 및 공정거래에 관한 법률」에 근거한 공정거래위원회의 과징금제도를 들 수 있다. 이는 단순히 벌금을 대체하는 것이 아니라, 시장 질서나 공익을 해치는 행위로부터 발생한 부당이득을 환수하여 법규 위반행위를 예방하는 데 초점을 둔다.

과징금제도는 처음에는 불법행위로 인한 부당이득 환수의 성격을 지녔었지만, 점차 행정작용의 실효성을 확보하기 위한 새로운 수단으로 발전하였다. 행정청은 법 위반자에 대해 행정벌 외에도 금전적 제재를 통해 신속히 행정질서를 회복할 수 있는 제도로 과징금을 활용하기 시작한 것이다. 그 결과, 오늘날 과징금은 세 가지 주요 형태로 분화

---

16 「산업기술혁신 촉진법」 제11조의3(제재부가금의 부과·징수) ① 산업통상부장관은 제11조의2제1항 제5호(출연금을 연구개발비의 연구용도 외의 용도로 사용한 경우)에 해당하는 행위가 있을 때에는 해당 기관, 단체, 기업, 연구책임자·연구원 또는 소속 임직원에 대하여 그 연구용도 외의 용도로 사용한 금액의 5배 이내의 범위에서 제재부가금을 부과·징수한다.

되었다. 첫째, 경제법 분야에서처럼 의무 위반으로 얻은 불법적 이익을 박탈하기 위한 이익박탈형 과징금, 둘째, 허가취소나 영업정지와 같은 행정처분을 대신하거나 선택적으로 부과되는 대체형 과징금, 셋째, 행정상 의무 위반자에게 직접 금전적 제재를 부과하는 제재형 과징금이다. 이 중 세 번째 유형은 벌금에 가까운 금전적 제재로서, 위반행위로 인한 사회적 해악의 정도에 비례하여 금전 부담을 부과하는 제도이며, 오늘날 환경법령, 공정거래법령, 금융법령 등 다양한 행정법 영역에서 활용되고 있다.

헌법재판소도 이러한 과징금 제도의 성격을 명확히 한 바 있다. 2001년 5월 31일 선고된 99헌가18 결정에서 헌법재판소는 과징금 제도가 헌법상 적법절차 원칙이나 이중처벌금지 원칙에 위배되지 않으며, 행정법상 의무 위반행위에 대해 행정청이 불법 이익을 박탈하거나 법규의 실효성을 확보하기 위해 부과할 수 있는 합헌적 제재 수단이라고 판시하였다. 특히 헌법재판소는 과징금의 유형을 세 가지로 구분하면서, ① 불법적 경제이익의 박탈형, ② 허가취소나 영업정지를 갈음하는 선택형, ③ 일정한 행정 법규 위반에 대한 제재형으로 분류하고, 환경 관련 법률에서의 오염배출부과금 제도 역시 과징금과 유사한 성격을 가진다고 보았다. 즉, 과징금은 그 명칭이 어떠하든 행정법상 의무 위반에 대한 경제적 불이익 부과 제도로 이해할 수 있으며, 이는 형사벌과 달리 사법부의 판단을 거치지 않고 행정청이 직접 부과·징수할 수 있는 점에서 독자적인 행정제재로 자리 잡고 있다.

이러한 과징금 제도의 법적 발전 맥락에서 보면, 제재부가금 제도는 과징금의 세 번째 유형, 즉 행정법상 의무 위반행위에 대한 금전적 제재의 성격과 가장 밀접하다. 제재부가금은 연구개발과제의 수행과정에서 연구개발비를 부당하게 유용한 연구자나 기관에 대해 부과되는 금전적 제재로서, 실질적으로는 행정청이 행정법제 위반행위에 대해 징벌적 금전 부담을 명하는 과징금 제도와 동일한 법적 성격을 가진다. 형사법상의 벌금이 사법기관의 판결을 통해 부과되는 데 반해, 제재부가금은 행정기관이 사법절차를 거치지 않고 직접 부과·징수할 수 있다는 점에서 과징금 제도의 한 형태라 할 수 있다.

현행 법제에서 이러한 제재부가금 제도를 처음 도입한 것은 「산업기술혁신 촉진법」이다. 이 법은 연구개발비를 목적 외로 유용하는 행위가 지속적으로 발생함에 따라, 단순한 연구개발비 환수나 참여제한만으로는 연구개발비 부정행위를 방지하기 어렵다는 현실적 문제의식에서 출발했다. 제재부가금 제도는 위반행위의 규모와 고의성을 고려해 유용 금액의 최대 5배 이내에서 금전적 제재를 부과할 수 있도록 한 징벌적 행정처분으로, 연구개발비 부정 사용에 따른 부당이득을 박탈하고 향후 동일한 위반행위가 반복되는 것을 방지하려는 목적을 가진다.

(2) 중복제재에 관한 논의

연구개발비를 유용한 행위에 대해서는 기본적으로 연구개발비 환수 조치가 이루어지며, 그 법적 성격을 침익적 행정처분으로 본다면 여기에 제재부가금을 별도로 부과하는 것이 이중 처벌 또는 중복제재에 해당하지 않는지에 대한 논의가 제기된다. 즉, 동일한 위반행위에 대하여 이미 연구개발비 환수라는 제재가 부과되었는데, 다시 제재부가금이라는 금전적 제재를 추가로 가하는 것이 헌법상 이중 처벌 금지원칙(헌법 제13조 제1항)에 위배되지 않느냐는 문제이다. 그러나 제재부가금 제도는 그 대상, 목적, 법적 성격에서 기존의 참여제한이나 연구개발비 환수와 본질적으로 구분되며, 따라서 동일 행위에 대한 중복제재로 볼 수 없다는 점에서 그 정당성이 인정된다.

먼저 참여제한과 제재부가금의 관계를 살펴보면, 두 제도는 제재의 주체와 목적에서 명확히 다르다. 참여제한은 연구개발비를 유용한 행위자뿐 아니라, 연구개발비를 투명하고 적정하게 관리해야 할 법적 의무가 있는 연구개발기관이나 연구책임자 등에게도 적용된다. 이는 행정청이 향후 일정 기간 동안 해당 기관이나 연구자가 국가연구개발사업에 참여할 자격을 정지시키는 조치로서, 공공사업 참여기회의 제한을 통해 행정질서를 유지하려는 예방적 성격을 갖는다. 반면, 제재부가금은 연구개발비를 실제로 유용한 행위자 본인에게 부과되는 금전적 징벌 조치로서, 연구자의 위법행위에 대한 직접적 경제적 제재를 가하는 데 초점이 있다. 따라서 제재 대상이 다르고, 제재의 법적 성질도 '참여권 제한'과 '금전적 부담 부과'로 구별되므로, 양자는 동일한 제재로 볼 수 없다.

둘째, 연구개발비 환수와 제재부가금의 관계를 보면, 두 조치는 모두 연구개발비 유용과 관련되어 있지만 그 법적 근거와 목적이 서로 다르다. 연구개발비 환수는 협약의 당사자인 수행기관에 대해 과제 중단, 협약해약 등 협약상 사유가 발생했을 때 기지급된 정부출연금의 전부 또는 일부를 반환받는 원상회복 조치이다. 즉, 이는 협약에 근거한 행정적 회복 조치로서, 연구개발비를 잘못 사용한 연구개발기관으로부터 부당하게 지출된 금액을 회수하는 재정적 정리 절차에 가깝다. 반면 제재부가금은 연구개발비를 유용한 개인 연구자나 기관의 임직원에게 부과되는 금전적 징벌 조치로서, 단순히 회복이 아니라 행위 자체에 대한 제재를 목적으로 한다. 연구개발비 환수가 '원상복구'에 해당한다면, 제재부가금은 '징벌적 제재'의 성격을 가진다고 볼 수 있다. 부과 대상도 연구개발기관과 개인으로 달라질 수 있고, 법적 근거 또한 협약상의 의무이행과 행정법상의 위반행위에 대한 처분으로 구별되므로, 두 제재는 병행되더라도 법적으로 동일한 제재가 중복되는 것은 아니다.

다음으로, 연구개발비를 유용한 자에 대한 형사처벌과 제재부가금 부과의 관계에서도 이중 처벌 문제는 동일하게 제기된다. 그러나 제재부가금은 금전적 제재라는 점에서 형법상 벌금과 유사한 외형을 가지지만, 그 법적 성질은 행정법상 제재에 해당하며 형사처벌과는 근본적으로 구별된다. 과징금이나 제재부가금과 같은 행정상 금전 제재는 행정청이 행정 목적 실현을 위해 의무 위반자에게 부과하는 행정상의 제재금에 해당하므로, 이는 국가형벌권의 행사로서의 처벌과 동일한 범주로 볼 수 없다.

헌법재판소도 2003년 7월 24일 선고한 2001헌가25 결정에서 이와 관련된 입장을 명확히 하였다. 헌법재판소는 "행정권에는 행정 목적 실현을 위하여 행정 법규 위반자에 대한 제재의 권한이 포함되며, 제재를 통한 억제는 행정규제의 본원적 기능"이라고 전제하였다. 이어 과징금과 같은 금전적 제재는 '행정 법규 위반행위에 대해 불법적 이익을 환수하거나 행정명령의 이행을 강제하기 위해 부과되는 행정상의 제재금'에 해당하므로, 이를 헌법상 이중 처벌 금지원칙에 위반되는 형벌로 볼 수 없다고 판시하였다. 「독점규제 및 공정거래에 관한 법률」상 과징금의 경우에도 형사처벌과 병과가 가능하다고 명시하면서, 행정적 제재와 사법적 처벌이 병존할 수 있는 영역임을 인정하였다. 헌법재판소는 특히 "행정상의 과징금은 형벌이 아니라, 행정질서를 유지하기 위한 제재금이며, 과징금 부과 처분에 공정력과 집행력을 부여하더라도 이는 형벌 집행과 동일시될 수 없다."고 명확히 판시하였다.

이러한 헌법재판소의 논리를 제재부가금 제도에도 그대로 적용할 수 있다. 제재부가금은 행정법상 위반행위에 대한 금전적 제재로서, 그 목적은 행정질서의 유지와 연구재정의 투명성 확보에 있다. 형사처벌이 사회적 유해성을 가진 범죄행위를 억제하고 처벌하기 위한 사법적 제재라면, 제재부가금은 행정규율의 실효성을 확보하기 위한 행정적 통제 수단이다. 따라서 동일한 위반행위에 대해 형사처벌과 제재부가금이 병과되더라도, 이는 서로 다른 법적 목적과 기능을 수행하는 제재이므로 헌법상 이중 처벌 금지원칙에 위배된다고 볼 수 없다.

(3) 제재부가금 부과 기준의 적정성 여부

헌법재판소는 과징금이 형사처벌이나 행정벌과는 본질적으로 다른 행정상 제재의 성격을 가지지만, 그럼에도 불구하고 위반자에게 금전지급 의무를 부과하는 제재적 성격을 지닌다는 점에서, 부과 요건과 기준은 반드시 명확한 법적 근거를 바탕으로 해야 한다고 판시[17]하였다. 헌법재판소는 특히 과징금의 징벌적 성격이 과도한 제재로 작용하지 않도록 하기 위해, 과징금 부과는 헌법상 과잉 금지의 원칙에 부합해야 하며, 위반자의 의무 위반의 정도나 취득한 경제적 이익의 규모에 비례하여 산정되어야 하고, 그 산정 기준과 부과 절차 역시 명확하고 합리적으로 규정되어야 한다고 지적하였다. 즉, 과징금이 단순한 행정 금전 부담이 아닌 실질적 제재로 기능하는 만큼, 그 부과에 있어서는 법률유보의 원칙과 비례성의 원칙이 반드시 준수되어야 한다는 헌법적 기준을 제시한 것이다.

헌법재판소는 구(舊)「부동산 실권리자 명의 등기에 관한 법률」 제10조 제1항에 규정된 징벌적 과징금 제도에 대해 유사한 판단을 내린 바 있다. 해당 법률은 장기간 실명등기를 하지 않은 자에게 부동산 가액의 30%를 일률적으로 과징금으로 부과하도록 정하고 있었는데, 헌법재판소는 이를 과잉금지원칙 및 평등원칙에 반할 소지가 크다고 판단하였다. 헌법재판소는 제재의 실효성을 확보하려는 입법 목적 자체는 정당하더라도, 명의신탁 행위가 탈세나 투기와 연계된 경우와 단순한 행정적 지체에 불과한 경우를 동일하게 취급하여 일률적으로 제재를 부과하는 것은 비례성과 형평성에 반한다고 지적했다. 따라서 명의신탁의 목적, 위반행위의 반사회성, 실명등기 지연의 경위 등 구체적 사정을 고려하여 차등적 과징금 부과가 가능하도록 입법적 개선이 필요하다고 판시[18]하였다.

---

17 헌법재판소 2001. 5. 31. 선고 99헌가18, 99헌바71, 111, 2000헌바51, 64, 65, 85, 2001헌바2(병합) 결정.

18 "100분의 30이라는 부과율은 부동산 가액에 비례하여 탄력적으로 정하여지는 액수이므로 명의신탁한 부동산으로부터 얻게 될 불법적인 이득이나 명의신탁자의 재력에 어느 정도 비례한다고 볼 수 있는 측면도 있겠으나, 명의신탁의 숨은 의도가 어느 정도 반사회적인지, 위반의 유형에 따른 차등 부과의 방법은 없는지, 다른 참작 사유는 없는지 등의 여부에 관계없이 일률적인 비율로 정하여 놓은 것은 구체적인 경우에 따라 지나친 제재가 될 수 있다는 염려가 있다. 더욱이, 부동산실명법이 제정되기 전까지 명의신탁은 위법한 법률행위가 아니라 판례에 의하여 확립되어 빈번히 이용되는 적법한 법률행위로서 확립되어 있었다는 점에서, 상당히 많은 경우의 명의신탁이 탈세 등 위법한 목적을 달성하기 위한 방법으로 사용되기도 하였겠으나 단순한 편의를 위하여 명의신탁을 이용하는 경우도 적지 않았다고 보여지므로, 그것이 탈세나 투기를 위한 방편으로 이용되었는지, 그로 인하여 이득을 얻었는지, 실명등기의무 지체의

이러한 헌법적 판단기준을 전제로 할 때, 현행 「국가연구개발혁신법」상 제재부가금 제도의 규정은 일정한 한계를 지닌다고 볼 수 있다. 「국가연구개발혁신법」은 부정행위 등을 한 연구개발기관, 연구자 등에 대해 정부 연구개발비의 5배 이내에서 제재부가금을 부과할 수 있도록 정하고 있다. 그리고 「국가연구개발혁신법 시행령」 제59조 및 [별표7]에서 제재부가금 부과 기준을 구체화하고 있는데, [별표7]에서 연구부정행위로서 연구개발비의 사용 용도와 기준을 위반한 행위의 규모에 따라 5단계로 나누고, 각 단계별로 제재부가금 부과액의 세부 비율을 제시하고 있다. 그러나 이는 단순히 금액 구간별 부과율을 설정하는 데 그치고 있어, 위반행위의 구체적 동기, 고의성, 사회적 해악의 정도 등 행위의 실질적 비난 가능성을 고려하는 기준은 포함되어 있지 않다. 반면, 「독점규제 및 공정거래에 관한 법률」 등 다른 부당이득환수형 과징금 제도는 위반행위로 인한 구체적인 이득 규모를 산정하거나, 위반행위의 기간·횟수·고의성 등을 정량적으로 평가할 수 있는 세부 기준을 법령에 명시하고 있다. 따라서 「국가연구개발혁신법」의 제재부가금 규정은 과징금 제도의 입법 기술적 완결성 측면에서 미흡하며, 실제 부과 시 합리적 기준이 부족하여 자의적인 적용의 여지를 남긴다는 지적이 제기될 수 있다.

따라서 보다 헌법에 부합하고 실질적 형평성을 갖춘 제도를 위해서는 두 가지 보완이 필요하다. 첫째, 유용행위의 정도가 극히 경미하거나 고의성이 없는 단순 과실의 경우, 제재부가금 부과를 면제할 수 있는 기준을 법률상 명문화하는 것이 바람직하다. 이를 통해 경미한 행정적 오류까지 징벌적 제재의 대상으로 삼는 과잉금지원칙 위반의 위험을 줄일 수 있다. 둘째, 현행 시행령의 부과율 구간 내에서도 적용 부과율을 보다 세분화할 수 있는 객관적 기준을 마련해야 한다. 예컨대 위반행위의 동기(고의·과실), 유용 금액의 절대 규모, 환수 여부, 연구의 성실 수행 여부 등을 종합적으로 평가하는 점수 체계를 도입한다면, 제재부가금의 결정 과정이 보다 투명하고 예측 가능하게 운영될 수 있을 것이다.

기간이 얼마나 되는지 등의 다양한 요소들을 고려하여 과징금을 차등적으로 부과할 수 있는 가능성을 전혀 배제한 것은, 과잉금지의 원칙은 물론 평등의 원칙에도 반할 소지가 크다고 할 것이므로, 유예기간 내에 실명등기를 하지 못한 경위, 당해 명의신탁의 반사회성의 정도 등을 고려하여 적정한 과징금을 부과할 수 있도록 하는 입법이 되어야 한다고 본다."

4. 제재부가금 제도의 의의

다양한 부처의 연구개발과제에 관한 제재 근거가 서로 다르고, 동일한 위반행위에 대해서도 기관별로 제재 수준에 차이가 존재하는 문제가 지속적으로 제기되었다. 실제로 제재부가금을 부과하는 「산업기술혁신 촉진법」도 있는 반면, 대부분의 부처는 제재부가금 부과 규정 없이 연구개발과제를 관리해 왔다.

「국가연구개발혁신법」은 제재 체계를 전면적으로 일원화하고, 부정행위 유형별 제재 기준을 통합적으로 규정하면서 제재부가금의 적용 범위를 「산업기술혁신 촉진법」과는 달리 대폭 확대하였다. 「국가연구개발혁신법」 제32조 및 「국가연구개발혁신법 시행령」 [별표7]에 따르면, 제재부가금은 더 이상 단순한 '연구개발비 부정 사용'에만 제한되지 않고, 연구개발과제의 수행과정과 결과가 극히 불량한 경우, 「국가연구개발혁신법」 또는 연구개발협약에 따른 의무를 고의로 이행하지 않은 경우, 연구개발자료 등을 위조·변조·표절하거나 저자를 부당하게 표시하는 행위를 한 경우 등 「국가연구개발혁신법」에서 정한 일반 제재처분 사유 대부분에 제재부가금을 부과할 수 있도록 규정된다. 즉, 「국가연구개발혁신법」은 「산업기술혁신 촉진법」보다 제재사유의 범위를 다층적으로 확장하여 다양한 부정행위에 대한 금전적 제재가 가능하도록 종합적·일반적 규범으로 확장한 모양을 갖추게 되었다.

또한 「국가연구개발혁신법」의 제재부가금은 단순히 부정 사용 금액의 배수 산정에 머물지 않고, 행위의 고의성, 위반의 중대성, 환수 금액, 정부출연금 손해 정도 등을 종합적으로 고려하도록 설계되어 있어, 적용 범위뿐 아니라 제재의 목적성과 탄력성 면에서도 「산업기술혁신 촉진법」과 구조적 차이를 가진다. 즉, 「산업기술혁신 촉진법」이 특정한 연구개발비 유용이라는 부정행위에 대한 단일 제재 수단을 도입한 것이라면, 「국가연구개발혁신법」은 국가연구개발사업 내 연구개발과제 전반의 공정성과 책임성을 확보하기 위한 통합적 제재 체계의 일환으로 제재부가금을 규율하고 있는 것이다.

한편, 제재부가금은 연구개발 과정에서 부정행위를 저지른 연구자에게 부과되는 금전적 제재로서, 연구개발비 환수와 유사하게 재정적 불이익을 가하는 제도이지만, 그 적용 대상과 성격, 그리고 집행 방식에서 중요한 차이를 가진다. 첫째, 연구개발비 환수가 정부가 협약에 근거하여 지급한 연구개발비의 전부 또는 일부를 기관 단위로 반환받는 행정 조치라면, 제재부가금은 실질적인 위반행위를 한 연구자 개인 또는 해당 기관의 임직원에게 직접 부과할 수 있는 제재라는 점에서 그 범위가 보다 구체적이고 개인 책임 중심으로 설계되어 있다. 즉, 연구개발비 환수가 협약상 채무이행의 문제라면, 제재부가금은 연구 윤리와 행정질서를 위반한 자에 대한 공법적 제재에 가깝다.

과거에는 연구개발비 부정행위 등이 발생하더라도 환수 책임은 연구개발기관이 부담했기 때문에, 실질적 책임자인 연구자가 행정적 제재를 직접 받지 않는 경우가 많았다. 그러나 제재부가금 제도는 고의적 유용행위를 한 개인에게도 책임을 묻는 구조로 전환함으로써, 연구자의 행위에 직접적인 제재를 부과할 수 있도록 하였다. 이를 통해 연구개발기관 책임 중심의 제재 체계에서 개인 책임 중심의 제재 체계로의 변화를 꾀했다.

둘째, 제재부가금은 연구개발비 환수와 독립적으로 부과되므로, 이미 환수금 전액을 반환했더라도 제재부가금 부과 여부에는 원칙적으로 영향을 미치지 않는다. 즉, 연구자가 부정 사용 금액을 반환했다고 해서 그 행위에 대한 제재 책임이 면제되지는 않는다. 다만 행위자가 용도 외 사용 금액을 자발적으로 반환하거나 수사 및 행정조사에 성실히 협조한 경우, 제재부가금의 일정 부분을 감경할 수 있도록[19] 하고 있다. 이는 행정의 제재 목적이 단순한 처벌에 있는 것이 아니라, 위반행위의 개선과 재발 방지를 유도하는 데 있음을 반영한다. 따라서 자진 반환은 제재부가금 부과의 '면제사유'가 아니라, '감경사유'로 작용한다.

---

19 《국가연구개발혁신법 매뉴얼》의 '별권'인 《국가연구개발사업 제재처분 가이드라인》에 따르면, '제재처분 가중·감경 세부기준'을 별도로 두고 있다. 해당 세부기준은 실제 이루어진 제재처분 사례들을 참고하여 만들어진 것으로, 각 중앙행정기관의 장이 제재처분의 정도를 결정하고, 해당 중앙행정기관의 장 또는 연구자권익보호위원회가 제재처분의 적절성을 재검토함에 있어 참고할 수 있는 기준을 제시하고자 하며, 법적 구속력을 갖지 않는 권고적 기준이다.

제4절 ▌ 제재처분에 있어서의 재량

1. 제재처분의 재량

중앙행정기관의 장은 연구부정행위 등을 한 연구개발기관이나 연구자 등에 대한 참여제한이나 제재부가금 부과 처분 여부에 재량이 있을까? 또는 참여제한처분과 제재부가금부과처분을 함께 내리는 병과도 선택할 수 있을까? 「국가연구개발혁신법」 제32조 제1항에 따르면, 중앙행정기관이 참여제한 기간을 10년의 기간 내에서, 제재부가금 부과 범위를 이미 지급한 정부 연구개발비의 5배의 범위에서 각 재량적으로 정할 수 있는 것처럼 해석될 여지가 있다.

물론, 연구개발과제에서 연구부정행위 등 제재 처분 대상이 되는 위반사항이 발생했을 때, 이에 대한 제재 처분은 단순히 형식적으로 이루어져서는 안 된다. 「국가연구개발혁신법」 제32조 제4항은 제재 처분을 하거나 연구개발비를 환수하는 때 고려해야 할 사항을 구체적으로 열거하여, 제재의 객관성과 형평성을 확보하도록 규정하고 있다. 즉, 중앙행정기관이 제재 처분을 결정할 때는 제재사유의 중대성, 위반행위의 고의 유무, 위반 횟수, 연구개발과제의 수행 단계 및 진행 정도 등을 면밀히 검토해, 실질적으로 그 책임의 정도에 상응하는 처분을 받도록 해야 한다는 원칙을 명문화한 것이다.

그러나 제재처분은 연구자나 연구개발기관의 명예뿐만 아니라 재정적인 상황까지 크게 좌우할 수 있는 영향력을 가지므로, 자칫하면 행정권이 과도하게 행사되어 부당한 불이익을 초래할 위험이 있다.

어느 행정행위가 기속행위인지 재량행위인지 나아가 재량행위라고 할지라도 기속재량행위인지 또는 자유재량에 속하는 행위인지의 여부는 이를 일률적으로 규정지을 수는 없는 것이고, 당해 처분의 근거가 된 규정의 형식이나 체제 또는 문언에 따라 개별적으로 판단[20]하여야 한다. 「국가연구개발혁신법」 제32조 제6항의 위임 규정에 따른 「국가연구개발혁신법 시행령」 제59조, [별표 6], [별표 7]은 규정 형식상 대통령령이므로 그 성질이 부령인 시행규칙 또는 지방자치단체의 규칙과 같이 통상적으로 행정조직 내부에 있어서의 행정명령에 지나지 않는 것이 아니라 대외적으로 국민이나 법원을 구속하는

20 대법원 1995. 12. 12. 선고 94누12302 판결

힘이 있는 법규명령에 해당[21]한다고 할 것이다. 따라서 해당 제재 처분에 관한 사항이 중앙행정기관의 재량행위인지 여부를 결정함에 있어서는 먼저 그 근거가 되는 「국가연구개발혁신법 시행령」 제59조, [별표 6], [별표 7]의 체제 또는 문언을 살펴야 하는바, 이들 규정들은 국가연구개발 활동의 참여제한 처분과 제재부가금 부과 처분에 관한 기준을 개개의 사유별로 그에 따른 기간과 금액을 일률적으로 확정하여 규정하는 형식을 취하고 있고, 연구개발자료 또는 연구개발성과를 위조·변조·표절하거나 저자를 부당하게 표시하는 행위를 한 경우에는 3년 이내, 연구개발비 사용용도와 사용기준을 위반하여 사용한 정부지원연구개발비에 대한 참여제한 기간은 구간별로 예외적으로 그 참여제한 기간 결정에 재량의 여지를 두고 있을 뿐이다. 따라서 이와 같은 예외적인 사항을 제외하고는 해당 참여제한 처분이나 제재부가금 부과 처분에 대한 기간과 부과액에 관해서는 일반기준에 따르는 경우 외에는 재량의 여지가 없다고 할 것이다.

한편, 중앙행정기관의 장은 제재 처분을 하거나 연구개발비를 환수하는 때에는 제재사유의 중대성, 위반행위의 고의 유무, 위반 횟수, 연구개발과제의 수행 단계 및 진행 정도 등을 고려하여야(「국가연구개발혁신법」 제32조 제4항) 한다고 정하고 있다.

「국가연구개발혁신법」 제32조 제4항에 따르면 우선 첫 번째 검토 요소는 제재사유의 중대성이다. 이는 위반행위가 연구윤리 위반 심각성이나 해당 연구 분야에 미치는 영향의 정도를 말하며, 연구책임자의 고의적인 부정행위인지, 참여연구원 개인의 일탈인지에 따라 제재의 강도가 달라져야 한다는 취지다. 예컨대 연구책임자가 참여하는 학생 연구자의 학생 인건비를 조직적으로 유용한 것과 참여연구원 중 한 명이 개인적으로 유용한 경우를 동일하게 취급할 수는 없다. 제재사유의 중대성은 연구의 공공성 침해 정도, 연구개발비 손실 규모, 연구개발성과 왜곡의 심각성 등을 종합적으로 고려하여 판단하여야 한다. 두 번째는 위반행위의 고의 유무, 즉 의도성이다. 연구부정행위가 고의적으로 이루어진 것인지, 아니면 관리 부실이나 절차적 실수로 인한 것인지에 따라 처분의 수위는 달라져야 한다. 고의적 조작, 허위 보고, 표절과 같이 연구 윤리를 명백히 위반한 행위는 엄정히 제재되어야 하지만, 제도적 미비나 경미한 과실에 기인한 경우에는 제재 처분의 수위를 낮추는 것을 고려하거나 교육·시정 조치 등 비징계적 행정지도 수준으로 대

---

21 대법원 1995. 10. 17. 선고 94누14148 판결.

응하는 것도 고려해볼 수 있다. 행정청은 위반행위의 고의 유무 정도를 고려하여 해당 연구개발기관이나 연구자에게 제재 처분을 하지 않을 것도 선택할 수 있는 재량이 있다고 본다. 세 번째는 상습성이다. 동일하거나 유사한 위반행위를 반복적으로 저질렀는지 여부는 연구자의 윤리 의식과 조직의 관리 체계 부실을 평가하는 중요한 지표다. 상습적 위반은 단순한 실수로 보기 어렵기 때문에, 재발 방지를 위해 보다 강력한 제재가 필요하다. 반대로, 일회적이거나 초범의 경우에는 개선의 여지를 고려하여 제재 처분의 경감 사유로 반영할 수 있다. 마지막으로 연구개발과제의 수행과정 및 실적도 함께 고려된다. 이는 연구자의 행위가 전체 연구 과정에서 차지하는 비중과 연구성과에 미친 영향을 평가하기 위함이다. 예를 들어, 연구 결과의 핵심적 내용이 조작된 경우와 일부 부속 자료의 오류가 발생한 경우는 사회적·학문적 파급효과가 다르므로, 동일한 수준의 처분을 내리는 것은 형평에 맞지 않는다. 또한 연구자가 부정행위에 직접 관여하지 않았더라도, 관리·감독 소홀로 인해 문제를 방치했다면 그 책임을 일정 부분 부담해야 한다.

이러한 사항에 대해 「국가연구개발혁신법」은 시행령으로의 위임을 통해 참여제한 처분기준과 제재부가금 처분기준 내에 각 가중기준과 감경기준을 정하고 있다. 해당 가중기준과 감경기준의 범위 내에서의 재량은 있을 수 있으나 이를 벗어나는 경우에는 재량권의 일탈 또는 남용의 위법 여부까지 다툴 수 있으므로, 중앙행정기관은 이 부분을 신중하게 고려하여야 한다.

우선, 예를 들어 아래와 같은 경우에는 제재부가금액을 최대 2분의 1범위 내에서 가중할 수 있다. 가중기준은 첫째, 학생인건비나 학생연구자 인건비 및 연구수당을 부당하게 사용하거나 기준을 위반한 경우이다. 이러한 행위는 연구윤리 침해의 대표적 사례로 간주되며, 연구자 개인의 도덕적 책임이 크다는 점에서 가중 대상이 된다. 둘째, 하나의 연구개발과제 내에서 두 가지 이상의 위반행위가 동시에 발생한 경우이다. 이때는 각 위반행위별로 제재 금액을 산정하되, 그중 가장 높은 금액을 기준으로 가중한다. 셋째, 그 밖에 위반의 동기 등을 종합적으로 고려하여 제재 강화가 필요하다고 판단되는 경우이다. 단, 아무리 중대한 위반이라 하더라도 최종 부과금액은 이미 지급된 정부지원금의 5배를 초과할 수 없도록 제한하고 있어, 행정청의 재량이 무한정 확장되지 않도록 제도적 통제가 마련되어 있다.

반대로 감경기준은 위반행위가 경미하다고 인정되거나 해당 연구개발기관이 자발적으로 시정 조치를 취하고 연구자가 성실하게 조사에 협조한 경우, 또는 부주의에 의한 단순 실수로 인정되는 경우 등에 적용될 수 있다. 연구개발기관의 장이 내부적으로 부정행위를 검증하고 자체적으로 필요한 조치를 취한 경우에는 그 기관에 대한 제재부가금을 절반 범위에서 감경할 수 있다. 이는 기관 스스로 연구 윤리를 관리하고 자정능력을 발휘한 경우에는 행정적 제재를 완화하여 자율적 연구 윤리 확립을 유도하기 위한 정책적 장치로 볼 수 있다. 또한 부정행위를 저지른 연구자가 중앙행정기관의 조사에 적극적으로 협조하고 사실 관계를 명확히 밝히는 데 기여한 경우에도 감경이 가능하다. 이는 사후적 협조를 통해 행정절차의 효율성과 진실규명을 도운 점을 반영한 것이다. 마지막으로 위반행위가 사소한 부주의나 단순한 오류로 인한 것으로 판단되는 경우에도 감경할 수 있다. 다만, 앞서 설명한 바와 같이 위반행위가 사소한 부주의나 단순한 오류로 인한 것으로 판단되는 경우에는 감경이 아니라 제재 처분 대상에서 아예 제외하는 것이 입법적으로 필요하다. 사소한 부주의나 단순한 오류로 인한 것은 연구부정행위 등으로 포섭하지 않는 대신, 교육·시정 조치 등 비징계적 행정지도 수준으로 대응하는 것이다. 도리어 제재 처분에 대한 세부적인 기준을 모두 「국가연구개발혁신법」 및 「국가연구개발혁신법 시행령」을 통해 정하고 있다 보니 제재 처분을 하지 않겠다는 판단을 쉽게 내리지 못하는 경우가 발생하기도 한다.

마지막으로, 중앙행정기관의 장은 「국가연구개발혁신법」 제32조 제2항에 따라 참여제한 처분과 제재부가금 부과 처분을 병과할 수 있다.

2. 제재처분 재량 범위 확대에 관한 제문제

연구개발과제 수행 과정에서 연구개발비 부정사용을 근절하기 위해 이를 지금보다 더 엄중히 제재할 수 있는 법적 근거로서 「국가연구개발혁신법」 및 「국가연구개발혁신법 시행령」상의 제재처분 재량 범위를 확대하고자 하는 주장이 있을 수 있다.

이러한 경우 「국가연구개발혁신법」상의 변화로 언급되는 주요 내용은 다음과 같은 사항이 있을 수 있다. 첫째, 연구개발비 부정사용 등 부정행위에 대한 제재부가금 부과 범위를 확대하는 내용이다. 「국가연구개발혁신법」 제32조 제1항은 부정행위 등이 있는 경우 정부 연구개발비의 5배 이내에서 제재부가금을 부과할 수 있도록 규정하고 있다.

이에 대하여 연구부정행위에 대한 엄중한 처분이 가능하도록 제재부가금의 최대한도를 정부 연구개발비의 30배 이상으로 상향하자는 것이다. 둘째, 연구개발과제 참여제한 기간의 상한을 확대하는 내용이다. 「국가연구개발혁신법」상 연구부정행위에 대한 참여제한의 최대 기간은 10년으로 규정되어 있으나, 연구부정행위의 중대성을 고려하여 참여제한의 최대 한도를 20년 이상으로 조정하자는 것이다.

한편, 「국가연구개발혁신법 시행령」상의 변화로 언급되는 주요 내용은 크게 세 가지로 정리할 수 있다. 첫째, 가중처분 기준을 강화하는 방향이다. 현행 「국가연구개발혁신법 시행령」은 학생연구자에게 지급되는 인건비를 유용한 경우나 5년 이내 동일한 위반행위로 재적발된 경우 등 일정한 사유가 있는 때에는 제재부가금의 100분의 50 범위에서 가중처분을 할 수 있도록 규정하고 있다. 이에 대하여 가중처분의 정도를 100분의 100으로 상향 조정하자는 것이다. 아울러 고의적·계획적으로 연구개발비를 부정사용한 경우 또는 다수의 연구개발비 부정사용이 확인된 경우에는 추가 가중처분을 부과하도록 하여, 가중처분과 추가 가중처분을 모두 적용하는 경우 개별 제재처분 수준이 최대 4배까지 상향될 수 있도록 하는 방향이 제시될 수 있다. 둘째, 제재처분 합산 기준을 확대하는 방향이다. 현행 「국가연구개발혁신법 시행령」은 동일 연구자가 2개 이상의 연구개발과제에서 2개 이상의 위반행위가 발생한 경우에 한하여 제재처분을 합산하여 부과하도록 규정하고 있다. 이에 대하여 동일 연구자가 2개 이상의 연구개발과제에서 1개의 위반행위를 한 경우, 해당 위반행위가 어느 연구개발과제를 위반한 것인지 명확하지 않은 경우에도 2개 이상의 위반행위가 발생한 경우로 보아 해당 제재처분을 합산하여 부과하도록 기준을 확대하는 내용이다.

이에 대해, 과징금의 성격을 갖는 제재부가금을 현행보다 대폭 상향하여 최대 위반금액의 30배 이상까지 부과할 수 있도록 하는 방향 자체는, 연구개발비의 투명성과 책임성을 강화하고 연구개발비 부정사용 행위를 예방하려는 입법 목적의 정당성 측면에서 일정 부분 타당성이 있다. 특히 고의적인 부정행위에 대하여 실효적인 억지력을 확보할 필요성이 있다는 점에서, 제재 수준의 상향 조정은 정책적으로 이해 가능한 측면이 있다. 다만 제재부가금의 상한을 위반금액의 30배 이상까지 설정할 경우, 연구개발과제의 정부 연구개발비 총액이 큰 대형 연구개발과제에서는 제재부가금 규모가 과도하게 확대될 가능성이 있다. 예컨대 정부 연구개발비가 20억 원인 연구개발과제에서 부정사용이 인정되는 경우, 법문상 최대 600억 원에 이르는 제재부가금 부과까지 가능하다는 계산이 도출된다. 이러한 경우 개별 위반행위의 내용과 정도, 책임의 경중과는 무관하게 제재 금액이 급격히 증가할 수 있다.

연구개발비 부정사용 등 중대한 위반행위에 대하여 연구개발과제 참여제한의 최대 기간을 현행 10년에서 20년 이상으로 상향 조정하는 방향 자체도, 제재의 목적과 성격에 비추어 볼 때 법적인 타당성 측면에서 큰 무리가 있다고 보기는 어렵다. 다만 현행 제도하에서 최대 10년의 참여제한 기간이 실무상 과도하게 짧아 제재의 실효성이 문제된 사례가 축적되어 있는지는 의문이다. 이와 같은 상황에서 참여제한의 최대 기간을 20년 이상으로 확대하는 것에 대한 실효성이 클지는 고민이 필요한 문제이다.

연구개발비 부정사용 등 위반행위에 대하여 가중처분의 정도를 상향 조정하자는 방향에 대하여는 제재의 실효성 확보라는 측면에서 특별한 이견이 없다. 다만, 고의적이고 계획적인 연구개발비 부정사용 또는 다수의 연구개발비 부정사용에 해당하는지 여부는, 결국 제재처분평가단 등 제재 심의·의결 기구의 판단에 따라 결정될 수밖에 없다는 점에서, 집행 단계에서의 판단 기준이 지나치게 추상적일 경우 제재의 일관성과 예측 가능성이 저해될 우려가 있다. 추후 고의적·계획적 부정사용에 해당하는 구체적인 판단 요소, 다수 부정사용의 범위와 기준, 가중처분과 추가 가중처분의 적용 순서 및 한계 등에 관한 세부 가이드라인을 제도적으로 구체화할 필요가 있다.

동일 연구자가 2개 이상의 연구개발과제에서 위반행위를 한 경우, 1개의 위반행위를 한 경우에도 제재처분을 합산하여 부과하도록 하는 방향에 대하여는 제재 체계의 일관성과 형평성을 확보한다는 점에서 특별한 이견이 없다. 다만 실무적으로는 동일 연구자가 복수 부처의 연구개발과제를 수행하는 사례의 경우, 부처별로 제재 절차와 정보 관리가 분절되어 있어 제재처분의 합산이 원활하게 이루어지지 않는 경우가 발생할 수 있다. 이러한 점에서 위반행위의 개수 요건을 완화하는 것보다, 부처 간 정보 공유 및 제재 연계가 가능하도록 제도적 기반을 정비하는 것이 오히려 더 중요한 의미를 가질 수 있다.

제5절 ▌제재처분의 제척기간

제재처분은 그 제재사유가 발생한 연구개발과제의 종료일 또는 그 제재사유가 발생한 국가연구개발활동의 종료일부터 10년이 지나면 할 수 없다(「국가연구개발혁신법」 제32조 제5항).

연구개발과제에서 이루어지는 제재 조치는 무한정 행사될 수 있는 것이 아니라, 일정한 행사 기간의 제한을 받는다. 이는 행정권의 남용을 방지하고, 연구개발기관과 연구자에게 일정한 법적 안정성과 예측 가능성을 보장하기 위한 장치로서, 정부가 연구개발과제 수행 과정에서 위법행위나 부정행위를 발견하더라도, 해당 행위가 과거에 발생한 것이고 그 시점으로부터 10년이 경과한 경우에는 제재 처분을 내릴 수 없다는 의미이다.

여기서 '제재사유가 발생한 연구개발과제의 종료일'이란 과제가 공식적으로 완료되어 평가 및 정산이 마무리된 시점을 기준으로 하며, 연구개발과제 외에도 정부출연금 지원을 수반하는 각종 국가연구개발활동이 포함된다. 이 경우, 제재의 기산점은 부정행위가 이루어진 날이 아니라, 그 행위가 속한 연구개발 활동이 종료된 날로부터 계산된다.

이를 제재 처분의 제척기간이라 한다. 제척기간은 행정청이 일정한 위법행위나 의무위반 사실을 이유로 국민에게 불이익한 처분을 내릴 수 있는 기간의 한계를 말한다. 즉, 행정청이 그 권한을 행사할 수 있는 시간적 범위를 제한하는 제도로서, 일정 기간이 지나면 더 이상 행정처분을 할 수 없도록 하는 것이다. 제척기간은 단순한 행정 편의가 아니라, 법적 안정성과 신뢰 보호의 원칙을 구현하기 위한 핵심적인 제도적 장치이다. 행정처분은 행정청이 국민의 권리·의무에 직접 영향을 미치는 공권력의 행사이므로, 그 권한의 행사는 반드시 법률에 근거해야 하고, 일정한 절차와 시기를 지켜야 한다. 그런데 행정청이 그 처분권을 무제한으로 행사할 수 있게 되면, 국민은 언제든 과거의 행위로 인해 제재를 받을 수 있다는 불안정한 상태에 놓이게 된다. 예를 들어, 10년, 20년 전의 위법행위를 이유로 갑자기 영업정지나 과징금 처분을 받는다면, 이는 행정의 신뢰성과 법적 예측 가능성을 심각하게 훼손한다. 따라서 일정한 기간이 지나면 행정청의 제재권을 소멸시키는 제척기간의 설정은, 행정권 행사의 남용을 방지하고 국민의 권익을 보호하기 위한 필수적인 장치로 이해된다.

행정법제 체계상 제척기간의 구체적 기간은 개별 법률마다 다르게 규정된다. 「국가연구개발혁신법」에서는 제재 처분의 제척기간을 10년으로 설정하여, 행정청이 연구개발과제 종료일로부터 10년이 지나면 제재 처분을 내릴 수 없도록 하지만, 「국세기본법」은 국세 부과의 제척기간을 일반적으로 5년(부정행위 시 10년)으로 정하고 있다. 제척기간은 행정청의 처분권 그 자체가 일정 기간이 지나면 소멸하는 절대적 기간을 말한다. 따라서 제척기간이 경과하면 더 이상 처분을 할 수 없으며, 이는 행정청의 재량 여부나 사정과 관계없이 당연히 효력을 잃는다.

이와 같은 제척기간의 법적 근거는 헌법상 신뢰 보호의 원칙과 법치행정의 원칙에 닿아 있다. 행정권의 행사에는 공익 실현이라는 목적이 있으나, 그 행사가 무제한적일 경우 오히려 개인의 자유와 재산권을 침해할 위험이 크다. 따라서 일정 기간이 경과한 뒤에는 과거의 위반행위에 대한 국가의 제재권을 제한함으로써, 행정의 안정성과 국민의 법적 예측 가능성을 함께 확보해야 한다. 즉, 제척기간 제도는 행정권의 효율적 행사와 국민의 신뢰 보호 간의 균형을 유지하기 위한 헌법적 요청의 산물이다. 제척기간 제도는 행정청에도 중요한 의미가 있다. 제척기간은 단순히 국민의 방패막이 역할만 하는 것이 아니라, 행정청으로 하여금 신속하고 효율적으로 행정절차를 수행하도록 유도한다. 즉, 일정한 시한 내에 위반 사실을 조사하고 처분을 내리도록 강제함으로써, 행정기관의 권한 행사가 무한정 지연되는 것을 방지한다. 이는 행정의 신뢰성과 효율성을 높이는 효과를 가져온다.

이러한 10년의 제재 시효는 행정의 실효성과 형평성을 동시에 고려한 결과라 할 수 있다. 무기한의 제재 가능성은 연구자나 기관에게 불안정한 상태를 지속시켜 연구 활동 전반을 위축시킬 수 있으며, 반대로 너무 짧은 기간의 시효는 부정행위에 대한 제재 실효성을 떨어뜨릴 수 있기 때문이다. 따라서 10년이라는 기간은 일정한 사회적 균형점을 반영한 것으로, 국가가 연구 윤리를 감독하고 위반행위를 제재할 수 있는 충분한 기간을 확보하는 한편, 연구자의 책임이 영구적으로 추적되는 부당한 상태를 방지한다는 취지를 담고 있다. 또한 이 규정은 단순히 행정 편의적 시효의 의미를 넘어, 연구개발 활동의 법적 종료 이후에는 일정 기간이 지나면 국가의 제재권이 소멸한다는 원칙을 명확히 한다. 이는 행정의 안정성과 법적 확정력을 보장하는 동시에, 연구개발기관의 회계 정산과 행정책임을 일정 시점에서 종결시키기 위한 제도적 장치로 기능한다. 실제로 연구개발과제는 장기간에 걸쳐 수행되며, 연구 결과의 검증과 평가, 감사가 여러 단계에 걸쳐 이루어지기 때문에, 일정 기간이 지난 후 새로운 제재를 부과하는 것은 행정적 불안정과 분쟁을 야기할 우려가 있기 때문이다.

특히 연구개발과제는 장기간 수행되는 과제가 많으며, 연구의 성과와 부정행위 여부가 즉각적으로 확인되기 어려운 특성을 갖고 있다. 일반적으로 과제 수행 기간은 최대 10년에 이르며, 연구개발비 정산이나 감사, 연구 윤리 검증 등은 과제 종료 후 수년이 지나서야 이루어지는 경우가 많다. 따라서 제재 처분의 제척기간을 연구개발과제 종료일부터 10년으로 설정한 것은, 이러한 연구개발의 시간적 특성을 고려하여 정부의 제재권 행사가 필요한 현실적 기간을 보장하는 동시에, 연구자의 책임이 무한정 지속되지 않도록 균형을 맞춘 결과라 할 수 있다.

제18장

제재처분평가단과 제재처분 사전통지

「국가연구개발혁신법」

제33조(제재처분의 절차 및 재검토 요청 등) ① 소관 중앙행정기관의 장은 제32조에 따라 제재처분을 하려는 때에는 제재대상자와 직접적인 이해관계가 없는 사람으로 제재처분평가단(이하 이 조에서 "평가단"이라 한다)을 구성하여 제재처분의 필요성, 제재처분의 종류·수준 등 제재처분에 필요한 사항을 검토하게 하여야 한다. 다만, 연구개발과제가 제21조 제2항에 따라 보안과제로 분류된 경우에는 평가단을 구성하지 아니할 수 있다.

② 소관 중앙행정기관의 장은 평가단이 검토한 결과를 고려하여 다음 각 호의 사람에게 제재처분의 내용 등 「행정절차법」 제21조 제1항 각 호의 사항을 미리 통지하여야 한다.

1. 제재대상자
2. 제재대상자의 소속 기관의 장
3. 관계 중앙행정기관의 장

제1절 ▌개요

중앙행정기관의 장은 「국가연구개발혁신법」 제32조에 따라 제재처분을 하려는 때에는 제재대상자와 직접적인 이해관계가 없는 사람으로 제재처분평가단을 구성하여 제재처분의 필요성, 제재처분의 종류·수준 등 제재처분에 필요한 사항을 검토하게 하여야 한다(「국가연구개발혁신법」 제33조 제1항 본문). 다만, 연구개발과제가 제21조 제2항에 따라 보안과제로 분류된 경우에는 평가단을 구성하지 아니할 수 있다(「국가연구개발혁신법」 제33조 제1항 단서). 소관 중앙행정기관의 장은 평가단이 검토한 결과를 고려하여 제재대상자, 제재대상자의 소속 기관의 장, 관계 중앙행정기관의 장에게 제재처분의 내용 등 「행정절차법」 제21조 제1항 각 호의 사항을 미리 통지하여야 한다(「국가연구개발혁신법」 제33조 제2항).

제2절 ▌ 제재처분평가단의 구성

「국가연구개발혁신법 시행령」

제60조(제재처분평가단의 구성)

중앙행정기관의 장은 법 제33조 제1항에 따른 제재처분평가단을 구성할 때 다음 각 호의 어느 하나에 해당하는 사람을 포함시켜서는 안 된다.

1. 제재대상자와 「민법」에 따른 친족관계인 사람
2. 제재 대상 연구개발과제를 수행한 연구자
3. 제재대상자와 같은 기관·단체에 소속된 사람
4. 그 밖에 평가의 공정성을 중대하게 해칠 우려가 있다고 중앙행정기관의 장이 인정하는 사람

1. 제재처분평가단의 구성

중앙행정기관의 장이 연구개발기관, 연구책임자, 연구자, 연구지원 인력 또는 연구개발기관 소속 임직원에 대한 참여제한 또는 제재부가금부과와 같은 제재처분을 하려는 경우, 「국가연구개발혁신법」 제33조 제1항에 따라 제재대상자와 직접적인 이해관계가 없는 사람으로 제재처분평가단을 구성하여야 한다.

현행 「국가연구개발혁신법 시행령」에서는 각 평가단의 위원으로 참여할 수 없는 배제 요건만을 규정하고 있을 뿐, 어떠한 자격의 인물이 위원이 될 수 있는지에 대해서는 명확한 포함 요건을 제시하고 있지 않다. 다시 말해, 법령은 '누가 될 수 있는가'보다 '누가 될 수 없는가'를 중심으로 설계되어 있으며, 이로 인해 실제 평가위원 구성은 해당 중앙행정기관이나 전문기관의 재량적 판단에 맡겨져 있는 실정이다. 그 결과, 법적으로는 배제 요건을 충족하지 않는 한 거의 모든 연구자나 전문가가 평가위원으로 위촉될 수 있지만, 실무상으로는 기관별 이해관계, 평가 대상과의 관계, 그리고 연구 분야의 전문성 등을 종합적으로 고려하여 제한적으로 선정되는 구조를 띤다.

2. 제재처분평가단과 연구개발과제평가단의 구성 비교

한편, 「국가연구개발혁신법」 제14조 제1항에 따르면 중앙행정기관의 장은 선정평가, 단계평가, 최종평가 및 특별평가를 실시할 때에는 연구개발과제평가단을 구성하여 평가를 실시하도록 하고 있고, 이에 따라 연구개발과제평가단 구성에 대해 「국가연구개발혁신법」 및 「국가연구개발혁신법 시행령」에 그 자격 요건 등을 기술하고 있다.

그러나 중앙행정기관의 장이 제재처분을 하기 위하여 제재처분평가단을 구성하는 경우는 「국가연구개발혁신법」 제14조 제1항에 따른 연구개발과제평가단하고는 달리 '제재대상자와 직접적인 이해관계가 없는 사람'으로만 요건을 두고 세부적인 구성에도 차이가 있다는 점이 특징이다. 연구개발과제평가단의 경우 연구개발과제의 연구개발 내용과 관련한 전문성을 더 중시하고자 하는 입법적 취지가 반영된 결과라고 할 수 있겠다.

그러나 실무적으로 연구개발과제평가단과 제재처분평가단에서 제외되어야 할 '직접적인 이해관계가 없는 사람'에 차별점은 없다고 본다. 「국가연구개발혁신법」 체계에서 연구개발과제의 성과를 평가하거나 제재처분의 타당성을 심의하기 위해 설치된 연구개발과제평가단과 제재처분평가단은 각각 별도의 기능을 수행하지만, 평가위원의 자격 제한 및 배제 요건 측면에서는 거의 동일한 구조를 가지고 있다. 법령상 두 평가단은 서로 다른 목적을 가지고 있으나, 그 구성의 공정성과 객관성을 보장하기 위한 위원 배제 규정은 동일한 논리와 취지에 기초하고 있다.

두 평가단의 배제사유의 내용을 살펴보면 거의 동일한 수준에서 중복되어 있다. 예컨대, 해당 연구개발과제를 직접 수행 중인 연구자, 과거에 동일한 과제를 수행했던 연구자, 그리고 그들과 친족 관계에 있는 사람 등이 모두 조문 내용에는 일부 차이가 있으나 유사한 구조로서 평가위원으로 참여할 수 없도록 규정되어 있다. 그러나 이 중 특히 '친족 관계에 있었던 사람'까지 명시적으로 배제하고 있는 점은 그 실효성 측면에서 논란의 여지가 있다. 이미 친족 관계가 해소된 과거의 관계가 평가의 공정성을 실제로 해칠 가능성이 크지 않음에도 불구하고, 법령이 이를 포괄적으로 금지하는 것은 제도의 형식적 공정성을 지나치게 강조한 측면[1]이 있다. 결국 이 조항은 실질적인 평가 공정성 확보보

---

1 「민법」에 따른 친족 관계가 있었던 사람을 어떤 형태로 사전에 제외할 수 있을지 의문이다. 또한 해당 당사자는 어떠한 증빙 자료를 제출해야 할지 쉽게 떠오르지 않는다.

다는 잠재적 이해충돌 가능성을 원천 차단하기 위한 상징적 규율의 성격을 지니고 있다고 볼 수 있다.

또한 두 평가단 모두 동일 기관 소속 연구자에 대해서도 위원 참여를 제한하고 있다. 이는 연구자들 간의 조직적 연계나 상하 관계가 평가의 객관성을 저해할 수 있다는 점에서 비롯된 것이다. 다만, 실제로는 연구개발기관의 규모가 매우 크고 연구 분야가 세분화되어 있어, 동일 연구개발기관 소속이라는 이유만으로 모든 연구자를 배제하는 것은 현실적으로 평가의 전문성을 저하시킬 우려가 있다. 이에 따라 연구개발과제평가단의 경우에는 일정한 예외를 두어, 해당 과제의 연구책임자와 동일 부서에 속한 연구자만 연구개발과제평가위원에서 제외되도록 하고 있다. 즉, 동일 연구개발기관이라 하더라도 소속 부서나 연구실이 다르고, 이해관계가 직접적으로 발생하지 않는 경우에는 연구개발과제평가위원으로 위촉될 수 있는 여지를 둔 것이다. 그러나 이러한 예외조항이 있음에도 불구하고, 기본적인 공정성 확보의 원칙과 배제 요건의 틀은 제재처분평가단과 동일하다.

아울러 중앙행정기관의 소속 공무원이나 해당 업무를 대행하는 전문기관의 임직원 역시 연구개발과제평가위원에서 배제된다. 이들은 연구개발과제의 관리·감독권을 보유하거나 제재 의사결정 과정에 직접 관여할 가능성이 있으므로, 연구개발과제평가위원으로 참여할 경우 직무상 이해충돌이 발생할 위험이 높다. 이러한 이유로 이들은 연구개발과제평가단뿐만 아니라 제재처분평가단에서도 일관되게 배제돼야 한다. 특히 제재처분평가단의 경우, 연구자의 제재 여부나 기간, 환수 금액 산정 등을 다루기 때문에, 행정기관의 이해관계자가 위원으로 포함된다면 평가의 공정성이 심각하게 훼손될 수 있다. 따라서 이러한 배제는 단순한 행정적 절차가 아니라, 평가의 독립성과 신뢰성을 보장하기 위한 핵심적 제도적 장치라 할 수 있다.

연구개발과제평가단과 제재처분평가단의 구성 요건은 명칭상 구분되어 있으나, 그 배제 기준과 공정성 확보의 원리는 사실상 동일한 구조로 설계되어 있다. 양자는 모두 이해관계의 배제와 평가의 객관성을 최우선 가치로 삼으며, 친족 관계·소속기관·직무상 관계 등에서 비롯될 수 있는 잠재적 편향 가능성을 제도적으로 차단하고자 하는 점에서 동일한 법적 철학을 공유한다. 다만, 연구개발과제의 성격상 평가의 전문성과 공정성 간의 균형이 필요하다는 점에서, 일부 예외를 허용하는 연구개발과제평가단의 규정이 제재처분평가단보다 실무적으로 유연하게 운영되고 있다는 차이만 존재할 뿐이다.

따라서 두 평가단의 위원 구성에 관한 법적 틀은 실질적으로 동일하며, 제도의 공정성 확보를 위한 원칙적 방향은 완전히 일치한다고 평가할 수 있다. 이는 국가연구개발사업에서 연구의 성과평가와 제재 심의가 모두 '공정한 절차에 기초한 판단'이라는 동일한 행정철학 위에서 이루어져야 한다는 점을 반영한 결과라 할 것이다.

3. 보안과제에서의 제재처분평가단 구성 예외

일반적으로 평가단(또는 위원회)을 구성하여 특정 사안을 심의·결정하도록 하는 이유는, 행정적 판단의 전문성과 객관성을 확보하고, 동시에 공정한 절차를 제도적으로 보장하기 위함이다. 특히 연구개발정책 영역에서는 기술적 판단이 고도의 전문성을 요구하는 경우가 많기 때문에, 행정기관이 독자적으로 평가·판단을 내리기보다는 관련 분야의 전문가로 구성된 평가단을 운영함으로써 합리적이고 투명한 결정을 도출하려는 제도적 필요성이 크다. 이러한 이유에서 「국가연구개발혁신법」은 연구개발과제의 수행기관 및 연구자를 선정하고, 그 성과를 단계별로 평가하기 위해 연구개발과제평가단을 두도록 규정하고 있다. 이는 행정기관의 재량적 판단에 과학적·기술적 전문성을 부여하는 동시에, 외부 전문가의 집단적 검증을 통해 정책결정 과정에 대한 신뢰성을 제고하기 위한 장치라고 할 수 있다.

연구개발과제평가단은 평가의 전문성을 확보하기 위해, 추진하려는 연구개발과제의 성격·목적·분야를 고려하여 관련 분야의 학식과 경험이 풍부한 전문가로 구성되도록 하고 있다. 이러한 전문가 구성의 원칙은 과제의 선정평가뿐 아니라, 중간 단계의 단계평가, 최종성과를 검증하는 최종평가, 그리고 필요시 수행되는 특별평가에도 동일하게 적용된다. 이로써 평가단은 단순한 자문기구가 아니라, 연구개발과제의 전 생애주기에 걸쳐 평가의 연속성과 전문적 심사의 정당성을 확보하는 핵심적 제도적 장치로 기능한다. 나아가 연구개발과제평가단의 구성 시에는 단순한 전문성뿐 아니라 공정성의 확보 또한 중요한 기준으로 작용한다. 「국가연구개발혁신법 시행령」은 연구개발과제평가단의 위원으로 참여할 수 없는 대상을 명시하고 있는데, 그 중 대표적인 예가 '해당 연구개발과제에 직접적인 이해관계가 있어 평가의 공정성을 중대하게 저해할 우려가 있는 사람'이다. 이는 평가의 신뢰성을 보호하기 위한 이해충돌 방지 규범으로서, 객관적 평가의 제도적 전제 조건이라 할 수 있다.

그런데 이러한 원칙에도 불구하고, 보안과제로 분류된 연구개발과제의 경우에는 예외적으로 평가단을 구성하지 않거나, 또는 평가단 구성 시 앞서 언급한 이해충돌 배제 요건을 완화하여 적용할 수 있도록 하고 있다. 이 같은 예외 규정은 보안과제의 특수한 성격에 기인한다. 보안과제는 국가안보와 직접적으로 연관되거나, 그 내용 자체가 대외적으로 공개될 경우 국가적 이익이 침해될 우려가 있는 고위험 연구개발과제를 말한다. 예컨대 국방 관련 첨단 무기 체계, 핵심 통신·암호 기술, 원자력 및 우주기술과 같은 분야가 이에 해당한다. 이러한 과제는 연구개발과제의 존재 자체나 세부 내용이 국가의 전략적 기밀로 분류되므로, 평가단 구성 과정에서 위원 선정, 회의 절차, 심사 자료 유통 등 모든 단계에서 정보 누설의 위험이 상존한다. 따라서 일반적인 연구개발과제평가단 구성 절차를 그대로 적용할 경우, 평가 자료의 외부 유출 가능성을 완전히 차단하기 어렵다.

이러한 이유로, 보안과제의 경우에는 연구개발과제평가단을 구성하지 않고 소수의 지정 전문가 또는 담당 행정기관 내부의 전문인력이 평가를 수행할 수 있도록 예외를 인정한다. 또한 평가단을 구성하더라도, '해당 연구개발과제에 직접적인 이해관계가 있는 자'라 하더라도, 평가의 공정성을 해치지 않는 범위에서 위원으로 참여할 수 있도록 완화 규정을 두고 있다. 이는 보안 분야의 특수성에서 비롯된 전문성의 희소성에 대한 제도적 고려라 할 수 있다. 즉, 첨단 군사기술, 위성발사체, 사이버보안 등 극도의 기술집약적 연구 분야에서는 해당 과제의 내용을 충분히 이해하고 평가할 수 있는 전문가의 풀(pool)이 매우 제한되어 있다. 따라서 실질적으로 이해관계가 전혀 없는 전문가를 선정하는 것이 불가능한 경우도 발생한다. 이런 현실적 제약을 반영하여, 보안과제의 평가에서는 공정성 요건을 일정 부분 완화하되, 대신 평가정보의 유출을 방지하기 위한 보안 통제 절차를 강화하는 방식으로 균형을 맞추고 있는 것이다.

반면, 제재처분평가단의 경우에는 그 법적 구조와 목적이 연구개발과제평가단과 다르다. 제재처분평가단은 연구개발기관이나 연구자가 법령이나 협약을 위반한 경우, 그 위반행위의 사실 관계, 고의·과실 여부, 위반의 정도 및 제재 수준 등을 심의하기 위해 설치된다. 즉, 이는 연구개발성과의 과학 기술적 평가만이 아니라, 법규 위반 및 행정제재의 정당성도 판단하는 준사법적 절차에 해당한다. 이러한 절차의 본질은 행정기관의 제재권 행사를 객관화하고, 피제재자의 권익을 보호하기 위한 공정한 심의에 있다. 따라서 제재처분평가단의 경우에는 무엇보다 이해관계로부터의 독립성이 강조된다. 이에 따라 「국가연구개발혁신법 시행령」은 제재처분평가단을 반드시 제재대상자와 직접적인 이해관계가 없는 사람으로 구성하도록 규정하고 있으며, 이는 공정성과 신뢰성을 보장하기 위한 최소한의 요건으로 작용한다.

다만, 흥미로운 점은 보안과제에 관해서는 제재처분평가단의 구성 자체를 생략할 수 있도록만 규정하고 있다는 것이다. 다시 말해, 연구개발과제평가단의 경우에는 보안과제라도 연구개발과제평가단의 구성 자체를 생략하지 않는 경우 평가단 구성이 가능하되 일부 예외를 인정하는 구조인 반면, 제재처분평가단은 아예 평가단 구성 의무를 면제할 수 있도록만 규정하고 있다. 이러한 차이는 두 제도의 평가 목적과 정보 민감도 차이에서 기인한다. 연구개발과제평가단은 과제의 수행과정을 기술적으로 평가하는 기능을 중심으로 하며, 평가 결과가 주로 행정적 절차(선정, 단계 통과, 최종성과 인정)에 반영되는 반면, 제재처분평가단은 연구개발기관이나 연구자에게 불이익처분을 부과하는 행정적 제재의 전 단계로서, 법적 판단과 직접적으로 연결된다. 따라서 보안과제의 제재처분평가에서 민감한 정보가 외부 평가위원에게 제공되는 것은 단순한 기술 유출의 위험을 넘어, 국가안보 침해나 기밀 누설의 법적 위험으로 비화될 수 있다. 이러한 이유로, 보안과제에 한하여 제재처분평가단을 구성하지 않고 중앙행정기관이 직접 제재 여부를 검토하도록 허용하는 것이다.

그러나 이와 같은 제도의 차별적 운용은 몇 가지 실무적 문제를 야기할 수 있다. 제재처분은 그 자체가 연구개발기관이나 연구자에게 중대한 법적 불이익을 수반하기 때문에, 절차적 공정성과 투명성이 무엇보다 중요하다. 평가단을 구성하지 않고 행정기관이 내부적으로 제재를 결정하는 경우, 절차적 통제의 결여가 발생할 가능성이 크다. 특히 보안과제의 경우, 제재의 필요성과 제재 수준의 판단이 기술적 전문성과 법적 판단을 동시에 필요로 하는 복합적 사안인 만큼, 소수 행정기관 내부자의 판단만으로 이를 결정하는 것은 자의적 판단으로 비칠 우려가 있다. 또한 피제재자가 행정기관의 제재결정에 대해 이의를 제기할 경우, 평가단의 심의 기록이나 외부 전문가의 자문이 존재하지 않아, 사후적 행정심판이나 소송 단계에서 절차적 정당성을 입증하기 어렵게 된다.

따라서 보안과제에 대한 제재처분평가단 구성의 예외는 그 목적상 불가피한 면이 있으나, 제도의 실효성과 법적 정당성을 담보하기 위해서는 보완적 절차 장치가 필요하다.

예를 들어, 중앙행정기관 내부에 보안 전문가, 법률 전문가, 기술 심사관으로 구성된 심의위원회를 두어 제재의 적정성을 검토하게 하거나, 보안상 허가를 받은 외부 전문위원을 제한적으로 참여시키는 방식이 고려될 수 있다. 이는 국가안보 보호와 절차적 공정성 확보라는 두 가지 가치의 균형을 이루기 위한 제도적 대안이 될 것이다.

4. 제재처분평가단의 구성에서 제외되는 자

제재처분평가단의 구성에서 공정성을 담보하기 위해 「국가연구개발혁신법 시행령」은 평가위원으로 참여할 수 없는 배제사유를 명시하고 있다. 대표적인 예가 제재대상자와 「민법」상 친족 관계에 있는 사람, 그리고 제재대상자와 같은 기관·단체에 소속된 사람이다. 이러한 규정은 제재처분의 공정성과 객관성을 제도적으로 확보하기 위한 필수적 장치이지만, 실제 제도의 운영 단계에서는 개인정보보호, 정보 접근 제한, 현실적 확인 수단의 부재 등으로 인해 그 실효성이 제한된다는 점이 지적된다. 특히 친족 관계나 겸직 관계와 같은 사적 이해관계는 법령상 명확히 배제사유로 규정되어 있음에도 불구하고, 이를 중앙행정기관이 사전에 식별하고 배제하기란 사실상 거의 불가능에 가깝다.

첫째, 제재대상자와 평가위원 간의 친족 관계를 사전에 확인하고 배제하는 것은 제도적으로 설정된 이상적인 규범에 불과하며, 현실적으로는 그 확인 자체가 극히 어려운 구조이다. 「민법」상 친족의 범위는 8촌 이내의 혈족, 4촌 이내의 인척, 그리고 배우자를 포함하므로, 이 범위 내의 모든 관계를 중앙행정기관이 평가단 구성 단계에서 확인하기 위해서는 광범위한 개인정보에 접근해야 한다. 그러나 이러한 정보는 「개인정보 보호법」상 보호되는 민감정보에 해당하며, 행정기관에 임의로 수집하거나 검증할 수 있는 법적 권한이 부여되어 있지 않다. 제재대상자와 평가위원의 관계를 확인하기 위한 공식적인 수단이 존재하지 않는 이상, 중앙행정기관의 장은 원칙적으로 '해당 인물이 친족인지 여부를 사전에 확인하지 못한 책임'을 부담할 수 없다.

다만, 실무적으로 일부 행정기관에서는 평가위원 위촉 시 '평가 공정성 서약서' 또는 '이해충돌 고지서'를 제출받아, 평가위원이 스스로 친족 관계 여부를 자진 신고하도록 하고 있다. 그러나 이는 본질적으로 자진 고지 제도에 불과하여, 평가위원이 고의적으로 정보를 은폐하거나 '멀리 떨어진 친척 관계'로 인식하지 못한 경우에는 제재기관이 이를 식별할 방법이 없다. 배우자나 직계비속 등 가족관계등록부로 확인 가능한 관계는 이론적으로 검증이 가능하지만, 행정기관이 모든 평가위원에게 가족관계증명서 제출을 요구하는 것은 사생활 침해의 우려가 크며, 행정 절차상 비현실적이다. 더욱이 '4촌'이나 '8촌'과 같은 광범위한 혈족 관계는 제도적으로 확인이 사실상 불가능하다. 결과적으로, 법령이 명시한 '친족 관계의 배제'는 실질적인 사전 통제 수단이 아니라, 사전적 고지 의무를 전제로 한 윤리적 자율 규범에 가까운 성격을 지닌다고 평가할 수 있다.

둘째, 제재대상자와 같은 기관·단체에 소속된 사람의 경우에는 상대적으로 확인이 용이하다. 중앙행정기관은 평가단 구성 전, 후보 위원의 소속기관과 제재대상자의 소속기관을 대조하여 동일 기관 여부를 식별할 수 있고, 이를 근거로 평가위원을 배제할 수 있다. 특히 공공연구기관, 대학, 정부출연연구기관 등은 행정정보 공유 체계가 구축되어 있으므로, 소속기관 확인은 비교적 간단한 절차로 이루어진다. 그러나 이러한 확인 방식은 제재대상자가 단일 소속기관만을 가진 경우에 한정하여 유효하다. 최근 연구개발 생태계에서는 연구자들이 겸직 형태로 여러 기관·조직에 동시 소속되는 사례가 많아지고 있다. 예컨대, 대학 교수이면서 동시에 기술 창업기업의 임원으로 재직하거나, 산학협력단 산하 연구소의 책임연구원과 민간기업의 기술 자문을 겸하는 경우가 흔하다. 이러한 복합적 소속 관계는 현행 제도의 '같은 기관 소속'이라는 문언적 요건으로는 완전히 포섭되지 않는다.

더욱 복잡한 사례로, 제재대상자가 비영리법인이나 학술단체의 임원, 학회장, 이사 등의 직위를 겸직하는 경우를 들 수 있다. 예컨대, 제재대상자가 A학회의 회장이고 평가위원 중 한 명이 같은 학회의 부회장이나 이사로 재직 중이라면, 이는 법률상 동일 기관 소속으로 볼 수는 없지만, 실질적으로는 일정한 상호 협력 관계와 영향력이 존재한다. 문제는 이러한 학회·협회·비영리법인에서의 겸직은 공시 의무가 없는 경우가 대부분이며, 공식적인 조직도상 명시되지 않는 경우도 많다는 점이다. 따라서 제재처분평가단 구성 시 중앙행정기관이 이러한 비공식적 관계까지 사전에 인지하여 배제하는 것은 현실적으로 불가능하다. 또한, 해당 겸직 관계가 단순한 협력적 관계인지, 실질적인 이해관계로 발전할 가능성이 있는지 여부는 주관적 판단이 개입될 여지가 크기 때문에, 행정기관이 일률적으로 배제 기준을 설정하기도 어렵다.

이러한 한계는 제재처분평가단의 공정성 확보를 위한 제도 설계에 근본적인 고민을

던진다. 법령이 정한 '친족관계자 또는 같은 기관 소속자의 배제' 원칙은 명목상 명확하지만, 실제 적용 단계에서는 확인 가능성과 집행 가능성 사이의 괴리가 존재한다. 특히 친족 관계의 경우, 평가위원의 자진 고지 외에는 다른 객관적 검증 수단이 존재하지 않으며, 겸직·이해관계의 경우에도 제재대상자 스스로 이를 밝히지 않는 한 행정기관이 파악하기 어렵다. 결국 이 문제는 법적 규정의 실효성을 제고하기 위해, 자기신고 의무 강화와 위반 시 제재 절차 명문화를 병행하는 방향으로 개선되어야 한다. 예를 들어, 평가위원 위촉 시 이해충돌 사유를 허위로 신고하거나 누락한 경우, 해당 위원의 향후 평가위원 자격 제한 또는 평가 무효 사유로 명시하는 방식이 고려될 수 있다.

한편, 친족 관계나 겸직 관계의 존재 여부를 행정적으로 완전하게 통제하기 어렵다는 점에서, 제재처분평가단의 구성 공정성을 담보하기 위해서는 사전적 통제 외에 사후적 검증과 외부 감시 기능을 강화하는 것도 필요하다. 예컨대, 제재처분 후 이의신청이나 재심 절차에서 평가위원 구성의 적정성에 대한 심사를 별도로 두거나, 외부 감사기관이 제재처분평가 과정의 공정성 여부를 정기적으로 점검하는 방식이 가능하다. 이를 통해 평가위원의 잠재적 이해관계가 제재 결정의 객관성을 해치지 않았는지를 확인할 수 있다.

결국, 제재처분평가단 구성 시 친족관계자 및 동일 기관 소속자의 배제 원칙은 법적 정당성 확보를 위한 최소한의 기준이지만, 그 현실적 집행 가능성은 매우 제한적이다. 특히 현대 연구개발환경에서는 연구자 간 협력·겸직·네트워크가 촘촘하게 얽혀 있어, 법문상의 이해충돌 배제 원칙과 실제 연구 현장의 구조적 연결성 간의 괴리가 커지고 있다. 따라서 법령의 경직적 문언만으로 공정성을 담보하기는 어렵고, 실질적으로는 평가위원의 윤리적 자각, 자기신고 의무의 강화, 사후적 검증 체계의 확립 등 복합적인 보완장치가 병행되어야 한다. 이러한 제도적 개선 없이는, '제재처분평가단의 공정성'이라는 법률상 이상(理想)은 여전히 선언적 규범에 머무를 수밖에 없을 것이다.

제3절 ‖ 제재처분평가단의 구성·운영과 전문기관의 역할

「국가연구개발혁신법」상 제재처분은 소관 중앙행정기관의 장이 그 주체로서 행사하는 권한이다. 그러나 제재처분을 결정하기 위해서는 단순한 내부 판단만으로는 부족하며, 「국가연구개발혁신법」은 제재처분평가단을 구성하여 그 필요성과 적정성을 사전에 검토하도록 의무화하고 있다. 제재처분평가단은 제재의 필요성, 처분의 종류와 수준 등을 종합적으로 검토하는 기능을 수행하지만, 그 자체로 제재 여부를 확정하거나 의결하는 권한을 가지는 것은 아니다. 즉, 제재처분평가단의 검토는 제재처분을 위한 행정절차 중 하나의 내부적 보조 절차로서, 최종적인 처분 결정은 여전히 중앙행정기관의 장에게 귀속된다.

이러한 성격 때문에 제재처분평가단의 검토는 행정청 내부의 의사결정 보조 과정에 해당하며, 따라서 평가단의 의견이 제재처분의 법적 효력을 직접적으로 발생시키지는 않는다. 다만 이 절차가 법상 의무로 규정되어 있으므로, 통상적으로는 모든 제재사안에 대해 제재처분평가단이 구성되어야 한다. 그러나 국가안보상 비공개가 요구되는 보안과제의 경우 등 예외적 상황에서는 평가단을 구성하지 않고 내부 절차로 대체할 수 있다는 해석이 가능하다. 이 점은 제재처분평가단이 법적 판단기구가 아닌 행정적 자문기구에 해당한다는 점에서 비롯된다.

한편, 「국가연구개발혁신법」은 전문기관이 중앙행정기관의 업무 일부 또는 전부를 대행할 수 있도록 규정하면서도, 그 대행의 범위를 조문별로 세분화하고 있다. 특히 「국가연구개발혁신법」 제22조 제1항에서는 '제재처분평가단의 구성 및 운영'을 전문기관이 대행할 수 있는 업무로 명시하여, 실질적으로 대부분의 중앙행정기관이 이 업무를 전문기관에 위탁하고 있다. 이러한 구조는 법 제정 이전부터 관행적으로 이루어져 왔으며, 각 부처는 제재처분평가단[2]의 구성·운영을 전문기관을 통해 수행하도록 하고 있다. 일부 전문기관은 이에 근거하여 자체적으로 제재처분평가단 구성·운영에 관한 세부 규정을 마련하기도 한다.

결과적으로 제재처분평가단의 구성 형태와 운영 방식은 전문기관별로 상이하게 나타

---

2 과거에는 제재처분평가단이라는 용어 이외에도 제재조치평가단이라는 표현도 많이 사용하였다. 현재도 「식품·의약품 등의 안전기술 연구개발사업 운영규정」(식품의약품안전처훈령) 등에서는 제재조치평가단이라는 용어를 유지하고 있기도 한데, 제재처분평가단과 동일하다.

난다. 예를 들어, 전문기관 내부 직원과 외부 전문가(변호사, 회계사 등)를 혼합하여 구성하는 경우도 있고, 전원을 외부 전문가로 위촉하되 해당 연구개발과제의 기술적 특성을 이해할 수 있는 분야별 전문가 중심으로 구성하기도 한다. 이러한 구성의 다양성은 제재처분평가단의 법적 지위가 '심의·자문기구'에 불과하다는 점에서 비롯된 것으로, 실질적으로는 각 기관의 내부 행정 운영 방식과 전문기관의 역할에 따라 결정된다.

이처럼 제재처분평가단은 법률상 구성·운영이 의무화되어 있음에도 불구하고, 그 법적 효력은 제재처분의 보조적 절차에 머무른다. 전문기관은 중앙행정기관의 장을 대신하여 평가단을 구성·운영할 수 있지만, 제재처분 자체를 결정하거나 그 명의로 행정처분을 발할 권한은 없다. 따라서 제재처분평가단이나 이를 운영하는 전문기관은 독립된 행정처분의 주체가 될 수 없으며, 최종적인 제재의 결정권자는 어디까지나 중앙행정기관의 장이다. 그럼에도 불구하고, 실제 제재 절차의 실무를 전문기관이 전담함에 따라 외형상 전문기관이 제재처분을 하는 것으로 오인되는 사례가 발생하기도 한다.

제재처분평가단은 제재처분의 적정성을 확보하기 위한 내부적 심의기구로서의 의미를 가지며, 전문기관은 그 구성·운영을 담당하는 대행 기관일 뿐 제재 권한을 가지는 독립된 주체는 아니다. 이러한 구조는 제재처분의 공정성과 투명성을 확보하려는 법의 취지와, 행정적 효율성을 제고하기 위한 실무적 분담 체계가 결합된 결과라고 평가할 수 있다.

제4절 ▌검토 사항에 대한 사전통지

「행정절차법」

제21조(처분의 사전 통지) ① 행정청은 당사자에게 의무를 부과하거나 권익을 제한하는 처분을 하는 경우에는 미리 다음 각 호의 사항을 당사자등에게 통지하여야 한다.

1. 처분의 제목
2. 당사자의 성명 또는 명칭과 주소
3. 처분하려는 원인이 되는 사실과 처분의 내용 및 법적 근거
4. 제3호에 대하여 의견을 제출할 수 있다는 뜻과 의견을 제출하지 아니하는 경우의 처리방법
5. 의견제출기관의 명칭과 주소
6. 의견제출기한
7. 그 밖에 필요한 사항

1. 처분의 일반론

행정청이 국민에게 일정한 법적 효과를 발생시키는 처분을 행하려는 경우, 그 절차는 「행정절차법」을 통해 체계적으로 규율된다. 「행정절차법」은 행정작용의 공정성·투명성·신뢰성을 확보하기 위한 절차적 기본법으로서, 행정청이 권한을 행사할 때 준수하여야 할 절차적 기준을 제시하고 있다. 이 법은 행정의 자의적 행사를 방지하고, 국민의 권익을 보호하며, 행정의 민주성과 합리성을 확보하기 위한 절차적 통제를 목적으로 한다.

먼저, 「행정절차법」은 처분의 개시 단계에서부터 국민의 권익에 영향을 미치는 행정작용에 대해 사전적 통지와 의견제출 기회 부여를 원칙으로 한다. 이는 적법절차의 원리가 행정 영역에서도 적용된다는 점을 전제로 한 것이다. 행정청이 처분을 하려는 경우에는 우선 처분의 사전통지(「행정절차법」 제21조)를 하여야 한다. 사전통지는 행정청이 처분을 통해 국민의 권리·의무에 중대한 영향을 미치게 될 때, 당사자가 그 처분의 존재와 내용을 인지하고 방어할 기회를 보장하기 위한 것이다. 따라서 행정청은 처분의 제목, 법적 근거, 사실 관계, 의견제출의 방법과 기간 등을 명시하여 당사자에게 서면으로 통지하여야 하며, 이를 위반한 처분은 절차적 위법이 된다.

다음으로, 「행정절차법」은 처분 전 당사자에게 의견제출권(「행정절차법」 제27조)을 보장한다. 행정청은 당사자에게 문서, 구술 또는 전자적 방식으로 의견을 제출할 수 있는 기회를 부여해야 하며, 당사자가 요청하는 경우 관련 자료의 열람이나 복사를 허용해야 한다(「행정절차법」 제37조). 이는 처분을 받는 자의 참여권을 보장하여 행정의 일방적·폐쇄적 결정을 방지하고, 실체적 진실 발견과 합리적 결정을 유도하기 위한 절차이다. 특히 불이익처분의 경우에는 이러한 의견제출 절차가 필수적으로 요구되며, 이를 생략한 처분은 행정 절차상 중대한 하자가 있는 것으로 평가될 수 있다.

한편, 「행정절차법」은 일정한 요건하에서 청문절차(「행정절차법」 제22조 이하)를 의무화하고 있다. 청문은 단순한 의견제출보다 강화된 참여권 보장의 수단으로, 처분의 대상이 되는 당사자 또는 이해관계인에게 구체적 사실과 법률문제에 관해 직접 진술할 기회를 부여한다. 청문은 행정청의 자의적 판단을 억제하고, 불이익처분의 적정성과 합리성을 담보하기 위한 절차로 기능한다. 따라서 법령에서 명시적으로 청문을 거치도록 규정한 경우에는 이를 생략할 수 없으며, 행정청이 청문을 거치지 않고 처분을 한 경우에는 절차상 중대한 하자가 발생한다. 청문은 통상적으로 행정청 내부의 담당자 또는 별도의 청문 주재자가 주재하며, 당사자는 증거 자료 제출 및 증인신문 등을 통해 자신의 주장을 방어할 수 있다.

청문 외에도 「행정절차법」은 공청회 제도를 두고 있다. 공청회는 불특정 다수 국민에게 영향을 미치는 행정계획이나 일반적 규제에 대해 다양한 의견을 수렴하기 위한 절차이다. 이는 행정의 민주성을 확보하고, 행정정책 결정 과정에서 이해당사자와 전문가의 의견을 반영하기 위한 수단으로 활용된다. 공청회 절차에서는 개최 공고, 자료 공개, 의견 개진의 기회 보장 등이 요구된다. 특히 대규모 개발계획, 환경정책 등 사회적 파급력이 큰 사안의 경우 공청회를 통한 사전적 의견 수렴은 실질적 행정 참여의 제도적 장치로서 중요한 의미를 갖는다.

이러한 의견청취 절차가 종료된 후, 행정청은 모든 자료와 의견을 종합하여 처분의 이유제시(「행정절차법」 제23조)를 포함한 결정을 하게 된다. 행정청은 처분을 할 때 그 근거 법령, 사실인정의 요지, 그리고 처분의 이유를 구체적으로 제시하여야 한다. 이는 행정청의 판단이 자의적이지 않고, 법률과 사실에 근거한 합리적 판단임을 확인하기 위한 절차적 장치이다. 다만, 단순한 인·허가 등 수익적 처분이나 신청을 그대로 인용하는 처분의 경우에는 이유제시를 생략할 수 있다. 그러나 불이익처분의 경우에는 반드시 이유를 제시해야 하며, 그 사유가 구체적이지 않거나 불명확한 경우에는 행정소송에서 처분의 위법 사유로 인정될 수 있다.

또한, 「행정절차법」은 행정청의 처분에 있어 문서화와 기록보존의 원칙(「행정절차법」 제24조 제1항[3], 「행정절차법」 제14조 제6항[4] 등)을 강조한다. 처분의 과정에서 수집된 자료와 내부 검토의 내용, 청문 또는 의견청취 결과는 문서로 작성되어야 하며, 이는 사법통제의 근거로 활용된다. 이러한 기록보존 의무는 행정행위의 투명성을 확보하고, 향후 분쟁 발생 시 행정청의 절차적 정당성을 입증하기 위한 기능을 수행한다.

나아가, 「행정절차법」은 행정청이 처분을 한 이후에도 사후적 절차통제를 예정하고 있다. 처분의 상대방은 행정심판이나 행정소송 등 법적 구제 절차를 통해 그 위법성을 다툴 수 있다. 이때 「행정절차법」상의 절차에 대한 위반은 단순한 형식적 하자를 넘어, 처분의 본질적 적법성에 영향을 미치는 실질적 하자로 평가될 수 있다.

당사자는 행정청의 처분으로 인해 법률상 이익에 직접적으로 영향을 받는 자를 의미하며, 이해관계인은 간접적으로 영향을 받는 자로서 법령 또는 행정청이 인정하는 범위 내에서 절차에 참여할 수 있다. 이러한 구분은 행정절차의 참여권 보장 범위를 결정하는 핵심적 기준이 된다.

---

3 「행정절차법」 제24조(처분의 방식) ① 행정청이 처분을 할 때에는 다른 법령등에 특별한 규정이 있는 경우를 제외하고는 문서로 하여야 하며, 다음 각 호의 어느 하나에 해당하는 경우에는 전자문서로 할 수 있다.
1. 당사자등의 동의가 있는 경우
2. 당사자가 전자문서로 처분을 신청한 경우

4 「행정절차법」 제14조(송달) ⑥ 행정청은 송달하는 문서의 명칭, 송달받는 자의 성명 또는 명칭, 발송방법 및 발송 연월일을 확인할 수 있는 기록을 보존하여야 한다.

2. 행정처분의 사전통지

「행정절차법」 제21조[5]는 행정청이 국민에게 불이익한 처분을 하려는 경우, 즉 당사자에게 의무를 부과하거나 권익을 제한하는 처분을 하기 전 반드시 사전에 일정한 사항을 통지하도록 규정하고 있다. 이는 행정의 일방적·권력적 성격으로부터 국민의 절차적 권리를 보호하고, 행정작용의 예측 가능성과 투명성을 보장하기 위한 핵심적 규정이다. 사전통지 제도는 처분의 사전적 통제장치로서 행정청의 자의적 판단을 억제하고, 당사자가 충분한 방어의 기회를 가질 수 있도록 하기 위한 절차적 장치로 기능한다.

먼저, 행정청은 처분을 할 때 처분의 제목을 명시해야 한다(「행정절차법」 제21조 제1항 제1호). 이는 당사자가 통지를 받았을 때 그 처분의 성격과 내용이 어떠한 것인지 즉시 파악할 수 있도록 하기 위한 것이다. 처분의 제목은 단순한 형식이 아니라, 해당 처분이 어떠한 법률행위 또는 행정작용의 일환인지를 명확히 특정하기 위한 필수 요소이다. 예컨대 '참여제한 처분 사전통지' 또는 '제재부가금 부과 예정 통지' 등으로 기재함으로써, 당사자는 해당 처분이 자신에게 어떠한 불이익을 가져올 수 있는지를 인식하게 된다.

둘째로, 통지에는 당사자의 성명 또는 명칭과 주소가 포함되어야 한다(「행정절차법」 제21조 제1항 제2호). 이는 행정절차에서 '적법한 당사자 특정'의 원칙을 구현하는 것이다. 행정청은 처분의 상대방을 정확히 특정하여야 하며, 이는 처분의 상대방이 누구인가를 명확히 함으로써 절차의 대상이 불분명해지는 것을 방지한다. 특히 법인, 단체 등 비자연인의 경우에도 명칭과 소재지를 정확히 기재함으로써 절차의 정당성과 통지의 효력을 담보한다.

셋째로, 가장 핵심적인 부분은 처분의 원인이 되는 사실, 처분의 내용 및 법적 근거를 구체적으로 제시해야 한다는 점이다(「행정절차법」 제21조 제1항 제3호). 이는 당사자가 처분

---

5 「행정절차법」 제21조(처분의 사전 통지) ① 행정청은 당사자에게 의무를 부과하거나 권익을 제한하는 처분을 하는 경우에는 미리 다음 각 호의 사항을 당사자등에게 통지하여야 한다.
1. 처분의 제목
2. 당사자의 성명 또는 명칭과 주소
3. 처분하려는 원인이 되는 사실과 처분의 내용 및 법적 근거
4. 제3호에 대하여 의견을 제출할 수 있다는 뜻과 의견을 제출하지 아니하는 경우의 처리방법
5. 의견제출기관의 명칭과 주소
6. 의견제출기한
7. 그 밖에 필요한 사항

의 근거가 되는 사실 관계와 법적 판단을 명확히 이해하고, 이에 대해 적절히 방어할 수 있는 실질적 기회를 부여하기 위한 것이다. 단순히 '법령 위반이 있었다'는 추상적 서술로는 충분하지 않으며, 구체적인 사실 관계와 더불어 그에 근거한 법적 조항을 명시해야 한다. 이러한 요건은 행정청의 처분이 법률에 근거하여 이루어져야 한다는 법치행정의 원칙을 절차적으로 보장하는 의미를 가진다.

넷째로, 행정청은 당사자가 의견을 제출할 수 있다는 사실과 의견을 제출하지 않는 경우의 처리방법을 통지해야 한다(「행정절차법」 제21조 제1항 제4호). 이는 의견제출권의 실효성을 확보하기 위한 절차적 보장이다. 단순히 의견제출이 가능하다는 사실을 통지하는 데 그쳐서는 안 되며, 의견을 제출하지 않는 경우 행정청이 어떠한 방식으로 처분을 진행할 것인지 명확히 밝혀야 한다. 이를 통해 당사자는 의견제출 여부에 따라 자신의 절차적 권리행사 전략을 결정할 수 있다.

다섯째로, 의견제출기관의 명칭과 주소를 명확히 통지해야 한다(제5호). 행정청의 구조가 복잡하거나 다단계 조직 체계를 가지고 있는 경우, 당사자가 어느 기관에 의견을 제출해야 하는지 불명확할 수 있다. 따라서 「행정절차법」은 이러한 혼란을 방지하기 위해 의견제출의 수령기관을 명시하도록 하고 있다. 이는 당사자의 참여권을 실질적으로 보장하기 위한 것으로, 행정청이 행정 내부의 절차를 이유로 의견제출을 거부하거나 지연시키는 것을 방지하는 기능도 가진다.

여섯째로, 통지에는 반드시 의견제출의 기한이 명시되어야 한다(제6호). 행정절차에서 시간의 경과는 권리행사의 실효성에 중대한 영향을 미친다. 따라서 행정청은 합리적인 기간을 정하여 당사자가 충분히 의견을 준비하고 제출할 수 있도록 해야 한다. 법령상 구체적인 기간은 명시되어 있지 않으나, 판례는 당사자가 사실 관계와 법률적 쟁점을 검토할 수 있을 정도의 '상당한 기간'을 부여해야 한다고 본다. 지나치게 짧은 기한의 설정은 실질적으로 의견제출권을 침해하는 것으로서 절차적 위법이 될 수 있다.

마지막으로, 행정청은 그 밖에 필요한 사항을 포함할 수 있다(제7호). 이는 행정의 다양성과 사건의 특수성을 고려한 개방적 조항으로, 사안의 성격에 따라 구체적 보충 사항을 통지할 수 있도록 한 것이다. 예컨대 전자적 방식의 의견제출 절차를 병행하는 경우에는 전자메일 주소나 전자문서 송달 방법 등을 명시할 수 있으며, 청문이 예정되어 있는 경우 그 일시·장소 등을 포함할 수 있다.

3. 제재처분의 사전통지 대상

(1) 통지 대상의 확장

「국가연구개발혁신법」은 제재처분의 절차적 정당성을 확보하기 위하여, 소관 중앙행정기관이 제재처분평가단의 검토 결과를 고려한 후 제재처분의 내용을 미리 통지하도록 규정하고 있다. 이러한 규정은 외형상 「행정절차법」 제21조가 규정하는 처분의 사전통지 제도와 내용상 동일한 구조를 갖는다. 즉, 통지의 시기, 통지의 목적, 통지의 항목 모두 「행정절차법」상의 사전통지 조항과 중복되는 규율로 이해될 수 있다. 그럼에도 불구하고 「국가연구개발혁신법」은 이를 별도로 규정하고 있으며, 특히 통지의 대상 범위를 확장하고 있다는 점에서 「행정절차법」과 구별된다.

「행정절차법」 제21조에서의 통지는 처분의 상대방, 즉 '당사자'[6]에게 한정된다. 이는 행정청이 국민의 권익에 직접 영향을 미치는 행위를 함에 있어, 그 당사자에게 방어의 기회를 보장하기 위한 최소한의 절차적 장치이다. 그러나 「국가연구개발혁신법」에서는 제재처분의 사전통지 대상을 단순히 제재대상자(연구개발기관 또는 연구자 등)에 국한하지 않고, 제재대상자의 소속기관의 장 및 관계 중앙행정기관의 장에게까지 확장하고 있다. 이러한 확대된 통지 체계는 단순한 행정절차의 반복이 아니라, 국가연구개발 체계의 구조적 특성과 다층적 책임 관계를 반영한 제도적 조치로 평가된다.

우선, 제재대상자의 소속기관의 장에게 사전통지를 요구하는 이유는 연구개발과제 수행의 책임구조와 직접적으로 관련된다. 국가연구개발사업은 일반적인 개인 행위가 아니라 기관 단위의 연구수행 체계에 기반하고 있다. 연구책임자나 참여연구원과 같은 개인 연구자가 위법·부당행위를 하더라도, 그 행위는 소속기관의 관리·감독 체계 속에서 이루어진다. 따라서 제재의 실질적 효과는 개인뿐 아니라 소속기관에도 미친다. 연구개발비의 집행, 성과의 귀속, 기술료 납부 의무 등은 모두 기관 단위로 이루어지므로, 소속

---

6 「행정절차법」 제21조(처분의 사전 통지) ① 행정청은 당사자에게 의무를 부과하거나 권익을 제한하는 처분을 하는 경우에는 미리 다음 각 호의 사항을 당사자등에게 통지하여야 한다.
제2조(정의) 이 법에서 사용하는 용어의 뜻은 다음과 같다.
4. "당사자등"이란 다음 각 목의 자를 말한다.
가. 행정청의 처분에 대하여 직접 그 상대가 되는 당사자
나. 행정청이 직권으로 또는 신청에 따라 행정절차에 참여하게 한 이해관계인

기관의 장에게 제재 절차의 개시와 내용을 사전에 통지함으로써 기관이 내부적으로 사실 관계를 확인하고 방어 기회를 가질 수 있도록 해야 한다. 이는 연구자의 개인적 과오가 기관 전체의 연구관리 체계의 문제로 확산되지 않도록 예방하고, 기관의 자체 정화 기능을 활성화하기 위한 목적을 가진다.

또한, 국가연구개발사업은 여러 기관과 부처가 복합적으로 얽힌 다층적 협력 구조를 전제로 한다. 따라서 관계 중앙행정기관의 장에게 사전통지를 요구하는 이유는, 제재처분이 특정 부처의 개별 행정행위로 한정되지 않고, 다른 부처나 전문기관의 사업 운영에도 영향을 미칠 수 있기 때문이다. 예컨대 한 부처에서 수행 중인 연구자가 타 부처 과제에 동시에 참여하고 있거나, 동일 기관이 복수의 부처 과제를 수행하는 경우, 제재처분은 단일한 행정 관계에 그치지 않고 연쇄적으로 영향을 미친다. 이러한 경우 사전통지를 관계 중앙행정기관의 장에게 병행함으로써, 부처 간 정보 비대칭을 해소하고, 중복제재나 행정적 불일치를 예방할 수 있다. 즉, 통지의 확장은 행정정보의 공유를 제도화하여, 국가연구개발사업의 일관성과 행정조정의 효율성을 확보하기 위한 것이다.

나아가 이러한 통지 대상 확장은 국가연구개발의 공공성과 회계 책임성 측면에서도 중요한 의미를 지닌다. 국가연구개발사업은 국가 재정이 투입되는 공적 사업으로서, 그 제재 절차는 단순한 개인적 징계가 아니라 공적 자금의 회수·관리와 직결된다. 따라서 제재대상자의 소속기관과 관계 중앙행정기관은 단순한 이해당사자가 아니라, 국가자금의 수탁자이자 관리책임자라는 이중적 지위를 가진다. 사전통지를 통해 제재 절차의 진행 사실과 법적 근거, 사실 관계를 명확히 전달함으로써, 이들 기관이 후속적 재정 조치를 신속하게 준비할 수 있도록 하는 것이 제도의 실질적 목적이다.

더 나아가, 「국가연구개발혁신법」이 「행정절차법」상의 사전통지 제도를 그대로 반복하면서도 통지 대상을 확장한 것은, 연구개발 분야에서의 행정의 분권화 및 전문기관 중심 운영 체계를 반영한 결과이기도 하다. 국가연구개발사업의 집행구조는 중앙행정기관-전문기관-연구개발기관으로 이어지는 다층적 체계로 구성되어 있으며, 각 단계에서의 책임소재가 법적·행정적으로 명확하지 않은 경우가 빈번하다. 이러한 상황에서 제재처분의 사전통지를 복수의 주체에게 병행함으로써, 정보의 비대칭으로 인한 행정착오를 방지하고, 관계기관 간 책임조정을 가능하게 한다. 즉, 이는 연구개발 행정에서의 '절차적 투명성'과 '기관 간 연계성'을 제도적으로 담보하기 위한 장치로 이해된다.

「국가연구개발혁신법」은 제재처분의 절차적 공정성을 강화하기 위하여 제재대상자뿐 아니라 그 소속기관의 장과 관계 중앙행정기관의 장에게도 사전통지를 하도록 규정하고 있다. 이러한 규정은 국가연구개발사업의 다층적 책임구조를 고려한 합리적 조치로 평가되지만, 그 이행 과정에서 일정한 법적·행정적 문제를 내포한다. 특히 소속기관의 장에게 제재 절차 개시 사실이 통지될 경우 발생할 수 있는 개인의 절차적 권익 침해 가능성, 기관 내부 절차의 불공정성 이슈, 정보공개의 부작용 등이 문제로 지적될 수 있으며, 관계 중앙행정기관의 범위 역시 불명확하여 법적 안정성을 저해할 소지가 있다.

우선, 소속기관의 장에게 사전통지를 하는 경우 발생할 수 있는 문제점은 개인의 방어권 및 개인정보 보호와 관련된다. 제재대상자는 일반적으로 연구책임자 또는 참여연구원 등 개인인 경우가 많다. 이때 제재처분의 사유가 연구부정행위, 연구개발비 부정 사용, 성과 조작 등 인적 신뢰와 직결된 사안일 경우, 그 사실이 소속기관의 장에게 통지되는 것은 사실상 제재대상자의 행위에 대한 '공적 낙인'으로 작용할 가능성이 있다. 아직 처분이 확정되지 않은 단계에서 이러한 정보가 기관 내부에 공유될 경우, 해당 연구자의 명예와 인격권이 침해될 우려가 있으며, 기관 내에서의 불이익 조치(예: 연구 참여제한, 승진 제외 등)가 선행될 위험도 있다. 이는 「행정절차법」상 '사전통지는 처분의 효력을 발생시키지 않는 예비적 절차'라는 원칙과 충돌할 수 있다.

또한, 소속기관의 장이 제재대상자의 상급자라는 점에서, 행정청의 사전통지가 기관 내부의 인사·징계 절차로 연계되는 문제도 발생할 수 있다. 연구개발기관의 장은 통지를 근거로 내부 감사나 자체 징계 절차를 개시할 가능성이 있는데, 사실 관계가 충분히 확정되지 않은 상태에서 내부 조치가 이루어진다면, 행정청의 처분 이전 단계에서 이미 기관 내부의 불이익 조치가 현실화되는 '절차적 선행제재' 현상이 발생할 수 있는 것이다. 따라서 소속기관에 대한 통지는 기관의 방어 기회를 보장하는 순기능과 함께, 제재대상자의 권익침해라는 역기능을 동시에 내포하고 있다.

나아가, 사전통지 과정에서 소속기관의 장이 수령한 정보가 기관 내에서 어떻게 관리·활용되는지도 문제된다. 연구개발기관은 대체로 다수의 연구자와 다양한 과제를 병행 수행하고 있어, 제재 관련 정보가 부적절하게 확산될 경우 조직 내 신뢰 구조에 심각한 영향을 미칠 수 있다. 사전통지는 본질적으로 비공개적 절차임에도 불구하고, 기관의 행정 처리 과정에서 사실상 공개의 형태로 전환될 위험이 존재한다. 특히 대학 산학협력단이나 공공연구기관의 경우, 기관장이 총괄적으로 행정 통보를 받는 구조이기 때문에 정보의 비밀성이 보장되기 어렵다. 따라서 제재대상자의 방어권과 명예권 보호를 위해서는 통지의 범위와 활용 절차를 엄격히 제한할 필요가 있다.

한편, 관계 중앙행정기관의 장의 범위 설정 문제도 제도의 실효성과 법적 명확성 측면에서 중요한 쟁점으로 지적된다. 국가연구개발사업은 부처 간 공동 기획, 복수사업 연계, 전문기관 위탁 등 복합적 구조로 운영되고 있으나, '관계 중앙행정기관'의 범위가 명확히 정의되어 있지 않다. 예컨대 산업통상부 소관 연구개발과제의 연구자가 과학기술정보통신부 또는 보건복지부의 연구개발과제에도 참여하고 있는 경우, 어느 범위까지를 '관계 중앙행정기관'으로 보아야 하는지가 불분명하다. 이러한 불명확성은 사전통지의 범위를 과도하게 확대하거나, 반대로 필요한 기관에 통지가 누락되는 문제로 이어질 수 있다.

(2) 공동연구개발기관에 대한 통지 필요성

「국가연구개발혁신법」상 제재처분의 사전통지 제도는 제재대상자 및 그 소속기관의 장, 관계 중앙행정기관의 장을 통지 대상으로 규정함으로써 절차적 정당성과 행정의 투명성을 확보하려는 취지를 가지고 있다. 그러나 이러한 규정 체계는 연구개발과제가 단일기관에 의해 수행되는 경우를 전제로 설계된 것으로, 실제 연구개발사업에서 일반적으로 이루어지는 공동연구개발(협동연구) 형태의 과제 수행 구조에서는 여러 법적·실무적 공백을 초래한다. 특히 주관연구개발기관과 공동연구개발기관이 함께 과제를 수행하는 상황에서, 주관연구개발기관의 연구책임자 또는 참여연구원의 연구부정행위로 인해 제재 절차가 개시될 경우, 공동연구개발기관 및 그 연구책임자는 사전통지의 대상에서 제외되어 있어, 사실상 제재처분에 수반되는 불이익이나 행정적 영향에 대하여 사전에 대비할 기회를 부여받지 못하는 문제가 발생한다.

이러한 문제는 연구개발사업의 수행 구조상 공동연구개발기관도 제재의 사실상 영향권 내에 존재함에도 불구하고, 현행 사전통지 제도가 이를 제도적으로 포섭하지 못하고 있다는 점에서 비롯된다. 국가연구개발과제의 수행은 주관연구개발기관이 전체 과제를 총괄하되, 세부 과제나 특정 연구 분야는 공동연구개발기관이 담당하는 방식으로 운영된다. 따라서 주관연구개발기관의 연구책임자가 연구개발비를 부적정하게 집행하거나 연구개발성과를 조작하는 등의 행위를 하게 되면, 공동연구개발기관이나 해당 공동연구개발기관의 연구책임자 등 역시 연구개발성과 내지 연구개발비 예산집행 체계에 연결되어 있기 때문에, 그 결과에 따른 행정적·재정적 불이익[7]을 피할 수 없다.

문제는 이러한 공동수행 구조에도 불구하고, 현행 「국가연구개발혁신법」 및 관련 시행령·고시는 사전통지의 범위를 제재대상자와 그 소속기관으로 한정하고 있다는 점이다. 즉, 제재사유가 주관연구개발기관의 행위로 발생하더라도 공동연구개발기관은 사전통지를 받지 못하고, 오히려 사후적으로 제재 결과가 확정된 이후에야 관련 사실을 통보받는 구조다. 이 경우 공동연구개발기관은 제재처분이 확정된 이후에 비로소 연구개발비 환수, 참여제한, 사업중단 등의 행정 조치를 통보받게 되는데, 이미 사전적 의견제출이나 소명 절차에 참여할 기회를 상실한 상태이므로, 실질적인 방어권 행사나 자체적 대응이 불가능하다.

이와 같은 절차적 공백은 공동연구개발의 현실적 운영구조를 충분히 반영하지 못한 제도적 한계라 할 수 있다. 특히 공동연구개발과제는 과제 협약상 '공동 의무' 구조를 갖는 경우가 많아, 주관연구개발기관의 위반행위가 공동연구개발기관에도 연쇄적 책임으로 전가될 가능성이 높다. 예를 들어, 전체 연구개발비 환수 조치가 내려질 경우 각 기관의 부담금이 비율에 따라 산정되는데, 공동연구개발기관이 사전에 관련 사실을 통보받지 못하면 재정적 손실을 예방하거나 내부 감사·조치를 신속히 취할 기회를 놓치게 된다. 또한 주관연구개발기관의 위반행위가 공적 연구성과물의 신뢰성 훼손으로 이어지는 경우, 공동연구개발기관의 연구결과 역시 그 효력을 부정당할 가능성이 있다. 이처럼 실질적 영향이 광범위함에도 불구하고, 공동연구개발기관은 행정 절차상 '당사자'로 인정받지 못하는 구조적 문제에 직면해 있다.

제재처분이 주관연구개발기관을 대상으로 한 것이더라도, 그 결과가 공동연구개발기관의 재정·행정적 권리에 중대한 영향을 미친다면, 공동연구개발기관 역시 실질적 '이해관계인'으로서 통지 및 의견제출의 기회를 부여받는 것이 타당하다. 그럼에도 불구하고 현행 「국가연구개발혁신법」은 형식상 주관연구개발기관 중심의 절차구조를 유지하고 있어, 공동연구개발기관이 실질적 당사자 지위를 인정받지 못하는 문제가 계속되고 있다.

7 주관연구개발기관이 이러한 문제 사항을 소명하는 동안 공동연구개발기관은 연구개발비 집행이 함께 정지되는 등 연구개발과제 수행에 어떠한 형태로든 불이익이 있을 수밖에 없다.

이러한 절차적 한계는 단순히 행정적 불편의 문제가 아니라, 절차적 공정성 및 권리 보호의 비대칭성이라는 헌법적 문제로도 이어질 수 있다. 주관연구개발기관과 공동연구개발기관이 동일한 과제의 협약당사자로서 공동책임을 지고 있음에도 불구하고, 제재처분 절차에서는 일부 주체에게만 사전통지와 의견제출 기회를 부여하는 것은 형평의 원칙에 반한다. 특히 공동연구개발기관의 연구책임자가 주관연구개발기관의 연구개발성과를 전제로 후속 연구를 수행하거나, 주관연구개발기관의 회계 자료를 근거로 연구개발비 정산을 하는 경우에는 제재 절차에 대한 사전 인지 여부가 연구행위의 정당성에 직접적인 영향을 미칠 수 있다.

따라서 국가연구개발사업의 실질적 운영 현실을 반영하기 위해서는 사전통지의 범위를 보다 세밀하게 조정할 필요가 있다. 구체적으로는 제재사유가 주관연구개발기관의 행위에서 비롯되더라도, 그 처분의 효력이 공동연구개발기관에 미치는 경우에는 공동연구개발기관 및 그 연구책임자에게도 사전통지를 확대 적용하는 방안을 검토할 필요가 있다. 또한 통지의 방식 역시 단순한 형식적 통보에 그치지 않고, 공동연구개발기관에 의견제출이나 소명에 참여할 수 있는 절차적 권리를 명확히 보장하는 것이 필요하다. 이는 행정청이 제재처분의 적정성을 판단하는 데 있어 공동연구개발기관의 입장을 종합적으로 고려할 수 있게 하며, 나아가 과제 수행의 전체적 투명성을 제고하는 효과를 가진다.

결국, 주관연구개발기관 중심으로 설계된 현행 사전통지 제도는 공동연구개발의 확산이라는 국가연구개발사업의 구조적 현실을 따라가지 못하고 있다. 제재처분의 실질적 영향을 받는 주체가 다층적으로 존재하는 상황에서, 법률상 통지 대상 범위가 협소하게 설정되어 있다면, 이는 절차적 공정성과 실효적 권리보호를 저해하는 결과를 초래한다. 향후 제도 개선 시에는 공동연구개발기관을 최소한 제재처분의 사전통지 대상에 포함시킴으로써 제재 절차의 실질적 참여권을 보장하는 방향으로 법령 정비가 필요하다. 이러한 보완이 이루어질 때 비로소 「국가연구개발혁신법」이 지향하는 연구행정의 투명성과 신뢰성이 완전하게 구현될 수 있을 것이다.

제19장

제재처분 재검토 제도

「국가연구개발혁신법」

제33조(제재처분의 절차 및 재검토 요청 등) ③ 제2항에 따라 통지된 제재처분의 내용(이하 이 조에서 "통지내용"이라 한다)에 대하여 이의가 있는 제재대상자는 그 통지를 받은 날부터 20일 이내에 그 사유를 갖추어 소관 중앙행정기관의 장에게 통지내용의 재검토를 요청하는 의견을 제출할 수 있다.

④ 제3항에 따라 의견을 받은 소관 중앙행정기관의 장은 대통령령으로 정하는 바에 따라 연구자 권익보호·연구 부정방지 및 제재처분의 적절성 검토 등을 위하여 과학기술정보통신부장관 소속으로 설치된 위원회(이하 이 조에서 "위원회"라 한다)에 의견의 검토를 요청하여야 한다. 다만, 제3항에 따라 재검토를 요청한 자가 소관 중앙행정기관의 장의 재검토를 희망하는 경우에는 소관 중앙행정기관의 장이 재검토를 실시할 수 있다.

⑤ 소관 중앙행정기관의 장은 위원회의 검토 결과 등을 고려하여 제3항의 의견을 받은 날부터 30일 이내에 제재처분의 종류와 수준을 결정하여야 한다.

⑥ 소관 중앙행정기관의 장은 제5항에 따른 결정을 한 때에는 지체 없이 그 내용을 제2항 각 호의 사람에게 통보하여야 한다.

제1절 ‖ 개요

국가연구개발사업은 막대한 공공 재정이 투입되는 대표적 정책사업으로, 연구개발비 집행의 투명성과 연구 윤리의 확립이 국가 과학기술정책의 신뢰 기반을 형성한다. 그러나 연구개발사업의 복잡성과 다양성에 더해 제재제도는 부처별, 기관별로 상이하게 운영되어 왔으며, 동일한 위반행위임에도 불구하고 제재 수준이 달리 결정되는 사례가 빈번히 발생하였다. 이러한 편차는 연구자의 법적 예측 가능성을 약화시키고, 연구행정 전반의 공정성과 형평성에 대한 신뢰를 저해하였다. 특히 연구자가 제재처분에 불복하더라도, 그 심의 및 재검토 절차가 동일한 기관 내부에서 이루어지는 구조적 한계로 인해 실질적인 권익구제가 어렵다는 문제가 꾸준히 지적되어 왔다. 이에 따라 국가 차원에서 제재처분의 객관성과 형평성을 확보하고, 연구자의 절차적 권리를 보호하기 위한 새로운 제도적 장치가 요구되었다. 이러한 배경 속에서 과학기술정보통신부는 연구관리전문기관의 제재 조치에 불복하는 연구자가 제3의 독립된 심의기구를 통해 공정하게 권익을 구제받을 수 있도록 하는 절차를 마련하였으며, 이를 위해 과학기술정보통신부 소속으로 연구자권익보호위원회를 실치하였다.

참고로, 「국가연구개발혁신법」 제33조 제4항에서는 "소관 중앙행정기관의 장은 대통령령으로 정하는 바에 따라 연구자 권익보호·연구 부정방지 및 제재처분의 적절성 검토 등을 위하여 과학기술정보통신부장관 소속으로 설치된 위원회에 의견의 검토를 요청하여야 한다."라고 하여 정확한 위원회의 명칭이 존재하지는 않지만, 「국가연구개발혁신법 시행령」 제61조 제1항에서 "「국가연구개발혁신법」 제33조 제4항에 따라 연구자 권익보호, 연구 부정방지 및 제재처분의 적절성 검토 등을 위하여 설치되는 위원회(이하 "연구자권익보호위원회"라 한다)는 위원장 1명을 포함하여 100명 이내의 위원으로 구성한다."고 규정하면서 처음으로 해당 위원회의 명칭을 연구자권익보호위원회라고 지칭한다. 다만, 연구자 권익보호 및 연구 부정 방지를 위하여 구성되는 위원회가 수행해야 하는 업무와 제재처분의 적절성 검토를 위하여 구성되는 위원회가 수행해야 하는 업무는 직관적으로 보더라도 관련이 크다고 보기는 어렵다. 연구자 권익보호 및 연구 부정 방지를 위하여 구성되는 위원회는 정책적 측면에서의 전문가 심의 또는 자문이 주된 방향일 것이나, 제재처분의 적절성 검토를 위한 위원회는 말 그대로 '제재처분의 적절성 검토'라는 전문적인 검토가 이루어지는 것이 주된 방향일 것이다. 하지만 「국가연구개발혁신법」 및 「국가연구개발혁신법 시행령」은 '제재처분의 적절성 검토'를 하는 위원회에 관한 사항을 조문화하고 있으며, '연구자 권익보호 및 연구 부정 방지' 관련 사항을 구체적으로 설명하고 있지는 않다.

한편, 과학기술정보통신부훈령인 「연구자권익보호위원회 설치·운영규정」은 「국가연구개발혁신법」 제33조 및 「국가연구개발혁신법 시행령」 제61조에 따라 설치된 연구자권익보호위원회의 구성·운영에 필요한 사항을 규정함을 목적으로 하며, 「연구자권익보호위원회 설치·운영규정」 제4조 제1항[1]에서는 연구자권익보호위원회의 위원장이 '연구자 연구자 권익보호 및 연구 부정방지에 관한 회의(연구자권익보호회의)'를 소집하고 주재하며 연구자권익보호회의의 위원장이 된다고 하며, '제재처분의 적절성 검토를 위한 회의(제재처분재검토회의)'를 소집하고 주재하며, 또한 제재처분재검토회의의 위원장이 된다고 한다.

그럼에도 불구하고 「국가연구개발혁신법 시행령」에서는 해당 위원회를 '연구자권익보호위원회'로 축약하여 해당 제도에 대해 혼란이 일부 있을 수 있다는 점을 참고하여야 한다. 연구자권익보호위원회라는 명칭을 쓰고 있으나, 「국가연구개발혁신법」 관련 조문상 해당 위원회는 주로 '제재처분의 적절성 검토'를 하는 위원회로서 사실상 '제재처분재검토위원회'로 이해해야 한다.

연구자권익보호위원회 제도는 기존의 이의신청 절차를 대체하는 새로운 불복절차로서, 연구관리전문기관이 내린 제재 조치의 적정성과 절차적 정당성을 제3의 기관이 재검토하는 구조를 갖는다. 즉, 제재를 내린 주체가 동일하게 불복신청을 판단하던 기존의 자기 심사 구조를 해소하고, 행정의 공정성과 연구자의 신뢰를 제도적으로 보완하려는 것이다. 기존 제도에서는 연구자가 제재 통보를 받은 뒤 해당 기관에 이의신청을 제기하더라도, 이를 심의하는 주체가 동일 기관 내 위원회 형태의 별도 조직이거나 제재처분을

---

1 「연구자권익보호위원회 설치·운영규정」 제4조(위원회의 위원장) ① 위원회의 위원장은 영 제61조5항에 따라 다음 각 호의 회의를 소집하고 주재하며, 다음 각 호 회의의 위원장이 된다.
1. 연구자 권익보호 및 연구 부정방지에 관한 회의(이하 "연구자권익보호회의"라 한다)
2. 제재처분의 적절성 검토를 위한 회의(이하 "제재처분재검토회의"라 한다)
② 위원회의 위원장은 제재처분재검토회의에 관하여 제재처분의 적절성 검토의 전문성을 고려하여 제재처분재검토회의마다 위원 중 1명을 지명하여 제재처분재검토회의의 위원장 직무를 대행하게 할 수 있다.

판단한 동일한 담당 조직인 경우가 많았다. 이러한 구조에서는 객관성과 독립성이 확보되기 어렵고, 연구자의 권리구제 역시 형식적인 절차에 그치는 경우가 대부분이었다.

이에 반해 연구자권익보호위원회는 과학기술정보통신부 산하에 설치된 제3의 합의제 심의기구로, 연구관리전문기관의 제재 조치에 대한 재검토를 전문적·독립적으로 수행한다. 연구자권익보호위원회는 법률, 회계, 과학기술, 연구 윤리 등 다양한 분야의 전문가로 구성되어 있으며, 연구자의 재검토 요청이 접수되면 해당 사안을 종합적으로 심의한다. 연구자권익보호위원회는 제재의 사실 관계, 절차의 적법성, 징계양정의 적정성 등을 다각도로 검토하고, 필요시 연구자와 기관 양측의 의견을 청취한다. 이를 통해 제재의 근거가 명확히 입증되었는지, 고의·중과실 여부가 충분히 고려되었는지, 그리고 징계 수준이 비례의 원칙에 부합하는지를 객관적으로 판단한다.

이 제도의 도입 필요성은 크게 두 가지 측면에서 설명될 수 있다. 첫째, 국가연구개발사업 제재의 형평성 문제이다. 부처별로 연구부정행위나 회계 부정행위에 대한 제재 수준이 상이하게 적용되면서, 동일한 위반행위에 대해 기관마다 처분 수위가 달라지는 문제가 발생하였다. 예를 들어 일부 부처는 연구개발비 부적정 집행에 대해 경고 수준의 조치로 그치는 반면, 다른 부처는 참여제한이나 환수 등의 중한 처분을 내리는 사례가 있었다. 이러한 편차는 국가 차원의 연구개발 윤리 기준을 약화시키고, 연구자에게 불필요한 불신을 초래하였다. 둘째, 기존의 이의신청 절차가 실질적인 구제 수단으로 기능하지 못했다는 점이다. 동일 기관 내에서 제재와 이의신청을 모두 처리하는 구조는 행정의 자기통제 가능성을 제한하며, 연구자는 사실상 불복의 실익을 기대하기 어렵다.

이러한 문제를 해결하기 위해 도입된 연구자권익보호위원회는 「행정심판법」상 행정심판위원회 제도와 구조적으로 유사한 점이 있다. 행정심판위원회가 행정청의 처분에 대한 불복을 심의·의결하여 법원 소송 이전 단계에서 국민의 권익을 신속하고 전문적으로 구제하는 기능을 수행하듯, 연구자권익보호위원회 또한 연구관리전문기관의 제재 조치에 대한 사전적 권익구제 기능을 수행한다. 양 제도 모두 독립된 합의제 기구로서 행정청 내부에 설치되지만, 해당 처분의 직접적인 주체와는 독립된 구조를 갖추어 절차적 공정성을 확보한다는 공통점을 가진다. 다만 행정심판위원회가 법적 구속력을 가진 재결을 내리는 반면, 연구자권익보호위원회의 결정은 권고적 효력을 가지는 점에서 차이가 있다.

연구자권익보호위원회의 주요 역할은 첫째, 범부처적 관점에서 제재처분의 공정성과 일관성을 확보하는 것이다. 연구자권익보호위원회는 동일한 유형의 부정행위에 대해 부처별로 상이하게 적용되던 제재 기준을 비교·분석하여, 향후 제재의 기준이 통일적으로 적용될 수 있는 토대를 마련한다. 이는 단순히 개별 사건의 재심 기능에 그치지 않고, 장기적으로는 국가연구개발사업 제재 체계의 표준화를 유도하는 제도적 기반을 제공한다. 둘째, 연구자의 권익 보호와 연구문화 개선을 위한 지속적인 제도 제안을 담당한다. 연구자권익보호위원회는 정기적으로 연구자권익보호회의를 개최하여 연구환경 변화에 대응할 수 있는 과제를 발굴하고, 각 분야 전문가들의 다양한 시각을 반영한 정책 제안을 도출한다. 이를 통해 단순한 사후 구제 절차를 넘어, 연구 윤리 및 제재 제도의 예방적 개선 기능을 수행하게 된다. 셋째, 연구관리전문기관이 내린 제재 조치에 대해 연구자가 재검토를 요청한 경우, 연구자권익보호위원회는 제재처분재검토회의를 개최하여 사건을 심의하고 그 결과를 과학기술정보통신부장관에게 통보한다. 이러한 절차를 통해 연구자는 불복신청 후 독립된 기관의 판단을 받을 수 있게 되며, 처분의 적정성에 대한 객관적 검증이 가능해진다.

연구자권익보호위원회 운영의 절차는 다음과 같이 구성된다. 연구자가 제재처분 통지를 받은 날부터 20일 이내에 그 사유를 갖추어 소관 중앙행정기관의 장에게 통지 내용의 재검토를 요청하는 의견을 제출하면, 소관 중앙행정기관의 장은 연구자권익보호위원회에 의견의 검토를 요청하여야 한다. 연구자권익보호위원회는 사건의 사실 관계와 증거를 검토하고, 필요시 연구자와 소관 중앙행정기관의 출석을 요구하여 의견을 청취한다. 심의 결과에 따라 연구자권익보호위원회는 적정, 수정 권고, 취소 권고의 세 가지 유형 중 하나의 결정을 내리며, 소관 중앙행정기관의 장은 그 결정을 존중하여 후속 조치를 취하게 된다. 연구자권익보호위원회는 특히 동일한 유형의 부정행위에 대해서는 유사 사건의 판단기준을 참고하여 제재 양정의 일관성을 확보하도록 한다.

이 제도의 법적 성격은 「행정절차법」상 의견청취 제도의 확장형이자, 행정심판 이전 단계의 준사법적 심사 절차로 평가할 수 있다. 행정심판위원회가 국민의 권익 보호를 위한 일반법상 제도라면, 연구자권익보호위원회는 과학기술 분야에 특화된 행정적 권익 보호 제도라고 할 수 있다. 행정심판위원회가 법적 구속력을 통해 행정청의 처분을 변경할 수 있는 반면, 연구자권익보호위원회는 전문성과 정책적 판단을 결합한 권고적 판단을 통해 제재 체계 전반의 합리화를 유도한다. 연구자권익보호위원회는 단순한 처분 취소·유지의 판단을 넘어, 정책적 시정 권고나 제도 개선 방향까지 포괄할 수 있는 유연한 행정적 성격을 가진다.

정책적 측면에서도 본 제도는 세 가지 중요한 의미를 지닌다. 첫째, 절차적 권리보장의 실질화이다. 연구자에게는 제재 조치에 대한 독립적 판단을 청구할 권리가 부여되고, 연구자권익보호위원회의 절차를 통해 자신의 입장을 충분히 개진할 수 있는 통로가 열렸다. 이는 행정절차의 투명성과 공정성을 강화하고, 행정의 일방성을 완화하는 제도적 균형 장치로 기능한다. 둘째, 제재의 전문성·일관성 제고이다. 각 분야 전문가들이 참여하는 연구자권익보호위원회를 통해 기술적 사실 관계, 연구 윤리, 회계 관리 등 다양한 요소가 종합적으로 검토되므로, 제재 결정의 객관성과 신뢰성이 크게 향상된다. 셋째, 행정적 효율성 제고이다. 연구자가 직접 행정소송으로 이행하기 전 단계에서 분쟁이 조정되거나 해소될 수 있으므로, 불필요한 법적 비용을 줄이고 신속한 권익구제가 가능해진다.

향후 과제는 연구자권익보호위원회의 실질적 권한 강화를 통해 제도의 실효성을 확보하는 것이다. 현재 연구자권익보호위원회의 결정이 권고적 효력에 그치기 때문에, 해당 부처에서 연구자권익보호위원회의 결정을 반영하지 않는다면 연구자 입장에서는 실질적 구제 효과를 체감하기 어렵다. 따라서 연구자권익보호위원회의 판단이 일정한 구속력을 가지도록 하는 제도적 보완이 필요하며, 최소한 장관이 연구자권익보호위원회의 결정 미이행 시 사유 공개를 의무화하는 절차적 장치가 마련되어야 한다. 또한 연구자권익보호위원회 결정의 투명성을 확보하기 위해 주요 결정 사례를 데이터베이스화하여 공개하고, 유사 사건의 판단 기준으로 활용하는 것이 필요하다. 나아가 연구자권익보호위원회 위원 구성의 다양성과 이해 상충 방지를 위한 제도적 장치 마련도 중요하다. 연구관리전문기관 출신이나 이해관계가 있는 인사가 심의에 참여하지 않도록 하는 명확한 결격사유 규정이 필요하다.

궁극적으로 연구자권익보호위원회는 국가연구개발사업 제재 체계의 공정성과 신뢰를 확보하기 위한 제도적 전환점이라 할 수 있다. 행정심판위원회가 국민의 권익을 보호하기 위한 일반적 행정심판 절차라면, 연구자권익보호위원회는 과학기술정책 영역에서의 특수한 행정심판적 장치로서, 연구자의 권익을 보호하고 행정의 정당성을 강화하는 역할을 수행한다. 두 제도는 그 구조와 기능 면에서 상호 유사하며, 모두 행정의 공정성과 투명성을 담보하는 민주적 절차 장치라는 점에서 공통된 법적 성격을 지닌다.

결국 본 제도의 도입은 연구 현장의 신뢰 회복과 연구자 중심의 과학기술 거버넌스 확립이라는 시대적 요구에 부응한 조치이다. 국가연구개발사업은 단순한 예산 집행의 대상이 아니라, 국가 경쟁력의 핵심 기반이며, 그 과정에서 연구자의 권익 보호는 연구윤리 확보와 동일한 수준의 중요성을 가진다. 연구자권익보호위원회의 제도화는 단순히 한 절차의 신설이 아니라, 연구자와 행정기관 사이의 관계를 수직적 통제에서 수평적 신뢰 협력 관계로 전환하는 근본적 법제 개혁의 일환이다. 이 제도가 정착되면 연구자는 불합리한 제재로부터 보호받는 동시에 책임 있는 연구 수행을 통해 국가연구개발사업의 신뢰를 높이는 주체로 자리매김하게 될 것이다. 따라서 향후 연구자권익보호위원회의 운영은 법률적 정당성과 정책적 실효성을 균형 있게 확보하며, 궁극적으로 과학기술 분야의 행정심판적 모델로 발전해 나가야 할 것이다.

제2절 ▌연구자권익보호위원회의 진행 절차

국가연구개발사업은 막대한 공공재원이 투입되는 국가적 연구 투자 체계로서, 연구자의 창의성과 자율성을 보장하면서도 공정하고 투명한 행정관리가 필수적이다. 그러나 연구개발사업의 복잡한 집행구조와 부처별 관리 체계의 상이함으로 인해, 동일하거나 유사한 부정행위에 대해서도 부처별로 제재 수준이 상이하게 적용되는 문제가 꾸준히 제기되어 왔다. 이러한 불균형은 연구행정의 신뢰성을 저해하고, 연구자에게 법적 예측 가능성을 부여하지 못한다는 점에서 심각한 법제적 과제로 지적되었다. 더구나 기존의 이의신청 절차는 제재처분을 내린 동일한 기관 내에서 심의가 이루어지는 구조적 한계로 인해, 제재의 공정성과 연구자의 권리구제 기능을 충분히 보장하지 못하였다. 이러한 문제의식 하에, 과학기술정보통신부는 기존 이의신청 절차를 대체하고 연구자의 권익을 실질적으로 보호하기 위한 독립적인 재검토 제도인 연구자권익보호위원회 절차를 신설하였다.

이 제도는 중앙행정기관의 장이 내린 제재 조치에 불복하는 연구자에게 제3의 독립적 심의기구를 통한 공정한 권익구제 절차를 제공하기 위한 것이다. 즉, 제재를 내린 기관이 다시 불복신청을 심사하는 '자체 심사 구조'를 해소하고, 제재의 적정성·형평성을 객관적으로 검증함으로써 행정의 투명성과 신뢰를 제도적으로 확보하려는 취지이다. 연구자권익보호위원회 제도는 단순한 행정심의의 절차를 넘어, 법적 절차 보장과 비례 원칙의 실현, 그리고 부처 간 제재 기준의 일관성을 확보하기 위한 제도적 장치로서의 의의를 갖는다.

연구자권익보호위원회의 도입 배경을 구체적으로 살펴보면 다음과 같다. 첫째, 부처별 제재 편차의 문제이다. 국가연구개발사업은 부처별로 상이한 관리 규정과 지침을 기반으로 운영되고 있으며, 이에 따라 부정행위나 회계 부정 등에 대한 제재의 수위가 부처마다 다르게 적용되어 왔다. 동일한 위반행위임에도 불구하고, 어떤 부처에서는 경고 조치에 그치는 반면, 다른 부처에서는 참여제한 및 연구개발비 환수 조치를 병과하는 사례가 존재하였다. 이러한 차이는 연구자들로 하여금 행정제재의 기준과 결과를 예측하기 어렵게 만들고, 행정권 행사에 대한 신뢰를 저해하였다. 둘째, 기존의 이의신청 제도의 구조적 한계이다. 제재처분에 대한 불복이 제기되더라도, 그 심의가 동일한 기관의 내부 위원회에서 이루어졌기 때문에 실질적인 객관성과 독립성이 확보되지 않았다. 다시 말해, 처분의 주체가 곧 불복의 판단자이기도 한 구조에서는 연구자의 권리구제가 형식적 절차에 그칠 수밖에 없었다. 이러한 문제의식은 연구윤리 행정과정에서 절차적 정의를 확보해야 한다는 요구로 이어졌고, 결과적으로 제3의 독립기구에 의한 재검토 절차가 제도화되는 계기가 되었다.

이와 같은 필요성에 근거하여 신설된 연구자권익보호위원회는 과학기술정보통신부 산하의 합의제 전문기구로, 연구관리전문기관의 제재 조치에 불복하는 연구자의 신청에 따라 제재의 적정성과 절차의 정당성을 재검토하는 역할을 수행한다. 위원회는 법률, 과학기술, 회계, 연구윤리, 행정 등 다양한 분야의 전문가로 구성되며, 객관적·전문적 심의를 통해 제재처분의 사실 관계, 법적 근거, 양정의 적정성을 판단한다. 위원회는 단순히 행정행위의 적법성을 심사하는 것을 넘어, 제재의 공정성, 비례성, 형평성을 종합적으로 검토하여 연구자의 권익이 침해되지 않도록 하는 기능을 수행한다.

연구자권익보호위원회의 구체적 절차는 다음과 같은 단계로 구성된다.

첫째, 안건 준비 단계에서는 연구자권익보호위원회 사무국이 재검토요청서를 접수한 후 심의안을 작성한다. 이 과정에서 소관 부처의 제재심의 자료와 재검토 요청자의 이의제기 자료를 종합하여 증거서류를 수합하고, 사실 관계를 구체화한다. 필요시 추가 자료를 요청할 수 있으며, 자료 제출이 지연되는 경우 일정변경을 통해 후순위 안건으로 조정할 수 있다. 둘째, 안건 배정 단계에서는 안건의 특성과 성격을 고려하여 담당위원을 섭외·배정한다. 일반적으로 한 안건당 2~3명의 담당위원이 지정되며, 위원은 「국가연구개발혁신법」 및 하위 규정 뿐만 아니라, 《국가연구개발혁신법 매뉴얼》의 '별권'인 《국가연구개발사업 제재처분 가이드라인》 등을 참고하여 사전 검토의견서를 작성·제출한다. 이 사전 검토의견서에는 유사사례에 대한 비교·분석과 함께 판단사유 및 양정 수준이 명시된다. 셋째, 회의 개최 단계에서는 위원 과반의 출석과 출석위원 과반의 찬성으로 의결이 이루어진다. 이때 회의는 소관 부처(또는 연구관리전문기관)와 재검토 요청자가 동시에 참석하여 각각 소명과 질의응답을 거치는 구조로 진행된다. 전체 회의는 1시간 내외로 운영되며, 소관 부처(또는 연구관리전문기관) 설명, 연구자 또는 참고인 진술, 질의응답, 최종 토의 등의 순으로 구성된다. 마지막으로 결과 통보 단계에서는 위원회가 재검토 결과와 의견서를 작성하여 위원 회람을 거친 후, 과학기술정보통신부가 소관 부처에 이를 공식 통보한다. 의견서에는 재검토 결과, 제재사유의 존부, 제재 양정의 적정 여부 등이 포함된다.

이와 같은 절차적 구조는 「행정절차법」상 의견청취 제도나 「행정심판법」상의 행정심판위원회 운영과 유사한 준사법적 성격을 가진다. 특히 행정심판위원회가 행정청의 처분에 대한 불복을 신속하고 전문적으로 심사하는 권익구제기관으로 기능하듯, 연구자권익보호위원회 또한 행정소송 이전 단계에서 연구자의 권익을 실질적으로 구제하기 위한 전문적 심의기구로 기능한다. 다만 양 제도 간에는 중요한 차이가 존재한다. 행정심판위원회는 법률에 근거하여 행정청의 처분을 취소하거나 변경할 수 있는 법적 구속력을 가지지만, 연구자권익보호위원회의 결정은 권고적 효력에 그친다. 그럼에도 불구하고, 과학기술정보통신부장관은 위원회의 판단을 근거로 소관 부처에 제재의 재검토 또는 변경을 권고할 수 있으며, 그 내용은 부처 간 제재 형평성 확보의 기준으로 활용된다.

위원회의 역할은 단순한 제재 심사에 국한되지 않는다. 첫째, 연구환경 변화에 대응하기 위한 과제를 지속적으로 발굴하고, 각 분야 전문가들의 검토를 거쳐 제재제도의 개선방안을 제안하는 기능을 수행한다. 위원회는 정기적으로 연구자권익보호회의를 개최하여 현행 제도의 문제점을 분석하고, 공정하고 투명한 제재 체계 확립을 위한 정책·제도 개선안을 제시한다. 둘째, 제재처분의 재심노를 통해 범부처 간 제재 기준의 일관싱과 형평성을 확보한다. 위원회는 동일한 유형의 부정행위에 대해 공정하고 일관된 제재처분 기준을 마련하기 위한 토대를 제공하며, 이를 통해 제재 체계 전반의 표준화를 유도한다. 셋째, 재검토 신청을 받은 경우 제재처분재검토회의를 개최하여 구체적인 사건을 심의하고, 그 결과는 과학기술정보통신부장관에게 보고된다. 이러한 과정은 행정심판위원회가 개별 사건을 심사하여 행정청의 판단을 보정하는 절차와 유사하며, 연구자권익보호위원회가 과학기술 분야에 특화된 행정심판적 기능을 수행함을 보여준다.

이 제도의 법적·정책적 의의는 세 가지 측면에서 두드러진다. 첫째, 연구자의 절차적 권리보장을 실질화했다는 점이다. 연구자는 제재처분에 대해 독립된 심의기구의 판단을 받을 수 있게 되었으며, 이는 행정의 일방적 판단에 대한 견제 장치로 작용한다. 둘째, 제재 결정의 전문성과 객관성을 강화하였다. 위원회는 법률가, 과학기술 전문가, 회계전문가, 연구 윤리 전문가 등으로 구성되어, 제재의 타당성을 다각적으로 검토함으로써 행정판단의 전문성을 보완한다. 셋째, 국가연구개발사업 제재 체계의 공정성과 신뢰성을 제고하였다. 동일한 위반행위에 대해 동일한 기준이 적용되도록 함으로써, 연구자의 예측 가능성과 행정의 일관성을 동시에 확보할 수 있게 되었다.

정책적으로 볼 때, 연구자권익보호위원회의 제도화는 국가연구개발사업 거버넌스의 중요한 전환점을 이룬다. 과거의 제재행정은 행정기관 중심의 '통제 모델'에 가까웠으나, 본 제도의 도입으로 연구자는 행정의 단순한 피제재자가 아니라 '절차적 참여자'로서 자신의 권리를 적극적으로 주장할 수 있게 되었다. 이는 곧 연구행정이 통제 중심에서 권리 중심으로 전환되는 상징적 변화라 할 수 있다.

다만 제도의 실효성을 높이기 위해서는 몇 가지 과제가 남아 있다. 우선, 위원회의 결정이 권고적 효력에 그치지 않도록, 일정 수준의 구속력 확보 방안이 필요하다. 예컨대 장관이 위원회의 권고를 수용하지 않는 경우 그 사유를 공개하도록 의무화하거나, 일정 기준 이상의 사건에 대해서는 위원회 결정이 사실상 구속력을 가지도록 하는 제도적 보완이 필요하다. 또한 위원회의 운영 과정에서 이해 상충 방지 장치를 강화하여, 공정성과 투명성을 제고해야 한다. 더불어 재검토 결과와 관련된 주요 사례를 데이터베이스로 축적·공유하여, 향후 제재심의의 판단 기준으로 활용할 수 있도록 해야 한다.

이 제도는 궁극적으로 연구자의 권익 보호를 넘어, 국가연구개발 체계의 신뢰 회복과 윤리적 기반 확립을 목표로 한다. 행정심판위원회가 국민의 권익을 보호하기 위한 일반적 제도라면, 연구자권익보호위원회는 과학기술 분야의 특수성을 반영한 전문적 행정심판적 장치로 기능한다. 양자는 모두 행정의 자기통제 기능을 강화하고, 법치행정 원리를 구체화한다는 점에서 공통된 법적 성격을 지닌다.

결론적으로, 연구자권익보호위원회의 도입은 국가연구개발사업의 법제적·제도적 정당성을 높이고, 연구 윤리와 행정절차의 균형을 회복하는 중요한 법제 개혁이다. 이는 단순히 연구자의 불복절차를 신설한 것이 아니라, 국가연구개발행정의 민주적 통제구조를 제도화한 것으로 평가된다. 본 제도의 정착은 연구자의 권리보호뿐 아니라, 정부의 책임행정 구현, 과학기술정책의 신뢰 제고, 그리고 연구문화의 자율적 성숙으로 이어질 것이다. 연구자권익보호위원회는 앞으로도 각 부처 간 제재의 일관성 확보, 연구 윤리 기준의 표준화, 절차적 정의 실현이라는 세 가지 축을 중심으로 발전함으로써, 과학기술 분야의 행정심판적 모형으로 자리매김할 것으로 기대된다.

제3절 ┃ 연구자권익보호위원회의 재검토 범위

연구자권익보호위원회가 수행하는 재검토의 범위는 단순히 해당 부처의 제재처분이 법령을 위반했는지를 판단하는 수준을 넘어, 제재의 사실적 근거, 절차적 정당성, 재량권의 적정 행사 여부, 양정의 비례성, 그리고 감경·면제의 사유 존재 여부까지 포괄적으로 검토하는 것을 원칙으로 한다. 즉, 위원회의 심의는 행정처분의 적법성 판단에 국한되지 않으며, 「행정심판법」상 재결과 같이 사법적 판단 이전 단계에서 실질적 권리구제와 행정의 자기통제 기능을 동시에 수행하는 준사법적 절차로서 운영된다. 이러한 재검토의 범위는 과학기술정보통신부가 제시한 '제재처분 체크리스트'에 의해 체계화되어 있으며, 위원회는 각 안건 심의 시 해당 체크리스트를 활용하여 법적 판단의 객관성과 형평성을 확보하도록 하고 있다.

우선 위원회가 검토할 수 있는 첫 번째 범위는 법령상 부정행위 해당 여부이다. 이는 제재의 근거가 되는 법률조항이 실제로 해당 행위에 적용될 수 있는지를 판단하는 절차로, 국가연구개발사업의 수행과 관련하여 법령에서 규정한 부정행위 유형에 해당하는지를 심도한다. 예컨대 「국가연구개발혁신법」 제32조 제1항 제1호는 '평가 결과 연구개발과제의 수행과정과 결과가 극히 불량한 경우'를 부정행위로 규정하고 있는데, 연구자권익보호위원회는 이 조항이 적용 가능한 사안인지, 또는 단순한 관리상 실수나 절차상 착오인지 여부를 면밀히 검토한다. 만약 법적 근거에 부합하지 않거나 부정행위로 보기 어려운 경우에는, 그 자체로 제재의 근거가 결여된 것으로 보아 제재처분 미대상으로 결정을 내릴 수도 있다.

둘째, 부정행위자 해당 여부가 재검토의 핵심 대상 중 하나이다. 제재의 상대방이 실제로 위반행위의 당사자인지, 혹은 지휘·감독의 책임이 있는 자인지 여부를 구체적으로 판단한다. 이는 제재의 책임 귀속을 명확히 하기 위한 절차로, 행위자·교사자·방조자 등으로 구분하여 고의 또는 과실의 정도를 평가한다. 만약 해당 연구자가 직접적인 행위자가 아니거나, 연구개발기관 내 다른 구성원의 행위에 대한 관리상 책임만을 부담하는 경우라면, 연구자권익보호위원회는 제재의 형평성을 고려하여 감경 또는 면제를 권고할 수 있다. 이는 행정벌의 책임주의 원칙을 반영한 것으로, 제재의 부과가 실질적 행위자에게 귀속되어야 한다는 법적 정당성을 확보하기 위한 조치이다.

셋째, 절차상 하자 여부는 연구자권익보호위원회의 재검토 범위 중 가장 큰 영역이다. 행정청이 제재처분을 내리는 과정에서 적법절차가 준수되었는지, 즉 사전 통지·의견제출 기회 부여, 조사 절차의 적정성, 증거 수집의 투명성, 심의위원회의 구성 요건 충족 여부 등을 점검한다. 특히 중앙행정기관의 장의 당초 제재처분을 위한 조사 절차가 「국가연구개발혁신법 시행령」 및 관련 규정에 따라 이루어졌는지가 핵심 검토 대상이다. 만약 규정된 조사 절차를 이행하지 않았거나, 조사과정에서 이해 상충이 발생한 경우, 또는 연구자에게 충분한 소명기회를 부여하지 않은 경우에는 절차상 중대한 하자가 있다고 판단하여 재조사 권고 결정을 내리게 된다. 이는 「행정절차법」상 청문 및 의견제출 제도의 실질화를 위한 제도적 보완장치로 기능한다.

넷째, 재량권 일탈·남용 여부는 제재처분의 합리성을 판단하는 기준이다. 행정청은 제재를 부과할 때 고의성, 사안의 중대성, 위반 횟수, 과제의 진행 정도, 조사 협조 여부, 위반 결과의 경중 등을 종합적으로 고려하여야 한다. 위원회는 이러한 요소가 합리적으로 평가되었는지를 검토함으로써, 행정청의 재량권이 적정하게 행사되었는지 여부를 판단한다. 체크리스트에서는 '사안의 중대성', '고의성', '위반 횟수', '조사 협조 여부' 등을 세부 항목으로 설정하고, 각 항목을 가중요소(예: 고의·반복·방해행위 등)와 감경요소(예: 부주의, 1회성, 성실한 협조 등)로 구분하여 평가하도록 하고 있다. 예를 들어 연구자가 단순한 행정착오로 연구개발비 집행 오류를 범했으나, 부정의 의도 없이 즉시 시정하였고 조사에 성실히 협조한 경우에는 감경사유로 고려된다. 반면, 연구개발비를 허위 계상하거나 타용도로 사용한 경우 등은 고의성이 인정되어 가중사유로 평가된다.

다섯째, 감경 결정의 가능성 역시 연구자권익보호위원회의 재검토 권한에 포함된다. 연구자권익보호위원회는 원처분에서 감경사유가 반영되지 않았거나, 감경권이 제대로 행사되지 않은 경우 이를 재검토하여 감경 수준을 결정할 수 있다. 감경사유로는 의도하지 않은 사소한 오류나 부주의, 과제 미진행으로 인한 피해 미발생, 조사에 대한 성실한 협조, 위반 동기의 경미성 등이 있다. 연구자권익보호위원회는 이러한 감경사유가 제재심의 과정에서 누락되었는지를 검토하고, 필요시 최고 한도의 1/2 수준으로 감경을 권고할 수 있다. 이는 제재의 비례성 원칙을 구체적으로 구현하는 절차로서, 동일한 위반행위라도 행위자의 동기와 태도, 결과의 경중에 따라 제재 수준을 조정할 수 있도록 한다.

여섯째, 유지 결정은 연구자권익보호위원회가 원처분이 적정하다고 판단하는 경우에 적용된다. 연구자권익보호위원회는 제재사유가 명확히 인정되고, 절차상 하자나 재량권 일탈이 발견되지 않았으며, 제재 수준이 과하지 않다고 판단할 때 원처분의 유지를 결정한다. 다만 연구자권익보호위원회는 유지 결정을 내리더라도, 향후 유사 사건의 재발 방지를 위한 제도 개선 또는 주의사항을 부처에 권고할 수 있다. 이는 단순히 불복을 기각하는 행정 결정이 아니라, 제재 체계의 일관성을 유지하면서도 개선 여지를 제시하는 '정책적 판단'의 성격을 갖는다.

일곱째, 면제 결정이다. 면제는 제재의 법적 근거가 부존재하거나, 해당 연구자가 행위의 주체가 아닌 경우, 또는 부정행위로 볼 수 없는 경미한 사안에 대해 적용된다. 예를 들어 연구개발비 집행상의 착오가 회계처리 과정에서 발생하였고, 연구개발기관이 이미 이를 자체적으로 시정한 경우에는 면제의 대상이 될 수 있다. 또한 협약 위반으로 볼 수 있으나 그 위반이 행정적 실수에 불과하고, 연구성과에 영향을 미치지 않은 경우에도 면제가 가능하다. 위원회는 이 경우 연구자의 고의성 결여, 결과의 경미성, 연구개발기관의 시정 조치 여부 등을 종합적으로 고려한다.

마지막으로, 재조사 권고가 있다. 이는 절차상 중대한 하자나 사실 관계의 불명확성이 확인된 경우에 적용되며, 연구자권익보호위원회는 해당 사건을 다시 본조사 절차에 회부하도록 권고할 수 있다. 예를 들어, 규정된 조사 절차를 이행하지 않거나, 소관 중앙행정기관이 이해 상충 상태에서 결정을 내린 경우, 또는 주요 증거가 누락된 경우가 이에 해당한다. 연구자권익보호위원회는 이러한 절차적 결함이 제재의 정당성에 중대한 영향을 미쳤다고 판단하면, 재조사를 통해 사실 관계를 재확인하도록 권고한다.

이상의 재검토 범위는 단순히 법률 위반 여부에 대한 판단을 넘어, 제재처분 전반의 실체적·절차적 정당성을 재검증하는 기능을 수행한다는 점에서 의의가 크다. 특히 제재처분의 감경·면제 권고를 병행함으로써, 연구자권익보호위원호의 재검토는행정청의 자의적 판단을 통제하고 연구자의 권익을 실질적으로 보호할 수 있는 제도적 장치로 작용한다. 이러한 구조는 행정심판위원회의 심사 범위와 유사하나, 보다 전문적인 기술·윤리적 판단이 요구된다는 점에서 차별화된다.

연구자권익보호위원회의 재검토 절차는 행정의 신속성과 전문성을 동시에 보장한다. 행정심판이 법률적 쟁점 중심의 판단이라면, 제재처분재검토회의는 과학 기술적 사실관계와 연구 윤리의 판단을 병행하는 특수성을 지닌다. 따라서 연구자권익보호위원회의 재검토는 '부정행위의 존부'뿐 아니라 '제재의 비례성', '절차의 공정성', '재량행사의 적정성'을 전문적이고 종합적으로 다루는 복합적 심의과정이다.

제20장

제재처분의 사후관리 제도

「국가연구개발혁신법」

제33조(제재처분의 절차 및 재검토 요청 등) ⑦ 소관 중앙행정기관의 장은 제5항에 따른 결정의 내용을 통합정보시스템에 등록하고, 다음 각 호의 어느 하나에 해당하는 사항에 대하여는 통합정보시스템 등에 공개하여야 한다. 다만, 제재처분과 관련하여 행정심판이나 행정소송이 계류 중인 경우 또는 제재처분 정보공개 대상자의 사망·폐업으로 명단 공개의 실효성이 없는 경우 등 대통령령으로 정하는 사유가 있는 경우에는 그러하지 아니하다.

1. 기간이 5년 이상인 참여제한
2. 부과금액이 이미 지급한 정부지원연구개발비의 3배 이상인 제재부가금

제34조(제재처분의 사후관리)

① 소관 중앙행정기관의 장과 제33조 제6항에 따라 결정을 통보받은 관계 중앙행정기관의 장은 참여제한 처분을 받은 자에 대하여 지체 없이 모든 국가연구개발활동(연구지원은 제외한다)에 대한 참여를 제한하여야 한다.

② 중앙행정기관의 장은 제32조에 따라 연구개발비 환수처분 및 제재부가금 부과처분을 받은 자가 환수금 또는 제재부가금을 기한까지 납부하지 아니하면 기간을 정하여 독촉을 하고, 그 지정된 기간 내에 환수금 또는 제재부가금을 내지 아니하면 국세 체납처분의 예에 따라 징수한다.

③ 제2항에 따른 독촉의 절차는 대통령령으로 정한다.

제1절 ‖ 제재처분의 등록

1. 제재처분 등록의 목적

소관 중앙행정기관의 장은 「국가연구개발혁신법」 제33조 제5항에 따른 결정의 내용을 통합정보시스템에 등록하고, 다음 각 호의 어느 하나에 해당하는 사항에 대하여는 통합정보시스템 등에 공개하여야 한다(「국가연구개발혁신법」 제33조 제7항).

「국가연구개발혁신법」 제33조는 국가연구개발사업의 수행과정에서 제재처분이 확정된 경우, 그 내용을 통합정보시스템에 등록·공개하도록 규정하고 있다. 구체적으로는, 모든 제재처분 결과는 통합정보시스템에 등록해야 하며, 그중에서도 참여제한기간이 5년 이상으로 확정되거나 제재부가금이 이미 지급한 정부 지원 연구개발비의 3배 이상으로 확정된 경우에는 해당 사실을 통합정보시스템에 공개하도록 명시하고 있다. 이러한 규정은 제재처분의 결과를 단순히 개별 부처의 행정기록으로 남기는 데 그치지 않고, 정부 전체 차원의 공통정보로 관리·공유함으로써 연구개발사업의 투명성과 공정성을 확보하려는 제도적 장치라 할 수 있다.

국가연구개발사업은 각 중앙행정기관이 소관 분야별로 예산을 편성하고 연구개발과제를 수행하는 분산형 구조를 가진다. 산업통상부, 과학기술정보통신부, 중소벤처기업부, 보건복지부, 기후에너지환경부 등은 각자의 법령과 정책목표에 따라 독립적으로 연구개발사업을 기획·운영하지만, 이 모든 사업은 결국 정부연구개발예산이라는 동일한 재정적 기반 위에서 수행된다. 따라서 개별 부처가 독립적으로 제재처분을 내리더라도, 그 제재의 효력은 단일 부처의 관할을 넘어 국가 전체 연구개발사업에 파급력을 미친다. 다시 말해, 특정 부처의 과제에서 참여제한이나 제재부가금 부과 처분을 받은 연구자 또는 연구개발기관은, 다른 부처가 운영하는 연구개발사업에도 동일하게 참여할 수 없도록 하는 것이 법 체계의 원칙이다. 이는 국가 재정이 부처별로 분절되어 집행되더라도, 그 사용에 대한 관리와 책임은 국가 단위의 통합 관리 체계하에서 이루어져야 한다는 행정적 일관성의 문제이기도 하다.

이러한 구조적 특성 때문에, 「국가연구개발혁신법」은 각 중앙행정기관이 제재처분을 확정한 경우, 통합정보시스템에 해당 사실을 등록하도록 의무화하였다. 만약 개별 부처가 제재처분 정보를 자체적으로만 관리하고 타 부처에 공유하지 않는다면, 다른 부처는 해당 연구자 또는 연구개발기관이 이미 참여제한 대상인지 여부를 확인할 방법이 없다. 그 결과, 참여제한을 받는 자가 타 부처의 연구개발과제에 신규로 참여하는 사례가 발생할 수 있고, 이는 국가연구개발사업 전체의 신뢰성과 형평성을 심각하게 훼손하는 결과를 초래할 수 있다. 따라서 통합정보시스템은 단순한 정보 저장소가 아니라, 국가 차원의 연구개발 참여 자격 검증을 위한 핵심 행정 인프라로 기능한다.

또한, 제재 정보의 등록 및 공개는 행정기관 간의 정보 비대칭을 해소함으로써, 제재 제도의 실효성을 보장하는 중요한 역할을 수행한다. 과거에는 부처별 연구개발사업이 개별적으로 운영되면서 제재 이력의 상호공유 체계가 부재하였다. 이로 인해 A부처에서 제재를 받은 연구개발기관이 B부처의 연구개발사업에 신규로 참여하는 경우가 빈번하게 발생하였으며, 제재 제도가 실질적으로 유명무실화되는 문제가 있었다. 이러한 행정적 단절을 해소하기 위해, 국가 차원의 통합데이터베이스를 구축하여 제재처분 정보를 집적하고, 모든 중앙행정기관이 이를 공통의 기준으로 실시간 조회·활용할 수 있도록 한 것이다. 이로써 부처 간 행정 일관성이 확보되고, 제재처분의 실질적 구속력이 강화되었다.

나아가, 통합정보시스템을 통한 제재정보 공개는 국민의 알권리와 연구개발행정의 투명성을 제도적으로 담보하는 기능도 갖는다. 국가연구개발사업은 국민의 세금으로 운영되는 공공사업이므로, 연구개발비 부정 사용이나 연구부정행위 등으로 제재를 받은 연구자 및 연구개발기관의 정보는 일정 범위 내에서 공적으로 공개될 필요가 있다. 「국가연구개발혁신법」이 참여제한 기간이 5년 이상이거나 제재부가금이 이미 지급한 정부지원금의 3배 이상인 중대한 위반 사례를 공개 대상으로 한정한 것도 이러한 공익적 투명성 확보와 개인정보 보호 간의 균형을 고려한 결과이다. 공개는 단순히 제재의 처벌적 성격을 넘어, 연구윤리의식 제고와 연구 현장의 자기 규율 강화라는 예방적 기능을 수행한다. 즉, 통합정보시스템을 통한 공개는 '제재의 공시'로서, 연구개발 분야 전반에 걸쳐 경각심을 부여하는 사회적 통제 수단으로 작동한다.

한편, 「국가연구개발혁신법」은 단순히 '통합정보시스템'에 한정하지 않고, '통합정보시스템 등'으로 표현함으로써, 각 중앙행정기관이나 전문기관이 필요에 따라 자체 홈페이지 등을 통해 동일 정보를 공개할 수 있도록 여지를 남기고 있다. 이는 정보 접근성의 확장을 위한 장치로, 중앙행정기관별로 제재의 공개 필요성이 다를 수 있는 현실을 반영한 것이다. 다만, 이러한 분산 공개 방식이 남용될 경우 정보관리의 중복이나 혼선이 우려되므로, 통합정보시스템을 중심으로 일원화된 관리 체계를 유지하면서 각 연구개발기관별 공개는 보조적·보완적 수단으로 활용하는 것이 바람직하다.

결국, 제재 정보를 통합정보시스템에 등록·공개하도록 한 제도는, 국가연구개발사업이 부처별로 분화되어 있음에도 불구하고, 연구개발과제 수행자에 대한 참여제한의 실효적 통합관리를 가능하게 하는 핵심 수단이다. 중앙행정기관이 제재처분 정보를 신속히 등록함으로써, 다른 부처가 이를 조회·검증하고 제재대상자의 신규 참여를 사전에 차단할 수 있게 되며, 이를 통해 국가연구개발사업 전반의 신뢰성과 공정성이 유지된다. 나아가 정보공개는 국민의 세금으로 수행되는 연구개발사업이 투명하게 운영되고 있다는 공공적 책무성의 상징으로 기능한다는 점에서, 단순한 행정적 절차를 넘어선 제도적 의미를 가진다.

2. 등록 사항

등록·관리의 대상이 되는 구체적 제재 정보는 네 가지로 구성된다. 첫째, 제재처분의 사유 및 처분의 내용이다. 이는 제재가 어떠한 위법 또는 부정행위에 기인한 것인지, 그리고 그에 따른 행정 조치가 어떠한 수준으로 이루어졌는지를 명확히 하기 위한 정보이다. 구체적으로는 연구개발비의 부정 사용, 연구부정행위(위조·변조·표절 등), 협약의 중대한 위반, 연구성과 미달성, 연구보고서 허위작성 등 제재사유를 상세히 기록하고, 이에 대응하는 행정처분의 내용을 함께 기재하도록 하고 있다. 이러한 정보는 단순히 제재 이력의 기록을 넘어, 유사 위반행위의 재발 방지 및 행정적 판례 기능을 수행한다. 향후 다른 부처나 전문기관이 유사한 사안을 처리할 때 참고할 수 있는 선례적 기준으로 활용될 수 있기 때문이다.

둘째, 제재처분을 받은 연구개발기관의 명칭, 주소 및 대표자의 성명이 등록되어야 한다. 이는 연구개발기관이 제재의 주체가 되는 경우, 그 법인격 단위의 식별과 행정적 통제를 가능하게 하기 위한 것이다. 국가연구개발사업의 구조상, 연구개발기관은 개인 연구자가 소속된 법적 주체로서 협약의 체결 당사자이며, 연구개발비 수령 및 관리의 책임을 지는 법적 주체이기도 하다. 따라서 연구개발기관 단위의 제재 정보를 통합정보시스템에 등록함으로써, 동일 연구개발기관이 타 부처나 다른 과제에 반복적으로 참여하는 경우, 그 제재 이력을 신속하게 확인할 수 있게 된다. 이는 연구개발기관의 내부 통제력과 행정 신뢰성을 높이는 기능을 하며, 연구 부정이나 연구개발비 부당집행이 상습적으로 이루어지는 연구개발기관에 대한 선제적 대응을 가능하게 한다. 또한 연구개발기관의 대표자 성명을 병기함으로써, 법인의 명의 변경, 분사·합병 등 조직개편으로 인한 제재회피를 방지하는 효과도 기대할 수 있다.

셋째, 제재처분을 받은 제재대상자의 성명 및 국가연구자번호를 등록하도록 하고 있다. 연구개발과제의 수행은 개별 연구자 단위에서 이루어지기 때문에, 제재의 실질적 주체 또한 개인 연구자인 경우가 많다. 따라서 연구개발기관 단위의 제재와는 별도로, 연구자의 식별이 가능하도록 설계된 국가연구자번호를 함께 기재함으로써, 제재 정보의 개인 단위 추적 관리를 가능하게 한다. 국가연구자번호는 연구자의 소속 변경, 명칭 유사, 중복등록 등의 문제를 해소하기 위해 국가 차원에서 부여하는 고유 식별번호로, 통합정보시스템 내에서 연구자의 이력, 참여 과제, 제재 기록 등을 연계·관리하는 핵심 수단이다. 이를 통해 특정 연구자가 한 부처에서 제재를 받는 경우, 이후 다른 부처의 과제 신청 단계에서 자동으로 참여제한 여부를 검증할 수 있게 된다. 이러한 구조는 행정정보의 자동검증 기능을 강화함으로써, 제재처분의 실효성을 제도적으로 담보하는 역할을 한다.

넷째, 제재대상자 소속 연구개발기관의 명칭 및 주소를 등록하도록 하고 있다. 연구개발과제 수행자들은 직업적 이동이 빈번하고, 산학연 공동 연구를 통해 여러 연구개발기관에 병행 소속되는 경우도 많기 때문에, 제재대상자의 현 소속 연구개발기관을 지속적으로 관리하는 것이 중요하다. 제재정보에 소속 연구개발기관 정보가 포함되어 있으면, 중앙행정기관이나 전문기관은 해당 연구자가 다른 연구개발기관으로 소속을 옮겼을 경우에도 제재대상자와 소속 연구개발기관을 매칭시켜 그 연구개발기관에서의 신규 연구개발 참여 여부를 신속하게 판단할 수 있다. 또한, 동일 연구개발기관 내에서 복수의 제재대상자가 발생한 경우, 연구개발기관 차원의 연구 윤리 관리 체계를 점검하고, 행정지도나 제도 개선 조치를 취할 수 있는 근거 자료로도 활용된다.

3. 제재부가금 등록의 실효성

「국가연구개발혁신법」 제33조가 규정하고 있는 제재처분의 통합정보시스템 등록·공개 제도는, 국가연구개발사업의 공정성과 일관성을 확보하기 위한 제도적 장치로서 그 의의가 크다. 다만, 제재처분의 종류 중 참여제한과 제재부가금 부과는 그 성격과 법적 효과가 본질적으로 상이하므로, 양자를 동일한 수준으로 등록·관리할 필요가 있는지는 검토의 여지가 있다. 실제로 제재처분의 등록·공개 제도는 형식적으로는 두 제재유형 모두를 포괄하고 있으나, 실질적 행정효과나 타 부처에 미치는 파급력을 고려할 때, 참여제한 처분의 등록은 필수적이지만, 제재부가금의 등록은 상대적으로 실익이 크지 않다고 평가할 수 있다.

우선, 참여제한 처분은 그 법적 효과가 국가 전체의 연구개발사업 참여 자격에 직접적으로 영향을 미치는 행정제재라는 점에서, 통합정보시스템을 통한 등록이 필수적이다. 「국가연구개발혁신법」은 개별 부처의 연구개발사업이 상호 독립적으로 운영되더라도, 정부 재정으로 수행되는 모든 연구개발사업이 하나의 국가연구개발 체계로 통합적으로 관리되어야 한다는 원칙을 전제로 한다. 따라서 어느 중앙행정기관이 연구개발기관 또는 연구자에게 참여제한 처분을 내렸다면, 그 효력은 해당 부처의 사업에만 국한되는 것이 아니라, 국가 전체의 연구개발사업에 연동되어 타 부처 연구개발사업에도 동일하게 적용되어야 한다. 다시 말해, 한 부처에서 연구개발비 부정 집행, 연구부정행위, 협약의 중대한 위반 등으로 참여제한이 확정된 연구자는, 다른 부처의 연구개발사업에도 일정 기간 동안 참여할 수 없게 된다.

이러한 구조적 특성상, 각 부처는 제재처분 정보를 단독으로 관리해서는 안 되므로, 국가 차원의 통합정보시스템에 등록하여 부처 간 공유가 가능하도록 하는 것이 제도의 실질적 목적이다. 이를 통해 타 부처는 신규 과제 선정 또는 연구책임자 심사 단계에서 해당 인물이 참여제한 대상자인지를 즉시 확인할 수 있고, 이를 근거로 신규 과제 참여를 배제할 수 있다. 만약 참여제한 정보가 통합적으로 등록되지 않는다면, 제재의 실효성이 부처별로 단절되고, 참여제한 제도의 통합적 구속력이 무너질 위험이 있다. 따라서 참여제한의 등록은 단순한 정보공유 차원을 넘어, 국가연구개발 제재 체계의 일원화와 행정적 연속성을 보장하는 필수 행위라고 할 수 있다.

반면, 제재부가금 부과 처분은 그 성격상 개별 행정처분의 재정적 제재에 불과하므로, 이를 통합정보시스템에 등록·공유하는 것은 제한적 의미를 가진다. 제재부가금은 각 중앙행정기관이 관할하는 개별 연구개발사업 내에서 재정집행 위반, 부당이득, 허위 정산 등의 사유가 발생했을 때, 해당 연구개발기관이 직접 부과·징수하는 행정 금전 처분이다. 이 제재는 특정 과제에 한정된 재정적 반환 조치의 성격을 가지며, 원칙적으로 다른 부처의 연구개발사업 참여 여부나 자격에 직접적인 영향을 미치지 않는다. 즉, 제재부가금이 부과되었다고 하여 자동적으로 타 부처의 사업에서 배제되거나, 연구자의 자격이 제한되는 것은 아니다. 제재부가금은 참여제한과 달리 부처별 재정집행 관리 체계 내에서 완결되는 제재 절차이기 때문에, 통합정보시스템에 등록하더라도 타 부처가 그 정보를 활용할 실질적 필요성이 크지 않다.

더구나 제재부가금의 부과 및 징수는 대부분 「행정절차법」과 「국가재정법」 체계 내에서 처리되며, 그 금액 산정과 징수 진행 상황은 각 부처 또는 전문기관이 자체적으로 관리한다. 통합정보시스템에 등록하더라도 타 부처가 해당 정보로부터 얻을 수 있는 행정적 효과는 거의 없다. 실제로 타 부처는 해당 연구개발기관이나 연구자가 제재부가금을 납부했는지, 납부 중인지, 소송 중인지 여부를 파악할 실익이 없으며, 이러한 정보는 오히려 개인정보 및 재정정보의 범주에 속해 불필요한 공개로 이어질 위험이 있다. 따라서 제재부가금 등록은 참여제한과 달리 '행정 간 정보 공유'의 목적을 달성하기 어려운 측면이 있다.

그럼에도 불구하고, 「국가연구개발혁신법」이 제재부가금 부과 사실을 통합정보시스템에 등록하도록 한 것은, 제재 제도의 일관성과 행정기록의 통합관리를 위한 상징적 의미를 가진다. 즉, 제재부가금 자체가 타 부처의 행정 결정에 영향을 미치지 않더라도, 연구부정행위나 협약 위반과 같은 행위의 전체 이력을 데이터베이스화함으로써, 향후 제재 이력의 누적적 검토가 가능하도록 하는 것이다. 특히 동일 연구개발기관이 여러 부처의 연구개발사업을 수행하면서 반복적으로 재정 위반행위를 하는 경우, 통합정보시스템에 등록된 제재 이력은 부처 간 협력 조사나 종합점검의 근거로 활용될 수 있다. 즉, 제재부가금 등록은 직접적 행정효과는 미약하더라도, 거시적 행정 투명성과 정책적 모니터링 기능을 지원하는 보조적 역할을 수행한다는 점에서 일정한 필요성을 가진다.

그러나 실질적 관점에서 보면, 참여제한 등록의 공익적 가치와 행정적 효과는 압도적으로 크고, 제재부가금 등록의 실효성은 제한적이라 할 수 있다. 참여제한 정보는 국가연구개발사업 전반에서 연구자의 참여 자격 판단에 직접 활용되기 때문에 필수적이지만, 제재부가금 정보는 개별 행정처분에 한정된 사후 조치로서, 등록의 실익보다 행정적 부담이 더 클 수도 있다. 특히 제재부가금은 그 금액 산정과 징수 과정에서 행정심판, 소송, 납부 유예 등 복잡한 법적 절차가 수반되는 경우가 많아, 등록정보의 정확성과 시의성을 확보하기 어렵다. 이에 따라 일부 연구개발기관에서는 제재부가금 등록이 형식적으로만 이루어지고, 실질적인 정보 활용은 이루어지지 않는 사례가 적지 않다.

따라서 향후 제도의 개선 방향은 제재 정보의 '형식적 통합'보다 '기능적 차등화'에 초점을 맞출 필요가 있다. 즉, 참여제한 정보는 실시간 등록·공유를 통한 국가 단위의 참여 자격 관리시스템으로 운영하고, 제재부가금 정보는 내부 행정통계 및 재정 투명성 확보를 위한 비공개 관리 자료로 구분하여 운영하는 것이 타당하다. 이러한 차등화는 행정적 효율성을 높이는 동시에, 불필요한 정보중복과 개인정보 유출 위험을 방지할 수 있다.

결국, 참여제한의 통합정보시스템 등록은 국가연구개발사업의 신뢰성과 제재 체계의 실효성을 확보하기 위한 핵심 수단이지만, 제재부가금 등록은 주로 행정기록의 정합성 실현을 위한 보조적 조치에 불과하다. 제재부가금의 정보등록이 독립적 정책목표를 달성하는 데 실질적 기여를 하기 어렵다는 점에서, 향후 법령상 규정도 양 제재유형의 기능적 차이를 반영하여 재정비할 필요가 있을 것이다.

제2절 ▌제재처분 사실의 공개

1. 제재처분 사실 공개 사항

「국가연구개발혁신법」 제33조 제7항은 국가연구개발사업과 관련하여 확정된 제재처분 중 일정한 중대한 사안에 해당하는 경우, 그 처분 내용을 공개하여야 한다는 의무를 중앙행정기관의 장에게 부과하고 있다. 구체적으로, 개별 제재대상자에 대한 단일 처분이 ① 참여제한기간이 5년 이상이거나, ② 제재부가금의 부과액이 이미 지급된 정부연구개발비의 3배 이상인 경우에는, 해당 제재정보를 국민에게 공개하도록 하고 있다. 이는 국가연구개발사업의 집행과정에서 발생한 부정행위나 중대한 협약위반에 대한 사회적 책임성과 제재의 공정성을 확보하기 위한 제도적 장치로서, 연구개발 체계의 신뢰성과 투명성을 제고하려는 취지에서 마련된 것이다.

공개 대상이 되는 정보의 항목은 「국가연구개발혁신법 시행령」 제62조 제2항에서 네 가지로 구체화되어 있다. 첫째, 제재처분의 사유 및 처분의 내용이다. 이는 해당 연구개발기관이나 연구자가 어떠한 위반행위를 하였는지, 그리고 이에 따라 어떠한 행정처분이 내려졌는지를 명확히 공개함으로써, 제재의 법적 근거와 비위행위의 유형을 사회적으로 인지시키는 역할을 한다. 예를 들어, 연구개발비 부정 집행, 허위 연구보고서 제출, 연구부정행위(위조·변조·표절 등), 협약의 중대한 위반 등 구체적 사유를 명시함으로써, 유사한 위반행위를 예방하고 연구 윤리를 강화하는 효과를 기대할 수 있다. 또한 처분의 구체적 내용, 즉 참여제한의 기간, 제재부가금의 부과 금액 및 납부 의무, 관련 환수조치 등이 함께 공개됨으로써, 제재의 실질적 무게와 행정적 파급효과를 객관적으로 보여줄 수 있다.

둘째, 제재처분을 받은 연구개발기관의 명칭, 주소 및 대표자의 성명을 공개하도록 하고 있다. 이는 연구개발기관이 국가로부터 연구개발비를 지원받아 과제를 수행하는 공적 책임 주체라는 점에서, 공공적 책무성의 차원에서 그 명칭과 기본정보를 국민에게 알릴 필요가 있기 때문이다. 특히 국가연구개발사업은 국민의 세금으로 운영되는 공공사업이므로, 부정행위가 발생한 연구개발기관에 대한 정보는 일정 범위 내에서 공개되어야 행정적 신뢰와 연구 윤리의 경각심이 제고될 수 있다. 나아가 연구개발기관 대표자의 성명을 함께 공개하는 것은 단순히 행정적 기록이 아니라, 연구개발기관의 최고 책임자가 연구관리의 적정성을 확보할 의무가 있음을 명확히 하기 위한 것이다. 이는 연구개발기관의 내부통제 강화 및 관리책임의 귀속을 제도적으로 촉진하는 효과를 가진다.

셋째, 제재처분을 받은 연구자 개인의 성명 및 국가연구자번호를 공개하도록 하고 있다. 이는 연구개발과제 수행의 실질적 주체가 연구자 개인임을 고려한 조치이다. 연구자는 연구개발기관의 구성원으로서 과제의 수행책임을 지는 존재이므로, 그 개인의 위반행위에 대한 제재 정보는 연구 윤리의 확립과 재정 지원의 투명성 확보를 위해 공개될 필요가 있다. 특히 국가연구자번호는 통합정보시스템에서 연구자를 고유하게 식별하기 위한 제도로, 동명이인이나 연구개발기관 변경으로 인한 혼선을 방지하기 위해 마련된 식별 체계이다. 따라서 이름뿐 아니라 연구자번호를 함께 공개함으로써, 제재 정보가 특정인에 대한 오인 없이 정확하게 전달될 수 있도록 하고 있다. 이는 제재 정보의 신뢰성과 행정적 정확성을 제고하는 동시에, 다른 중앙행정기관이 연구개발사업 수행 자격을 심사할 때, 제재 대상 여부를 객관적으로 확인할 수 있도록 하는 행정적 효과를 지닌다.

넷째, 제재대상자의 소속 연구개발기관의 명칭 및 주소 역시 공개사항으로 규정되어 있다. 이는 연구자에 대한 개인적 제재와 별개로, 그가 소속된 연구개발기관이 국가연구개발사업의 공동책임 주체로서 관리·감독 의무를 다하지 못했다는 점을 공공적으로 환기시키기 위함이다.

2. 제재대상자의 성명 등 공개에 관한 제문제

(1) 제재처분 대상에 대한 사실 공개 일반론

이와 같은 제재 정보의 공개는 단순히 행정 조치의 결과를 알리는 수준에 그치지 않는다. 이는 국민의 세금으로 운영되는 국가연구개발사업의 투명성을 확보하기 위한 공공적 제재 정보의 사회적 공개로서, 연구부정행위나 연구개발비 부정 사용 등의 비리와 같은 공공 신뢰를 훼손하는 행위에 대해 명확한 책임을 묻고 그 결과를 국민에게 설명하는 기능을 한다. 제재 정보의 공개는 곧 '책임 있는 연구' 체계를 구축하는 핵심적 수단이며, 연구자의 자기 규율을 유도하는 간접적 예방효과도 가진다.

다만, 이러한 정보공개가 개인정보 보호 및 과도한 낙인효과와 충돌하지 않도록 하기 위해, 「국가연구개발혁신법」은 공개 대상을 중대한 위반사례로 한정하였다. 즉, 참여제한 기간이 5년 이상이거나 제재부가금이 이미 지급한 정부지원금의 3배 이상에 이르는 경우와 같은 중대한 위반행위만을 공개 대상으로 하고, 경미한 위반이나 행정상 단순 환수 조치 등에 대해서는 공개 의무를 부과하지 않는다. 이는 연구 현장의 위축을 방지하기 위해 제재정보 공개의 필요성을 균형 있게 조정하기 위한 법정 필터링 장치라 할 수 있다.

또한, 이러한 제재 정보의 공개에 앞서, 제재대상자에 대한 사전 통지 및 안내 절차가 필수적으로 요구된다. 「국가연구개발혁신법」 제33조 제2항 및 제6항은 중앙행정기관의 장이 제재 정보를 공개하기 전에, 해당 제재대상자에게 제재처분의 내용을 사전에 명확히 통지하고, 제재처분 확정 시에도 그 내용을 명시적으로 안내하도록 규정하고 있다. 실무적으로는 제재처분의 내용을 사전 통지하는 때 및 처분 확정 내용을 통지하는 때 각각 관련 정보가 공개될 것이라는 점도 함께 통지한다. 이는 헌법상 개인정보자기결정권과 절차적 적법성 원칙을 보장하기 위한 조치로서, 제재대상자가 자신의 정보가 공개됨으로써 입을 수 있는 불이익에 대해 사전에 인지하고 의견을 제출할 기회를 보장하는 절차적 장치이다. 즉, 제재 정보의 공개는 공공의 이익을 위한 조치이지만, 그 과정에서도 피제재자의 절차적 권리가 존중되어야 함을 전제로 하고 있는 것이다.

결국, 제재 정보의 공개 제도는 국가연구개발사업에서의 연구 윤리와 공공책임을 강화하기 위한 제도적 장치로서, 행정정보의 투명한 공개를 통해 연구개발 생태계 전반의 신뢰성을 높이는 역할을 수행한다. 특히 중대한 위반행위에 대한 공개는 단순한 행정적 처벌을 넘어, 국가연구개발의 공정성과 책임성을 사회적으로 환기시키는 제도적 공시로 기능하고 있다.

(2) 비판론

제재처분 대상자로 '등록'된 경우 이를 공개하지 않더라도 개별 중앙행정기관은 통합정보시스템을 통해 제재처분 대상자에 대한 확인이 가능하므로, 그에 따른 연구부정행위 등에 대한 억지도 가능하다. 그런데 이에 더하여 제재처분 대상자를 '공개'하는 것은 공개 대상이 된 연구개발기관은 별론으로 하더라도 연구자 개인에 대한 연구부정행위 등 추가적인 억지 효과가 있다고 단정하기 어려우므로, 신상정보 공개조항은 수단의 적합성을 갖추지 못하였다고 볼 수 있다. 신상정보 공개 제도는, 정보통신망을 통한 공개라는 측면에서 볼 때, '현대판 주홍 글씨'에 비견될 정도로 공개대상자의 정상적인 사회복귀 자체를 원천 봉쇄할 위험이 크고, 그 가족들까지 함께 정신적 고통을 겪게 하거나 생활 기반을 상실하게 하는 결과를 초래할 수도 있으며, '재범의 위험성' 등 공개 여부의 심사 기준을 세분하지 않고, 법률에 따라 원칙적으로 신상정보를 공개하도록 하고 있어 공개대상자의 범위 또한 지나치게 넓으므로 침해의 최소성을 갖추었다고 보기 어렵다. 그리고 공개대상자의 기본권이 심각하게 훼손되는 데 비해 그 범죄 억지의 효과는 너무나 불확실하다는 점에서 법익의 균형성도 갖추지 못하였다고 볼 수 있다. 따라서 신상정보 공개 조항은 과잉금지원칙에 반하여 제재대상자의 인격권 및 개인정보자기결정권을 침해할 수 있으므로 헌법에 위반될 수 있다.

(3) 소결

신상정보 공개 및 고지에 따른 중대한 기본권 침해의 가능성에 비추어 볼 때, 단순한 일회적 범행으로 불법성이 크지 않은 경우에도 단순히 참여제한 기간이 5년 이상 등이라는 이유만으로 신상정보 공개 대상으로 삼는 것은 인격권과 개인정보자기결정권에 대한 지나친 제한이 될 수도 있다.

제21장

성실 수행 제도

「국가연구개발혁신법」

제35조(연구개발과제의 성실 수행)
① 관계 중앙행정기관의 장은 연구자와 연구개발기관의 성실한 연구개발과제 수행을 위하여 연구자 또는 연구개발기관이 동시에 수행할 수 있는 연구개발과제 수를 제한할 수 있다.

제1절 ▌연구개발과제 수(數) 상한 제도(소위 3책 5공 제도)

1. 연구개발과제 수(數) 상한 제도의 의의

연구자가 동시에 수행할 수 있는 연구개발과제 수를 제한하는 규정은 연구자의 연구 몰입도를 높이고 신진연구자에게는 참여 기회를 확대하며, 중견 연구자가 중대형 연구개발과제로 진출하도록 유도하기 위해 마련된 것이다. 연구자가 과도하게 많은 연구개발과제에 동시에 참여할 경우 개별 연구개발과제에 충분한 역량을 투입하기 어려워지고, 그 결과 연구개발성과의 질적 수준이 저하될 우려가 있다는 점에 착안한 조치이다. 따라서 일정 범위 내에서만 연구개발과제 참여를 허용함으로써 연구자가 각 과제를 보다 책임감 있게 수행할 수 있도록 하는 데 목적이 있다.

이러한 연구개발과제 수 상한 제도는 2005년 5월 11일 시행된 「건설기술연구개발 관리 및 운영규정」이 그 시작이다. 당시 건설기술 분야 연구개발과제의 연구책임자가 참여하는 과제 수를 제한하는 근거를 마련[1]한 것인데, 해당 규정은 연구자는 원칙적으로 1개의 과제에서만 연구책임자로 참여할 수 있도록 하되, 중앙행정기관의 장이 타당한 사유가 있다고 판단하는 경우에는 예외적으로 2개의 과제까지 연구책임자로 참여할 수 있도록 허용하는 규정이었다. 이는 건설기술 분야 국가연구개발사업 내 연구개발과제의 특수성을 고려한 조치로서, 타 부처의 국가연구개발사업의 연구개발과제 관리 전반에 일률적으로 적용된 것은 아니다. 건설기술 분야의 연구개발과제는 타 분야에 비해 연구개발비 규모가 크고, 다년도로 추진되어야 하는 상황에서 연구책임자가 1~2개의 연구개발과제에만 충실히 역량을 투입하도록 하는 조치였다는 점에서 의미가 있다. 당시 해당 규정은 연구자의 과중한 참여를 방지하여 연구의 집중도를 높이면서도, 동시에 연구개발과제 특성과 필요성에 따라 예외를 인정하는 방식으로 제도의 탄력성을 확보했다고 평가할 수 있다.

이후 감사원(2006년 10월)과 국민권익위원회(2007년 5월, 2009년 9월)의 지적으로 다른 분야에서도 연구개발과제 수 상한 제도의 필요성이 강조되기 시작했다. 당시 감사원과 국민권익위원회는 일부 연구자들이 동시에 지나치게 많은 연구개발과제를 수행하면서 연구 몰입도가 떨어지고, 결과적으로 연구개발성과가 부실해지는 문제를 반복적으로 지적했다. 이에 따라 정부는 연구 수행 전념을 제도적으로 유도할 필요성을 인정하고, '적정 과제 수'를 명시하는 방향으로 정책을 확대하게 되었다.

연구자가 동시에 수행할 수 있는 적정 과제 수에 대한 기준은 소위 '3책 5공'이라는 용어로 불린다. 이는 연구책임자로서 총 3개, 참여연구자로서 총 5개의 연구개발과제를 동시에 수행할 수 있다는 의미이다. 하지만 당시 이 기준은 전 부처에 일률적으로 적용된 것이 아니라, 부처별 특성과 정책 목적에 따라 다소 차이가 존재했다. 예를 들어 당시 교육과학기술부(현 교육부), 지식경제부(현 산업통상부), 보건복지부, 환경부(현 기후에너지환경부)의 경우 3책 5공 원칙을 적용했지만, 기상청이나 소방방재청(현 소방청)의 경우에는

1 「건설기술연구개발사업 관리 및 운영규정」 제10조(연구책임자의 연구참여제한) 총괄연구책임자(협동연구책임자 포함)는 건설기술연구개발사업의 1개 과제에 한해 연구책임자로서 참여하는 것을 원칙으로 하되, 전문기관의 장이 타당하다고 인정하는 사유가 있는 경우에는 2개 과제까지 참여할 수 있다.

보다 엄격하게 2책 3공 원칙을 운영했다. 반면 중소기업청(현 중소벤처기업부)은 연구 환경의 특수성과 기업 지원 정책을 고려해 다소 완화된 3책 10공 규정을 채택하기도 했다.

이처럼 국가연구개발사업에 속하는 연구개발과제라 하더라도 부처별로 연구개발과제 수 상한 기준이 상이하게 운영되었다는 점은 연구개발과제관리제도의 분산성을 보여주는 대표적 사례이다. 이러한 불균형적 제도 운영은 연구자에게 실무적인 혼란을 초래할 수밖에 없었다. 당시 각 부처는 소관 행정규칙이나 전문기관 지침을 통해 '적정 수행 가능 과제 수'를 제시하고 있었는데, 동일한 연구자가 복수의 부처 과제에 참여하는 경우 부처별 기준이 서로 달라 과제 수 제한이 어떻게 적용되는지 명확한 가이드라인을 확인하기 어려웠기 때문이다. 가령, 연구개발과제 수 상한 기준은 소관 부처의 연구개발과제만이 아니라 타 부처의 연구개발과제 수도 모두 포함하기 때문에 부처별로 원칙이 동일하지 않으면 생길 수밖에 없는 이러한 문제는 정부 차원에서 통일된 기준을 마련해야 할 필요성을 더욱 부각시키는 결과로 이어졌다.

2. 소위 '3책 5공(3責 5共)' 제도

(1) 제도 운영 방식

현행 규정에 따르면 연구자는 참여연구자 자격으로 최대 5개 이내, 그 중 연구책임자로서는 3개 이내의 과제만을 동시에 수행할 수 있다. 다만 연구 수행 전념에 크게 지장을 주지 않거나, 국가 정책적으로 반드시 추진할 필요가 있는 과제에 대해서는 동시 수행 연구개발과제 수 산정에서 제외될 수 있다. 이는 연구자의 창의적 활동과 정책적 필요 사이의 균형을 고려한 예외 규정이라 할 수 있다.

「국가연구개발혁신법 시행령」

제64조(연구개발과제 수의 제한)
① 중앙행정기관의 장은 법 제35조 제1항에 따라 연구자가 동시에 수행할 수 있는 연구개발과제 수를 최대 5개로, 그 중 연구책임자로서 동시에 수행할 수 있는 연구개발과제 수를 최대 3개로 제한할 수 있다.

이른바 '3책(責) 5공(共)' 제도는 연구자가 연구책임자로서 3개, 참여연구자로서 총 5개의 과제만 수행할 수 있도록 제한하는 제도를 의미한다. 연구개발과제의 성격이 3책 5공 적용 대상인지, 아니면 적용에서 제외되는지는 해당 연구개발과제를 소관하는 중앙행정기관이나 전문기관이 판단한다. 구체적으로, 부처는 과제가 「국가연구개발혁신법 시행령」 제64조에 따른 적용 제외 가능 연구개발과제에 해당한다고 판단하면 이를 적용 제외할 수 있다. 따라서 추진계획을 예고하거나 과제를 공모할 때, 해당 연구개발과제가 「국가연구개발혁신법 시행령」 제64조의 적용 제외 대상에 해당하는지 여부를 명시해야 한다. 만약 이를 명확히 고지하지 못한 경우에도, 연구개발과제 심의위원회의 의결이나 협약 체결 과정에서 적용 여부를 다시 알려야 한다. 이러한 규정은 강행 규정보다는 훈시 규정의 성격을 가지며, 궁극적으로 연구자에게 명확한 기준을 제공하고, 불필요한 혼선을 줄이기 위한 것이다.

또한, 연구자가 실제로 3책 5공에 해당하는지 여부를 확인하고 조정하는 과정은 각 주체별로 역할이 구분된다. 중앙행정기관이나 전문기관은 사업 추진계획과 과제 공고 단계에서 적용 여부를 공지하고, 선정 과정에서 참여연구자의 중복 여부를 확인한다. 연구개발기관은 소속 연구자의 참여 현황을 자체적으로 관리하여 제도 위반이 발생하지 않도록 해야 한다. 연구자 본인 역시 자신의 과제가 3책 5공에 해당하는 경우, 소관 부처나 전문기관과 협의하여 참여 과제를 조정해야 한다. 이렇게 다층적으로 역할을 분담함으로써, 제도의 실효성이 확보된다.

(2) 3책 5공 제도의 실효성 논의

3책 5공 제도는 연구자의 동시 수행 과제 수를 제한하여 연구 몰입도를 높이고 신진 연구자의 기회를 확대하려는 취지에서 마련된 제도이지만, 실제 운영 과정에서는 여러 가지 문제점이 제기되기도 한다. 대표적인 문제 가운데 하나는 공동연구책임자에 대한 과제 수행 산정 기준이 명확하게 규정되어 있지 않다는 점이다. 연구개발과제는 단독 책임자 체계로만 운영되는 것이 아니라 공동연구책임자를 두는 경우도 많은데, 이때 이들의 과제 참여를 어떻게 산정할 것인지에 대한 조항이 부재하여 해석상의 혼란이 발생한다. 현재 「국가연구개발혁신법」에서는 연구책임자를 1명으로 두어야 한다는 규정은 없으므로, 2명 이상이 공동으로 연구책임자를 맡을 수 있다. 이 경우에는 3책 5공 제도에서 연구개발과제를 0.5개 한다고 계산해야 하는지, 아니면 연구책임자 별로 연구개발과제를 각 1개 한다고 계산해야 하는지의 문제가 될 수 있다.

가령 연구개발과제 수행에 관한 연구책임자로서의 역할이 비록 10%에 불과하더라도 해당 연구개발과제의 연구책임자라는 직책을 부여받으면 해당 연구자는 '1개의 연구개발과제'의 연구책임자로 계산된다. 이는 연구개발 관련 법제 전반에 걸쳐 정립된 해석과 실무에 기초한다고 볼 수 있다. 연구책임자로서 연구개발과제를 수행하는 과제 수에 대한 판단 기준은 단순히 책임 지분의 크기나 연구개발과제가 가지는 연구 가치의 정도가 아니라, 해당 연구개발과제에 연구책임자로서 일정 부분이라도 참여하고 있는지 여부에 따라 결정되는 것이다. 즉, 해당 연구개발과제에 연구책임자로서의 책임과 권한을 부여받은 이상, 그 연구책임자로서의 책임과 권한은 해당 연구개발과제 전체에 대한 법적 의미를 갖기 때문이다. 이러한 해석의 근거는 하나의 연구개발과제에 2명 이상의 연구책임자가 지정된다고 하더라도 독립된 개별 세부 연구과제로서 분할되어 존재하는 것이 아니라, 2명 모두 하나의 단일한 연구개발과제에 대한 총괄 관리자로서 기능한다는 점에 있다. 연구책임자 간의 역할 구분은 당사자 간의 편의성을 위한 것에 불과하다. 따라서 하나의 연구개발과제에 공동의 연구책임자가 있는 경우에는 해당 연구책임자의 수와 무관하게 연구책임자별 하나의 연구개발과제로서 3책 5공을 계산하는 기준이 되는 것이다.

또한, 3책 5공 제도는 연구자가 수행하는 연구개발과제의 규모나 연구개발비 총액을 고려하지 않고 단순히 연구개발과제의 개수만을 기준으로 제한을 두고 있다는 점에서 행정 편의적인 성격이 강하다는 비판이 있다. 예컨대 10억 원 규모의 대형 과제 3개를 동시에 수행하는 연구자와 1억 원 이하의 소규모 연구개발과제 3개를 맡은 연구자를 모두 동일하게 '3과제 수행'으로 계산하는 것은 실제 연구자의 부담과 투입 자원을 고려하지 못하는 불합리한 규정이라는 것이다. 이로 인해 일부 연구자는 과도한 연구개발과제 수행으로 연구 능률이 저하되거나, 반대로 연구 역량이 충분함에도 불구하고 소규모 연구개발과제만으로도 참여가 제한되는 상황이 발생한다.

이러한 문제점을 해결하기 위해 최근에도 관련 제도 개선 논의는 활발하게 이루어지고 있다. 다만 이러한 제도의 구체적 설계 과정에서는 과제 지원지수 부여 방식, 공동연구자의 참여 반영 방법, 학문 분야별 특수성 등 세밀한 검토가 필요하기 때문에 신중한 접근이 필요하다.

현재의 3책 5공 제도가 연구자 활동을 단순히 숫자로 제한하는 행정 편의적 규제라는 한계가 분명한 만큼, 향후에는 연구개발과제의 규모, 연구개발비 수준, 연구자별 연구환경 등을 종합적으로 고려할 수 있는 새로운 기준을 마련할 필요가 있다는 주장은 계속될 것으로 보인다. 결국 제도의 목적은 연구자의 과부하를 방지하고 연구의 질을 높이는데 있는 만큼, 보다 합리적이고 정교한 평가 기준으로 전환하는 것이 바람직하다.

3. 3책 5공 제도의 예외

(1) 국제공동연구 연구개발과제

「국가연구개발혁신법 시행령」

제64조(연구개발과제 수의 제한) ② 중앙행정기관의 장은 제2조 제3호에 따른 외국법인인 연구개발기관(연구개발과제협약에 따라 연구개발비를 부담하는 연구개발기관으로 한정한다)과 연구개발과제를 공동으로 수행하는 국내 연구개발기관의 연구자에 대해서는 제1항에도 불구하고 연구자가 동시에 수행할 수 있는 연구개발과제 수를 최대 6개로, 그 중 연구책임자로서 동시에 수행할 수 있는 연구개발과제 수를 최대 4개로 제한할 수 있다. [신설 2024.2.6]

최근 신설된 규정으로, 중앙행정기관의 장이 외국법인인 연구개발기관과 공동으로 과제를 수행하는 국내 연구자의 동시 수행 과제 수를 기존의 일반 기준인 '3책 5공'보다 완화하여 최대 6개, 그 중 연구책임자로서는 최대 4개까지 허용할 수 있도록 한 것이다.

이는 「국가연구개발혁신법」 체계 내에서 상당히 의미 있는 변화라 할 수 있다. 먼저, 이러한 규정은 국제공동연구가 점차 확대되는 과학기술 환경을 반영한 제도적 장치라는 점에서 의미가 크다. 과거에는 국내 연구자의 과제 참여 수를 획일적으로 제한함으로써 연구 몰입을 확보하려는 목적이 강했으나, 글로벌 차원의 협력 연구에서는 다양한 프로젝트가 동시에 진행되며, 연구자의 역할도 한층 복합화된다. 따라서 국제공동연구를 수행하는 연구자에게 동일한 기준을 적용하면 오히려 연구 참여의 제약이 심화되고, 협력 기회를 위축시킬 수 있다는 우려가 제기되어 왔다. 이번 신설 규정은 그러한 현실적 필요에 대응하여, 연구자가 국제적 협력사업에 충분히 참여할 수 있도록 제도적 유연성을 부여한 것이다.

또한 이 규정은 국가 차원에서 글로벌 연구개발 네트워크를 활성화하고, 첨단 과학기술 분야에서 국제적 리더십을 확보하기 위한 정책적 의지를 보여준다. 최근 반도체, 배터리, 바이오 등 국가전략기술 분야에서는 특정 국가나 기관만의 역량으로는 성과를 창출하기 어렵고, 해외 우수 기관과의 협력이 필수적이다. 연구자가 동시에 수행할 수 있는 과제 수를 확대해 준 것은 단순히 행정적 편의를 넘어, 국내 연구자가 글로벌 네트워크에서 주도적으로 활동할 수 있는 기반을 마련한 조치라 할 수 있다. 특히 연구책임자 기준도 3개에서 4개로 늘린 것은 국내 연구자가 국제공동연구에서 보다 주도적이고 책임 있는 역할을 맡을 수 있도록 한 긍정적 신호로 평가된다.

국제공동연구 연구개발과제 참여 강조와 함께 국제공동연구 수행으로 인해 연구자에게 과중한 부담을 초래하지 않도록 하는 장치도 필요하다. 외국법인인 연구개발기관과 연구개발과제를 많이 수행하는 것이 반드시 연구개발성과로 직결되는 것은 아니며, 오히려 관리·행정 부담이 가중되거나 연구 몰입이 떨어질 우려도 있기 때문이다. 이와 관련하여 「국가연구개발혁신법 시행령」은 국제공동연구와 관련한 내용을 제64조 제3항 각호의 하나로서 신설하지 않고 별도로 제2항으로 신설한 것으로, 국제공동연구 연구개발과제를 무제한적으로 연구개발과제 수 상한 제도에서 제외하지는 않겠다는 입법적 의도를 확인할 수 있다. 이 규정은 단순히 국제공동연구 연구개발과제를 3책 5공에서 제외하는 차원이 아닌, 연구자가 실제로 감당 가능한 범위 내에서 국제공동연구에 참여하도록 유도할 수 있도록 제한을 둔 사항이라 할 수 있다.

(2) 3책 5공 제외 연구개발과제

「국가연구개발혁신법 시행령」

제64조(연구개발과제 수의 제한) ③ 중앙행정기관의 장은 제1항 및 제2항에 따른 연구개발과제 수를 산정할 경우 다음 각 호의 어느 하나에 해당하는 연구개발과제는 그 수에 포함하지 않고 산정할 수 있다. [개정 2022.2.28, 2022.12.6, 2024.2.6]

1. 제9조 제2항 또는 제10조 제2항에 따른 연구개발계획서의 제출 마감일부터 6개월 이내에 수행이 종료되는 연구개발과제

2. 사전 조사, 기획·평가연구 또는 시험·검사·분석에 관한 연구개발과제
3. 연구개발과제의 조정 및 관리를 목적으로 하는 연구개발과제
4. 연구개발을 주목적으로 하지 않는 기반 구축 사업, 제5조 제1호·제2호의 사업, 인력 양성 사업 및 학술활동사업 관련 연구개발과제

4의2. 법 제3조 제1호에 따른 사업 관련 연구개발과제

5. 법 제4조 단서의 기본사업 관련 연구개발과제
6. 다음 각 목의 어느 하나에 해당하는 연구개발기관이 중소기업과 공동으로 수행하는 연구개발과제로서 과학기술정보통신부장관이 관계 중앙행정기관의 장과 협의하여 그 연구개발비를 별도로 정하는 연구개발과제
   가. 법 제2조 제3호나목부터 바목까지의 규정에 해당하는 연구개발기관
   나. 「산업기술혁신 촉진법」 제42조에 따른 전문생산기술연구소
7. 그 밖에 연구개발 촉진 등을 위하여 연구개발과제 수에 포함하지 않고 산정할 필요가 있어 국가과학기술자문회의의 심의를 거친 연구개발과제

앞서 살펴본 바와 같이, 국제공동연구에 관한 연구개발과제는 3책 5공에서 제외하는데 이는 「국가연구개발혁신법 시행령」 제64조 제3항 각호의 하나로서 신설하지 않고 별도로 제2항으로 신설하였다.

국제공동연구에 관한 연구개발과제가 아니더라도 「국가연구개발혁신법 시행령」 제64조 제3항 각호에서는 3책 5공 제도의 예외가 되는 연구개발과제를 다양하게 나열하고 있다. 연구개발과제 수 제한의 원칙에도 불구하고, 일정한 유형의 과제에 대해서는 그 수를 산정함에 있어 예외적으로 제외하는 내용을 다양하게 제시하는데, 연구개발과제의 성격상 실질적인 연구개발 수행과 무관하거나 연구자의 연구 몰입도와 업무 부담에 영향을 주지 않는 과제들에 대해서까지 일률적으로 수행 과제 수에 포함시키는 것이 타당하지 않다는 점을 고려한 것이다.

우선, 연구개발계획서 제출 마감일로부터 6개월 이내에 종료되는 연구개발과제는 남은 수행 기간이 짧아 연구자의 과도한 업무중복을 유발할 가능성이 낮으므로 연구개발과제 수 산정에서 제외된다.

사전 조사나 기획·평가연구, 시험·검사·분석, 연구개발과제의 조정 및 관리를 목적으로 하는 연구개발과제 등은 본격적인 연구개발 활동이라기보다는 연구 준비 또는 지

원적 성격의 활동으로 평가되므로, 이러한 연구개발과제 역시 제한 규정의 적용 대상에서 제외된다.

연구개발 활동 자체를 주목적으로 하지 않고 연구 인프라 조성이나 기반 구축을 목표로 하는 국가연구개발사업 내 연구개발과제, 「학술진흥법」 제7조에 따른 학문후속세대의 육성을 위한 재정 지원 국가연구개발사업 내 연구개발과제, 「고등교육법」 제7조에 따른 재원 지원 및 보조를 위한 고등교육 재정 지원 국가연구개발사업 내 연구개발과제, 인력양성사업 또는 학술 활동 지원을 위한 국가연구개발사업 내 연구개발과제도 본 3책 5공 제도 적용 대상에서 제외된다. 이는 해당 과제들이 연구자의 연구 수행 부담을 증가시키기보다 오히려 연구환경 개선이나 학술 활동 촉진에 기여하는 성격을 갖기 때문이다.

중앙행정기관(그 소속기관을 포함)이 소관 업무를 위하여 직접 수행하는 국가연구개발사업 내 연구개발과제 및 국가연구개발사업 중 다른 법률에 따라 직접 설립된 기관의 기본사업(정관에 따른 설립목적을 달성하기 위하여 정부가 직접 출연한 예산으로 수행하는 연구개발사업) 내 연구개발과제 역시 그 성격상 연구자 과제 수 제한의 취지에 직접적인 영향을 미치지 않으므로 동일하게 산정에서 제외된다.

또한 중소기업과의 협력연구를 촉진하고 기술혁신 생태계를 강화하려는 정책적 고려에 따라 특정한 범위의 연구개발기관이 중소기업과 공동으로 수행하는 연구개발과제로서 과학기술정보통신부장관이 관계 중앙행정기관의 장과 협의하여 그 연구개발비를 별도로 정하는 연구개발과제도 3책 5공 제도에서 제외한다.

추가적으로 연구개발 촉진 또는 국가과학기술정책의 합리적 운영을 위하여 과제 수 산정에서 제외할 필요가 있다고 판단되는 연구개발과제의 경우, 국가과학기술자문회의의 심의를 거쳐 별도로 제외할 수 있도록 하여, 제도의 경직성을 완화하고 정책적 재량의 폭을 확보하고 있다.

이와 같이 3책 5공 제외 제도는 연구개발 수행자의 과도한 과제 중복을 방지하려는 원칙을 유지하면서도, 실질적 연구 부담과 무관한 과제 또는 국가 정책적 필요가 있는 과제는 예외적으로 제한되는 연구개발과제 수 산정에서 제외할 수 있도록 규정함으로써, 연구 몰입 환경의 조성과 연구개발 촉진 간 균형을 도모하고자 하는 취지를 갖는다.

제2절 ‖ 3책 5공 제도 위반 논의

「국가연구개발사업 동시수행 연구개발과제 수 제한 기준[2]」

제1조(목적) 이 기준은 「국가연구개발혁신법 시행령」(이하 "영"이라 한다) 제64조에 따라 연구자가 동시에 수행할 수 있는 연구개발과제 수 제한 기준에 관하여 필요한 사항을 정함을 목적으로 한다.

제2조(동시수행제한제외과제 알림 등) ① 중앙행정기관의 장은 법 제9조 제1항에 따라 소관 국가연구개발사업의 추진계획을 예고하거나 영 제9조 제1항에 따라 연구개발과제와 연구개발기관을 공모할 때에 해당 연구개발과제가 영 64조 각 호의 어느 하나에 해당하는 연구개발과제(이하 "동시수행제한제외과제"라 한다)인지 여부를 알려야 한다.
② 중앙행정기관의 장은 연구자가 참여하려거나 참여하고 있는 연구개발과제가 동시수행제한제외과제에 해당하는지를 질의할 경우에 이에 대해 성실히 응답하여야 한다.

제3조(동시수행가능과제수 확인 등) ① 영 제64조 본문에 따라 중앙행정기관의 장이 연구자가 동시에 수행할 수 있는 연구개발과제의 수(이하 "동시수행가능과제수"라 한다)를 제한하는 경우에 중앙행정기관의 장은 연구개발과제에 참여하려는 연구자가 동시수행가능과제수를 초과하여 연구개발과제에 참여하게 되는지를 확인하여야 한다.
② 연구개발기관의 장은 소속 연구자가 수행하고 있는 연구개발과제 현황을 관리하여야 한다.
③ 중앙행정기관의 장은 제1항에 따라 연구개발과제에 참여하려는 연구자가 동시수행가능과제수를 초과하여 연구개발과제에 참여하게 되는지를 확인할 때에 연구개발기관에 협조를 요청할 수 있으며, 연구개발기관은 이에 대해 성실히 협조하여야 한다.
④ 중앙행정기관의 장은 소관 연구개발과제를 수행하는 연구자가 동시수행가능과제수를 초과하여 연구개발과제에 참여하고 있다는 사실을 인지한 경우에 즉시 참여하고 있는 연구개발과제 소관 중앙행정기관의 장, 연구개발기관의 장 및 연구자와 협의하여 참여하고 있는 연구개발과제를 조정하여야 한다.

---

2 과학기술정보통신부고시로서, 「국가연구개발혁신법 시행령」 제64조에 따라 연구자가 동시에 수행할 수 있는 연구개발과제 수 제한 기준에 관하여 필요한 사항을 정함을 목적으로 한다.

1. 개요

연구자는 신규 연구개발과제 선정에 지원할 때, 연구개발계획서에 현재 수행 중인 과제의 현황을 기재하도록 되어 있다. 이는 연구자의 연구 부담을 종합적으로 고려하고, 중복 지원이나 과제 과부하를 방지하여 연구의 효율성과 성실성을 확보하기 위한 절차적 장치라 할 수 있다. 그러나 일부 연구자가 이러한 의무를 회피하기 위하여 기존 과제 수행 현황을 의도적으로 누락하거나 허위로 기재한 상태에서 신규 과제를 신청하여 선정되는 경우가 발생할 수 있다. 이러한 행위가 과연 「국가연구개발혁신법」 제31조 제1항 제5호에서 규정하고 있는 부정행위에 해당하는지, 그리고 그에 따른 제재 조치의 가능성이 문제된다.

일반적으로 「국가연구개발혁신법」 제31조 제1항 제5호는 연구개발과제와 관련하여 허위의 자료를 제출하거나 부정한 방법으로 선정된 경우를 명시적으로 부정행위로 규정하고 있다. 따라서 연구자가 연구개발계획서에 기존 과제 현황을 고의적으로 숨기거나 사실과 다르게 기재하였다면, 이는 단순한 행정적 착오의 범위를 넘어 신규 과제 선정 과정에 영향을 미치는 중대한 허위 행위로 볼 수 있다. 결과적으로 과제 제안·심사·선정의 전 과정이 왜곡될 수 있으며, 이는 공정한 연구 지원 질서를 저해하는 중대한 문제로 평가된다. 다만 실제 제재처분으로 이어지기 위해서는 해당 행위가 단순한 착오나 과실이 아닌, 고의적·의도적인 허위 기재임을 입증할 필요가 있다. 따라서 연구자의 기재 누락이 단순한 실수인지, 아니면 신규 과제 선정에 영향을 미치기 위한 부정한 의도가 있었는지를 구체적으로 판단해야 할 것이다.

2. 3책 5공 제도 위반에 관한 논의

(1) 기존 판례

「국가연구개발혁신법」이 제정·시행되기 이전에는 구(舊)「과학기술기본법」 제11조의2 제1항에 근거하여 국가연구개발사업에 대한 참여제한 등 관련 규정이 마련되어 있었다. 이 규정은 당시에도 연구자의 과제 참여 범위와 적정 수행 가능성을 관리하기 위한 법적 근거로 기능하였으며, 오늘날의 3책 5공 제도의 전신적 성격을 띠었다고 평가할 수 있다. 따라서 「국가연구개발혁신법」 제정 이전에도 연구자의 동시 수행 과제 수를 제한하는 제도적 장치는 이미 존재했던 것이다.

특히 이러한 제재 규정이 실제로 어떻게 적용되었는지를 확인하기 위해, 기존 판례를 검토하는 것이 필요하다. 3책 5공 제도 위반에 대해 대법원은 연구자가 동시 수행 과제 수 제한을 위반한 경우, 이는 단순한 행정적 권고 위반이 아니라 법령상 참여제한 사유에 해당한다고 판단[3]하였다. 즉, 3책 5공 제도 위반은 정당한 제재사유로 인정되었으며, 연구자가 이를 이유로 제재 처분을 다투더라도 받아들여지지 않았다. 이러한 법원의 태도는 연구개발과제의 과중 참여가 연구자의 몰입도와 성과의 질을 저하시킬 수 있고, 나아가 공공재원의 효율적 집행을 저해할 수 있다는 정책적 판단을 뒷받침한다.

따라서 판례는 3책 5공 제도 위반이 제재처분의 대상에 해당한다고 명확히 판시하였고, 이는 「국가연구개발혁신법」 체계하에서도 동일하게 적용될 수 있다고 보아야 한다. 「국가연구개발혁신법」 제정 이후에도 연구자의 참여 과제 수를 제한하는 규정은 유지되었고, 법원 역시 이를 엄격하게 해석하고 있다. 결국, 3책 5공 제도 위반은 단순한 내부 규정 위반이 아니라 법률상 제재사유로 확립되었으며, 이는 현행 「국가연구개발혁신법」 체계에도 그대로 이어져 적용되고 있다고 평가할 수 있다.

3책 5공 제도 위반에 대한 대법원 판례

...(중략)... 이 사건 처분은 구 과학기술기본법 제11조의2 제1항에 법률상의 근거를 두면서, 그 위임에 따른 이 사건 관리규정 제27조 제9항 [별표 5]에 따라 이루어진 것으로 볼 수 있다. 그리고 구 과학기술기본법 제11조의2 제1항 제7호의 '거짓이나 그 밖의 부정한 방법으로 연구개발을 수행한 경우'에서 '수행'의 의미는, 거짓이나 부정한 방법으로 연구개발사업비를 수령한 경우 이를 환수하려는 위 규정의 입법취지에 비추어 볼 때, 연구개발과제의 신청단계에서부터 종료단계에 이르기까지의 모든 과정을 널리 포함하는 것으로 해석함이 타당하다. 따라서 ...(중략)... 또한 구 과학기술기본법 제11조의2 제8호에서 '협약의 규정을 위반한 경우'를 원고의 주장과 같이 좁은 의미의 '수행' 단계 즉 '실행' 과정에서 협약의 규정을 위반한 경우로만 제한하여 해석할 근거가 없다.

나아가 이른바 3책 5공 제도 위반이 이 사건 관리규정 위반에 해당되는 이상, 그에 관하여 지급된 사업비를 환수하도록 하는 제재규정을 둘 수 있는 것이고, ...(중략)...고 볼 것은 아닌

3 대법원 2019. 9. 10. 선고 2019두41826 판결

바, 3책 5공 제도 위반의 경우에도 연구자로 하여금 연구수행에 전념하도록 하고 유력 연구자가 과제 수행을 독점하는 것을 막아 신진연구자의 연구기회를 확대하고자 하는 취지의 실효성을 확보하기 위하여 그 위반자에 대하여 사업비 환수의 제재를 가할 수 있다고 보아야 할 것이다.
따라서 3책 5공 제도 위반행위의 경우, 피고가 이 사건 처분의 근거규정으로 들고 있는 구 과학기술기본법 제11조의2 제1항 제7호, 제8호 및 이 사건 관리규정 제27조 제9항 [별표 5]의 '거짓 또는 부정한 방법으로 선정된 경우' 또는 '그 밖에 국가연구개발사업을 수행하기 부적합한 경우로서 협약의 규정을 위반한 경우'로서 사업비 환수대상에 해당할 수 있다.
…(중략)…
이 사건 관리규정 제32조 제2항에서 연구자가 연구책임자로서 동시에 수행할 수 있는 연구개발과제를 최대 3개 이내로 규정한 것은, 당해 연구자로 하여금 충실한 연구수행에 전념하도록 하면서, 아울러 특정 연구자들이 연구개발과제를 독점하는 것을 막고 신진연구자들에게 참여기회를 확대하기 위한 것으로서, 이는 국가연구개발사업을 추진함에 있어 중요하게 고려하여야 할 가치 중 하나이므로, 그 위반행위를 가볍게 볼 수 없다.
…(중략)… 이 사건 바이오 과제의 연구책임자로 선정된 후 다시 이 사건 GRL 과제의 연구책임자로 선정되자, 3책 5공 제도 위반이 됨을 인지하고 다른 과제의 연구책임자 지위를 변경하기 위하여 노력을 기울인 것으로 보이기는 하나, 실제로 변경이 이루어지지는 못하였고, 과제 수행에 있어 연구책임자 지위가 갖는 중요성에 비추어 볼 때 그러한 변경이 쉽게 가능하였던 것으로 보이지도 아니한다. 나아가 원고의 주장과 같이 한국연구재단이 3책 5공 제도 위반을 인지하면서도 이를 묵인하였다고 인정할 수 없음은 앞서 본 것과 같고, 오히려 원고와 통화한 한국연구재단의 인턴직원은 원칙에 따라 원고에게 3책 5공을 피하기 위한 편법을 사용할 수는 없다는 취지로 답변하였던 것으로 판단된다.
피고는 '원고가 3책 5공 제도 위반임을 알면서도 이 사건 GRL 과제에 관한 협약을 체결한 행위는 위법성이 크므로 연구비 전액을 환수하되, 성실히 연구를 수행하여 연구성과를 창출한 점 등을 감안하여 참여제한기간은 6개월로 한다'는 취지의 제재조치평가단의 심의결과에 따라 해당연도(2013.9.1., 2014.8.31.)에 지급된 출연금 전액을 환수하는 것으로 결정하였는바, 위 심의결과는 해당 분야의 전문가들이 참여하여 의견을 취합한 것으로서 고도의 전문성과 객관성이 확보된 상태에서 공정하게 이루어졌다고 보이므로 가능한 한 이를 존중할 필요가 있다.

(2) 3책 5공 제도 위반 판례에 대한 비판

연구자가 과제를 신청하거나 수행하는 과정에서 허위 사실을 기재하거나 기존 과제를 은폐하는 행위가 발견될 경우, 이는 「국가연구개발혁신법」 제31조 제1항 제5호에서 규정하고 있는 '거짓이나 그 밖의 부정한 방법으로 연구개발과제를 신청하거나 수행하는 행위'에 해당할 수 있다. 다만, 이러한 행위가 실제 제재사유로 인정되기 위해서는 무엇보다도 연구자의 고의성이 인정되는지가 핵심적 쟁점이 된다. 단순한 착오나 행정적 과실인지, 아니면 의도적·계획적으로 허위 사실을 기재하여 과제를 신청하거나 수행한 것인지에 따라 법적 효과가 달라지기 때문이다. 따라서 위반 여부를 판단할 때에는 고의성의 존재와 그 정도를 면밀히 검토해야 하며, 이는 제재 조치의 정당성과 비례성을 담보하는 필수 절차라고 할 수 있다.

이와 관련하여 「국가연구개발혁신법」 제15조 제1항은 중앙행정기관의 장이 연구개발과제의 변경 또는 중단 여부를 결정할 수 있도록 규정하고 있다. 이때 그러한 결정을 내리기 위해서는 반드시 '특별평가'를 실시해야 하며, 특별평가의 결과에 따라 연구책임자의 교체, 연구개발과제의 중단, 혹은 기타 적절한 조치가 취해질 수 있다. 특별평가는 연구자의 성실 의무 이행 여부, 과제 운영의 적정성, 공공재원의 투입 합리성을 종합적으로 검토하는 절차이므로, 단순 행정심사 이상의 중대한 의미를 가진다.

한편 연구개발과제 수의 제한과 관련해서도 「국가연구개발혁신법」은 기본적인 기준을 마련하고 있다. 원칙적으로 중앙행정기관의 장은 연구자가 동시에 수행할 수 있는 연구개발과제의 총수를 5개 이내로, 이중에서 연구책임자로서 수행할 수 있는 과제 수는 3개 이내로 제한할 수 있다. 3책 5공 제도는 연구자의 과중한 과제 참여를 방지하고 연구 집중도를 확보하기 위한 핵심적 장치다. 그러나 「국가연구개발혁신법」은 동시에 중앙행정기관의 장에게 일정한 재량도 부여하고 있다. 즉, 연구 현장의 특수성이나 정책적 필요성을 고려하여 법정 한도보다 더 적은 수준으로 과제 참여를 제한할 수 있으며, 이를 통해 특정 연구자에게 과제가 과도하게 집중되는 상황을 예방할 수 있다.

더 나아가 「국가연구개발혁신법」은 일부 유형의 과제에 대해서는 3책 5공 산정에서 제외할 수 있는 권한을 중앙행정기관의 장에게 부여하고 있다. 이는 제도의 경직성을 완화하고 연구 환경의 다양성을 반영하기 위한 장치로, 각 과제의 성격과 필요성을 고려하여 행정기관이 재량적으로 판단할 수 있도록 허용한 것이다. 결국 연구개발과제 수 제한 제도는 단순한 획일적 규제가 아니라, 고의적 위반 여부에 대한 특별평가와 재량적 판단을 결합하여 운영되는 제도로서, 연구 현장의 합리성과 국가연구개발사업의 공공성을 동시에 확보하려는 성격을 지니고 있다고 평가할 수 있다.

《국가연구개발혁신법 매뉴얼[4]》 역시 3책 5공 제도 기준의 적용과 예외 운영에 관하여 유연한 해석을 제시하고 있다. 특히 《국가연구개발혁신법 매뉴얼》에서는 제도의 본래 목적이 연구자의 과제 과중 참여를 방지하는 데 있다는 점을 전제하면서도, 실제 운영 과정에서 단순한 행정착오나 경미한 과실로 인해 발생한 위반 상황에 대해서까지 획일적으로 특별평가를 실시하고 제재를 가하는 것은 바람직하지 않다고 보았다. 예를 들어 연구자가 과제 참여 현황을 기재하는 과정에서 단순한 오류나 경과실로 인해 누락이 발생한 경우, 또는 명백히 행정적 부주의로 드러나는 사안에 대해서는 연구개발 수행의 효율성을 저해하는 불필요한 절차를 최소화할 필요가 있다고 보았다. 따라서 이러한 경우에는 「국가연구개발사업 동시수행 연구개발과제 수 제한 기준」 제3조 제4항의 취지에 따라, 연구개발과제를 소관하는 중앙행정기관의 장, 연구개발기관의 장 및 당사자인 연구자 간 협의를 통해 참여 과제를 조정함으로써 해결하는 방식이 합리적이라고 해석하였다. 이는 과도한 제재 절차를 줄이고 행정적 효율성을 높이려는 실무적 지향점이라고 할 수 있다.

2021년도 《국가연구개발혁신법 매뉴얼[5]》 초판에는 3책 5공 제도 기준 위반이 「국가연구개발혁신법」 제32조 제1항에 따른 제재사유로 명시되어 있지 않으므로 제재사유에 해당하지 않는다는 Q&A를 두고 있었다. 물론, 3책 5공 제도 적용이 개별 부처의 재량사항이라든지, 「국가연구개발사업 동시수행 연구개발과제 수 제한 기준」에 따라 연구자의 3책 5공 제도 위반 여부를 확인하는 것은 부처의 역할이라는 표현은 적절한지 의문이었는데 현행 2025년에 발간한 《국가연구개발혁신법 매뉴얼》에는 이와 같은 내용은 삭제되었고, 3책 5공 제도가 법령상 연구자의 의무로 규정된 것은 아니나, 해당 부처(전문기관)와 연구개발기관이 연구개발과제 수행을 위한 협약으로 해당 내용을 정한 것으로 보

4 과학기술정보통신부, 한국과학기술기획평가원, 《국가연구개발혁신법 매뉴얼》(2025.4.)

5 과학기술정보통신부, 한국과학기술기획평가원, 《국가연구개발혁신법 매뉴얼》(2021.6.)

고, 「국가연구개발혁신법」 제32조에 따라 협약에 따른 의무를 고의로 이행하지 아니하여 특별평가에 따라 과제가 변경·중단된 경우는 제재처분 대상이 될 수 있다고 기술하고 있다.

나아가 현행 《국가연구개발혁신법 매뉴얼》은 이미 발생한 위반 사항이 사후적으로 해소된 경우에 대한 처리 원칙도 함께 제시하고 있다. 즉, 3책 5공 제도 위반이 일시적으로 발생했더라도 이후 과제 조정을 통해 위반 상태가 해소된 사실이 명백히 인정된다면, 그 위반 경위와 사전에 보고되지 않은 사유, 그리고 당시 관계 중앙행정기관 및 전문기관의 관리 책임 등을 종합적으로 고려해야 한다는 것이다. 만약 이러한 사정을 무시하고 기계적으로 특별평가를 실시하거나 제재처분을 내린다면, 위반의 경중에 비해 과도한 조치가 될 수 있고, 나아가 행정기관의 재량권 범위를 벗어났다고 평가될 여지가 있다는 점을 지적하였다.

따라서 《국가연구개발혁신법 매뉴얼》은 단순·경미한 위반이나 사소한 착오에 대해서는 원칙적으로 행정지도를 통한 개선을 우선시할 필요가 있다고 강조한다. 구체적으로는 각 중앙행정기관의 장이나 전문기관이 해당 사항을 점검하도록 요청하고, 연구개발기관에는 연구자 과제 현황 관리 체계를 보다 강화하도록 적극 알리는 것이 바람직하다고 보았다. 이러한 접근은 불필요한 절차적 부담을 줄이는 동시에, 제도의 실효성을 높이고 연구자의 자율성과 책임성을 균형 있게 보장하려는 목적을 달성하는 데 기여한다. 결국 《국가연구개발혁신법 매뉴얼》의 취지는 3책 5공 제도 위반을 엄격히 관리하되, 경미한 사례에 대해서는 행정지도를 통한 유연한 대응을 병행하는 것이 합리적이라는 데 있다.

제3절 ❙ 연구노트 작성 의무 제도

「국가연구개발혁신법」

제35조(연구개발과제의 성실 수행)
② 연구개발과제에 참여하는 연구자와 연구개발기관은 연구분야의 특성에 따라 연구수행과정 및 연구개발성과를 작성 또는 기록하고 관리하여야 한다.

「국가연구개발혁신법 시행령」

제65조(연구수행과정 및 연구개발성과의 작성·기록·관리 등) ① 과학기술 분야 연구개발과제에 참여하는 연구자와 연구개발기관의 장은 법 제35조 제2항에 따라 과학기술 분야 연구개발과제의 수행 과정과 연구개발성과를 기록하는 자료(이하 "연구노트"라 한다)를 작성·관리해야 한다.
② 과학기술 분야 연구개발과제에 참여하는 연구개발기관의 장은 연구노트의 작성·관리에 관한 자체지침을 마련하여 운영해야 한다.
③ 과학기술정보통신부장관은 과학기술 분야 연구개발과제에 참여하는 연구개발기관의 장이 제2항에 따른 자체지침을 마련·운영하는 데 활용할 수 있는 연구노트지침을 마련하여 제공해야 한다.
④ 과학기술 분야 외의 연구개발과제를 소관하는 중앙행정기관의 장은 법 제35조 제2항에 따라 연구개발과제에 참여하는 연구자와 연구개발기관이 연구분야의 특성을 고려하여 연구수행과정 및 연구개발성과를 기록·관리할 수 있도록 필요한 사항을 지침으로 정하여 제공하거나 연구개발과제협약으로 정해야 한다.

1. 연구노트의 의의

연구노트(research note)는 연구자가 연구개발과제를 수행하는 과정에서의 사고의 흐름, 실험 또는 조사 방법, 데이터의 도출과 분석, 주요 의사결정의 근거, 연구 결과의 검증 및 수정 과정을 체계적으로 기록한 문서로서, 연구 활동의 전 과정에 대한 객관적 증거자료이자 연구자의 성실성을 입증하는 핵심 도구이다. 즉, 연구노트는 단순한 업무 일

지나 실험 데이터의 집합이 아니라, 연구자의 지적 활동과 창의적 사고의 궤적을 시간의 흐름에 따라 남긴 일종의 공적 기록으로 기능을 한다. 「국가연구개발혁신법」 제35조와 「국가연구개발혁신법 시행령」 제65조는 연구노트의 작성 및 관리를 법적 의무로 규정하고 있으며, 이를 통해 연구개발의 성실 수행, 연구 윤리 확보, 그리고 연구개발성과의 공정한 평가 및 권리 보호를 제도적으로 보장하고자 한다.

연구노트의 본질적 의미는 연구개발 활동의 재현 가능성과 투명성 확보에 있다. 과학기술 연구뿐만 아니라 사회과학, 정책연구 등 모든 연구영역에서 연구 결과의 신뢰성은 그 과정이 검증 가능할 때에만 확보된다. 연구노트는 이러한 검증의 기반이 되는 1차 자료로서, 연구의 설계와 방법론, 실험 조건, 실패 및 오류의 수정 과정까지 포함함으로써 연구개발성과가 임의적 조작이 아닌 체계적 탐구의 결과임을 입증한다. 이는 곧 연구개발의 윤리적 정당성과 법적 책임성을 동시에 확보하는 장치이다.

연구노트에 의해 기록된 연구의 전 과정은 연구자 개인의 기억이나 진술에 의존하지 않고 객관적 자료로 보존되기 때문에, 연구부정행위(예: 데이터 조작, 표절, 허위 기재 등) 발생 시 사실 관계를 규명하는 증거 자료로서도 기능한다. 따라서 연구노트는 단순한 행정적 기록 의무를 넘어 연구 윤리 실천의 제도적 근간이라 할 수 있다.

또한 연구노트는 연구자의 지식재산권 확보 측면에서도 중요한 법적 효과를 갖는다. 발명진흥법 및 특허법 체계에서, 발명의 권리 귀속이나 발명 시점에 대한 입증은 매우 중요한 쟁점이다. 연구노트는 발명자의 창작 활동이 언제, 어떤 근거로, 어떤 방식으로 이루어졌는지를 시간 순서대로 증명할 수 있는 자료로서, 발명의 완성 시점을 객관적으로 입증하는 증거가 된다. 이는 공동연구, 산학협력, 다기관 연구개발과제 등에서 발생할 수 있는 연구개발성과의 소유권 및 특허권 분쟁을 예방하고, 정당한 권리자를 판별하는 데 결정적인 역할을 한다. 실제로 국내외 판례에서도 연구노트는 발명의 기여도와 발명자 지위를 판단하는 핵심 증거로 채택되어 왔으며, 전자연구노트 시스템이 확산되면서 그 법적 효력은 더욱 강화되고 있다.

연구노트의 작성은 또한 연구개발의 효율성과 품질 관리를 높이는 효과를 가진다. 연구노트를 체계적으로 작성할 경우, 연구자는 연구 진행 상황을 주기적으로 점검하고, 과거의 실험 결과나 시도과정을 쉽게 참조할 수 있어 불필요한 중복연구를 줄일 수 있다. 이는 연구자 개인의 학습효과를 높이는 동시에, 연구팀 전체의 조직적 지식 축적을 가능하게 한다. 특히 대형 다년도 연구개발과제에서는 연구노트가 연구의 지속성과 일관성을 유지하는 중요한 매개체가 된다. 연구자가 교체되거나 연구 기간이 장기화될 경우에도, 연구노트에 기록된 내용이 후임 연구자에게 기술적 연속성을 제공함으로써 연구개발성과의 단절을 방지한다. 따라서 연구노트는 단순히 과거의 기록이 아니라, 지속적 연구관리의 지식 인프라로서 기능한다.

연구노트의 존재는 연구관리기관의 책임성과 연구평가의 객관성을 확보하는 데에도 기여한다. 연구평가나 감사, 성과 검증 시 연구노트는 연구개발비의 집행 근거, 연구 내용의 진척 수준, 과제 수행의 성실성 등을 확인하는 주요 근거 자료로 활용된다. 이를 통해 연구평가가 단순한 결과 중심 평가에서 과정 중심 평가로 전환될 수 있으며, 연구행정의 신뢰성과 투명성이 제고된다. 또한 연구노트는 연구개발기관 간 정보공유의 기반이 되어, 중앙행정기관, 전문기관, 대학, 과학기술 분야 정부출연연구기관 각 기관의 연구개발성과 데이터를 상호 연계·관리할 수 있는 통합 관리체계를 구축하는 데 기여한다.

이처럼 연구노트의 작성 및 관리는 연구개발 체계의 공공성과 자율성의 균형을 유지하는 역할을 한다. 연구노트 제도는 국가가 연구개발의 책임성과 투명성을 확보하기 위한 규범적 수단이지만, 동시에 연구자의 자율적 연구 활동을 지원하는 보호장치이기도 하다. 연구노트는 연구자에게 자신의 창의적 성과를 체계적으로 축적하고 증명할 수 있는 자기 보호적 도구로 기능하며, 연구개발기관에는 연구개발 활동을 조직적으로 관리할 수 있는 내부통제 시스템으로 기능한다. 이는 국가연구개발사업의 구조적 투명성을 강화하면서도, 연구자의 자율성과 창의성을 위축시키지 않는 균형적 거버넌스 모델로서의 의미를 가진다.

나아가 연구노트는 최근 연구의 디지털화·데이터화 흐름 속에서 전자연구노트형태로 진화하고 있다. 전자연구노트는 연구기록의 위·변조를 방지하고, 자동 백업 및 검색 기능을 통해 연구데이터 관리의 효율성을 극대화한다. 또한 블록체인 기반의 타임스탬프 기술을 활용하여 기록의 진정성과 시점을 인증함으로써, 법적 증거력도 한층 강화되고 있다. 이는 연구노트의 개념이 단순히 종이 문서 중심의 행정적 기록에서 벗어나, 연구데이터 관리와 연구 정보 보안까지 포괄하는 디지털 연구기록 체계로 확장되고 있음을 의미한다.

결국 연구노트의 의미는 단순한 연구 과정의 기록이 아니라, 연구의 신뢰성을 보증하고 연구개발성과의 법적·사회적 가치를 보호하는 제도적 핵심 인프라라는 데 있다. 연구노트 작성의 효과는 연구 윤리 확립, 연구 부정 방지, 지식재산권 보호, 연구 효율성 제고, 연구평가의 객관성 확보 등 다양한 차원에서 나타나며, 이는 곧 국가연구개발사업의 질적 수준을 결정하는 근본적 요소가 된다. 따라서 연구노트 제도는 연구자의 의무를 넘어, 국가연구개발 체계의 지속 가능성과 사회적 신뢰성을 보장하는 공공적 연구관리 제도의 핵심 축으로 자리매김하고 있다.

2. 연구개발 성실 수행을 위한 연구노트

「국가연구개발혁신법」은 연구개발과제의 수행과정에서 연구자와 연구개발기관이 단순히 연구개발성과만을 산출하는 데 그치지 않고, 그 연구의 추진 경위와 성과 도출의 근거를 체계적으로 기록하고 관리하도록 함으로써 연구의 진정성과 성실성을 제도적으로 담보하려는 목적을 갖는다. 즉, 연구개발성과가 단순한 결과물이 아니라, 그에 이르는 과학적·기술적 과정 전체가 공적 신뢰의 대상이 되어야 한다는 점에서, 기록 의무를 법적 의무로 명문화한 것이다. 이는 연구부정 방지, 연구윤리 확립, 지식재산권의 입증, 연구개발성과의 재현성 확보 등 국가연구개발제도의 핵심 원리를 뒷받침하는 기초 장치라 할 수 있다.

이러한 맥락에서 「국가연구개발혁신법 시행령」 제65조 제1항은 연구분야의 특성을 반영하여, 과학기술 분야의 연구개발과제에 참여하는 연구자 및 연구개발기관의 장에게 연구수행과정과 연구개발성과를 기록하는 자료를 작성하고 관리할 의무를 부여하고 있다. 연구노트는 연구자가 연구를 수행하는 전 과정에서 실험 목적, 가설 설정, 연구 방법, 결과 분석, 검토 및 개선사항 등을 시간의 흐름에 따라 기록한 일종의 연구행위의 증거물로서 기능한다. 「국가연구개발혁신법」은 이를 단순한 연구자의 개인적 기록이 아니라, 공공 재정이 투입된 연구개발과제의 공적 문서로 보고, 연구개발기관의 장이 이를 관리하도록 규정한다. 나아가 「국가연구개발혁신법 시행령」은 연구개발기관의 장에게 연구노트의 작성 및 관리에 관한 자체 지침을 제정·운영할 의무를 부과하여, 각 연구개발기관의 연구환경과 연구 분야의 특성에 맞게 내부 규율 체계를 마련하도록 하고 있다.

이와 관련하여 과학기술정보통신부장관은 각 연구개발기관이 이러한 자체지침을 실질적으로 마련·운영할 수 있도록 하기 위해, 표준적 기준으로서 「국가연구개발사업 연구노트 지침」[6]을 제정하였다. 「국가연구개발사업 연구노트 지침」은 연구노트의 요건, 연구노트의 작성 및 관리 방법, 연구노트에 대한 권리 소유, 연구노트의 열람 및 공개, 연구노트의 폐기, 관리 실태점검 등을 구체적으로 규정하고 있으며, 연구개발기관은 이를 참조하여 자체 규정을 수립하도록 하고 있다. 특히 연구노트는 연구 윤리 확립과 연구자의 법적 보호를 위한 근거 자료로 활용될 뿐만 아니라, 연구개발성과의 소유 및 지식재산권 분쟁이 발생할 경우 법적 증거로도 인정될 수 있으므로, 제도적 중요성이 크다.

한편, 연구노트 작성 의무 제도는 독특하게도 과학기술 분야 외의 연구개발과제에는 직접적으로 적용되지 않는다. 「국가연구개발혁신법」 제35조 제2항에서는 명확히 연구노트라는 표현을 사용하지 않고, '연구분야의 특성'에 따라 연구수행과정 및 연구개발성과를 작성 또는 기록 관리하는 의무를 부여하고 있고, 「국가연구개발혁신법 시행령」 제65조는 '과학기술 분야 연구개발과제'에 참여하는 연구자와 연구개발기관의 장이 '과학기술 분야 연구개발과제'의 수행과정과 연구개발성과를 기록하는 자료를 작성 및 관리하라고 구체적으로 정하면서 연구노트라는 용어를 처음으로 사용하고 있다.

이에 과학기술 분야 연구개발과제에 참여하는 연구개발기관의 장은 연구노트의 작성 및 관리에 관한 자체 지침을 마련하여 운영하며, 이러한 작성 및 관리에 관한 자체 지침을 마련하여 운영하는 데 활용할 수 있도록 과학기술정보통신부장관이 연구노트지침을 마련하여 제공할 의무가 부과된다. 그리고 과학기술 분야 외의 연구개발과제에 관해서는 해당 소관 중앙행정기관의 장은 '연구분야의 특성'을 고려하여 연구수행과정 및 연구개발성과를 기록 및 관리할 수 있도록 필요한 사항을 지침으로 정하여 제공하거나 연구개발과제 협약으로 정해야 한다고 명시하고 있다.

해당 표현이 「국가연구개발혁신법」이 과학기술이 아닌 인문사회 분야의 국가연구개발사업 내 연구개발과제에도 모두 동일하게 적용되어야 하는 법률임을 나타내는 문구로 기능하고 있음은 별론으로 하더라도, 인문사회 분야의 국가연구개발사업 내 연구개발과제에 대한 연구노트에 대해서는 과학기술 연구개발과제와는 다른 방식으로 제도를 설

6 과학기술정보통신부고시로서, 연구개발기관의 장이 「국가연구개발혁신법 시행령」 제65조 제2항에 따라 연구노트의 작성·관리에 관한 자체지침을 마련하여 운영하는데 활용할 수 있도록 필요한 사항을 정함을 목적으로 한다.

계·운영할 수 있는 여지를 주기 위한 장치라고 이해할 수 있다. 물론, 과학기술 분야 외의 연구개발과제가 무엇을 의미하는지가 명확하지 않다. 사회과학, 인문학, 정책연구, 문화예술 관련 연구개발과제가 이에 포함될 수 있으나, 구체적 범위가 불분명하고, 각 부처별로 자체적으로 '연구개발'의 개념을 다르게 적용하고 있어 일관된 기준이 없다. 또한 과학기술 분야와 과학기술 이외의 분야가 융·복합적으로 구성되는 연구개발과제에 대한 부분도 결국 모호함이 발생할 수밖에 없다.

그리고 법령 체계는 과학기술 분야 외의 연구개발과제를 소관하는 중앙행정기관의 장에게 특정한 의무를 부과하는데, 과학기술 분야 외의 연구개발과제를 소관하는 중앙행정기관을 명확히 구분하기도 쉽지 않다. 중앙행정기관은 해당 소관 업무 수행을 위해 과학기술 분야의 연구개발과제와 과학기술 분야 이외의 연구개발과제를 모두 수행하는 것이 현실이다. 이를 부처로 구분하는 것이 적절한지는 논의가 필요하다.

뿐만 아니라, 과학기술 분야의 연구개발과제는 각 연구자가 작성하는 연구노트 작성·관리를 위해 해당 소속 연구개발기관의 장이 자체지침을 마련하고, 해당 자체지침에 대한 공통적으로 활용할 수 있는 연구노트지침을 과학기술정보통신부장관이 총괄한다. 그러나 과학기술 이외의 분야의 연구개발과제에 대한 연구수행과정 및 연구개발성과를 기록·관리할 수 있도록 하는 지침을 개별 부처별로 정하여 제공할 수 있도록 한다면, 해당 제도가 일정하게 표준화되기가 어렵고, 각 부처의 재량에 따라 별도의 기록·관리 방식이 마련될 수 있는 구조가 발생할 여지가 크다.

한편, 과학기술 분야 이외의 연구개발과제에서 연구 수행과정 및 연구개발성과를 기록·관리하는 방식이 연구노트의 개념과 분리되어 있으면서도 실무적인 협약서 단계에서는 이를 명확히 규율하기 어려운 문제가 발생한다. 「국가연구개발혁신법 시행령」은 "과학기술 분야 외의 연구개발과제를 소관하는 중앙행정기관의 장은...(중략)...연구분야의 특성을 고려하여 연구수행과정 및 연구개발성과를 기록·관리할 수 있도록 필요한 사항을...(중략)....연구개발과제협약으로 정해야 한다."고 규정함으로써, 개별 연구개발과제 협약서에 기록·관리 의무를 포함시키는 방식을 허용하고 있다. 그러나 현행 《국가연구개발사업 표준 협약서》 제24조[7]를 보면, 연구노트 작성 및 관리는 「국가연구개발혁신

7 《국가연구개발사업 표준 협약서》 제24조(연구노트 작성·관리) 연구노트 작성·관리에 관하여는 「국가연구개발혁신법」 제35조 제2항, 「국가연구개발혁신법 시행령」 제65조 제1항 및 「국가연구개발사업 연구

법」 제35조 제2항, 「국가연구개발혁신법 시행령」 제65조 제1항, 그리고 「국가연구개발사업 연구노트 지침」에 따른다고만 명시되어 있다. 이는 즉, 《국가연구개발사업 표준 협약서》상 연구노트의 작성·관리는 과학기술정보통신부 고시에 근거하여 이루어지고 있으며, 과학기술분야 이외의 연구개발과제에 대해서 별도의 기록 체계를 마련하는 것은 현실적으로 고려되지 않고 있음을 의미한다. 다시 말해, 법문상으로는 분리되어 있으나 실무상으로는 연구노트 제도가 국가연구개발사업 전반의 표준 기록 체계로 작동하고 있는 셈이다. 실제 해당 사항은 《국가연구개발사업 표준 협약서》의 부가 조건으로서 협약에 별도 축조할 수 있다고 주장할 수 있으나, 현실적으로 부가 조건 상에 '과학기술 분야 외의 연구개발과제'로서 연구 분야 특성을 고려하여 연구 수행과정 및 연구개발성과 기록·관리를 위해 필요한 사항을 작성하는 경우가 얼마나 있을지 의문이다.

따라서 연구 분야가 과학기술이냐 아니냐에 따라 연구기록의 개념을 달리 설정하는 것은 실질적·제도적 효용이 크지 않다. 연구개발과제의 수행은 그 분야의 학문적 성격과 상관없이 일정한 논리적·방법론적 절차를 포함하며, 그 과정의 증거화는 연구의 진실성 확보를 위해 필수적이다. 인문사회 분야의 정책연구나 행정학적 실증연구, 문화콘텐츠 개발과 같은 비과학기술 분야의 연구도, 연구계획의 수립, 자료수집, 분석, 결과 도출의 단계에서 모두 연구기록을 필요로 한다. 이러한 점에서 연구노트라는 개념을 자연과학적 실험기록에 한정하는 것이 아니라, 연구개발 전 분야에 적용 가능한 통합적 개념으로 확장할 필요가 있다. 연구노트가 각 분야의 특성에 맞게 그 형식과 내용에서 차이를 가질 수는 있지만, 그 본질적 기능인 연구의 성실성 입증과 연구 과정의 기록화는 모든 연구개발 분야에 공통적으로 적용되어야 한다.

결국, 과학기술 외의 연구개발 분야에 대해 별도의 기록·관리 지침을 마련하거나, 협약마다 개별적으로 기록 방식을 정하는 것은 제도적 일관성을 해치고 행정적 중복을 초래할 가능성이 높다. 연구노트 제도를 과학기술 중심의 제도로 한정하지 않고, 연구개발의 일반 원칙으로 확장하여 운영하는 것이 타당하다. 즉, 사회과학, 인문학, 법학, 정책, 행정 등 비과학기술적 연구 분야에서도 연구 수행의 핵심 단계, 주요 의사결정, 분석 결과, 검증과정 등을 일정한 형식으로 기록·관리하도록 함으로써, 연구노트를 국가연구개

노트 지침」에 따른다.

발사업의 보편적 연구기록 제도로 자리매김시킬 필요가 있다. 이는 연구노트의 기술적 세부 형식을 분야별로 달리 설계하더라도, 법적 개념상 동일한 제도로 통합하여 관리함으로써 연구개발의 공공성과 신뢰성을 확보하려는 제도적 통일성을 유지할 수 있게 한다.

연구노트는 과학기술 분야에 국한된 행정지침의 산물이 아니라, 모든 국가연구개발사업의 연구기록 및 성실성 관리 제도의 핵심적 틀로 기능해야 한다. 이를 별도의 명칭이나 유사 개념으로 분화시킬 실익은 미미하며, 오히려 제도의 혼선을 초래할 우려가 있다. 국가연구개발정책의 일관성과 관리 체계의 통합성을 확보하기 위해서는, 연구노트 제도를 연구 분야의 구분을 넘어 연구개발기록의 표준화된 제도로서 일반화하고, 각 분야의 특성을 반영한 세부 가이드라인을 추가로 마련하는 방향이 합리적이다.

「국가연구개발사업 연구노트 지침」

제1조(목적) 이 지침은 「국가연구개발혁신법 시행령」(이하 "영"이라 한다) 제65조 제2항에 따라 연구개발기관의 장이 연구노트의 작성·관리에 관한 자체지침을 마련하여 운영하는데 활용할 수 있도록 필요한 사항을 정함을 목적으로 한다.

제3조(적용대상) ① 이 지침은 모든 국가연구개발사업의 연구개발과제에 적용한다.
② 연구개발기관의 장은 국가연구개발사업이 아닌 연구개발에 대하여 이 지침을 준용할 수 있다.

제7조(연구노트의 요건) ① 연구노트의 요건에 대해서는 연구개발기관의 장이 자체규정으로 정한다.
② 연구개발기관의 장은 연구노트의 기록 날짜와 기록자, 그리고 위·변조를 확인할 수 있도록 제1항에 따른 자체규정을 수립하여야 한다.
③ 연구개발기관의 장은 서면, 전자노트, 음성, 영상 등 다양한 형식으로 작성할 수 있도록 제1항에 따른 자체규정을 수립하여야 한다.

아이러니하게도 과학기술정보통신부가 제정한 「국가연구개발사업 연구노트 지침」은 그 명칭상 과학기술 분야를 중심으로 마련된 것처럼 보이지만, 실제로는 적용 대상을 '모든 국가연구개발사업의 연구개발과제'로 확대하여 규정하고 있다. 「국가연구개발사업 연구노트 지침」 제3조(적용대상)는 명시적으로 "이 지침은 모든 국가연구개발사업의 연구개발과제에 적용한다."고 기술하고 있으며, 특정 연구 분야나 연구개발기관 유형에 따라 적용을 제한하지 않는다. 더 나아가 국가연구개발사업 내 연구개발과제가 아니더라도 해당 연구노트 지침을 준용할 수 있다고 기술하고 있다(제3조 제2항). 이를 토대로 보면, 연구노트 제도는 과학기술 분야에만 국한된 행정적 의무가 아니라, 국가 재정이 투입되는 모든 연구개발 활동에 공통적으로 적용되는 보편적 연구기록 제도임을 인식하고 표준화된 관리 체계를 마련할 필요가 있다.

제22장

손해배상청구의 제한

「국가연구개발혁신법」

제36조(손해배상청구의 제한)
중앙행정기관의 장 및 연구개발기관의 장은 소속 연구자의 연구개발과제 수행으로 인하여 발생한 유형 자산(연구개발기관이 해당 연구개발과제의 연구개발비 중 정부가 지원한 연구개발비로 취득한 유형 자산에 한정한다)의 손해에 대하여 해당 연구자에게 손해배상을 청구할 수 없다. 다만, 해당 연구자에게 고의 또는 중과실이 있는 경우에는 그러하지 아니하다.

제1절 ▌개요

중앙행정기관의 장 및 연구개발기관의 장은 소속 연구자의 연구개발과제 수행으로 인하여 발생한 유형 자산(연구개발기관이 해당 연구개발과제의 연구개발비 중 정부가 지원한 연구개발비로 취득한 유형 자산에 한정한다)의 손해에 대하여 해당 연구자에게 손해배상을 청구할 수 없다. 다만, 해당 연구자에게 고의 또는 중과실이 있는 경우에는 그러하지 아니하다(「국가연구개발혁신법」 제36조).

국가연구개발사업 내 연구개발과제의 수행 과정에서 발생할 수 있는 금전적 손실에 대해서는 연구자 개인에게 손해배상책임을 지우지 않도록 하는 것이 그 취지이다. 특히 연구개발 활동의 특성상 실패나 예기치 못한 결과는 필연적으로 발생할 수 있는데, 이를 연구자의 고의나 중대한 과실이 없는 상황에서까지 금전배상이나 손해배상청구로 이어지게 하는 것은 연구자의 창의적 도전을 위축시키는 결과를 낳는다. 따라서 연구개발 과정에서 불가피하게 발생한 손실에 대해서는 연구자가 면책되도록 하고, 다만 고의나 중대한 과실이 명백한 경우에 한하여 책임을 묻도록 함으로써, 연구자의 연구 활동을 보호하고 국가 차원의 혁신적 연구개발 환경을 보장하려는 내용을 법률로 명확히 규정하고자 한 것이다.

과거 별도로 법률 등에서 이와 같은 손해배상청구에 관한 구체적인 방향성을 규정하지 않은 경우 연구개발기관마다 연구자에 대한 손해배상청구에 관한 운영 기준을 서로 다르게 규정하는 문제점이 발생하기도 하였다. 일부 연구개발기관은 자체 내부 규정을 통해 구체적인 손해배상 범위와 절차를 명시하고 있었으며, 이러한 내규의 내용에 따라 연구자에게 부과되는 책임의 정도나 배상 청구의 가능 범위가 달라지는 경우가 많았다. 예를 들어, 일부 연구개발기관은 연구 과정에서 발생한 과실이나 관리 소홀로 인한 손해에 대해 연구자 개인의 배상책임을 명확히 규정하고 있었던 반면, 또 다른 연구개발기관은 이를 조직 차원의 관리 책임으로 보아 연구자에게 직접적인 청구를 하지 않는 방식을 취하기도 하였다.

「○○대학교 연구비 관리 지침」(발췌)

제23조(연구비 관리자의 재정보증 및 변상·환수 책임) ① 연구비의 입금과 지급을 담당하는 연구비 관리자에 대해서는 적정 수준의 재정보증보험에 가입하여야 하며, 보험가입에 따른 보험료는 관리기관의 간접비 예산에 반영하여 부담한다.

② 연구비 관리자는 선량한 관리자로서의 주의 의무를 다하지 못하여 연구수행에 손해를 끼쳤을 때에는 그 정도에 따라 각각 변상의 책임을 진다.

③ 연구비 관리자 간의 책임의 한계는 연구비 관리에 관여한 정도에 따라 판단한다.

④ 연구책임자는 연구비 정산 후 지원기관으로부터 부적정한 연구비 집행으로 연구비 환수 요청이 있을 때에는 이에 대한 책임을 진다. 다만, 연구책임자의 책임 없는 사유로 판단할 경우에는 예외로 할 수 있다.

⑤ 산학협력단장은 다음 각 호에 관하여는 위원회를 구성하여 심의한다.

1. 연구비 관리자가 선량한 관리자로서의 주의의무를 다하지 못하여 연구수행에 손해를 끼쳤

　　는지 여부
2. 연구비 관리자가 여러 명일 경우 각 관리자의 연구비 관리 관여 정도
3. 제4항의 연구책임자의 책임 없는 사유로 판단되는 경우

이처럼 국가연구개발사업 내 연구개발과제를 수행하는 유사한 상황임에도 불구하고 연구개발기관별 내부 규정 차이로 인해 연구자의 법적·재정적 부담이 달라질 수 있어, 연구 윤리 확립과 공정한 연구환경 조성을 위해 통일적 기준이나 표준화된 지침의 마련이 필요하다는 지적이 제기되어 해당 조항이 「국가연구개발혁신법」 제정과 함께 신설되게 되었다. 다만, 연구자의 비리나 고의·중과실에 해당하는 경우에는 손해배상청구 제한 규정을 적용하지 않고, 연구자의 단순 과실에 대해서만 손해배상책임을 면하게 한다는 취지와 목적은 충분히 타당성이 있다.

물론, 연구개발과제의 규모와 특성에 따라 제도의 적정성을 달리 고려할 필요가 있다는 주장도 있을 수 있다. 예를 들어 항공우주 분야처럼 수백억 원 이상의 막대한 예산이 투입되는 과제에서는 연구자에게 개인적인 손해배상책임을 전가하지 않는 것이 타당하지만, 반대로 수천만 원 내외의 소규모 과제에서까지 일률적으로 손해배상책임을 모두 면제한다면 도덕적 해이가 발생할 가능성도 배제하기 어렵다. 실제 입법과정에서는 '손해배상청구의 금지'라는 조문명으로 조문이 축조되었으나 이후 '손해배상청구의 제한'으로 일부 신중한 고려가 필요하다는 점이 반영되었다. 하지만 현실적으로 중과실과 경과실의 구분은 자의적 해석의 여지가 커서 지속적으로 법적 분쟁이 발생할 수 있고, 소관부처나 연구개발기관마다 판단 기준이 달라질 경우, 연구자 간 형평성 문제를 야기할 우려가 일부 존재한다.

1. 중앙행정기관의 장 및 연구개발기관의 장

연구개발기관이라고 하면 일반적으로 대학, 과학기술 분야 정부출연연구기관, 민간기업 연구소 등을 떠올리지만, 법제적 관점에서 보면 중앙행정기관 역시 일정한 경우 연구개발기관으로서의 기능을 수행할 수 있다. 「국가연구개발혁신법」은 연구개발기관의 범위를 넓게 설정하여 국가 또는 지방자치단체가 직접 설치하여 운영하는 연구기관도

'연구개발기관'으로 포섭하고 있으며, 이에 연구개발 활동을 수행할 수 있는 주체로서, 그 안에 중앙행정기관도 포함될 수 있다. 실제로 중앙행정기관은 국가연구개발사업을 기획·조정·집행하는 역할을 담당하면서, 필요할 경우 직접 연구개발과제를 수행하거나 연구개발 수행 체계를 갖출 수 있다. 예컨대 식품의약품안전처는 단순한 정부 행정 조직을 넘어 자체적으로 식품의약품안전평가원을 두고 위해 평가 등에 관한 연구나 규격 검사·시험 등의 연구개발을 직접 수행하거나 관리한다. 질병관리청 역시 소속기관으로 국립보건연구원 등을 설치하여 질병 관리 연구를 직접 수행한다. 이처럼 중앙행정기관은 단순한 행정 집행자가 아니라, 특정 분야에서는 연구개발기관으로 기능하며 연구를 직접 주도하거나 연구 인프라를 운영하는 주체가 된다.

해당 규정에서의 '중앙행정기관의 장'은 이러한 연구개발기관으로서의 역할을 수행하는 경우를 의미한다. 즉, '중앙행정기관의 장'이 내부 소속 연구자의 연구개발과제 수행으로 인한 자산 손해에 대하여 해당 연구자에게 손해배상을 청구할 수 없다는 취지이지, 중앙행정기관의 장이 연구개발과제를 수행하기 위한 연구개발기관을 선정하고 해당 연구개발기관에 소속된 연구자에 대해 중앙행정기관이 직접 손해배상 여부를 다루는 문제에 대한 사항을 상정한 것은 아니다.

2. 유형 자산

연구개발과제의 수행 과정에서 또는 그 결과로 인하여 창출 또는 파생되는 제품, 시설·장비, 지식재산권 등의 유형·무형의 성과는 연구개발성과로 정의되고(「국가연구개발혁신법」 제2조 제5호), 「국가연구개발혁신법 시행령」 제3조는 구체적으로 유형·무형의 성과를 다음과 같이 나열하고 있다.

1. 제품
2. 시설·장비
3. 논문
4. 특허 등 지식재산권
5. 법 제12조 제4항부터 제6항까지의 규정에 따른 연차보고서, 단계보고서, 최종보고서 또는 성과활용보고서의 원문

6. 연구개발과제에서 창출 또는 파생된 기술의 요약정보
7. 생명자원
8. 소프트웨어
9. 화합물(化合物)
10. 신품종
11. 표준
12. 그 밖에 제1호부터 제11호까지에서 규정한 성과에 준하는 유형·무형의 성과

해당 나열된 연구개발성과에서 유형의 성과와 무형의 성과가 무엇인지 명확하게 구분하고 있지 않으나, 일반적으로 무형의 성과는 4. 특허 등 지식재산권, 11. 표준이 해당되고, 무형의 성과를 제외한 나머지 연구개발성과가 유형의 성과로 분류될 수 있다.

한편, 유형의 연구개발성과에서도 유형 자산은 연구개발기관이 해당 연구개발과제의 연구개발비 중 정부가 지원한 연구개발비로 취득한 것으로 한정하고 있다. 즉, 유형 자산은 연구개발과제의 수행 과정에서 창출되거나 확보된 결과물 가운데 물리적 실체를 가진 자산을 의미하므로, 3. 논문이나 5. 보고서 원문, 6. 기술의 요약정보는 포함되지 않는다고 보아야 한다. 유형 자산의 대표적인 것은 제품, 시설·장비이다. 연구개발과제 수행 과정에서 새롭게 제작되거나 도입된 실험 장비, 측정 기기, 분석 장치 등은 모두 유형 자산에 해당한다. 연구개발 과정에서 자체 설계·제작된 장비도 취득으로 볼 수 있을지가 문제된다. 취득의 의미는 일반적으로 자산에 대한 지배력을 확보하여 그 경제적 이익을 향유할 수 있는 상태가 된 것을 의미한다. 단순히 물건을 구입하는 행위에 한정되지 않고, 어떤 방식으로든 자산을 소유하거나 사용·처분할 수 있는 권능을 가지게 되면 취득으로 볼 수 있다는 것이다. 연구개발 과정에서 자체 설계·제작된 장비의 경우, 외부에서 매입한 것이 아니라 연구자 또는 기관 내부 인력이 직접 설계하고 부품을 조달하여 제작한 것이지만, 최종적으로 완성되어 연구개발기관의 통제 아래 연구개발 목적에 사용될 수 있게 된다면 이는 취득으로 본다고 해석하는 것이 타당하다. 따라서 외부 구입 여부는 본질적 요건이 아니며, 내부 개발을 통해 만들어진 장비라도 완성 시점에 연구개발기관이 소유·사용할 수 있는 상황이 확보되면 이는 취득으로 본다고 할 수 있다. 연구시설의 개·보수 결과물도 유형 자산에 포함될 수 있다. 연구개발 수행을 위해 신축하거나 보

완한 실험실, 클린룸, 시험동 등은 유형 자산으로 보는 것이 합리적이다.

한편, "연구개발기관이 해당 연구개발과제의 연구개발비 중 정부가 지원한 연구개발비로 취득한 유형자산에 한정한다."는 규정의 의미는, 우선 연구개발기관의 성격에 따라 그 적용범위를 다르게 이해할 필요가 있다. 대학이나 과학기술 분야 정부출연연구기관과 같이 통상적으로 정부 출연금 또는 국고보조금에 의존하여 연구개발을 수행하는 연구개발기관의 경우, 연구개발과제의 연구개발비가 전액 정부 지원금으로 구성되는 것이 일반적이므로 위 조항은 특별한 해석상의 어려움을 야기하지 않는다.

그러나 민간기업 등이 연구개발과제의 수행 주체로 참여하는 경우에는 사정이 다르다. 민간기업은 과제 수행 과정에서 정부가 지원한 연구개발비 외에도 자체적으로 일정 부분의 연구개발비를 부담하므로, 결국 하나의 연구개발과제 안에는 정부 지원금과 민간기업 자체 부담금이 병존하게 된다. 이러한 구조를 전제로 하면, 위 조항이 적용되는 '정부가 지원한 연구개발비로 취득한 유형 자산'과, 조항이 적용되지 않는 '민간기업이 자체 부담한 연구개발비로 취득한 유형 자산'을 구별해야 한다. 따라서 연구개발기관이 스스로 부담한 연구개발비로 취득한 유형 자산에 대해서는 위 규정이 적용되지 않는다. 이는 곧, 해당 민간기업이 자체 부담금을 사용하여 취득한 유형 자산이 연구개발과제 수행 중 연구자 등의 행위로 인하여 손해를 입은 경우, 그 손해에 대하여 민간기업은 소속 연구자에게 손해배상을 청구할 수 있다는 결론으로 이어진다. 다만 실무적으로 살펴보면, 연구개발비 총액 중 정부가 지원하는 연구개발비가 차지하는 비중이 일반적으로 매우 크고, 연구개발기관이 자체적으로 부담하는 연구개발비는 상대적으로 그 비율이 낮은 것이 현실이다. 더욱이 연구개발기관이 부담하는 비용 상당 부분은 현금이 아니라 장비·인력·시설 등 현물의 형태로 제공되는 경우가 많다. 이러한 구조에서는 정부 지원 연구개발비와 자체 부담 연구개발비를 엄격히 구분하여, 연구개발기관이 자체 부담금을 사용하여 취득한 유형 자산의 손해에 대하여만 연구자에게 배상책임을 묻는 방식이 실질적으로 작동하기 어렵다. 실무 현장에서 그 구분을 기초로 연구자에게 손해배상책임을 묻는 것은 현실적으로 실효성이 크지 않은 것으로 평가할 수 있다.

3. 고의 또는 중과실

다만 모든 경우에 연구자가 면책되는 것은 아니다. 연구개발비를 유용하거나 허위 성과를 제출하는 등 고의적 부정행위는 당연히 책임을 져야 하며, 기본적 관리 의무를 현저히 위반해 상식적으로도 예견·방지할 수 있었던 손실을 초래한 경우와 같은 중대한 과실에 대해서도 책임이 인정된다. 이러한 예외 규정은 연구자의 도덕적 해이를 방지하고 제도의 신뢰를 유지하기 위한 장치다. 즉 성실한 연구자에게는 자유로운 도전을 보장하되, 부정과 방임에 대해서는 오히려 더 엄정한 제재를 가하는 구조를 갖춘 것이다.

그러나 손해배상책임 제한 제도에는 여전히 몇 가지 비판적 검토가 필요하다. 첫째, 중과실과 단순 과실을 구분하는 것이 쉽지 않다. 어느 정도의 부주의를 중대한 과실로 볼 것인지 해석에 따라 달라질 수 있고, 소관 부처나 연구개발기관마다 판단 기준이 다르면 연구자 간 형평성 문제가 발생한다. 따라서 하위 규정 차원에서 객관적이고 통일된 기준을 마련할 필요가 있다. 둘째, 과제 규모와 성격의 차이도 고려해야 한다. 항공우주 사업처럼 수백억 원 단위의 대형 프로젝트에서는 실패 위험을 연구자 개인에게 전가할 수 없지만, 수천만 원 규모의 소규모 연구에서까지 동일하게 면책을 적용하는 것은 오히려 책임 회피와 도덕적 해이를 초래할 수 있다는 지적도 있다. 셋째, 사후적 책임 면제만으로는 충분하지 않으며, 부정행위 예방을 위한 사전적 장치가 병행되어야 한다. 연구개발비 집행의 투명성을 높이고, 연구 윤리 교육을 강화하며, 과제평가 제도를 정교화하는 등 관리 체계를 함께 정비해야만 손해배상책임 제한 제도가 본래의 취지대로 작동할 수 있다.

연구개발 활동에서 연구자의 손해배상책임을 제한하는 원칙은 연구자 개인을 위한 특혜가 아니라, 사회 전체의 혁신 역량을 보장하기 위한 제도적 안전망이다. 실패를 두려워하지 않고 창의적으로 도전할 수 있는 환경을 조성하는 것이야말로 국가 과학기술 경쟁력을 강화하는 길이며, 이는 고의적 부정행위에 대한 엄정한 책임 추궁과 나란히 병행될 때 비로소 균형을 이룰 수 있다. 손해배상책임 제한 규정은 연구자의 자유로운 탐구를 보장하고 사회가 실패의 위험을 공동으로 감수하는 제도적 합의를 확인하는 장치로 기능해야 한다.

제2절 ‖ 손해배상청구 제한의 의미

1. 연구자 손해배상책임 제한의 시작점

국민주권의 원리가 확립되고, 소유권 보장 등의 질서가 확립되던 시기부터 계약자유와 과실책임의 원칙이 모든 법적 관계를 지배하기 시작했다. 이 원리에 따르면 연구개발 행위 역시 일종의 계약 관계에 불과했고, 연구 실패로 인한 손실은 연구자 개인의 과실로 돌려졌다. 그러나 연구라는 행위는 불확실성과 위험을 전제로 하며, 실패 자체가 학문적 자산이 되는 경우도 많다. 그럼에도 과거에는 실패가 곧 개인의 책임으로 귀결되어 연구자들이 과도한 부담을 짊어져야 했고, 이는 혁신을 억제하는 요인으로 작동했다. 마치 19세기 노동관계에서 계약자유의 원칙이 근로자의 열악한 현실을 방치한 것과 유사하게, 연구개발에서도 개인 책임의 법리가 창의적 도전을 억압하는 한계로 드러날 수 있었다.

오늘날 연구개발은 국가경쟁력의 핵심 동력으로 자리 잡았다. 수백억, 수천억 원 규모의 대형 과제에서부터 소규모 프로젝트까지 다양한 연구가 진행되며, 그 과정에서 실패와 손실은 불가피하게 발생한다. 연구개발은 성공만큼이나 실패의 과정에서도 데이터와 경험이 축적되어 미래 연구의 기반이 된다. 따라서 성과가 기대에 미치지 못했다고 해서 연구자에게 직접 손해 배상을 청구하는 것은 제도 취지에 반할 뿐 아니라, 연구자들을 위축시켜 안정적이고 무난한 과제만 선택하게 만든다. 이는 곧 도전적이고 혁신적인 연구가 사라지는 결과로 이어질 수 있다. 그렇기 때문에 고의나 중대한 과실이 없는 한 연구자에게 손해배상책임을 지우지 않는다는 원칙은 연구개발 생태계의 건강성을 지키는 필수적인 안전망이다.

실제 「국가연구개발혁신법」 제정 이전에는 연구자에게 연구개발 실패에 대한 책임을 손해배상 형태로 지우기도 하여 논란이 있었다.

과거 방위사업청은 한국형 무인기 연구개발과제 수행 과정에서 테스트 연구 중 발생한 기체 추락 사고로 약 67억 원의 손실이 발생한 점을 근거로, 해당 연구개발과제에 참여한 연구원 5명에게 각 13억 원 가량의 연구개발비 손해배상을 요구한 적이 있다. 해당 조치는 연구개발과제 수행 중 장비 파손 사고를 연구자의 책임으로 이해하는 대표적 사례로 당시 연구계의 비판을 받기도 하였다. 이 사건은 연구개발 과정이라는 특수한 환경에서 발생한 유형 자산의 손실 배상책임을 연구자에게 묻고자 한 대표적 사례이다.

연구개발은 본질적으로 실패 가능성이 내재된 활동이며, 특히 시험·필드 실험 단계에서는 장비 파손이나 사고가 발생할 가능성이 상당히 높다. 그러한 맥락에서 단순 사고를 이유로 연구자에게 거액의 배상을 요구하는 것은 연구자에게 불합리한 위험을 전가하는 조치라는 비판이 가능하다. 또한 이 사례는 고의 또는 중대한 과실 여부 판단이 핵심 쟁점이 될 수 있다. 방위사업청의 배상 요구가 과연 이러한 기준을 충족했는지가 핵심 질문이 된다. 단순 실험 사고나 기상 요인, 제어 시스템 오류 등 연구자 책임이 아닌 요소가 개입된 경우까지 책임을 묻는 것은 책임 원칙의 형평성을 저해할 수 있다. 이 손해배상청구 사건은 이후 연구개발과제에서의 '연구자의 위험 부담' 문제를 공론화하는 계기가 되었다.

2. 손해배상청구 제한 규정의 법적 의미

연구개발 활동 과정에서 발생하는 손해에 대하여 연구자에게 손해배상책임을 지우지 않는다는 원칙이 단순히 제도적 보호 장치인지, 헌법상 학문의 자유와 과학기술 진흥 의무에서 파생된 연구자의 권리 보호에 해당하는지에 관한 문제는 연구개발 제도의 본질과 연구자의 지위를 어떻게 바라보는가와 직결된다. 전통적으로 손해배상책임은 불법행위나 계약 위반으로 타인에게 손해를 끼쳤을 때 부담하는 법적 책임이다. 따라서 손해배상책임을 제한하는 것은 원칙의 예외에 해당한다. 그렇다면 연구자가 연구개발과정에서 발생한 실패나 손실에 대해 고의나 중대한 과실이 없는 경우 책임을 지지 않도록 한 규정을 권리 보호로 볼 수 있을까?

우선 손해배상책임 제한은 연구자가 자신의 연구 활동을 자유롭게 수행할 수 있도록 보장하는 기능을 한다. 연구개발은 본질적으로 불확실성과 실패 가능성을 전제로 하는 활동이다. 수많은 시도 중 상당수는 원하는 결과를 얻지 못하거나 예상치 못한 손실을 발생시킬 수 있다. 만약 연구자가 그러한 실패에 대해서까지 민사상 손해배상책임을 져야 한다면, 연구자는 도전적인 과제보다는 안전하고 실패 확률이 낮은 과제만을 선택하게 될 것이다. 이는 곧 창의적 연구의 위축으로 이어진다. 따라서 손해배상책임 제한은 연구자에게 실패를 두려워하지 않을 권리를 보장하는 장치로서, 연구자의 학문적 자유와 직업적 안정성을 지켜주는 권리 보호 규정으로 이해될 수 있다. 또한 헌법 제22조 제1항과 제2항은 학문의 자유와 저작자·발명가·과학기술자의 권리 보호를 선언하고 있다. 이 맥락에서 연구개발과정의 손해배상책임 제한은 연구자가 창의적 활동을 수행하는 과정에서 불필요하게 법적·경제적 위험을 떠안지 않도록 하여, 실질적으로 헌법상 권리 보장의 이념을 구체화하는 제도라고 할 수 있다. 권리 보호란 단순히 재산권이나 인격권과 같이 전통적인 권리만을 지칭하는 것이 아니라, 일정한 활동을 자유롭게 수행할 수 있도록 제도적 안전망을 마련하는 것까지 포함한다는 점에서, 연구자의 손해배상책임 제한은 권리 보호에 해당한다고 볼 수 있다.

그러나 다른 한편에서는 손해배상책임 제한을 곧바로 권리 보호로 이해하는 것에는 신중할 필요가 있다는 비판도 가능하다. 왜냐하면 권리 보호라는 개념은 일반적으로 권리의 주체가 본래적으로 보장받는 법적 지위를 의미하는 반면, 손해배상책임 제한은 특정 상황에서 예외적으로 책임을 면제해 주는 성격이 강하기 때문이다. 즉, 이는 연구자에게 본래적으로 주어진 권리라기보다, 국가가 연구개발이라는 특수한 영역의 공익적 필요성을 고려하여 정책적으로 부여하는 제도적 혜택으로 볼 수도 있다. 만약 이를 권리로 이해한다면, 연구자는 손해배상책임 제한을 헌법상 기본권처럼 주장할 여지가 생기는데, 이는 제도의 입법 취지를 넘어선 과도한 확장일 수 있다. 특히, 손해배상책임 제한은 고의 및 중대한 과실이 없을 것을 전제로 예외를 두고 있다. 즉, 연구자가 연구개발비를 유용하거나 허위 성과를 제출하는 경우에는 면책되지 않는다. 이러한 제한은 손해배상책임 제한이 무제한적 권리 보장이 아니라 조건부 제도라는 점을 분명히 보여준다. 권리 보호라면 원칙적으로 강력하고 일관된 성격을 가져야 하지만, 손해배상책임 제한은 그 적용 범위와 조건이 상대적으로 유동적이다. 즉, 이를 연구자의 권리 보호로 단정하기보다는 연구개발 활성화를 위한 정책적 제도라고 보는 해석도 타당하다.

권리의 현대적 개념은 단순한 소극적 자유에 국한되지 않고 적극적·사회적 권리를 포함한다고 볼 수 있다. 현대 사회에서 권리 보호는 개인의 자율성을 보장하는 동시에, 사회 전체의 발전을 위한 제도적 뒷받침을 포함한다. 연구개발 과정에서 연구자의 손해배상책임을 제한하는 것은 단순히 개인을 보호하는 차원을 넘어, 국가가 과학기술 발전을 위해 연구자의 자유로운 탐구를 제도적으로 지원하는 것이다. 이 점에서 손해배상책임 제한은 연구자의 권리를 실질적으로 보호하는 규정으로 평가하는 것이 타당하다고 할 수 있다. 학문의 자유와 과학기술자의 권리를 보장하려는 헌법 정신에 비추어 보면, 손해배상책임 제한은 연구자가 본연의 활동을 위축 없이 수행할 수 있도록 보호하는 기능을 하므로, 실질적으로는 권리 보호의 한 유형으로 이해할 수 있다.

「국가연구개발혁신법」도 이와 같은 권리보호의 한 유형으로서 손해배상청구의 제한 규정을 두고 있다고 볼 수 있다. 연구개발은 본질적으로 실패와 불확실성을 전제로 하는 활동이므로, 고의나 중대한 과실이 없는 경우까지 연구자에게 금전적 배상책임을 부담시키는 것은 연구자의 창의적 도전 의지를 위축시키고, 사회 전체적으로 과학기술 발전의 동력을 약화시키는 결과를 초래할 수 있기 때문이다.

연구자의 손해배상책임을 제한하는 제도는 개인적 보호를 넘어 국가 과학기술 발전을 위한 제도적 기반을 마련하는 것이다. 이는 실패를 통해 배우고 새로운 성과를 도출하는 연구개발의 본질을 인정하는 것이며, 국가와 사회가 연구 실패의 위험을 공동으로 분담하겠다는 사회적 합의이기도 하다. 연구자에 대한 면책은 과학기술이라는 고위험 영역에서 도전적 연구를 장려하고 보호하기 위한 시대적 장치다. 다만 고의와 중대한 과실은 예외로 하여 책임을 엄격히 묻고, 과제의 특성과 규모에 따라 제도에 세밀한 보완을 도입하는 것이 필요하다.

제3절 ▌ 손해배상청구 제한의 과도성 판단

1. 타 법령과의 상충 여부

연구개발과제를 수행하는 과정에서 취득한 유형적 자산은, 연구개발 과제 협약에서 달리 정하지 않는 한 원칙적으로 해당 연구개발기관에 귀속된다. 이는 연구개발사업 수행을 위해 정부가 연구개발기관에 지원한 예산으로 취득한 자산의 법적 소유권을 연구개발기관에 인정하는 것으로, 연구개발기관이 국가 재정 지원을 통해 확보한 연구 인프라를 효율적으로 관리하고 활용할 수 있도록 하기 위한 제도적 장치이다. 따라서 연구개발기관이 소유하는 유형적 자산에 관하여 손해가 발생한 경우, 그 손해에 대해 「민법」상 불법행위에 기초한 손해배상청구를 하는 것은 원칙적으로 허용되는 권리이며, 이를 일률적으로 제한하는 것은 과도하다는 지적이 제기될 수 있다.

그러나 손해배상청구가 제한되는 자산은 연구개발기관이 보유한 모든 자산을 의미하는 것이 아니라, 정부가 지원한 연구개발비로 취득한 자산으로 한정된다. 다시 말해, 정부 재정 지원에 의해 형성된 자산은 공적 재원의 성격을 가지므로, 그 활용과 관리에는 일정한 제약이 따르는 것이 불가피하다. 이러한 제한은 연구자의 자율성을 침해하기 위한 것이 아니라, 정부가 연구개발비를 지원하는 조건으로 연구의 공공성과 효율성을 확보하기 위한 합리적 제도적 장치로 이해될 수 있다. 따라서 정부 지원금으로 취득한 자산에 대해 일정한 손해배상청구 제한 규정을 두는 것은 법률적으로 위법하다고 보기 어렵다.

그럼에도 불구하고, 이러한 제도 운용에는 몇 가지 보완적 고려가 필요하다.

첫째, 연구개발기관의 소속 직원이나 연구자는 개별 자산이 정부 지원금으로 취득된 것인지 여부를 명확히 구분하기 어렵다. 따라서 단순한 행정적 구분이나 회계 처리상의 우연한 사정에 따라 손해배상책임의 부담 여부가 달라질 수 있다는 점은 형평성 측면에서 논란의 여지가 있다.

둘째, 민간 부담금이 포함된 연구개발과제의 경우에는 연구개발기관이 자산 취득 비용의 일부를 직접 부담하게 된다. 이 경우 해당 자산이 정부와 민간의 공동부담으로 형성된 것이라면, 정부 재원 비율에 해당하는 부분에 대해서만 손해배상책임을 제한하는 것이 타당한지, 아니면 민간 부담금이 포함된 전체 자산에 동일한 제한을 적용해야 하는

지가 불명확하다.

셋째, 대규모 연구시설이나 기반 조성사업을 통해 구축된 연구 장비나 실험시설 등은 그 유지·보수 및 운영비용이 상당히 크다. 이러한 시설은 연구개발기관이 자체 예산으로 지속적으로 관리하는 경우가 많기 때문에, 해당 자산에 대한 손해배상청구권을 영구적으로 제한하는 것은 과도한 규제로 평가될 수 있다.

넷째, 이러한 손해배상청구제한 규정이 오히려 연구개발기관의 자율적 관리권을 침해하고, 정부 재정 지원 자산의 효율적 활용을 위축시킬 수 있다는 점도 고려해야 한다. 연구개발기관이 정부의 지원을 받아 취득한 자산이라 하더라도, 장기적으로는 해당 연구개발기관의 연구 역량 강화와 자율적 운영에 활용되어야 한다는 점에서, 지나친 제약은 제도의 본래 목적과 상충할 가능성이 있다.

정부가 지원한 연구개발비로 취득한 자산에 대한 손해배상청구권 제한은 공공 재정의 효율적 관리와 연구개발비의 투명한 사용을 위한 불가피한 제도라고 하더라도, 그 범위와 기준은 명확히 설정될 필요가 있다. 특히 자산의 성격, 재원 구성, 연구개발기관의 자율적 관리 책임 등을 종합적으로 고려하여, 공공성과 자율성 간의 균형을 확보하는 방향으로 제도가 운영되어야 할 것이다.

2. 국가와 공무원 간의 손해배상청구 제한과의 관계

국립연구소 등 국가나 지방자치단체 소속 연구기관의 경우, 연구자가 공무원 신분을 가진다는 점에서 손해배상책임 제한 규정의 적용과 관련해 별도의 법적 쟁점이 발생할 수 있다. 특히 이러한 기관에서 근무하는 연구자가 수행한 연구개발 활동 중 발생한 손해에 대해 국가나 지방자치단체가 직접 손해배상청구를 제기하는 것이 타 법령에 위배되거나 법 체계상 충돌의 소지가 있는지가 문제될 수 있다.

예를 들어 국립환경과학원 등 중앙행정기관 소속 연구기관에서 근무하는 연구원은 「국가공무원법」상 공무원으로 분류된다. 공무원의 손해배상책임에 관한 일반 규정은 「국가배상법」에 명시되어 있다. 「국가배상법」 제2조에 따르면, 공무원이 직무상 불법행위를 하여 국민에게 손해가 발생한 경우에는 국가가 1차적으로 손해배상책임을 부담하고, 이후 국가나 지방자치단체가 해당 공무원에게 구상권을 행사할 수 있다. 다만, 이 구상권 행사는 공무원이 고의 또는 중과실로 손해를 초래한 경우로 한정된다. 즉, 단순한 과실이나 경미한 실수에 대해서는 국가나 지방자치단체가 공무원 개인에게 재정적 책임을 전가할 수 없도록 함으로써, 공무원의 직무 수행상 과도한 위축을 방지하려는 취지다.

그러나 현행 법령상, 국가나 지방자치단체가 공무원에 대해 직접 불법행위에 기한 손해배상청구를 제기하는 것을 명시적으로 제한하는 규정은 존재하지 않는다. 다시 말해, 공무원의 직무상 행위로 인해 국가나 지방자치단체에 손해가 발생했을 경우, 법률상 이를 원칙적으로 금지하는 조항은 없으며, 구상권 제한은 국가가 제3자에게 손해배상을 한 경우에 한정된다. 따라서 국가나 지방자치단체가 공무원을 상대로 직접 손해배상청구를 제기할 수 있는 여지는 법적으로 열려 있다고 볼 수 있다.

이러한 점에서, 국립연구소 등 공무원 신분의 연구자를 대상으로 한 손해배상책임 제한 규정은 「국가배상법」과의 관계를 면밀히 검토해야 한다. 특히 공무원의 직무상 행위와 연구개발 활동이 밀접하게 연관되어있는 만큼, 연구개발과제 수행 중 발생한 손해를 일반적 직무상 불법행위와 동일하게 취급하는 것은 적절하지 않을 수 있다. 또한 정부가 국가연구개발사업을 수행하기 위하여 자체적으로 연구개발비를 투입하여 지원한 유형자산의 손실에 대해 공무원 개인에게 그 손해배상책임을 묻는 것은, 직무 수행의 특성과 공공연구의 위험성을 고려할 때 과도한 제재로 평가될 가능성이 있다. 공무원 신분을 가진 연구자의 손해배상책임 문제는 단순한 민사상 불법행위 책임의 문제가 아니라, 공무원의 직무 수행의 자율성과 국가나 지방자치단체 재정의 공공성 간의 균형 문제로 볼 수 있다. 따라서 향후 국가연구개발사업과 관련한 손해배상책임 규정을 마련할 때에는, 공무원 신분 연구자의 법적 지위, 「국가배상법」상 구상권 제한 원칙, 그리고 국가연구개발 활동의 특수성을 종합적으로 고려한 제도적 조정이 필요하다.

제23장

벌칙 적용 등

「국가연구개발혁신법」

제39조(벌칙 적용에서 공무원 의제) 다음 각 호의 어느 하나에 해당하는 사람은 「형법」 제129조부터 제132조까지의 규정을 적용할 때에는 공무원으로 본다.

1. 제14조에 따른 연구개발과제평가단 또는 심의위원회에 위촉된 위원 중 공무원이 아닌 사람
2. 전문기관의 임직원(다른 기관·단체로부터 파견 나온 사람을 포함한다)으로서 중앙행정기관의 장이 대행하게 한 업무에 종사하는 사람
3. 제33조에 따른 제재처분평가단 또는 위원회에 위촉된 위원 중 공무원이 아닌 사람
4. 제38조에 따른 기관 또는 단체의 임직원으로서 과학기술정보통신부장관이 위탁한 업무에 종사하는 사람

제40조(비밀 유지의 의무) 제39조 각 호의 어느 하나에 해당하거나 해당하였던 사람은 업무수행과정에서 알게 된 비밀을 다른 사람에게 누설하거나 직무상 목적 외의 용도로 이용하여서는 아니 된다.

제41조(벌칙) 제40조를 위반하여 업무 수행과정에서 알게 된 비밀을 다른 사람에게 누설하거나 직무상 목적 외의 용도로 이용한 사람은 2년 이하의 징역 또는 2천만원 이하의 벌금에 처한다.

제1절 ┃ 개요

다음 각 호의 어느 하나에 해당하는 사람은 「형법」 제129조부터 제132조까지의 규정을 적용할 때에는 공무원으로 본다.

1. 「국가연구개발혁신법」 제14조에 따른 연구개발과제평가단 또는 심의위원회에 위촉된 위원 중 공무원이 아닌 사람
2. 전문기관의 임직원(다른 기관·단체로부터 파견 나온 사람을 포함한다)으로서 중앙행정기관의 장이 대행하게 한 업무에 종사하는 사람
3. 「국가연구개발혁신법」 제33조에 따른 제재처분평가단 또는 위원회에 위촉된 위원 중 공무원이 아닌 사람
4. 「국가연구개발혁신법」 제38조에 따른 기관 또는 단체의 임직원으로서 과학기술정보통신부장관이 위탁한 업무에 종사하는 사람

이 규정은 연구개발과제평가단이나 심의위원회에 위촉된 위원 중 민간위원, 전문기관의 임직원으로서 중앙행정기관의 장이 대행하게 한 업무에 종사하는 사람, 제재처분평가단 또는 연구자권익보호위원회에 위촉된 민간위원, 「국가연구개발혁신법 시행령」으로 정하는 전문기관이나 이에 준하는 기관의 임직원으로서 과학기술정보통신부장관으로부터 위탁받은 업무를 수행하는 사람에게 적용된다.

이들이 직무 수행 과정에서 「형법」상 뇌물 관련 범죄를 저지르는 경우, 법적으로 공무원으로 간주하여 처벌할 수 있게 된다. 이러한 의제 규정은 평가나 심의 과정에서 이해관계 개입을 차단하고, 공정하고 객관적인 논의가 이루어질 수 있도록 하기 위한 장치라 할 수 있다. 뇌물죄란 공무원이 직무행위에 대한 대가로 법이 인정하지 않는 부정한 이익을 수수·요구 또는 약속하여 성립하는 범죄이다.

공무원 의제는 특정한 지위나 역할을 수행하는 사람을, 비록 실제 공무원은 아니더라도 일정한 범위 내에서 공무원과 동일하게 취급하는 것을 의미한다. 이는 특히 벌칙 규정에서 자주 활용된다. 법령이 정한 특정 업무를 수행하는 과정에서 그 사람을 공무원으로 보아 「형법」이나 기타 형사특별법에서 규율하는 범죄 구성 요건을 적용할 수 있도록 하는 것이다. 의제 규정을 개별 법률에 두는 것은 꽤 의미가 있다. 형벌 법규에 있어 독

자적인 공무원 개념을 사용하기 위해서는 법률에 명시하는 것이 일반적 입법례인데, 우리나라의 경우에는 공무원 개념 규정을 「형법」 제정 당시 두지 않았다. 이에 「국가공무원법」이나 「지방공무원법」 등에 의한 공무원이 아니라고 하더라도 국가나 지방자치단체의 사무에 관여하거나 공공성이 높은 직무를 담당하여 청렴성과 직무의 불가매수성(不可買收性)[1]이 요구되는 경우에, 개별 법률에 공무원 의제 조항을 두어 공무원과 마찬가지로 뇌물죄로 처벌하거나, 특별 규정을 두어 처벌하고 있다. 그런데 「국가공무원법」이나 「지방공무원법」 등에 따른 공무원이 아님에도 법령에 기하여 공무에 종사한다는 이유로 공무원 의제 규정이 없는 일반 사인(私人)을 「형법」 제129조 제1항의 공무원에 포함된다고 해석하는 것은 처벌의 필요성만을 지나치게 강조하여 범죄와 형벌에 대한 규정이 없음에도 구성 요건을 확대한 것으로서 이는 죄형법정주의와 조화될 수 없다. 헌법재판소는 「형법」 제129조 제1항의 공무원에 「국가공무원법」이나 「지방공무원법」 등에 따른 공무원이 아니고 공무원으로 간주되는 사람도 아닌 제주특별자치도 위촉위원이 포함된다고 해석하는 것은 법률해석의 한계를 넘은 것으로서 죄형법정주의에 위배된다[2]고 보았다.

공무원 의제 조항의 필요성은 크게 두 가지 이유에서 찾을 수 있다. 첫째, 공무원에게 적용되는 범죄 유형은 직무의 공공성과 사회적 신뢰를 보호하기 위해 특별히 마련된 것이다. 예컨대 「형법」 제129조 이하에서 규정하는 뇌물죄, 제127조의 공무상 비밀누설죄 등은 기본적으로 일반 사인(私人)에게는 적용되지 않고 공무원에게만 적용된다. 따라서 공공적 성격을 가진 업무를 실제로 수행하고 있음에도 불구하고 형식적으로는 공무원이 아닌 자가 있다면, 이들에게 이러한 규정을 적용하지 못하는 사각지대가 발생한다. 이를 방지하기 위해 공무원 의제 규정을 두어 사실상 공무와 동일한 성격을 가진 업무를 수행하는 사람은 공무원으로 본다고 정한 것이다. 둘째, 현대 행정은 국가가 직접 수행하는 방식보다는 다양한 위원회, 전문기관, 민간 위탁기관 등을 통해 집행되는 경우가 많다. 이 과정에서 비록 신분은 공무원이 아니더라도, 공무원이 아닌 자가 사실상 공무와 동일

1 불가매수성(不可買收性)은 공직자의 직무 행위가 금전·재화·향응 등 사적 이익을 근거로 거래될 수 없다는 원칙을 의미한다.

2 헌법재판소 2012. 12. 27. 선고 2011헌바117 결정, "형벌 법규는 헌법상 규정된 죄형법정주의 원칙상 입법목적이나 입법자의 의도를 감안한 유추해석이 일체 금지되고, 법률조항의 문언의 의미를 엄격하게 해석하여야 하는바, 유추해석을 통하여 형벌 법규의 적용범위를 확대하는 것은 '법관에 의한 범죄구성요건의 창설'에 해당하여 죄형법정주의원칙에 위배된다."

한 공적 권한을 행사하는 상황이 발생한다. 따라서 이들의 행위가 부정하거나 불공정하다면 그 피해는 국민 전체에게 돌아가기 때문에, 「국가연구개발혁신법」은 이들을 공무원으로 의제하여 동일한 형사적 책임을 지도록 하는 것이다.

헌법재판소는 공기업의 직원에게도 공무원에 버금가는 정도의 청렴성과 그 직무의 불가매수성이 요구되기 때문에, 이를 담보하기 위하여 공기업의 직원을 「형법」상 뇌물죄 적용에 있어서 공무원으로 의제하여 금품 등 수수 행위를 엄하게 처벌하도록 한 것이고, 공기업 내부의 징계나 행정상 제재로는 공기업 일반직원의 비리 행위를 방지하는 것이 충분하지 않고, 임원이나 차장급 이상의 간부 직원에 대해서만 공무원 의제 규정을 적용하는 방법으로는 공기업 직원의 청렴성을 담보하기 어렵다고 보아, 직원의 범위를 제한하지 않을 수 있고, 공기업의 직무와 관련된 각종 비리와 부정의 소지를 없애기 위해서는 직무에 관하여 '부정한 청탁을 받았는지 여부'를 불문하고 금품 등을 수수하거나 '요구 또는 약속한 경우'까지 처벌할 필요가 있다고 보면서 공기업 적용에 대한 공무원 의제규정이 헌법상의 과잉금지원칙에 위배되지 않는다[3]고 보았다.

---

3 헌법재판소 2016. 12. 29. 선고 2015헌바225 결정, "공기업의 임원은 물론 그 직원이 직무와 관련하여 금품 등을 수수하는 행위가 방치된다면, 공공적인 성격의 운영사업에 사적 이해관계가 얽혀서 담당 임·직원이 불법적으로 또는 불공정하게 업무를 처리할 위험성이 있다. 그 결과 공기업의 사업이 정상적으로 시행되지 않는다면 막대한 재정 손실과 국민의 복리수준 저하라는 중대한 문제가 발생할 우려가 있다. 또한 금품 등을 수수한 개인은 공적 기회를 이용하여 사익을 추구한 것이어서, 그러한 비위행위에 대한 비난가능성이 매우 높다. 특히 공공기관 부패행위 중 과장대리급 아래의 하위직원에 의하여 이루어지는 경우도 그 수가 적지 않은 것으로 나타나고 있다. 이와 같은 사회적 상황에서, 입법자는 기존의 특가법이나 구(舊)「정부투자기관 관리기본법」의 형법상 뇌물죄 적용에 있어서 공무원 의제 규정처럼 일부 간부직원에 한하여 적용되도록 하는 것만으로는 공공부문의 부패를 척결할 수 없다고 보고, 심판대상조항과 같이 모든 직원에 대하여 공무원으로 의제되도록 그 대상을 확대한 것이다."

제2절 ▌「형법」상의 준용 규정

1. 「형법」 제129조

공무원은 그 직무에 관하여 뇌물을 수수, 요구 또는 약속한 때에는 5년 이하의 징역 또는 10년 이하의 자격정지에 처한다(「형법」 제129조 제1항).

공무원이 될 자가 그 담당할 직무에 관하여 청탁을 받고 뇌물을 수수, 요구 또는 약속한 후 공무원이 된 때에는 3년 이하의 징역 또는 7년 이하의 자격정지에 처한다(「형법」 제129조 제2항).

단순수뢰죄(「형법」 제129조 제1항)는 공무원 또는 공무원으로 의제된 자가 그 직무에 관하여 뇌물을 수수, 요구 또는 약속한 때에 성립한다. 수뢰죄의 기본적 구성 요건이다.

(1) 수뢰죄의 주체

단순수뢰죄의 주체는 공무원 또는 공무원으로 의제된 자이다. 공무원 신분일 때 직무행위와 관련하여 뇌물을 수수, 요구 또는 약속하고 이후 공무원 신분을 갖지 않고 있다고 하더라도 당시 공무원 신분으로 직무행위와 관련하여 뇌물을 수수, 요구 또는 약속한 경우라면 단순수뢰죄의 주체가 될 수 있다. 이러한 논리라면 공무원으로 의제된 자도 해당 직무행위와 관련하여 뇌물을 수수, 요구 또는 약속하고 그 이후 공무원 의제가 아닌 자가 되었다고 하더라도 단순수뢰죄가 성립한다.

반면, 뇌물을 수수, 요구, 약속할 당시에 장차 공무원이 될 자나 공무원으로 의제되지 않은 자의 경우, 단순수뢰죄가 아니라 사전수뢰죄의 주체로 봐야 할 것이다. 법령에 기한 임명권자에 의하여 임용되어 공무에 종사하여 온 사람이 나중에 그가 임용결격자이었음이 밝혀져 당초의 임용행위가 무효라고 하더라도 뇌물죄에서의 공무원에 해당[4]한다. 유사한 논리라면, 연구개발과제평가단 또는 심의위원회에 위촉된 위원 중 공무원이 아닌 사람이나 제재처분평가단 또는 연구자권익보호위원회에 위촉된 위원 중 공무원이 아닌

---

4 대법원 2014. 3. 27. 선고 2013도11357 판결

사람의 경우, 해당 위촉과 관련하여 위촉 결격사유가 밝혀져 당초의 위촉 행위가 무효라고 하더라도 뇌물죄에서의 공무원에 해당한다고 봐야 할 것이다.

(2) 뇌물의 의미

단순수뢰죄를 포함하여 뇌물죄에서의 객체는 '뇌물'이다. 「형법」 제129조 내지 제132조에서 뇌물죄의 객체를 '뇌물'이라고만 규정하고 그 개념에 대한 정의 규정은 없다. 뇌물의 의의에 대해서는 대체로 직무행위에 관한 부당한 또는 부정한 이익 또는 보수 등으로 정의할 수 있다. 「형법」은 뇌물이라고만 규정하고 있어서 문언 해석상 재물만이 아니라 이익까지 포함할 수 있을지에 대해 견해가 나뉠 수도 있으나, 공무원의 직무와 대가 관계가 있는 부당하거나 불법적인 이익도 뇌물에 포함한다고 보는 것이 일반적이다. 뇌물의 내용인 이익은 금전, 물품 기타의 재산적 이익과 사람의 수요, 욕망을 충족시키기에 충분한 일체의 유형, 무형의 이익을 포함하고, 뇌물의 액수를 특정할 수 없는 경우에는 추징을 할 수 없을 뿐이라고 본다.

객관화할 수 있는 이익으로서의 성격도 필요 없다는 취지에서 '명예욕의 만족'도 뇌물에 해당한다는 견해가 있으나, 비재산적 이익의 경우 객관적으로 측정할 수 있는 내용을 가져야 하므로 이에 반대하는 견해가 주류라고 보인다. 다만, 연구개발과 관련한 연구계 내에서의 명예욕에 대한 만족에 관한 사항은 연구자 입장에서는 상당한 가치로 다가오는 경우가 많다. 뇌물죄의 법문에서 그 객체를 재산적 이익으로 한정하고 있지 않을 뿐만 아니라 뇌물의 내용인 이익은 재산적 이익 외에도 사람의 수요나 욕망을 충족시키기에 족한 일체의 유형, 무형의 이익을 포함한다고 해석한다면, 수요나 욕망 등을 만족시키는 행위가 객관적으로 그 만족의 가치를 측정할 수 없다는 이유로 뇌물의 개념에서 배제된다고 단언하기는 어렵다. 물론 명예 등 내면적 만족 상태를 입증하는 것은 사실상 곤란하므로 그와 같은 상태를 추론할 수 있는 구체적, 외부적인 표지의 존재 및 직무와의 관련성과 대가성이 증명된 경우에는 뇌물죄의 성립이 인정될 수 있다고 본다.

뇌물죄에서의 이익은 실현 가능성이 있는 한 일시적인 것이거나 장래의 불확실한 것이어도 상관없고, 불가능한 것이 아닌 한 조건부라도 상관없다. 따라서 이익이 예상되는 투기적 사업이나 사전에 미리 알 수 있는 투자 기회가 뇌물로 제공된 경우에, 그 후 경제

사정의 변동 등으로 인하여 예상과 달리 사업 참여로 아무런 이득을 얻지 못한 경우라고 해도 그 참여의 기회 제공 당시부터 사업의 실현 및 이익 창출의 가능성이 없었던 것으로 볼 수 있는 경우가 아닌 한 뇌물수수죄의 성립에 영향이 없다고 보는 것이 일반적이다.[5] 반면에 공무원이 되기 전부터 이미 제공받고 있던 무상대여의 이익은 애초에 정해진 대여 기간의 추가적인 연장 등 새로운 이익의 제공으로 평가할 만한 사정이 없는 이상 공무원이 되었다는 사정만으로 그 성질이 뇌물로 바뀌지 않는다.[6] 공무원으로 의제되지 않은 자가 이미 제공받고 있던 무상대여 등의 이익이 있는 경우에 당사자가 공무원으로 의제되었다고 해서 그 성질이 뇌물로 바뀌지는 않는다고 해석할 수 있다.

뇌물죄에서의 이익은 반드시 합법적인 것일 필요가 없고, 법적으로 금지되어 형사처벌의 대상이 되는 것이라도 무방하다. 직무와 관련된 금품수수의 장소가 공개된 곳이라 제3의 많은 사람들이 내용을 알았다는 사정을 들어 뇌물이 아니라고 할 수는 없다.[7] 또한 공무원의 직무 수행을 통하여 그 직무의 상대방이 취득한 이익에 비하여 공무원이 교부받은 금액이 소액이라는 것이 뇌물죄의 인정에 영향을 미치지 않는다.[8]

가) 유형·무형의 이익

금전을 무기한·무이자로 차용한 경우 이에 따른 이자액 상당의 금융이익, 채무의 면제, 자신의 은행대출금 채무에 대한 연대보증, 시가(市價) 불상의 컨설팅 용역, 음식과 주류 및 향응의 제공, 취직의 알선, 공직·사직의 유리한 지위, 복직, 승진, 골프 회원권으로 골프를 칠 수 있는 편의 내지 혜택 등이 있다.

나) 경제적 이익 창출이 가능한 기회 제공 방식의 뇌물 제공

투기적 사업에 참여할 기회를 얻는 것, 장기간 처분하지 못하던 토지를 그보다 비싼 토지와 교환하였지만 향후 개발이 되면 가격이 상승할 토지를 취득한 무형의 이익, 조합아파트 가입권에 붙은 프리미엄, 납품할 기회를 얻은 경우 납품가격에서 원가를 공제한 이익, 건축업자가 건축할 주택을 공사비 상당액으로 분양받기로 약속한 경우 매매시가

5 대법원 2002. 11. 26. 선고 2002도3539 판결

6 대법원 2015. 10. 15. 선고 2015도6232 판결

7 대법원 1996. 6. 14. 선고 96도865 판결

8 대법원 1982. 9. 28. 선고 82도1656 판결

중 공사비를 초과하는 액수 상당의 이익, 전망이 좋은 벤처사업에 주주로서 참여할 기회를 얻은 경우 등이 이에 해당한다.

(3) 뇌물의 수수, 요구 또는 약속

가) 뇌물의 수수

뇌물의 수수란 뇌물을 받는 것을 말한다. 유형의 이익인 때에는 점유의 이전이나 취득으로 수수가 이루어지며, 무형의 이익인 때에는 이를 현실로 받은 때를 수수 시점으로 본다. 뇌물의 수수는 뇌물 자체의 법률상 소유권의 이전을 필요로 하는 것은 아니다. 뇌물죄에서의 수수는 형사법상 개념이기 때문이다. 대법원도 같은 입장[9]이다. 즉 뇌물수수는 뇌물을 취득하는 것이고, 여기에서 취득이란 뇌물에 대한 사실상의 처분권을 획득하는 것을 의미하고, 뇌물인 물건의 법률상 소유권까지 취득하여야 하는 것은 아니다. 뇌물수수자가 법률상 소유권 취득의 요건을 갖추지는 않았더라도 뇌물로 제공된 물건에 대한 점유를 취득하고 뇌물공여자 또는 법률상 소유자로부터 반환을 요구받지 않는 관계에 이른 경우에는 그 물건에 대한 실질적인 사용·처분 권한을 갖게 되어 그 물건 자체를 뇌물로 받은 것으로 보아야 한다.

뇌물수수자가 뇌물공여자에 대한 내부 관계에서 물건에 대한 실질적인 사용·처분 권한을 취득하였으나 뇌물수수 사실을 은닉하거나 뇌물공여자가 계속 그 물건에 대한 비용 등을 부담하기 위하여 소유권 이전의 형식적 요건을 유보하는 경우에는 뇌물공여자와 뇌물수수자 사이에서는 소유권을 이전받은 경우와 다르지 않으므로 그 물건을 뇌물로 받았다고 본다.

뇌물수수자가 교부받은 물건을 뇌물공여자에게 반환할 것이 아니므로 뇌물수수자에

---

9 대법원 2019. 8. 29. 선고 2018도2738 전원합의체 판결, "뇌물죄에서 뇌물의 내용인 이익은 금전, 물품 기타의 재산적 이익과 사람의 수요욕망을 충족시키기에 충분한 일체의 유형·무형의 이익을 포함한다. 뇌물수수에서 말하는 '수수'란 받는 것, 즉 뇌물을 취득하는 것이고, 뇌물공여에서 말하는 '공여'란 뇌물을 취득하게 하는 것이다. 여기에서 취득이란 뇌물에 대한 사실상의 처분권을 획득하는 것을 의미하고, 뇌물인 물건의 법률상 소유권까지 취득하여야 하는 것은 아니다. 뇌물수수자가 법률상 소유권 취득의 요건을 갖추지는 않았더라도 뇌물로 제공된 물건에 대한 점유를 취득하고 뇌물공여자 또는 법률상 소유자로부터 반환을 요구받지 않는 관계에 이른 경우에는 그 물건에 대한 실질적인 사용·처분권한을 갖게 되어 그 물건 자체를 뇌물로 받은 것으로 보아야 한다."

게 영득의 의사도 인정된다. 따라서 승마용 말을 뇌물로 수수한 경우에 말의 법률상 소유권을 이전받았다는 사실에 대하여 증명이 없다고 하더라도 뇌물수수자와 뇌물공여자 사이에 말의 실질적인 사용·처분 권한을 이전한다는 의사의 합치가 있어 말을 반환할 필요가 없고 뇌물수수자가 말을 임의로 처분하거나 말이 죽거나 다치더라도 그 손해를 뇌물공여자에게 배상할 필요가 없다면 말 자체를 뇌물로 수수[10]한 것으로 보아야 한다. 자동차를 뇌물로 수수한 경우 자동차등록원부에 수뢰자가 소유자로 등록되지 않았다고 하더라도 자동차의 사실상 소유자로서 자동차에 대한 실질적 사용 및 처분 권한이 있다면 자동차 자체를 뇌물로 취득한 것[11]으로 볼 수 있다. 그와 달리 뇌물로 제공된 자동차가 리스 차량으로 리스회사에서 반환을 요구할 경우 응할 수밖에 없는 경우라면 법률상 소유권은 물론 실질적 처분권도 갖지 않으므로 자동차 자체를 뇌물로 수수한 것으로는 볼 수 없고 금전적인 부담이 전혀 없는 상태에서 자동차를 뇌물수수자의 의사대로 사용·수익할 수 있는 무형의 이익을 뇌물[12]로 수수한 것으로 볼 수 있다.

수수의 외관이 있는 것만으로는 충분하지 않다. 수뢰자가 뇌물인 사실을 인식하지 못하거나 영득의 의사가 없이 수수한 경우가 이에 해당한다. 강요나 기망을 원인으로 이루어진 금품의 수수가 이에 해당할 것인지는 뇌물죄와 공갈죄 혹은 사기죄와의 관계에 관한 법리에 따르면 될 것이다. 공무원이 그가 뇌물로 여겨지는 이익을 받게 된 것을 나중에 알게 된 때에는 그럼에도 이를 반환하지 않는 것이 구성 요건에 해당하는 부작위에 의한 뇌물의 수수가 될 수 있지만, 공무원이 직무상 관련 있는 공사업자에게 의뢰한 공사대금을 지급하지 않고 있다는 사정만으로 무상으로 공사하게 하거나 사후적으로 이를 면제받았다고 단정할 수는 없다.

뇌물수수죄는 공무원이 직무에 관하여 뇌물을 수수하면 성립하고, 수수와 별도로 뇌물의 요구 또는 약속이 있어야만 하는 것은 아니다. 수수는 직무집행의 전과 후를 불문하고 직무집행을 실제로 하였는지 또는 청탁이 있었는지, 또는 그에 따른 직무행위를 하였는지와도 무관하다.

---

10 대법원 2019. 8. 29. 선고 2018도2738 전원합의체 판결

11 대법원 2006. 4. 27. 선고 2006도735 판결

12 대법원 2006. 5. 26. 선고 2006도1716 판결

공무원이 직접 뇌물을 받지 않고, 증뢰자로 하여금 다른 사람에게 뇌물을 공여하도록 하고 그 다른 사람으로 하여금 뇌물을 받도록 한 경우라도 그 다른 사람이 공무원의 사자(使者) 또는 대리인으로서 뇌물을 받은 경우나 그밖에 예컨대 평소 공무원이 그 다른 사람의 생활비 등을 부담하고 있었다거나 혹은 그 다른 사람에 대하여 채무를 부담하고 있었다는 등의 사정이 있어서 그 다른 사람이 뇌물을 받음으로써 공무원은 그만큼 지출을 면하게 되는 경우 등 사회 통념상 그 다른 사람이 뇌물을 받은 것을 공무원이 직접 받은 것과 같이 평가할 수 있는 관계가 있는 경우에는 「형법」 제130조의 제3자뇌물제공죄가 아니라 「형법」 제129조 제1항의 단순수뢰죄가 성립한다.

뇌물죄는 공여자의 출연에 의한 수뢰자의 영득의사의 실현으로서, 공여자의 특정은 직무행위와 관련이 있는 이익의 부담 주체라는 관점에서 파악하여야 한다. 따라서 금품이나 재산상 이익 등이 반드시 공여자와 수뢰자 사이에 직접 수수될 필요는 없고, 그 사이에서 제3자가 먼저 공여자를 대신하여 자신의 자금으로 수뢰자에게 지급한 다음 공여자로부터 그 금액을 상환받는 방식으로 수수되었다고 하더라도, 공여자와 수뢰자 사이에 금품 제공에 관한 의사의 합치가 존재하고 또한 그러한 지급 방법에 관하여 수뢰자가 양해하였다고 인정되는 한, 공여자와 수뢰자 사이에 직접 금품이 수수되지 아니하였다는 사정만으로는 뇌물수수죄의 죄책을 면할 수 없다. 공여자가 공무원이 지정하는 수백 명에게 공무원이 선물을 하는 것처럼 공무원의 명의로 택배로 발송하고 공무원이 그 대금을 지급하지 않았다면 공여자는 공무원의 배송업무를 대신하여 주었을 뿐이고 해당 선물을 받은 제3자도 수뢰자로부터 이를 받았다고 인식하였으며, 공무원과 공여자 사이에 선물 제공에 관한 의사의 합치가 있고 그 제공 방법에 관하여 공무원이 양해하였다고 보이므로, 공여자의 선물 출연에 의한 공무원의 영득의사가 실현되어 「형법」 제129조 제1항의 뇌물수수죄가 성립하는 것이고, 공여자와 공무원 사이에 직접 금품이 수수되지 않았다는 사정만으로 이와 달리 볼 수 없는 것이다.

뇌물수수죄 중 금품 수수 여부가 쟁점이 된 사건에서 금품 수수자로 지목된 피고인이 수수 사실을 부인하고 있고 이를 뒷받침할 금융 자료 등 객관적 물증이 없는 경우에 금품을 제공하였다는 사람의 진술만으로 유죄를 인정하기 위해서는 그 사람의 진술이 증거능력이 있어야 함은 물론 합리적인 의심을 배제할 만한 신빙성이 있어야 한다. 이러한 신빙성이 있는지를 판단할 때에는 그 진술 내용 자체의 합리성, 객관적 상당성, 전후의 일관성뿐만 아니라 그의 인간됨, 그 진술로 얻게 되는 이해관계 유무, 특히 그에게 어떠한 범죄의 혐의가 있고 그 혐의에 대하여 수사가 개시될 가능성이 있거나 수사가 진행 중인 경우에는 이를 이용한 협박이나 회유 등의 의심이 있어 그 진술의 증거능력이 부정되는 정도에까지 이르지 않더라도 그로 인한 궁박한 처지에서 벗어나려는 노력이 진술에 영향을 미칠 수 있는지 등도 아울러 살펴보아야 한다.

뇌물죄에서 수뢰자가 증뢰자로부터 돈을 받은 사실은 시인하면서도 그 돈의 성격을 뇌물이 아니라 빌린 것이라고 주장하는 경우, 수뢰자가 그 돈을 실제로 빌린 것인지 여부는 돈을 수수한 동기, 전달 경위와 방법, 수뢰자와 증뢰자의 관계, 두 사람의 직책이나 직업과 경력, 수뢰자의 차용 필요성과 증뢰자 외의 자로부터의 차용 가능성, 차용금 액수와 용처, 증뢰자의 경제적 상황과 증뢰와 관련된 경제적 예상이익 규모, 담보제공 여부, 변제기와 이자 약정 여부, 수뢰자의 원리금 변제 여부, 채무불이행 시 증뢰자의 독촉과 강제집행 가능성 등 증거에 의하여 나타나는 객관적인 사정을 모두 종합하여 판단하여야 한다.

나) 뇌물의 요구

뇌물의 요구는 뇌물을 수수할 의사로 상대방에 대하여 교부를 청구하는 것이다. 뇌물공여의 의사표시나 제공의 약속을 청구하는 것도 요구의 개념에 포함된다고 본다. 언어적 표현 대신 행동 등을 통한 묵시적, 간접적인 방법의 요구도 가능하다. 다만, 뇌물의 교부를 요구하는 의사가 본죄의 성립 요건인 이상 그와 같은 의사가 있음이 적극적으로 인정되어야 한다. 따라서 뇌물수수 의사가 있음을 넌지시 암시하고 뇌물 제공을 유도하는 정도에 불과할 뿐 객관적으로 드러나는 적극적 뇌물요구의 의사표시가 있었다고 보기 어려운 경우에는 본죄의 성립을 인정하기 어렵다.

요구죄는 수수죄와 마찬가지로 즉시범의 성격을 가지므로 요구의 의사표시가 상대방에게 인지된 때 기수(旣遂)로 되고, 상대방이 요구를 거절하더라도 본죄의 성립에 영향을 미치지 않는다. 상대방이 그 요구에 응한 경우에는 약속이 된다. 상대방이 그 의미를 이해하였을 것도 요하지 않고, 요구자가 요구를 할 당시 뇌물공여의 상대방을 확정적으로 인식할 필요도 없다.

다) 뇌물의 약속

「형법」 제129조의 구성 요건인 뇌물의 약속은 양 당사자 사이의 뇌물수수의 합의를 말하고, 여기에서 합의란 그 방법에 아무런 제한이 없고 명시적일 필요도 없고 묵시적으로도 가능하다. 다만, 장래 공무원의 직무와 관련하여 뇌물을 주고받겠다는 양 당사자의 의사표시가 확정적으로 합치하여야 한다.

뇌물약속죄에 있어서 뇌물을 약속한다고 함은 뇌물의 수수를 장래에 기약하는 것이므로, 뇌물의 목적물인 이익은 약속 당시에 현존할 필요는 없고 약속 당시에 어느 정도 예상할 수 있는 것이라도 무방하다. 뇌물의 목적물이 이익인 경우에는 그 가액이 확정되어 있지 않아도 뇌물약속죄가 성립하는 데는 영향이 없다. 매매가격보다 낮은 공사비 상당으로 주택을 분양받기로 약속한 경우 그 가액을 구체적으로 확정하지 않고 매매가격과 공사비와의 차액을 재산상 이익으로 보아도 무방하고, 실제로 그 주택이 준공되지 아니하여 손해를 보았다고 하더라도 뇌물약속죄의 성립에는 영향이 없다. 약속죄도 즉시범이므로 증뢰자의 뇌물공여 의사표시가 있을 때 수뢰자가 그 청약을 명시적, 묵시적으로 수락하는 의사표시를 하면 약속행위는 기수에 이른다. 일단 약속이 이루어진 이상 약속의 현실적 이행은 뇌물약속죄의 성립에 영향을 미치지 않는다.

2. 「형법」 제130조

공무원이 그 직무에 관하여 부정한 청탁을 받고 제3자에게 뇌물을 공여하게 하거나 공여를 요구 또는 약속한 때에는 5년 이하의 징역 또는 10년 이하의 자격정지에 처한다(「형법」 제130조).

공무원 또는 공무원으로 의제된 자가 그 직무에 관하여 부정한 청탁을 받고 제3자에게 뇌물을 공여하게 하거나 공여를 요구 또는 약속하면 「형법」 제130조 제3자뇌물제공죄가 성립한다. 공무원이나 공무원으로 의제된 자가 가족, 친지 또는 특별한 관계에 있는 단체로 하여금 뇌물을 받게 한다면 뇌물을 직접 받는 것과 마찬가지로 뇌물죄의 보호법익인 공직의 공정성에 대한 일반인의 신뢰를 해칠 수 있기 때문에, 부정한 청탁을 받은 경우에 한하여 단순수뢰죄와 같은 형으로 처벌하도록 하였다.

앞서 설명한 바와 같이 공무원이나 공무원으로 의제된 자가 직접 뇌물을 받지 아니하고 증뢰자로 하여금 다른 사람에게 뇌물을 공여하도록 한 경우, 그 다른 사람이 공무원의 대리인 격으로 뇌물을 받은 경우나 그밖에 예컨대, 평소 공무원이나 공무원으로 의제된 자가 그 다른 사람의 생활비 등을 부담하고 있었다거나 혹은 그 다른 사람에 대하여 채무를 부담하고 있었다는 등의 사정이 있어서 그 다른 사람이 뇌물을 받음으로써 공무원이나 공무원으로 의제된 자가 그만큼 지출을 면하게 되는 경우 등 사회 통념상 그 다른 사람이 뇌물을 받은 것을 공무원이나 공무원으로 의제된 자가 직접 받은 것과 같이 평가할 수 있는 관계가 있는 경우에는 「형법」 제130조의 제3자뇌물제공죄가 아니라, 형법 제129조 제1항의 뇌물수수죄가 성립[13]한다. 제3자에 대한 뇌물의 공여가 공무원이나 공무원으로 의제된 자에 대한 간접적인 이익이 될 것을 구성 요건으로 볼 수 없으므로, 제3자뇌물제공죄는 뇌물수수죄와는 구별되는 독자적인 뇌물죄의 하나로 보는 것이 타당하다.

3. 「형법」 제131조

공무원이나 공무원으로 의제된 자가 전2조의 죄를 범하여 부정한 행위를 한 때에는 1년 이상의 유기징역에 처한다(「형법」 제131조 제1항).

공무원 또는 공무원으로 의제된 자가 그 직무상 부정한 행위를 한 후 뇌물을 수수, 요구 또는 약속하거나 제삼자에게 이를 공여하게 하거나 공여를 요구 또는 약속한 때에도 전항의 형과 같다(「형법」 제131조 제2항).

공무원 또는 공무원으로 의제된 자가 그 재직 중에 청탁을 받고 직무상 부정한 행위를 한 후 뇌물을 수수, 요구 또는 약속한 때에는 5년 이하의 징역 또는 10년 이하의 자격정지에 처한다(「형법」 제131조 제3항).

전3항의 경우에는 10년 이하의 자격정지를 병과할 수 있다(「형법」 제131조 제4항).

「형법」 제131조 제1항의 수뢰후부정처사죄는 공무원 또는 공무원으로 의제된 자가 「형법」 제129조의 뇌물수수죄, 사전뇌물수수죄와 형법 제130조의 제3자뇌물제공죄를 범하여 부정한 행위를 하면 성립한다. 「형법」 제131조 제1항은 공무원 또는 공무원으로 의제되는 자가 형법 제129조, 제130조의 죄를 범한 후에 부정한 행위를 한 때에 가중처벌을 하는 규정이므로, 「형법」 제131조 제1항의 죄를 범한 자는 「특정범죄 가중처벌 등

13 대법원 2004. 3. 26. 선고 2003도8077 판결

에 관한 법률」 제2조 제1항의 「형법」 제129조, 제130조에 규정된 죄를 범한 사람에 해당[14]되고, 수뢰액 3천만 원이 넘을 경우 해당 조문이 적용된다. 이에 「형법」 제131조 제1항을 범한 자는 「특정범죄 가중처벌 등에 관한 법률」 제2조 제2항에서 규정한 「형법」 제129조, 제130조에 규정된 죄를 범한 사람으로 보아야 하므로, 벌금형을 필요적으로 병과하여야 한다(「특정범죄 가중처벌 등에 관한 법률」 제2조 제2항).

「형법」 제131조 제2항의 사후수뢰죄는 넓은 의미에서 제3항의 사후수뢰죄와 함께 사후수뢰죄의 한 태양(態樣)으로 분류되지만, 부정행위가 뇌물죄와 결합되어 형이 가중되는 점에서 제1항의 수뢰후부정처사죄와 함께 가중수뢰죄로 분류된다. 이 형의 가중 근거는 부정한 행위를 한 후 뇌물을 수수, 요구 또는 약속하거나 제삼자에게 이를 공여하게 하거나 공여를 요구 또는 약속까지 하여 직무의 공정성을 추상적으로 뿐만 아니라 구체적으로도 위험에 빠뜨렸다는 데에 있다.

사후수뢰죄도 「특정범죄 가중처벌 등에 관한 법률」 제2조 제1항에 규정되어 있지 않지만 수뢰액이 3천만 원이 넘을 경우 적용되고, 같은 법 제2조 제2항의 벌금형 병과 규정의 적용도 마찬가지이다.

「형법」 제131조 제3항의 사후수뢰죄는 공무원이었다가 퇴직한 자가 그 재직 중에 청탁을 받고 직무상 부정한 행위를 한 후 뇌물을 수수, 요구 또는 약속하면 성립한다.

공무원이었던 자가 재직 중에 청탁을 받고 직무상 부정한 행위를 한 후 퇴직하고 뇌물을 수수, 요구 또는 약속을 한 때에는 뇌물의 수수 등을 할 당시 이미 공무원의 지위를 떠났으므로 「형법」 제129조 제1항의 단순수뢰죄로는 처벌할 수 없고, 「형법」 제131조 제3항의 사후수뢰죄의 요건에 해당할 경우에 한하여 그 죄로 처벌할 수 있다. 「형법」 제131조 제3항의 사후수뢰죄는 재직 시 부정행위와 퇴직 후의 수뢰행위가 결합되어 있는 결합범이다. 부정행위가 결합되어 있다는 점에서 불법이 가중되지만, 수뢰 당시 공무원의 지위에 있지 않다는 점에서 불법이 감경되어 결과적으로는 단순수뢰죄와 같은 법정형을 규정한 것이다. 재직 중에 정당한 행위를 하고 퇴직 후에 수뢰하는 경우라든가 재직 중 청탁을 받지 아니한 경우는 구성 요건 흠결로 「형법」 제131조 제3항의 사후수뢰죄가 성립하지 않는다.

---

14 대법원 2004. 3. 26. 선고 2003도8077 판결

4.「형법」 제132조

공무원이 그 지위를 이용하여 다른 공무원의 직무에 속한 사항의 알선에 관하여 뇌물을 수수, 요구 또는 약속한 때에는 3년 이하의 징역 또는 7년 이하의 자격정지에 처한다(「형법」 제132조).

알선수뢰죄는 공무원이 그 지위를 이용하여 다른 공무원의 직무에 속한 사항의 알선에 관하여 뇌물을 수수, 요구 또는 약속함으로써 성립하는 범죄이다. 알선 및 수뢰 행위의 주체인 공무원이 해당 직무의 직접적인 담당자는 아니라도 그 지위나 영향력을 이용하여 다른 공무원의 직무에 속한 사항에 관하여 알선하고 수뢰하는 경우가 많으므로, 간접적이라고 할지라도 이로 인하여 직무의 공정성이 침해될 수 있는 가능성을 막는 데에 목적이 있다. 수뢰죄의 일반적 보호법익인 직무행위의 불가매수성이 간접적으로 침해되는 것을 막기 위한 규정이다. 자신의 직무가 아닌 다른 공무원의 직무에 속한 사항의 알선에 관한 수뢰라는 점에서 단순수뢰죄에 비해 불법이 감경된 범죄 유형에 속한다.

본죄의 주체는 공무원이다. 공무원이나 공무원으로 의제되는 자는 그 지위를 이용하여 다른 공무원의 직무에 속한 사항의 알선에 관하여 뇌물을 수수, 요구 또는 약속하면 해당 죄가 성립하며, 공무원이 아닌 자 또는 공무원으로 의제되지 않는 자의 알선행위 혹은 그 지위를 이용하지 않는 알선행위의 경우에는 「형법」 제132조가 적용되지 않는다. 물론, 공무원으로 의제되지 않는 상황이라 하더라도 공무원의 직무에 속한 사항의 알선에 관하여 뇌물을 수수, 요구 또는 약속하는 경우에는 「특정범죄 가중처벌 등에 관한 법률」 제3조의 알선수재죄[15]나 「변호사법」 제111조의 죄[16]의 성립이 문제될 수 있다.

알선수뢰죄는 공무원 또는 공무원으로 의제되는 자가 당해 직무를 처리하는 다른 공무원과 직접, 간접의 연관 관계를 가지고 법률상이거나 사실상이거나를 막론하고 어떠한 영향력을 미칠 수 있는 지위를 이용해야 한다.[17] 알선수뢰죄에 있어서 "공무원이 그

---

15 공무원의 직무에 속한 사항의 알선에 관하여 금품이나 이익을 수수·요구 또는 약속한 사람은 5년 이하의 징역 또는 1천만원 이하의 벌금에 처한다.

16 공무원이 취급하는 사건 또는 사무에 관하여 청탁 또는 알선을 한다는 명목으로 금품·향응, 그 밖의 이익을 받거나 받을 것을 약속한 자 또는 제3자에게 이를 공여하게 하거나 공여하게 할 것을 약속한 자는 5년 이하의 징역 또는 1천만원 이하의 벌금에 처한다. 이 경우 벌금과 징역은 병과할 수 있다.

17 대법원 1988. 1. 19. 선고 86도1138 판결

지위를 이용하여"라고 함은 친구, 친족 관계 등 사적인 관계를 이용하는 경우이거나 단순히 공무원으로서의 신분이 있다는 것만을 이용하는 경우에는 여기에 해당한다고 볼 수 없다. 그러나 다른 공무원이 취급하는 업무처리에 법률상 또는 사실상으로 영향을 줄 수 있는 공무원이나 공무원으로 의제되는 자가 그 지위를 이용하는 경우에는 여기에 해당하고 그 사이에 반드시 상하 관계, 협동 관계, 감독 권한 등의 특수한 관계가 있거나 같은 부서에 근무할 것을 요하지 않는다.[18] 다른 공무원에 대한 임면권을 보유하거나 압력을 가할 수 있는 법적 관계의 존재도 필요하지 않다.

알선수뢰죄는 공무원으로 의제되는 자가 그 지위를 이용하여 '다른 공무원으로 의제되는 자'의 직무에 속한 사항의 알선에 관하여 뇌물을 수수, 요구 또는 약속하는 경우에는 성립하지 않는다고 봐야 한다.

18 대법원 1994. 10. 21. 선고 94도852 판결

제3절 ∥ 공무원으로 의제되는 자에 관한 판단 기준

1. 뇌물죄 적용에서 공무원으로 의제되는 시기

전문기관의 임직원(다른 기관·단체로부터 파견 나온 사람을 포함한다)의 경우에는 그 직무에 관하여 뇌물을 수수한 때에 「형법」 제129조 내지 제132조의 적용대상이 되고, 전문기관이 해당 중앙행정기관으로부터 연구개발과제 추진 절차 관리 업무를 대행할 권한을 위임받은 후에야 비로소 그 임·직원이 위 법의 적용 대상이 되는 것은 아니라고 할 것[19]이다.

2. 뇌물죄 적용에서 공무원으로 의제되는 자의 직무범위

공무원이 얻는 어떤 이익이 직무와 대가 관계가 있는 부당한 이익으로서 뇌물에 해당하는지 여부는 당해 공무원의 직무의 내용, 직무와 이익제공자와의 관계, 쌍방 간에 특수한 사적인 친분 관계가 존재하는지의 여부, 이익의 다과, 이익을 수수한 경위와 시기 등의 제반 사정을 참작하여 결정하여야 하고, 이는 공무원으로 의제되는 정비사업전문관리업자의 임·직원의 경우도 마찬가지이다(대법원 2008. 9. 25 선고 2008도2590 판결). 이때 공무원으로 의제되는 임·직원이 얻는 이익을 직무와 대가 관계가 있는 부당한 이익으로서 뇌물에 해당하는 것으로 보기 위해 공무원으로 의제되는 자가 반드시 구체적인 업무위탁계약을 체결하여 그 직무에 관하여 이익을 취득하여야 하는 것은 아니다.

뇌물죄는 직무집행의 공정과 이에 대한 사회의 신뢰에 기하여 직무행위의 불가매수성을 그 직접의 보호법익으로 하고 있으므로 뇌물성은 의무 위반 행위나 청탁의 유무 및 금품수수 시기와 직무집행 행위의 전후를 가리지 아니한다. 따라서 뇌물죄에서 말하는 '직무'에는 법령에 정하여진 직무뿐만 아니라 그와 관련 있는 직무, 과거에 담당하였거

---

19 대법원 2008. 9. 25. 선고 2008도2590 판결, "정비사업전문관리업자의 임·직원이 일정한 자본·기술인력 등의 기준을 갖추어 시·도지사에게 등록한 후에는 조합설립추진위원회로부터 정비사업전문관리업자로 선정되기 전이라도 그 직무에 관하여 뇌물을 수수한 때에 「형법」 제129조 내지 제132조의 적용대상이 되고, 정비사업전문관리업자가 조합설립추진위원회로부터 정비사업에 관한 업무를 대행할 권한을 위임받은 후에야 비로소 그 임·직원이 위 법의 적용대상이 되는 것은 아니다."

나 장래에 담당할 직무 외에 사무분장에 따라 현실적으로 담당하지 않는 직무라도 법령상 일반적인 직무권한에 속하는 직무 등 공무원이 그 직위에 따라 공무로 담당할 일체의 직무가 포함된다(대법원 2003. 6. 13. 선고 2003도1060 판결 등 참조). 법원은 공무원으로 의제되는 분과위원은 건설기술관리법령에 따라 지방자치단체가 발주하는 특정 공사에 관한 설계의 적격 여부 심의 및 설계점수 평가에 관한 업무를 수행하는데, 대형 관급공사의 입찰 과정에서 각 건설사가 제출한 설계의 적격 여부를 심의하고 기술적 타당성을 검토하는 것은 분과위원이 법령상 담당하는 직무이자 권한이라고 할 것이므로, 분과위원이 '시설과 관련하여 평가위원으로 선정되면 높은 점수를 달라'는 취지로 금품을 수수하였다면 당해 분과위원이 이후 소위원회 심의위원으로 선정되었는지 여부와 관계없이 그 자체로 직무관련성이 인정된다고 봄이 상당하다고 판단하였다.

판례 색인

찾아보기

ㄱ

ㄴ

ㄷ

ㅈ

ㅊ

ㅌ

ㅍ

ㅎ

기타

저자 약력

이재훈

현 성신여자대학교 법학부 교수, 변호사, 변리사

[학력]

서울대학교 공과대학 기계항공공학부 학사 졸업
서울대학교 공과대학 기계항공공학부 석사 졸업
서울대학교 법학전문대학원(로스쿨) 전문석사 졸업
고려대학교 기술경영전문대학원 기술경영학 박사 졸업

[경력]

법무법인 강호 변호사
한국과학기술기획평가원(KISTEP) 부연구위원·연구위원
국가과학기술연구회(NST) 감사위원회 상임감사위원

[국가·지사체 위원 활동]

과학기술정보통신부 규제개혁위원회, 규제심사위원회, 보통징계위원회, 연구자권익보호위원회 위원
국가데이터처 국가통계위원회 통계정책 분과위원회 위원
국가유산청 규제개혁위원회, 연구개발심의위원회, 정책자문위원회 위원
국무총리 소속 포항지진진상조사위원회 자문위원
대검찰청 정보공개심의위원회 위원
방송통신심의위원회 광고자문특위 위원
법무부 마을변호사
법제처 국민법제관
원자력안전위원회 자체평가위원회 위원
정부업무평가위원회 정부업무평가 평가전문위원
부산광역시 블록체인 규제자유특구 법률자문위원
전라남도 에너지신산업 규제자유특구 안전관리위원
충청북도 청원심의회 위원 등

[임원 활동]

기술경영경제학회 이사, 바른 과학기술사회 실현을 위한 국민연합(과실연) 감사, 서울지방변호사회 연구개발법 커뮤니티 부위원장, 플랫폼법정책학회 이사, 한국과학기술미디어센터 감사, 한국과학기술법학회 이사, 한국기술혁신학회 이사, 한국데이터법정책학회 이사, 혁신클러스터학회 감사 등

국가연구개발혁신법

초판발행 2026년 3월 3일

지은이 이재훈
펴낸이 안종만·안상준

편 집 나세현
기획/마케팅 김한유
표지디자인 BEN STORY
제 작 고철민·김원표

펴낸곳 (주) 박영사
서울특별시 금천구 가산디지털2로 53, 210호(가산동, 한라시그마밸리)
등록 1959.3.11. 제300-1959-1호(倫)
전 화 02)733-6771
f a x 02)736-4818
e-mail pys@pybook.co.kr
homepage www.pybook.co.kr
ISBN 979-11-303-9924-9 93360

정 가 49,000원